Stundenbücher

Zur Anschlußlektüre geeignete Bände in dieser Reihe

Band 4
Dietrich Bonhoeffer
Wer ist und wer war Jesus Christus?
Seine Geschichte und sein Geheimnis

Band 8
Helmut Thielicke
Das Schweigen Gottes
Fragen von heute an das Evangelium

Band 48
Glauben heute I
Ein Lesebuch zur evangelischen Theologie der Gegenwart
Herausgegeben von Gert Otto

Band 66
Paul Schütz
Das Wagnis des Menschen

Band 68
Wilhelm Knevels
Die Wirklichkeit Gottes
Eine Besinnung auf die Grundlagen christlichen Glaubens

Band 70
Werner Jetter
Christliche Tag- und Nachtgedanken

Band 79
Glauben heute II
Ein Lesebuch zur katholischen Theologie der Gegenwart
Herausgegeben von
Gert Otto unter Mitwirkung
von Bernd Päschke

Band 83
Manfred Mezger
Verantwortete Wahrheit
Anleitung zu denkendem Glauben

Band 97
Max Horkheimer
Die Sehnsucht nach dem ganz Anderen
Ein Interview mit Kommentar von Helmut Gumnior

Band 102
Leonhard Ragaz
Die Bergpredigt Jesu
Mit einem Nachwort von Wolfgang Deresch

Paul Schütz

Wie ist Glaube möglich?

*Krise und Chance
des Christentums im Zeitalter
der Wissenschaft*

FURCHE-VERLAG

BAND 117 DER STUNDENBÜCHER

Umschlagentwurf: Alfred Janietz
Gesamtherstellung: Clausen & Bosse, Leck
Printed in Germany
ISBN 3 7730 0235 1
Bestell-Nr. 2 5117 8

Inhalt

Eingang

1. Das Problem als existenzielle Verlegenheit

Als ich 1912 in Berlin Theologie studierte, lag die Krise des Christentums offen zu Tage. Was heute zu einer Massenbewegung geworden ist, hat tiefreichende Wurzeln. 1774 beginnt Lessing die Herausgabe der sogenannten »Wolfenbütteler Fragmente«, der »Schutzschrift« eines Unbekannten »für die vernünftigen Verehrer Gottes«, und 1793 schreibt Kant seine Schrift »Religion innerhalb der Grenzen der bloßen Vernunft«. In der Theologie ist die »historische Kritik«, die sich seitdem an der »Leben-Jesu-Forschung« entzündete und immer von neuem nährte, bis auf den Tag nicht zur Ruhe gekommen. Sie stand damals auf dem Höhepunkt. 1912 füllte Adolf von Harnack in Berlin mit seinen Vorlesungen die größten Hörsäle, und Arthur Drews Christus-Mythe und der Bibel-Babel-Streit erregten das gebildete Berlin.

Es bildete sich damals bei mir die Überzeugung, daß diese Anpassungsversuche eines aufgeklärten Zeitalters lediglich Symptome einer sehr viel tiefer sitzenden Krise des abendländischen Menschen wären, Symptome einer breit ausholenden, tiefflutenden Welle von Antichristentum. Alle diese Versuche der Anpassung – von der Vernunftreligion des achtzehnten Jahrhunderts bis hin zu den politischen »Religionen« der faschistischen und sozialistischen Revolutionen des zwanzigsten – waren Versuche der offenen und der heimlichen Loslösung von der Glaubensvoraussetzung der Christenheit. Zu glauben wurde für den ehrlichen Zeitgenossen langsam, aber unaufhaltsam immer weniger möglich.

Innerhalb der Theologie war bereits mit Franz Overbecks Schrift »Über die Christlichkeit unserer heutigen Theologie« (1873) die Frage nach der Möglichkeit des christlichen Glaubens in ihrer radikalen Form gestellt worden. Schon 1912 bedrückte mich die Frage, ob die Voraussetzung für eine christliche Theologie überhaupt noch gegeben sei. Verriet nicht die »wissenschaftliche« Fragestellung mit ihren rationalen Versuchen, zu antworten, daß hier über einem hohlen Boden argumentiert wurde? Waren es nicht gequälte Versuche, zu glauben, was »vernünftige Verehrer Gottes« ehrlicherweise nicht glauben konnten? Widersprach nicht die Wahrheitsidee der modernen Wissenschaft der Möglichkeit von Glauben endgültig? War es nicht zwangsläufig, daß im Horizont einer wissenschaftlichen Theologie nur noch die Randerscheinungen von Historie und Psychologie sichtbar wurden?

1913 ging ich nach Jena, um Philosophie zu studieren.

Wie war Glaube möglich? Der Anlauf der dialektischen Theologie vermochte nicht mehr, über die sich zusehends vertiefende Kluft hinwegzuhelfen. Die Dialektik blieb in der Scholastik stecken. Auch das hatte etwas Zwangsläufiges an sich, daß in der zweiten Hälfte des Jahrhunderts die Theologie in das Vorfeld von Moralismus und Soziologie zurückfiel. Im zweiten Laterankonzil war die »innere Apokalypse« des Christentums weltweit offenbar geworden.

Wie war Glaube möglich? Dies war die Schlüsselfrage. Sie ist die Schlüsselfrage geblieben. Sie ist es heute mehr denn je zuvor. Eine antichristliche Bewegung, bewußt und unbewußt, in allen Tönungen, vom primitiven Affekt bis hin zu raffiniertem Scharfsinn, ist entstanden.

Wie ist Glaube möglich? Wie ist dieser besondere, in seinem Inhalt bestimmte, nach einem geschichtlichen Menschen, in dem Gott geglaubt wird, benannte Glaube möglich?

Es muß wirklich Glauben sein, nicht Verstehen. Glauben, ohne zu sehen. Glaube, dem erst das Absurde glaubwürdig wird (quia absurdum!). Glaube, der sich am Absurden auf seine Unbedingtheit hin prüft und erkennt. Glaube, dem sich im Absurden das Unabgeleitete der ersten Hand verbürgt. Und der dann – gespornt vom Stachel des Absurden – das Denken sucht (quaerens intellectum!).

Es versteht sich, daß Glaube nicht gemeint sein kann als allgemeiner psychologischer Befund. Glaube ist hier gemeint als eine Beziehung, ein Verhältnis zu etwas außer uns: zu etwas, das im Glauben, obwohl außer uns, zu unserem Teil wird; Glaube als etwas, das durch diese Teilgabe uns selbst und mit uns die Welt verändert. Glaube ist hier verstanden als schöpferischer Akt, der an uns vollzogen wird und den wir mit vollziehen, weil Glaube immer nur ein Akt der Freiheit sein kann. Glaube ist ja eine Existenzerfahrung, in der alles, was an Welt von uns erfahren wird, in einen dynamischen Zusammenhang hineingehoben ist mit jenem Anderen draußen, das — ein unverfügbar Wirkliches — uns entgegenwartet.

Die Frage, wie solcher Glaube möglich ist, möchte ich in einem Versuch beantworten, neben dem noch andere und bessere als der meine gemacht werden können.

Mein Versuch geht nicht von der »Schrift« oder der »Tradition« aus. Das könnte kein vom Herkömmlichen Unterscheidendes sein. Er geht vom Menschen aus, wie er sich heute vorfindet. Mein Versuch — so könnte man sagen — erarbeitet sich die Einsicht in die Möglichkeit des Glaubens im Absprung von der Selbsterfahrung, die der Mensch außerhalb theologischer Voraussetzungen heute mit sich selbst macht.

Ein Versuch. Ein Anerbieten. Eine Antwort ohne Beweis. Der Akt der Freiheit bleibt unangetastet. Das Abenteuer des Lebens aus Glauben bleibt.

2. *Was heißt Kontingenz?*

Was ist das: Kontingenz? Das Wort »Zufälligkeit« sagt hier zu wenig. Es ist die Tatsache, daß dem Ausmeßbaren ein Unausmeßbares immer vorausgegeben ist. Das ist nicht nur in der modernen Physik so (C.

F. v. Weizsäcker). Es ist eine allgemeine Erfahrung quer durch unsere Existenz hindurch. Es gibt das Unverfügbare. Das ist der Sinn von Kontingenzerfahrung.

Das Unverfügbare ist zunächst ein negativer Begriff. Ihm liegt die Erfahrung einer Leere, eines Mangels zugrunde. Es ist die Erfahrung eines Scheiterns, sowohl unseres Erkennens wie unseres Handelns. Es ist die Erfahrung einer Aporie. Ja mehr! Es ist die Erfahrung eines Zurückgestoßenwerdens von einem Unberührbaren in einem unbetretbaren Bezirk.

Diese Erfahrung widerspricht unserem Lebenswillen, unserem Verlangen nach Sicherheit. Sie ist aber einfach da – sie ist so trivial, daß sie im Allzugewohnten untergegangen ist.

Eine große deutsche Tageszeitung überschrieb einen Bericht über Meadows Studie zum Report des Massachusetts Institute of Technology »Die Grenzen des Wachstums«[1] mit dem Titel »Die Qualität des Lebens – gemessen, gewogen, berechnet«. Was gehört zur »Qualität des Lebens«? Zum Beispiel Gesundheit. Da steckt aber bereits Unmeßbares drin: Erbmasse und Umwelt. Oder Sicherheit: Die aber meint Goldwert, Kriminalität, politische Weltlage. Oder Freiheit. Die aber gibt es heute nicht innerhalb der Zwangslagen einer anonymen Industriegesellschaft. Jeder individuelle Mensch ist ein Knäuel von Unvorhersehbarem. Die Sprache hat mit schwerwiegendem Erfahrungshintergrund für diese Tatsache die Worte »Glück«, »Schicksal«, »Zufall« bilden müssen. Die Utopie einer machbaren Welt wird bei jedem Schritt unseres alltäglichen Lebens Lügen gestraft. Der Mensch ist das kontingente Wesen. Er realisiert diese Kontingenz in seiner Existenz. In seiner eigenen Person setzt er allem Ableitbaren, Vorhersehbaren, Berechenbaren die Grenze. Es gibt eine Anti-Zahl. Wo sie auftaucht, hat die technische Vernunft ein Ende. Kontingenz läßt sich nicht quantifizieren. Die Welt, wie wir sie vorfinden, ist durch und durch gleichsam durchwachsen mit Anti-Zahl, mit Anti-Maß. Sie ist ein Komplexes, das sich auf keine Weise auseinanderdividieren läßt. Da sind Kräfte, deren Ursprung und Stärke uns unbekannt, deren Wirkungsweise im Geflecht der Lebensbewegungen unvorhersehbar ist. Dieses Unverfügbare aber macht, daß unser Leben so ist, wie es ist.

Der Mensch ist ein Überraschungseffekt im Kosmos. In der Rätselhaftigkeit seiner Erscheinung spiegelt sich dieser undurchschaubare Hintergrund. Es gibt das Unverfügbare. Wir sind von ihm umstellt.

Die ständige Auseinandersetzung mit dem Unverfügbaren ist das Agens des Menschendaseins auf dieser Erde. Die Quantifizierer der Qualitäten wollen uns das Abenteuer, in dieser Welt zu sein, rauben. Nicht nur die Erkenntnis ist ein Abenteuer. Es ist das Leben schlechthin ein solches. Mit der Unterschlagung der Kontingenz könnte der Verlust von Wirklichkeit zusammenhängen, der unser Leben auf dieser Erde gefährdet.

3. Wie verhalten sich Kontingenz und Evolution zueinander?

Seit zweihundert Jahren sind wir fasziniert von der Idee der Entwicklung. Daß mit diesem Begriff Wirklichkeit sich nicht erschöpft, ist ein unbequemes Faktum. Auch Kontingenz ist entscheidend mit im Spiele. Mit dem Begriff der Kontingenz habe ich mich immer schwergetan. Wahrscheinlich ist es dieses Unberechenbare, Unvorhersehbare, das uns Evolutionisten und Futurologen an der Kontingenz das Unbehagen bereitet. Wünschbar ist das Planbare, ist uns Zusammenhang und Entwicklung. Je gefährdeter unsere Situation ist, desto erwünschter die Rettung. Optimismus wird geradezu zur moralischen Leistung. Unserem Lebenstrieb entspricht die Evolution. Sie meint Fortschritt und kommt unserem Sinnverlangen entgegen. Stetigkeit der Verläufe, Zusammenhang der Dinge bedeutet Sicherheit. Evolution ist geordnete Kontinuität und weil geordnet, darum einsehbar. Und weil einsehbar, darum auch verfügbar. Zufälligkeit sprengt die Kausalkette und setzt unser Handeln der Ungewißheit aus.

Von Darwin und Hegel her ist die Neigung, Natur und Geschichte als Entwicklung zu begründen, zur beherrschenden Tendenz des 19. Jahrhunderts geworden. Im Zuge einer neuen Aufklärung hat diese Strömung im 20. Jahrhundert bis in die Theologie hinein an Wirkung gewonnen. Geschichte als »Heilsplan« Gottes hat in der Theologie bis ins 17. Jahrhundert zurückreichende Wurzeln. Coccejus läßt in seiner Föderaltheologie Gott die Heilsgeschichte durch beide Testamente hindurch bis in die Periodisierung hinein »planen«. Theologie scheint ganz besonders anfällig – wahrscheinlich aus einer Rationalisierung des Vorsehungsgedankens – für diese Schematisierung des Heilsgeschehens.

Es kann sich nicht darum handeln, dem Entwicklungsgedanken ein anderes Geschichtsklischee mit der Vorstellung der Geschichte als Kontingenz entgegenzustellen. Kontingenz für sich allein ist ein Ungedanke. So wird Existenz nicht erfahren. Aber auch Evolution für sich allein ist eine Fiktion. Auch so wird Existenz nicht erfahren. An beiden Abstraktionen sieht man, wie »schrecklich« Vereinfachung sein kann. Kontingenz absolut zu setzen, sind wir gegenwärtig nicht in Gefahr, aber Kontinuität als Entwicklung.

Indes, je unbefangener ich lernte zu beobachten, je weiter der Erfahrungshorizont wurde, über den nachzudenken war, desto unabweisbarer wurde es, *daß es das gibt*, was als Kontingenz bereits immer in der allgemeinen Erfahrung mitgegeben war. Es liegt auf der Hand, daß die Erfahrung von Kontingenz die allgemeine Richtungslosigkeit unseres modernen Bewußtseins steigern muß. Um so mehr Grund, diesem Umstand erhöhte Aufmerksamkeit zu widmen.

Mit der Entdeckung der Kontingenz bietet sich eine andere Geschichtsvorstellung an, als es in der Evolutionsidee möglich ist. Sie ist sehr viel weniger anspruchsvoll. Sie versteht sich nur hypothetisch, hat ihr Gewicht aber in ihrem Erfahrungsrealismus. Es ist die Vorstellung der Geschichte als Krisis, als kritisches Interim zwischen einem Ursprung und – das Wort sei mir gestattet – einem Endsprung. Das Vorläufige, noch nicht Endgültige, im »Stand der Gefallenheit« (W. H. Auden) noch nicht Auflösbare soll im Begriff der Krisis zu seinem Recht kommen. Der Faszination des Logizismus, der Ausflucht in ein System – über der unauflösbaren Verwicklung dieser Krisis soll Ernüchterung zur Endlichkeit entgegengesetzt werden.

Ich möchte nun in folgender Weise verfahren.

In einem *ersten* Teil wird der Leser einen Querschnitt durch die Kontingenzerfahrung finden. Um sie zu gewinnen, suche ich Gewährsmänner, Gesprächspartner im Raum der profanen Selbsterfahrung des Menschen. Sie finden sich in den Naturwissenschaften, den Geisteswissenschaften, in der Dichtung. In diesem ersten Teil soll nur dies eine sichtbar werden, daß die Wirklichkeit eine offene Wirklichkeit ist. Diese Erfahrung gehört gemeinhin zum Menschen. Sie enthält das negative, selbstkritische Element der Kontingenzerfahrung. Sie gehört zu einer Art kritischer Anthropologie.

Das Bedeutungsspektrum von Kontingenz enthält aber auch positive Möglichkeiten. Es könnte sein, daß es gerade die Kontingenz ist, die den »schöpferischen Hohlraum« (Heinrich Ott) offenhält, in dem verborgene Möglichkeiten aufbewahrt sind. Es lohnt sich, diesem Umstand nachzudenken, weil er die geschlossene Welt aufsprengt und offenhält für Freiheit: daß wir nicht ersticken in den Zwangsstrukturen einer Notwendigkeit, die sich absolut gesetzt hat.

Der *zweite* Teil untersucht dann dieses Positivum, für das der Kontingenzbegriff Raum läßt. Er ist offen für Möglichkeiten, von denen die Theologie spricht.

Erster Teil: Der kontingente Mensch

1. In der Naturerkenntnis

Jaques Monod

Je länger ich nachdenke über das, was wirklich ist, desto dichter sehe ich mich umstellt von der Verlegenheit des Unvorhersehbaren. Ist alles Wirkliche »wirklich« vernünftig? Wenn die Wahrheit konkret ist, dann gewiß nicht. Das Konkrete enthält weit mehr und weit anderes als Ratio. Darum eben die Verlegenheit. Es bleibt immer ein unschmelzbarer Eisklumpen auf seinem Grunde liegen, der sich durch Vernunft einfach nicht auflösen läßt.

Durch Jaques Monods Buch »Zufall und Notwendigkeit«[2] ist der Zweifel wieder neu und leidenschaftlicher als zuvor aufgewühlt worden. Ist der Mensch wirklich nur zufällig im Universum da? Wenn ja, was für Schlüsse sind daraus zu ziehen? Was heißt überhaupt »Zufall«? Ist es vielleicht nur ein Verlegenheitswort, das diese Verlegenheit verrät, indem es sie verschleiert?

Dies allein ist es, worauf es mir bei Monod ankommt. Es ist dasselbe, was auch die Kritiker Monods nicht leugnen können. Monod macht es sich durch Absolutsetzung des »Mutations-Selektions-Modells« (Illies) zu leicht. Es gibt Erscheinungen, die sich naturwissenschaftlich nicht erklären lassen.[3] Man kann für sie alle den Kieler Zoologen Adolf Remane sprechen lassen. Er weist darauf hin, daß uns noch jede Vorstellung dafür fehle, »wie komplizierte Organe, an deren Aufbau Hunderte von Genen beteiligt sind, sich durch bekannte Mutationstypen gebildet und harmonisch weiterentwickelt haben«. Die entscheidende Frage bleibt auch für die Kritiker Monods offen. In der Unbestimmtheit einer umfassenderen Vorstellung – heiße sie »evolutiver Trend« oder »Selbstdarstellung des Lebendigen« (Portmann) – gibt es »den weißen Fleck« jenes Zufallstreffers der Mutation. Die Frage bleibt offen, die in dem Begriff der Kontingenz sich zur Sprache bringt und für die das Wort Zufall nur ein Feigenblatt unserer Verlegenheit ist.

Es gehört zum Wesen der Kontingenz, lediglich *da* zu sein und *so* zu sein, ohne erklärt werden zu können. Es gibt Dinge, Vorgänge, Erscheinungen, die nicht erklärt werden können und die als Grundbefund des Daseins erfahren werden.

Gehört auch das zum Grundbefund, was Jaques Monod den »Zufall« nennt? Zufall heißt im Französischen *hasard*. Da klingt noch einiges mit, was dem deutschen »Zufall« fehlt. Risiko, Chance, Unfall, Glücksfall. Das französische *hasard* ist runder, menschlicher. Es ist ein Hauch von Freiheit in diesem hasard.

Es hatte etwas Alarmierendes, daß ein Naturforscher den Zufall feststellte in seinem Bereich exakter Notwendigkeit. »Le hasard et la necessité« hatte er sein Buch genannt. Das Alarmierende war, daß das

Phänomen »le hasard«, das die Mechanik des Systems in Frage stellen mußte, unleugbar war. Hier war eine Grenze im biologischen System selbst sichtbar geworden, welche die Kritik ermächtigte, den »genetischen Code« Monods einen »Mythos« zu nennen. Monod selbst sagt von seinem »Objektivitätspostulat«, »daß es zugleich unbeweisbar sei und daß es ohne diese Objektivität keine Wissenschaft gebe« (30). Hier bestehe ein »tiefer erkenntnistheoretischer Widerspruch«, der entweder als ein nur Scheinbares aufzulösen oder grundsätzlich als unlösbar zu beweisen sei.

An Monods Buch wurde es deutlich, daß es im naturwissenschaftlichen Bereich der Notwendigkeit den Zufall gibt. Das ist ein Widerspruch. Aber daß es diesen Widerspruch gibt, darin besteht das Problem. Es ist schon im Titel da. Gerade dem Nachweis, daß es diesen Zufall im biologischen Geschehen gibt, ist ein Hauptteil des wissenschaftlichen Nachweises gewidmet. Ein Nachweis gleichsam wider Willen, in dem der Zufall als »Störung« ja, als »Unfall« (140. 143 Anm.) – man möchte sagen – geduldet wird. Monod kann geradezu von einem »Gesetz des Zufalls« (121) sprechen. Es gibt Strukturen, die in dem Sinn »zufällig« sind, »als es unmöglich ist«, irgendeine Regel zu formulieren, »mit der sich aus einer genauen Kenntnis von 199 eines aus 200 Bausteinen bestehenden Proteins die Beschaffenheit des restlichen, noch nicht durch die Analyse festgestellten Bausteins vorhersagen ließe«. Das »Unvorhersehbare« (145) gehört zum »wesensmäßigen« Zufallsbegriff (143). Es resultiert zum Beispiel aus der Überschneidung

»zweier voneinander völlig unabhängiger Kausalketten« (143). Hier ist der Zufall wesensmäßig, weil er »in der totalen Unabhängigkeit der beiden Ereignisreihen steckt, deren Zusammentreffen den Unfall hervorruft«. Monod bezieht sich hier auf eine Mutation, auf die »die Unbestimmtheitsrelation anzuwenden ist. Ein solches Ereignis ist also seiner ganzen Natur nach *wesensmäßig* unvorhersehbar« (144). Entgegen Einstein gilt deshalb für die meisten Naturforscher, daß »Gott würfelt«. Es gibt also in der exaktesten Form von Wissenschaft das Unvorhersehbare. Es gibt Kontingenz. Monod braucht in diesem Zusammenhang den Begriff »Schöpfung«. Er unterscheidet Schöpfung von »Enthüllung«. Enthüllung deckt lediglich den Ablauf eines im Grundmuster der Welt von Anfang an vorgezeichneten Grundmusters. (Engels, Bergson, Teilhard de Chardin, Spencer). Auch »Offenbarung« versteht er als eine solche Enthüllung, in der ein Angelegtes lediglich entwicklungshaft »hervortritt«. Schöpfung hingegen ist ein durch die Evolution zutage Tretendes, »das seinen Ursprung im wesentlich Unvorhersehbaren nimmt und deshalb etwas *uneingeschränkt* (kursiv im Text) Neues darstellt« (145). Monod schließt dieses Kapitel über die Störungen des Unveränderbaren mit dem hintergründigen Satz, daß die »Störungsquelle« »in der belebten Natur am Beginn der Evolution steht und deren totale schöpferische Freiheit ermöglicht ...« (146). Es ist umgekehrt wie bei Teilhard, bei dem am Beginn der Evolution dergestalt Ratio steht, daß die Evolution das Denken *ist*. Während bei Teilhard der Mensch als der logische Sinn der Evolution gedacht ist, ist er bei Monod in die Sinnleere hinein ausgesetzt.

Man muß hier fragen, worin die Faszination der Monodschen These besteht. Es ist die Übereinstimmung mit dem Objektivitätspostulat der exakten Wissenschaft. Es ist das Ethos der Wahrhaftigkeit, die das Paradoxon eines Widerspruchs lieber hinnimmt, als in einem spekulativen Überbau sich einen »Wert« zu erschleichen, den die Erkenntnis als Wunschbild entschleiert. Diese Bescheidung zeichnet Monod nicht nur Teilhard, sondern auch Marx gegenüber aus. Sie steht auch dann noch in Kraft, wenn der Mensch im naturwissenschaftlichen Kosmos keinen Ort mehr hat.

Ausgerechnet der Mensch, ist man versucht zu sagen, in dessen Denken ja dieses Verhältnis von Zufall und Notwendigkeit erst erkannt wurde, dem als Erkennendem das Wissen um diese Problematik erst zu verdanken ist, ausgerechnet er hat keinen Ort in diesem Universum? Entweder stimmt da etwas mit diesem Universum nicht, oder es stimmt mit diesem Menschen, mit seinem Nicht-Ort, mit seinem Utopos, nicht. Vielleicht sucht er ihn deshalb so leidenschaftlich in der Utopie. Vielleicht hat hier der Zwang zur Utopie seinen Grund. Gleichgültig ob mit oder ohne Ort: der Mensch ist da, und das naturwissenschaftliche Universum ist da. Beide Rätsel sind da, und das dergestalt, daß sie – einander in Frage stellend – zugleich einander bedingen. Und eben in diesem widersprüchlichen Verhältnis ist auch Kontingenz gegenwärtig.

Wenn Kontingenz ein Urphänomen ist, ohne das

uns Mensch und Welt nicht zu Gesichte kommen kann, wenn Kontingenz zur conditio humana gehört, dann müssen wir auch bereit sein, diese Erfahrung anzunehmen und nicht mit ihr zu hadern.

»Unsere Losnummer kam beim Glücksspiel heraus«, sagt Monod und fragt dann weiter: »Ist es da verwunderlich, daß wir unser Dasein als sonderbar empfinden ...?« (179). »Sonderbar«! In welcher Hinsicht? Ich glaube, daß diese Feststellung eine ganz außerordentliche ist, diese Feststellung einer Sonderstellung des Menschen im Universum. Sollte eine Botschaft in dieser Feststellung an uns ergangen sein? Monod dechiffriert diese Feststellung so: es müsse der Mensch »endlich aus seinem tausendjährigen Traum erwachen und seine totale Verlassenheit, seine radikale Fremdheit erkennen. Er weiß nun, daß er seinen Platz wie ein Zigeuner am Rande des Universums hat, das für seine Musik taub ist und gleichgültig gegen seine Hoffnungen, Leiden oder Verbrechen« (211).[4] Klingt da nicht ein verwandter Ton an? Haben wir nicht schon ähnliches gehört, aber weniger verzweifelt, wenn wir statt »Zigeuner« die Metapher »Pilger« setzen?

Doch ich will so weit nicht gehen und näher an Monods Text bleiben. Er bezeichnet die Sonderstellung als »radikal« und »total«. Er hat gemerkt, daß da so etwas wie eine unüberbrückbare Kluft ist, ein unheilbarer Riß. Daß da *im* Menschen ein Bruch vollzogen ist, ein Bruch, der auch das Universum betrifft, ist doch der Mensch dem Universum zugehörig, von dessen Dasein zu wissen seiner Erkenntnis verliehen ist. Dieses Erkennen meint im Bewußtwerden Identität und dennoch zugleich Neuartigkeit, Anderheit mitten in demselben naturwissenschaftlichen Kosmos. Es meint Bruch, total, radikal. Denn hier ist Leidenschaft höchsten Grades, die praktische Existenz des unberechenbaren Menschen, dort aber die »gleichgültige Leere des Universums« (211).

Werner Heisenberg

Von der Situation des Menschen im Universum hat vor Monod bereits Werner Heisenberg gesprochen.[5] Nach ihm ist der Mensch im Universum nicht nur in dem Sinn allein, daß er ohne Partner und ohne Gegner ist. Er ist so vollkommen allein, daß er in seiner Wissenschaft von der Natur nicht der Natur »an sich« begegnet, sondern lediglich einer der »menschlichen Fragestellung« ausgesetzten Natur. Der Mensch sieht immer nur ein »Bild« seiner Beziehung zur Natur (21). Er begegnet also letzten Endes auch in seiner Erkenntnis nur sich selbst (18). Eine objektive Erkenntnis, »abgelöst von unserer experimentellen Fragestellung« kann es für uns deshalb nicht geben. »Vielmehr stehen wir von Anfang an in der Mitte der Auseinandersetzung zwischen Natur und Mensch, von der die Natur ja nur ein Teil ist . . .« (18).

Nochmals – sollte eine Botschaft in diesem Sachverhalt an uns ergangen sein?

Beide Forscher, Monod und Heisenberg, sind hier – ohne es zu benennen – auf das Problem der Geschichte gestoßen: Monod in der Verlassenheit des Menschen am Rande des Universums, Heisenberg, schon deutlicher, in dem Alleinsein des Menschen, das in der »Auseinandersetzung von Natur und Mensch« erfahren wird. Bei beiden ist die Krise großen Stiles angesprochen, die der Mensch in seinem Dasein zwischen den Dingen und Mächten ablebt und die wir die Geschichte heißen. Nach Monod »stört« der Mensch durch sein Fremdsein die Natur, nach Heisenberg »setzt er sich mit ihr von draußen her auseinander«. Beidemal ist damit seine Krisensituation erkannt. Da ist ein Sprung, ein Riß, ein Bruch. Da ist die Dynamik einer Krise ausgelöst durch das Aufeinanderbezogensein von Mensch und Natur eben in der Geschichte. »Im Blickfeld der Wissenschaft steht vielmehr vor allem das Netz der Beziehungen zwischen Mensch und Natur, der Zusammenhänge, durch die wir als körperliche Lebewesen abhängige Teile der Natur sind und sie gleichzeitig als Menschen zum Gegenstand unseres Denkens und Handelns machen.« Die Bedeutung, die die Naturwissenschaft für das gesellschaftliche Leben hat, ist heute allgemein erkannt. Nicht umsonst sprechen wir vom Zeitalter der Elektronik, der Biogenetik, des Atoms. Technischer Fortschritt und Weltveränderung scheinen untrennbar. Aber auch das Bewußtsein des Menschen von sich selbst erfährt hier umgestaltende Einflüsse von großer Tragweite. Angst und Verunsicherung haben hier ihren Grund.

Die Naturwissenschaft kann die Paradoxien, die in diesem Beziehungszusammenhang anfallen, »in einem engen wissenschaftlichen Bereich« klären. »Für die allgemeine Situation unserer Zeit, in der wir ...

plötzlich in erster Linie uns selber gegenüberstehen« ist damit, nach Heisenberg, noch wenig gewonnen (17–22). Die Problematik der Geschichte bleibt. Die Dynamik ihrer Krise wächst vor unseren Augen. Das Neue, Fremde des Menschen, seine »Zufälligkeit« im Universum (Monod), sein Nur-noch-sich-selbst-Gegenüberstehen (Heisenberg) zeigt ein gefährliches Gesicht. »Fortschritt«, »Evolution« werden zusehends kritisch betrachtet. Das kontingente Element in unserer Daseinserfahrung meldet sich mit wachsender Dringlichkeit. »Der ›Fortschrittsglaube‹ des 19. Jahrhunderts meinte, diese Bahn müsse unfehlbar zu einer wunderbaren Entfaltung der Menschheit führen; wir sehen heute, wie ein finsterer Abgrund sich vor uns auftut« (Monod 208). Offenbar sieht Monod diesen Fortschrittsglauben auf derselben Ebene mit der »animistischen Tradition« von »den australischen Ureinwohnern bis zu den materialistischen Dialektikern« (210). Wie unterschiedlich auch immer, hier ist von beiden, so verschiedenen Standorten aus, wie denen Monods und Heisenbergs, ein Blick auf den Menschen gewonnen, der ihn als Weltstörung und Selbstgefährdung begreift: der uns Geschichte als Krisis erkennbar macht. Hier ist Kontingenz kein Begriff, sondern Ereignis im Erfahrungsbereich.

Ich habe nach der Botschaft gefragt, die diese Sonderstellung des Menschen »am Rande« des Universums enthalten könnte.

Diese Sonderstellung ist bei beiden Forschern ein Negativum. Es zeigt Gefahr an. Der Mensch ein Projektil, das aus dem Unbestimmbaren kommt und im

Leeren verlandet. Gerade dieser Umstand gibt den neuen Absprungspunkt. Es ist anders als bei der evolutionistischen Spekulation theologischer und profaner Heilslehren. Kontingenz läßt den »Plan«, sei er göttlicher, sei er menschlicher Herkunft, nicht zu. Auf Schritt und Tritt von ihr blockiert, unterstelle ich Kontingenz als Urphänomen und Grundkategorie. Sie kann nicht erklärt werden. Was uns aber nicht davon weghilft, daß sie ist. Wir beobachten, beschreiben diese Erfahrung in ihrem undurchschaubaren So-sein an uns selbst. Sie gehört zum Menschenwesen, was besagt, daß sie zur Geschichte gehört. Mehr kann an dieser Stelle unserer Überlegungen noch nicht gesagt werden.

Es ist Heisenberg selbst, der darauf hinweist, daß die Paradoxien, die in dem Wechselspiel Natur und Mensch anfallen, sich nur »in einem engen, wissenschaftlichen Bereich« klären lassen. Ist doch die Naturwissenschaft selbst nur ein Teil in diesem Beziehungszusammenhang, aus dem sie sich nicht herauslösen kann (17—21). Auch sie gehört zur Geschichte.

Viktor von Weizsäcker

Menschengeschichte wird im ärztlichen Blickfeld undurchdringlich dicht, um so dichter, je genauer man sie auf ihren Hintergrund hin befragt. Je strenger man sie auf ihre Kausalität hin durchleuchtet, desto massiver stoßen wir auf die Kontingenz des Daseins.

Wenden wir uns jetzt der Lehre des großen Arztes von der pathischen Existenz des Menschen zu.

Viktor von Weizsäckers »Pathosophie«[6] ist eine Lehre vom Dasein als Leidenschaft und als Leiden. Das Handeln befreit nicht vom Leiden. Im Gegenteil, es verursacht neues Leiden, wie es selbst durch Leiden verursacht ist, nämlich als Leidenschaft, das Leiden zu überwinden. Warum? Ist die Kontingenz die Ursache sowohl vom Leiden-müssen, wie Leidenmachen? Es geht in der Pathosophie »nicht darum, was wahr, sondern darum was wirklich ist« (374).

Das Wort Kontingenz kommt bei Weizsäcker nicht vor. Um so mehr die Sache. Gleichsam im klinischen Detail zeigt sich bei ihm Kontingenz in jener äußersten Konkretion, auf die sich ein Wort Walter Benjamins von seiner eigenen Methode anwenden läßt: von der »Interpolation im Kleinsten«. Hier ist gerade das Fragment die »brüchige und unvollständige« Form, die etwas von der »Kraft des Universalen festhält, welche im umfassenden Entwurf sich verflüchtigt« (Adorno[7]).

Die Kontingenz ist dem Menschen selbst vorgegeben (5). Denn »er ist nur zu beurteilen von Wünschen aus, wie er sein sollte, und seine Subjektivität ist unergründlich«. In diesem »Unergründlich« ist das Kontingente anerkannt als Voraussetzung jenseits von Kausalität und Logik (7). Individualität und Subjektivität gehören zum wesentlich Menschlichen des Menschen. Die »rechtlichen, politischen oder ethischen Seiten des Menschen« muß eine medizinische Anthropologie deshalb »in sich aufnehmen . . ., will sie das Medizinische am Menschen menschlich darstellen«. Es könnte, so V. v. Weizsäcker, deshalb sein, daß »von den körperlichen Erscheinungen der Krankheit nur diejenigen wichtig sind, welche eine eigenartige Wirkung auf das Menschliche des Menschen haben ...« V. v. Weizsäcker fügt hinzu, daß »die Überschätzung des Begriffes der Ursache auf solche Weise korrigiert würde«. Diese Beobachtung ist wichtig, weil hier Notwendigkeit (Kausalität) durch ein kontingentes Moment relativiert wird (6 f). Mit Recht kritisieren die Moralisten an den Naturwissenschaftlern, daß sie den Menschen amoralisch vorstellen, mit gleichem Recht aber auch die Naturwissenschaftler, daß die Moralisten so tun, als wäre der Mensch kein Naturwesen. So schützen sie einander davor, sich absolut zu setzen und die Wirklichkeit zu spalten in eine Geisteswelt und eine Naturwelt.

Dieses gegenseitig sich in Schach halten ist von Bedeutung. Es zeigt uns an, wie mächtig Kontingenz im menschlichen Erfahrungsraum ist, den wir Geschichte nennen. Die Aktualität dieser Pathosophie für das alltägliche Geschehen sieht V. v. Weizsäcker darin, daß unsere Situation durch den »Gegensatz von unfriedlichem Geschehen und Sehnsucht nach Frieden« bestimmt ist. Das meint ein doppeltes Müssen: ein Leidenmüssen und die Leidenschaft, dieses Leiden überwinden zu sollen (7).

Jawohl, Leiden und Leidenschaft! Es ist nicht wahr, daß sich der Hauptteil unseres menschlichen Lebens so abspielt, wie es sein soll. Dies ist »ein falsches Bild: die Summe des fortwährend erzeugten Unrechts ist ganz ungeheuer, und das meiste davon bleibt unkorrigiert und straflos; auch nimmt diese Summe fortgesetzt zu, weil ungesühntes Unrecht durch zeitliche Entfernung nicht weniger Unrecht wird ...« (8). Die Leidenszustände sind zuerst da. Sie sind vorgegeben. »Auch das Logische entsteht erst mit und in der Erfahrung der Leidenszustände« (11). Zu Leiden und Leidenschaft gehören auch »die Freude, das Glück, die Lust und Wollust«. Aber die Quellen dieser unserer Erfahrung entspringen »im Dunkel«. »Denn erlitten und empfangen« werden Leid und Lust. Beide können wir »nicht machen. Das ist der springende Punkt«. »Es ist eine Art von Urphänomen«. Der mögliche Grund dieses Urphänomens ist die Kontingenz. Die Kontingenz statuiert das Rätsel. Sie ist eine entscheidende Ursache des Denkens. Erkenntnis entsteht am Leiden und ist Leiden. Die Verunsicherung hat ein gefährliches Stadium erreicht mit der Entfernung des Gottesbegriffs durch die Wissenschaft aus der Wissenschaft und der Übernahme der Macht Gottes durch eben diese Wissenschaft. Diese Lage aber ist unumkehrbar (15).

Im pathischen Urphänomen ist der »Mißerfolg in der Therapie« das Interessantere. »Eigentlich ist ja die Krankheit selbst bereits ein Mißerfolg der Natur und die ganze Pathologie eine Lehre von den Mißerfolgen« (17). Seine Methode bezeichnet V. v. Weizsäcker als »eine erwartende, für Überraschungen bereite, unwissende Haltung«. Denn eben das Überraschende, nicht Vorhersehbare, ist ja das Wesen der Kontingenz.

Dem Arzt steht ein reicher, ja verwirrender Fundus an Wahrnehmbarem, an Befunden, schlechthin an Konkretem zur Verfügung. Er ermöglicht ihm, einen unschätzbaren Beitrag zur Erkenntnis der Wirklichkeit des Menschen zu leisten.

Es erweist sich für die Beobachtung, daß der Wirklichkeit, wie sie erfahren wird, etwas Anti-Logisches zugehört. Es ist zu beachten, daß aus Nichtlogischem Logisches hervorgeht. Die antilogische Beschaffenheit des Lebens schließt eine Rationalisierung aus (95). Deshalb sind die politischen, historischen, soziologischen Lösungsversuche des Konfliktes mit Skepsis zu betrachten (95). Der Leidenschaft geht es immer um die Verwirklichung des Unmöglichen, darum Leidenschaft. Am Unmöglichen, man kann auch sagen am Mangel, am Ungenügen des Möglichen entbindet sich Leidenschaft. In der Erfahrung des Nichthabens und Habenwollens entsteht Denken. »Verstand und Vernunft sind nicht Gegner der Leidenschaft, sondern sind selbst Leidenschaften und Bewegungen.«

In der Entwicklung von Organismen gibt es eine »numerische Antilogik«. Aus *einer* Zelle werden zwei, aus zweien eine. Dieses Antilogische ist ein reales Geschehen: »aus zwei wird eins, aus eins wird zwei« (365). Heute sind »die Welt der Wissenschaft und die Welten des Magischen und Mythischen« koexistent. Aber nicht so, daß nur die wissenschaftliche Form des Weltbildes die rationale wäre und die magisch-mythische die irrationale. In beiden Formen können »Logik und Ratio mit ihren Negationen gemischt sein« (364). Wichtig ist, daß der Gegenstand, den dieses Schema konstituiert, nur durch Antilogik erfaßt, nicht mit Logik begriffen werden kann (365).

Leidenschaft und Logik, Trieb und Denken lassen sich nicht voneinander trennen. Nicht das Entweder-Oder, sondern die »Unentschiedenheit« muß ins Leben hineingenommen werden. Die Antinomien Kants, die dialektische Ontologie Hegels, der Evolutionismus der Potenzen Schellings, jeder dieser Versuche haftet als logischer an der Logik. Antilogik ist nicht ein salto mortale ins Irrationale (195). Antilogik ist der nie ganz gelungene Versuch einer Emanzipation vom Logischen.

Die Logik hat das Doppelgesicht der Konstruktion und der Destruktion. Der Krieg zum Beispiel zeigt uns diesen Januskopf. Krieg ist im Blick auf Vergangenes friedenstiftend, im Blick auf Zukünftiges Anlaß zu neuem Krieg. »Die Logik hat also den Januskopf, daß sie sowohl tötet, wie befreit« (196).

Gesellschaftlich kann Hunger und Hungertod als etwas vom Menschen Verhängtes auftreten. »Jemand tut jemand solches an« (98). Diese »Daseinsart« erkennt V. v. Weizsäcker durchgängig in der menschlichen, tierischen, pflanzlichen, zellulären Lebensgemeinschaft. Beides gilt zugleich. Hunger ist immer eine Unterart des Mordes, und Hunger ist immer eine Leidenschaft. Diese Leidenschaftlichkeit kann, gleich wie beim Geschlechtstrieb, durch keine objektive Wissenschaft neutralisiert oder verdrängt werden (94). »Wäre der Trieb nicht antilogisch, so wäre er kein Trieb« (215). Zufall, Überraschung, Ratlosigkeit »stoßen sich« von der logischen Konsequenz »ab«. Sie brauchen also die Logik. Es gibt Determinismus. Aber er hat »logische Lücken«. Das triebhafte Verhalten geht auf Beseitigung der Reflexion. Es kann also nicht durch Reflexion erklärt werden. Es gehört eben zum Wesen der Kontingenz, daß sie unerklärbar ist. Eben darum – Kontingenz. Der moderne »Beobachtungsempirismus« ist als »Hinwendung zum Überraschenden, Neuen und als Abwendung vom Gesetzmäßigen und Logischen« zu verstehen (215 f).

Die kritische Unabhängigkeit dem absoluten Anspruch der herrschenden Wissenschaftslehre gegenüber ist charakteristisch für diesen ärztlichen Denker. Er steht an einsamer Stelle in einem Jahrhundert der Wissenschaft. Das Wirkliche ist nicht vernünftig, es ist nicht nur vernünftig. Es ist auch nicht-vernünftig. Das ist die große Problematik des Seins, wie dies in der erkennenden Erfahrung sich zeigt.

Immer wieder bewegt V. v. Weizsäcker die Frage, was der Mensch, was menschlich sei. Seine Pathosophie ist eine pathische Anthropologie (62). Die pathische Situation ist die des Menschen schlechthin. Der Mensch ist von Anfang an »unzulänglich, unfertig, ergänzungsbedürftig, veränderungssüchtig, undeterminiert, defekt oder ohnmächtig«. Dieses Fehlende, dieses Minus ist die Wurzel seiner Leidenschaft, den Zustand seines Mangels zu überwinden. Die Schranke, die ihm in seiner Natur »von Anfang« gesetzt ist, zu überwinden, das Unmögliche zu ermöglichen, dieses Leiden an sich selbst ist für ihn Leidenschaft. Wie genau diese Beobachtung im Blick auf die Menschheit als Ganzes zutrifft, zeigt die Leidenschaft der Weltveränderung, die heute den Globus erzittern macht. Aus dem Zwang zu Wandel, aus dem Leiden an der Unerträglichkeit des Seienden leitet V. v. Weizsäcker die fünf »pathischen Kategorien« im »pathischen Pentagramm« ab: das Will, das Kann, das Darf, das Soll und das Muß. In diesem »pathischen Pentagramm« sind die dynamischen Formen der Leidenschaft beschrieben. Passion und Affekt, Zufall und Unfall haben hier ihren Ort. In der pathischen Landschaft Mensch ist alles flüssig (61). V. v. Weizsäcker sieht sich einem Urprinzip auf der Spur. »Die Wurzel des Weltbildes ist eine pathische, keine ontische.« Das geht gegen die großen Systeme der Neuzeit von Kant bis Husserl (173).

Es ist eine Hauptfrage der Pathosophie, »wer oder was der Mensch sei«. Es gibt aber keinen Fall, in dem ich mit Gewißheit sagen könnte, wer oder was ein Mensch ist (369). Auch vom nächsten Menschen trennt mich eine »Nebelschicht, und nichts weiß ich so gewiß«, wie daß ich nicht weiß, »wer oder was er ist«. Ich kenne mich selbst nicht. Den Abstraktionen, ohne die ich jenes »Erkenne dich selbst« nicht vollziehen kann, bin ich »jeder Zeit untreu zu werden bereit, wenn ich in eine besondere überraschende Lage komme«. Im menschlichen Bereich bleiben wir der »Verwirrung« ausgeliefert (369), nicht zuletzt deshalb, weil das unmenschliche, mit der Logik gesetzte, Abstrahieren zu Fiktionen führt. Man kann philosophisch zeigen, daß Streiten sinnlos ist. Das ändert »nichts daran, daß es stattfindet« (371). Also muß es »einen Grund haben und so gehört auch der Irrtum zur Wirklichkeit«. Auch Krankheit ist Streit, in den der Gesunde versetzt wird.

Es ist das Verdienst dieser ärztlichen Anthropologie, uns der Realität dieser unentwirrbaren »Verwirrung« auszusetzen, deren Unerbittlichkeit uns bei uns selbst, kraft der Realität des Menschlichen, festhält und uns der Fragwürdigkeit der ebenso unvermeidlichen Abstraktion verpflichtet. Die Kontingenz ist ein Urphänomen. Der gesamte Erfahrungsbereich ist von ihr wie durchwachsen. Zwar ist sie selbst ein Abstraktum. Es wird aber von der Abstraktion »Notwendigkeit« in Schach gehalten. Beide halten einander in Schach. Die Partie bleibt remis. Dem endlichen Menschen ist die Erkenntnis des Absoluten versagt.

Die pathische Realität läßt sich nicht überspringen. Sie läßt keine Reflexion über »die« Existenz zu. Sie ist ein Reflektieren im Existieren. Die pathische Realität ist nur erkennbar, »indem man sich an ihr beteiligt« (98). Die Reflexion kann nicht über sich selbst springen. Sie bleibt an die verworrene Existenz gekettet. Pathosophie hindert die Reflexion, sich in Prinzip und System absolut zu setzen und die Existenz »von oben« zu vergewaltigen.

Wenn es wirklich wahr ist, was Martin Buber sagt, daß der Mensch das »überraschende Wesen« ist, welcher Ausblick ergibt sich da auf unser Dasein! Welche Katastrophenträchtigkeit hat dieses Dasein, wenn das Berechenbare – dies nur als ein Fall für viele – die Technik, in der Hand des unberechenbaren Menschen liegt! Nein, nicht »Ausblick«, nicht »Wenn«! Es ist so. Es ist unsere Wirklichkeit.[8]

Es ist ein erkenntnistheoretisches Moment, das sich aus einer Pathosophie des Menschen ergibt. Hier wird die Überschätzung des Begriffes der Ursache »korrigiert« (7). Hier gibt es eine »Tücke des Objekts«, einen »Wahn der Materie«, eine »Leidenschaft der Bewegung«, einen »Unverstand der Funktionen«, einen »Unernst der Dinge«, eine »Verlogenheit des Lebens« (18 ff). Alles steht auf Erfahrung, Beobachtung, nicht auf Beweisen. Der pathische Charakter des Seins wird lediglich festgestellt. Ist Logik wirklich seine Struktur? Warum irren wir dann? Ja, warum lügen wir? Irrtum und Lüge sind. Sie sind nicht nur scheinbar wirklich (49). Das alles ist nicht ohne den Menschen. Es wird vom Menschen am Menschen beobachtet. Immer unentwirrbarer zeigt sich der Knäuel Mensch. Immer dringlicher wird die Frage nach dem, was er ist.

Mit dem Knäuel Mensch rückt uns immer dringlicher die Frage auf den Leib nach der Kontingenz der Geschichte. Denn Geschichte ist dadurch, daß der Mensch ist. Und der Mensch ist nicht ohne Geschichte. Durch ihn hat sogar die Natur eine Geschichte, durch die Art seines Erkennens in der Zeit. Diese Geschichte aber ist pathische Existenz.

Viktor von Weizsäcker schließt sein persönliches Bekenntnisbuch »Begegnungen und Entscheidungen«[9] mit den lapidaren Sätzen, daß das »ewige Geheimnis der Geschichte« kein anderes sei als das »Mysterium der Inkarnation«[10]. Dieser These korrespondiert wenige Zeilen später die andere These, »daß das geschichtliche Geschehen die volle Qualität des Wahnsinns« habe. Zu dieser Überzeugung sei er während des ersten Weltkrieges gekommen. Die »Offenbarung der Trinität« und die »Wahn-Grundbeschaffenheit der Geschichte« sind hier in einer Art rettender Komplementarität begriffen. Beider

Glaubwürdigkeit ist dieselbe. Es ist die Glaubwürdigkeit des Absurden. Der Mensch ist sterblich. Die Welt ist vorläufig.

2. *In den Geisteswissenschaften*

Jacob Burckhardt

Die Frage der Kontingenz ist heute noch einmal brennend geworden durch die Wiederentdeckung Hegels und den Neomarxismus der Jungen. Bis über die Mitte des 19. Jahrhunderts war der Evolutionsgedanke beherrschend. Ohne ihn ist die »heilsgeschichtliche« Theologie nicht denkbar. Wie die Weltgeschichte sich nach einem Gesetz entwickelte, so auch die Heilsgeschichte, mit dem Alten Testament beginnend, von Gott geplant zur Erlösung des Menschengeschlechtes. Die Berührung beider Entwicklungslinien lag dabei in dem Plan, nach dem sich Geschichte beidemal, von der Vernunft einsehbar, zum Ziel des »Reiches Gottes« entwickelte. Reich Gottes war die heilsgeschichtliche Parole, mit der sich Hegel, Schelling und Hölderlin einst im Tübinger Stift voneinander verabschiedet hatten.

Im gleichen Jahrhundert entstand aber auch der erste Widerspruch gegen diese Konstruktion der Geschichte. Da ist ein »revolutionärer Bruch im Denken des 19. Jahrhunderts«[11]. Es ist da von den Grenzen des Menschen zu reden, und das entspricht nicht dem Geist der Zeit. Indes, es wurde und wird bis auf den Tag sehr wohl um diese Grenze gewußt. Unser modernes Bewußtsein steht unter dem Fascinosum der aufsteigenden Linie. Es lebt aber in eben diesem Bewußtsein auch die Idee vom Verfall. Auch sie meint Evolution, wenn auch im entgegengesetzten Sinn. Die Idee vom Verfall ist wichtig als Kritik, weil sie die Relativität aller Entwicklungstheorien anzeigt. Sie bewegt sich aber mit dem Evolutionsdenken auf derselben erkenntnistheoretischen Ebene eines »objektiven« Systems, in dem das Gesamt der Wirklichkeit fest umgriffen scheint. Ich plädiere für eine offene Wirklichkeit mit allen Folgen, für eine Wirklichkeit, in der es Kontingenz gibt. Kontingenz aber bedeutet nicht nur Zufall, Verunsicherung, Schranke. Kontingenz bedeutet auch die Möglichkeit von Freiheit und Schöpfung.

Noch sind wir nicht so weit. Noch sind wir im Vorraum einer profanen Anthropologie.

Jacob Burckhardt starb 1897, Marx 1883, Darwin 1882. Hegel war 1831 gestorben. Es war Hegel, der inzwischen zur vollen Auswirkung gekommen war, dem Burckhardt widersprach. Burckhardt wußte etwas von Geschichte. Er wußte, daß Geschichte im Detail ist. Er wußte, daß sie undurchdringbares, sich kaleidoskopisch unaufhörlich verschiebendes Gewebe von Konkretionen ist. Freilich wußte davon auch Hegel. Hegel spricht vom »furchtbarsten Gemälde« der Vergänglichkeit, in der der Untergang zugleich ein Werk der Natur und des Willens des Menschen ist. Er nennt die Geschichte eine »Schlachtbank«, auf der »das Glück der Völker, die Weisheit der Staaten und die Tugend der Individuen zum Opfer gebracht sind«, bei welchem Anblick sich notwendig die Frage erhebe, »wem, zu welchem Endzweck diese ungeheuersten Opfer gebracht worden sind«[12]. »Wenn wir das Schauspiel der Leidenschaft betrachten und die Folgen ihrer Gewalttätigkeit ... in der Geschichte uns vor Augen halten, das Übel, das Böse, den Untergang der blühendsten Reiche ..., so können wir nur mit Trauer über solches Schauspiel enden.« Goethes Ausspruch von der Geschichte als einer Summe von Irrtum und Gewalt ist bekannt. In einem Gespräch mit dem Historiker Luden hat er gesagt, man finde letzten Endes immer wieder nur »eine große Wahrheit«: »... daß es zu allen Zeiten und in allen Ländern miserabel gewesen ist. Die Menschen haben sich stets geängstigt und geplagt; sie haben sich untereinander gequält und gemartert ... und die Schönheit der Welt und die Süßigkeit des Daseins ... weder zu achten noch zu genießen vermocht ... So ist es; so ist es gewesen; so wird es wohl auch bleiben. Das ist nun einmal das Los des Menschen.«[13] »Die Naturgeschichte«, sagt Jacob Burckhardt in seinen Weltgeschichtlichen Betrachtungen[14], »zeigt uns einen angstvollen Kampf ums Dasein, und dieser nämliche Kampf erstreckt sich bis weit in Völkerleben und Geschichte hinein.« Karl Löwith fragt dann weiter: »... ist das nicht schon alles, was sich über Geschichte sagen läßt? Weshalb sollte man hier nicht halt machen, anstatt mit Hegel weiter zu fragen: zu welchem Endzweck diese ungeheuern Opfer immer wieder gebracht werden?« In der »Frage« sind wir uns alle einig. Aber nicht in der Antwort.

Der Versuch einer Geschichtsphilosophie wie einer

Theologie der Geschichte fordert im Anblick des wahrhaft »furchtbarsten Gemäldes«, das uns das 20. Jahrhundert von der menschlichen Welt enthüllt hat, mehr als je unsere Kritik und Skepsis, wenn nicht gar unsere Sorge, ja Angst heraus. Den Gedanken Hegels, daß die Vernunft es sei, die die Welt beherrsche, konnte Burckhardt mit der Fülle von historischem Detail, das er im Blickfeld ständig vor sich sah, ehrlicherweise nicht realisieren.

In der Einleitung zu den Weltgeschichtlichen Betrachtungen sagt er von Hegels Philosophie, sie gehe von der Voraussetzung aus, der »Gedanke der Vernunft« sei der einzige Gedanke, den die Philosophie mitbringe. Eben dieses Mitbringen aber sei das, was zu beweisen sei. »Dieses kecke Antizipieren eines Weltplanes führt zu Irrtümern, weil er von irrigen Prämissen ausgeht.«[15] Burckhardt sieht hier die Gefahr einer Ausbeutung der Geschichte durch das Interesse von »Weltpotenzen«, wie sie das Christentum und der Sozialismus sind. Er bezeichnet als seine Aufgabe, »Beobachtungen und Forschungen an einen halbzufälligen Gedankengang anzuknüpfen, wie ein andermal an einen andern« (3). Es ist eine Methode des sensitiven – gleichsam – Abtastens der Erscheinungen, es ist das Gegenteil einer Konstruktion von Wirklichkeit nach dem Modell Hegelscher Dialektik. Er selbst bezeichnet sein Vorgehen als »beschauend« (9). Ja, er kann von »unserer Kontemplation« sprechen (11). In ihr manifestiere sich »unsere Freiheit« mitten im Strom der Notwendigkeit. Diese Freiheit, so darf man ergänzen, korrespondiert der Kontingenz. Sie läßt der Kontingenz Raum. Sie respektiert ihr Vorgegebenes »mitten im Bewußtsein der enormen allgemeinen Gebundenheit«. Er will das »Bewegte« in seiner Wirkung auf die »stabilen« »Potenzen« beobachten, um dann auf die »beschleunigten Bewegungen des ganzen Weltprozesses überzugehen ...« Es gibt, nach Burckhardt, eine »Lehre von den Krisen und Revolutionen, auch von der sprungartigen Absorption aller anderen Bewegungen, dem Mitgären des ganzen übrigen Lebens, den Brüchen und Reaktionen, also zu dem, was man Sturmlehre nennen könnte ...« Was hier geschildert wird, ist das Kontingente, das im Weltprozeß mit am Werke ist. Dabei ist bei Burckhardt nicht zu übersehen, daß er sein Augenmerk im Ganzen dieses Prozesses auf das »sich Wiederholende, Konstante, Typische« richtet. Er behauptet gegen Hegel das Konstante in der Bewegung.

Kontingenz und Kontinuität, die Geschichte hat bei Burckhardt beides. Die Kontinuität verbürgt ihm ein Minimum an Sicherheit angesichts der Unleugbarkeit von erfahrener Kontingenz. In dem kurzen Lebensabriß, den wir von seiner Hand haben (317) spricht Burckhardt davon, daß sich ihm »frühe der Eindruck von der großen Hinfälligkeit und Unsicherheit alles Irdischen geltend« gemacht habe. Das Kapitel, mit dem er seine Weltgeschichtlichen Betrachtungen schließt, trägt die bezeichnende Überschrift »Über Glück und Unglück in der Weltgeschichte«. Es ist eine »optische Täuschung« heißt es da, die uns Glück vorspiegelt. Wir müßten versuchen, den Ausdruck Glück aus dem Völkerleben »loszuwerden«, den Ausdruck Unglück hingegen beizubehalten. Hinter beidem steht Selbsterfahrung des Menschen. In beidem bezeugt sich Kontingenz. Hinter jedem Wunsch liegt ein Nichthaben und hinter jedem Bedürfnis ein Mangel verborgen. Da ist eine Aporie. Da stimmt etwas nicht von Anfang an. Es ist nicht wahr, daß alles Wirkliche vernünftig sei. Und zur Entschuldigung kann nur dienen, daß Geschichte in höchsten Nöten sich begibt.

Die Vernunft hat nicht nur Antworten. Sie hat zuerst Fragen, mit deren harten und scharfen Rändern sie blutig in die Traumwelt unserer Wünsche einschneidet. Platos »Staunen« bleibt der Anfang aller Philosophie und das »Schaudern der Menschheit bester Teil«. Damit sind wir über die Griechen nicht hinausgekommen, deren letzte Antwort auf den Wert des Daseins die Tragödie war. Es ist die Erfahrung der Kontingenz, welche die lichte Heiterkeit des griechischen Kosmos verdüstert.

Friedrich Nietzsche

Das war es, was Friedrich Nietzsche[16] erkannt hatte. Der Optimismus ist eine Scheinantwort der Wissenschaft auf »das große Fragezeichen vom Werte des Daseins« (30). Wissenschaft kann Kontingenz nicht brauchen.

Im »Versuch« sagt Nietzsche, daß es für ihn das Problem seines Anfangs war: das Problem der Wissenschaft – »Wissenschaft zum erstenmal als problematisch, als fragwürdig gefaßt«[17]. »Wie? Ist Wissenschaftlichkeit vielleicht nur eine Furcht und eine

Ausflucht aus dem Pessimismus? Eine feine Notwehr gegen – die Wahrheit?« Für welche Wahrheit? Für die Wahrheit einer Wirklichkeit, die durch Logik nicht zu bewältigen ist?[18] Dem Bedürfnis des »Zurechtmachens« der Wirklichkeit im Blick auf Nützlichkeit, nicht dem Bedürfnis, zu erkennen, entspricht die Logik der Systemdenker. Es ist eine »relative Nützlichkeit«, durch die sich die Kategorien der Vernunft bewährt haben. »... Logik ein Imperativ, *nicht* zur Erkenntnis des Wahren, sondern zur Setzung und Zurechtmachung einer Welt, die uns wahr heißen soll.« »Logik ist der Versuch, ... die wirkliche Welt ... uns formulierbar, berechenbar zu machen ...« Pessimismus? fragt Nietzsche, vielleicht ein »Pessimismus der Stärke ... aus Fülle des Daseins?« Eine Stärke im Standhalten dem Übermächtigen, dem Unberechenbaren, ein Pessimismus als der »gute strenge Wille ... zum Bilde alles Furchtbaren, Bösen, Rätselhaften, Vernichtenden auf dem Grunde des Daseins?« (34). Es ist der tragische Mythos der »älteren Hellenen«, den Nietzsche so verstanden hat.

Was daran unaufgebbar ist, das ist der Mut zur Erkenntnis unserer Grenzen, zur Bescheidung, zur Wahrhaftigkeit im Umgang mit der gefährlichen Wahrheit. Es ist nicht der Mut zu einer Wahrheit, die immer die Gefahr der Abstraktion und als »Deutsche Philosophie«, wie es Albert Camus so eindrücklich gemacht hat, eine gewaltsame Weltkonstruktion als höchstes Ziel zur Folge hat. Es ist zweifellos wahr, daß hier ein schwerer Konflikt aufgerührt ist, um so schwerer, als der Mensch des 20. Jahrhunderts eine

Welt in Not erfahren mußte, die alle Leidenschaft zur Weltveränderung aufgewühlt hat. Indes, das Problem ist nicht so einfach und vor allem nicht gewaltsam zu lösen. Gewalt beginnt schon im Gedanken, in der Vergewaltigung der unerwünschten Wahrheit. Und im Wort geschieht der erste Schritt, in dem Gewalt in die Welt tritt. Es gehört Mut zur Bescheidung, zu einer Ethik der Wahrhaftigkeit als Grund sinnvollen Handelns. Einen Himmel können wir auf Erden nicht schaffen, eine Hölle aber — vielleicht — verhindern.

Wie sollte Erkenntnis nicht auch Leiden sein? Leiden am Unerkennbaren? Wie sollte Handeln nicht auch Leiden sein, Leiden am Unverfügbaren dieser Welt? An der unbeantwortbaren Frage nach dem Sinn unseres Daseins? Von dem Leiden zu schweigen, in das unsere körperliche Existenz uns verhaftet: dem Gesetz des Vergehens, der Macht des Todes verfallen, dieser unserer Ohnmacht großen Stiles unterworfen? *Es gibt ein Leiden an der Kontingenz.* Das war es ja, was von dem Arzt Viktor von Weizsäcker zu lernen war, ein Leiden, das unsere ganze Existenz nach allen Richtungen hin durchdringt.

3. In der Dichtung

Von Nietzsche könnte man sagen, daß er geradezu einen Kult der unerwünschten Wahrheit in seiner Philosophie der Ewigen Wiederkunft gepflegt hat. Es ist ein dionysischer Gegenkult gegen das apollinische

Ordnungsdenken. »Diese Welt: ein Ungeheur von Kraft, ohne Anfang, ohne Ende ... ein Meer in sich selber stürmender und flutender Kräfte, ewig sich wandelnd, ewig zurücklaufend, mit ungeheuren Jahren der Wiederkehr ... diese meine dionysische Welt, Welt des Ewig-sich-selber-Schaffens, des Ewig-sich-selber-Zerstörens, diese Geheimnis-Welt der doppelten Wollüste, dies mein »Jenseits von Gut und Böse ...«[19]. Muß man wohl sagen, daß hier einer so überwältigt war von der nackten Kontingenz, daß ihm im »Kreisen« ohne Ziel das »Glück« des Seins erschienen war?

Antonin Artaud

In Antonin Artauds Reflexionen über das Theater findet sich gleichfalls der Gedanke einer »kosmischen Grausamkeit«, aber bereits in kritischer Distanz gesehen. Artaud spricht von seiner eigenen Lehre als »Gnostizismus«[20]. Er ist nicht mehr »jenseits von Gut und Böse«. Er weiß vom Bösen. Er spricht von Grausamkeit »im gnostischen Sinn eines Lebenssturmes, der die Finsternis verschlingt«. Es ist ein apokalyptisches Licht, das über Artauds Weltbild liegt. »Wir sind eingehüllt in eine zweite, schlechte und kranke, eine Phantom-Menschheit ... Es sind Menschen, die von Geburt an das Tier in sich nicht getötet haben ... Dieses Tier ist ein Erotismus ohne Ende, das unheimliche Licht eines Erotismus, der aus den letzten Tiefen der Welt stammt.« »Das Theater der Grausamkeit« muß unser Sensorium mit dieser

Wahrheit unmittelbar treffen. Wie die Pest – unsere letzte Wirklichkeit erbarmungslos enthüllend – alle Konventionen aufhebt, so muß Theater sein. »Wie die Pest ist das Theater ein gewaltiges Aufrufen jener Kräfte, die den menschlichen Geist an den Ursprung seiner Kräfte führen.« Diese Erschütterung soll das Theater bewirken. Artaud kommt in der Schilderung dieser Wirkung des Theaters hart an den Rand des religiösen Ritus, einer »Stätte totaler Widergeburt« (Chiaromonte).

Man denkt hier unwillkürlich an die attische Tragödie, die, kultischer Akt, Begegnung mit dem Gott war. Artaud kommt mit seinem Theater der Grausamkeit hart an die Grenze des Wahnsinns. Er weiß das selbst. Er weiß, daß Wahnsinn aus der Konfrontation mit der »kosmischen Grausamkeit« folgen kann. Dem setzt die Gesellschaft eine »soziale Diktatur« entgegen. »Die Verrückten sind die persönlichen Opfer der sozialen Diktatur.« Die »freie Entwicklung eines Deliriums« darf nicht aufgehalten werden. In ihr bezeugt sich die wahre Wirklichkeit.

Artaud kommt hier auf ein Phänomen, das Michel Foucault in seinem Buch »Histoire de la Folies«[21] zum Gegenstand seiner Untersuchung gemacht hat. Die Erfahrung des Wahnsinns gehört zur Welt. Ohne sie gäbe es die Frage nach dem Sinn nicht. Raison *und* déraison lassen sich in der Gesamterfahrung des Daseins nicht trennen. Der Wahnsinnige bezeugt in seiner Krankheit auf die brutalste Weise die Kontingenzerfahrung. Er ist krank an der Unauflösbarkeit der Kontingenz. Es ist die Genialität seiner Empfindsamkeit, bis in die Tiefe dieser Grausamkeit, die heillos ist, hinabstoßen zu müssen.

Chiaromonte macht in diesem Zusammenhang die interessante Beobachtung, daß in den Vorschlägen Artauds für den Gebrauch szenischer Mittel Stellen vorkommen, in denen er vom »objektiven Unvorhergesehenen«, das nicht in der Situation, sondern »in den Dingen selbst« wirkt, spricht. Chiaromonte erinnert in diesem Zusammenhang daran, daß Beckett und Ionesco mit der »Erfindung der Puppe, die wächst und wächst« über jedes Maß hinaus Beispiele des »objektiven Unvorhergesehenen« gegeben haben. Kontingenz, die in dieser Heillosigkeit auftritt, wird als Wahnsinn erfahren.

Das, was sich durch Forschung »wissen« und durch den Verstand »machen« läßt, ist freilich kein Geringes. Wir fangen erst an, zu ermessen, was da durch die Technik mit uns passiert in der industriellen Massengesellschaft. Aber es ist nicht alles. Da ist noch weit mehr, nur vage anzudeuten mit dem, »was um uns her ist«. Nur ein winziger Ausschnitt ist das uns Verfügbare aus dem, *worin* wir sind, und das uns unverfügbar ist. Die Lückenbüßertheorie des 19. Jahrhunderts, mit der die Theologie »Gott« in einem Abstellraum bis zu seiner endgültigen Liquidierung durch das Wissen untergebracht hatte, stellt die Dinge auf den Kopf. Jedoch – der Lückenbüßer ist der Mensch, der in einem Fragment von verfügbarer Wirklichkeit seine gefährlichen Experimente macht. Im Unbetretbaren »um uns herum« ist für den Handelnden eine Lücke ausgespart, in der er seine Hybris abbüßt. Die machbare Welt gleicht einer Rakete, die ins Grenzenlose hinaus abgefeuert, der Gefahr des Sichverlierens im Unbestimmten ausgesetzt ist.

Einige Zeitgenossen sind mit der schmerzhaften Empfindsamkeit begabt, voran die Künstler und Dichter, diese Aporie zu erkennen, zu benennen und zu erleiden. Der Mensch ist in besonderer Weise der Gegenstand des dichterischen Genius, der weiß, was im Menschen ist. Auch auf den Dichter zu hören, liegt mir hier an.

Albert Camus

Kaum einer hat den Verlust, den wir in der Kontingenzerfahrung erleiden, so radikal auf seine Folgen hin zu Ende gedacht, wie Albert Camus.

Was ist bei Camus das Absurde? Daß es eben jenes Vakuum gibt genau an der Stelle, wo die Vernunft die entscheidenden Fragen stellt und ohne Antwort bleibt. Es ist die Kontingenz in den Dingen, die jede Möglichkeit am Hauptpunkt weiterzudenken, im Blick auf einen Sinn ausweglos verstellt. Darum rollt Sisyphus' Stein ihm immer aufs neue vor die Füße. Es gibt keinen Gott. Denn er kann weder der Welt einen Sinn geben, noch die Ungerechtigkeit aufheben. Es gibt nur diese eine Welt, und was sie nicht in sich selbst hat, gibt es nicht. Es gibt weder Sinn, noch Gott. So absurd ist die menschliche Existenz, daß das Bewußtsein nur im »logischen Selbstmord« Kirilows[22] enden kann. In dem grausamen und begrenzten Universum des Menschen stößt sich das Denken zu Tode.

Die Vernunft ist, und nur durch die Vernunft erkennen wir die Unvernunft, erkennen wir, daß die Welt absurd ist. »Das Absurde ist die erhellte Vernunft, die ihre Grenzen feststellt« (45). Deshalb können die Naturgesetze »bis zu einer bestimmten Grenze gelten, darüber hinaus wenden sie sich gegen sich selbst ...« Sie stoßen nicht nur an eine Grenze, hinter der alles kontingent ist. Nein, mehr! Indem sie sich gegen sich selbst wenden, lassen sie das Absurde entstehen« (36).

Daß »ich nicht wissen darf«, das ist mein Unglück. Camus sieht die ganze Geschichte des menschlichen Denkens und Dichtens unter dieser Verneinung. Die Kategorien der moralischen Vernunft, »die alles klären wollen«, sind deterministisch. »Sie haben mit Geist nichts zu tun. Sie leugnen seine tiefe Wahrheit: daß er in Fesseln liegt.« Das ist das Universum des Menschen: undeutbar und begrenzt (23). Der schreiende Gegensatz zwischen der Vernunft und ihrer einzigen und letzten Folgerung von der Unvernunft der Welt, dieses Absurde ist das einzige Band zwischen Welt und Mensch, das sie verbindet. Der Mensch ist nicht nur verlassen in dieser Welt. Das würde an Monod erinnern. Sein Herz ist in dieser Verlassenheit auch noch von dem »Absurden als Leidenschaft« verbrannt (24).

In einem Universum, »das plötzlich der Illusionen und des Lichts beraubt ist, fühlt der Mensch sich fremd«. Hier spürt man die Berührung mit der Verlassenheit des Menschen, die auf ganz anderen Ebenen, der biologischen (Monod) oder der soziologischen (Horkheimer) heute erfahren wird. Er hat

»Heimweh«. »Dieses Heimweh nach der Einheit, dieses Verlangen nach dem Absoluten enthüllt das wesentliche Agens des menschlichen Dramas« (20). »Das Denken des Menschen ist vor allem seine Sehnsucht« (45). Es ist keine Schande mehr, von dem Menschen als dem sehnsüchtigen Wesen zu sprechen. Es ist einfach aufrichtig. »Wollte man die einzige gültige Geschichte des menschlichen Denkens schreiben, so würde es die Geschichte seiner fortgesetzten Reue und seiner Ohnmacht werden (21). Dahinter steht die Unerklärbarkeit von Sein, Welt, Mensch. »Selbst dieses Herz, das doch meines ist, wird immer unerklärbar bleiben« (21).

Es geht bei Camus nicht darum, das Kontingente als Schranke, Verneinung, Leere zu begreifen. In der Gestalt des Absurden wird es zum »Agens« unserer Existenz. Deshalb ist er wichtig für meinen Versuch. Er interpretiert das Kontingente als das Absurde selbst: daß es *das* gibt, daß so menschliche Existenz ist. Das Absurde ist mit dem menschlichen Geist gegeben. »So endet das Absurde wie alle Dinge mit dem Tode« (31). Außerhalb dieser Welt kann es nichts Absurdes geben. Diese Welt ist *eine*. Außer ihr gibt es nichts. Das Absurde hat für Camus etwas vom Charakter des Absoluten (35. 44). »Das Problem ist: zu wissen, wie man da herauskommt . . .« »Ich habe es als eine Gegenüberstellung und als einen pausenlosen Kampf definiert« (31). Mir geht es dabei nur um Camus' Beitrag zur Erhellung der Kontingenzerfahrung: seine Interpretation der Kontingenz als des Absurden.

Samuel Beckett ist Albert Camus überlegen, indem er auf jede Lösung verzichtet. Er beschreibt den Konflikt unverhüllt. Nicht mehr. Hier scheitert der Mensch an seiner Kontingenzerfahrung. Er stürzt nicht ins Nichts. Er ist schon im Nichts.

Beckett nennt sein kleines Prosawerk, das 1972 in deutscher Sprache erschien, »Le dépeupleur«[23]. Dépeupleur ist abgeleitet von dépeupler: entvölkern, veröden, verwaisen. Schon der erste Satz ist dunkel. »Eine Bleibe, wo Körper immerzu suchen, jeder seinen Verwaiser.« Wer oder was kann mit diesem Verwaiser gemeint sein? »Eine Bleibe, wo Körper immerzu suchen ...« Sie suchen ihre Auflösung in Nichts.[24] Vergeblich! Es wird ein Ort beschrieben, der erfüllt ist von einer einzigen Leidenschaft: der Leidenschaft des Suchens. »Groß genug für vergebliche Suche. Eng genug, damit jegliche Flucht vergeblich. Es ist das Innere eines niedrigen Zylinders mit einem Umfang von fünfzig Metern und einer Höhe von sechzehn wegen der Harmonie« (7). Der Zylinder ist nach allen Seiten hin verschlossen. Die Gesamtfläche des Inneren beträgt ungefähr zwölfhundert Quadratmeter einschließlich achthundert der Wand. Im Inneren befinden sich etwa zweihundert Körper. »Ein Körper pro Quadratmeter« (19). Körper, sagt Beckett, nicht Menschen. Die Harmonie des Zylinders und seiner Maße ist mathematischer Natur und steht in Kontrast zu dem Unbestimmten aller Vorgänge im Inneren, das in einer wilden ungreifbaren Erregung vibriert. Das Licht und die Temperatur, die den Raum erfüllen, schwanken unaufhörlich. »Überallsein einer schwachen, gelben Helle, die ein verwirrendes Hin und Her zwischen einander berührenden Extremen in wilde Erregung versetzt« (27).

Es bieten sich dem Blick nur Teile eines Fleischgeflechtes. So dicht drängen sich die Kletterer auf den Leitern, hinauf zu Nischen hoch oben an der Wand des Zylinders. Außer den Suchenden, die klettern, gibt es in dem Rundbau noch Suchende, die, ohne anzuhalten, hin- und hergehen, dann solche, die, ermattend, sich gesetzt haben, die Seßhaften, endlich solche, die es aufgegeben haben, die gleich Erloschenen an der Wand hocken und die Beckett die »Besiegten« nennt.

Dies ist die Stelle, an der sich der Dichter an Dante (21) erinnert. Es ist der einzige Name, der in dem ganzen Stück vorkommt. »Und weit davon entfernt, sich ihren allerletzten Zustand vorstellen zu können, in dem jeder Körper starr sein wird und jedes Auge leer, werden sie dahin geraten, ohne daß es ihnen bewußt wird, und werden sie so sein, ohne es zu wissen« (25). Das ist die Nähe von Null. »In der kalten Finsternis regungsloses Fleisch.«

Über den Ausweg aus diesem Infernum gehen unter den Suchenden zwei Gerüchte um (31 f). Die eine Meinung behauptet, daß es einen geheimen Durchgang gebe, der in einem Tunnel zwischen den Nischen an der Höhe der Wand beginne und der – »wie der Dichter sagt« – »zu den Zufluchtstätten der Natur« führt. Die andere Meinung ist der Traum »von einer mitten in der Decke versteckten Klapptür«. Sie gewähre »Zugang zu einem Kamin«, »an dessen Ende immer noch die Sonne und die anderen Sterne glänzen würden«. Beckett nennt den Glauben an den Kamin im Zenit, der sich vielleicht über eine Leiter erreichen ließe, einen »Dämon« (35).

Beckett ist ein Repräsentant unserer Zeit. Nicht umsonst ist ihm der Nobelpreis verliehen worden. Was er im »Verwaiser« zur genialen Aussage bringt, das ist die vollkommene Unbestimmtheit und Unbestimmbarkeit bis hin zur Bestimmungslosigkeit des Menschen. Dieses Vibrierende, Oscillierende, Vage läßt sich bis in Einzelheiten der Sprache verfolgen. Es ist eine Aporie, eine Leere, und wiederum dennoch keine, die dynamisch, in einer Art Konvulsion endlos rotiert.

Die Leere, die doch keine ist, hat Beckett mit dantesker Kraft geschildert. Da sind »spähende Blicke, die mit dem Spähen innehalten und sich auf die Leere richten«. Denn in der Leere ist das »Hassenswerte« anderer Augen. ». . . und wie sie dann ineinandertauchen, in Blicke, die gemacht wurden, um einander zu entfliehen« (113)! Es ist eine Wirkung wie bei einem Weltende, das nicht stattfindet. Denn sogleich beginnt das Doppelgewitter von neuem. Wieder begeben sich die Augen auf die Suche »nicht erleichtert und nicht einmal enttäuscht«. (115) Das ist noch ein Schritt über Camus' »Sisyphus« hinaus.

Und dann das Letzte, wenn es ein solches Letztes überhaupt gibt, das in diesem Zylinder immer nur ein sogenanntes Letztes sein kann. Da ist dieses Ja und doch Nein, dieses unaufhörliche Auflösen aller Bestimmtheit, damit dieses Bestimmt dennoch nicht das letzte Wort sei, sondern das Unbestimmt die makabre Dauer des Endlos habe. »Und so weiter, bis ins Unendliche, bis kurz vor dem undenkbaren Ende, falls diese Vorstellung beibehalten wird, ein Allerletzter noch schwächlich zuckend sucht« (125 f).

»Falls diese Vorstellung (notion) beibehalten wird (est maintenue).« So lautet der letzte Satz der Dichtung (133). Es ist der Satz, der sich refrainartig im Text wiederholt. So, als stelle der Dichter sich selbst immer wieder ein Bein. Damit er gleichsam stolpere, nicht sicher werde auf dem Weg; sich bewußt bleibe, daß dieser Weg keiner ist, daß diese einzige, letzte Voraussetzung jederzeit fallen könne. Der Dichter stellt sich immer von neuem in Frage. Indes — er behält diese »Vorstellung« bei! Warum? Er würde sonst ins Leere fallen. Das Ende wäre Schweigen. Aber er schweigt nicht. Noch nicht.

Ist es nicht schon ein Fallen? Täuscht er sich nur darüber hinweg? Hat er nicht alles getan, um das »undenkbare Ende« (l'impensable fin) *kein* Ende sein zu lassen? »Im trüben Leuchten der Decke hält der Zenit noch seine Legende« (127).

Ich kenne kein anderes dichterisches Symbol, das die Kontingenzerfahrung so unerbittlich zu Ende denkt und in so unverhüllter Nacktheit zur Anschauung bringt.

Zwischenstück: Grenzüberschreitung

Im Setzen der Grenze wird Grenze immer schon überschritten. »Schritte über Grenzen« nennt Werner Heisenberg eine Sammlung seiner Reden und Aufsätze. Jaques Monod gibt seinem Buch »Zufall und Notwendigkeit« den Untertitel »Philosophische Fragen der modernen Biologie«. Carl Friedrich von Weizsäcker übernimmt einen philosophischen Lehrstuhl und schreibt ein Werk über die »Einheit der Natur«. Pasqual Jordan spricht vom »Naturwissenschaftler vor der religiösen Frage«. Ich weiß, daß eine nicht geringe Anzahl von Naturwissenschaftlern solche Schritte über die Grenze ablehnt. Das hindert nicht, daß die Grenze in Sicht gekommen ist und daß auch eine Weigerung, sie zu überschreiten, sie anerkennen heißt. Liegt nicht im Wesen des Denkens, auf ein Ganzes hin zu denken? Ist dem so, dann ist Grenze-Setzen und Grenze-Überschreiten untrennbar voneinander. Max Planck hat das so ausgedrückt: »Ich bin fromm geworden, weil ich zu Ende gedacht habe und dann nicht mehr weiter denken konnte. Wir alle hören viel zu früh auf zu denken.« Zu Ende denken, dann aber das andere, schwerere: sich kritisch eingestehen, daß man am Ende ist.

Auf eine ähnliche, beinahe zwangsläufig erscheinende Grenzerfahrung stoßen wir heute wohl auf einem anderen, für das moderne Denken charakteristischen Gebiet, in der Soziologie. Voraussetzung ist allerdings, daß das soziologische Thema zu Ende gedacht wird. Wo solches Zu-Ende-Denken kritisch geschieht, da stößt man überraschend auf theologische Begriffe, die der Eschatologie entlehnt sind. Diese Entlehnung ist in der Begriffswelt des Marxismus besonders einleuchtend, ist doch die Utopie einer vollkommenen Gesellschaft eine Antizipation des Reiches Gottes. Das Werk von Ernst Bloch ist eine Fundgrube für Belege zu diesem säkularisierten Evangelium vom »Reich des Menschen«. Aber auch bei Soziologen der Frankfurter Schule tauchen theologische Begriffe, die zur Eschatologie gehören, auf. Könnte es sein, daß die »Jagd nach dem Absoluten« in der Geschichte über die Anthropologie, zu der ich auch die Soziologie rechne, folgerichtig beim »Anderen« der Theologie endet?[25] Da findet man Begriffe wie »Gnadenerwartung«, »Erwartung religiösen Heils«, »Verlust religiöser Heilsgewißheit«.[26] Bei Adorno gibt es den Satz: »Philosophie, wie sie im Angesicht der Verzweiflung einzig noch zu verantworten ist, wäre der Versuch, alle Dinge so zu betrachten, wie sie vom Standpunkt der Erlösung aus sich darstellten. Erkenntnis hat kein Licht, als das von der Erlösung her auf die Welt scheint ...«[27]

Es sind vereinzelte, vor allem jüdische Denker, in deren Sozialphilosophie dieses Auftauchen theologischer Formeln gleichsam wie von selbst sich begibt. Ich nannte Horkheimer, Adorno, Bloch. Und dann vor allem Walter Benjamin, den Mystiker unter ihnen.

Indes, auch in der Theologie ist heute Grenzüberschreitung im Gange, aber genau in entgegengesetzter Richtung. Überschreiten die Weltleute die Grenze nach »rechts«, so tun dies die Theologen nach

»links«. Merkwürdig, daß die Grenzgänger sich dennoch nicht treffen! Da stimmt doch etwas nicht. Reden die Weltleute von »Sehnsucht« nach dem Anderen, entdecken sie die »Tröstungen der Religion«, denken sie an Theologie, so denken die Theologen an Politik und Humanität. Der »bucklige Zwerg«, gemeint ist die Theologie, mischt sich voller Sehnsucht nach Welt unter die Weltleute. Wie, wenn nun aber die Weltleute heute gerade den »buckligen Zwerg«, wie ihn Walter Benjamin in der ersten seiner »Geschichtsphilosophischen Thesen«[28] sarkastisch schildert, auf dieser anderen Seite suchen und ihn dort nicht finden?

»Bekanntlich soll es einen Automaten gegeben haben, der so konstruiert gewesen sei, daß er jeden Zug eines Schachspielers mit einem Gegenzug erwidert habe, der ihm den Gewinn der Partie sicherte.« Das Geheimnis des Automaten aber war dies. Der Schachspieler vor dem Brett war eine Puppe, die vor einem geräumigen Tisch saß. In dem Tisch aber hockte ein »buckliger Zwerg«, »der ein Meister im Schachspiel war und die Hand der Puppe an Schnüren lenkte«. Und nun kommt die Pointe! Zu dieser Apparatur, sagt Benjamin, könne man sich ein Gegenstück in der Philosophie vorstellen. »Gewinnen soll immer die Puppe, die man ›historischen Materialismus‹ nennt.« Unter einer bestimmten Bedingung nun geschieht es, daß der »historische Materialismus« im Spiel gewinnt, nämlich dann, »wenn sie [die Philosophie] die Theologie in ihren Dienst nimmt, die heute bekanntlich klein und häßlich ist und sich ohnehin nicht darf blicken lassen«.

Da kommen nun beide in Druck. Zuerst die Theologie. Das gefällt uns Theologen natürlich wenig: die Theologie als buckliges kleines Männlein! Sind wir nicht gerade im Aufbruch in die große Welt im Namen der Theologie, um in der Rolle der Weltveränderer endlich mitzuspielen?

Jedoch, gemach! Sollte nicht etwas wahr daran sein: die Theologie als buckliger Zwerg unter den Weltleuten des aufgeklärtesten Jahrhunderts? Sollte uns da einer zur Ordnung rufen, zu unserer besonderen Sache, wenn er von der Theologie sagt, daß sie »bekanntlich klein und häßlich« sei und sich ohnehin nicht dürfe »blicken lassen«? Wie, wenn da nun Grenzgänger unterwegs wären, die Theologie suchten und sich den buckligen Zwerg zum Zeichen gegeben sein ließen, ihn aber nicht mehr finden? Waren nicht schon einmal den »Magiern« Windeln und Futterkrippe zum Zeichen gegeben?

In meinen jungen Jahren beklagte ich einmal im Gespräch mit einem bekannten Dichter, der zugleich auch ein Weltmann war, die zwiespältige Erscheinung des Pfarrers in dieser Welt. Ja, sagte er nachdenklich, das muß so sein. Die »komische Figur« gehört zu ihm. Gehört das zu uns, Gottes und der Welt Narr zu sein? Liegt etwa gerade darin etwas wie ein Kriterium? Sollte es gerade das sein, was der Gleichnisschreiber von der schachspielenden Puppe uns sagen will? Daß gerade – sagen wir ruhig – in dieser metaphysischen Clownerie die ganze Macht des im Tisch versteckten Drahtzieher-Zwerges liegt? Muß der Ärmste doch in einer endlichen Welt vom Unmöglichen reden!

Zweiter Teil: Der kontingente Gott

1. Kontingenz und Erkenntnis

Kontingenz ist Wirkung ohne Ursache. Man kann die Ursache mutmaßen. Das ist das Äußerste.

Die produktive Aporie

Kontingenz ist zunächst ein Negatives. Die Wissenschaft kennt Kontingenz als Aporie ihrer Erkenntnis. Sie erkennt Grenzen ihrer Möglichkeit in der Kontingenzerfahrung. Von ganz anderer Seite her, von der Seite des Menschen her, findet diese Infragestellung ihre Bestätigung. Es sind Verneinungen der Allmacht des Menschen, Selbstverneinungen des Menschen, die einen Raum der Freiheit außerhalb des Menschen-Möglichen absichern. Und damit kommen wir zur Kontingenz als Positivum. Freiheit ist jetzt ein Raum, in dem jenseits des Menschen auch das Unmögliche eine Möglichkeit hat. Kontingenz ist Verneinung nach der einen Seite hin, damit Bejahung nach der anderen hin geschehen kann. Da ist ein Nein, damit ein Ja den Raum frei findet. Da ist ein Vacuum an der minderen Stelle, das am anderen, größeren Ort unermeßliche Fülle bedeutet. Kontingenz als beredte Leere. Kontingenz als Möglichkeit für das Unmögliche. Möglichkeit, nicht mehr.

Die Konfrontierung mit dem Unverfügbaren ist noch nicht die Konfrontierung mit der Offenbarung. Der Weg in den Nihilismus bleibt offen. Die Konfrontierung mit dem Unverfügbaren kann Vorübung, Hinleitung, Paidagogia auf die Offenbarung hin sein. Sie kann uns zum Glauben verlocken. Glaube bleibt immer ein Akt der Freiheit.

Ist das Unverfügbare bereits eine Interpretation von Kontingenz, die Vernunft voraussetzt, so Offenbarung eine Interpretation des Unverfügbaren, die Glauben voraussetzt. Weil Unverfügbarkeit außerhalb des Menschen der Freiraum für Möglichkeit schlechthin ist, kann dieser Freiraum auch Möglichkeit für Offenbarung sein. Hier kann Kontingenz sogar Möglichkeit für das Unmögliche sein. Möglichkeit des totum novum eines neuen Himmels und einer neuen Erde. Möglichkeit als vollkommene Freiheit zu einer neuen Schöpfung.

Auch *Schöpfung* hat einen Bezug zu Kontingenz. Kontingenz ist jetzt der Schatten, den die Freiheit Gottes in die Welt wirft. Die Kontingenz verneint die Notwendigkeit, indem sie die Kausalkette unterbricht. Kontingenz ist ein Nein, das die Möglichkeit eines Ja nicht ausschließt. Diese besondere Möglichkeit nimmt der Glaube wahr.

Ein Raum des Möglichen ist gewonnen, in dem *Prophetie* legitim und notwendig ist. Hier ist Unverfügbarkeit Schweigen, das beredt wird.

Offenbarung ist kein deus ex machina. Im Akt der Freiheit, den ich als Glaubender vollziehe, habe ich Offenbarung in meine Existenz hereingenommen. Glaube bleibt Wagnis. Im Akt der Freiheit ist alles beisammen. Existieren, reflektieren, sich entschließen, glauben. Hier gibt es keine Trennung von Theorie und Praxis.

Aber darin, daß alles beieinander ist, daß es der Streit ist, in dem das Einander-Ausschließende dennoch untrennbar verflochten bleibt, wird der Konflikt zwischen Erfahrung und Offenbarung produktiv. Offenbarung und Erfahrung müssen immer zusammenbleiben. Es könnte gerade dieses ›Untrennbar‹ sein, es könnte der Konflikt sein, in dem Heil verborgen ist. Es könnte sein, daß wir »mitten im Leben« entdecken, wie Offenbarung und Erfahrung aufeinander zugeschaffen sind, entdecken, daß es gerade das Medium dieser leidvollen Existenz ist, in dem die beiden einander dechiffrieren.

Beckett läßt die »Legende« weitertönen. Was sagte doch die Legende? Daß man durch die Öffnung in der Decke empor zur Sonne steigen könne. Warum nicht umgekehrt: die Legende, daß einer von der Sonne heruntersteige durch den Kamin in den Zylinder? Ist nicht dieses »Von-oben-nach-unten« gleich absurd und deshalb auch gleich gültig, wie jenes andere »Von-unten-nach-oben«? Beidemal übt der Mensch Erkenntnis in einer äußersten Distanz von sich und von der Welt. Das eine Mal in negatione: er steigt nicht hinauf. Er verharrt in der Selbstverneinung. Er verharrt im »undenkbaren Ende«. Er verneint die Lösung. Das andere Mal in positione und nun erst recht absurd: im Wagnis des Glaubens an das »Von-oben-nach-unten«. Das ist Kontingenz noch einmal, jetzt aber als Schöpfung. Damit kommt der Hauptpunkt meiner Überlegungen in Sicht.

Vorher aber möchte ich mich einer Folge der Kontingenztatsache zuwenden: der Verunsicherung unserer Erkenntnis.

Die phantasmata bene fundata

Die Faszination durch die Scheinklarheit der Ratio, durch die Ausflucht in ein Systemdenken als Überbau über der undurchdringlichen Verwicklung dieser Krisis soll ein kritisches Denken entgegengesetzt werden. Alle unsere Begriffe sind gebrochen. Sie stellen einander in Frage. Diese gegenseitige Infragestellung ist es, in der sie zusammenhängen. Die damit gegebene Verunsicherung kann nur hingenommen werden. Schon Berdjajew hat unsere Erkenntnis als »schlechte Erkenntnis« bezeichnet. Neuerdings sind es zwei angelsächsische Denker, die dem menschlichen Erkennen prinzipiell skeptisch gegenüberstehen. Vor allem ist da zu nennen der in London lebende Philosoph K. R. Popper. Er vertritt in seiner Lehre vom Fallibilismus die Auffassung, daß die Vernunft grundsätzlich fehlbar ist. Selbst in den exakten Naturwissenschaften gibt es Versuch und Irrtum. Es ist ein kritischer Realismus, eine »Philosophie des offenen Geistes«[29], die er vertritt. Der andere Angelsachse ist A. N. Whitehead. Schon der Titel ist bezeichnend, den er einem seiner Hauptwerke gibt: »Adventures of Ideas«. Er kennt das Abenteuer des Denkens. Im Abenteuer gibt es immer auch das Risiko der Gefahr. Es gibt für die Vernunft auch den

Irrtum. Whitehead bezeichnet den »wissenschaftlichen Dogmatismus« des neunzehnten Jahrhunderts als »Denkfehler«[30]. Sein eigenes Denken entwickelt das Modell einer kritischen Spekulation. Es gibt für ihn sowohl eine Relativität der Vernunft wie der Geschichte. Abgesehen von den »einfachsten Begriffen der Arithmetik« hängt, nach Whitehead, allen unseren Vorstellungen »eine unverbesserliche Vagheit« an. Eine »vollendete Metaphysik« kann uns nicht gelingen. Es gibt nur »partielle eingeschränkte Allgemeinheit«.

Glauben und Wissen sind in diesem verunsicherten Erkenntnisraum verknüpft. Auch sie stellen einander in Frage, wie sie gleicherweise einander ermöglichen. Sie begründen in ihrer Komplementarität, daß überhaupt Mutmaßung von Wahrheit, Annäherung an Wirklichkeit denkbar wird. Sie begründen zugleich das Wagnis von Wahrheit, sofern sie an Existenz gebunden bleiben. Kontingenz stellt den wissenschaftlichen Wahrheitsanspruch des Evolutionsdenkens in Frage. Es stellt in Frage, es hebt ihn nicht auf. Es verunsichert ihn, weil wir beides im Ineinander-geschehen erfahren: Evolution und Kontingenz. Logisch vertragen sich die beiden nicht. Wissenschaftliches Denken vollzieht sich im Zusammenhang von Ursache und Wirkung, muß also Wirkung ohne Ursache ausschließen. Es ist müßig, Schöpfung und Entwicklung entflechten oder gar als Gegensätze denken zu wollen. Unsere Erfahrungswelt ist vielgleisig. Die Stränge überkreuzen und verflechten sich. Keiner der beiden Begriffe allein reicht hin, um die Erfahrung durchsichtig zu machen. Ich frage deshalb nicht, wie sich in der Geschichte Freiheit und Notwendigkeit verhalten. Das wäre die alte philosophische Frage. Sie ist ungelöst, weil unlösbar. Freiheit und Notwendigkeit, Schöpfung und Entwicklung, Kontingenz und Kontinuität sind auf Existenz bezogen, weil sie im Existieren in ihrem Widerspruch erfahren werden. Worin die eigentümliche Vorläufigkeit aller Antworten, die grundsätzliche Relativität aller Erkenntnis ihren Grund hat! Denn im endlichen Raum und der vergehenden Zeit gibt es bestenfalls phantasmata bene fundata.[31]

Das Wagnis des Glaubens

Wenn es die Naturwissenschaften sind, deren Erkenntnisse die größte Sicherheit zu bieten scheinen, so zeigt sich ihre Fragwürdigkeit gerade bei ihnen in ihren Anwendungsbereichen. Wir leben zwar von der Technik, sind zugleich aber auch von ihr gefährdet. Selbst unsere relativ sichersten Erkenntnisse enthalten in all ihrer Exaktheit bereits ein katastrophisches Element. Mit Unbehagen bemerken wir, daß die wissenschaftlich-technischen Prozesse eine Eigengesetzlichkeit entwickeln, die sich jeder Steuerung entzieht.

Die Frage nach der Wahrheit hat darin ihren Stachel, daß es in ihr um unsere Sicherheit geht. Der Mensch ist so geschaffen, daß er seine Existenz nicht auf Lüge bauen kann. Es ist besser, wir bekennen uns zur Verunsicherung unserer Erkenntnis und loten kritisch unsere Existenz nach ihren Möglichkeiten in dieser prekären Lage aus, als mit Absolutheiten uns zu täuschen, die Wunschbilder sind. Wir tun gut, mit dem katastrophischen Charakter unseres Daseins zu rechnen.

Die Wahrheit ist also nicht objektivierbar. Es bleibt als äußerste Möglichkeit für das Denken, was schon Nikolaus von Cues als coniectura kennt: es bleibt die Mutmaßung. Es bleibt das Wagnis. Es bleibt der Akt der Freiheit. Es bleibt die Möglichkeit von Schöpfung. Die Frage engt sich auf das Verhältnis ein, in dem krisis und ktisis, Katastrophe und Schöpfung zueinander stehen. Es könnte sein, daß in der Geschichte beides anwesend ist. Was hier geschieht, erhellt Offenbarung. Darum geschieht Offenbarung in der Geschichte als Medium und an der Geschichte als Gegenstand.

Könnte es sein, daß Offenbarung und Erfahrung einander entschlüsseln? Ich versuche das mit diesem Modell der Interpretation. Dann könnte es auch sein, daß Kontingenzerfahrung und Schöpfungsglaube sich aufeinander beziehen lassen. Ich unterstelle diese Möglichkeit.

Inmitten einer verunsicherten Erkenntnis lasse ich mir Offenbarung vorgegeben sein. Dieses Wagnis des Glaubens ist ein Akt der Freiheit.

Der Glaube schwebt zwischen Grund und Gegengrund. Wie ich dies schreibe, erschrecke ich. Was ist das: »Glaube«? Ist es nicht die banalste jener Ausflüchte aus unserer absurden Existenz, die Camus im Angesicht des Zwiespaltes unserer Menschenwirklichkeit als Ausflüchte zu brandmarken nicht müde wird? Was ist das für eine Freiheit, die wir im Wagnis des Glaubens zu verwirklichen meinen? Ist es nicht ein Sprung in die Luft, mit dem wir uns dem Untragbaren selbsttäuscherisch zu entziehen trachten?

Wenn mich nur Camus' Lösung überzeugte! Ich würde sie sofort zu der meinen machen. Aber ich muß mich gegen ihn fragen, ob er nicht dem gleichen Wunschdenken verfallen ist, das er mit so überzeugenden Gründen jenem vorwirft, der Sehnsucht hat nach der verlorenen Heimat oder Hoffnung auf ein gelobtes Land.[32]

Wunschdenken ist noch viel zu milde. Ist es nicht Wille, titanischer Wille, daß »alles gut« sei (100)? Daß gerade das Absurde gut sei, so wie es ist? Daß es gerade des Menschen große Leidenschaft sei, das Absurde zu leben? Daß die große leblange Auflehnung, die Treue zu dieser Auflehnung, des Menschen einzige Wahrheit sei? Daß die »Unmenschlichkeit« dieser Wirklichkeit die »Größe des Menschen« ausmache (50)? Das Ja zum Absurden ist, nach Camus, des Sisyphus Glück (101). Diese »Zucht«, dieser »gehörig gehämmerte Wille, dieses Aug-in-Auge-haben« sei etwas »Einzigartiges« (50). Camus bekennt, daß das »Schauspiel des menschlichen Stolzes« unvergleichlich sei.

Indes, ist dieser Willensakt als Anspruch nicht schon unmenschlich, weil er sich gar nicht realisieren läßt? Ist er nicht, ähnlich dem Glauben Schestows und Kierkegaards, ein »Sprung«, der ins Leere gehen muß? Ein Salto mortale, eine Selbstumdrehung um 180 Grad, die mich nicht im »ganz Anderen« rettet, sondern mich in mir selbst zu Boden fallen läßt? Camus war dreißig Jahre alt, als er den »Sisyphus« schrieb. Man könnte dieses Pathos eines heroischen Nihilismus, dieses »Philosophierens mit dem Hammer« Nietzsches, dem Enthusiasmus seiner Jugend zugute halten.

Sehr leise, im Unterton, ist da bei Camus noch ein anderes vernehmbar: da, wo vom Tod die Rede ist. Da ist der Tod, den der Mensch sich selbst verhängt. Auch das wäre eine Flucht vor dem Absurden als der Wahrheit seines Lebens. Das wäre Verrat an der Wahrheit, der der »ewige Rebell« die Treue schuldet.

Der Rebell hält aus. »Übrig bleibt ein Schicksal, bei dem nur das Ende verhängnisvoll ist. Abgesehen von diesem einzigen Verhängnis des Todes ist alles, Freude oder Glück, Freiheit. Es bleibt eine Welt, deren einziger Herr der Mensch ist« (97). Ja, aber eben dies »abgesehen« das ist es: dieses »abgesehen«, von dem man eben nicht absehen kann! Beinahe ist man in Versuchung, zu variieren und, gegen Camus, zu sagen: Es bleibt eine Welt, deren einziger Herr der Tod ist. Was aber geschieht im Tode? Im Tode werde ich zusammengeschlagen. Noch mein kleinstes Knöchelchen wird in Stücke geschlagen. Das ist des Todes »blutige Mathematik« (19).

Camus mit seinen dreißig Jahren glaubte, diesen »modernen Heroismus« (100), wie er es selbst nannte, leben zu können. Ich glaube, es nicht zu können. Ich habe mich von meiner Schwachheit überzeugen müssen. Denn ich habe lange genug dazu Zeit gehabt.

An einer Stelle spricht Camus von einer »Tradition des demütigen Denkens«, die immer lebendig geblieben sei, nämlich der Frage gegenüber »ob man mit seinen Leidenschaften leben kann . . ., ob man ihr tiefes Gesetz, nämlich das Herz zu verbrennen, das sie gleichzeitig in Begeisterung versetzen — akzeptieren kann« (24). Ich kann es nicht. Ich habe mich für die Tradition des »demütigen Denkens« entschieden. Das ist meine Freiheit. So habe ich mich zum Wagnis des Glaubens entschlossen. »Das Gebet stellt sich ein, wenn die Nacht das Denken überkommt.«[33]

Offenbarung ist Vorentscheidung. Es gibt kein Erkennen ohne Vorentscheidung. Man muß nur um die Unvermeidbarkeit solcher Vorentscheidung wissen und — um ihre Fragwürdigkeit. Damit steht auch die theologische Erkenntnis unter dem Gesetz der Endlichkeit, wie alle Erkenntnis des Menschen. Selbst der Mathematik ist Axiom und Symbol vorgegeben. Ich könnte diesen Satz beinahe wörtlich auf die Theologie anwenden. Auch sie kann nicht denken ohne Absprung aus dem Axiom und sich nicht mitteilen ohne Symbol. Das Wagnis der Setzung im Grundlosen setzt Theologie erst ins Sein. Selbstkritisch ist sie darin, daß sie sich dieses ihr Vorgegebenen bewußt bleibt: der Offenbarung. Fällt dieses Vorgegebene, dieses in Freiheit vom Denken Angenommene weg, so ist damit jedes Unterscheidungsmerkmal zur Philosophie gefallen.

Im Akt der Freiheit, Offenbartes sich vorgegeben sein lassend, geschieht es, daß »es passiert«: daß Bewegung vom Verstehen zum Verwandeltwerden in Gang kommt, sich Menschwerdung ereignet. Der

Konflikt wird vom Menschen auf sich genommen: zu fragen und ohne Antwort zu leben. Im Schritt über die Verstehensgrenze hinaus, leidend, überlebt er.

Es gibt keinen Sinn, den ich verstehen kann. Es gibt nur Sinn existenziell: der an mir vollzogen wird. Ich bleibe gehalten und halte – selbst gehalten – ein Stück Welt mit über dem Grundlosen.

Dieses »Wagnis im Offenen der Freiheit« betrifft meinen Alltag. Ich muß es existenziell vollziehen, unter Anfechtung immer neu vollziehen. Die Leidenschaft des Denkens entbrennt nun erst recht für den Glaubenden.

Dieses Wagnis des Glaubens hat nichts zu tun mit dem »Sprung« Kierkegaards. Ein Sprung geschieht einmal. Er kann sich nicht über das ganze Leben hin erstrecken. Das Wagnis ist eher mit einer Wanderung über einen Grat zu vergleichen, den die Gefahr des Absturzes nach beiden Seiten hin bei jedem Schritt begleitet. Denn die Anfechtung bleibt: Das Unverfügbare bleibt uns entzogen.

Glaube hat von seinem existenziellen Charakter her einen historischen, einen biographischen Zug. Von daher läßt sich nicht »Gott in der Geschichte« sagen. Aber es läßt sich sagen: Gott nicht ohne die Geschichte, nicht ohne die Geschichte des einzelnen, nicht ohne die Geschichte aller. Glaube bleibt von der verunsicherten Erkenntnis angefochten. Er bleibt in der gefährlichen Nachbarschaft der Kontingenz angesiedelt.

In der allgemeinen Richtungslosigkeit nach Orientierung fragen heißt, reflektieren *im* Existieren. Essenz und Existenz sind untrennbar. Sie liegen ineinander. Nur so bleiben wir konfrontiert mit jener undurchdringbaren Wirklichkeit, die wir Geschichte heißen. Nur so erfahren wir die Not der unbeantwortbaren Frage, vor die wir im Existieren gestellt bleiben.

Ohne Antwort? Vielleicht ist die Theologie gerade um dieser Hilflosigkeit willen jener »bucklige Zwerg«, »klein und häßlich«, der »sich ohnehin nicht darf blicken lassen« in einer aufgeklärten Welt, der Antworten voll, von den einfachen, vor allem den praktikablen an, bis hin zu den komplizierten der Leute vom Fach.

2. *Kontingenz und Mystik*

Schon bei Jacob Burckhardt hatte sich das Bild von der Geschichte als »Sturm« gefunden. Es ist das Unberechenbare atmosphärischer Bewegungen, das dieses Bild im Blick auf die Geschichte nahelegt. In der Erfahrung des Unvorhersehbaren, die zu allen Zeiten gemacht wurde und die zum Grundschatz menschheitlicher Einsicht gehört, bewegt sich das Kontingente, schwanger mit Katastrophen.

Mit Katastrophen! Davon will der élan vital nichts wissen. Auf den jüdischen Mystiker Walter *Benjamin* bin ich zuerst aufmerksam geworden durch die Tatsache, daß er von der Katastrophe weiß. Er hat den Mut, mit dieser Tatsache als etwas Gegebenem zu rechnen. Es sind zwei knappe Texte, zu denen ich mich äußern möchte. Es sind die achtzehn »Geschichtsphilosophischen Thesen« und das »Theologisch-politische Fragment«.

In seiner Vision vom »Engel der Geschichte«[34] spricht Benjamin von der Wirklichkeit der Geschichte als Katastrophe. Es lohnt sich, die neunte seiner »Geschichtsphilosophischen Thesen«[35] hier vollständig herzusetzen.

»Es gibt ein Bild von Klee, das Angelus Novus heißt. Ein Engel ist darauf dargestellt, der aussieht, als wäre er im Begriff, sich von etwas zu entfernen, worauf er starrt. Seine Augen sind aufgerissen, sein Mund steht offen, und seine Flügel sind ausgespannt. Der Engel der Geschichte muß so aussehen. Er hat das Antlitz der Vergangenheit zugewendet. Wo eine Kette von Begebenheiten vor uns erscheint, da sieht er eine einzige Katastrophe, die unablässig Trümmer auf Trümmer häuft und sie ihm vor die Füße schleudert. Er möchte wohl verweilen, die Toten wecken und das Zerschlagene zusammenfügen. Aber ein Sturm weht vom Paradiese her, der sich in seinen Flügeln verfangen hat und so stark ist, daß der Engel sie nicht mehr schließen kann. Dieser Sturm treibt ihn unaufhaltsam in die Zukunft, der er den Rücken kehrt, während der Trümmerhaufen vor ihm zum Himmel wächst. Das, was wir den Fortschritt nennen, ist dieser Sturm.«[36]

Es versteht sich, daß der christliche Theologe aufmerkt, wenn er diese Sätze liest. Da sind Formulierungen, die ihm hilfreich zu sein scheinen für seine Interpretation einer neutestamentlichen Prophetie. Und da sind andere, die sich in so charakteristischer Weise von einer solchen Prophetie unterscheiden, daß sie dieser Prophetie helfen, sich selbst in ihrem Anderssein zu begreifen.

Da ist zuerst der *Zeit*begriff! »Zeit« ist ein erkenntnistheoretisches Problem ersten Ranges.[37] Das ist in der Wandlung von der Idealität der Zeit in Kants Kategorienlehre bis hin zur Relativität der Zeit in der modernen Physik deutlich geworden. Zeit ist nichts »an sich«. Zeit ist immer »an etwas«. Sie ist keine »reine Form«. Sie ist kein absolutum, sondern ein relativum. Die Zeit, in der alle Wissenschaft denkt, ist das Zeitkontinuum Vergangenheit–Gegenwart–Zukunft. Man kann geradezu sagen: *Kausalität ist Zeit im Vollzug.* In der Abfolge, im Nacheinander von Ursache und Wirkung, geschieht historische Zeit, Kausalität ist ihre Gestalt und ihr Gesetz. Hier haben der »Fortschritt«, die Evolution ihren Ort. Ich nenne diese Zeit die kausale Zeit. Es ist die Zeit, in der Wissen legitim ist.

Es gibt nun aber eine andere Zeit, die Kategorie des Glaubens ist. Ich heiße sie die parusiale Zeit. Einer vertikalen Bewegung vergleichbar »durchschlägt« sie jeden Zeitmoment der kausalen Zeit, die horizontal verläuft, wie in einer Mutation. In dieser Mutation vollzieht sich christliche Existenz. Ihr Ort ist der Kreuzungspunkt der beiden Zeitbewegungen, vertikal und horizontal. Glauben und Wissen sind in der Existenz untrennbar. Beide beschränken einander. Beide sind relativ zueinander. Die parusiale Zeit »bricht« in die kausale Zeit mit ihrem Jetzt und Hier ein. Sie setzt den »ewigen Augenblick« im strengen Ablauf der kausalen Zeit frei. Sie bringt alle Zeit »auf einen Haufen« (Luther), Zukunft und

Vergangenheit wie in einer gleitenden Mitte. Hier gibt es Heilszeit mitten in der vergehenden Zeit, Schöpfung mitten in der Entwicklung. Hier ist Zeit »senkrecht von oben« in dieser meiner Gegenwart, Zeit, ohne die wir nicht leben können, Sklaven im unmenschlichen Zwangslauf der Kausalitäten. Es ist uns fast unmöglich geworden, die wir in der kausalen Zeit durch unser wissenschaftliches Denken wie zementiert festsitzen, Zeitlichkeit aus dem Glauben zu vollziehen. Man sieht sich nach Hilfe um.

Die mystische Zeit

Ich sage nicht, daß es bei Walter Benjamin ein gleiches Zeitdenken gebe, wie es die parusiale Zeit meint. Aber ich sympathisiere mit seiner Kritik des Historismus. Im Historismus ist ja die kausale Zeit absolut gesetzt. Benjamin denkt in einer anderen Zeitform. Vielleicht könnte man sie die »mystische Zeit« nennen. In ihr ist Raum für das Absurde der Kontingenz, für Wirkungen, die keine Ursachen kennen. Ihn bringt die Katastrophe nicht aus dem Konzept. Von daher ist Benjamin unabhängig von der Faszination der Evolutionsidee, die ihren absoluten Anspruch aus der kausalen Zeitkategorie hat. Dies trotz seiner Nähe zu marxistischen Denkern wie Adorno und Brecht. Mystik ist nicht dem Zeitdenken des Glaubens gleich, das aber mit dem Glauben zusammen in Unterscheidung zum kausalen Zeitkontinuum steht.

Diese Unterscheidung wendet Benjamin dem Historismus gegenüber an. In der Ablehnung des Historismus ist der mystische Theologe noch radikaler als der Glaubensdenker. Benjamin hat ein besonderes Verhältnis zur Geschichte als Vergangenheit. Es geht ihm nicht darum »zu wissen, wie es eigentlich gewesen ist« (VI). Dieses Verhältnis meint vielmehr »sich einer Erinnerung bemächtigen, wie sie im Augenblick einer Gefahr aufblitzt«. So »blitzt« Erinnerung auf in der Gefahr, aus der Revolution hervorgeht. Der sich so Erinnernde besitzt die Gabe, aus Vergangenem »den Funken der Hoffnung« anzufachen (VI). Er muß der Gegenwart ein »Bild der Vergangenheit« zeigen können, in dem sie, die Gegenwart, sich als »gemeint« erkennen kann, in dem Vergangenheit in die Gegenwart heraufgeholt wird (XIV). Es ist der »Tigersprung«. Im Tigersprung wurde »Spartakus« in die Gegenwart geholt, war die Französische Revolution »ein wiedergekehrtes Rom«. Solche Zeiten schöpferischer Gefahr sind »Jetztzeit« (XIV, XVIII, A) mitten im Fluß der »homogenen und leeren Zeit« (XVII, XIII, XIV) des historischen Denkens. In der Juli-Revolution — so Benjamin in der XV. These — wurde am Abend des ersten Kampftages in Paris »unabhängig voneinander und gleichzeitig nach den Turmuhren geschossen«. Man schoß gegen die Uhrzeit (XV). Es beginnt mit der Revolution neue Zeit und neue Zeitrechnung. Es ist Jetztzeit, und Jetztzeiten sind »Monumente eines neuen Geschichtsbewußtseins«, das gewillt ist, »das Kontinuum der Geschichte aufzusprengen« (XV). Das Denken hält »plötzlich« inne und erteilt einer bestimmten »Konstellation« den »Choc« einer »Stillstellung«.

Stillgestellt wird die laufende Zeit. Der Blick bleibt in die Vergangenheit gerichtet. »Bekanntlich« — so Benjamin (B) — »war es den Juden untersagt, der Zukunft nachzuforschen.« Der »Engel der Geschichte« (IX) schaut nicht nur zurück. Er ist mit voller Front rückwärtsgewandt, während ihn der »Sturm vom Paradiese her«, den Rücken voran, vorwärts trägt. Was er sieht in der Vergangenheit ist keine Entwicklung vom Ursprung her. Es ist »eine einzige Katastrophe, die unabhängig Trümmer auf Trümmer häuft . . .«. Der Engel möchte wohl verweilen und heilen. Aber der Sturm treibt ihn rücklings vorwärts. »Das, was wir Fortschritt nennen, ist dieser Sturm.«

»Stillstellung« mitten im »Sturm«. In beiden Bildern bezeugt sich Kontingenz. Dafür hat Benjamin das Gespür. In These VIII sagt er, wir müßten zu einem Geschichtsbegriff kommen, der dem »Ausnahmezustand, in dem wir leben, entspricht«. Mystische Zeit ist punktuelle, nicht lineare Zeit. In ihr gibt es »Jetztzeit«, »Stillstellung« der Zeit, gibt es den »Tigersprung«, in dem Vergangenes Gegenwart und Gegenwärtiges Zukunft wird.

Für »Entwicklung«, geschweige denn für »Fortschritt« ist in dieser Zeitvorstellung kein Raum. Dafür aber für *Messianität.* Messianität ist für den jüdischen Mystiker die Form, in der Zukunft anwesend ist. Aber auch dies wiederum in einer eigentümlichen Wendung zur Vergangenheit hin.

Jedem Geschlecht ist, so Benjamin, eine »messianische Kraft« mitgegeben. Die Vergangenheit führt einen »Index« mit sich, »durch den sie auf Erlösung verwiesen wird« (II). Es besteht eine »geheime Verabredung« zwischen allen Generationen. »Wir sind auf der Erde erwartet worden. Uns ist »eine *schwache* [von Benjamin gesperrt] Kraft mitgegeben, an welche die Vergangenheit Anspruch hat«.

Den Charakter eines »messianischen Modells« besitzt die »Stillstellung« in einer »Jetztzeit« (XVIII). Dieses Modell ist eine »ungeheure Abbreviatur« der Geschichte der ganzen Menschheit. Es fällt zusammen mit der »Figur«, »die die Geschichte der Menschheit im Universum macht«. Diese Figur entspricht bereits der erlösten Menschheit, der ihre Vergangenheit in jedem dieser Momente erst voll zufällt. Denn nichts Vergangenes ist verloren (III).

Wie verhält sich im mystischen Geschichtsdenken Benjamins der Messias zur Geschichte, das Reich Gottes zur Ordnung der Profanität? Es verhält sich in einer radikalen Dialektik.

Das historische Geschehen vollendet sich nicht ›von sich aus sich‹. Es hat keinen Bezug zum Messianischen. Das spricht Benjamin im »Theologisch-politischen Fragment«[38] klar aus.

»Erst der Messias vollendet alles historische Geschehen, und zwar in dem Sinne, daß er dessen Beziehung auf das Messianische selbst erst erlöst, vollendet, schafft.« Das Reich Gottes ist nicht das Ziel der Geschichte. Es ist ihr Ende. »Darum kann die Ordnung des Profanen nicht am Gedanken des Gottesreiches aufgebaut werden ...« Benjamin spricht es mit Entschiedenheit aus, daß »die Theologie keinen politischen, sondern allein einen religiösen Sinn« hat. Es habe sich die Ordnung des Profanen an einer anderen Idee, der »Idee des Glücks« aufzurichten. Von der Unterscheidung der beiden Größen, »politisch« und »religiös« und ihrer Beziehung zueinander ist eine »mystische Geschichtsauffassung bedingt«. Das Problem der aufeinander bezogenen, zugleich aber sich ausschließenden Gegensätze wird an einem Bilde klargemacht. »Wenn eine Pfeilrichtung das Ziel, in welchem die Dynamis des Profanen wirkt, bezeichnet, eine andere die Richtung der messianischen Intensität, so strebt freilich das Glückssuchen der freien Menschheit von jener messianischen Richtung fort, aber wie eine Kraft durch ihren Weg eine andere auf entgegengesetzt gerichtetem Weg zu befördern vermag, so auch die profane Ordnung des Profanen das Kommen des messianischen Reiches. Das Profane ist zwar keine Kategorie des Reichs, aber eine Kategorie, und zwar der zutreffendsten eine, seines leisesten Nahens.«

Und jetzt kommt ein Satz, den man nicht erwartet und der allem Fortschrittsdenken ins Gesicht schlägt. »Denn im Glück erstrebt alles Irdische seinen Untergang, nur im Glück aber ist ihm der Untergang zu finden bestimmt ... Denn messianisch ist die Natur aus ihrer ewigen und totalen Vergängnis. Dieses zu erstreben, auch für diejenigen Stufen des Menschen, welche Natur sind, ist die Aufgabe der Weltpolitik, deren Methode Nihilismus zu heißen hat.« So laufen profan und messianisch in der Geschichte gegeneinander und im Gegeneinander aufeinander zu.

Das Geheimnis der Diskontinuität

Zwischen beiden Größen besteht also eine Beziehung. Sie ist kaum dialektisch. Sie ist eher die Beziehung des Streites, in dem eine der beiden Größen triumphiert. Das geht aus dem »Politisch-theologischen Fragment« hervor. In der These VI heißt es, daß der Messias nicht als Erlöser komme, sondern als Überwinder des Antichrist. Es ist die einzige Stelle in der Textvorlage, in der das Wort »Antichrist« vorkommt.

Es könnte sein, daß der angelus novus, der Engel der Geschichte, ein Name des Antichrist ist. Die subtilen Untersuchungen, die Gershom Scholem[39] dieser Verbindung der »angelischen und dämonischen Lebenskräfte« im angelus novus, alias »angelus Satanas«, widmet, könnten so verstanden werden. Der Engel der Geschichte wäre dann »mit dem abgefallenen revoltierenden Luzifer identisch«.

Auch Luzifer ist ein Engel und zwar ein Engel des Lichts. Auch der Anti-Christus ist ein Christus. Auch der Antichrist kommt als Engel des Lichts. Ist das Glücksverlangen luziferisch? Erstrebt deshalb im Glücksverlangen »alles Irdische seinen Untergang« (Fragment)? Während »die unmittelbare messianische Intensität«, die Benjamin eine »Intensität des Herzens, des inneren einzelnen Menschen« nennt, durch »Unglück, im Sinne des Leidens hindurchgeht« (Fragment)? Da gibt es inmitten der Unterscheidung auch eine Entsprechung. Der »geistlichen restitutio in integrum, welche in die Unsterblichkeit einführt, entspricht eine weltliche, die in die Ewigkeit eines Untergangs führt ...« Ist dieser Weg in den Untergang, diese »Methode des Nihilismus« das Werk Luzifers, des angelus Satanas, des Antichrist? Dann wäre das messianisch Vorgegebene im Untergangsverhängnis des Politischen ein Lichtelement, ein Angelisch-Dämonisches, ein Christianisches im Anti-Christus? Dann wäre ein Ja im Nein des Profanen »nahe«, das rational nicht einholbar ist. Hier ist in der mystischen Theologie Benjamins eine Verhaltenheit am Werke. Eine Bewegung, die sich in der Bewegung aufhebt, ein lautes Nein, in dem leise ein Ja ruft. Man könnte mit Schweppenhäuser dieses sich selbst widerrufende Nein eine »Dialektik im Stillstand«[40] nennen, wenn damit nicht schon zuviel, nämlich ein Systematisches ausgesagt wäre. Es gilt aber, das mystische »Anschauen« durchzuhalten gegen die voreiligen Entscheidungen, zu denen das begriffliche Denken verführt. Man könnte von einer negatio mystica reden, deren Nein keine absolute Verneinung in begrifflichem Sinn ist, sondern eher dem Verbot gleicht, eine Grenze zu überschreiten. Eine Grenze, hinter der ein Nein zum Nein liegt. Ein dem Nein Entgegengesetztes, »Ganz-Anderes«, jeder Denkbarkeit Entgegengesetztes und darum auch jeder Benennung Entzogenes.

Es ist die Aura des Ursprungs, die Benjamin gewahrt. Daher seine Wahlverwandtschaft mit Proust.

Kein Zweifel, er weiß zugleich vom Bösen, gerade im zwielichtigen Luzifer, im doppelgesichtigen angelus Satanas. Warum erinnert er sich nicht, rückblickend auf die Geschichte, des »Mythos vom Fall«? Warum bedient er sich nicht dieser Enthüllung, die in der Sprache des Mythos vor sich geht? Dieser Enthüllung, ohne die die Verlorenheit des Menschen im Universum unerklärbar, seine Geschichte voll Irrtum und Gewalttat absurd, sein Ursprung dunkel, sein Ziel utopisch ist?

Das Verhältnis zur Zeit bleibt das Entscheidende. Rücklings vorwärtsgetragen vom Sturm bleibt der »Engel der Geschichte« mit dem Angesicht der Vergangenheit zugewandt. Er bleibt dem Ursprung, der restitutio in integrum, zugewandt. Das »Ziel« liegt »hinten«. Der Sturm weht vom Paradiese her. Hier ist aufgehobene Zeit – im Blick zurück. Hier ist Aura des Paradieses in Vergangenheit, sofern sie Gegenwart meint. Hier hat die mystische Zeiterfahrung Benjamins ihren Schwerpunkt, der seinem Gefälle verhaftet bleibt. Kultur hat ihre Aura vom Paradiese her. Das ist der Zauber des Blicks zurück in unaufhörlichem Vorwärts. Der Mystiker des Ursprungs aber ist zu lauter, um nicht zu sehen, wie sich der Baum der Erinnerung heute über ihm entlaubt. Das gibt der Identifikation mit dem Engel der Geschichte eine ergreifende Schwermütigkeit. Der Engel bleibt dem Messias im Sturm mit dem Rücken zugekehrt.

Walter Benjamin erinnert eine christliche Theologie daran, daß es ohne Protologie keine Eschatologie gibt. Parusie ist beides: Gegenwart, durch die hindurch im »Sturm« Vergangenheit sich in Zukünftiges verwandelt. Verwandelt in ein totum novum, nicht aber restitutio in integrum, Wiederbringung des Standes der Unschuld ohne Fall, ohne Krisis, ohne Gericht. Das hängt damit zusammen, daß Christenheit von der Gewißheit lebt, daß in dem Christus Jesus der Messias gekommen ist, daß der Sturm durch ihn hindurchgeht, daß er die Wendemarke ist, an der die Verwandlung zur neuen Schöpfung hin sich kehrt.

Niemand hat dem leidenschaftlicher mit der Kraft zu Ende denkenden Scharfsinns widersprochen als Adorno[41], Jude wie Benjamin.

Unser Verständnis für den Widerspruch des Judentums an dieser Stelle kann nicht groß genug sein. Nach Auschwitz ist man versucht zu schweigen. Schweigen aber ist nicht möglich, wenn das Wahrheit ist, was der christliche Glaube glaubt, nämlich daß es gerade »Fülle und Abgrund« der »Weisheit und Erkenntnis« Gottes (Röm. 11, 33) sei, die »den Stein, den die Bauleute verworfen haben« zum »Eckstein« gemacht habe (Matth. 21, 42).

Für seinen Widerspruch findet Adorno das erste Argument in der Geschichte.

Der Grundton der jüdischen Daseinserfahrnis ist in eigentümlicher Weise geschichtlich-politisch, so als ob der Sehwinkel, auf das Geschichtliche ausgerichtet, nach vorn auf die Zukunft hin sich verengen muß in dem Maß, als er im Blick zurück sich um so breiter öffnet. Daher auch das Gesetz als Mitte des Historisch-Politischen. Nicht der Messias gibt das Maß, sondern das Gesetz. Vom Gesetz aber heißt es jenseits der großen Wende, es sei der Christus des Gesetzes Ende (Röm. 10, 4). Erst jetzt ist Freiheit möglich, ist die ganze Schöpfung mit hereingezogen in das Heil (Röm. 8), weitet sich der Blick der Prophetie über das Historisch-Politische in das totum novum des größeren Gottes (Röm. 11, 36. 1. Kor. 15, 28).

Doch halt! Es steht der »Alte Bund« warnend hier gegen den »Neuen« auf. Folgerichtig zieht hier der alttestamentarische Mensch den neutestamentarischen aus der Gefahrenzone der bloßen kosmischen Vision in das Gravitationsfeld der geschichtlichen Realität herab. Das müssen wir uns gefallen lassen.

Auschwitz wird hier im Urteil Adornos zur mystischen »Jetzt-Zeit«. Auschwitz »stellt« die Geschichte »still«. Kann es nach Auschwitz so etwas wie Theologie überhaupt noch geben? Kann man nach Auschwitz noch »beten«? Kann man — mit anderen Worten — nach Auschwitz noch weiter leben? Nein, müßte man mit Adorno antworten, wenn man den Sinn seiner Frage verstanden hat. Nein, man kann es nicht und — man tut es doch. Auschwitz ist für Adorno so etwas wie ein archimedischer Punkt, von dem aus er die Welt nun nicht bewegt, sondern zum Stillstehen bringt. Täusche ich mich? Ist es für Adorno nicht so, daß »Auschwitz« einen absoluten Charakter annimmt: daß Auschwitz in der konkreten Geschichte auf mystische Weise Marke und zugleich Norm ist? Geschieht es hier nicht, daß unmerklich »Auschwitz« an die Stelle von »Golgatha« getreten ist? Dann würde hinter Auschwitz der »Leidende Gottesknecht« des Jesaja hervorgetreten sein, nun aber in einer dämonisch-genialen Umkehrung: als das jüdische Volk selbst, jetzt nicht mehr der Verwerfer des Messias, sondern als der Messias selbst.

Adorno beruft sich für unsere Zeit, für die Zeit nach Auschwitz, in einer negativen Theologie auf das alttestamentliche Bilderverbot. Das ist der zweite Grund für seinen Widerspruch. Nach Auschwitz will er es in einer Strenge angewandt wissen, die weit über das hinausgeht, was ursprünglich mit diesem Verbot gemeint war. Deshalb der paradoxe Satz: »Wer an Gott glaubt, kann deshalb an ihn nicht glauben. Die Möglichkeit, für welche der göttliche Name steht, wird festgehalten von dem, der nicht glaubt.« Der an Gott Glaubende war damit der eigentliche Frevler. Jesus von Nazareth müßte nach Adornos Anschauung deshalb der Frevler in seiner höchsten Potenz sein. Sein Verbrechen ging gegen das erste Gebot. Mit Jesus von Nazareth aber ist die Christenheit aller Zeiten auf diese Weise verurteilt, denn sie hat IHN sich zum Bilde Gottes gemacht.

Was geht heute in Gedanken, wie denen Adornos, vor sich? Ist es nicht ein Angriff auf den christlichen Glauben, wie er noch nie gemacht wurde? Ein Angriff, der auf das Ganze geht? Der den Jesus-Christus-Weg mit den Vätern des Jahres 33 nicht nur verwirft, sondern ihn herumdreht in die volle Kehre seines Gegenteils und das christliche Zeitalter in den Kategorien des alttestamentarischen Judentums sich selbst widerrufen heißt?

In Adornos Augen gibt die nachchristliche Situation dem alttestamentlichen Bilderverbot recht. In dieser Situation scheint nur noch der Atheismus als ungläubiger »Glaube« für den Ehrlichen möglich. Oder ist er auch nicht mehr möglich? Sind Atheismus und Theismus nicht gleicherweise unglaubwürdig geworden? Gilt der »Verblendungszusammenhang« (Röm. 11) für »die Juden *und* die Völker«, gilt er für alles, was Menschenantlitz trägt?

Aber was dann? Ist das Spiel zu Ende? Ist Menschheit schachmatt? Durch sich selbst? Gibt es keinen Ausweg?

Auch Adorno weiß keinen.

Vielleicht ist dies die unterste Stufe, auf der wir heute alle angekommen sind.

Adorno wäre dann hier auf dieser untersten Stufe mit Paulus zusammengetroffen. Was ist hier — de profundis — noch möglich?

Können wir heute noch wie Paulus — nun endgültig de profundis — gleichsam im selben Atemzug fortfahren: »... auf daß er sich aller erbarme?« Dann hätten wir der ewigen Liebe das letzte aller Worte wieder freigegeben. Zugleich aber wären wir dann aber auch wieder bei dem Stein des großen Anstoßes gelandet!

Ich spüre sehr genau, daß hier ein Unauflösbares vorliegt: der kapitale Bruch jenes paulinischen »das Alte ist jetzt vergangen« (2. Kor. 5, 12). Es ist ein jäher Umschlag, gleichsam wie im Schock, in dem Paulus den Umschwung gewinnt aus der »Tiefe« jenes »Verblendungsabgrunds« zu der anderen »Tiefe des Reichtums der Weisheit und der Erkenntnis Gottes«. Es sind nur wenige Kapitel zuvor (Röm. 7, 24 f), daß Paulus in ähnlich jähem Umschlag bekennt »Ich elender Mensch ... Ich danke Gott ...!« Wenn man den Wandlungssturz im Damaskuserlebnis hinzunimmt, so könnte man an etwas Psychologisches bei Paulus denken. Das mag auch dabei sein. Aber da ist noch mehr. Es ist ein Jähes, ein schlechterdings Unvorhersehbares, das zur besonderen Sache gehört, auf die wir hier stoßen. Es ist das Jähe des Ostermorgens, es ist die Auferstehung als Einbruch und Ausbruch *in* eine und *aus* einer anderen Dimension, für die keine Kategorie des Vorstellens bereit steht. Es ist das totaliter aliter, auf das nur eine einzige Reaktion möglich ist: das Entsetzen (Mk. 16, 58). Dieses Jähe ist es, das zur Sache gehört. Im Jähen wird Kontingenz schöpferisch.

Schöpfung im Erstimpuls kann nichts anderes sein als unvermittelt jäh. Schöpfung und Prophetie gehören zusammen. Beide sind unableitbar.

Gesetz meint Kontinuität, Prophetie aber Kontingenz. Geschichte ist nicht ohne beides. Diskontinuität aber ist das größere Geheimnis. Schöpfung geschieht im Sprung nach vorn. Jetzt steht die Prophetie des neuen Testamentes in Kraft. Jetzt ist die Welt offen nach vorn für eine neue Schöpfung.

Einst hieß es »Gesetz und die Propheten«. Jetzt heißt es: Evangelium und die Propheten. Ja mehr! Evangelium als Prophetie! Ist Christenheit nicht aus einem prophetischen Ereignis entstanden?[42] Ist Christenheit nicht selbst Prophetie?

3. Kontingenz und Prophetie

Die Parusie hat bereits begonnen

Der Messias *ist* gekommen. Seitdem ist die »Jetztzeit« die Endzeit. Nicht Rückverwandlung in den paradiesischen Ursprung, sondern Vorausverwandlung in die Vollendung im »Reich«. Das große »Ist« und »Wird« der parusialen Zeit hebt an. Der Messias Christus ist da. Nun ist der Horizont geöffnet. Hoffnung ist das Element, in dem sich die gefallene Schöpfung erhebt. Evangelium ist Prophetie. Seit Christus sind in der Welt Gewalten losgebrochen, die Welt von einer Veränderung in die andere stürzend. Wie über Katarakte, immer breiter, immer tiefer, stürzt die Geschichte ihren äußersten, ihren letzten Möglichkeiten entgegen. Endhorizonte tauchen vor der Menschheit auf.

Der russische Seher-Philosoph Solowjew hatte die Vision vom Antichristen, der in der Gestalt von Christus selbst der Menschheit als Erlöser und Weltfriedensfürst erscheint. Es ist die letzte Möglichkeit des Menschen, als sein eigener Erlöser und Schöpfer der vollendeten Welt sich selbst zu etablieren. Nicht auf Evolutionen, auf Kampf stehen die Zeichen der Zeit. Entwicklungsvorstellungen reichen hier nicht mehr hin. Denn nicht Ideen bestimmen die Geschichte. Mächte sind es, die zum Kampf angetreten sind. Die Ideologien sind lediglich ihr Instrument. Der Intellekt hält sich für den Meister der Emotionen. Er ist ihr Sklave, hält sich aber für ihren Herrn. Bevor das Ende der Geschichte des Menschen kommen wird, wird sich die Größe der menschlichen Natur noch einmal zeigen. Es geht ja um das Überleben. Da ist uns plein pouvoir gegeben, alle Mittel, auch die bösen, ins Spiel zu bringen, bevor das Ende erscheint. Ich glaube deshalb auch nicht, daß das Ende der Menschheit schon in absehbarer Zeit gekommen sein wird. Wir sind Genies der Anpassung. Aber darüber hinaus ist noch etwas anderes. Da ist eine große Geduld im Weltgrund aufgespeichert, da ist eine Noblesse, die dem Menschen alle Chancen freigibt, bevor – das Gericht kommt.

Das Gericht! Damit beginnen wir, Geschichte in eschatologischen Kategorien zu denken. Die Unbeherrschbarkeit der offenen Wirklichkeit ist jetzt das Gesetz. Dieser Unbeherrschbarkeit erweist sich Prophetie als kongeniales Wort. Wo nichts mehr voraussagt werden kann, gilt nur noch Weissagung oder Verstummen.

Kontingenz und Prophetie verhalten sich zueinander. Prophetie ist kontingentes Wort. Der kontingente Gott und das prophetische Wort fordern einander. Im Geschichtssturm ist Gott jetzt parusial kraft der Prophetie. Hier langt der Logos der Sprache nicht mehr zu. Es hat Zeichenkraft, daß am Rand der urchristlichen Prophetie pfingstliche Sprache[43] »mit neuen Zungen« und »Glossolalie« steht.

Fall und Gericht, Paradies und Gottesreich – dazwischen der Sturm der Geschichte! Deshalb gibt es in der Zwischenzeit Eschatologie und Protologie. Keine Hinkunft ohne Herkunft, keine Prophetie ohne Epiphetie. Der Epiphet: »Vergegenwärtiger des Vergangenen, Zurückrufer des Entschwundenen, Totenerwecker«.[44] Die Epiphetie ist bei Walter Benjamin der »Tigersprung« der Zeit, der Vergangenheit in die Gegenwart herüberholt. Der »Engel der Geschichte« *blickt* nicht etwa nur zurück. Er *ist* mit seiner vollen Front *nach hinten* gewandt, wie gebannt vom Zauber des Ursprungs. Die Menschheit lebt, im Sturm der Geschichte vorwärts-gerissen, mitten im »Stand der Gefallenheit« vom Paradiese her.

Nichts wird verloren sein. Das ist es, woran uns der Protologe Benjamin erinnert. Wenn der Sturm der Geschichte Wandlung des Alten in das Neue ist, dann ist das Alte noch als »Reliquie des Paradieses«, nach Hölderlins schönem Wort, unter uns gegenwärtig. Im Blick zurück sieht es Benjamin als »einzige Katastrophe« (IX). Es sind Trümmer des Paradieses. Darum unser Schmerz. Darum das »Messianische« im Schmerz als »leisestes Nahen« des »Reiches«. Das Leiden in der Welt erhält dadurch seinen Adel, daß es die Passion des Ursprungs in Gegenwart ist.

Die Reliquie des Paradieses ist die Reliquie eines Leidenden. Im Glücksverlangen leidet die Kreatur dieses Leiden mit. »Es schwingt ... in der Vorstellung des Glücks unveräußerlich die der Erlösung mit« (II). Im Leiden ahnt die Kreatur die Messianität. Vom Paradiese her lebt in ihr der unstillbare Durst nach *Glück*. Unser Glücksverlangen ist Sehnsucht nach dem verlorenen Paradies.

Der Durst nach Glück rangiert vor der Frage nach dem Sinn. Sinn ist intellektuell, Glück existentiell. Im Glück ist der Sinn, nicht aber im Sinn das Glück erfüllt. Der Sinn kann sich uns im Menschlichen erfüllen, in dem, was ich einem Menschen gebe und in dem, was ein Mensch mir gibt. Das Evangelium preist nicht den Sinn, sondern das Seligsein. Glück und Seligkeit, Glück und Erlösung haben eine Beziehung zueinander.

Im Glücksverlangen geht es um die Erlösung von allem, was mit dem Verlust des Paradieses über die Kreaturenwelt gekommen ist. »Und der Tod wird nicht mehr sein, noch Leid, noch Geschrei, noch Schmerz wird mehr sein . . .«, heißt es in der Offenbarung Johannis vom »neuen Himmel und der neuen Erde«.

Paradies ist Inbegriff des Lebens. Mit dem Verlust des Paradieses ist uns nur noch ein Relikt von Leben geblieben, ein Leben, das schon im Gebären und im Geborenwerden das Todesschicksal vollzieht. Da der Frevel im Erkennen geschehen ist, ist uns jeder Blick zurück ins Verlorene versagt. Jeder Erkenntnisversuch bleibt hängen in einer Bilderwelt, die von diesseits der großen Barriere stammt. Jeder Versuch, etwas zu erkennen, zerschäumt in Spekulation, in Dichtung und Traum. Aber das Verlangen nach ewigem Leben bleibt im Glücksverlangen uns zurück. Es ist der Grundwille, der uns mit der ganzen Kreatur eingestiftet ist. Hier gibt es keine Unterschiede zwischen den Menschen, den Rassen, den Klassen. Und – im gleichen Atemzug – das Leid, zum Tode hin leben zu müssen.

Leben? Ist eigentlich damit alles gesagt, was sich vom Glück sagen läßt? Widerspricht dem nicht die Tatsache, daß es immer ein Leben zum Tode ist? Hat nicht Liebe eine dichtere, eine erschöpfendere Beziehung zum Glück: liebhaben und geliebt werden? Ist nicht Liebe ein »letztes Wort«? Ja, mehr – ein Geschehen, hinter dem nichts mehr kommen kann an zu überbietender Schönheit und Kraft? Wir sagen »ewige Liebe« und meinen Gott. Wer mit Tieren und Pflanzen umgeht, weiß, wie sichtlich alles Lebendige auf Liebe reagiert, wieviel mehr noch der Mensch! Liebe ist Leben in seiner höchsten Gipfelung. Der Satz, daß Gott Geist ist, muß interpretiert werden durch den Satz, daß Gott Liebe ist.

»Adam« ist eine Gestalt des Mythos. Sie steht für »den« Menschen, für »die« Menschheit. Adam ist süchtig nach Gott. Wir sind süchtig nach Liebe.

Was heißt »Paradies«? Sollte es nicht heißen »Liebe«? Was heißt Reliquie des Paradieses? Reliquie! Also muß vom Paradies noch etwas zu sehen sein in dieser heillosen Welt. Was könnte dieses Relikt sein? Muß es nicht im Umkreis dieses Geschehens sein, das Liebe heißt? Ein Abglanz wenigstens, ein Anzeichen eines noch nicht ganz Entschwundenen? Und wäre es nur die Karikatur eines Paradiesischen? Da sind die alten kostbaren Wortzeichen: communio, unio. Sie bezeichnen die Liebe als Geschehen, als Gemeinschaft, als vollkommene Vereinigung.

Es ist sehr merkwürdig, daß wir in Hunger und

Durst uns »vereinigen« müssen mit der ganzen Kreatur. Im Essen und Trinken verwandeln wir sie uns an. Durch diese Anverwandlung leben wir. Es ist ein Gesetz. Wir müssen. Es ist eine unio physica. Wir können uns vorstellen, sie sei noch übriggeblieben von der großen unio mystica aller mit allem im Paradies. Adam ißt im Paradies sich Leben und Tod. Der Mythos und das Sakrament wissen noch vom Geheimnis des Essens. Mythos und Sakrament zeigen an, daß wir durch und durch auf Liebe hin geschaffen sind. Liebe sucht die große Vereinigung aller mit allen und allem.

Der Eros – eine Parodie der Ewigen Liebe! Sucht, Leidenschaft und Leiden als Bezeugung eines Fehlenden, ohne das unser Leben nur halb, nur ein Leben zum Tode ist. Da ist ein Weib, das sieben Männer gehabt hat. Wessen Weib wird sie »in der Auferstehung« sein, fragen die Sadducäer Jesus (Matth. 22, 23 ff.). In der Auferstehung, antwortet er ihnen, gibt es weder Heiraten noch Geheiratetwerden. Dort werden die Auferstandenen den Engeln gleich sein. Könnte man das so verstehen, daß im Reiche Gottes, in der neuen Schöpfung die Verzwistung des Geschlechts[45] aufgehoben ist in der vollkommenen Einung des vollkommenen Menschen, in dem »Mann« und »Weib« nicht mehr getrennt, sondern »*ein* Fleisch« sein werden (Matth. 19,6)?

Könnte eine Ahnung davon im Mythos vom androgynen Menschen sein? Jesus verweist ausdrücklich auf die »Kraft Gottes« und den »Anfang der Schöpfung«. Könnte man diesen Hinweis nicht als Kraft zu einer neuen Schöpfung des Menschen verstehen?

In der kommenden Welt hörte dann auch die Fortpflanzung, die immer den Tod voraussetzt, auf. Dann wäre nicht der *Schmerz* des Gebärens der Fluch, der Eva nach dem Sündenfall getroffen hätte, sondern das Gebären selbst. Aber es sind Gleichnisse, die der Todeswelt entnommen sind. Wir tappen mit ihnen im dunkeln. Es sind Ainigmata, Rätselzeichen, die, wenn sie etwas aussagen, das auf negative Weise tun. Das Fehlende ist der Grundantrieb in der Welt des sterblichen Menschen.

Hoffnung ist Hoffnung auf das, was mir fehlt. Das Fehlende verursacht mir nicht nur Hoffnung. Es verursacht mir auch Angst. Die Angst ist der Wirklichkeit des Menschen näher als die Hoffnung. Erst das Leiden, dann das Wünschen. Die Angst ist das Vorgegebene. In ihr zeigt sich das Fehlende zuerst und unmittelbar an. Unmittelbar, weil noch keine Reflexion zwischen eingekommen ist. Hoffnung kann als Prinzip verstanden werden, sofern Reflexion vorherging. Angst nicht, sie ist ein Urphänomen, das alles Kreatürliche zeigt.

Hoffnung ist erst spät da. Das Neue Testament qualifiziert sie richtig, indem die Hoffnung hier auf die gleiche Ebene mit der Liebe und dem Glauben gestellt ist. Genau betrachtet, wird sie dem kreatürlich Vorgegebenen erst hinzugegeben. »In der Welt habt ihr Angst«, heißt es deshalb lapidar im Evangelium.

Ich möchte mich nicht auf die »Unterscheidungen« einer bedeutenden Philosophie der Angst einlassen. Ich möchte einfach bei dieser Aussage des Evangeliums stehenbleiben. Der das gesagt hat, sagte nicht, er habe die Angst überwunden. Das würde nur eine psychologische Vordergründigkeit meinen. Er sagte vielmehr, daß er die *Welt* überwunden habe. Das aber ist nicht ein psychologisches, sondern ein prophetisches Wort. Es hat sein Recht nur im Blick auf eine neue Welt. Der Mensch ist ein Geängsteter. Er ist es heute mehr denn je. Wir werden reif für jenes Wort, das von der Überwindung dieser Welt der Angst spricht.

Es gibt nur wenig Stellen im Neuen Testament, in denen das Wort »Angst« vorkommt. Das Wort, das der Angst im Neuen Testament gegenübersteht, heißt Rettung – soteria. Ihr werdet selig: Ihr werdet gerettet werden. »Rettung« definiert den Gegenbegriff zu Angst besser, weil konkreter, als es irgendein philosophischer Begriff vermag. In Luthers Bibelübersetzung ist »gerettet werden« mit »selig werden« wiedergegeben. In den Seligpreisungen ist ein Wort der äußersten Steigerung angewandt: makarios. Es heißt dort: »glückselig« gepriesen sei! »Selig« kommt von dem Wortstamm sal und meint »Fülle« wie in Schicksal, Mühsal. Man könnte »Glücksal« danach bilden: Glückseligkeit als Fülle des Glücks.

Mit genialem Sprachsinn hat Luther in der Wahl dieses Wortes »selig« die Fülle des Glücks getroffen, wie sie den aus Todesängsten Geretteten »beseligt«. Die »ewige Seligkeit« hat durchaus den Klang des Orgiastischen, Rauschhaften, der alle Schranken sprengenden Freude an sich, wie es die religiöse Kunst aller Zeiten erahnen läßt. Das himmlische Jerusalem fährt im lichtdurchfluteten Prunk einer Architektur aus Jaspis und Gold auf die Erde herab.

Das Verlangen nach unermeßlicher Freude »über Sinne und Vernunft« gehört wesentlich zum Menschen als dem geängsteten Wesen. Die Genuß-Sucht des Menschen, seine taumelnde Begierde, die Wildheit des Dionysos ist enigmatisches Zeichen im Sinn jenes Fehlenden, wie es für die Reliquie des Paradieses charakteristisch ist. Der Mensch als Getriebener bezeugt am einleuchtendsten den Verlust des Paradieses. Er leidet sich am Fehlenden zu Tode. Über Wahnsinn und Rausch, Ekstase und Todsucht liegt der aurorische Schein der neuen Schöpfung als ewiges Fest.

Im Zeitalter der Technik erfährt diese Erfahrung eine Steigerung von besonderer Schärfe. Eschatologie ist Steigerung des Sturms. Alles steigert sich: Glücksdurst und Erlösungsbedürfnis.

In der Technik hat Glück etwas von Machbarkeit empfangen. Wir haben uns Sklaven geschaffen. Die Maschinen sind es, auf die wir die Sklaverei abzuladen im Begriff sind. Sie jäten die Disteln und Dornen vom verfluchten Acker. Wir haben uns Pharmaka wider den Tod geschaffen. Wir haben den Sturmbock der Technik an das Tor zum Paradies erstaunlich weit vorgetrieben, wenn wir an den Weg denken, den unser Geschlecht seit zehntausend Jahren zurückgelegt hat. Es scheint, als würde die Utopie, am Glücksverlangen erwachsen, anfangen, heute wirklich zu werden.

Wir befinden uns gegenwärtig im Zweifel, ob die Technik mehr »machen« kann als das, was »materielle Bedürfnisse« befriedigen heißt. Wir sind in ehrlichem Zweifel darüber, ob sich Menschsein in dem erschöpft, was wir Gesellschaft nennen. Die Abschaffung der Armut ist eine große Sache. Aber wäre damit mehr erfüllt als die Befriedigung eines materiellen Bedürfnisses? Lassen wir uns nichts abmarkten von dem, was der Mensch ist. Könnte nicht doch an dem Wort etwas dran sein, daß der Mensch »nicht vom Brot allein« lebt? Wir sind von der Frage nicht befreit, was dann käme, weil es sich um den Menschen und nicht nur um die »Entlastung der Menschen von Fragen der Ökonomik« (Ernst Bloch) handelt. Möglich, daß diese Fragen mit Hilfe der Technik in einer »verwalteten Gesellschaft« zu lösen sind. Ernst Bloch beschreibt das »Ziel«, das dann verbleibt, im »Geist der Utopie«[46] sehr nüchtern so: »... jedem Menschen außer der Arbeit Zeit, seine eigene Not, Langeweile, Armseligkeit, Bedürftigkeit und Finsternis, ein Leben im Dostojewskischen zu schenken ...« Aber nicht nur das, die Verlassenheit des Menschen, die dann inmitten des »irdisch eingerichteten Reiches« (Bloch) für jeden einzelnen als Person erfahren wird! »Denn selbst dann, wenn alle materiellen Bedürfnisse befriedigt werden, die Tatsache bleibt, daß der Mensch sterben muß, und vielleicht wird ihm, gerade weil seine materiellen Bedürfnisse befriedigt werden, diese Tatsache dann in besonderer Weise bewußt sein.«[47] Es ist Max Horkheimers Verdienst, auf diese Wirkung einer technischen Perfektion in einer »verwalteten Welt« hingewiesen zu haben: auf das Insichtkommen einer unüberschreitbaren Grenze, die dem Glücksverlangen gesetzt ist. Erst da vermag der Mensch etwas von dem zu erfahren, was der Mensch über alle soziologische Möglichkeit hinaus in Wahrheit ist. Erst da wird die Frage nach dem Glück aufbrechen. Denn der Tod bleibt. »Es gibt für die Menschen, wie sie heute sind, nur eine radikale Neuigkeit – und das ist immer die gleiche: der Tod.« »Neuigkeit«, sagt Benjamin im »Zentralpark«[48], und »radikal« nennt er sie. So unbewältigt ist der Tod inmitten eines Glücksverlangens, das nicht minder radikal sein muß in einer Welt, die nur noch von der »Reliquie des Paradieses« ihr Dasein fristet.

Es fällt mir auf, daß Walter Benjamin den Genesismythos vom Sündenfall nicht erwähnt. Sein Bild von der Geschichte hat etwas von einer Bewegung, die in der Mitte ihres Weges, gleichsam im Kulminationspunkt kupiert, keinen Fortgang hat. Die Bewegung bricht hinter dem Rücken des rücklings vorwärts fliegenden »Engels der Geschichte« ab. Als ob er nicht vorwärts sehen wolle, nicht könne – weil er sonst den Messias-Christus sehen müßte? Ich weiß es nicht. Könnte es so sein, daß ohne den Messias-Christus dieser »Blick zurück«, ich meine auf den »Fall«, nicht ertragen werden kann?

Der Sturm weht nicht vom »Paradiese«, er weht vom »Fall« her. Daß er nicht Sturm zum Untergang, sondern Sturm zur Verwandlung ist, sagt uns das Evangelium als Prophetie.

Der Mythos vom »Fall« kann dem Christusgläubigen die geschichtliche Existenz des Menschen dechiffrieren. Ich gestehe – freilich in einer Weise, die allen Wünschbarkeiten des Menschen entgegenläuft, nicht aber der Realität seines Geschicks. Der Mythos könnte ja die Geschichte dechiffrieren als Fall in actu. Dann würde in jedem von uns und in allen, die je lebten und leben werden, sich der »Fall« in Gegenwart vollziehen. *Wir* sind es heute, die sich wie Gott zu sein vermessen, und *wir* sind heute Kain, der seinen Bruder Abel erschlägt.

In den zwanziger Jahren erschien ein Buch des Philosophen Erwin Reisner »Die Geschichte als Sündenfall und Weg zum Gericht«. Ich habe damals der These dieses Buches leidenschaftlich widersprochen. Heute weiß ich, daß etwas daran ist, an dieser Interpretation der Geschichte als »Fall in actu«. Heute weiß ich aber auch, daß noch anderes in der Geschichte geschieht, daß auch Schöpfung in ihr am Werke und Heil im Unheil ist. Gerade der Mythos vom Fall erhellt Entscheidendes für das Selbstverständnis des Menschen. Er sagt uns, daß die paradiesische Liebes-Einheit von Gott-Welt-Mensch nicht mehr da ist. Freiheit und Notwendigkeit, Wollen und Sollen, Wissen und Handeln sind nicht mehr identisch. Aber der Traum ist nie erloschen. Er ist der spendende Samenkern für die Visionen vom Land Utopia.

Was war das, der »Fall«? Er war ganz eigentlich der Fall in die Todeswelt. Der *Tod* stellt ein Äußerstes, auch ein »Eschaton« dar. Es muß auch ein Äußerstes sein, das ihn verursacht hat. Und dieses Äußerste ist nach der Genesis des Menschen Gottesvermessenheit. Hier war der Seinsgrund selbst verletzt. Im Tod stoßen Mensch und Gott zusammen. Im Tod scheitert der Mensch endgültig am unverfügbaren Gott. Das ist die unauslotbare Tiefe der Todeserfahrung. Sie stellt nach Simone de Beauvoirs Worten »die Welt in Frage«.

Alles Leid der Kreatur faßt sich zusammen in dem brutum factum des Todes. Die Tatsache des Todes ist der Ort der absoluten Verlegenheit des Menschen. Es gibt keine Ideologie, die auf ihn eine Antwort wüßte. An ihm scheitert die vollkommenste Gesellschaftsordnung. »Gesellschaft« ist das Geschichtsgesetz. Der Tod ist das Naturgesetz. Kein Existieren ohne die beiden!

Hier ist über den Tod und die Gesellschaft zu reden. Ich verstehe dabei die Gesellschaft nicht als eine statische Größe. Sie sucht das Endgültige, befindet sich aber auf diesem Weg im Prozeß einer Veränderung. Gesellschaft ist die Bewegung des kollektiven Wandels der mitmenschlichen Beziehung. Inmitten dieser Wandlung ist der Tod eine feste Größe. Er wird erfahren als Tod des einzelnen. Er ist das einzige Ereignis im Kollektiv, das allen geschieht. Er ist das einzige Ereignis, dem im Kollektiv Totalität zukommt und in dem die totale Ohnmacht des einzelnen *und* des Kollektivs erfahren wird. Hier ist die machbare Welt an ihre absolute Grenze gestoßen. Dies ist der eine Aspekt, in dem Tod und Gesellschaft zueinander stehen. Als erlittener Tod, der jedes einzelnen Geschick ist, hat er eine positive Wirkung bei sich: Er schützt im Kollektiv die Würde des einzelnen, Person zu sein.

Es war die Einsicht Solschenizyns, diese Erfahrung der Ohnmacht der Gesellschaft dem Tod gegenüber auszusprechen. Auch die idealste Gesellschaftsordnung kann die Welt nicht bis in jenen Grund hinab verändern, in dem die Naturgesetze gründen. Am Tod scheitert der kühnste revolutionäre Vorstoß.

Hier scheitert die Freiheitsidee. Hier bleiben wir Knechte.

Das ist der erlittene Tod! Tod und Gesellschaft haben aber noch eine andere Beziehung. Tod als Gewalttat – von Menschen an Menschen verübt.

Gesellschaft und Tod sind miteinander verwachsen dort, wo Weltveränderung und Gewalt miteinander notwendig verknüpft sind. Es ist der Ort, an dem Kain und Abel miteinander stehen, wo Tod zum Mord am Nächsten wird. Kain und Abel symbolisieren die engste gesellschaftliche Verbindung, wie sie in der Blutsverwandtschaft gegeben ist. Der Mitmensch ist hier der leibliche Bruder. Und genau hier beginnt die Geschichte der Gesellschaft mit Mord. Und darüber hinaus noch dies andere: daß Kain mordet aus Protest gegen die Ungerechtigkeit der höchsten Instanz, gegen den ungerechten Gott. In der Legende von Kain und Abel ist die Grundformel ausgesprochen für das heillose Verhältnis, in dem Gesellschaft und Mord durch den süchtigen Menschen zueinanderstehen. Sucht und Tod haben es offenbar miteinander zu tun. Das deuten ebenso der Sündenfall-Mythos wie die Kain-Legende an.

Dostojewski in »Die Brüder Karamasoff« läßt Iwan Karamasoff in seiner von Zorn glühenden Anklage gegen den ungerechten Gott sagen: »Ich will es nicht, daß die Mutter den Peiniger umarme, der ihren Sohn von Hunden zu Tode hetzen ließ ... Ich mag diese Harmonie nicht, aus Liebe zur Menschheit mag ich sie nicht. Da behalte ich lieber die ungerächt gebliebenen Leiden ... Daher beeile ich mich auch, meine Eintrittskarte zurückzugeben ... Das eben tue ich. Nicht, daß ich Gott nicht gelten lasse, Aljoscha, aber ehrerbietigst gebe ich ihm die Eintrittskarte zurück.«

Für eine Heilslehre, in der es »unerläßlich und unvermeidlich sei, auch nur ein einziges, winziges Geschöpfchen zu Tode zu quälen« will sich Iwan Karamasoff nicht hergeben. Inzwischen lassen wir Gott nicht mehr gelten. Aber die Gesellschaft lassen wir gelten. Sie ist an seine Stelle getreten. Gilt nicht dasselbe Verdikt für sie? Der Konflikt ist für jede — und sei es die beste — Gesellschaftsutopie unauflösbar. Es gibt nichts Unmenschlicheres als den Glauben an die absolute Diesseitigkeit dieser Gesellschaftswelt. Hier gerät die humanitäre Ideologie mit sich selbst in Widerspruch. Wir üben Gewalttat, um den Frieden herbeizuführen. Wir tun Ungerechtes, um die Gerechtigkeit zu erzwingen. Wahrheit und Freiheit bekämpfen einander. Im Kampf um »die höchsten Güter« haben wir eine blutige Kainsspur in der Geschichte hinter uns zurückgelassen.

Es geschieht nicht von ungefähr, daß Iwan Karamasoff der Empörung über den ungerechten Gott die Legende vom Großinquisitor folgen läßt. Selbst die Kirche ist dem Verhängnis nicht entgangen, Hölle zu inszenieren in dem Augenblick, wo sie das Gottesreich in der Gesellschaft zu verwirklichen trachtete. An des Christus Statt steht unversehens der Anti-Christus da.

Der Tod kann von uns Menschen nur noch tabuiert werden. Das ist die letzte Möglichkeit, die wir ihm gegenüber haben. Der Tod ist die härteste Konfrontation mit dem Unverfügbaren. So hart ist diese Konfrontation, daß die urchristliche Prophetie den Tod als den »letzten Feind« bezeichnet und als Ausweg nur eine neue Schöpfung kennt.

Die Tod-Leben Konfrontation ist der Angelpunkt der christlichen Botschaft. So tief setzt sie mit ihrer Antwort an. Nämlich in jener Tiefe, in der nur noch die Erfahrung unserer absoluten Ohnmacht statt hat, wenn diese Botschaft sagt »Leben«. Muß nicht die Antwort genau so hoch greifen, wie die Frage schmerzhaft tief sitzt? Kann sie etwas anderes sagen, als Ende der Todeswelt, als Aufhebung der Geschichts- und Naturgesetze »dieser« Welt? Was sollte anderes gemeint sein im Bekenntnis der Christenheit, wenn hier ein »ewiges Leben« ausgerufen wird!

Schöpfung ist die Voraussetzung, nicht weniger! »Neuer Himmel«, »neue Erde«! Anders kann die Todeswelt nicht aus der Angel gehoben werden, es sei denn durch Schöpfung. Davon aber kann nur die Prophetie sprechen. Unter dem Aspekt des Todes ist prophetisches Wort – wie irgend wissenschaftliche Sprache – legitim. Prophetie ist die Mathematik der Kontingenz. Nur der Mut zur Verheißung vermag die eiserne Umklammerung unserer in Tod und Endlichkeit eingekrümmten Existenz mit Hoffnung zu erleuchten.

Hat der Tod eine Botschaft an uns?

Daß sein Nein ein Ja sei, daß der Tod ein Leben sei, diesen Satz hat der Glaube vernommen. Der Tod steht zwar im Ursprung der Geschichte. Aber auch in ihrem Ende. Dazwischen das Nabelgeflecht der Sterblichen. Wie kann Gott in diesem Geflecht in einer anderen Gestalt anwesend sein, es sei denn als in der des getöteten Gottes[49]! Und dieses Los hat Gott angenommen und zu seinem Teil gemacht. So bleibt das Kreuz die Mitte der Geschichte. Es bleibt das Zeichen des anwesenden Gottes – solange der Tod Macht hat. Das Kreuz ist das Ja in der Gestalt des Nein.

Christlicher Glaube ist Schöpfungsglaube. Das geht durch alle drei Artikel des Glaubensbekenntnisses. Daß das ganze Erlösungswerk Schöpfung ist, dies und nichts anderes sollen die schockierenden Chiffren über allen Zweifel sicherstellen: »Empfangen vom Heiligen Geist, geboren aus Maria der Jungfrau.« Daß die Inkarnation eben keine Durchdringung der Welt mit einem ethischen Prinzip ist, sondern Schöpfungsakt. Das allein sichert der geängsteten Kreatur, daß sie nicht verloren ist, sondern in eine neue Schöpfung hinübergerettet wird. Von der neuen Schöpfung wissen wir eigentlich nur das eine, daß in ihr der Tod nicht mehr sein wird. Darum im Zweiten Artikel das Bekenntnis zum auferstandenen Christus! Und im Dritten die Verheißung: »Auferstehung des Fleisches«, wobei »Fleisch« nicht weniger als den ganzen physischen Kosmos meint. Das aber kann nur durch Schöpfung geschehen. Für dieses Unmögliche hält das Urphänomen des Unverfügbaren den Raum offen.

Wir können es heute kaum mehr realisieren, daß christlicher Glaube *Schöpfungs*glaube ist. Entwicklung können wir realisieren. Entwicklung können wir zur machbaren Welt in Beziehung setzen. Schöpfung nicht. Im Unverfügbaren deutet sich Schöpfung an inmitten der verfügbaren Dinge. Das Unverfügbare gibt uns ein Zeichen in seinem Nein, im Spürbarwerden einer Schranke, die unsere ganze Existenz durchzieht. Die Schranke ist in ihrer Versagung allgegenwärtig: im Unfertigen, Unerklärbaren, im Schmerz, im Tod. Nur die mythische[50] Sprache reicht hin, von diesen Dingen zu reden. So der Apostel Paulus im 8. Kapitel seines Briefes an die Römer. Er sieht die ganze Schöpfung einem gebärenden Weibe gleich in Wehen kreißen und stöhnen. Denn die Schöpfung steht unter dem Gesetz der Vergängnis. Diese Vergängnis aber ist jene Aporie, in der die Möglichkeit eines Unmöglichen mitschwingt, in deren Nein ein Ja schon vorgeahnt ist. Paulus nennt das eine Aporie »auf Hoffnung«. Die Gebärende wartet. Sie wartet auf die »Enthüllung der Söhne Gottes« als der Freien. Dann wird auch die Schöpfung teilhaben an dieser Freiheit, die Befreiung aus der Knechtschaft des »vergänglichen Wesens« ist.

Das Unverfügbare ist das Zeichen für den Freiraum des Schöpfers: zu tun, was er will. Mit einem anderen Wort: für die Freiheit, ohne die kein Schöpfertum schaffen kann. Die Bibel heißt diese Wirkmacht des Schöpfergottes pneuma. Sie trägt in der Christenheit den Namen des creator spiritus. Das Johannesevangelium vergleicht das schlechthin Unverfügbare des pneuma mit der Bewegung der Atmosphäre. Sein Wohin und Woher ist uns entzogen. Der Geist ist der Herr der Freiheit.

Die christliche Hoffnung weiß von einer neuen Schöpfung. Der Glaubende kann Geschichte als das große Interim begreifen zwischen der alten und der neuen Schöpfung. Auch dieses Interim ist ein schöpferischer Akt, in dem sich die Wandlung von der alten paradiesischen in die neue, in die Gottesreich-Schöpfung vollzieht.

Geschichte wäre dann mit ihren Brüchen, Erhebungen und Abstürzen als Ganzes eine Krisis, ein Sturm der Verwandlungen. In paulinischer Bildersprache wäre sie die Geburtswehe einer neuen, zweiten Schöpfung. In diesem schöpferischen Akt hätte auch das Katastrophische eine positive Bedeutung: als Reinigung, Beiseiteräumen von Hindernissen, als Öffnung für das Kommende. Die Katastrophen, in denen wir stehen, sind Vorausgerichte. Es ist wichtiger, heute über die Geschichte als Krisis nachzudenken als über Evolution. Die Todesmächte werden der Vernichtung preisgegeben im »Feuer«. Eine Bresche wird in die Todeswelt gestoßen, die den Weg freimacht in das Offene eines totum novum: »das kein Auge gesehn, kein Ohr gehört hat«. Nur im Bildwort ist es möglich, davon zu reden.

Im Sturm dieser Vorausgerichte heißt christliche Existenz: das *Urvertrauen* behalten. Es heißt, das Urvertrauen behalten auch dort, wo die Frage nach dem Sinn unbeantwortet, wo das Verlangen nach Glück unerfüllt bleibt; heißt vertrauen auch angesichts des verborgenen Gottes, der überhandnehmenden Ungerechtigkeit; heißt, in einer verunsicherten

Welt nach allen Seiten hin Zuversicht des Handelns behalten. Denn wir sind durch Schöpfung gesichert, durch Schöpfung, aus der wir kommen und durch Schöpfung, in die wir gehen. Urvertrauen in der Angst der Welt zu haben, ist selbst noch schöpferischer Akt.

Es genügt eine kleine Minderheit, die in der Angst der Welt dieses Urvertrauen realisiert. Ich verstehe Christenheit als diese Minorität. Und dies ist ihr Charakteristisches, gleichsam ihr Erkennungszeichen: sie wirkt durch ihr bloßes Dasein, als Gärungsferment, als Salz, als Korrektiv, als Kritik. Und wenn sie ein Wort hat, so ist es ein prophetisches, wie sie selbst einen prophetischen Ursprung hat und nur als prophetisches Ereignis in der Welt besteht: als Hinweis auf das Gottesreich.

Anmerkungen

1 dva informativ. Stuttgart 1972.

2 Untertitel »Philosophische Fragen der modernen Biologie«. München 1971. – Originalausgabe: Le hasard et la nécessité. Paris 1970.

3 s. zu Folgendem Joachim Illies, »Wo kommt der Mensch her?«. Deutsche Zeitung v. 10. XI. 1972.

4 s. hierzu das Kapitel »Das Phänomen der Gleichgültigkeit der Welt« in Leszek Kolakowski, Die Gegenwärtigkeit des Mythos. München 1973, S. 89 ff.

5 Das Naturbild der heutigen Physik. rde, Hamburg 1955, S. 17 f.

6 Göttingen 1956.

7 Walter Benjamin, Schriften Bd. I. Herausgeg. von W. u. G. Adorno. Frankfurt a. M. 1955, S. XII f.

8 Der 6. September 1972, an dem ich diese Sätze schreibe. Es ist der Tag eines blutigen Massakers mitten im olympischen Raum der »heitersten Spiele der Welt«. Welch' eine Probe auf das Exempel der Fragwürdigkeit der sorgfältigsten Planung!

9 Stuttgart 1949, S. 217.

10 Prof. Dr. Wolfgang Jacob verdanke ich den Hinweis auf eine ähnliche Haltung Julius Robert *Mayers* in dem Vortrag »Mechanische Wärmetheorie«, den Mayer 1869 auf der Naturforschertagung in Innsbruck gehalten hat. »Der lebendige Organismus kann weder Materie, noch Kraft sei es erzeugen oder vernichten oder kann auch nicht die gegebenen chemischen Urstoffe ineinander umsetzen.« Es dürfe an dem physikalisch richtigen Satz ex nihilo nihil fit in der Physiologie nicht mehr in voller Strenge festgehalten werden, viel weniger noch in der Philosophie »Aus vollem Herzen rufe ich es aus: Eine richtige Philosophie kann und darf nichts anderes sein als eine Propädeutik für die christliche Religion.«

11 s. hierzu Karl Löwith, Von Hegel zu Nietzsche. Stuttgart

1941. – Ders., Weltgeschichte und Heilsgeschehen. Stuttgart 1953.

12 Vorlesungen über die Philosophie der Weltgeschichte. Zit. nach Löwith, Weltgesch. und Heilsgesch., S. 55 f.

13 Beide Zitate nach Löwith, ebda., S. 55 f., 209.

14 Kröners Taschenausgabe Bd. 55, S. 260.

15 ebd., S. 4 f.

16 »Versuch einer Selbstkritik« in Die Geburt der Tragödie. Kröner, Leipzig 1930, Bd. I, S. 29 ff.

17 ebd., S. 30 ff.

18 ebd., Bd. VI, S. 350 ff.

19 ebda., Aphorismus 106.

20 s. zu Folgendem Nicola Chiaromonte »Antonin Artaud und sein double« in Merkur Nr. 293, S. 870 ff.

21 Deutsch als »Wahnsinn und Gesellschaft. Eine Geschichte des Wahnsinns im Zeitalter der Vernunft«. Frankfurt a. M. 1969. – Zu Foucault siehe P. Schütz, Was heißt – ›Wiederkunft Christi?‹. Freiburg i. B. 1972, S. 19 ff.

22 Albert Camus, Der Mythos von Sisyphos. Ein Versuch über das Absurde. rde. Hamburg 1971, S. 87 f.

23 Der Verwaiser. Frankfurt a. M. 1972.

24 In seiner Kritik des »Le dépeupleur« [Englischer Titel »The Lost Ones«] in der New York Times Book Review v. 29. X. 1972 gibt J. McElroy folgende Interpretation des Wortes dépeupleur: »A French friend tells me dépeupleur connotes not only, say, the elegiac dropping of leaves from trees but also a menace no less than complete annihilation, gassing a city, incinerating a people. This sense of the verb (and of Beckett's dépeupleur, the depopulator, the thing or system that depopulates – or ›depersons‹) accords with my own dream-sense in »The Lost Ones«: foliage dissolving, solid-state cartridges sliding, persons silently far away blown up into volumes of illuminated centimeters, my family choking on space.«

25 Ich zitiere nach Wilhelm Korff, »Das Verbrechen der beleidigten Philosophie. Gehlen – Habermas – Adorno«. Neue Deutsche Hefte Nr. 134, S. 3 ff. Zitiert als »Korff«.

26 Zitiert nach Korff.

27 Zitiert nach Korff.

28 Benjamin, Schriften I, S. 494–506.

29 So der Mannheimer Soziologe Hans Albert in seinem Aufsatz zum 70. Geburtstag von Popper. Frankfurter Allgemeine Zeitung v. 28. VII. 1972.

30 A. N. Whitehead, Abenteuer der Ideen. Frankfurt a. M. 1971, S. 283 ff.

31 Über die Relativität aller Erkenntnis Eingehenderes bei P. Schütz, Was heißt – ›Wiederkunft Christi‹? S. 11–12.

32 Camus, Sisyphos, S. 11.

33 Alanas ab insulis, Scholastiker. Von Camus zitiert. Sisyphos, S. 57.

34 Hierzu Gershom Scholem, »Walter Benjamin und sein Engel« in Zur Aktualität Walter Benjamins. st 150. Frankfurt a. M. 1972, S. 87 ff., 127 ff.

35 Benjamin, Schriften I, S. 494–506, 511 ff.

36 ebda., S. 499.

37 Über den Zeitbegriff siehe P. Schütz, GW I, S. 117 ff., 369 ff. GW IV, S. 132 ff. – Ders., »Die Gegenwart der Zeit« in Evangelische Kommentare. Mai 1973, S. 264 ff.

38 Benjamin, Schriften I, S. 511 f.

39 Zur Aktualität Walter Benjamins, S. 112 f.

40 ebd., S. 158, Anm. 28.

41 Ich verweise in diesem Zusammenhang auf den Aufsatz von Walter Strolz »Negative Theologie bei jüdischen Denkern der Gegenwart« in seinem Buch »Schöpfung und Selbstbesinnung«. Zürich 1973, S. 190 ff.

42 s. hierzu Kristen E. Skydsgaard auf dem II. Vatikanischen Konzil in Ende der Gegenreformation. Stuttgart 1964, S. 387 f.

43 s. hierzu P. Schütz, GW III, S. 537–551.

44 ebda., S. 128 ff.

45 ebda., GW II, S. 223 ff., 245 ff.

46 Zitiert nach Karl Heinz Bohrer aus »Die lädierte Utopie und die Dichter«, Merkur Nr. 296, S. 1207.

47 Max Horkheimer, Die Sehnsucht nach dem ganz Anderen. Stundenbuch 97. Hamburg 1970, S. 88.

48 Benjamin, Schriften I, S. 481.

49 s. hierzu P. Schütz, Was heißt – ›Wiederkunft Christi‹?, S. 26 ff.

50 Leszek Kolakowski weist in »Die Gegenwärtigkeit des Mythos«, S. 87 ff., auf den Zusammenhang von Spontaneität, die schöpferisch ist, und auf den Mythos hin. Die »Unfähigkeit zur Vorhersage«, die von »Rätseln, Kapricen erfüllte unberechenbare Welt« wird durch »das mythische Verstehen« gebändigt. Im Mythos sehnen wir uns »nach der aufgegebenen Unvorhersehbarkeit der Dinge, nach dem unwiederbringlich verlorenen Paradies«.

Erklärung spezieller Fachausdrücke

Agens treibende Kraft; philosophisches Prinzip

androgyn mythische Vorstellung vom Urmenschen, in dem männlich und weiblich vereinigt sind

angelus novus »Der neue Engel«, Titel eines Bildes von Paul Klee, das Walter Benjamin besaß: »Allegorie im Sinne der dialektischen Spannung« (Gershom Scholem). Meditationsbild Benjamins

Aporie Ratlosigkeit (des Denkens); Unmöglichkeit, eine Frage mit Mitteln des logischen Denkens zu lösen

Antilogik, numerische ein Zahlenverhältnis, das der Logik widerspricht, z. B. in der Zellteilung, wo aus eins zwei wird ohne erkennbare kausale Notwendigkeit

Antinomie Widerspruch eines Satzes in sich selber oder zweier Sätze, die sich gegenseitig ausschließen

Antizipation Vorwegnahme, z. B. des Reiches Gottes durch weltliche Gesellschaftsformen

Code, genetischer ursprünglich Schlüssel einer Geheimschrift; hier die Regel betreffend, nach der die Grundbestandteile geordnet sind, die für die Vererbung Bedeutung haben

communio Gemeinschaft; theologisch: communio sanctorum – Gemeinschaft der Heiligen im III. Artikel des Glaubensbekenntnisses

conditio humana Grundbedingung des Menschlichen

coniectura Begriff aus der Philosophie des Nikolaus von Kues; ein das verstandesmäßige Denken überschreitendes *mutmaßliches* Erkennen

creator spiritus Bezeichnung des Heiligen Geistes als »Schöpfer Geist«

deus ex machina Fachausdruck aus der Bühnentechnik: der Gott, der »aus der Maschine« des Theaterapparates auf die Bühne fährt

Dialektik Lehre von den logischen Widersprüchen und ihrer Auflösung

élan vital Begriff aus der Philosophie H. Bergsons: Lebensschwungkraft, die die Entwicklung der Organismen vorantreibt

enigmatisch abgeleitet von griechisch aínigma des Neuen Testaments: Spiegelbild, Rätselzeichen

Epiphet, Epiphetie Neubildung in Entsprechung zu Prophet, Prophetie. Der Prophet weiß die Zukunft, der Epiphet die Vergangenheit.

Eschatologie Lehre von den »Letzten Dingen«: Wiederkunft Christi, Auferstehung, Weltgericht

evolutiver Trend Gerichtetheit einer Entwicklung

Evolutionismus der Potenzen Begriff aus der Philosophie Schellings. Potenzen sind das durch den göttlichen Willen Gesetzte, das in der Entwicklung verwirklicht wird

Fallibilismus Lehre von der Fehlbarkeit der menschlichen Urteile

Föderaltheologie theologische Begründung der Geschichte als Heilsvollzug des Coccejus († 1669): Die Geschichte verläuft als Heilsgeschichte in fünf Stufen, in denen das Gnadenhandeln Gottes an der Menschheit geschieht

Glossolalie neutestamentlicher Ausdruck für Zungenrede

Gnostizismus synkretistische Lehre dualistischen Charakters, für die eine Entfremdung zwischen Schöpfer und Schöpfung, Selbst und Welt bezeichnend ist

in actu im Vollzug des Geschehens

Interpolation im Kleinsten ist ein Verfahren, durch Zwischenschieben von Denkprinzipien (Kontinuität, Kausalität u. a.) einen lückenlosen Wahrnehmungszusammenhang zu schaffen

Komplementarität sich ergänzende Gegensätzlichkeit von Begriffen

Kontingenz, kontingent der Begriff besagt, daß die Welt weder Grund noch Recht zu ihrem Dasein in sich selber habe. »Das Sein der Welt nimmt Gnadencharakter an.«

Logizismus Alleinanspruch der Vernunft auf Erkenntnis und Ordnung der Welt

Mutations-Selektions-Modell biologisches Modell zur Erklärung einer Selektion (natürliche Auslese) durch Mutation

in negatione – in positione in verneinendem – in bejahendem Sinn

Objektivitätspostulat unbeweisbare Forderung, daß die Wissenschaft die Dinge als gegenständlich erkennen könne

Ontologie, dialektische Lehre, daß die Aufhebung der Gegensätze in einer höheren Einheit die Natur des Denkens und der Dinge ist

Parusie Wiederkunft Christi, die zugleich auch schon Ankunft ist

parusial auf die Wiederkunft Christi bezogen

Pathosophie, pathische Existenz Lehre von Bedeutung und Wesen des Leides für den Menschen

phantasmata bene fundata Erkenntnis nicht der Dinge ist möglich, sondern nur der Vorstellung von ihnen, aber in bestmöglicher Begründung

pneuma neutestamentlicher Ausdruck für den Geist Gottes bzw. den Heiligen Geist

Protologie Lehre von den *ersten* Dingen, Weltschöpfung, Paradies, Sündenfall, im Unterschied von der Eschatologie als Lehre von den *letzten* Dingen

Quantifizierer der Qualitäten Wissenschaftler, die die Meß- und Berechenbarkeit der Lebensqualitäten behaupten

quaerens intellectum Glaube, der sein unerklärbares Wesen nicht leugnet, zugleich aber das Verstehen sucht

quia absurdum (vom Glauben gesagt, der sein Wesen vom Unerklärbaren her bestimmt sieht und deshalb logisch nicht zu begründen ist) [ich glaube,] *weil* es unerklärlich, absonderlich ist

restitutio in integrum Rückwandlung aller Dinge in den Stand der Unschuld

Scholastik hier: Theologie als lehrhafte Schulwissenschaft, Systeme der Dogmatik bildend

unio geistliche Einung des Menschen mit Gott

unio physica stoffliche Einung des Menschen mit der Materie

Utopos gebildet aus dem griechischen ou topos = Nicht-Ort

PAUL SCHÜTZ · GESAMMELTE WERKE

in vier Bänden

Band I **Evangelium**

Sprache und Wirklichkeit
der Bibel in der Gegenwart

582 Seiten, Leinen, DM 52,– *vergriffen*
Ungekürzte Sonderausgabe
Paperback DM 25,–

Band II **Das Mysterium der Geschichte**

Von der Anwesenheit des
Heilenden in der Zeit

579 Seiten, Leinen, DM 48,–

Band III **Freiheit–Hoffnung–Prophetie**

Von der Gegenwärtigkeit des Zukünftigen

722 Seiten, Leinen, DM 54,– *vergriffen*
Ungekürzte Sonderausgabe
Paperback DM 28,–

Band IV **An den Menschen**

Vom Verstehen zum Verwandeltwerden

471 Seiten, Leinen, DM 48,–

FURCHE-VERLAG HAMBURG

David Klein

Genetik in der medizinischen Praxis

82 Abbildungen, 94 Tabellen

1988
Georg Thieme Verlag Stuttgart · New York

Prof. Dr. med. Dr. med. h. c. David Klein
ehem. Direktor des Instituts für Humangenetik der Universität Genf
48, Boulevard des Tranchées, CH-1206 Genf

CIP-Kurztitelaufnahme der Deutschen Bibliothek

Klein, David :
Genetik in der medizinischen Praxis / David
Klein. – Stuttgart ; New York : Thieme, 1988

Wichtiger Hinweis:
Medizin als Wissenschaft ist ständig im Fluß. Forschung und klinische Erfahrung erweitern unsere Kenntnisse, insbesondere was Behandlung und medikamentöse Therapie anbelangt. Soweit in diesem Werk eine Dosierung oder eine Applikation erwähnt wird, darf der Leser zwar darauf vertrauen, daß Autoren, Herausgeber und Verlag größte Mühe darauf verwandt haben, daß diese Angabe genau dem **Wissensstand bei Fertigstellung des Werkes** entspricht. Dennoch ist jeder Benutzer aufgefordert, die Beipackzettel der verwendeten Präparate zu prüfen, um in eigener Verantwortung festzustellen, ob die dort gegebene Empfehlung für Dosierungen oder die Beachtung von Kontraindikationen gegenüber der Angabe in diesem Buch abweicht. Das gilt besonders bei selten verwendeten oder neu auf den Markt gebrachten Präparaten und bei denjenigen, die vom Bundesgesundheitsamt (BGA) in ihrer Anwendbarkeit eingeschränkt worden sind. Benutzer außerhalb der Bundesrepublik Deutschland müssen sich nach den Vorschriften der für sie zuständigen Behörden richten.

Printed in Germany
Satz: Gulde-Druck, Tübingen (gesetzt auf Linotron 202, System 4)
Druck: Georg Appl, Wemding

ISBN 3-13-699801-4 1 2 3 4 5 6

Dem Andenken meiner Eltern gewidmet

Vorwort

Einer alten Spruchweisheit zufolge führen viele Wege nach Rom. Vielleicht ließe sich die gleiche Maxime auch für den Zugang zur Humangenetik anwenden. Obwohl diese Wissenschaft relativ neu ist und ihre Entstehung eigentlich erst der Wiederentdeckung der Mendelschen Regeln im Jahre 1900 verdankt, hat sich ihr Wissensgebiet in den letzten Jahrzehnten dank vielseitiger Forschungen von Ärzten aller Fachrichtungen, Biologen, Zytogenetikern, Biochemikern sowie Spezialisten anderer Disziplinen, wie Mathematik, Statistik, Sozialpsychologie und zuletzt Molekularbiologie, in erstaunlich rascher Weise entwickelt. Die menschliche Vererbungslehre verdient damit aufgrund ihrer Erfolge in der Erkenntnis der Ursachen genetisch bedingter Leiden sowie der allgemeinen menschlichen Variabilität, von der Peripherie in das Zentrum des medizinischen Interesses und Lehrplans verlegt zu werden.

Der Verfasser, von der Psychiatrie herkommend, da er bereits während seiner ärztlichen Tätigkeit an der kantonalen psychiatrischen Klinik Rheinau (Zürich) genetische Familienuntersuchungen in Friedreich- und Phenylketonurie-Familien unternommen hatte, war Zeuge dieser eindrucksvollen Entwicklung der Humangenetik. Sein Wunsch ist daher verständlich, aufgrund seiner 30jährigen Lehr- und Forschungstätigkeit am ersten humangenetischen Institut der Schweiz und einem der ersten in Europa, seiner Aufgabe als Herausgeber des „Journal de génétique humaine“ während 27 Jahren, in dem übrigens die Rubrik der genetischen Beratungsfälle besonders gepflegt wurde, sowie als langjähriger humangenetischer Experte an der Weltgesundheitsorganisation, eine Übersicht über den gegenwärtigen Stand der humangenetischen Wissenschaft geben zu wollen. Es sei dabei vermerkt, daß das vorliegende Buch von dem vor einigen Jahren in Zusammenarbeit mit Dr. P. Dodinval erschienenen Werk („La génétique au service de la médecine“, Ed. Roche, Basel 1979) vollständig unabhängig ist, wenn auch die ersten Kapitel über genetische Grundlagen und Zytogenetik mit kleineren Änderungen übernommen worden sind.

Im klinischen Teil werden nach einer Abhandlung über die angeborenen Farbensinnstörungen, das Blutgruppensystem, den genetischen Code sowie die Hämoglobinopathien, die Grundlagen der Pharmakogenetik dargelegt, die die Rolle genetischer Enzymdefekte für die unterschiedliche Reaktionsweise der Individuen auf Medikamente aufzeigen. Anschließend folgt das Kapitel über Zwillingsforschung, die die Wechselwirkung zwischen Erbgut und Umwelt in oft drastischer Weise veranschaulicht, und die z. Z. besonders für die Untersuchung des genetischen Anteils an der Entstehung psychischer Störungen herangezogen wird. Im Rahmen der Mutationen wird auch eine Übersicht über bestehende *Isolate* gegeben, d.h. aus geographischen, sozialen oder religiösen Gründen in sich abgeschlossene Bevölkerungsgruppen, die vorwiegend unter sich heiraten, und in denen sich daher bestimmte Genmanifestationen besonders häufig realisieren. In ausführlicher Weise wird danach die genetische Beratung bei den verschiedensten körperlichen und psychischen Anomalien abgehandelt. Die Kapitel über die derzeit besonders aktuelle Frage der Strahlenexposition des Menschen, die chemische Mutagenese sowie ein Ausblick auf die moderne DNA-Analyse für Genlokalisation und präventive Erkennung genetischer Störungen beschließen den ersten Teil des Buches.

Im zweiten Teil wird eine tabellarische Übersicht über die von GARROD (1902, 1908) als „*inborn errors of metabolism*" bezeichneten erbbedingten Stoffwechselstörungen gegeben. Angesichts des enormen Anstiegs dieser meist rezessiv vererbten Stoffwechselkrankheiten konnten nur die häufigeren unter ihnen (220 von über 400 solcher Anomalien) in Betracht gezogen werden. Sie wurden nach Enzymdefekt, biochemischen Befunden, klinischem Bild, Genetik sowie anderen Besonderheiten (Häufigkeit, Heterozygotenerkennung, pränatale Diagnostik, Neugeborenen-Screening, evtl. therapeutische Möglichkeiten u.a.) gegliedert. Da solche Stoffwechseldefekte bei den verschiedenartigsten Krankheiten differentialdiagnostisch in Betracht gezogen werden müssen, hoffen wir, daß diese Tabellen sowohl für den Praktiker als auch Pädiater von Nutzen sein werden, um von der Symptomatologie zur Diagnose zu gelangen.

Als Anhang findet sich ferner eine kurze Übersicht über die häufigsten genetisch bedingten *Immunmangelsyndrome*.

Es ist mir ein Bedürfnis, allen meinen Freunden und Kollegen, die mir bei der Ausarbeitung dieses Buches durch Hinweise und Ergänzungen geholfen haben, meinen besten Dank auszusprechen. Mein besonderer Dank gilt den Professoren J. BABEL und A. ROTH, emerit. bzw. derzeitiger Vorsteher der Universitäts-Augenklinik Genf, die mir einen angenehmen Arbeitsraum in ihrer Klinik zur Verfügung gestellt haben. Dem Verleger des Georg Thieme Verlages, Herrn Dr. med. h. c. G. HAUFF, bin ich für sein Verständnis und großes Entgegenkommen für die Drucklegung des Werkes dankbar. Er hatte sein Wohlwollen gegenüber der Genfer Schule bereits bei der Übernahme unseres Handbuchkapitels, das ich seinerzeit mit meinem verehrten Lehrer, Prof. A. FRANCESCHETTI, ausgearbeitet hatte („Mißbildungen und Krankheiten des Auges", Humangenetik, Thieme, Stuttgart Bd. IV, 1964) bewiesen. Frau Dr. GERTRUD VOLKERT, Lektorin des Verlages, danke ich für die kritische Durchsicht des Manuskriptes und die zahlreichen Vorschläge zur Verbesserung der Übersichtlichkeit des Textes. Die im Buch erwähnten persönlichen Forschungsergebnisse, besonders in Isolaten, sind auf Untersuchungen zurückzuführen, die in anerkennenswerter Weise vom Schweizer Nationalfonds unterstützt wurden. Weitere kleinere finanzielle Zuwendungen erhielt ich nach meiner Emeritierung freundlicherweise durch die EMDO-Stiftung, Zürich. Fräulein Olga Glaser, Riehen, möchte ich für die sorgfältige Durchführung der Schreibarbeiten meinen aufrichtigen Dank aussprechen. Am meisten schulde ich jedoch Dank meiner lieben Frau, die durch ihre stetige Geduld, Hingabe und Ermutigung gleichfalls ein Verdienst am Zustandekommen des Werkes erworben hat.

Genf, Herbst 1987 DAVID KLEIN

Inhaltsverzeichnis

Teil I
Allgemeine und klinische Genetik

Genetische Grundlagen der menschlichen Vererbung

Einführung

Jedes menschliche Wesen entsteht aus der Verschmelzung zweier Geschlechtszellen (Gameten), nämlich einer Eizelle und einer Samenzelle. Das befruchtete menschliche Ei wird Zygote genannt; diese enthält in ihrem Kern 46 Chromosomen, die in 23 Paaren angeordnet sind. Jedes Chromosom trägt in linearer Anordnung die Erbfaktoren oder Gene. Wir verdanken es Tjio u. Levan (1956), zum ersten Male beim Menschen die Zahl der Chromosomen, die 46 und nicht 48 ist, wie man früher angenommen hatte, bestimmt zu haben.
Diese 46 Chromosomen verteilen sich auf je zwei Garnituren („Genom") mit 23 Chromosomen. Von den ersten 22 Chromosomenpaaren, sog. Autosomen, besitzt jedes Chromosomenpaar einen väterlichen und einen mütterlichen Partner, von denen jeder die gleiche Zahl von Genen an homologen Genorten besitzt.
Eine Ausnahme davon macht das 23. Chromosomenpaar, Gonosomen oder Geschlechtschromosomen genannt, die nur bei der Frau aus zwei gleichen Paaren (zwei X-Chromosomen) bestehen, während beim Mann ein X- und ein Y-Chromosom vorhanden sind. Das Y-Chromosom ist wesentlich kürzer als das X-Chromosom.

Die Mitose

Als Mitose wird derjenige Mechanismus bezeichnet, der die Teilung einer Mutterzelle in zwei Tochterzellen bewirkt, wobei Chromosomen- und Genbestand unverändert bleiben.
Die Mitose kann in folgende vier Stadien eingeteilt werden: Pro-, Meta-, Ana- und Telophase.

Prophase: Nach einer gewissen äußerlichen Ruhephase des Kerns (Interphase), die aber durch intensive Stoffwechseltätigkeit und Verdoppelung der DNA gekennzeichnet ist, werden die Chromosomen als fädige Strukturen im Zytoplasma kenntlich. Sie teilen sich bald der Länge nach in zwei Chromatiden, die im Zentromer verbunden bleiben. Diese Zentromere können median, submedian oder akrozentrisch (nahezu terminal) gelegen sein. Je nach der Lage der Zentromere kann man von mehr oder weniger langen oder kurzen Chromosomenarmen sprechen.

Metaphase: In dieser Phase bewegen sich die stark verkürzten, von Spindelfasern gesteuerten Chromosomen zur Äquatorialebene der Zelle. Dabei sind die Zentromere auf die Äquatorialebene orientiert, während die Chromosomenarme in Richtung der Pole weisen.

Anaphase: Die Zentromere spalten sich nun in zwei Hälften, wodurch die bisher verbundenen Chromatiden getrennt werden. Jeder der beiden Chromatide wird nun vermittels der an der Zentromerregion ansetzenden Spindelfasern zu entgegengesetzten Polen bewegt. Damit gelangt in jede Tochterzelle jeweils eine Hälfte der Erbanlagen.

Telophase: In der Telophase haben die Chromosomen die Pole erreicht. Sie verlieren nun ihre Form und verwandeln sich in das ursprüngliche Chromatingerüst zurück. Die Spindel löst sich auf. Um jede Gruppe von Tochterchromosomen bildet sich eine Kernmembran, womit die Zellteilung vollendet ist.

Das Prinzip der Mitose besteht somit in einer Längsverteilung der Chromosomen und der gleichmäßigen Verteilung der halbierten Chromosomen (Chromatiden) auf beide Polregionen. Mit der darauffolgenden Durchschnürung des zugehörigen Zytoplasmas schließt die Bildung der beiden Tochterzellen ab.

Die Meiose (Reife- oder Reduktionsteilung)

Die Bedeutung der Meiose besteht darin, daß der diploide Chromosomensatz (46 Chromosomen), der sich in den menschlichen Körperzellen findet, in den Geschlechtschromosomen auf den haploiden Satz (23 Chromosomen) reduziert wird. Sobald bei der Befruchtung die haploide Eizelle und das haploide Spermium zur Zygote verschmelzen, wird der diploide Chromosomensatz wieder hergestellt.
Bevor wir jedoch auf den Mechanismus der Meiose näher eingehen, wollen wir noch kurz die Entwicklung der Geschlechtszellen *(Spermatogenese* bzw. *Oogenese)* erläutern.
Diese nimmt ihren Ausgang von den noch diploiden *Spermatogonien* und *Oogonien* über die gleichfalls diploiden Spermatozyten I. Ordnung. Die darauf einsetzende Reduktionsteilung, die in zwei Phasen erfolgt, führt dann über die Spermatozyten II. Ordnung zu den Spermien oder über die Oozyten II. Ordnung zu Eizellen und Polkörperchen. Während jede diploide Spermatogonie Vorläufer von vier haploiden Spermien wird, führt jede diploide Oogonie zu einer Eizelle und drei Polkörperchen.
Der *Meiosemechanismus* läuft prinzipiell in zwei Etappen ab: in einer 1. Reifeteilung werden die homologen, aus zwei Chromatiden bestehenden Chromosomen voneinander getrennt, wodurch die diploide auf die haploide Chromosomenzahl reduziert wird; in einer 2. Reifeteilung werden beide Chromatiden mitoseartig durch Längsspaltung der Zentromere getrennt.

1. Reifeteilung: Schematisch stellt sich die 1. Reifeteilung wie folgt dar: Zu Beginn der Meiose (Prophase I) lagern sich die homologen Chromosomen parallel aneinander an („Paarung“ oder Synapsis). Eine Längsspaltung der Chromosomen in zwei Hälften (Chromatiden) wird sichtbar, wobei die beiden Chromatiden nur am Zentromer zusammenhängen. (Die Chromatidenbildung hat eigentlich schon in der Interphase, d. h. vor der Prophase, begonnen und ist Ausdruck einer Replikation der DNA, wird aber nach der Synapse erkennbar.) Die gepaarten homologen Chromosomen werden als *Bivalente* bezeichnet. Da diese Bivalente somit aus vier parallel liegenden Strängen (Chromatiden) bestehen, bezeichnet man sie auch als *Tetraden*.

Im Laufe dieses Stadiums kommt es an bestimmten Stellen zu Überkreuzungen *(Chiasmata)* von Chromatiden. Ihre Bedeutung liegt darin, daß sie Stückaustausche zwischen homologen Chromosomen (Crossing-over) und damit einen Austausch von väterlichen und mütterlichen Genen erlauben. Im weiteren Verlauf weichen die homologen Chromosomenpaare langsam auseinander.
In der *Metaphase I* ordnen sich die Chromosomen in der Äquatorialplatte an, wobei die noch ungeteilten Zentromere polwärts orientiert sind und die Kernmembran verschwindet.
In der *Anaphase I* trennen sich die Chromosomenpaare, wobei jeder Paarling alternativ zum einen oder anderen Pol wandert. Nach vollzogener Trennung der homologen Chromosomen, wobei die Zentromere intakt geblieben sind, enthalten somit die beiden Tochterzellen je einen haploiden Satz von 23 Chromosomen.

2. Reifeteilung: Nach einer als Interkinese oder Interphase zu bezeichnenden Zwischenphase schließt sich direkt die zweite Reifeteilung an, indem sich die Chromosomen wieder in der Äquatorialebene anordnen. Diesmal teilen sich die Chromosomen der Länge nach, so daß jedes Chromatid sein eigenes Zentromer besitzt. Infolge der Spindelkontraktion wandern die Chromosomen erneut zu den Polen, worauf sich die Zelle in zwei Tochterzellen teilt, die nunmehr beide den haploiden Chromosomensatz besitzen. Damit ist die zweite meiotische Teilung zu Ende.

Aus jeder in die Meiose eingetretenen diploiden Urkeimzelle (Spermatogonie oder Ovogonie) sind somit im Verlaufe der beiden Reifeteilungen vier haploide Meioseprodukte hervorgegangen, nämlich vier gleichwertige Gameten (Spermien) beim Manne, dagegen nur eine reife Eizelle und drei Polarkörperchen bei der Frau.

Die einfachen monofaktoriellen Erbgänge

Autosomal-dominanter Erbgang

Es ist bekannt, daß der Mensch 46 Chromosomen besitzt (44 Autosomen und 2 Gonosomen [Heterosomen]). Auf diesen Chromosomen sind die Gene in linearer Weise angeordnet, wobei jedes Gen einen bestimmten Platz (Locus) einnimmt. Eines der beiden homologen Chromosomen ist väterlichen und das andere mütterlichen Ursprungs. Zwei Gene, die sich auf gleichen Loci in homologen Chromosomen befinden, aber eine unterschiedliche Funktion ausüben, werden Allele oder Allelomorphe genannt. Infolgedessen können für jeden bestimmten, von einem Allelenpaar (A und a) eingenommenen Locus drei verschiedene Genotypen angenommen werden: AA, Aa oder aa. Die Genpaare AA und aa werden als homozygot und Aa als heterozygot bezeichnet. Ein Individuum kann somit für ein bestimmtes normales oder anormales Allelenpaar homozygot oder heterozygot sein. Verhält sich das anormale Gen dominant gegenüber dem normalen Gen, so ist der Träger dieses abnormen Gens (Aa) auch Merkmalsträger (heterozygote Manifestation). In seltenen Fällen kann natürlich ein Individuum auch für ein abnormes dominantes Gen homozygot (AA) sein. In der menschlichen Pathologie kennen wir jedoch nur wenige Beispiele eines dominant-homozygoten Auftretens solcher Merkmale. Wir werden daher im folgenden von Dominanz reden, wenn ein Gen schon im heterozygoten Zustand eine pathologische Auswirkung hat.

Verschiedene Kreuzungstypen bei dominantem Erbgang
(Abb. **1**)

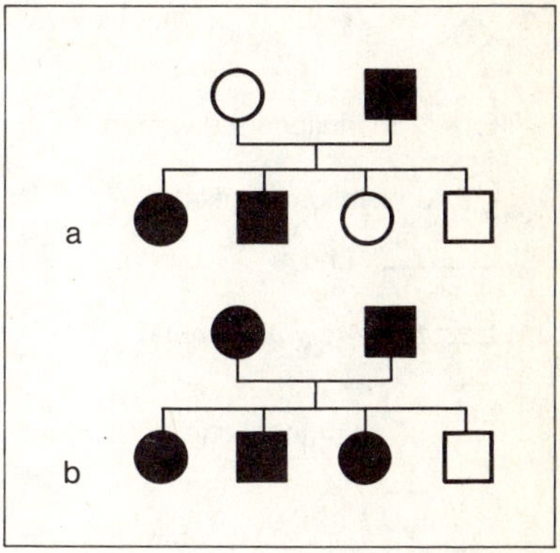

Abb. **1** Schema eines dominanten Erbgangs. **a** Verbindung eines heterozygot Befallenen mit einem homozygot normalen Individuum. Ein Elternteil befallen: 50% der Kinder werden theoretisch gleichfalls befallen sein. **b** Verbindung zweier heterozygot befallener Individuen: 75% der Kinder werden theoretisch wieder befallen sein, davon 50% in heterozygoter und 25% in homozygoter Weise

(Bezüglich der üblichen Symbole für die genotypische Kennzeichnung der Individuen eines Stammbaums s. Abb. **2**)
Die häufigste Verbindung ist diejenige zwischen einem für ein bestimmtes Merkmal heterozygoten Individuum (Aa) und einem homozygot normalen Individuum (aa):

$$Aa \times aa = Aa\,(50\%) + aa\,(50\%)$$

Aus der Heirat eines heterozygot kranken Individuums (Aa) mit einem homozygot gesunden Partner (aa) gehen infolgedessen ebensoviele kranke (Aa) wie gesunde (aa) Kinder hervor (Verhältnis = 1 : 1). Ferner sind die beiden Geschlechter in den gleichen Proportionen befallen. Beim dominanten Erbgang kann man den Stammbaum öfters in vertikaler Richtung über viele Generationen zurückverfolgen (Beispiele: Ektrodaktylie, angeborene Nachtblindheit, Abb. **3**). Da jedoch bei dominanten Affektionen nicht unbedingt mit einer regelmäßigen Übertragung gerechnet werden kann, so ist in genetischen Beratungsfällen immer große Vorsicht geboten. Es sei an die Chorea Huntington, die myotonische Dystrophie, die mandibulofaziale Dysostose oder das Klein-Waardenburg-Syndrom erinnert, deren klinische Manifestationen großen Schwankungen unterliegen können (Expressivität), wobei die Krankheit manchmal auch eine Generation überspringen kann *(Penetranz)*.

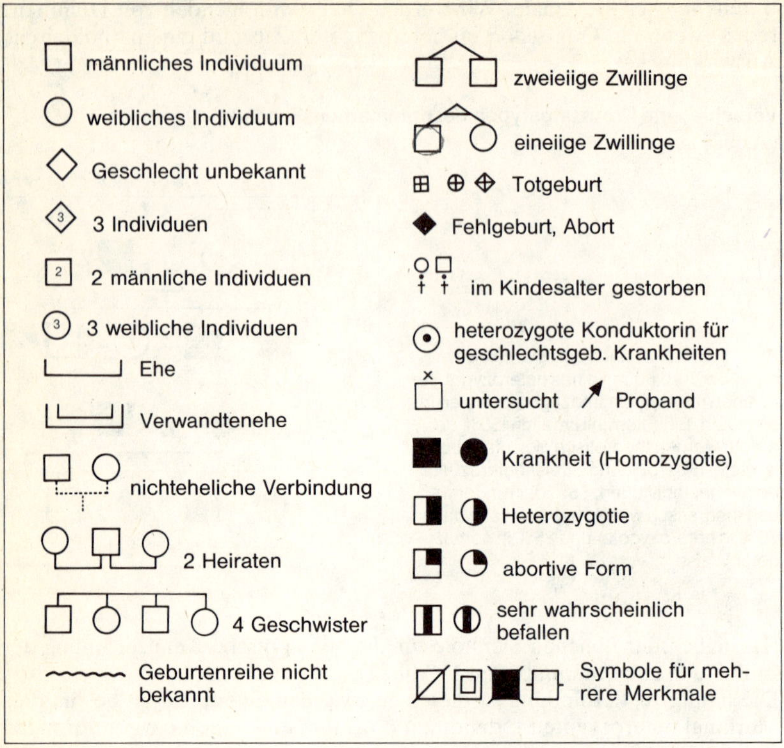

Abb. **2** Übliche Symbole für die Kennzeichnung der Individuen in Stammbäumen

Ausnahmsweise kann bei dominantem Erbgang auch eine Verbindung zwischen zwei Heterozygoten vorkommen, die folgender Formel entspricht:

$$Aa \times Aa = \underbrace{AA + Aa + Aa}_{\text{75\% phänotypisch befallen}} + \underbrace{aa}_{\text{25\% phänotypisch normal}} .$$

Phänotypisch wird man also 75% befallene Individuen erhalten, wovon 25% homozygot (AA) und 50% heterozygot befallen (Aa) sind. Ein derartig homozygotes Betroffensein bei dominantem Erbgang wird man dann annehmen können, wenn die phänotypische Ausprägung der Krankheit im Vergleich zu den anderen Fällen in der Familie hochgradig ist oder zu Totgeburten bzw. frühinfantiler Sterblichkeit führt (Abb. **1b**).

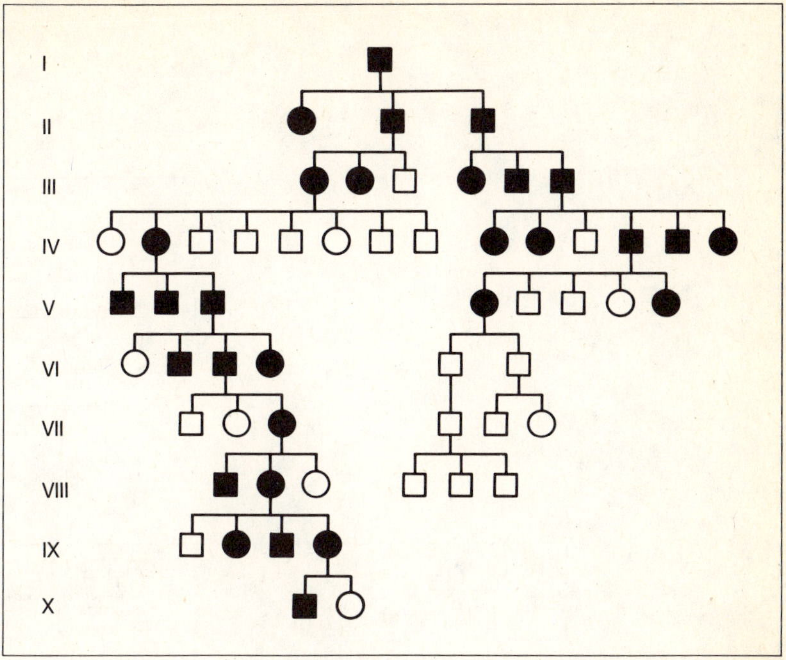

Abb. **3** Stammbaum der Familie Nougaret mit kongenitaler Nachtblindheit über 10 Generationen (nach *Nettleship* und *Dejean* u. *Gasseng*)

Variabilität der phänotypischen Manifestation (Penetranz und Expressivität)

Bei der Diskussion des dominanten Erbgangs wurde bereits auf die Möglichkeit einer Abweichung von dem 1:1-Verhältnis unter den Nachkommen eines manifest befallenen Patienten sowie des „Überspringens" einer Generation in einem Stammbaum hingewiesen. Um die Variabilität solcher phänotypischen Manifestationen eines Gens besser beurteilen zu können, wurden die Begriffe Penetranz, Expressivität und Pleiotropie (Polyphänie) eingeführt.

Penetranz. Als Penetranz kann die prozentuale Wahrscheinlichkeit, mit der sich ein dominantes heterozygotes Gen bei seinen Trägern manifestiert, definiert werden. Die Penetranz ist somit in einer bestimmten Bevölkerung gleich der Beziehung:

$$\frac{\text{Zahl der phänotypisch befallenen Individuen (Aa)}}{\text{Gesamtzahl der Genträger (Aa)}}.$$

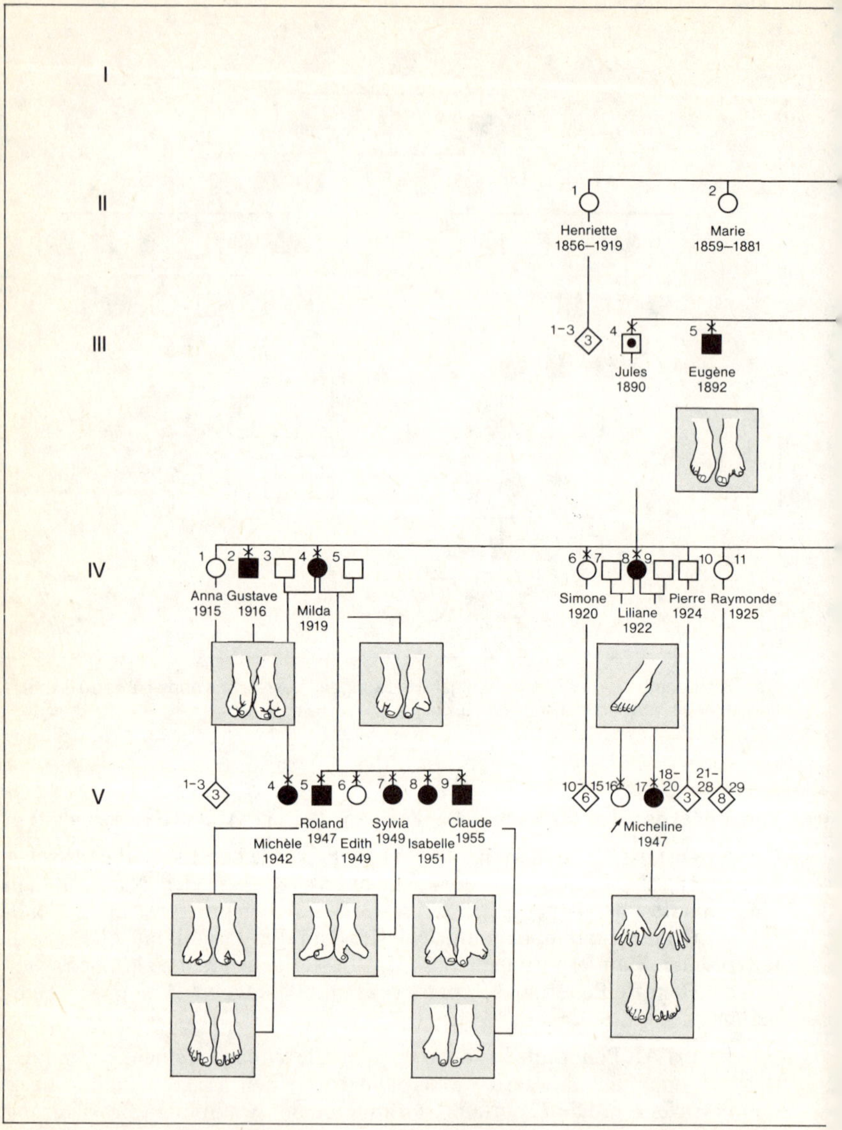

Abb. **4** Stammbaum einer Familie mit autosomal dominanter Vererbung von Spaltfüßen („Hummerscheren"-Form) (nach *Klein* u. *Khosrovani*)

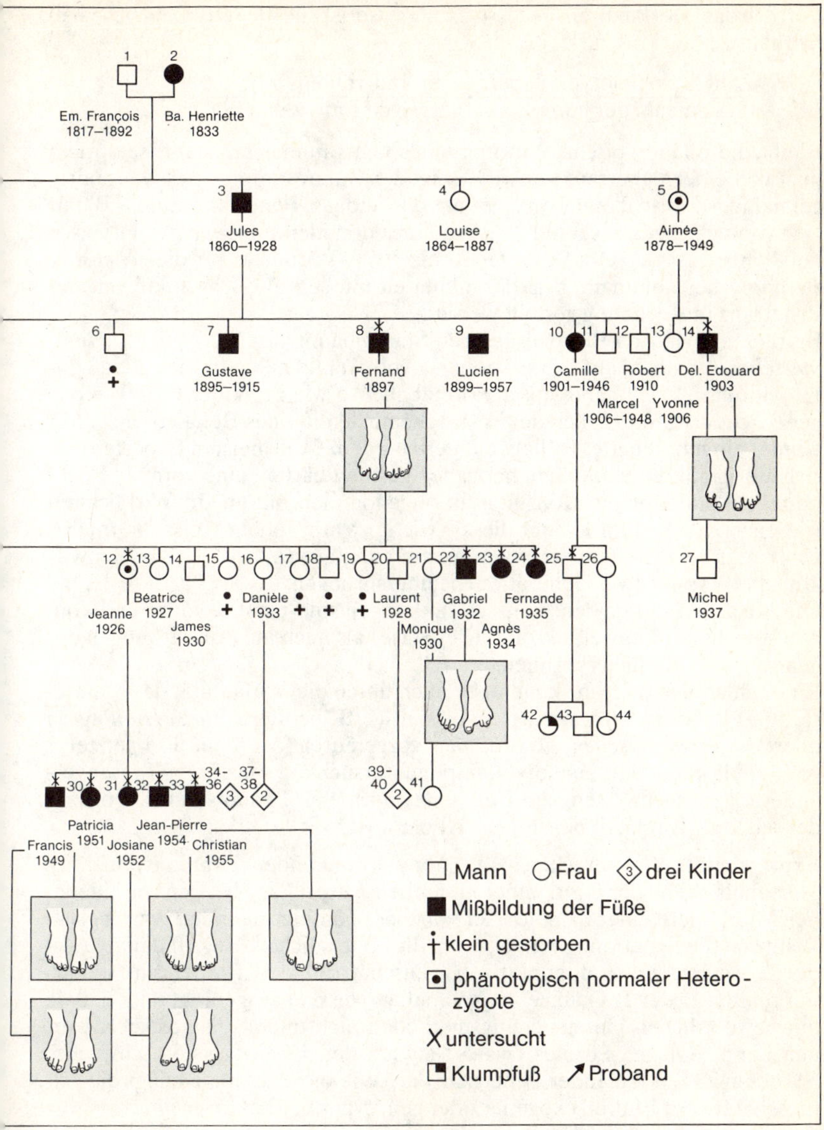
1
2
Em. François
1817–1892
Ba. Henriette
1833
3
Jules
1860–1928
4
Louise
1864–1887
5
Aimée
1878–1949
6
7
Gustave
1895–1915
8
Fernand
1897
9
Lucien
1899–1957
10
Camille
1901–1946
11
12
Robert
1910
13
Marcel
1906–1948
14
Yvonne
1906
Del. Edouard
1903
12
13
14
15
16
17
18
19
20
21
22
23
24
25
26
Jeanne
1926
Béatrice
1927
James
1930
Danièle
1933
Laurent
1928
Gabriel
1932
Fernande
1935
Monique
1930
Agnès
1934
27
Michel
1937
42
43
44
30
31
32
33
34-
36
3
37-
38
2
39-
40
2
41
Patricia
1951
Jean-Pierre
1954
Francis
1949
Josiane
1952
Christian
1955
Mann
Frau
3 drei Kinder
Mißbildung der Füße
klein gestorben
phänotypisch normaler Hetero-
zygote
untersucht
Klumpfuß
Proband

Betrifft das Merkmal ein rezessives Gen, so ist die Penetranz gleich dem Verhältnis:

$$\frac{\text{Zahl der phänotypisch befallenen Individuen (aa)}}{\text{Gesamtzahl der homozygot rezessiven Individuen (aa)}}$$

Bleibt die phänotypische Wirkung eines Gens immer konstant, so spricht man von einer Penetranz von 100%. Ist die Manifestation eines Gens unregelmäßig, so spricht man von einer unvollständigen Penetranz. Sind z. B. nur vier von acht heterozygoten Trägern eines dominanten Gens phänotypisch befallen, so ist der Grad der Penetranz 50%. Vor allem für die *genetische Beratung* bei dominanten Erbkrankheiten müssen die Schwankungen der Penetranz in Rechnung gestellt werden.

Betrachten wir zum Beispiel unseren Stammbaum von *Spaltfüßen („Hummerscheren")* über fünf Generationen (Abb. **4**) und nehmen wir an, daß das Individuum IV/1, phänotypisch normal ebenso wie ihr Vater (III/4), einen genetischen Rat bezüglich der Wahrscheinlichkeit eines Befallenseins ihrer Kinder eingeholt hätte. Es liegt auf der Hand, daß die meisten Experten, die sich einzig auf die Stammbaumangaben gestützt hätten, eine normale Nachkommenschaft für die Konsultantin angenommen hätten. In Wirklichkeit wiesen sämtliche fünf Kinder dieser, wie ihr Vater, phänotypisch normalen Probandin Spaltfüße in variabler Ausprägung auf (V/29–33). Die Genwirkung hatte somit zwei Generationen „übersprungen".

Die Ursachen dieser Penetranzschwankungen sind nicht bekannt und können sowohl auf Umweltfaktoren (Peristase) als auch auf Auswirkungen des genotypischen Milieus beruhen.

Eine fehlende Penetranz kann u. U. auch durch die Variabilität des Manifestationsalters der betreffenden Krankheit (z. B. bei der *Chorea Huntington* oder der *myotonischen Dystrophie*) vorgetäuscht werden. Bei letzterer Krankheit kann evtl. eine Spaltlampenuntersuchung spezifische Linsenveränderungen nachweisen, die trotz eines normalen Phänotyps das Vorhandensein der Krankheit bestätigen (Abb. **5**).

Expressivität. Wir sprechen von einer schwankenden Expressivität eines Merkmals, wenn der Grad seiner klinischen Ausprägung bei den verschiedenen Mitgliedern einer Familie oder von einer Familie zur andern variabel ist. Während die Penetranz somit einen „Alles-oder-nichts"-Begriff darstellt, ist die Expressivität eine quantitative Eigenschaft. Beide Kriterien sind jedoch nur relativ. In der Tat kann eine Anomalie so diskret ausgeprägt sein, daß sie mit gewöhnlichen Untersuchungsmethoden nicht mehr diagnostiziert werden kann. Solche „Formes frustes" stellen den Übergang von schwacher Expressivität zu fehlender Penetranz dar. Wie die Penetranz hängt die Expressivität vom Einfluß exogener oder genotypischer Faktoren ab.

Pleiotropie (Polyphänie). Schließlich müssen wir noch ein weiteres Kriterium der Variabilität eines Gens besprechen, nämlich die Tatsache, daß ein Gen nicht immer nur ein einziges Merkmal verursacht, sondern manchmal

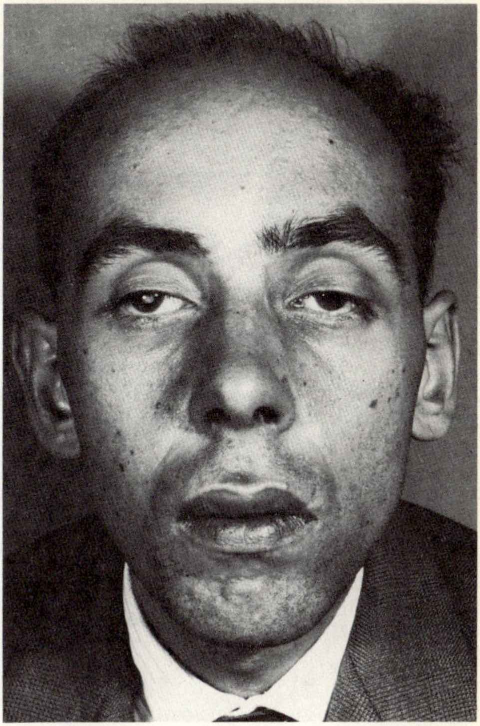

Abb. **5** Dystrophia myotonica bei einem 27jährigen Patienten. Facies myopathica, Stirnglatze, Ptosis, vorspringende Lippen. Die Katarakt ist am rechten Auge deutlich sichtbar (pers. Beob.)

die Fähigkeit hat, innerhalb verschiedener Organe und Systeme seine Wirkung zu entfalten, ohne daß sein primärer Effekt immer bekannt wäre. Ein Schulbeispiel einer solchen Pleiotropie ist das *Marfan-Syndrom*, eine mesodermale Systemerkrankung, die auf ein dominantes Gen zurückzuführen ist (Abb. **6a–d**). Es ist hauptsächlich durch folgende Symptome gekennzeichnet: abnorme Länge der Extremitäten, vor allem der distalen Abschnitte, Spinnenfingrigkeit *(Arachnodaktylie)*, Kyphoskoliose, Trichterbrust, Subluxation der Linse und andere Augenanomalien, Aortenaneurysma mit konsekutiver Aorteninsuffizienz. Eine gefürchtete kardiovaskuläre Komplikation stellt das *Aneurysma dissecans* mit Aortenruptur dar. In Familien mit Marfanscher Krankheit kann man manchmal abortive Formen antreffen, z.B. einzig Arachnodaktylie oder Augenbefunde. Solche Befunde müssen den Beobachter dazu anleiten, nach anderen Störungen, evtl. kardiovaskulärer Art, zu fahnden; abgesehen davon erlaubt eine solche Feststellung auch eine genauere Erbprognose für die einzelnen Familienmitglieder.
Eine andere auf ein dominantes pleiotropes Gen zurückzuführende Affek-

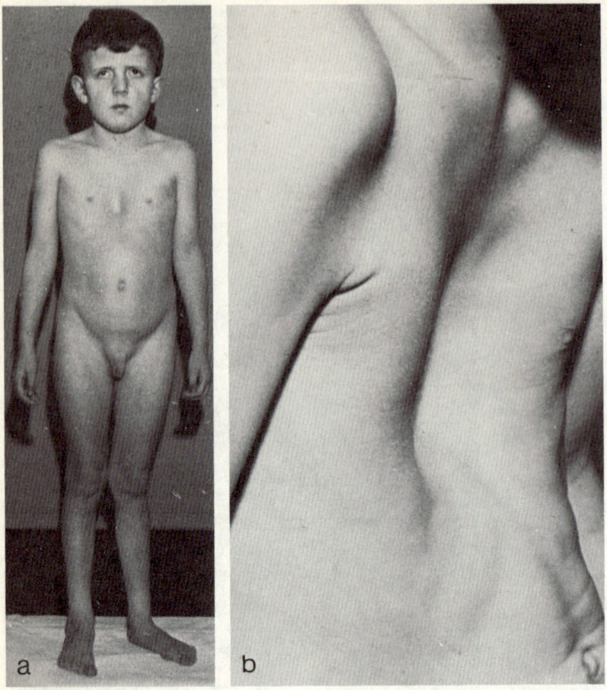

Abb. **6** Typisches Marfan-Syndrom bei einem 11jährigen Patienten. **a** und **b** Dolichostenomelie, Pectus excavatum, Platypodie. **c** und **d** Arachnodaktylie der Hände und Füße. Die drei lateralen Zehen sind verkürzt

tion ist die *Neurofibromatose*, deren besondere Kennzeichen Pigmentflekken der Haut („Café-au-lait"-Flecken) und neurokutane Fibrome darstellen (Abb. **7**). Auch hier kann der Befund von sechs oder mehr solcher „Café-au-lait"-Flecken bei einem Patienten mit unklaren Hirnsymptomen zu einer eingehenden Untersuchung des Zentralnervensystems veranlassen und zur Entdeckung eines Tumors führen.

Auch gewisse *Schädeldysostosen*, wie die auf dominanten pleiotropen Genen beruhende *Dysostosis craniofacialis (Crouzon)* (Abb. **8**) sowie die *mandibulofaziale Dysostose (Franceschetti)* (Abb. **9**), zeigen manchmal eine stark schwankende Penetranz und Expressivität. Die Diagnose einer Crouzonschen Krankheit erfordert die Zuziehung eines Augenarztes, um die Möglichkeit eines raumbeengenden intrakranialen Prozesses mit konsekutiver Sehnervenatrophie auszuschalten. Das Franceschetti-Syndrom macht oft die

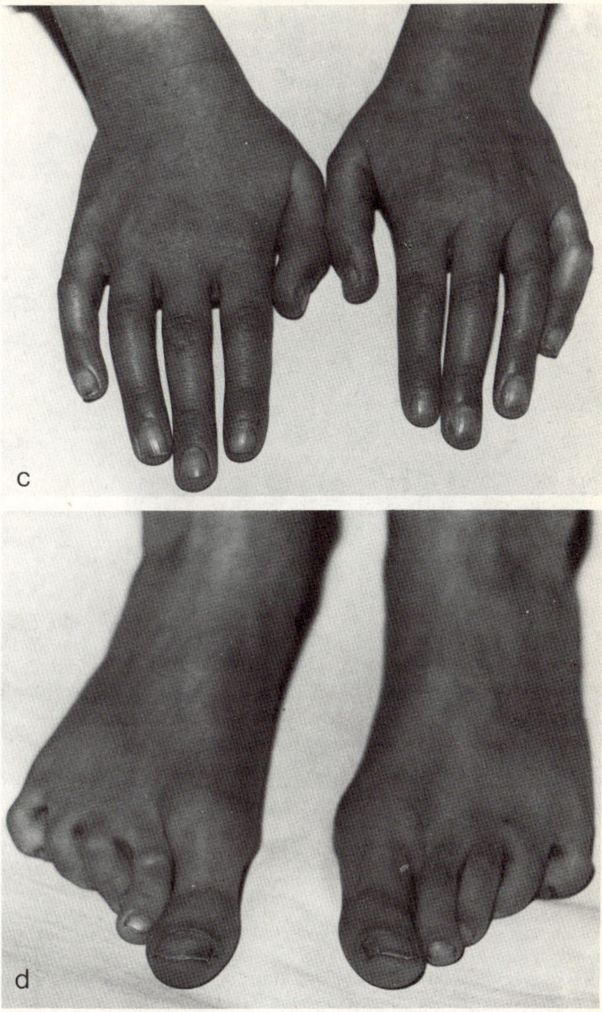
c
d

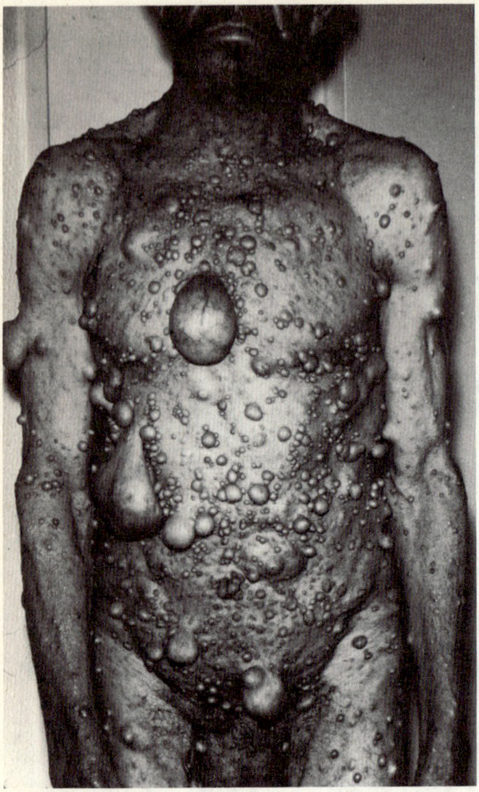

Abb. **7** Stark ausgeprägte Neurofibromatose (v.-Recklinghausen-Syndrom) bei einem ca. 40jährigen Patienten. Multiple Hauttumoren von variabler Größe am Rumpf und an den Extremitäten (Foto: Univ.-Hautklinik Genf)

Abb. **8 a** und **b** (rechts oben) 42jähriger Mann mit 5jähriger Tochter, die beide eine Dysostosis craniofacialis (Crouzon-Syndrom) aufweisen. Beidseitige Exophthalmie, Jochbeinhypoplasie, kurze Oberlippen, Prognathismus inferior. Kraniosynostose röntgenologisch nachgewiesen. Beim Vater außerdem Optikusatrophie, besonders links, ferner beidseitiger Keratokonus.
Bei der Tochter ausgesprochenes Papillenödem rechts, links am Beginn mit Visus 0,5. Erfolgreiche neuroophthalmologische Intervention bei der Tochter, die ein fast vollständiges Verschwinden der papillären Stase sowie Senkung der intrakraniellen Hypertension bewirkte.

Abb. **9 a** und **b** (rechts unten) Komplette Form einer Dysostosis mandibulofacialis (Franceschetti) bei einer 18jährigen Patientin. Antimongoloide Richtung der Lidspalten mit S-förmigem Verlauf der Unterlider. Hypoplasie der Jochbeine und der Unterkiefer, Makrostomie, Mikrotie, präaurikuläre Haarzungen. Fischmaulphysiognomie. Das scheinbare Ektropion an den Unterlidern ist auf eine erste plastische Operation zurückzuführen, die die Lidform verbessern soll (pers. Beob.)

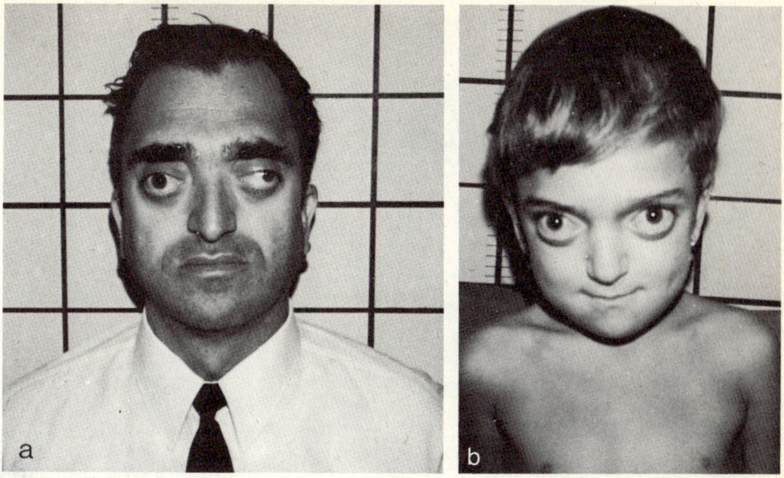

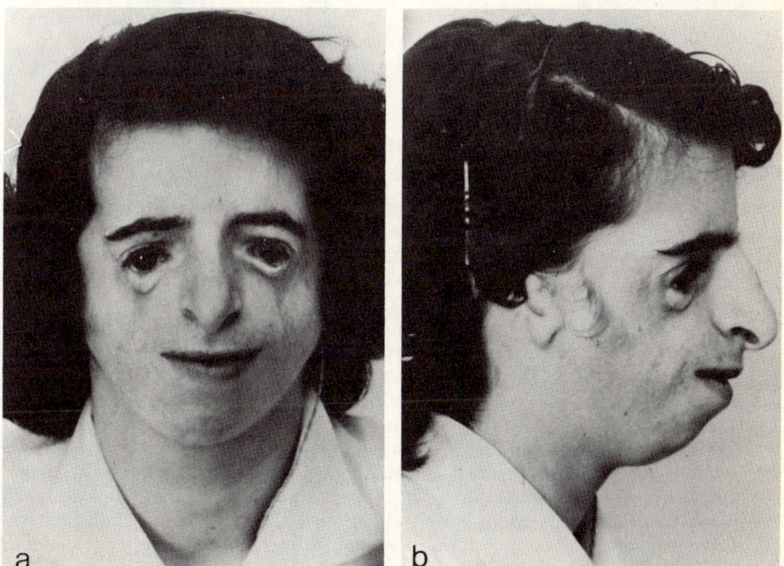

Abb. **10** Klein-Waardenburg-Syndrom bei einem 20jährigen Patienten. Weiße Haarsträhne, laterale Verlagerung der inneren Augenwinkel und Tränenpünktchen, Hypertrichosis mit Synophrys der nasalen Enden der Augenbrauen, Irisheterochromie, Taubstummheit (pers. Beob.)

Konsultation eines Ohrenarztes infolge der Taubheitsprobleme, die sich in ungefähr einem Drittel aller Fälle einstellen, erforderlich.

Ein besonders instruktives Beispiel eines pleiotropen Gens mit unregelmäßig dominanter Vererbung stellt das *Klein-Waardenburg-Syndrom* dar (Abb. **10** und **11**): laterale Verschiebung der inneren Lidwinkel sowie der unteren Tränenpunkte, frontale weiße Haarsträhne, breite, vorstehende Nasenwurzel mit Hypertrichose und Konfluenz der Augenbrauen (Synophrys), Irisheterochromie oder beidseitige porzellanblaue Augen sowie angeborene labyrinthäre Taubheit in etwa 25% der Fälle. Die verschiedenen Symptome zeigen unterschiedliche Penetranz und Expressivität. Von dem klassischen Waardenburg-Typ muß eine weitere Form *ohne Dystopie der inneren Augenwinkel* (Typ II) unterschieden werden, die sich gleichfalls dominant vererbt. Diese Form ist vom erbberaterischen Standpunkt besonders wichtig, weil bei ihr die Prognose für kongenitale Taubheit 50% ist (Hageman u. Delleman 1977). Als Typ III ist die von Klein (1947, 1950) beschriebene Form anzusehen, die außer einem partiellen Albinismus mit Taubstummheit, Dystopia canthorum, Blepharophimose, noch *myo-osteo-artikuläre Mißbildungen* aufweist. Einige neuere Fälle mit ähnlichen Anomalien, besonders der oberen Extremitäten, sind seither hinzugekommen (Goodman u. Mitarb. 1982).

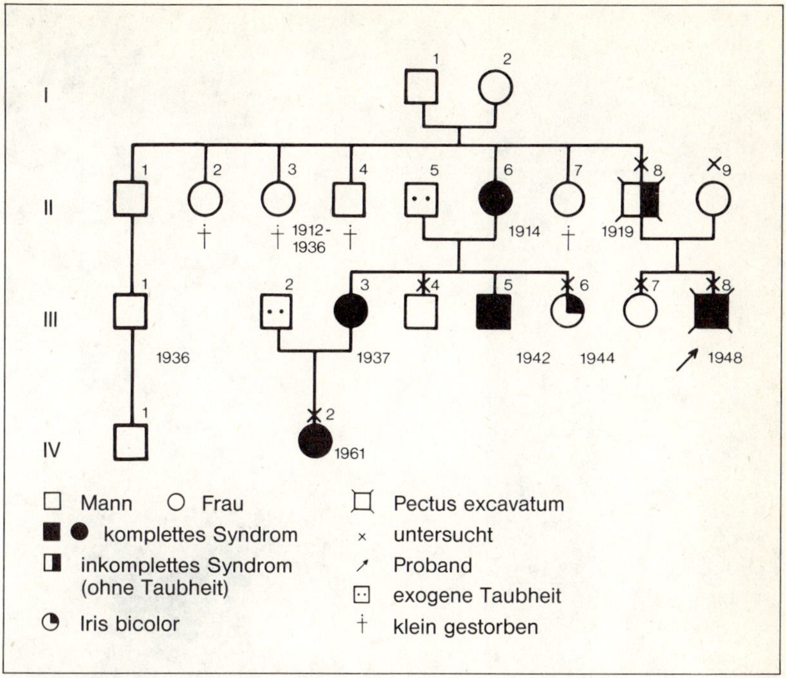

Abb. **11** Stammbaum einer Familie mit Klein-Waardenburg-Syndrom über drei Generationen (pers. Beob.)

Als Beispiel einer *pleiotropen rezessiven Genwirkung* kann das *(Laurence-Moon)-Bardet-Biedl-Syndrom* herangezogen werden, das durch Pigmentdegeneration der Retina, Dystrophia adiposogenitalis, Polydaktylie und Oligophrenie gekennzeichnet ist. Auch bei dieser Krankheit können innerhalb eines Stammbaums alle Komponenten des Syndroms entweder kombiniert oder isoliert angetroffen werden (Abb. **12**).

Autosomal-rezessiver Erbgang

Ein rezessiver Erbgang liegt vor, wenn das abnorme Gen nur in homozygoter Dosis seine phänotypische Wirkung entfaltet. Damit es also zu einer manifesten Krankheit kommt, müssen beide normale homologe Gene durch pathologische Allele ersetzt sein. Eine rezessive Krankheit riskiert dann bei theoretisch 25% der Kinder aufzutreten, wenn beide Eltern Heterozygoten, d. h. latente Träger des gleichen Gens sind.

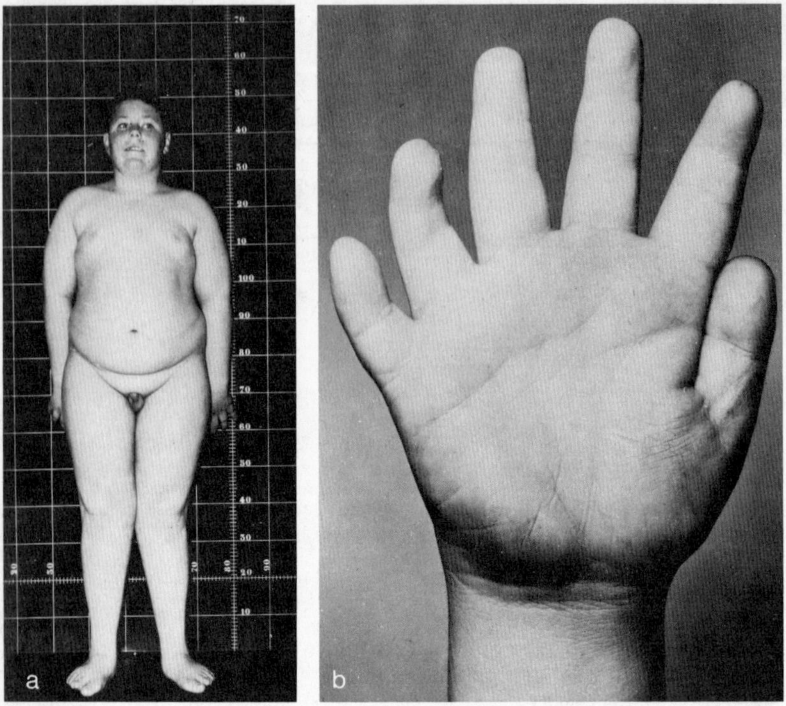

Abb. **12 a** und **b** Bardet-Biedl-Syndrom bei einem 13jährigen Knaben mit kompletter Symptomatologie. Fettsucht, genitale Hypoplasie, Polydaktylie, atypische Retinitis pigmentosa und Oligophrenie. Der Patient stammt aus einer großen Familie der Innerschweiz mit insgesamt 7 Bardet-Biedl-Fällen (pers. Beob.)

Verschiedene Kreuzungsformen bei rezessivem Erbgang
(Abb. **13**)

Kreuzung zwischen zwei Heterozygoten (Aa × Aa). Die häufigste Verbindung ist die zwischen phänotypisch gesunden, jedoch heterozygoten Eltern:

$$\mathrm{Aa} \times \mathrm{Aa} = \underbrace{\mathrm{AA} + \mathrm{Aa} + \mathrm{Aa}} + \underbrace{\mathrm{aa}}.$$

75% phänotypisch normal (hiervon 50% heterozygot)	25% phänotypisch befallen (genotypisch homozygot)

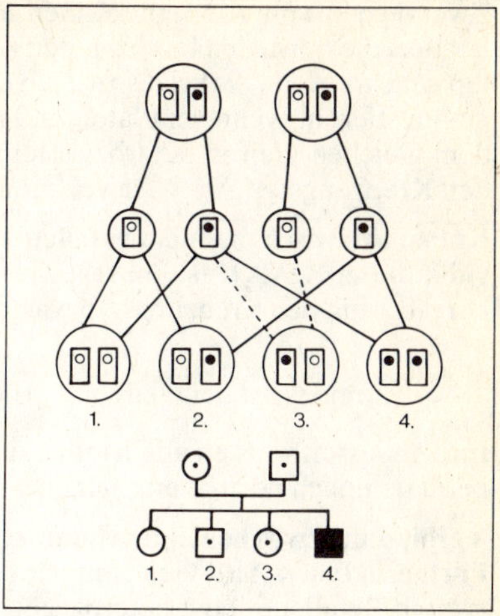

Abb. **13** Schema eines autosomal rezessiven Erbgangs. Verbindung zwischen zwei phänotypisch normalen aber heterozygoten Personen. Die beiden Eltern sind phänotypisch normal, aber heterozygot.
1. 25% der Kinder werden homozygot normal sein. 2.–3. 50% der Kinder werden phänotypisch normal, aber heterozygot sein.
4. 25% der Kinder werden homozygot befallen sein

Das Erkrankungsrisiko für die Kinder eines solchen Ehepaares ist demnach wie folgt:

a) ¼ (25%) werden beide normale Allele erben und demnach für das normale Gen homozygot sein (AA); auch ihre Nachkommenschaft wird normal sein.

b) ½ (50%) werden, wie die Eltern selbst, Heterozygoten sein (Aa); sie werden also phänotypisch normal, aber latente Träger des krankhaften Gens sein.

c) ¼ (25%) werden die doppelte Dosis des abnormen rezessiven Gens erhalten. Sie werden demnach genotypisch und phänotypisch befallen sein (aa).

Zahlenmäßig werden sich bei diesem Kreuzungstyp folgende Proportionen ergeben: ein homozygot Normaler, zwei Heterozygoten, ein homozygot Befallener. Phänotypisch werden wir natürlich die Heterozygoten von den homozygot normalen Individuen nicht unterscheiden können, so daß auf drei phänotypisch normale Personen ein Befallener kommt.

Kreuzung zwischen einem heterozygoten und einem homozygot normalen Individuum (Aa × AA). Infolge der Seltenheit der krankhaften rezessiven Gene in der Bevölkerung wird ein heterozygotes Individuum im allgemeinen einen genotypisch normalen Partner heiraten. Auf diese Weise wird sich das rezessive Gen von einer Generation auf die andere vererben, was sich auf Hunderte von Jahren erstrecken kann, ohne daß es zu einer Manifestation zu kommen braucht. Die theoretische Formel hierfür ist:

$$Aa \times AA = AA\ (50\%) + Aa\ (50\%).$$

Zwei Typen von Kindern können aus dieser Verbindung entstehen: 50% Kinder, die normale Homozygoten (AA), und 50% Kinder, die Heterozygoten sein werden (Aa). Das rezessive Gen wird sich nur dann phänotypisch manifestieren, wenn sein latenter Träger zufälligerweise einen Partner mit dem gleichen Gen in heterozygotem Zustande heiratet. Wir werden somit den Kreuzungstyp Aa × Aa vorfinden.

Kreuzung zwischen einem befallenen und einem homozygot normalen Individuum (aa × AA). Ist ein rezessives Leiden mit der Fortpflanzung vereinbar, so kann der Kreuzungstyp wie folgt sein:

aa	×	AA	=	Aa
(homozygot befallen)		(homozygot normal)		(heterozygot)

Infolgedessen werden alle Kinder aus dieser Ehe heterozygot sein, phänotypisch demnach normal erscheinen.

Verbindung zwischen einem homozygot Befallenen und einer heterozygoten Partnerin (aa × Aa). Gelegentlich wird es aber vorkommen, daß ein phänotypisch Befallener eine heterozygote, phänotypisch jedoch normale Partnerin heiraten wird. Der Kreuzungstyp wird demnach wie folgt sein:

$$\underset{\text{(homozygot befallen)}}{aa} \times \underset{\text{(heterozygot)}}{Aa} = \underbrace{Aa + Aa}_{50\%} + \underbrace{aa + aa}_{50\%}$$

Aus dieser Kreuzung werden somit 50% heterozygote und 50% homozygot befallene Kinder hervorgehen. Man spricht von „Pseudodominanz", da das Auftreten von manifest Befallenen in zwei aufeinanderfolgenden Generationen zunächst an eine dominante Vererbung denken läßt. In Wirklichkeit handelt es sich jedoch um eine Verbindung zwischen einem homozygot Befallenen und einer heterozygoten Genträgerin, die dem Mendelschen Rückkreuzungsschema entspricht.

Verbindung zwischen zwei homozygot befallenen Individuen (aa × aa). Die letzte Möglichkeit ist die Verbindung zweier befallener homozygoter Individuen. Aus dieser Verbindung können im Prinzip nur wieder homozygot befallene Kinder hervorgehen:

aa × aa = aa.

Gelegentlich wird man jedoch aus der Verbindung zweier Partner mit scheinbar der gleichen rezessiven Erbkrankheit normale Kinder antreffen. Es liegt dann *Heterogenität* vor, d. h. es handelt sich um genetisch verschiedenartige Leiden mit dem gleichen phänotypischen Erscheinungsbild. Heterogenität ist in der Humangenetik kein seltenes Vorkommnis. So kennt man verschiedene Formen von Albinismus, Muskeldystrophien, Heredoataxien, kongenitaler Taubstummheit, Retinopathia pigmentosa usw. Bei eingehender genetischer Analyse werden sich jedoch bei Heterogenität öfters feinere Unterschiede, sei es des klinischen Erscheinungsbildes, des Manifestationsalters oder in biochemischer Hinsicht, zwischen den verschiedenen Biotypen nachweisen lassen.

Die Kriterien, nach denen ein *rezessiver Erbgang* erkannt werden kann, lassen sich somit folgendermaßen zusammenfassen:

1. Die Mehrzahl der befallenen Kinder kommen von phänotypisch normalen, jedoch heterozygoten Eltern.
2. Bei der Anwendung adäquater statistischer Methoden verhält sich die Anzahl phänotypisch befallener zu der normaler Kinder wie 1 : 3 (25% : 75%).
3. Alle Kinder manifest (homozygot) befallener Individuen werden im Prinzip phänotypisch normal, genotypisch jedoch heterozygot sein.
4. Gelegentlich werden jedoch aus einer Ehe homozygot Befallener mit phänotypisch normalen Partnern gleichfalls kranke Kinder hervorgehen. Es handelt sich in solchen Fällen um die Verbindung zwischen einem homozygoten und einem heterozygoten Partner (Mendelsche „Rückkreuzung"). Das Verhältnis von befallenen zu normalen Kindern wird dann 1:1 sein, wie beim dominanten Erbgang („Pseudodominanz").
5. Aus einer Ehe zwischen Personen, die beide das gleiche rezessive Erbmerkmal manifest aufweisen, können nur befallene Kinder hervorgehen. Ausnahmen weisen auf *Heterogenität* hin (z.B. normale Kinder bei Heirat zwischen zwei Taubstummen).

Verwandtenehen und rezessiver Erbgang

Ein wichtiges Kriterium für autosomal-rezessiven Erbgang ist der Nachweis einer Blutsverwandtschaft zwischen den Eltern befallener Kinder. Je seltener ein rezessives Gen in der Bevölkerung ist, um so eher wird es sich gerade bei den Nachkommen eines gleichen Stammelternpaares finden. Je näher der Verwandtschaftsgrad zwischen den beiden Ehepartnern ist (Tab. **1**), um so wahrscheinlicher kommt es zu einer Verbindung zweier Heterozygoten und damit zu einer möglichen Manifestation des Gens bei der Nachkommenschaft infolge Homozygotwerdens des Gens. Dagegen kann ein seltenes rezessives Gen, ohne Begünstigung eines Zusammentreffens mit einem homologen Gen infolge Verwandtenehe, über Generationen in heterozygotem Zustande weitergegeben werden, bis es zu einer zufälligen Verbindung mit einem anderen heterozygoten Träger kommt, die die homozygote Manifestation möglich macht. Ein solches zufälliges Zusammentreffen zweier homologer Gene entspricht dem Quadrat der Heterozygotenhäufigkeit in der Bevölkerung.

Bei einer Heterozygotenfrequenz z.B. von $\frac{1}{50}$ wird ein solches zufälliges Ereignis mit einer Wahrscheinlichkeit von

$$\frac{1}{50} \cdot \frac{1}{50} = \frac{1}{2500}$$

eintreffen. Die Manifestationswahrscheinlichkeit bei rezessivem Erbgang berechnet sich dann durch Multiplikation mit ¼ ($= \frac{1}{10000}$).

Genetische Isolate. Seltene rezessive Erbkrankheiten können sich in bestimmten Bevölkerungsgruppen manchmal in erstaunlicher Häufigkeit vorfinden. Derartige Agglomerationen werden als genetische Isolate bezeichnet. Ihre Entstehung ist auf geographische, historische, religiöse oder ethnische Schranken, die sich im Laufe der Jahrhunderte zwischen ihnen und der umgebenden Bevölkerung gebildet haben, zurückzuführen. In solchen Gebieten gehört daher die Häufung von Verwandtenehen in der engeren Familie nicht mehr zu den charakteristischen genetischen Merkmalen. Dagegen lassen sich in solchen Regionen sehr oft bei Vorhandensein genealogischer Unterlagen (Pfarrbücher und Zivilstandsregister) entferntere Verwandtschaftsgrade zwischen den betroffenen Eltern nachweisen. Derartige genetische Isolate haben sich für die Populationsgenetik als wertvolle Forschungsreservate erwiesen, da sie es erlauben, seltene familiäre Erbkrankheiten in bezug auf klinische Variabilität, Manifestationsalter, Verlauf, Tendenz zu morbiden Assoziationen und insbesondere *Heterogenität* zu untersuchen (Näheres über Isolate s. S. 209).

Genetische Beratung bei Konsanguinität. Wie wir gesehen haben, führt eine Blutsverwandtenehe häufig zur Manifestation eines latenten rezessiven Gens infolge seines Homozygotwerdens. Wenn auch diese Zunahme homozygot Kranker populationsgenetisch wenig ins Gewicht fallen mag, so stellt doch das plötzliche Auftreten einer solchen Erbkrankheit innerhalb einer Familie meist ein schweres Unglück dar, an das sie sich vielfach zeitlebens nicht zu adaptieren vermag. Das Abraten von Verwandtenehen, zumindest Vetternehen 1. Grades, hat daher angesichts der Verantwortung gegenüber der Nachkommenschaft seine volle Berechtigung (Abb. **14**). Das Risiko von konsanguinen Ehen kann auch an einem einfachen Rechenbeispiel dargelegt werden. Nehmen wir z. B. an, daß die Häufigkeit eines rezessiven Gens in heterozygotem (latenten) Zustand für ein bestimmtes Merkmal (Phenylketonurie, Albinismus, Retinopathia pigmentosa) 2% beträgt. Bei einer exogamen (nicht-konsanguinen) Ehe ist die Wahrscheinlichkeit für ein homozygot befallenes Kind wie folgt:

$$\frac{1}{50} \cdot \frac{1}{50} \cdot \frac{1}{4} = \frac{1}{10000}.$$

Wenn dagegen zwei Geschwisterkinder 1. Grades eine solche Ehe eingehen, so erhöht sich dieses Risiko in signifikanter Weise:

$$\frac{1}{50} \cdot \frac{1}{8} \cdot \frac{1}{4} = \frac{1}{1600}.$$

($1/8$ ist der Verwandtschaftsgrad für Vettern 1. Grades = Anteil der durch Abstammung gleichen Gene; vgl. Tab. **1**).

Wie sich somit zeigen läßt, ist das Risiko für Homozygotwerden eines seltenen rezessiven Gens bei konsanguinen Ehen 6mal größer als bei exogamen Ehen.

Dagegen spielen für relativ häufige rezessive Erbleiden, wie z. B. die Muko-

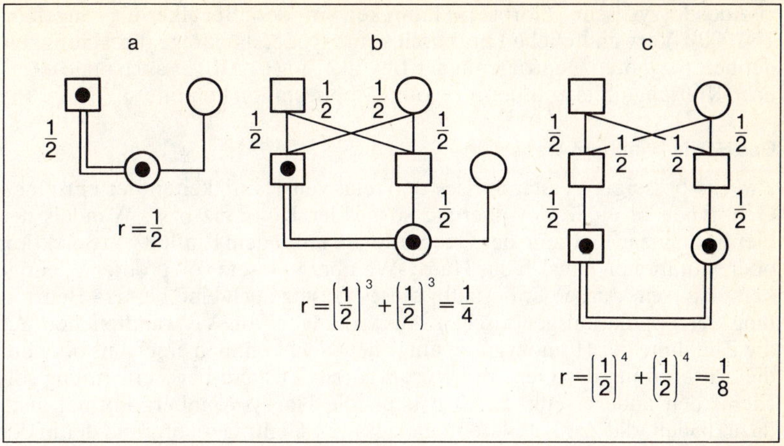

Abb. **14** Verwandtschaftskoeffizient (r) zwischen verschiedenen Mitgliedern einer Familie. **a** Zwischen Vater und Tochter (= ½), **b** zwischen Onkel und Nichte (= ¼), **c** zwischen Vetter und Base (= ⅛)

Tabelle **1** Verwandtschafts- und Inzuchtkoeffizient

Verwandtschaftsgrad	Verwandtschafts-koeffizient (r) (= Proportion gleicher Gene)	Inzuchtkoeffizient (F) (= Homozygotenwahr-scheinlichkeit für die Nachkommenschaft)
Vater–Tochter	$\frac{1}{2}$	$\frac{1}{4}$
Onkel–Nichte	$\frac{1}{4}$	$\frac{1}{8}$
Vetter–Base 1. Grades	$\frac{1}{8}$	$\frac{1}{16}$
Vetter–Base 1.–2. Grades	$\frac{1}{16}$	$\frac{1}{32}$
Vetter–Base 2. Grades	$\frac{1}{32}$	$\frac{1}{64}$
Vetter–Base 2.–3. Grades	$\frac{1}{64}$	$\frac{1}{128}$
Vetter 3. Grades	$\frac{1}{128}$	$\frac{1}{256}$

viszidose (zystische Fibrose; Häufigkeit in der Bevölkerung ungefähr 1 : 2000), Verwandtenehen praktisch keine Rolle, da infolge der Häufigkeit der heterozygoten Genträger in der Bevölkerung (4,5%) es auch ohne elterliche Konsanguinität zur homozygoten Manifestation kommt.

Das Hardy-Weinberg-Gesetz

Zwecks besseren Verständnisses der relativen Häufigkeiten der einzelnen Genotypen in einer Bevölkerung sowie der Konstanz bzw. Wandels der Genfrequenzen im Laufe der Generationen unter dem Einfluß von Selektion oder Mutationen hat sich das Hardy-Weinberg-Gesetz von größter Wichtigkeit erwiesen. Außerdem erlaubt dieses Gesetz auch eine bessere Beurteilung der populationsgenetischen Auswirkungen von Verwandtenehen auf die Zunahme der Homozygoten unter den Nachkommen einerseits oder auf die Ausbreitung des Gens in heterozygotem Zustand bei Vermeidung solcher Ehen andererseits. Endlich kann die Hardy-Weinberg-Formel auch dazu dienen, die Zahl der latenten rezessiven Genträger aufgrund der in der Bevölkerung festgestellten Häufigkeit des betreffenden Leidens zu schätzen. Dieses im Jahre 1908 von dem englischen Mathematiker C. H. Hardy und dem deutschen Arzt W. Weinberg unabhängig voneinander aufgestellte Gesetz prüft – eine normale, selektions- und inzuchtfreie Bevölkerung (d. h. Panmixie) vorausgesetzt – die Beziehung zwischen den Häufigkeiten der einzelnen Genotypen in einer Bevölkerung zueinander und ihre eventuelle Verschiebung von einer zur anderen Generation unter dem Einfluß sonstiger genetischer oder äußerer Faktoren.
Nehmen wir an, daß sich an einem Genlocus zwei Allele (A und a) mit der Häufigkeit p und q befinden. Die Gesamthäufigkeit der Gene an diesem Locus wird somit $p+q = 1$ (= 100%) betragen, wobei q natürlich $= 1-p$ ist. Wenn die beiden allelen Gene (A und a) in der Bevölkerung in den Häufigkeiten p und q verteilt sind, so werden sie in den Gameten natürlich in gleichen Proportionen enthalten sein (s. Schema unten), so daß sie bei der Paarung infolge zufälliger Kombination wie folgt in den Zygoten auftreten werden:
$p^2 + 2pq + q^2 = 1$, was der Binomialverteilung von $(p + q)^2 = 1$ entspricht.

		♂ p	♂ q
♀	p	p^2	pq
♀	q	qp	q^2

Wie sich leicht zeigen läßt, bleiben somit die Genfrequenzproportionen für die zweite Generation die gleichen wie für die erste Generation. Nehmen wir

z. B. als Ausgangsbasis eine Frequenz für p = 0,8 (80%) und für q = 0,2 (20%) an, so leiten sich aus der Binomialgleichung $p^2+2pq+q^2 = 1$ folgende Werte für die zweite Generation ab:

$$(0,8)^2 + 2\,(0,8 \cdot 0,2) + (0,2)^2 = 1 \text{ oder}$$
$$0,64 + 0,32 + 0,04 = 1,$$

woraus sich die Genfrequenzen wie folgt berechnen lassen:

$$p = 0,64 + \tfrac{1}{2}\,(0,32) = 0,80,$$
$$q = 0,04 + \tfrac{1}{2}\,(0,32) = 0,20.$$

Wie man sieht, entsprechen diese Werte den ursprünglichen Genfrequenzen der 1. Generation. Die relativen Proportionen der Allele p und q, die die drei Genotypen AA, Aa und aa repräsentieren, bleiben somit unverändert (Äquilibriumsprinzip), sofern kein Genotyp einen Selektionsvorteil über den anderen besitzt.

Es kann daraus abgeleitet werden, daß die Verwandtenehen, die eine Häufung der Genotypen zugunsten der Homozygoten begünstigen, die Genhäufigkeit an sich nicht beeinflussen, da sie auf Kosten der Heterozygoten geht. Andererseits kann sich bei Vermeidung von Verwandtenehen oder biochemisch identifizierbaren Heterozygotenehen (z. B. bei Tay-Sachsscher Krankheit) die Heterozygotenzahl ohne Änderung der Genfrequenz vermehren.

Eine wichtige praktische Anwendungsmöglichkeit der Hardy-Weinberg-Formel, die sich besonders für genetische Beratungen als nützlich erweist, besteht in der Möglichkeit, die Zahl der latenten rezessiven Genträger aufgrund der in der Bevölkerung festgestellten Frequenz der manifest Kranken zu schätzen.

Angenommen, die Häufigkeit eines autosomalen Merkmals (q^2) betrage 1 : 10000. Die Häufigkeit des entsprechenden Gens (q) ist dann $\sqrt{1/10000}$ = 1/100; das komplementäre Allel (p) ist infolgedessen = 1–1/100 = 99/100. Daraus läßt sich die Häufigkeit der Heterozygoten berechnen:

$$2pq = 2\,(99/100) \cdot (1/100) \cong 1/50\ (= 2\%).$$

Bei relativ seltenen Genen nähert sich die Häufigkeit des normalen Gens (in unserem Beispiel 99/100) der Zahl 1, so daß im allgemeinen die Heterozygotenhäufigkeit (2pq) gleich zweimal die Häufigkeit des krankhaften Gens ausmacht (= 2q).

Es ergibt sich aus dieser Berechnung auch, daß die heterozygoten (latenten) Träger eines Merkmals ungleich häufiger sind (in unserem Beispiel 1/50) als die Homozygoten (1/10000 in unserem Beispiel). Die Tab. **2** und **3** zeigen, daß die Diskrepanz zwischen Frequenz der Heterozygoten im Verhältnis zu den Homozygoten um so größer wird, je seltener das rezessive Leiden ist.

Gewisse Genetiker haben die Befürchtung geäußert, daß sich die modernen therapeutischen Methoden auf den „Genepool“ im Laufe der Generationen negativ auswirken könnten, so daß es zu einem allmählichen populationsge-

Tabelle **2** Häufigkeit der Heterozygoten in der Bevölkerung für verschiedene Erbleiden, berechnet aufgrund der angenommenen Homozygotenhäufigkeit

Häufigkeit des Leidens (p^2)	Häufigkeit des Gens (p)	Häufigkeit der Heterozygoten (2pq)	Anzahl von Heterozygoten für einen Homozygoten ($p^2/2pq$)
1:900	1:30	1:15	60
1:1600	1:40	1:20	80
1:2500	1:50	1:25	100
1:10000	1:100	1:50	200
1:40000	1:200	1:100	400
1:90000	1:300	1:150	600
1:250000	1:500	1:250	1000
1:1000000	1:1000	1:500	2000

Tabelle **3** Häufigkeit gewisser rezessiver Affektionen in der Bevölkerung mit Angabe der entsprechenden Häufigkeit der Heterozygoten

Krankheit	Häufigkeit des Leidens (p^2)	Häufigkeit des Gens (p)	Häufigkeit der Heterozygoten (2pq)	Häufigkeit von Heterozygoten für einen Homozygoten $\frac{p^2}{2pq}$
Mukoviszidose	1:2000 – 1:2500	1:44 – 1:50	1:22 – 1:25	91 – 100
Taubstummheit	1:3600	1:60	1:30	120
Adrenogenitales Syndrom	1:5000	1:71	1:35	144
Retinitis pigmentosa	1:7000	1:84	1:42	167
Phenylketonurie	1:10000	1:100	1:50	200
Universeller Albinismus	1:20000	1:141	1:70	286
Friedreichsche Ataxie	1:40000	1:200	1:100	400
Galaktosämie	1:70000	1:265	1:132	530
Bardet-Biedl-Syndrom	1:100000	1:316	1:158	633
Alkaptonurie	1:1000000	1:1000	1:500	2000

netischen Degenerationsprozeß kommen könnte. Ein Vergleich zwischen dem hohen Anteil der Gene in heterozygotem Zustand (2pq) und der relativen Seltenheit derselben in homozygotem Zustand (q^2), wie er aus den beiden Tab. **2** und **3** hervorgeht, zeigt, daß eine solche Gefahr, wenigstens was die rezessiven Affektionen anbetrifft, noch ziemlich fern gelegen ist.

Diese Überlegung kann auch rechnerisch belegt werden, wie es Woolf u. Goodwin (1967) an dem Beispiel der *Phenylketonurie* dargelegt haben. Wie bekannt, läßt sich diese Stoffwechselkrankheit vermittels geeigneter Diät, die allerdings von der Geburt an verabfolgt werden muß, wirksam behandeln, so daß es zu keinen geistigen Entwicklungsstörungen kommt und die Kinder sich psychomotorisch normal entwickeln. Angesichts der Häufigkeit dieses Erbleidens von 1/10000 und unter der Annahme einer rechtzeitigen Entdeckung und Behandlung dieser Patienten können diese später heiraten und sich fortpflanzen. Es erhebt sich somit die Frage, nach wievielen Generationen bei der Annahme einer Frequenz dieser Krankheit von 1/10000 eine Verdoppelung der Genhäufigkeit erfolgen wird. Nach der von WOOLF u. GOODWIN angegebenen Formel $\sqrt{1 + \frac{N}{n}}$, wobei N = Bevölkerungszahl und n = Homozygotenzahl, ist das Ergebnis in unserem Falle

$$1 + \sqrt{\frac{10000}{1}} = \frac{1 + 100}{1} .$$

Eine Verdoppelung der Homozygoten wäre demnach in 101 Generationen (oder ungefähr 2525 Jahren) zu erwarten, während die Genhäufigkeit sich von ursprünglich 1/100 auf 1 verdoppeln würde. Infolgedessen käme nach 101 Generationen ein Fall von Phenylketonurie auf $50^2 = 2500$ Geburten. In 101 Generationen hätte sich somit die Krankheitsfrequenz von 1/10000 auf das Vierfache (1/2500) erhöht.

Statistische Korrektionsmethoden für die Analyse eines rezessiven Erbganges

Im Gegensatz zum dominanten Erbgang, bei dem es in den meisten Fällen genügt, das Verhältnis befallener zu normalen Kindern in den Geschwisterschaften zu berechnen, um zu erfahren, ob dieses der Mendelschen Proportion von 1:1 entspricht, ist die statistische Analyse des rezessiven Erbganges viel komplizierter. Die Schwierigkeit besteht darin, daß wir es nur mit Familien zu tun haben, die mindestens ein befallenes Kind haben. Infolgedessen können wir nicht auf direkte Weise Mendel-Zahlen erhalten, d.h. im Verhältnis von einem befallenen zu drei normalen Kindern, sondern wir finden meistens einen Überschuß von befallenen Kindern. In der Tat sind infolge der relativen Kleinheit der menschlichen Familien solche Familien relativ häufig, in denen beide Ehepartner zwar heterozygot für das gleiche Gen sind, jedoch normale Kinder haben und infolgedessen nicht in unser Beobachtungsgut gelangen.

Nehmen wir z.B. ein einziges Kind aus einer Ehe zweier heterozygoter Individuen an. Die Wahrscheinlichkeit für dieses Kind, nicht befallen zu sein, ist ¾ (= 75%), während diese Wahrscheinlichkeit für eine Geschwisterschaft von zwei Kindern = $(\frac{3}{4})^2 = \frac{9}{16}$ (= 56%) ist. Die Anzahl von Geschwisterschaften, die n Kinder enthalten, von denen keines befallen ist, beträgt somit $(\frac{3}{4})^n$.

Tabelle **4** Anteil nicht befallener Kinder, die aus der Ehe für das gleiche Gen heterozygoter Partner hervorgegangen sind

Anzahl von Kindern innerhalb der Geschwisterschaft (n)	Proportion nicht befallener Kinder $\left(\frac{3}{4}\right)^n$ $\left(\frac{3}{4}\right)^n$	%
1	3/4	75
2	9/16	56
3	27/64	42
4	81/256	32
5	243/1024	24
6	729/4096	18

Die Tab. **4** gibt uns eine Vorstellung vom Anteil nicht befallener Kinder aus Ehen zweier heterozygoter Partner, die nur normale Kinder haben und somit nicht realisieren werden, welcher Gefahr ihre Kinder entronnen sind. Um diesen Informationsverlust, der aufgrund nur normaler Kinder bei heterozygoten Ehepartnern entstanden ist, auszugleichen, sind spezielle statistische Verfahren ausgearbeitet worden, u. a. von Weinberg („Geschwistermethode"), Bernstein u. Hogben (A-priori-Methode).

Weinbergsche Geschwistermethode. Das Prinzip dieser Methode besteht darin, die Mendelsche Proportion von einem befallenen und drei normalen Individuen dadurch zu erhalten, daß man die Probanden (d. h. die Ausgangsfälle) aus der Berechnung wegläßt und für jede Geschwisterschaft nur das Verhältnis von befallenen Geschwistern zur Gesamtzahl aller Geschwister berechnet. Die anzuwendende Formel hierfür ist:

$$P = \frac{\Sigma\, x\,(x-1)}{\Sigma\, x\,(n-1)}\,.$$

P = korrigierte Verhältniszahl zwischen befallenen und allen Geschwistern, x = Anzahl befallener Kinder in jeder Familie, n = Anzahl aller Kinder in jeder Familie.

Die von allen Familien erhaltenen Ergebnisse werden danach zusammengezählt und die Verhältniszahl, die aus dieser Formel erhalten worden ist, ergibt die „Mendel-Ziffer". Als Beispiel führen wir die Tabelle von Saebo (1949) an, der eine Familie mit rezessiver kongenitaler Katarakt in 17 Familien mit 70 Kindern, wovon 27 befallen waren, untersucht hat (Tab. **5**).
Unter Anwendung der Weinbergschen Methode erhielt Saebo eine korrigierte Verhältniszahl von 24,5% Befallenen (anstatt der unkorrigierten Zahl von 38,5% Befallenen), was der theoretisch erwarteten Mendel-Zahl von 25% gut entspricht.

Reduktionsmethode nach Weinberg-Just. Im allgemeinen kommt man bereits mit der Weinberg-Justschen Reduktionsmethode aus, die nur eine

Tabelle **5** Statistische Analyse nach der Weinbergschen Methode einer Familie mit kongenitaler rezessiver Katarakt (aus *J. Saebo:* Brit. J. Ophthal. 33 [1949] 601)

Laufnummer der Geschwisterschaften	Anzahl von Kindern (n)	Anzahl befallener Kinder (x)	x (x–1)	x (n–1)
1	3	2	2	4
2	2	1	0	1
3	4	2	2	6
4	2	1	0	1
5	1	1	0	0
6	3	2	2	4
7	9	2	2	16
8	5	1	0	4
9	3	1	0	2
10	1	1	0	0
11	2	1	0	1
12	11	4	12	40
13	4	2	2	6
14	8	1	0	7
15	5	1	0	4
16	2	2	2	2
17	5	2	2	8
Total	70	27 (38,5 %)	26 (24,5 %)	106

Spezialform der Weinbergschen Geschwistermethode darstellt. In dieser Methode wird jeweils nur ein Kind als Proband betrachtet, so daß die anzuwendende Formel vereinfacht werden kann:

$$P = \frac{\Sigma\,(x-1)}{\Sigma\,(n-1)}\,.$$

Auf das vorangegangene Beispiel von Saebo angewandt, erhält man:

$$P = \frac{10 \cdot 100}{53} = 18{,}9\%.$$

Der Wert ist also unterhalb demjenigen, der mit der Geschwistermethode erhalten wurde (24,5%), entspricht jedoch immer noch relativ gut dem Mendelschen Wert von 25%.

Im allgemeinen genügt es, die vereinfachte Weinberg-Justsche Methode in solchen Fällen anzuwenden. Man kann auch beide Methoden, die Geschwistermethode und die Reduktionsmethode benützen, wobei der wirkliche Wert innerhalb der beiden gefundenen Zahlen liegen dürfte.

„A-priori-Methode“ nach Bernstein. Im Gegensatz zur Geschwistermethode von Weinberg, die nur die Geschwister der Probanden zählt und die Probanden selbst wegläßt, versucht die „A-priori-Methode“ (Bernstein

1929) auf direkte Weise zu bestimmen, ob die erhaltenen Werte mit der Erwartung a priori übereinstimmen.
Nehmen wir z. B. als A-priori-Hypothese bei rezessivem Erbgang an, daß unter den Nachkommen eines heterozygoten Ehepaares (Aa × Aa) p das erwartete Verhältnis der befallenen Kinder (aa) zu sämtlichen Kindern der betreffenden elterlichen Verbindung sei, in unserem Falle somit p = ¼ (25%) (vgl. Tab. **6**). Entsprechend dem 3:1-Verhältnis ist die theoretische Erwartung für die phänotypisch normalen Kinder (q) dieses Ehepaares, die sich aus AA- und Aa-Genotypen zusammensetzen, gleich ¾.
Wir wollen nun prüfen, ob die tatsächlich erhaltene Proportion erkrankter Kinder pro Geschwisterschaft in unserem Beobachtungsmaterial der A-priori-Erwartungszahl der Erkrankten entspricht.
Für den Vergleich zwischen der tatsächlich beobachteten Zahl der kranken Kinder mit der erwartungsmäßigen Zahl pro Geschwisterschaft wird die Formel

$$E_s = \frac{p \cdot s}{1-q^s}$$

herangezogen.

E_s = erwartete Zahl kranker Kinder pro Geschwisterschaft, p = 1/4 (= 0,25) für rezessiven Erbgang, q = 1 − p oder 3/4 (= 0,75), s = Gesamtzahl der Kinder pro Geschwisterschaft.

Für eine vierköpfige Geschwisterschaft wäre somit bei Anwendung der Bernsteinschen Formel

Tabelle **6** Erwartungszahl von Befallenen für Geschwisterschaften aufgrund der A-priori-Hypothese von p = 0,25 (= 3 : 1-Verhältnis bei rezessivem Erbgang mit Verbindung zweier Heterozygoten Aa × Aa) (aus *F. Vogel:* Lehrbuch der allgemeinen Humangenetik. Springer, Berlin 1961)

Anzahl von Kindern pro Geschwisterschaft (s)	Erwartungszahl von Befallenen pro Geschwisterschaft (E_s)	Varianz (V_s)
2	1,1429	0,1225
3	1,2973	0,2630
4	1,4629	0,4200
5	1,6389	0,5918
6	1,8248	0,7759
7	2,0196	0,9702
8	2,2225	1,1724
9	2,4327	1,3802
10	2,6492	1,5917
11	2,8713	1,8053
12	3,0981	2,0196
13	3,3291	2,2335
14	3,5635	2,4464
15	3,8008	2,6575
16	4,0405	2,8667

$$E_s = \frac{0{,}25 \cdot 4}{1-(0{,}75)^4} = 1{,}463.$$

(Die A-priori-Wahrscheinlichkeiten für die Anzahl von Kindern pro Geschwisterschaft, s, von 2–11, bei p = 0,25, finden sich in Tab. **7**, Spalte 4).

Die Anwendung der Formel können wir am besten an einem praktischen Beispiel darstellen, das wir aus unserer Arbeit über die Häufigkeit und Verbreitung des Bardet-Biedl-Syndroms in der Schweiz (Klein u. Ammann 1969) entnommen haben (Tab. 7).
Die theoretische Erwartungszahl befallener Kinder pro Geschwisterschaft (E_s), berechnet für p = 0,25 und für die Geschwisterschaften verschiedener Größe, findet sich in Spalte 4. In der Spalte 5 ist die Gesamterwartungsziffer ($n \cdot E_s$) für alle Geschwisterschaften errechnet *(65, 081)*. Die tatsächlich unter den 40 Geschwisterschaften gefundenen Patienten mit Bardet-Biedl-Syndrom betragen *57* (s. Spalte 6). Unter der Annahme von theoretisch 25% Merkmalsträgern besteht somit eine ziemlich gute Übereinstimmung zwischen Beobachtung und Erwartung.

Geschlechtsbestimmung

Die genetische Basis der Geschlechtsbestimmung des Menschen, wie auch anderer Säugetiere, wird bei der Befruchtung festgelegt und hängt ausschließlich von den Geschlechtschromosomen (Gonosomen) ab.

Wenn ein X-Spermium mit dem X-Ei verschmilzt, wird das Geschlecht männlich determiniert; wenn ein X-Spermium mit dem Ei zusammentrifft, so wird das Geschlecht weiblich. Der Vater gibt sein Y nur an seine Söhne, sein X nur an seine Töchter weiter. Das Y-Chromosom entscheidet somit über die Ausbildung der männlichen Geschlechtsmerkmale. Der Mechanismus der normalen Geschlechtsbestimmung entspricht somit einer Mendelschen Rückkreuzung, wobei das weibliche Geschlecht *homogametisch* (XX) und das männliche *heterogametisch* (XY) ausgeprägt ist. Diese Anordnung ist in der Natur nicht durchaus festgehalten; so ist bei Fischen, Vögeln, Schmetterlingen das weibliche Geschlecht heterogametisch und das männliche homogametisch angelegt. Während seit langem bekannt ist, daß auf dem X-Chromosom viele Gene lokalisiert sind, die nichts mit der Ausbildung der Geschlechtsorgane zu tun haben (Rotgrünblindheit, Hämophilie, Duchennesche Muskeldystrophie usw.), ist – abgesehen von dem männlichkeitsbestimmenden Charakter des Y-Chromosomen – bis heute nichts Sicheres über sonstige Erbfaktoren auf diesem Chromosomen bekannt.

Die nach erfolgter Befruchtung entstandene Zygote entwickelt sich sodann zu einem Embryo, dessen Gonaden zunächst unspezifisch angelegt sind. Dabei ist das Rindengewebe (Kortex) für die Ausbildung des Ovars und die Medulla für die des Hodens vorgesehen. Ferner zeigt das Gonadenblastem zwei Paare von Gängen, die Müllerschen, die für die weiblichen Sexualorgane, und die Wolffschen Gänge, die für das männliche Geschlecht bestimmt sind. Das X-Chromosom induziert zu einem bestimmten Zeitpunkt die Entwicklung des Uterus und der Eileiter sowie anschließend die äußeren Sexualmerkmale (Vagina, Labien), während das Y-Chromosom die Ausbildung

Tabelle 7 A-priori-Methode (nach Bernstein) für das Bardet-Biedl-Syndrom in der Schweiz (aus *D. Klein, F. Ammann:* J. neurol. Sci. 9 [1969] 479)

Anzahl von Kindern pro Geschwisterschaft (s)	Anzahl von Geschwisterschaften (n)	Gesamtzahl von Kindern (ns)	Erwartungszahl befallener Kinder pro Geschwisterschaft (E_s)	Gesamt-Erwartungsziffer befallener Kinder ($n \cdot E_s$)	Beobachtete Zahl befallener Kinder pro Geschwisterschaft (x)	Varianz ($V_s \cdot n$)
1	1	1	1,000	1,000	1	0,0
2	7	14	1,143	8,001	10	0,8575
3	10	30	1,297	12,970	13	2,6300
4	3	12	1,463	4,389	3	1,2600
5	8	40	1,639	13,112	10	4,7344
6	2	12	1,825	3,650	3	1,5518
7	2	14	2,020	4,040	3	1,9404
8	2	16	2,223	4,446	2	2,3448
9	1	9	2,433	2,433	3	1,3802
10	2	20	2,649	5,298	4	3,1834
11	2	22	2,871	5,742	5	3,6106
Total	$\Sigma n = 40$	$\Sigma ns = 190$		$\Sigma n \cdot E_s = 65{,}081$	$\Sigma x = 57$	$\Sigma (V_s \cdot n) = 23{,}4931$
						Standardabweichung = $\sqrt{23{,}4931}$ = **4,847**

der Samenleiter und Nebenhoden veranlaßt. Während anscheinend die Entwicklung zum Weibe keinerlei besonderer hormonaler Steuerung bedarf, vollzieht sich die männliche Ausprägung unter dem Einfluß von Androgenen, besonders zweier im Hodengewebe gebildeter Hormone:

a) Das *Testosteron* veranlaßt die Entstehung von Samenblase, Samenleiter und Nebenhoden aus den Wolffschen Gängen und von Penis und Skrotum aus den labioskrotalen Falten.
b) Ein zweites Hormon, der *Oviduktrepressor*, sorgt für die sexuelle Differenzierung, indem er Uterus und Tubenentwicklung unterdrückt. In Abwesenheit der Hoden entwickelt sich der Organismus automatisch in weiblicher Richtung.

Trotz normaler Testosteronausscheidung kann es vorkommen, daß genetisch männliche, phänotypisch jedoch als weibliche Personen imponierende Individuen (XY) eine sog. *testikuläre Feminisierung* aufweisen: Blind endende Vagina, Fehlen von Uterus und Eileiter, dagegen im Leistenkanal, in den Labien oder intraabdominal gelegene Hoden, feminine Brustentwicklung, jedoch Fehlen einer Sekundärbehaarung an Körper, Achselhöhlen oder Pubis („hairless women"). Die Vererbung ist sehr wahrscheinlich geschlechtsgebunden (s. Kap. Zytogenetik, S. 93). Dieses Zustandsbild ist auf das Fehlen eines spezifischen peripheren Androgenrezeptors zurückzuführen, der eine Differenzierung der Wolffschen Gänge verhindert. Es ist interessant festzustellen, daß trotz des XY-Karyotyps die psychologische Zugehörigkeit dieser Personen entsprechend dem weiblichen Phänotyp immer eindeutig feminin ist.

Y-Chromosomen und H-Y-Antigen

Erst vor kurzem ist bekannt geworden, daß dem zuerst bei der Maus, später bei Säugetieren und dem Menschen nachgewiesenen Y-determinierten Transplantationsantigen, einem an der Zelloberfläche verankerten Protein, eine entscheidende Bedeutung für die Geschlechtsbestimmung zukommt. Dieses von allen männlichen Zellen produzierte H-Y-Antigen spielt eine wichtige Rolle für die Differenzierung der männlichen Gonaden im Hodengewebe. Diese testisdeterminierende Eigenschaft wird durch die Anwesenheit spezifischer Rezeptoren für dieses Antigen, die an der Oberfläche der gonadalen Zellen lokalisiert sind, bewirkt.
Wie aufgrund von Beobachtungen an Männern mit XX- anstatt XY-Chromosomen geschlossen werden konnte, wird das H-Y-Antigen wahrscheinlich nicht direkt vom Y-Chromosom produziert. Vielmehr scheint das Y-Chromosom eher ein auf einem *Autosom befindliches Strukturgen* zu kontrollieren, das seinerseits das H-Y-Antigen determiniert. Dieses Strukturgen wird jeweils dann unterdrückt, wenn es sich um ein Individuum handelt, dem ein Y-Chromosom fehlt. Bei Individuen mit vorhandenem Y-Chromosom dagegen ist diese Repression des Strukturgens aufgehoben. Daher wird bei normalen XX-Frauen das H-Y-Antigen durch den X-Repressor unterdrückt; da kein Y-Chromosom vorhanden ist, um dieser Repression entgegenzuwirken,

kommt es zu keiner Hodeninduktion. Andererseits muß bei XX-Männern mit positivem H-Y-Antigen angenommen werden, daß eine Mutation eingetreten ist, die das H-Y-Antigen kontrollierende Segment des Y-Chromosoms auf ein Autosom transloziert hat, so daß es von dem X-Repressor nicht unterdrückt wurde.
Interessant ist auch festzustellen, daß die Annahme eines Y-kontrollierten, autosomal lokalisierten Strukturgens es auch zum erstenmal erlaubt, den *echten Transsexualismus* als eine Genmutation anzusehen, was wichtige psychiatrische Schlußfolgerungen zuläßt. So haben die wenigen Serienuntersuchungen mit H-Y-Antigen an männlichen und weiblichen Transsexuellen, deren Chromosomensatz dem phänotypischen Geschlecht entsprach, bereits gezeigt, daß männliche Transsexuelle trotz normalem Karyotyp meist H-Y-negativ und weibliche Transsexuelle H-Y-positiv waren.

Geschlechtsgebundene (X-chromosomale) Vererbung

Abgesehen von der Geschlechtsbestimmung sind die beiden X-Chromosomen auch Träger gewöhnlicher Gene. Diese Gene verhalten sich, wenn sie sich auf den X-Chromosomen der Frau befinden, genau wie autosomale Gene. Ein dominantes Gen wird sich daher schon in heterozygotem Zustand ausdrücken, demnach in gleicher Weise bei Mann und Frau. Ein rezessives Gen wird seine Wirkung nur dann entfalten, wenn es auf beiden X-Chromosomen der Frau anwesend ist, demnach nur in homozygotem Zustand. Befindet sich das gleiche Gen auf dem X-Chromosom des Mannes, so wird es bereits in heterozygotem Zustand zum Ausdruck kommen, da dieses Chromosom keinen homologen Partner besitzt; somit wird die Wirkung des rezessiven Gens von keinem normalen Allel eines anderen Chromosoms unterdrückt. Die Regeln des geschlechtsgebundenen Erbganges lassen sich aus diesen Besonderheiten leicht ableiten. Wir wollen bei dieser Gelegenheit noch bemerken, daß sich bei X-chromosomaler Vererbung die Ausdrücke Homozygotie und Heterozygotie nur auf Frauen anwenden lassen. Beim Mann spricht man von *Hemizygotie*, da das betreffende Gen keinen homologen Partner hat.
Aus der großen Reihe geschlechtsgebundener Krankheiten ragen besonders einzelne Affektionen wegen der Schwere des Leidens und ihrer relativen Häufigkeit heraus (Hämophilie A und B, Duchenne-Muskeldystrophie, X-chromosomale Retinitis pigmentosa u. a.). Die Hämophilie ist auch in mehreren königlichen Familien Europas aufgetreten und hat daher möglicherweise wegen ihrer dramatischen Folgen auf die historische Entwicklung einen bestimmenden Einfluß genommen.
Als Beispiel eines X-chromosomalen Stammbaums sei die über 11 Generationen verfolgte, in Tenna (Graubünden) beheimatete *Hämophilie-B-(„Christmas disease“)*-Familie wiedergegeben (Abb. **15**). Der hereditäre Defekt liegt hier bei *Faktor IX* („Plasma thromboplastin component“).

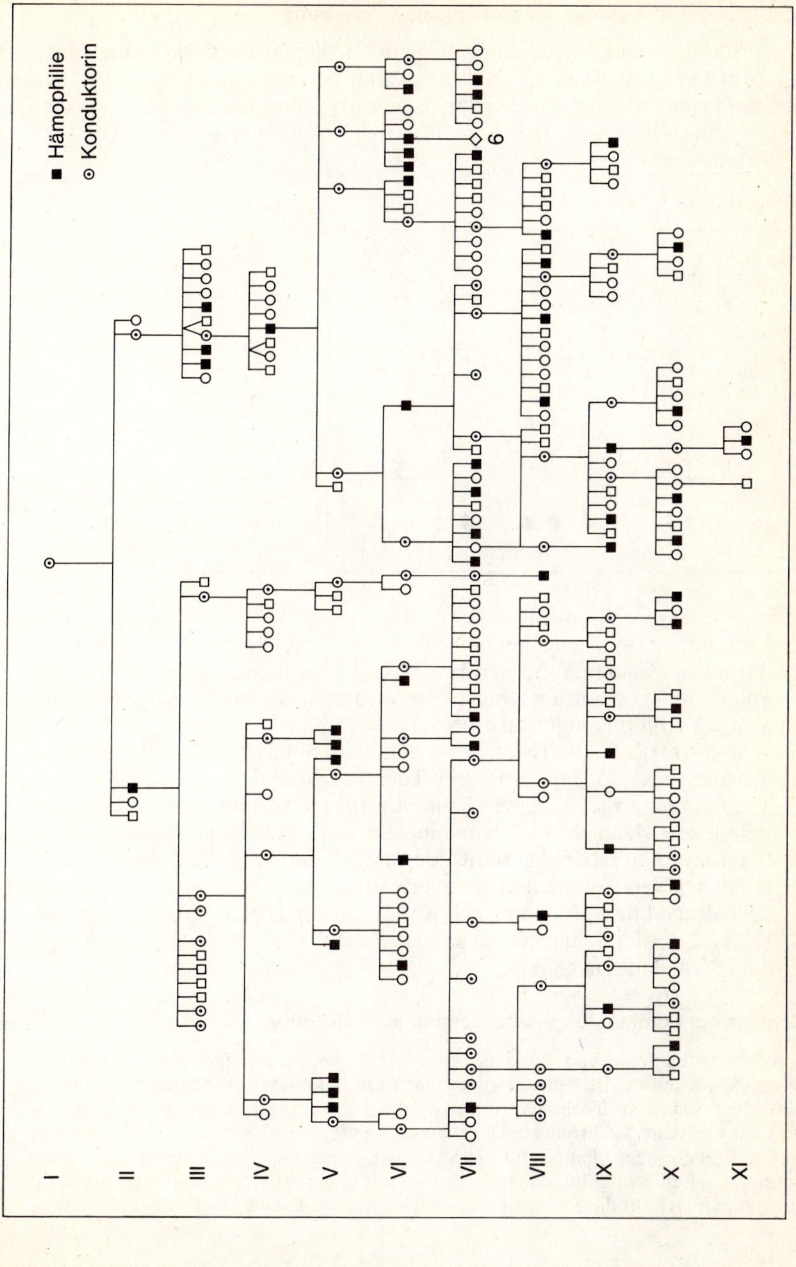

Abb. 15 Vererbung einer Hämophilie B über 11 Generationen in der großen Tenna-Familie (55 Fälle) (nach *Moor-Jankowski* u. Mitarb.)

Schema der rezessiven X-chromosomalen Vererbung

1. Verbindung zwischen einem hemizygot befallenen Mann (X'Y) und einer normalen Frau (XX) (s. Abb. **16**): Heiratet ein hemizygot befallener Mann eine bezüglich des Merkmals homozygot normale Frau, so werden alle seine Söhne normal sein, während die Töchter heterozygote Konduktorinnen sein werden (X'Y).

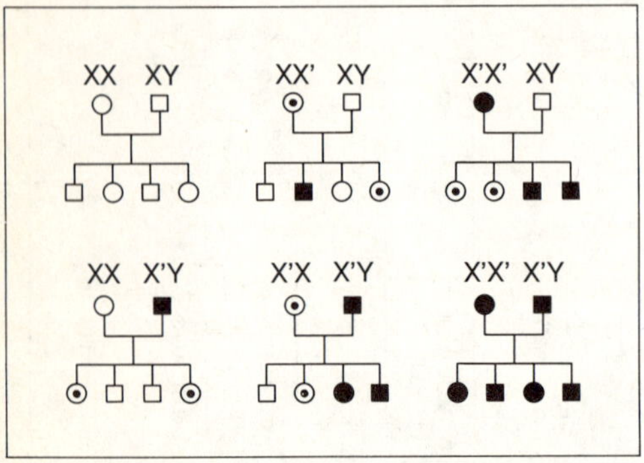

Abb. **16** Die verschiedenen Kombinationsmöglichkeiten eines X-chromosomal rezessiven Gens

2. Verbindung zwischen einer heterozygoten Konduktorin (X'X) und einem normalen Mann (XY): Das rezessive Gen wird damit auf die Hälfte ihrer Söhne und Töchter übertragen. Unter der Nachkommenschaft sind folgende Verhältniszahlen zu erwarten:
   25% normale Söhne (XY), 25% befallene Söhne (X'Y), 25% normale Töchter (XX), 25% heterozygote Töchter (Konduktorinnen, X'X).
3. Verbindung zwischen einer Konduktorin (X'X) und einem hemizygot befallenen Mann (X'Y): Wenn ein hemizygot befallener Mann mit einer heterozygoten Überträgerin Kinder hat, so sind folgende Verhältniszahlen in der Nachkommenschaft zu erwarten:
   25% der Söhne werden normal (XY), 25% der Töchter Überträgerinnen (X'X), 25% der Söhne hemizygot befallen (X'Y), 25% der Töchter homozygot befallen sein (X'Y').

Schema der dominanten X-chromosomalen Vererbung

Ein dominant geschlechtsgebundenes Gen verhält sich wie ein autosomal dominantes, wenn es sich auf dem X-Chromosom einer Frau befindet; es wird demnach auf die Hälfte der Söhne und Töchter vererbt. Ist dagegen das dominant geschlechtsgebundene Gen auf dem X-Chromosom des Mannes gelegen, so wird es an alle Töchter weitergegeben, aber niemals auf die Söhne. Infolgedessen ist die Feststellung eines dominant geschlechtsgebundenen Erbgangs nur dann gesichert, wenn eine Übertragung vom Vater auf die Söhne nie beobachtet werden konnte. In Zweifelsfällen muß

geprüft werden, ob das betreffende Gen von einer heterozygoten Mutter stammen konnte.
Im Gegensatz zu der X-chromosomal rezessiven Vererbung tritt beim dominant X-chromosomalen Erbgang das Merkmal bei der Frau doppelt so häufig auf wie beim Manne. Das Vererbungsschema ist demnach wie folgt:

1. Alle Söhne befallener Männer sind normal (XY), alle Töchter sind befallen (X'X).
2. Bei der Verbindung einer befallenen Frau (X'X) mit einem normalen Mann (XY) erfolgt, ähnlich wie bei autosomal dominanten Merkmalen, eine Übertragung des Gens von der Frau auf die Hälfte der Söhne und die Hälfte der Töchter.
3. Sind beide Eltern von dem gleichen Merkmal befallen (X'X × X'Y), so wird die Aufspaltung in folgender Weise erfolgen: X'X × X'Y = X'X' + X'Y + X'X + XY, d. h.: von den befallenen Töchtern wird eine Hälfte das Merkmal vermutlich in einer schwereren Ausprägung (X'X') und die andere Hälfte in einer leichteren Ausprägung aufweisen, da das zweite X-Chromosom ein normales Allel trägt. Von den Söhnen wird das Verhältnis von befallenen zu normalen Knaben im Verhältnis 1:1 stehen.

Eine dominant X-chromosomale Vererbung ist bei der *Vitamin-D-resistenten Rachitis*, bei der erblichen *Schmelzhypoplasie der Zähne* (Amelogenesis imperfecta) sowie der *Keratosis follicularis spinulosa decalvans (Siemens)* festgestellt worden.

Intermediär geschlechtsgebundene Vererbung (X-chromosomale Vererbung mit Heterozygotennachweis)

Bei der intermediär geschlechtsgebundenen Vererbung tritt das Leiden beim Manne in schwerer Ausprägung auf, weil kein zweites X-Chromosom und damit kein normales Allel vorhanden ist, das die Wirkung des krankhaften Gens hemmen könnte. Bei der heterozygoten Frau dagegen kann sich das auf dem X-Chromosom gelegene Gen nur rudimentär im Phänotyp auswirken, da es durch das normale Allel des zweiten X-Chromosoms gehemmt wird.
Interessanterweise ist die intermediär geschlechtsgebundene Vererbung bei einer Reihe okularer Leiden bekannt, sicherlich deshalb, weil das „Hornhautfenster" und die Spaltlampenmikroskopie die Beobachtung feinster Veränderungen des Augenhintergrundes möglich macht. Zu diesen Affektionen gehören insbesondere der okulare Albinismus, die X-chromosomale Retinopathie, die Chorioideremie, die Fabrysche Krankheit.

Okularer Albinismus. Bei dieser Affektion kann sowohl der gesamte Bulbus als auch nur der Fundus betroffen sein. Der Augenhintergrund ist beim Manne durch eine pigmentarme, gelbliche Färbung gekennzeichnet, wobei die Aderhautgefäße deutlich sichtbar werden. Regelmäßig findet sich auch eine Hypoplasie der Macula lutea mit Nystagmus. Die latenten Überträgerinnen dieses Leidens sind daran erkennbar, daß sie bräunliche Pigmentanhäufungen in der Fundusperipherie aufweisen, die teilweise konfluieren. Auch perimakulär läßt sich eine feine Tüpfelung beobachten. Im Gegensatz zum Manne gehen diese Veränderungen mit keiner Visusverminderung einher.

X-chromosomale Retinopathia pigmentosa. Bei dieser X-chromosomalen Form der Pigmentdegeneration der Netzhaut kommt es beim Manne zu einer progressiven Netzhautdegeneration mit Untergang der Stäbchen und Zapfen. Ophthalmoskopisch findet man knochenkörperchenähnliche Pigmentanhäufungen in den inneren Netzhautschichten, konzentrische Gesichtsfeldeinengung, Gefäßverengungen und Optikusatrophie. Die heterozygoten Überträgerinnen sind öfters an einem „tapetalen Reflex" erkenntlich: ein goldgelber, glitzernder Reflex, der besonders in der perimakulären Gegend ausgeprägt ist. Dieses Phänomen verschwindet bei längerer Beleuchtung und erscheint wieder bei einem Dunkelaufenthalt von etwa einer Stunde (umgekehrtes Mizuo-Phänomen). Neben diesem auffälligen Zeichen kann man bei heterozygoten Frauen auch manchmal sektorenförmige Retinitis pigmentosa oder sonstige minimale Fundusveränderungen antreffen, meist ohne jede funktionelle Störung. Die große Variationsbreite des ophthalmologischen Zustandsbildes bei den heterozygoten Genträgerinnen, wie sie besonders bei Familienuntersuchungen angetroffen werden kann (Klein u. Mitarb. 1967), sind wichtige Belege für die Gültigkeit der Lyon-Hypothese in der Humangenetik.

Chorioideremie. Dieses Leiden führt beim Manne zu einem progredienten Schwund der Aderhaut und des Netzhautpigmentepithels, so daß der Augenhintergrund ein gelblich-weißes Aussehen annimmt. Einzig der Makulabereich hebt sich als unregelmäßiger rötlicher Fleck von der retinalen Umgebung ab. Die Ausdehnung der Aderhautatrophie kann besonders im Fluoreszenzangiogramm dargestellt werden. Funktionell steht neben der progressiven Visusverminderung die Hemeralopie und die Einengung des Gesichtsfeldes im Vordergrund. Während sich das Gen beim Manne vollständig manifestiert, kann es sich bei der Frau nur in abortiver Weise auswirken: unregelmäßige Pigmentierung des Fundus im Sinne einer atypischen Pigmentdegeneration, manchmal auch ein pfeffer-und-salzähnlicher Augenhintergrund; dabei meist keinerlei funktionelle Störungen.

Die Wichtigkeit einer adäquaten genetischen Beratung der Mitglieder einer befallenen Familie liegt auf der Hand: Für die heterozygoten Überträgerinnen gilt der Grundsatz, daß die Hälfte ihrer Söhne in Gefahr laufen, blind zu werden, und für die Hälfte der Töchter, wieder Überträgerinnen des Leidens zu werden.

X-chromosomale dominante Letalfaktoren

Gewisse seltene genetische Anomalien wie die *Incontinentia pigmenti* und das *orofaziodigitale Syndrom* zeichnen sich durch die Eigentümlichkeit aus, nur in weiblicher Linie aufzutreten und sich weiterzuvererben. Es muß angenommen werden, daß das ihnen zugrunde liegende X-chromosomale dominante Gen in hemizygotem Zustande einen intrauterinen Letalfaktor darstellt, der zum Absterben männlicher Embryonen führt. Diese intrauterine Letalität äußert sich in Form gehäufter Fehlgeburten der heterozygoten Merkmalsträgerinnen (Abb. **17**).

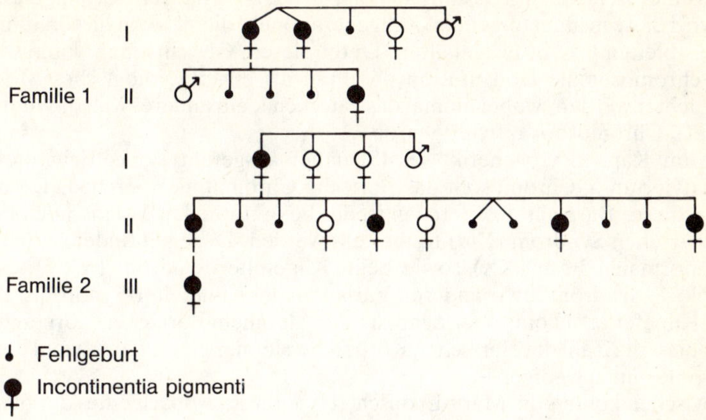

Abb. **17** Geschlechtsgebundene Vererbung mit Letalwirkung auf die Knaben bei Incontinentia pigmenti (nach *Lenz*)

Ein ähnlicher Mechanismus muß bei einem gleichfalls seltenen Krankheitsbild vermutet werden, das bisher nur bei Mädchen aufgetreten und durch *Agenesie des Corpus callosum, atrophische Herde der Chorioidea* und Flexionsspasmen mit Krampfanfällen gekennzeichnet ist. Die Schwere des klinischen Krankheitsbildes in heterozygotem Zustand macht eine Fortpflanzung unmöglich (Aicardi u. Mitarb. 1969).

Die Mary-Lyon-Theorie

Die verhältnismäßig große Variabilität des Krankheitsbildes bei der befallenen Frau bei intermediär geschlechtsgebundener Vererbung gegenüber der relativ konstanten Symptomatologie beim Manne läßt sich wenigstens teilweise durch die Theorie von Mary Lyon (1961, 1962) erklären. Diese Theorie stützte sich zunächst auf Tierexperimente, konnte aber in der Folge auch beim Menschen bei einer besonders im Mittelmeergebiet verbreiteten Stoffwechselstörung, nämlich dem Mangel an Glucose-6-phosphat-Dehydrogenase (G-6-PD; Beutler u. Mitarb. 1962), bestätigt werden.

Diese Theorie besagt, daß eine Inaktivation des einen oder anderen X-Chromosoms in jeder weiblichen Zelle um den 12.–16. Tag des Embryonallebens stattfindet. Die Wahl des X-Chromosoms, das inaktiviert wird, ist rein dem Zufall überlassen und kann in den verschiedenen Zellen entweder das X-Chromosom väterlichen Ursprungs oder dasjenige mütterlichen Ursprungs betreffen („random inactivation"). Ist jedoch einmal die Wahl innerhalb einer Zelle auf ein bestimmtes väterliches oder mütterliches X gefallen, so wird diese in allen folgenden Zellgenerationen, die sich von dieser Stammzelle ableiten lassen, festgehalten. Unter diesem Gesichtspunkt kann somit die chromosomale Konstitution der Frau als ein physiologisches Mosaik betrachtet werden, wobei einmal das väterliche, ein anderes Mal das mütterliche X-Chromosom aktiviert wurde.

Wie im Kap. „Zytogenetik" (S. 43) näher ausgeführt, entspricht diesem inaktivierten X-Chromosom das Barrsche Chromatinkörperchen. Deshalb kann dieses Barrsche Körperchen weder beim normalen Manne noch beim Turnerschen Syndrom (XO) festgestellt werden. Dagegen findet es sich bei der normalen Frau (XX) sowie beim Klinefelter-Syndrom (XXY); beim Triplo-X-Syndrom sowie anderen Varianten des Klinefelter-Syndroms („Supra-Klinefelter") kommt es sogar zu mehr als einem Barrschen Körperchen. Dabei ist die Zahl der Barrschen Körperchen immer gleich der Anzahl der X-Chromosomen weniger 1.

Inzwischen konnte die Mary-Lyonsche Hypothese, wonach eines der beiden X-Chromosomen zu Beginn des embryonalen Lebens inaktiviert wird, durch Untersuchungen von Hamerton u. Mitarb. (1969, 1971) erhärtet werden. Die Versuche wurden an Mauleseln, also Pferde-Esel-Hybriden, vorgenommen. (Maulesel = Kreuzung von Esel × Stute; Maultier = Kreuzung von Hengst × weiblichem Esel.) Diese sollten sich in der Tat als vorzügliche Versuchstiere für die Klärung dieser Hypothese erweisen. Dies ist darauf zurückzuführen, daß diese Hybriden zwei Besonderheiten aufweisen: Die X-Chromosomen, von denen eines vom Pferd und das andere vom Esel stammt, können zytogenetisch voneinander unterschieden werden; sodann lassen sich die an das X-Chromosom gebundenen Enzyme G-6-PD von Esel und Pferd elektrophoretisch unterscheiden. (Wir möchten noch bemerken, daß die diploide Chromosomenzahl des Pferdes = 64, die haploide also = 32 ist; die diploide Chromosomenzahl des Esels ist 62, die haploide also = 31; die diploide Chromosomenzahl bei weiblichen Hybriden, Maulesel oder Maultier, ist demnach 63.)

Bei elektrophoretischen Versuchen an Fibroblastenkulturen von weiblichen Maultieren und Mauleseln zeigte es sich zunächst, daß man das Vorhandensein der [G-6-PD]-Variante sowohl des Pferdes als auch des Esels nachweisen konnte. Wenn man jedoch aus diesen Zellkulturen einzelne Zellen entnahm und daraus Kolonien entstehen ließ, deren Zellen somit alle die gleichen Eigenschaften aufwiesen wie die Ausgangszelle, so konnte elektrophoretisch jeweils nur entweder die G-6-PD des Pferdes oder die des Esels festgestellt werden. Fand sich dennoch eine Mischung der beiden Enzymvarianten, so konnte man durch ein neues Trennungsverfahren Kulturen mit nur einem der beiden Enzymtypen erhalten. Vermittels der Fibroblastenkultur dieser bei den weiblichen Hybriden entnommenen Hautzellen gelang es somit, die Gültigkeit der Lyonschen Hypothese festzustellen.

Es bleibt jedoch noch ein Punkt, der von den Autoren nicht vollständig aufgeklärt werden konnte. So ist das Verhältnis der Anzahl von Kolonien mit Pferde-[G-6-PD] und mit Esel-[G-6-PD] nicht wie 1:1; der Anteil der Kolonien mit Pferde-[G-6-PD] ist signifikant größer als der der Esel-[G-6-PD], so daß angenommen werden muß, daß eine Benachteiligung der Enzymtätigkeit der aktiven Esel-X-Chromosomen in Gegenwart der Pferde-X-Chromosomen stattfindet.

Vererbung des Y-Chromosoms

Man hat sich öfters gefragt, ob ein Gen vielleicht durch ein Y-Chromosom übertragen werden könnte. Nachdem sich verschiedene positive Angaben hierüber als nicht zutreffend erweisen sollten, scheint es heute nur noch möglich, daß die Hypertrichose der Ohren, eine besonders bei Hindus öfters zu beobachtende Erscheinung, auf ein auf dem Y-Chromosom gelegenes Gen zurückgeführt werden könnte.

Die chromosomalen Syndrome

„Deformed, unfinished, sent before my time into this breathing world, scarce half made up."
(W. Shakespeare: *Richard III*)

Im Gegensatz zur klassischen Genetik, die mit der Wiederentdeckung der Mendelschen Regeln im Jahre 1900 und bald darauf mit ihrer Anwendung auf den Menschen ihren Anfang genommen hat, ist die Zytogenetik noch sehr jung. Der relativ späte Beginn der eigentlichen Chromosomenforschung am Menschen muß in erster Linie darauf zurückgeführt werden, daß die Zytogenetik zunächst die Entwicklung einwandfreier Darstellungsmethoden (Gewebezüchtung) abwarten mußte, ehe die korrekte diploide Chromosomenzahl des Menschen eindeutig bestimmt werden konnte.
Immerhin kann man sich fragen, wieso Painter, der noch 1921 unschlüssig war, ob es 46 oder 48 Chromosomen beim Menschen gibt – er hatte in seinen besten Äquatorialplatten nur 46 Chromosomen gezählt –, im Jahre 1923 die Zahl von 48 Chromosomen statt 46 als gültig erklärte und damit für die nächsten 33 Jahre die Biologen auf diesen Irrtum festlegte.
Die Einführung von Gewebskulturen (Fibroblasten der Haut) für die Chromosomenanalyse, die Anwendung einer *hypotonischen Lösung*, die die Zellen zum Aufquellen brachte (Hsua 1952), so daß sich die Chromosomen in dem Präparat ausbreiten konnten, sowie die Zugabe von *Colchicin*, die den mitotischen Teilungsprozeß in der Metaphase zum Stillstand brachte, führten dazu, daß die korrekte Chromosomenzahl des Menschen von Tjio u. Levan (1956) eindeutig und definitiv als 46 bestimmt werden konnte.
Als weiterer technischer Fortschritt muß das von Nowell (1960) eingeführte Phytohämagglutinin in die Zellkulturmethodik bezeichnet werden, das in hervorragender Weise geeignet ist, die normalen Lymphozyten des peripheren Blutes zu einer DNA-Synthese und zu Zellteilungen zu stimulieren. Damit verfügte die Zytogenetik über ein stets zugängliches Gewebe und ein abgekürztes Verfahren, um Chromosomenanalysen zu betreiben.
Bereits im Frühjahr 1959 wurde die Zytogenetik zu einer medizinischen Disziplin, als es Lejeune, Gautier und Turpin gelang, den *Mongolismus (Down-Syndrom)* auf eine chromosomale Aberration, nämlich eine Trisomie 21, zurückzuführen. Von diesem Zeitpunkt an begann man eifrig auch nach anderen Affektionen zu fahnden, die evtl. auf einer chromosomalen Ursache beruhen konnten.

Wenige Monate nach dieser grundlegenden Entdeckung konnte die Ätiologie zweier weiterer wichtiger klinischer Syndrome aufgeklärt werden. So wurden die Gonadendysgenesie (Turner-Syndrom) als Monosomie X (XO) und das Klinefelter-Syndrom als Trisomie der Geschlechtschromosomen (XXY) identifiziert (Ford u. Mitarb. 1959, Jacob u. Strong 1959). Der Entdeckung der chromosomalen Ursachen dieser beiden klinisch wohlbekannten Krankheitsbilder folgte im nächsten Jahr die Erkennung zweier weiterer, klinisch bis dahin unbekannter Zustandsbilder, nämlich der Trisomie 13 und der Trisomie 18 (Patau u. Mitarb. 1960, Edwards u. Mitarb. 1960).
Die darauf einsetzende zytogenetische Forschung kann schlechthin als stürmisch bezeichnet werden, da sie neue diagnostische Möglichkeiten vermittelte, ätiologisch bis dahin unbekannte Mißbildungen und Krankheiten bei Neugeborenen zu klassifizieren und in bestimmte chromosomale Syndrome einzuordnen. So wurden in den folgenden Jahren bestimmte Deletionssyndrome (d.h. Verluste von Chromosomenteilen) beschrieben, beispielsweise des 5. Chromosoms (Lejeune u. Mitarb. 1963), des 18. Chromosoms (de Grouchy u. Mitarb. 1963, 1964) und des 4. Chromosoms (Wolf u. Mitarb. 1965). Auch über einige Chromosomenabweichungen numerischer oder struktureller Art wurde publiziert. Nichtsdestoweniger machte sich das Bedürfnis nach feineren zytogenetischen Strukturanalysen immer mehr fühlbar, da zahlreiche Chromosomenanomalien, besonders vom Typ der Translokationen, nicht näher analysierbar blieben, da entweder die einzelnen Chromosomensegmente oder die betroffenen Chromosomen selber mit den üblichen Methoden nicht identifiziert werden konnten.
Mit der *Autoradiographie* besitzt man eine Methode zur Differenzierung gewisser Chromosomen, besonders innerhalb der Gruppen B, D und E sowie der beiden X-Chromosomen der Frau. So gelingt es vermittels Zugabe von *tritiummarkiertem Thymidin*, einem radioaktiv markierten DNA-Baustein, gewisse Chromosomen oder deren Abschnitte, infolge *Asynchronismus der DNA-Synthese*, an ihrer unterschiedlichen Replikationszeit zu erkennen. Während frühreplizierende Chromosomen nur schwach oder überhaupt nicht markiert sind, sind spät replizierende Chromosomen stark markiert. Frühe Replikation bedeutet genetische Aktivität, späte Replikation ist dagegen charakteristisch für heterochromatische Chromosomen, die genetisch inaktiv sind. Auf diese Weise konnte das frühreplizierende X der Frau von dem spätreplizierenden („late-labelling") differenziert werden; letzteres bildet in der Interphase der Zellentwicklung das sog. Barr-Körperchen.

Identifizierung einzelner Chromosomen vermittels der Fluoreszenz- und Giemsa-Bandentechnik

Es ist das unbestreitbare Verdienst von Casperson und seiner Schule, seit 1970 mit einer Reihe von Arbeiten hervorgetreten zu sein, die die Zytogenetik beim Menschen auf völlig neue Grundlagen stellen sollten. Die von ihm ausgearbeitete färberische Methodik mit dem fluoreszierenden Farbstoff

Quinacrin und anschließender Untersuchung im Fluoreszenzmikroskop macht die Darstellung eines charakteristischen Bändermusters möglich, das sich aus glänzenden und dunklen Querstreifen zusammensetzt und für jedes Chromosom spezifisch ist (Q-Bänder). Diese Methode erlaubt, den langen Arm des Y-Chromosoms in voller Fluoreszenz darzustellen und somit auch seine ethnischen und familiären Variationen zu studieren. Dieses Chromosom kann auch in den Zellen außerhalb der Metaphase dank seiner Fluoreszenz nachgewiesen werden.
Die Schwierigkeiten der Fluoreszenzmethode betreffen jedoch besonders die relativ kurze Beobachtungszeit, die für die Mikrophotographie zur Verfügung steht, so daß sie heute weitgehend von der Giemsa-Färbung, nach geeigneter Vorbehandlung der Präparate (durch Trypsineinwirkung = „Denaturationsmethode", die die G-Bänderung ergibt, oder durch Hitzeeinwirkung = R-Bänderung), verdrängt worden ist. Bei der Q-Bänderung entsprechen die dunklen Querstreifen den fluoreszierenden Q-Bändern; bei der R-Bänderung (von „Reverse") stellen die resultierenden dunklen und hellen Streifen gewissermaßen das Negativ der Q- und G-Bänder dar.

Schwesterchromatidaustausch

Es ist heute möglich geworden, dank der Zugabe des Markierungspräparates 5-Bromdesoxyuridin zur Zellkultur in der Synthesephase, auch die beiden Chromatiden des gleichen Chromosoms zu identifizieren. Das 5-Bromdesoxyuridin wird dann anstelle des Thymins in den DNA-Doppelstrang eingebaut. Wie wir wissen, erfolgt die Verdoppelung des Kernmaterials nach dem semikonservativen Prinzip, d. h., lediglich einer der beiden DNA-Stränge wird neu synthetisiert, während der komplementäre Strang unverändert bleibt. Nach zwei Zellreplikationen lassen sich nach einer färberischen Behandlung des Präparates mit einem fluoreszierenden Farbstoff (Acridin-Orange, Bisbenzimidazol Hoechst 33528) die ursprünglichen und neu synthetisierten Chromatiden gut sichtbar darstellen. Auch der Austausch von Chromosomenmaterial zwischen zwei Chromatiden (Schwesterchromatidaustausch), erkenntlich an dem Hinüberwechseln einzelner Chromatidsegmente auf die gegenüberliegende Seite, läßt sich auf diese Weise nachweisen. Dabei kann eine exzessiv erhöhte Austauschrate von Schwesterchromatiden (normal ca. 7–10 pro Metaphase) auf das Bestehen einer chromosomalen Instabilität, z. B. im Sinne eines Bloom-Syndroms, hinweisen. Das Schwesterchromatidaustausch-Verfahren kann auch zur Unterscheidung zwischen dem aktiven und dem spätreplizierenden X-Chromosom herangezogen werden.

Klassifizierung der Chromosomen

Mit der Einführung der zytogenetischen Diagnostik beim Menschen wurde es ein Hauptanliegen der Forscher, eine internationale Klassifizierung der Chromosomen einzuführen. Diese erfolgte nach in Denver (1960) und Chicago (1966) festgelegten Richtlinien. Die 22 Chromosomenpaare, die sowohl beim männlichen als auch beim weiblichen Geschlecht in gleicher Form vertreten sind (= Autosomen), werden paarweise von 1–22 numeriert. Die Anordnung von 1–22 erfolgt nach Größe und Lage des Zentromers: 1. *metazentrisch*, bei mittlerer Lage des Zentromers; 2. *submetazentrisch*, wenn das Zentromer von der Mitte etwas entfernt liegt, so daß die Chromosomenarme von ungleicher Länge sind (Symbol für den kurzen Arm ist p, für den langen Arm q); 3. *akrozentrisch*, wenn sich das Zentromer nahe dem Ende eines Armes befindet. Akrozentrische Chromosomen tragen auch einen *Satelliten* am distalen Ende eines kurzen Armes, d.h. einen Fortsatz, der vom Rest des Armes durch eine Sekundärkonstriktion getrennt ist.

Die 22 Autosomenpaare werden in 7 Gruppen unterteilt:

Gruppe A:	Chromosomenpaar	1	bis	3	
Gruppe B:	”	4	und	5	
Gruppe C:	”	6	bis	12	
Gruppe D:	”	13	bis	15	(akrozentrisch)
Gruppe E:	”	16	bis	18	
Gruppe F:	”	19	und	20	
Gruppe G:	”	21	und	22	(akrozentrisch).

Den 22 Autosomenpaaren werden als 23. Paar die *Geschlechtschromosomen* (Gonosomen) gegenübergestellt, von denen das X-Chromosom bezüglich Größe einem Autosom der Gruppe C entspricht und bei der Frau doppelt vorhanden ist, während sich beim Manne ein ungleiches Chromosomenpaar findet, das sich aus einem X-Chromosom und einem kleineren, dem Y-Chromosom, zusammensetzt. Das Y-Chromosom entspricht einem Autosom der Gruppe G, besitzt im Gegensatz zu diesem jedoch keinen Satelliten. Zweifellos stellt das Y-Chromosom das variabelste menschliche Chromosom dar, wobei seine Länge nicht nur interfamiliären Besonderheiten unterliegt, sondern auch innerhalb gewisser ethnischer Gruppen in verschiedenen erblichen Varianten auftreten kann. So haben Familienuntersuchungen eine oft große Ähnlichkeit seiner Form bei Vater und Sohn gezeigt. Verhältnismäßig häufig finden sich große Y-Chromosomen bei Japanern und Semiten. Ein über Generationen vererbtes, sehr kurzes Y-Chromosom ist in einer Familie einer um die Mitte des 18. Jahrhunderts aus der Schweiz nach Amerika eingewanderten Sekte, den Amish, beobachtet worden.

Die Einführung der Fluoreszenz- und Giemsa-Bändertechnik, und damit die Identifizierung der einzelnen Chromosomen aufgrund ihrer spezifischen Bänderung, führte an der Pariser Konferenz (1971) zu einer neuen Nomenklatur, die entsprechend der Topographie der einzelnen Chromosomenbänderung festgelegt wurde. Danach wird jedes Chromosom in bestimmte Regionen innerhalb des kurzen oder langen Arms eingeteilt. Ferner werden die Bänder jeder Region vom Zentromer aus nach den beiden distalen Enden der Arme numeriert, so daß ein Chromosom in seiner ganzen Länge durch seine markierten Regionen und Bänder topographisch festgelegt ist. Auf diese Weise können Strukturveränderungen und Bruchstellen genau bezeichnet und verglichen werden.

Strukturelle Chromosomenveränderungen (Abb. 18)

Strukturveränderungen entstehen im Prinzip durch Brüche an einem oder mehreren Chromosomen, wobei sich solche Ereignisse meist während der Meiose abspielen. Im Prinzip unterscheidet man balancierte und unbalancierte Strukturveränderungen. Balancierte Veränderungen wirken sich phänotypisch nicht aus, können jedoch in der darauffolgenden Generation infolge fehlerhafter Meiose zu Anomalien aufgrund der Entstehung chromosomal unbalancierter Gameten führen.

Deletion. Deletionen entstehen nach einem Chromosomenbruch durch Verlust eines Segmentes.

Ringchromosom. Ringchromosomen entstehen infolge doppelter, an beiden Enden eines Chromosoms stattfindender Brüche und Vereinigung der Fragmentenden. Infolge unterschiedlichen Verlustes von Chromosomenmaterial kommt es zu zwar meist schweren, doch variablen Krankheitsbildern.

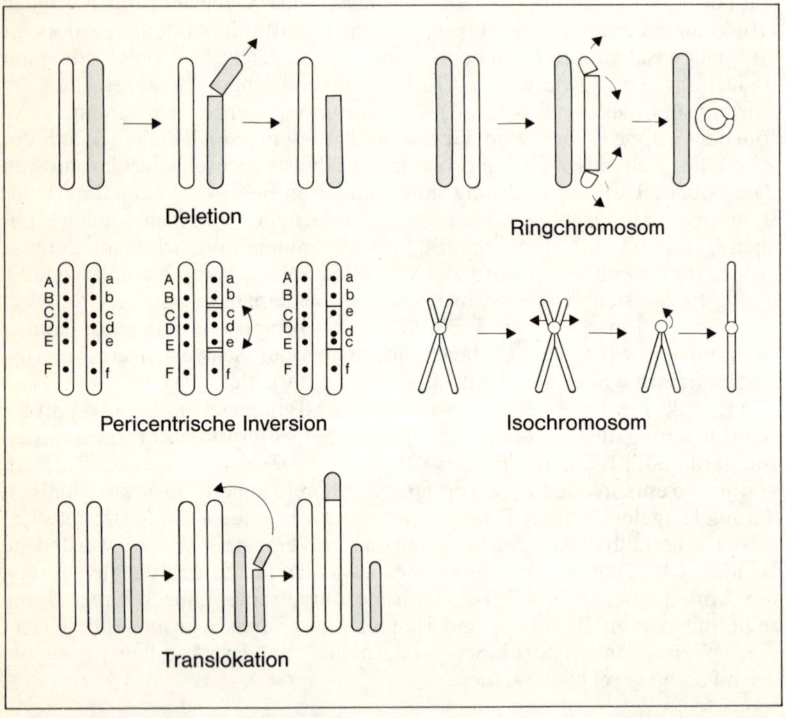

Abb. **18** Strukturanomalien der Chromosomen (aus *Robert, J. M., H. Plauchu, F. Giraud, J. F. Mattéi:* Génétique et Cytogénétique Cliniques. Flammarion, Paris 1977)

Perizentrische Inversion. Eine solche Anomalie kommt nach Chromosomenbrüchen zu beiden Seiten eines Zentromers zustande, wobei eine Wiedervereinigung erfolgt, nachdem das zwischen den Bruchstellen gelegene Segment eine Drehung von 180° durchgemacht hat.

Isochromosom. Ein Isochromosom ist ein ursprünglich metazentrisches Chromosom, dessen beide Arme die gleiche Länge aufweisen. Seine Entstehung wird damit erklärt, daß das Zentromer eine transversale statt eine longitudinale Teilung erlitten hat. Dabei kam es zum Verlust eines der Arme und Verdoppelung des anderen.

Balancierte Robertsonsche Translokation (zentrische Fusion). Diese Fusion betrifft meist die langen Arme eines der Chromosomen der D-Gruppe (13–15) und eines der G-Gruppe (21–22). Dieser Verschmelzung gehen Brüche innerhalb der Zentromeren beider Chromosomen voraus. Auf diese Weise bleiben die an den Bruchstellen wiedervereinigten langen Arme mit ihrem Zentromer als einziges Translokationschromosom erhalten, während die aus den kurzen Armen bestehenden Fusionsfragmente mit ihrem Zentromer verloren gehen. Interessanterweise sind trotz des Ausfalls der kurzen Arme die Träger solcher Translokationen phänotypisch meist normal.

Balancierte reziproke Translokationen. Es findet ein Austausch eines Fragmentes eines Chromosomen mit einem Fragment eines anderen, nicht homologen Chromosoms statt. Auch hier bewirkt der gegenseitige Materialaustausch keine phänotypischen Ausfallserscheinungen, kann aber zu einem erhöhten Risiko für die Nachkommen infolge von Störungen bei der Meiose führen.

Auf dem internationalen Kongreß in Paris (1971) ist eine Nomenklatur festgelegt worden, die versucht, die chromosomalen Veränderungen sowohl zahlenmäßig als auch strukturell möglichst kurz und eindeutig zu definieren:

Symbole für Strukturanomalien von Chromosomen:

p = kurzer Arm eines Chromosoms
q = langer Arm eines Chromosoms
\+ *vor* einem Chromosom: überzähliges Chromosom
− *vor* einem Chromosom: fehlendes Chromosom
(z. B. 21+ bedeutet ein Extrachromosom wie bei der Trisomie 21)
\+ *nach* dem Chromosom: Längen-*Zunahme* eines Chromosomenteils;
− *nach* dem Chromosom: Längen-*Abnahme* eines Chromosomenteils
(z. B. 4p− bedeutet Fehlen eines Teils des kurzen Arms von Chromosom 4)
i = Isochromosom
r = Ringchromosom
s = Satellit
t = Translokation
cen = Zentromer
ace = azentrisches Chromosomenfragment (kein Zentromer)
dic = dizentrisches Chromosom (zwei Zentromere)
del = Deletion
dup = Duplikation

ter	=	terminal (auch als pter oder qter bezeichnet, je nach der Bruchstelle auf dem kurzen oder langen Arm)
inv	=	Inversion
ins	=	Insertion
:	=	Bruch
: :	=	Bruch mit Rekombination

Beispiele für Chromosomennomenklatur (Pariser Konferenz 1971):

47,XX,+21	=	weiblicher Karyotyp mit Trisomie 21
47,XY,+13	=	männlicher Karyotyp mit Trisomie 13
47,XXY	=	Klinefelter-Syndrom
45,X	=	Turner-Syndrom
45,XX,−21	=	weiblicher Karyotyp mit 45 Chromosomen und Verlust eines 21-Chromosoms
46/XY/45,X	=	Mosaik mit 2 Zellpopulationen
45,X/46,XX/47,XXX	=	Mosaik mit 3 Zellpopulationen
46,XY,1q+	=	männlicher Karyotyp mit 46 Chromosomen. Der lange Arm von Chromosom 1 zeigt eine Verlängerung
47,XY,+14p+	=	männlicher Karyotyp mit 47 Chromosomen. Das zusätzliche Chromosom Nr. 14 weist außerdem einen verlängerten kurzen Arm auf
46,XY,14p−	=	männlicher Karyotyp mit 46 Chromosomen. Chromosom Nr. 14 hat einen verkürzten kurzen Arm
45,XY,−D,−G,+t(DqGq)	=	weiblicher Karyotyp mit *balancierter Robertsonscher Translokation (zentrische Fusion).* Diese führt zu einer Vereinigung eines Chromosoms der D-Gruppe mit einem der G-Gruppe, wobei es zu einem Verlust der kurzen Arme kommt. Diese Robertsonsche Translokation kann auch kürzer formuliert werden: 45,XX,t(DqGq).

Soll dagegen eine *balancierte reziproke Translokation* zwischen Chromosomen verschiedener Gruppen ausgedrückt werden, beispielsweise zwischen einem Chromosom der B-Gruppe und einem der D-Gruppe, so wird diese Umgruppierung folgendermaßen bezeichnet:
46,XY,t(Bp–;Dq+) oder 46,XY,t(Bp+;Dq–). Das Semikolon soll dabei als Trennungszeichen zwischen den Symbolen für zwei abnorme Chromosomen dienen.

Handelt es sich dagegen um eine *nichtbalancierte Translokation*, z. B. einer solchen, die zu einem abnormen Chromosom Nr. 2 geführt hat, wobei das zusätzliche Translokationsfragment von dem langen Arm des Chromosoms Nr. 5 stammt, so wäre diese Strukturveränderung folgendermaßen anzugeben:

46,XX,–2,+t(2q+;5p).

Sonstige Symbole:
Isochromosom: 46,X,i(Xq) = weiblicher Karyotyp mit 46 Chromosomen, wovon ein normales X-Chromosom und ein Isochromosom für den langen Arm von X.
Dizentrisches Chromosom: 46,X,dic (Y) = männlicher Karyotyp mit 46 Chromosomen, einem X-Chromosom und einem dizentrischen Y-Chromosom.
Perizentrische Inversion: 46,XY,inv(2p+q) = männlicher Karyotyp von Chromosom 2 mit perizentrischer Inversion, die bewirkt hat, daß der kurze Arm verlängert und der lange Arm verkürzt wurde.

Bandnomenklatur der Chromosomen (Pariser Konferenz 1971). Mit der Einführung der Bandtechnik und der Möglichkeit, einzelne Bruchstellen und Translokationsfragmente genau zu bestimmen, ist auch die Terminologie der Symbole beträchtlich erweitert worden, so daß die entsprechenden Kurzbezeichnungen sich zuweilen ziemlich kompliziert gestaltet haben. Diese erweiterte „Chromosomen-Stenographie" braucht der genetisch interessierte Arzt nicht im einzelnen zu kennen. Es ist für ihn jedoch nützlich zu wissen, in welcher Weise die Bänder als Markierungsmerkmale der Chromosomenbezirke gedient haben.
Zunächst muß vorausgeschickt werden, daß die Bezeichnung p für den kurzen und q für den langen Arm beibehalten wurde. Nach dem Vorschlag der Pariser Konferenz (1971) werden die Chromosomenarme in zytologisch definierte Regionen unterteilt. Letztere wiederum werden in Bänder, entsprechend den durch die Färbungsmethoden erhaltenen Muster, aufgeteilt. Werfen wir z. B. einen Blick auf die Diagramme der 23 Chromosomenpaare, wie sie aufgrund der Bandtechnik erhalten worden sind (Abb. **19**, Pariser Konferenz 1971), so erkennen wir, daß sowohl die Bänder als auch die zugehörigen Regionen durch Nummern identifiziert werden. Dabei dienen die Zentromere jeweils als Ausgangspunkte für die Reihenfolge des Numerierungsschemas der einzelnen Chromosomen. Betrachten wir z. B. auf dieser Abbildung das Chromosom Nr. 7, so erkennen wir, daß sein langer Arm (q) in drei vom Zentromer distalwärts numerierte Regionen 1, 2 und 3 zerfällt. Dabei ist die Region 2 in zwei Bänder und die Region 3 in sechs Bänder unterteilt. Der kurze Arm (p) des gleichen Chromosoms besteht aus zwei Regionen, wobei die Region 1 in fünf Bänder (wiederum numeriert vom Zentromer distalwärts in Band 1–5) und die Region 2 in zwei Bänder (1–2) zerfällt.
Für alle weiteren Einzelheiten müssen die Interessenten auf die von der National Foundation New York herausgegebene Broschüre verwiesen werden.

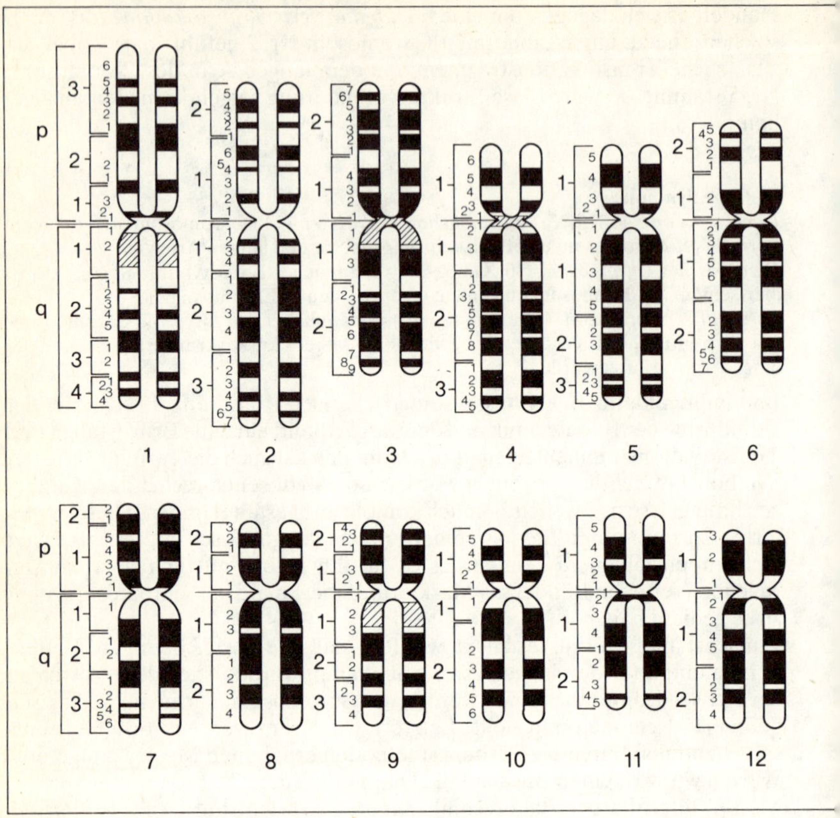

Abb. **19** Standardnomenklatur der Chromosomen nach der Pariser Konferenz (1971). Schematische Darstellung der Bandenmuster sowie der Numerierung der 22 Autosomenpaare (aus Birth Defects: Orig. Art. Ser. 8 [1972] No. 7)

Überzählige Chromosomen

Seit den ersten drei wohlbekannten chromosomalen Syndromen, die im Jahre 1959 beschrieben worden sind (Trisomie 21, Klinefelter- und Turner-Syndrom), sind annähernd hundert verschiedene Typen von Chromosomenanomalien bekannt geworden. Viele vorher unbekannte Symptomenkomplexe konnten auf eine chromosomale Ursache zurückgeführt werden, besonders solche mit Schwachsinn kombiniert. Seit der neuen Bandtechnik ist auch die genetische Klassifizierung der durch strukturelle Chromosomenver-

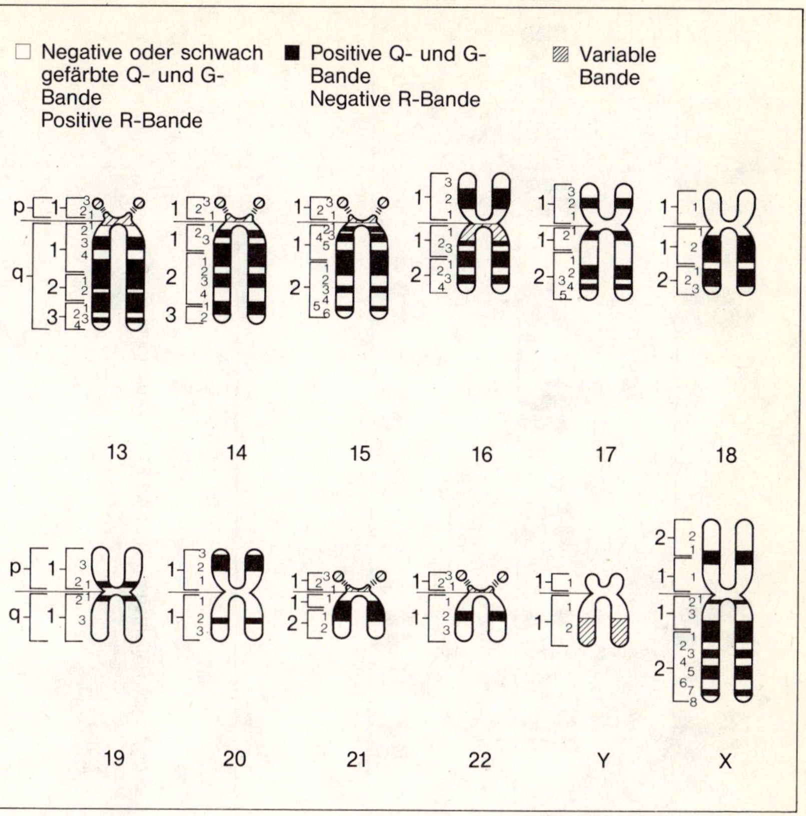

änderungen hervorgerufenen phänotypischen Abweichungen sowie die Aufstellung von Erbprognosen für die betroffenen Familien wesentlich erleichtert worden.
Es ist hier unmöglich, den Katalog all dieser Mißbildungen wiederzugeben. Wir müssen uns vielmehr mit einer kurzen Schilderung der wichtigsten klinischen Syndrome begnügen.

Trisomie 21

(Mongolismus, Langdon-Down-Syndrom) (Abb. **20**)

Wie bereits erwähnt, waren es Lejeune u. Mitarb. (1959), die als erste die von Tjio u. Levan (1956) gewonnenen Kenntnisse über Chromosomentechnik auf den Mongolismus anwandten und 47 Chromosomen in den Fibrobla-

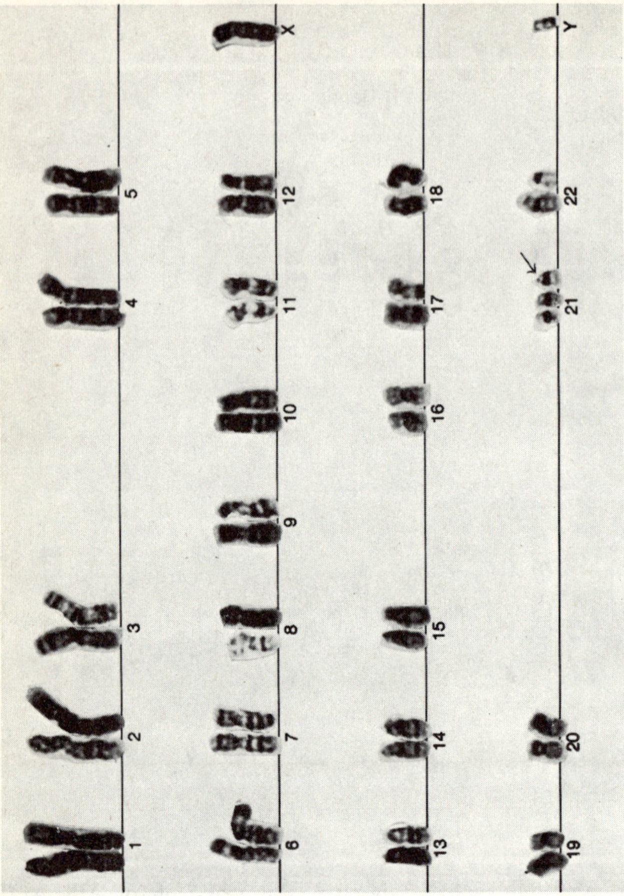

Abb. **20** Karyotyp eines Patienten mit Trisomie-21-Syndrom (pers. Beob.)

sten solcher Patienten feststellten. Das überzählige akrozentrische Chromosom, dem man die Nummer 21 zuordnete, gehört der Gruppe G an. Die *einfache Trisomie 21* findet sich in mehr als 90% aller Mongoloiden. Sie ist auf eine *meiotische Non-Disjunction* zurückzuführen, d.h. Ausbleiben einer Trennung der beiden Chromosomen eines Paares während der Anaphase der Zellteilung, so daß beide in dieselbe Tochterzelle gelangen.
Sehr bald nach der Entdeckung eines Extrachromosoms beim einfachen Mongolismus wurden Fälle beschrieben, bei welchen das zusätzliche Chromosomenmaterial auf ein anderes Chromosom übertragen worden war. Solche *Translokationen* sind insbesondere zwischen Chromosom 21 und der

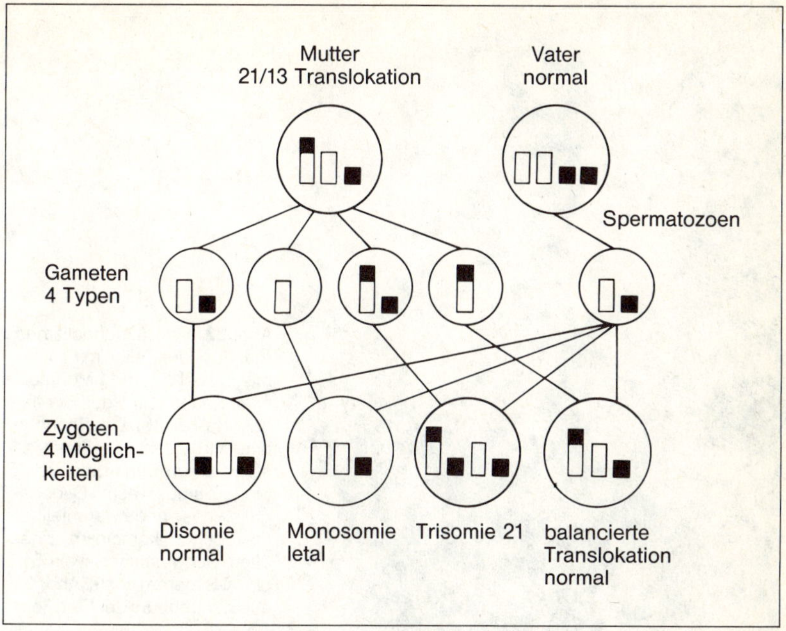

Abb. **21** Schema der Übertragung einer Translokation 21/13

D-Gruppe (D/G) (Abb. **21**) sowie zwischen Chromosom 21 und einem Chromosom der gleichen Gruppe (Nr. 21 oder 22; G/G) beschrieben worden. Theoretisch haben Konduktorinnen von Translokationen D/G eine gleiche Chance (33%): a) normale Kinder, b) wieder Konduktorenkinder, c) Trisomie-21-Kinder zu bekommen. In der Praxis hat sich jedoch erwiesen, daß das erbprognostische Risiko etwa 20% für weibliche und 5% für männliche Merkmalsträger beträgt.

G/G-Translokationen können vom Typ 21/21 oder 21/22 sein. Der 21/22-Translokations-Mongolismus tritt in etwa 90% sporadisch und 10% familiär oder ererbt auf. Bezüglich Mechanismus der erblichen Übertragung und Chromosomenformel der Kinder eines Elters mit *balancierter 21/22-Translokation* verhält sich dieser Typ wie eine einfache Translokation. Demgegenüber können aus einer 21/21-Translokation prinzipiell nur zwei Typen von Gameten hervorgehen: der eine, der die Translokation aufweist (diplo-21), und der andere ohne ein Chromosom 21 (nullo-21). Bei der Befruchtung kommt es nur zu Kindern mit Trisomie 21, da die Zygoten mit Monosomie 21 nicht lebensfähig sind. Infolgedessen kommt es auch nicht zu Kindern mit balancierter 21/21-Translokation. Individuen mit balancierter 21/21-Chromosomenformel können demnach nur durch Neumutation entstehen (mitotischer Fehler, d.h. nachdem bereits die Zygote formiert war).

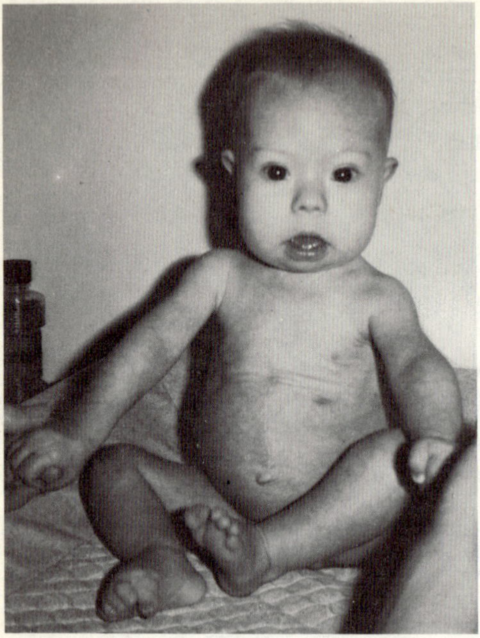

Abb. **22** Mosaikmongolismus (nur 30% der Zellen mit Trisomie 21) bei einem 11 Monate alten Knaben (III/5 des Stammbaums Abb. **38**). Der Phänotypus ist trotzdem der eines typischen Down-Syndroms. Der Mongolismus war mit Ösophagusstenose und Zwerchfellhernie (operiert) kombiniert. Eine ältere Schwester weist ein Triplo-X-Syndrom auf (s. Abb. **36** mit Stammbaum der Familie Abb. **38**)

Klinische Hauptmerkmale des Down-Syndroms (Abb. **22**). Die Diagnose kann infolge des charakteristischen Aspektes des Kindes meist schon bei der Geburt gestellt werden: „mongoloide“ Lidachsen, Epikanthus, kurzer Schädel mit flachem Hinterkopf, kurzer, breiter Hals mit weiter Nackenfalte, flaches Vollmondgesicht, breite Nasenwurzel, kleine, schlecht geformte Ohren, voluminöse, rissige oder gefurchte Zunge, die oft vorgestreckt wird, Brushfieldsche, weißliche Flecken kranzförmig in der Irisperipherie angeordnet, häufige Blepharokonjunktivitis, clownartige Rötung der Wangenhaut, muskuläre Hypotonie mit Überstreckbarkeit der Gelenke, Nabelhernie.

Sonstige Befunde. Minderwuchs. Häufig angeborene Herzfehler (in 30–50% persistierender atrioventrikulärer Kanal oder Ventrikularseptumdefekt; Lebenserwartung infolgedessen häufig verkürzt). Kurze, plumpe Hände mit Klinodaktylie und oft hypoplastischer Mittelphalanx des Kleinfingers, „Vierfingerfurche“ der Hand, häufig auch ein distal (mediopalmar) gelegener axialer Triradius(t“). Breite, kurze, abgeflachte Füße mit Lücke zwischen I. und II. Zehen. Hypoplastisches Becken (Röntgenaufnahme). Neigung zu Infektionen, besonders der Respirationswege, und akuten Leukämien.

Begleitfehlentwicklungen. Ösophagus- und Duodenalstenosen. Psychisch in etwa 75% Imbezillität, 20% Idiotie und nur in etwa 5% eine Debilität. Affektiv langsam,

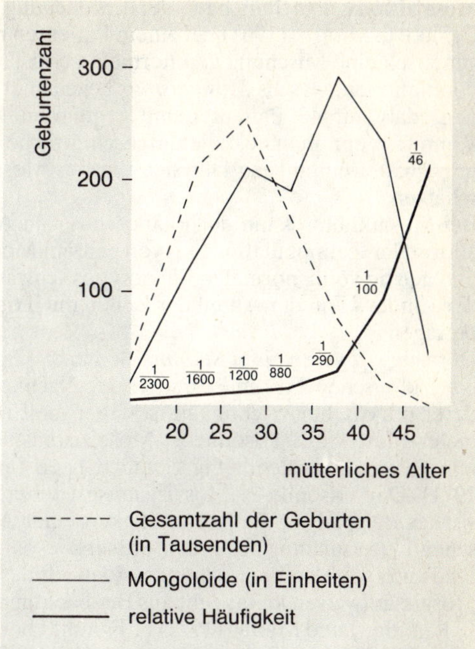

Abb. **23** Manifestation des Mongolismus in Abhängigkeit vom Alter der Mutter (nach *Penrose* u. *Smith*)

apathisch, sozial entgegenkommend, fügsam, gelegentlich jähzornig. Intelligenzquotient selten über 60. Therapeutisch gilt es, durch prophylaktische Methoden die konstitutionelle Neigung zu Infekten zu bekämpfen. Erzieherisch sollte die vorhandene Bildungsfähigkeit voll ausgenützt werden, damit bei den Kindern wenigstens eine Sonderschulreife erzielt werden kann. Auf diese Weise können die Patienten später lernen, kleine Arbeiten in überwachten Werkstätten zu besorgen.

Abhängigkeit der Trisomie 21 vom Alter der Mutter (Abb. **23**). Wie seit langem bekannt, ist die Trisomie 21 (in geringerem Maße auch die Trisomie D und E sowie die Klinefelter- und Triplo-X-Syndrome) vom Alter der Mutter abhängig, während das Alter des Vaters unabhängig davon ist. Welche Ursachen für diese zunehmende Häufigkeit einer Non-Disjunction bei der Frau maßgeblich beteiligt sind, ist unbekannt. (Ob die in der Anamnese von Müttern mongoloider Kinder öfters angegebenen Röntgenbestrahlungen in ursächlicher Beziehung mit der Krankheit stehen, ist in der Literatur umstritten.)

Fruchtbarkeit von Mongoloiden. Es gibt 22 wohl dokumentierte Fälle von mongoloiden Müttern, die lebensfähige Kinder gehabt haben (VAN DE VELDE-STAQUET u. Mitarb. 1973). In 13 Fällen war das Kind normal und 9mal wies es das Trisomie-21-Syndrom auf (Unterschied nicht signifikant).

Mosaizismus. Ein Jahr nach der Entdeckung der Translokationen fanden Clarke u. Mitarb. (1961) bei einem Patienten mit mongoloiden Zügen zytogenetisch eine Mischung von normalen und Trisomie-21-enthaltenden Zellpopulationen, was als *Mosaizismus* bezeichnet wurde. Es ist berechnet worden, daß auf 48 Patienten mit regulärem Mongolismus ein Mosaikfall kommt. Wenn man also die durchschnittliche Häufigkeit des Mongolismus mit 1:650 annimmt, so läßt sich die des Mosaikmongolismus auf 1:31000 schätzen.

Bei Mosaikfällen kann der Phänotypus – in Abhängigkeit von dem Anteil anormaler Zellpopulationen – von echtem Mongolismus bis zum körperlich und geistig völlig normalen Phänotypus schwanken. Bei Müttern mongoloider Kinder kann der Anteil der Zellen mit Trisomie 21 zwischen 5 und 33% betragen.

Derartige *phänotypisch stumme Mosaike* können wiederholtes Auftreten einer klinischen Trisomie 21 unter den Nachkommen bedingen. Von besonderer praktischer Wichtigkeit ist daher die Erbprognose phänotypisch normaler Mütter mit Trisomie-21-Mosaizismus. In der Tat ist deren „empirisches Risiko" zahlenmäßig ziemlich hoch (etwa 60%; Timson u. Mitarb. 1971). Der Trisomie-21-Mosaizismus ist daher bei Schwangerschaft ein klassisches Beispiel für die Notwendigkeit einer Amniozentese und zytogenetischen Untersuchung des Fruchtwassers.

Daß auch der Vater eines mongoloiden Kindes gelegentlich ein Trisomie-21-Mosaik aufweisen kann, geht aus Beobachtungen von Hsu u. Mitarb. (1971) (3 Familien) und Méhes (1973) (1 Familie) hervor.

Was den Nachweis eines Mosaizismus (46/47,21+) in den Geweben von Kindern anbetrifft, die phänotypisch als Mongoloide imponieren, so ist er für genetische Beratungen von geringem prognostischen Wert. In der Tat nehmen Kranke mit klinisch ausgesprochenem Mongolismus, die sich jedoch zytogenetisch als Mosaike herausstellen, selten eine bessere Entwicklung als solche mit einer Standard-Trisomie 21.

Herkunft des Extrachromosoms bei der Trisomie 21. Es war hauptsächlich die moderne Fluoreszenztechnik, die dazu beigetragen hat, den Ursprung des Extrachromosoms 21 bei mongoloiden Kindern aufgrund der elterlichen Karyotypen zu eruieren. So hat Robinson (1973) in 5 von 15 Familien die Trisomie auf eine Non-Disjunction bei der ersten meiotischen Teilung zurückführen können. (Die übrigen Familien waren nicht informativ.)

Patau-Syndrom

(Trisomie 13, auch als Trisomie 13–15 oder Trisomie D bezeichnet) (Abb. **24** und **26**)

Dieses schwere Krankheitsbild ist auf ein überzähliges Chromosom 13 zurückzuführen. In der Mehrzahl der Fälle handelt es sich um eine einfache (monoklonale) Form (T 13, Abb. **25**). Daneben kann man auch *Translokationsformen* antreffen (D/D), also Trisomie 13/13 (Abb. **25**), 13/14 oder 13/15.

Abb. **24** Trisomie 13 bei einem drei Tage alten Knaben. Niedrige, fliehende Stirn, beidseitige Mikrophthalmie mit linksseitigem Kolobom. Das fehlende Philtrum ist durch einen Haut-Schleimhaut-Bürzel ersetzt. Doppelseitige Lippen- und Gaumenspalten, Hautdefekt am Scheitel, Hexadaktylie der Hände und Füße. Mutter 29jährig, Vater 32jährig (pers. Beob.)

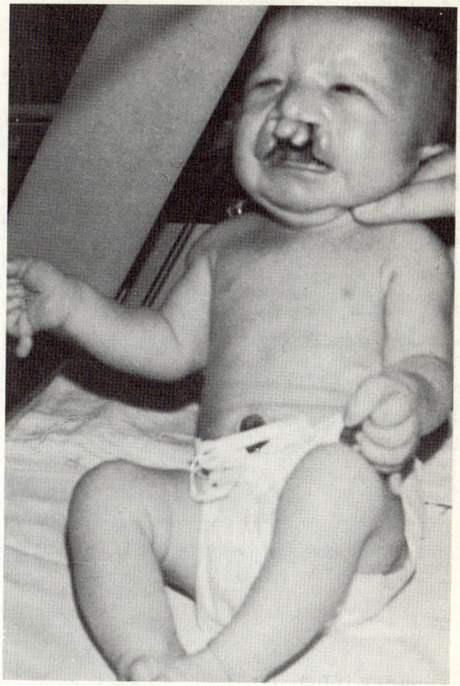

Abb. **25** Karyotyp einer einfachen Trisomie 13

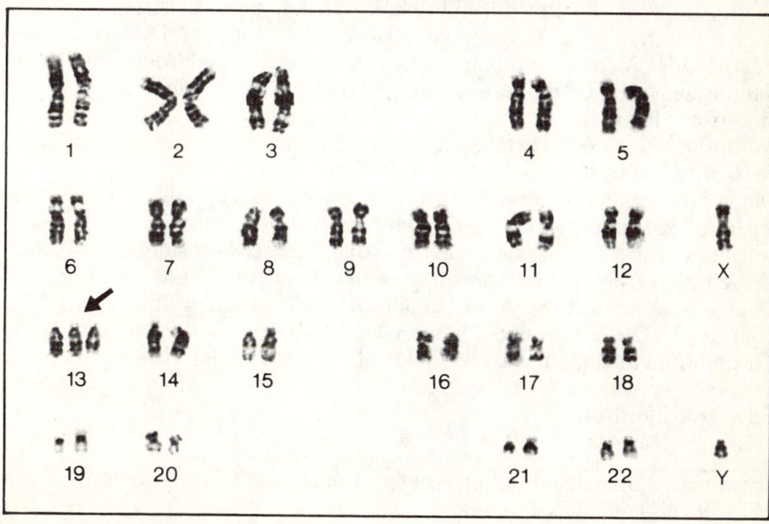

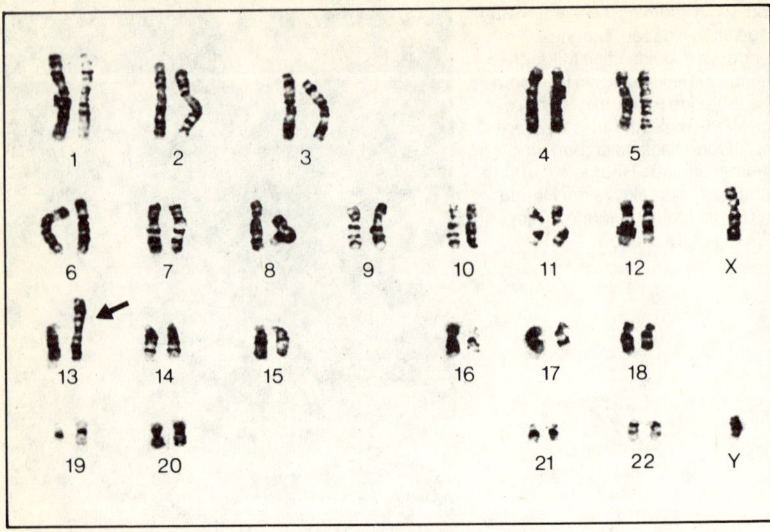

Abb. **26** Gleicher Fall wie in Abb. **24**. Der Karyotyp zeigt eine Trisomie 13 mit Translokation 13q13q: 46,XY, −13, +t(13q13q)

Hauptmerkmale. Doppelseitige Lippen-Kiefer-Gaumen-Spalte, Mikrozephalie, Kopfhautdefekt, Mikrophthalmie, Iriskolobom, tiefsitzende, deformierte Ohrmuscheln, Polydaktylie, Herzfehler, (offener Ductus Botalli, Vorhof- und Ventrikelseptumdefekt), Anomalien des Urogenitalsystems (Hufeisennieren, Ureterverdopplung), Kryptorchismus, fehlende psychomotorische Entwicklung.

Autopsie: mangelnde Hirndifferenzierung, Arhinenzephalie und Agenesie des Corpus callosum.

Die Häufigkeit des Syndroms schwankt je nach Angaben der Autoren zwischen 1:7500 und 1:9000. Das durchschnittliche Lebensalter für 55 Fälle betrug 14 Wochen. Jedoch ist auch ein 10jähriges schwachsinniges Mädchen als Merkmalsträgerin beschrieben worden (Marden u. Yunis 1967).

Das mittlere mütterliche Alter bei der Geburt ist leicht erhöht (31,6 Jahre; Ford 1973). Die Erbprognose hängt vor allem davon ab, ob eine balancierte Chromosomenanomalie bei einem der Eltern nachweisbar ist.

Edwards-Syndrom

(Trisomie 18) (Abb. **27**)

Schweres Krankheitsbild infolge eines zusätzlichen Chromosoms 18. Etwa 250 Fälle bis heute beschrieben.

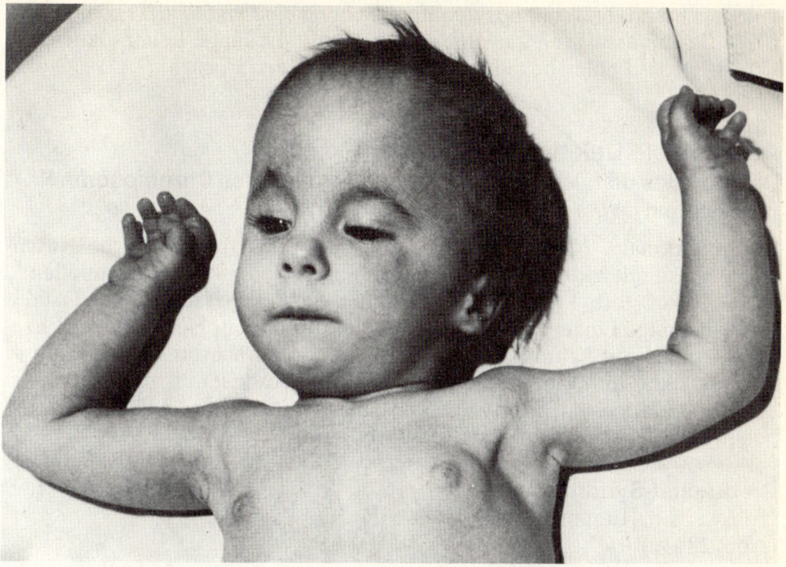

Abb. **27** Trisomie 18 bei einem 8 Monate alten Mädchen mit typischer Symptomatologie: vorstehendes Hinterhaupt, enge Augenspalten mit Ptosis, schräggestellte, spitze Ohren, kleiner Mund, kurzer Hals, enger vorstehender Thorax (pers. Beob.)

Hauptmerkmale. Schmaler Schädel mit vorspringendem Hinterhaupt, tiefsitzende, dysplastische Ohrmuscheln, Mikrostomie, Mikrognathie, hoher Gaumen, Nackenfalten, flektierte, in typischer Weise übereinandergeschlagene Finger, „Rocker-bottom"-(Schaukelstuhl-)Füße, hypoplastische äußere Genitalien, Ventrikelseptumdefekte, anormale Dermatoglyphen (einfache Bogenmuster).
Die Häufigkeit bei Neugeborenen ist ungefähr 1:4500 (Conen u. Erkman 1966, Nielsen u. Mitarb. 1975). Das mütterliche Alter ist leicht erhöht (31,7 Jahre; Ford 1973).
Die Kinder sterben meist in den ersten Lebenswochen. Durchschnittliche Lebensdauer 71 Tage (Hamerton 1971). Ein Prozent etwa erreicht das 10. Lebensjahr (Weber u. Mitarb. 1964).
Neben den einfachen Trisomien 18 kommen auch Translokationen, z. T. partieller Art (Cohen u. Mitarb. 1971) sowie Mosaikformen vor (Crippa u. Mitarb. 1978). Letztere Möglichkeit muß besonders dann in Betracht gezogen werden, wenn die betroffenen Patienten eine verlängerte Lebensdauer aufweisen. In der Tat haben persönliche Untersuchungen ergeben, daß von insgesamt 12 über sieben Jahre alte Probanden vier ein Mosaik aufwiesen. Bei dem von Crippa u. Mitarb. beschriebenen 16½jährigen Mädchen führte erst eine Fibroblastenuntersuchung zur Aufdeckung des Mo-

saiks, während die Lymphozytenuntersuchung eine einfache Trisomie 18 in 100% der untersuchten Zellen ergeben hatte. Die lange Lebensdauer läßt sich durch das Fehlen begleitender Herzdefekte erklären.

Autosomale Deletionssyndrome

Deletion des distalen Teils des kurzen Armes eines Chromosoms Nr. 4

(4p-Syndrom [Wolf 1965, Hirschhorn 1961])

Hauptmerkmale. Mikrozephalie, Hypertelorismus, breite, flache Nasenwurzel, Skalpdefekte (wie bei der Trisomie 13), Iriskolobom, abfallende Mundwinkel, oft Lippen-Kiefer-Gaumen-Spalte, präaurikuläre Fisteln, spindelförmige Finger, Hypospadie, Skelettdysplasien, Herzdefekte, Enzephalopathien mit Krampfanfällen, schwerster Schwachsinnsgrad (IQ unter 20). Tod meist im Kindesalter. Verlängerte Lebensdauer bis zum 20. Jahr ist beschrieben worden. In etwa 10% der Fälle konnte bei einem der Eltern eine balancierte Translokation festgestellt werden.

Cri-du-chat-Syndrom

(5p-Syndrom [Lejeune u. Mitarb. 1963])
(Abb. **28a–c**)

Das Cri-du-chat-Syndrom ist auf einen partiellen Verlust der kurzen Arme des Chromosoms 5 zurückzuführen (Abb. **29**). Das pathognomonische Symptom besteht in einem eigentümlichen Wimmern und kläglichen Schreien des Kindes, das infolge seiner Ähnlichkeit mit dem Miauen junger Katzen dem Syndrom seinen Namen gegeben hat. Dieser „Katzenschrei" verschwindet meist innerhalb von Wochen oder Monaten, kann aber in anderen Fällen jahrelang andauern. Der hohe, schrille Schrei ist auf Hypoplasie des Larynx sowie abnorme Flakzidität der Epiglottis und der Stimmbänder zurückzuführen.

Hauptmerkmale. Mikrozephalie, rundes Gesicht, Hypertelorismus, abgeplattete Nasenwurzel, Epikanthus, antimongoloide Lidspalten, tiefliegende, schlechtgeformte Ohren, Vierfingerfurche und distaler Triradius mit weitem atd-Winkel. An Begleitfehlbildungen sind Hirn-, Herz-, seltener Nierenmißbildungen beobachtet worden. Die allgemeine psychomotorische Entwicklung ist stark zurückgeblieben. Die Lebenserwartung ist im allgemeinen auf die Kindheit beschränkt, doch sind Fälle bis zum 55. Lebensjahr bekannt geworden (Breg u. Mitarb. 1970).
Die **Häufigkeit** der Mißbildung wird auf etwa 1:25000 Neugeborene geschätzt.
Chromosomenstudien haben gezeigt, daß neben einer einfachen Deletion des distalen kurzen Armes von Chromosom 5 in etwa 15–20% der Fälle auch nichtbalancierte Translokationsformen vorkommen können, wobei die Eltern eine reziproke balancierte Translokation oder eine perizentrische Inversion eines Chromosoms 5 aufweisen können.

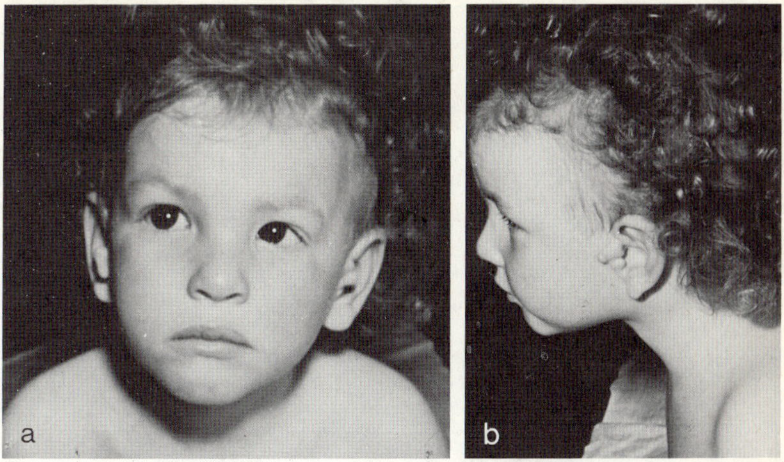

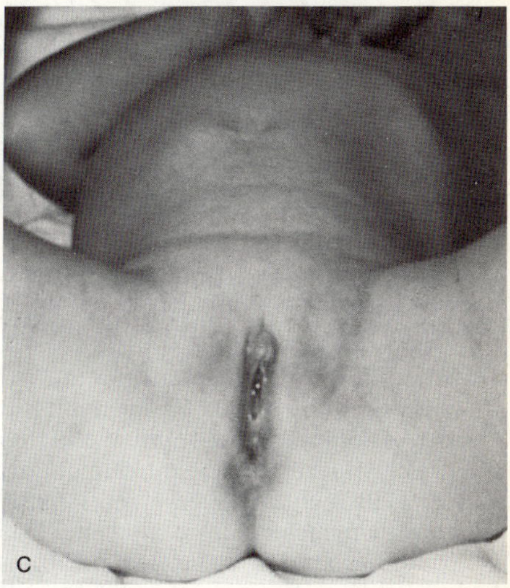

Abb. **28** „Cri-du-chat"-Syndrom bei einem 2jährigen Mädchen (pers. Beob.). **a** Mikrozephalie, Hypertelorismus, Epikanthus, schwere Oligophrenie, **b** tiefsitzende, grob modellierte Ohren mit präaurikulären Anhängen, **c** Aplasie der großen Schamlippen

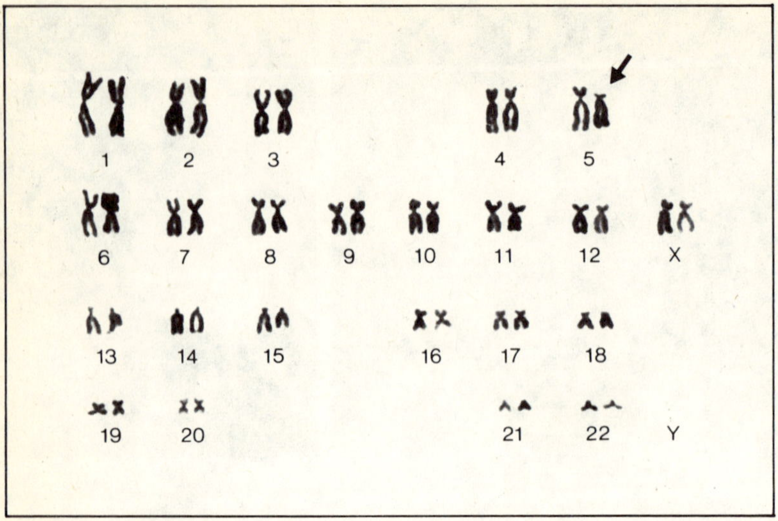

Abb. **29** Gleicher Fall wie Abb. **28**. Karyotyp des „Cri-du-chat"- oder 5p-Syndroms. Es ist auf das Fehlen eines Teils des kurzen Arms des Chromosoms 5 zurückzuführen

13q-Syndrom

(Terminale Deletion des langen Armes eines Chromosoms 13, partielle Monosomie 13)
Das gleiche Syndrom kann auch durch ein Ringchromosom 13 (46,13r) verursacht werden. Mehr als 60 Fälle sind bis jetzt veröffentlicht (ZELLWEGER u. SIMPSON 1977).

Hauptmerkmale. Hypertelorismus mit Epikanthus und Ptosis. Mäßige Mikrozephalie, vorstehende Glabella mit breiter Nasenwurzel (dadurch „griechisches Profil"). Große Ohren mit tiefgefurchten Helices, vorstehende obere Schneidezähne, hoher Gaumen, evtl. Gaumenspalte, Mikrognathie. Kurzer Hals, evtl. mit Pterygium. Aplasie oder Hypoplasie des Daumens, statt dessen manchmal fingerähnlicher Daumen, Klinodaktylie des Kleinfingers und Mesobrachyphalangie der Finger und Zehen. Synostose der Metakarpalknochen IV–V. Analatresie bzw. Rektovaginale Fistel. Genitalanomalien (Hypospadie, Kryptorchismus). Mäßiger Schwachsinn.
An *Augenmißbildungen* sind in erster Linie Mikrophthalmie und Iris-Aderhaut-Kolobome beobachtet worden. Eine besondere Aufmerksamkeit wurde jedoch dem Syndrom entgegengebracht, als sich herausstellte, daß sich in etwa 20% der Fälle ein ein- oder beidseitiges *Retinoblastom* in früher Kindheit entwickelte. Da sich jedoch bei den Patienten auch sonstige typische

Merkmale des Deletion-13-Syndroms sowie meist auch psychomotorische Retardierung fanden, kann sicherlich dieser Typus von Retinatumor von dem mit normalem Karyotyp einhergehenden Retinoblastom gut abgegrenzt werden.
An sonstigen Fehlbildungen des 13q-Syndroms finden sich Kardiopathien sowie Mißbildungen des Zentralnervensystems: Arhinenzephalie (wie auch bei der Trisomie 13), seltener Aplasie des Corpus callosum, Kleinhirnhypoplasie und Meningozele (GROSSE u. SCHWANITZ 1973) sowie Trigonozephalie (Schädelmißbildung infolge vorzeitiger Verknöcherung der vorderen Stirnnaht).

18p- und 18q-Syndrome

(De-Grouchy-I- und De-Grouchy-II-Syndrome. Terminale Deletionen eines Teiles des kurzen bzw. langen Armes eines Chromosoms 18.)

Trotz der Seltenheit und großen Variabilität dieser beiden Deletionssyndrome zeichnet sich bereits eine gewisse klinische Typologie für die beiden Chromosomenanomalien ab. Neben den betreffenden Deletionen gibt es noch ein Ringchromosom-18-Syndrom, das je nach der proportionellen Beteiligung des kurzen oder/und des langen Armes eine ähnliche Symptomatologie wie eines der beiden erwähnten Krankheitsbilder aufweist.

18p-Syndrom (DE GROUCHY u. Mitarb. 1963)

Hauptmerkmale. Mikrozephalie, Hypertelorismus, Epikanthus, Ptosis, schlechtgeformte, tiefsitzende Ohren, kurzer Hals mit eventuellem Pterygium colli (wie beim Turner-Syndrom), Mikrognathie, Hypotonie. Mehr oder weniger schwere psychomotorische Retardierung.
Seltene Begleitmißbildungen des Zentralnervensystems: Zyklopie, Arhinenzephalie, Agenesie des Corpus callosum.

18q-Syndrom (DE GROUCHY u. Mitarb. 1964)

Hauptmerkmale. Mikrozephalie, Hypertelorismus, Hypoplasie des mittleren Gesichtsbereiches mit abfallenden Mundwinkeln („Karpfenmund"). Gehörgangstenose oder Atresie. Hoher Gaumen (evtl. Gaumenspalte). Subakromiale Grübchen. Spindelförmige Finger. Hypotonie. Genitalanomalien (Hypospadie, Kryptorchismus; bei Mädchen hypoplastische Labia majora und Klitoris). Von Augenanomalien werden insbesondere Nystagmus, Optikusatrophie und Iriskolobom gemeldet. Hochgradiger Schwachsinn.

Sonstige autosomale Chromosomopathien

Trisomie 22

(Cat-eye-Syndrom)

Obwohl die Kombination von Iriskolobom und Analatresie bereits von HAAB (1878) beschrieben wurde, ist diesem klinischen Komplex relativ wenig Beachtung geschenkt worden, bis SCHACHENMANN u. Mitarb. (1965) einen

Fehlbildungskomplex beschrieben haben, dem ein zusätzliches, kleines metazentrisches Chromosom oder Chromosomenfragment der G-Gruppe zugrunde liegt und der folgende **klinische Merkmale** aufweist: Mikrozephalie, psychomotorische Rückständigkeit, antimongoloide Lidspalten; Iris- und Aderhautkolobom, Analatresie bzw. -stenose mit rektovaginaler, urethraler oder perinealer Fistel, Atresie des äußeren Gehörgangs, präaurikuläre Anhänge und Fisteln, Gaumenspalte, angeborener Herzdefekt, renale Anomalien.

Die neuen Methoden der Chromosomenidentifizierung haben gezeigt, daß es sich um ein überzähliges Chromosom 22 handelt, mit oder ohne partieller Deletion des langen Armes. Formen mit Gaumenspalte und/oder Iriskolobom lassen erkennen, daß bei beiden Varianten das gleiche Fehlbildungssyndrom vorliegt (Bühler u. Mitarb. 1972). Auch Trisomie-22-Mosaike kommen vor. In wenigen Fällen sind auch abortive Formen von Trisomie 22, sogar mit normaler Intelligenz, beobachtet worden (Vianello u. Bonioli 1975). Es sei noch darauf hingewiesen, daß die Assoziation Iriskolobom – Analatresie auch ohne Chromosomenanomalie beschrieben worden ist.

Konopizky u. Mitarb. (1985) konnten über einen neuen Fall von Cat-eye-Syndrom bei einem 9 Monate alten, leicht retardierten Knaben berichten. Symptomatologisch bestand ein Hypertelorismus, ein Strabismus divergens rechts, ein bilaterales Iris-Netzhaut-Aderhaut-Kolobom, fehlgebildete Ohrmuscheln mit beiderseitigen Fistula auris congenita und links verschlossenem äußeren Gehörgang. Neben einer linkskonvexen Skoliose der Brustwirbelsäule hatte er einen rechts gespaltenen Daumen sowie beidseitige Klinodaktylie. Als Leitsymptom beobachtete man eine Analstenose mit perianaler Fistel, die operativ korrigiert werden mußte sowie eine Lungenvenenfehlkonnektion vom suprakardialen Typ mit zusätzlichem Vorhofseptumdefekt, der gleichfalls operiert wurde.

Die Chromosomenanalyse ergab ein zusätzliches bisatellitisches Chromosom mit einem Zentromer, 47,XY+M. Der Hautleistenbefund ergab dysplastische Papillarstrukturen sowohl an den Händen wie beiden Fußsohlen.

Die Autoren fanden in der Literatur ca. 58 Fälle von Cat-eye-Syndrom.

Bei *chronischer myeloischer Leukämie* konnten Nowell u. Hungerford (1960) das sog. *„Philadelphia-Chromosom“* (Ph^1) im Blut und im Knochenmark, nicht aber in anderen Geweben nachweisen. Im Knochenmark kann es bereits vor dem Auftreten der Krankheit beobachtet werden. In hyperdiploiden Zellen finden sich manchmal sogar zwei Ph^1.

Das Ph^1-Chromosom war ursprünglich als Deletion des Chromosoms 21 aufgefaßt worden. Später konnte vermittels der Fluoreszenzmethode erkannt werden, daß es sich um eine partielle Deletion des langen Armes des Chromosoms 22 handelt (O'Riordan u. Mitarb. 1971). Dank der Bändermethodik ließ sich dann feststellen, daß meist eine *Translokation eines winzigen Fragmentes von Chromosom 22 auf Chromosom 9* vorlag, manchmal sogar mit reziproker Translokation eines Chromosom-9-Fragmentes auf Chromosom 22.

Pathologie der C-Gruppe (Chromosomenpaare 6–12)

Wie bereits ausgeführt, ist es erst seit 1971 möglich geworden, die einzelnen Chromosomen zu differenzieren und eventuelle Trisomien oder andere Rekombinationen zu erkennen. Diese Feststellung gilt insbesondere für die Anomalien der Chromosomengruppe C, die erst mit der Einführung der Bändertechnik in Erscheinung getreten sind. Die noch geringe Zahl der Beobachtungen und der Mangel wirklich pathognomonischer Krankheitszeichen haben es bis jetzt nur in wenigen Fällen erlaubt, anhand phänotypischer Merkmale auf die dazugehörige Chromosomenaberration zu schließen. Doch muß damit gerechnet werden, daß sich mit der Zunahme der Beobachtungen die entsprechenden klinischen Zustandsbilder besser werden differenzieren lassen.
Eine Auswahl dieser bis jetzt bekannt gewordenen Fehlbildungssyndrome aus der C-Gruppe sei hiermit dargestellt.

Trisomie-8-Syndrom

Zu den besser studierten Anomalien gehört die Trisomie 8, die meist im *Mosaikstadium* (46/47,+8) vorgefunden wird. Ungefähr 30 Beobachtungen sind bis jetzt bekannt geworden (Giraud u. Mitarb. 1975).

Hauptmerkmale. Neben einer mehr oder weniger ausgesprochenen Debilität mit Sprachstörungen bemerkt man eine Gesichtsdysmorphie mit vorstehender Stirn, ferner Hypertelorismus, plumpe Nase, hoher Gaumen und tiefsitzende, schlecht geformte Ohren. Die Gelenkbewegungen sind meist eingeschränkt. Eine pathognomonische Eigentümlichkeit besteht in einer verdickten Haut der Handflächen und Fußsohlen, die von tiefen Furchen durchzogen ist („plis capitonnés"). Radiologisch stellt man verschiedene Skelettanomalien (überzählige Wirbel und Rippen, Skoliose, Beckenhypoplasie, Fehlen der Patella) fest. Normale Intelligenz ist ausnahmsweise beobachtet worden.
An viszeralen Begleitanomalien finden sich insbesondere Nierenanomalien, Herzdefekt, Hypospadie, Kryptorchismus und Agenesie des Corpus callosum. Die Chromosomenstörung ist mit normaler Lebenserwartung vereinbar. Die Häufigkeit der Trisomie 8 wird auf etwa 1:25000 geschätzt.

Trisomie-9p-Syndrom

Wie die Trisomie 8, tritt auch das Trisomie-9p-Syndrom vorwiegend im Mosaikzustand auf. Von den verschiedenen Varianten dieses Syndroms finden sich hauptsächlich die folgenden:

a) In etwa 20% der Fälle beobachtet man eine Trisomie 9p mit 47 Chromosomen, wobei sich statt der zwei regulären Chromosomen Nr. 9 der kurze Arm von Chromosom 9 in dreifacher Zahl befindet. Gelegentlich ist der zusätzliche kurze Arm noch von seinem Zentromer und dem proximalen Anteil des langen Arms begleitet, so daß sich diese Form der reinen

Trisomie 9 annähert. Bei einem der Eltern besteht meistens eine balancierte Translokation.

b) In der Mehrzahl der Fälle findet man jedoch bei der Trisomie 9p 46 Chromosomen, wobei neben den zwei normalen Chromosomen 9 der kurze Arm eines dritten Chromosoms auf ein anderes Autosom translociert ist. Auch hier weist meist ein Elter ein balanciertes Chromosom auf.

Die Kardinalsymptome des 9p-Syndroms sind folgende: Meist schwere Schwachsinnsform, mäßiger Mikrozephalus sowie Gesichtsdysmorphie: abgeflachte Stirn, tiefliegende Augen, exzentrische Pupillen, mäßiger Hypertelorismus, leicht antimongoloide Lidspalten, breite Nasenwurzel und knollige Spitze, große abstehende Ohren, abfallende Mundwinkel. Hals kurz mit Andeutung von Pterygium colli, kurze Finger (Brachymesodaktylie), besonders des Kleinfingers, der oft nur eine interartikuläre Linie aufweist; Nägel hypoplastisch. Begleitfehlbildungen sind selten: Lippen- oder Gaumenspalten, Herz- und Nierenanomalien. Die Lebenserwartung ist meist normal.

Trisomie 9

In wenigen Fällen ist eine Trisomie für das gesamte Chromosom 9 beobachtet worden (9+). Das Syndrom ist wahrscheinlich nur im Mosaikzustand mit einer gewissen Lebensdauer vereinbar. Zu den klinischen Zeichen gehören: schwere psychomotorische Retardierung, kleiner, dolichozephaler Schädel, hohe Stirn, kleine Lidspalten, tiefliegende Augen, vorstehende Nase, hoher Gaumen, tief ansetzende Ohren, Kryptorchismus, Mikropenis, lange, flektierte Finger, Hüft- und Kniegelenkluxationen, Herzdefekt.

Trisomie 10p

Die ersten Beobachtungen einer 10p-Trisomie betrafen Geschwisterfälle (SCHLEIERMACHER u. Mitarb. 1974, CANTU u. Mitarb. 1975). Seither sind auch mehrere isolierte Fälle bekannt geworden (GROSSE u. Mitarb. 1975, DE GROUCHY u. TURLEAU 1977). Meist ist diese fehlerhafte Segregation auf eine balancierte Translokation bei einem der Eltern zurückzuführen. Die Symptomatologie der veröffentlichten Fälle ist ziemlich gleichartig: schwere geistige Retardierung sowie verzögerte körperliche Entwicklung, Hypotonie, dysmorpher Schädel oder Dolichozephalie, hohe vorstehende Stirn, bogenförmige Augenbrauen, breite, vorstehende Nasenwurzel, leicht mongoloide Lidspalten, enges Gesicht, Mundwinkel abwärts gerichtet, hoher Gaumen oder Lippen- und/oder Gaumenspalte, tiefgelegene, große Ohren, hyperflektierte obere Extremitäten, Kamptodaktylie, Klumpfüße, kleiner Penis, häufig Herz- und Nierenmißbildungen. Beträchtliche Letalität. Ältestes beobachtetes Kind 12 Jahre.

Duplikation-10q-Syndrom

Diese Chromosomopathie ist durch partielle Duplikation des distalen Segments des langen Armes von Chromosom 10 bedingt. Das klinische Bild ist durch folgende Symptome gekennzeichnet: Neben schwerer psychomotorischer Entwicklungsstörung beobachtet man Mikrozephalie, hohe Stirn, enge Lidspalten (Blepharophimosis), hohe und weit auseinandergelegene Augenbrauen, Mikrophthalmie, eingesunkene Nasenwurzel, bogenförmigen Mund, hohen Gaumen oder Gaumenspalte, tiefgelegene Ohren, Mikrognathie, flaches, rundes Gesicht, kurzen Hals, Syndaktylie mit Kamptodaktylie sowie tiefe Plantarfurchen (LEWANDOWSKY u. YUNIS 1975).

Chromosom 11

Eine Duplikation ist sowohl für den kurzen als auch langen Arm des Chromosoms 11 beschrieben worden. Unter den *Merkmalen für den kurzen Arm* (11p+) fanden sich neben geistiger Retardierung und Hypotonie eine vorstehende Stirn, tiefliegende Augen, antimongoloide Lidspalten, hoher Gaumen oder Gaumenspalte.
Die Fälle mit *Duplikation des langen Armes* von Chromosom 11 (11q+) zeichnen sich durch eine breite und flache Nase, Mikrognathie, eingezogene Unterlippe, kurzer Hals sowie Herz- und Nierenanomalien aus (LEWANDOWSKY u. YUNIS 1975).

Bei einer systematischen Untersuchung der Insassen einer medizinisch-edukativen Anstalt hatten wir Gelegenheit, eine 16jährige oligophrene Patientin zu beobachten, die ein eigenartiges autistisches Verhalten mit Stereotypien zeigte. Die Chromosomenuntersuchung ergab die Formel *11q+* (46,××, 11q+). Morphologisch fanden sich ein leichter Hypertelorismus (äußere biokulare Distanz 91 mm), gewölbte Augenbrauen mit Synophrys, antimongoloide Lidspalten, antevertierte Nasenlöcher, hoher Gaumen, tiefliegende, große Ohren, tiefe Nackenhaargrenze, kurzer Hals, Gelenküberstreckbarkeit, Cubitus valgus, spindelförmige Finger, Wirbelsäulenanomalien (Kyphose und Lumballordose), Kleinwuchs mit Hyperbrachyzephalie (1,41 m) (KLEIN u. Mitarb. 1982).

Geschlechtschromosomale Störungen

Störungen der Geschlechtschromosomen gehören zu den häufigsten Formen von chromosomalen Aberrationen. Sie finden sich in der Häufigkeit von etwa 1:380 beim männlichen und 1:1100 beim weiblichen Geschlecht (GERALD 1976). Im Gegensatz zu den autosomalen Störungen verursachen sie nur in seltenen Fällen eine Verkürzung der Lebenserwartung; dagegen beeinträchtigen sie öfters berufliche Einordnung und Fertilität. Die Vielfalt von Beschwerden, zu denen geschlechtschromosomale Störungen führen können, bringt die Patienten und ihre Familien mit Ärzten der verschiedensten Spezialitäten in Kontakt. Infolgedessen sollten sich die Mediziner mit diesen Problemen möglichst vertraut machen. Sobald der Arzt aufgrund der

Krankengeschichte oder bestimmter klinischer Eigentümlichkeiten des Patienten zu einer chromosomalen Vermutungsdiagnose gelangt, sollte er vor allen anderen hormonalen oder sonstigen Stoffwechselbestimmungen die Aufstellung eines Karyotyps und daneben auch die Bestimmung des Geschlechtschromatins anfordern.

Was letzteren Test anbetrifft, so kommen je nach Fall die Darstellung des intranukleären Barr-Körperchens oder des F-Körperchens innerhalb des Y-Chromosoms in Betracht. Das Barr-Körperchen kann am einfachsten im Abstrich der Mundschleimhautzellen wahrgenommen werden. Jedes Barr-Körperchen stellt im Prinzip ein inaktiviertes X-Chromosom dar. Nur Zellen mit mehr als einem X-Chromosom enthalten ein Barr-Körperchen. Als Regel gilt, daß die Zahl der Barr-Körperchen gleich der Zahl der X-Chromosomen minus 1 ist.

Das F-Körperchen kann am besten vermittels der Fluoreszenz-Färbemethode als leuchtender, fluoreszierender Punkt erkannt werden. Dabei entspricht die Zahl der F-Körperchen der Zahl der Y-Chromosomen in der Zelle. Es muß jedoch darauf hingewiesen werden, daß auch bei phänotypisch normalen Männern ausnahmsweise das F-Körperchen fehlen kann. Dieses Körperchen ist anscheinend in einem genetisch wenig aktiven Segment des langen Arms des Y-Chromosoms lokalisiert, so daß Ausfälle desselben mit keinerlei funktionellen Störungen verbunden sind. Das Fehlen dieser Körperchen ist beispielsweise in einer bestimmten Familie der aus der Schweiz nach Nordamerika im 18. Jahrhundert eingewanderten Amish-Sekte über mehrere Generationen nachgewiesen worden (Borgaonkar u. Mitarb. 1969).

Da die klinischen Erscheinungen X-chromosomaler Störungen besonders in der Vorpubertätsperiode manchmal wenig hervortreten, so sollte der Arzt frühzeitig seine Aufmerksamkeit auf feinere Symptome der X-chromosomalen Pathologie richten. So war in einem persönlichen Fall von 8jährigen eineiigen Zwillingen die Verdachtsdiagnose eines Turner-Syndroms vom Pädiater einzig deswegen aufgestellt worden, weil er bei beiden Schwestern einen etwas tiefen Brustkorb und abstehende Mamillen beobachtet hatte. Bei Schulschwierigkeiten oder Verhaltensstörungen bei Knaben sollte der Hausarzt oder Kinderpsychiater frühzeitig an die Möglichkeit eines Klinefelter-Syndroms denken, um möglichst emotionelle Reaktionen oder unnötige finanzielle Ausgaben der Familie zur Erreichung besserer schulischer Leistungen ihres Kindes zu vermeiden.

Klinefelter-Syndrom

(Abb. **30** und **31**)

Der Weg zur Entdeckung X-chromosomaler Störungen war bereits durch die Entdeckung des Geschlechtschromatins im Jahre 1956 (Plunkett u. Barr) geebnet worden. Diese Forscher hatten infolge Vorhandenseins eines „Barr-Körperchens“ beim Klinefelter-Syndrom auf die Chromosomenformel XXY geschlossen. Im Jahre 1959 wurde diese Annahme durch den *Karyotypbefund* von Jacobs u. Strong bestätigt *(XXY-Zustand)* (Abb. **31**).

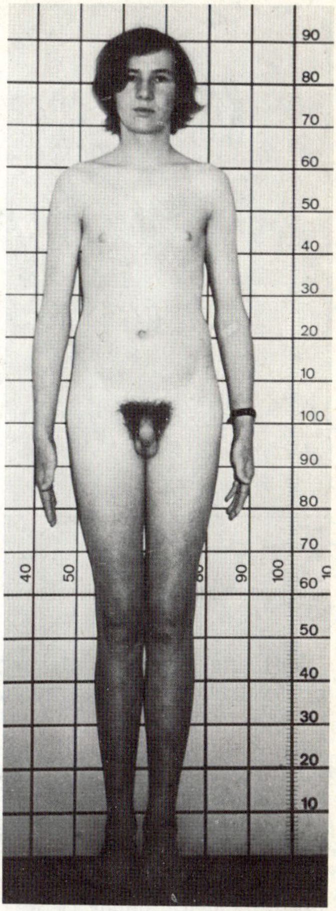

Abb. **30** Klinefelter-Syndrom bei einem 19jährigen Patienten. Gynäkomastie, bohnengroße Hoden, fehlender Bartwuchs, feminine Schambehaarung, mäßige Intelligenz, Größe 1,88 m, Makroskelie (pers. Beob.)

Die Symptomatologie des typischen Klinefelter-Syndroms (KLINEFELTER u. Mitarb. 1942) ist wie folgt gekennzeichnet: kleine Hoden, Gynäkomastie (in etwa 25% der Fälle), vermehrte Gonadotropinausscheidung im Urin, Azoospermie, verminderter Gesichts- und Körperhaarwuchs, überdurchschnittliche Körperhöhe, vor allem vermehrte Beinlänge sowie verbreitertes Becken. Eine testikuläre Biopsie zeigt Sklerose und Hyalinisation der Samenkanälchen mit Schwund der Keimzellen und Vermehrung der Leydigschen Zellen. Bemerkenswert ist auch die vorzeitige Osteoporose bei den Patienten.

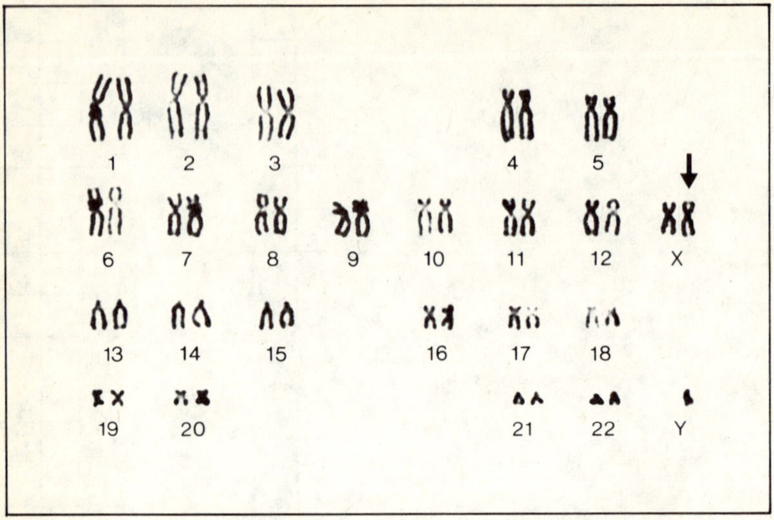

Abb. **31** Gleicher Fall wie Abb. **30**. Karyotyp des Patienten mit XXY-Geschlechtschromosomen

Die Häufigkeit des Klinefelter-Syndroms beträgt je nach den Autoren 1:600 bis 1:900 männliche Neugeborene. Das durchschnittliche mütterliche Alter ist leicht erhöht (ungefähr 32 Jahre, FERGUSON-SMITH 1964).

Das Zustandekommen der XXY-Aberration läßt sich durch eine *Non-Disjunction während der Meiose* erklären. Die Anwendung geschlechtsgebundener Gen-Markierungsmerkmale (Farbenblindheit, Xg-Blutgruppe) läßt darauf schließen, daß dieses Ereignis sowohl durch einen Meiosefehler väterlicherseits als auch mütterlicherseits eintreten kann (Abb. **32**).

In etwa einem Viertel der Fälle geht das Klinefelter-Syndrom mit verminderter Intelligenz einher. Etwa ein Prozent von Hilfsschülern und leicht Schwachsinnigen erweist sich als vom Klinefelter-Syndrom betroffen. Auch affektive, charakterliche sowie psychosexuelle Störungen scheinen bei ihnen häufiger als in der Allgemeinbevölkerung vorzukommen. Etwa 5% aller Männer mit Fertilitätsstörungen weisen einen XXY-Zustand auf. Es sei noch festgehalten, daß die sog. „sexchromatinnegativen Klinefelter" nicht in die Gruppe der geschlechtschromosomalen Störungen eingereiht werden dürfen, sondern eine besondere, manchmal auch familiäre Form des Hypogonadismus bilden.

Mosaizismus. Relativ häufig (etwa in 10% der Fälle) ist das Klinefelter-Syndrom in Mosaikform vertreten, entweder vom XXY/XY- oder XXY/XX-Typus. Dieser Zustand geht gewöhnlich mit einer Abschwächung des klini-

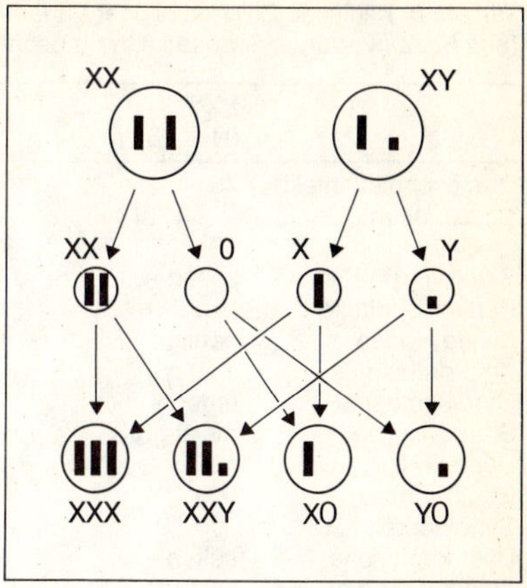

Abb. **32** Schema der Entstehung der Gonadendysgenesien. *Oben:* Mutter (XX) und Vater (XY) normal, *Mitte:* beim Vater Gametenbildung normal, bei der Mutter Non-Disjunction der X-Chromosomen, *unten:* folgende Zygotenmöglichkeiten können entstehen: Triplo-X (XXX), Klinefelter-Syndrom (XXY), Turner-Syndrom (XO), letale YO-Zygote

schen Bildes einher. Die Mosaikform ist durch Non-Disjunction bei einer mitotischen Teilung bedingt (evtl. auch durch Chromosomenverlust infolge „anaphase-lagging"). Infolgedessen können Klinefelter-Mosaike eine große phänotypische Variabilität darbieten, je nach dem Zeitpunkt der postmeiotischen Teilung und der Proportion der verschiedenen Zellpopulationen.

Varianten des Klinefelter-Syndroms
(Tab. **8**)

XXXY- und XXXXY-Formen

Neben dem klassischen Klinefelter-Syndrom (XXY), das etwa drei Viertel aller Fälle umfaßt, kann man noch Formen mit mehr als einem X-Chromosom (z. B. XXXY, XXXXY) unterscheiden. Diese Formen fallen phänotypisch in den Rahmen einer schwereren Ausprägung der Klinefelter-Symptomatologie; vor allem nimmt der *Schwachsinnsgrad* mit Zunahme eines X-Chromosoms zu. Außerdem ist als pathognomonisches Zeichen für zwei und mehr zusätzliche X-Chromosomen (XXXY, XXXXY) besonders das kongenitale Auftreten von *radioulnaren Synostosen* charakteristisch.

XXYY- und XXXYY-Formen

Diese Varianten zeigen bezüglich klinischer Symptomatologie und histologischen Befunden weitgehende Ähnlichkeit mit dem Klinefelter-Syndrom, doch ist bei den XXYY-Formen die Körpergröße um etwa 8 cm vermehrt, während der durchschnittliche IQ nur 63 (im Gegensatz zu 75 beim Klinefelter-Syndrom) ausmacht (Barlow 1973). Auch können diese Patienten selten sozial eingeordnet werden. Der Ursprung dieser Chromosomenaberration

Tabelle **8** Klinische Zeichen einiger Varianten des Klinefelter-Syndroms (aus *H. Zellweger, J. Simpson:* Chromosomes of Man. Heinemann, London 1977)

	XXY (N = 73)	XXXY (N = 13)	XXXXY (N = 30)
Durchschnittl. Intelligenzquotient	75	55	37
(± S.D.)	19	15	13
Skrotum- und Penishypoplasie	selten	häufig	sehr häufig
Kleine Hoden	häufig	häufig	fest
Kryptorchismus	selten	häufig	sehr häufig
Gynäkomastie	unter 50 %	selten	fehlend
Statur	meist groß	normal	meist klein
Hypotonie	fehlt	vorhanden	meist ausgesprochen
Radio-ulnare Synostose	fehlt	selten	25 %
Dysmorphische Zeichen (mongoloider Aspekt, Hypertelorismus)	selten	gelegentlich	oft vorhanden
Geschlechtschromatin	1 Barr-Körperchen	2 Barr-Körperchen	3 Barr-Körperchen
Mütterl. Alter	erhöht	erhöht	erhöht in einigen Serien

läßt sich am besten durch zwei aufeinanderfolgende Non-Disjunctions in den Meiosen I und II des väterlichen Gameten (Pfeiffer u. Mitarb. 1966) erklären.

Was den sehr seltenen *XXXYY-Typus* anbetrifft, so war einer der Patienten bezeichnenderweise 190 cm groß und zeigte einen IQ zwischen 45 und 50. Eine Hodenbiopsie ergab völliges Fehlen der Leydig-Zellen (Lecluse-van der Bilt u. Mitarb. 1974).

46,XX-Karyotyp bei Männern

Eine besondere Stellung im Rahmen des Klinefelter-Syndroms nehmen Männer mit 46,XX-Karyotyp ein, obwohl auch Männer mit normalem Habitus einen solchen Karyotyp aufweisen können, allerdings immer von Sterilität begleitet. Mosaizismus meist vom Typus XX/XYY konnte in manchen Fällen nachgewiesen werden (Kaiser u. Mitarb. 1977), kommt aber für die Mehrzahl der Fälle nicht in Betracht (de la Chapelle 1972). Ferguson-Smith (1966, 1972) erörterte die Möglichkeit eines reziproken Austausches zwischen Teilen des X- und Y-Chromosoms, die das Vorhandensein von testisbestimmenden Genen beim XX-Mann erklären könnte.

Eine unerwartete Stütze dieser Hypothese ergab sich aus der Entdeckung eines *Y-Histokompatibilität-Antigens* bei XX-Männern, verbunden mit Produktion von Androgenen. Das Gen für das H-Y-Antigen, vermutlich identisch mit dem Gen, das für die männliche Entwicklung bestimmt ist, befindet sich auf dem kurzen Arm des Y-Chromosoms. Man kann somit den XX-Karyotyp bei Männern auf die Translokation eines winzigen Y-Fragmentes auf ein anderes Chromosom zurückführen. Ein chromosomales Y-Mosaik kann jedoch nicht immer ausgeschlossen werden.

47,XYY-Syndrom

Eine wichtige Entdeckung, die vor allem auch von Gerichtsmedizinern, Juristen und der Presse aufgegriffen worden ist, bildete die von einer Reihe von Autoren gemachte Feststellung, wonach die Chromosomenkonstitution XYY häufig mit *asozialem Verhalten und Aggressivität* verbunden ist. Es hat sich ferner gezeigt, daß dieses Syndrom mit *überdurchschnittlicher Körpergröße* (über 180 cm) und häufig mit subnormaler Intelligenz einhergeht. Es ist daher nicht erstaunlich, daß solche Personen besonders in Strafanstalten für rückfällige Verbrecher oder in psychiatrischen Anstalten für debile, psychopathisch-kriminelle Patienten angetroffen werden (Jacobs u. Mitarb. 1965, Casey u. Mitarb. 1966, Court Brown 1968, u. a.).
Während anfänglich angenommen wurde, daß die XYY-Konstitution ein seltenes Vorkommnis sei, hat sich inzwischen aufgrund von Serienuntersuchungen neugeborener Knaben herausgestellt, daß die Häufigkeit eines XYY-Befundes etwa 1:1000 beträgt (Gerald 1976). Es geht daraus hervor, daß die bei diesem Zustand beobachtete Aggressivität eine Ausnahme darstellt (etwa 1% der Fälle) und die Mehrheit der Träger dieses Genotyps eine normale soziale Anpassung an die Gesellschaft zeigt.
Als Erklärung für diese Verhaltensstörungen im Sinne der Aggressivität muß die durch das Extrachromosom bedingte „doppelte Männlichkeitsdosis" angeführt werden. Diese dürfte zu einer psychisch dysharmonischen Persönlichkeitsentwicklung führen, wobei die meist gleichzeitig vorhandene *Debilität* einen die Enthemmung und Impulsivität begünstigenden Faktor darstellt. Die Verhaltensstörungen können meist von früher Schulzeit an beobachtet werden. Die Knaben sind reizbar, schwierig im Umgang mit ihrer Umgebung, weisen infolge Konzentrationsschwäche und motorischer Unruhe mangelhafte schulische Leistungen auf, stören den Lernbetrieb in jeder erdenklichen Weise, wobei disziplinäre Maßnahmen meist ohne großen Einfluß auf sie sind. Später wechseln sie ihre Stellung häufig, sind affektiv labil, kontaktlos, aggressiv, und kommen frühzeitig mit dem Gesetz in Konflikt. Entgegen einigen in der Presse breit aufgemachten Mordprozessen, in denen es sich um XYY-Individuen handelte, wirkt sich die bei ihnen bestehende Impulsivität eher in gehäuften Diebstählen und Brandstiftungen aus. Rehabilitationsversuche bleiben vielfach vergeblich.
Neurologisch finden sich bei den XYY-Patienten manchmal Tremor, Dysdiadochokinese, sonstige Koordinationsstörungen, sowie EEG-Anomalien; daneben kommen atrioventrikuläre Überleitungsstörungen, ferner Akne, selten radioulnare Synostosen vor.

Bei eineiigen Zwillingsbrüdern, die einer Spezialschule wegen Lernschwierigkeiten zugeteilt, und mit 14 Jahren erstmals wegen aggressiver Handlungen auffällig geworden waren, ergab eine zytogenetische Untersuchung einen konkordanten XYY-Karyotyp. Sie waren mit 15 Jahren 185 cm groß (RAINER u. Mitarb. 1969).
Die Fruchtbarkeit dieser XYY-Individuen ist meist nicht gestört. Eigentümlicherweise ist, von wenigen Ausnahmen abgesehen, ihre Nachkommenschaft frei von dieser Chromosomenanomalie, obwohl theoretisch angenommen werden müßte, daß die Hälfte ihrer männlichen Nachkommen entweder eine XYY- oder XXY-Konstitution aufweisen sollte. Immerhin ist es empfehlenswert, in allen Fällen von XYY-Ehen im Falle einer Schwangerschaft der Frau eine Amniozentese durchführen zu lassen.
Die XYY-Aberration muß auf eine Non-Disjunction bei der zweiten meiotischen Teilung zurückgeführt werden.

Turner-Syndrom (Gonadendysgenesie)
(Abb. **33** und **34**)

Wie beim Klinefelter-Syndrom ging auch die Diagnose des Turner-Syndroms (45,XO) aufgrund fehlenden Geschlechtschromatins um einige Jahre der Gewebekultur voraus (POLANI u. Mitarb. 1954, WILKINS u. Mitarb. 1954). Ferner kamen POLANI u. Mitarb. bereits im Jahre 1956 zum Schluß, daß die Chromosomenformel dieser chromatinnegativen Patientinnen XO sein mußte, da die Häufigkeit der Rotgrünblindheit bei ihnen der des männlichen Geschlechts entsprach (8%). Dank der neuen Chromosomentechnik konnten dann FORD u. Mitarb. (1959) die XO-Formel bei ihnen bestätigen (Abb. **34**). Seit diesem Zeitpunkt wurden mehr als ein Dutzend chromosomale Varianten mit verschiedenen phänotypischen Varianten beschrieben.
Das **klinische Bild** (Abb. **33**) ist uneinheitlich und kann alle Variationen vom kompletten Syndrom bis zum abortiven Merkmal aufweisen. Meistens bestehen Kleinwuchs (140–145 cm), sexueller Infantilismus, faziale Dysmorphie („Sphinx“- oder „Froschgesicht“), tiefer Nackenhaaransatz, wenig differenzierte Ohrmuscheln, nicht selten Epikanthus mit Ptosis, in der Hälfte aller Fälle ein Pterygium colli mit kurzem Hals, ein schildförmiger Thorax mit großem Mamillenabstand sowie ein Cubitus valgus. Beim Säugling ist das Pterygium noch nicht typisch entwickelt, doch finden sich am Nacken lose Hautfalten und Hand- und Fußrückenödeme. Ferner ist das Turner-Syndrom durch multiple Pigmentnävi der Haut, hypoplastische Nägel sowie häufige Mißbildungen gekennzeichnet (Hufeisenniere, Nierenbeckenverdoppelung, Herzdefekte und Gefäßanomalien, besonders Aortenisthmusstenose). Bei einer Laparatomie findet sich eine *Gonadendysgenesie* (strangförmige, bindegewebige Gebilde anstelle der Ovarien; „streaks“). Dieser bindegewebige Strang ist der Überrest der infolge eines Involutionsprozesses in der perinatalen Periode zugrunde gegangenen Primordialfollikel.
Eine Pubertätsentwicklung fehlt in der Regel, doch sind einzelne Patientinnen mit mäßiger Ausbildung der sekundären Geschlechtsmerkmale beob-

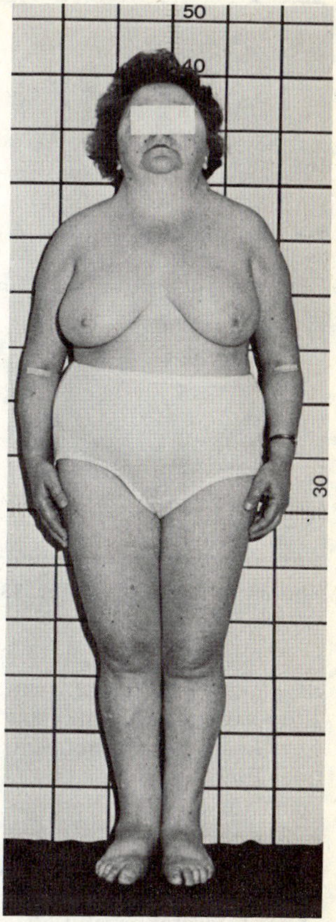

Abb. **33** Turner-Syndrom bei einer 42 Jahre alten Frau. Größe 136,3 cm, Körpergewicht 62,5 kg. Hyperbrachyzephalie, tiefer Nackenhaaransatz, Pterygium colli, breiter Thorax, Fettbrüste (hormonale Behandlung), Warzenhöfe wenig pigmentiert, weit auseinander stehende Mamillen, Kyphose, stark entwickeltes Fettpolster, zahlreiche, über den ganzen Körper verstreute Nävi, schwache Achsel- und Schambehaarung, Cubitus valgus. Primäre Amenorrhöe, Taubheit (beidseitige Hypoakusie vom gemischten Typ). Laparoskopie: kleiner Uterus, hypoplastische Eileiter, keine Andeutung eines Eierstocks (pers. Beob.)

achtet worden. Auch gelegentliche Menstruationen kommen vor. Ferner sind einzelne Patientinnen mit vollständiger sexueller Reifung beschrieben worden, davon vier mit Fertilität (Bahner u. Mitarb. 1960, Nakashima u. Robinson 1971, Grace u. Mitarb. 1973). In einem Fall wies ein Kind sogar eine Trisomie 21 auf (Lajborek-Czyz 1976). Wenn auch ein nicht diagnostiziertes Mosaik in diesen Fällen immer möglich ist, so kann eine gelegentliche normale ovarielle Funktion nicht ausgeschlossen werden.

Eine subnormale Intelligenz findet sich bei den Turner-Syndrom-Patienten in weit geringerem Maße als beim Klinefelter-Syndrom (etwa 10% beim Turner-Syndrom, im Gegensatz zu 25% beim Klinefelter-Syndrom). Doch stellt man bei ihnen öfters Störungen der visuellen Raumwahrnehmung fest.

Die **Häufigkeit** des Turner-Syndroms wird auf 1:2500 weibliche Neugebore-

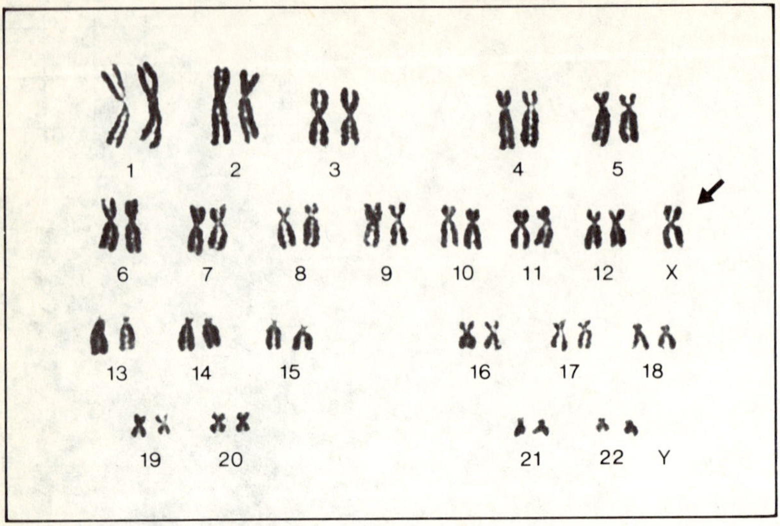

Abb. **34** Gleicher Fall wie Abb. **33**. Karyotyp 45,XO (Turner-Syndrom)

ne geschätzt. Dagegen wurden in 227 spontanen Fehlgeburten 5% XO-Karyotypen gefunden (CARR 1967).

Die Ursache für die hohe intrauterine Mortalität der XO-Zygoten (etwa 97% aller Embryonen mit 45,XO-Karyotyp) ist nicht klar. Das Alter der Mutter spielt für das XO-Syndrom im Gegensatz zum Klinefelter-Syndrom keine Rolle.

Eine unerklärte Tatsache ist die relative Häufigkeit von *Zwillingsgeburten* bei Turner-Syndrom. So wurden bis 1975 nicht weniger als 24 Zwillingspaare in der Literatur gezählt, davon 18 sichere eineiige Zwillinge mit Befallensein beider Geschwister in 5 Paaren (28%); 3 Paare waren dizygot, davon nur je 1 Zwilling befallen; in 3 anderen Fällen mit Diskordanz des Turner-Syndroms konnte der Zygotietypus nicht bestimmt werden (ZELLWEGER u. SIMPSON 1977). Interessanterweise ist die Zwillingshäufigkeit auch bei den *Geschwistern* von Fällen mit Turner-Syndrom signifikant erhöht: 3,2% in den befallenen Familien, während die Häufigkeit derselben in der allgemeinen Bevölkerung lediglich 1,0–1,5% betrug (NANCE u. UCHIDA 1964).

Pathogenetisch muß der XO-Zustand auf Non-Disjunction der Geschlechtschromosomen bei der Gametogenese (Meiose I oder II, evtl. auch postmeiotischer Chromosomenverlust) zurückgeführt werden (Abb. **32**). In der Tat muß beim Turner-Syndrom ein mitotischer (postzygotischer) Verlust des Y-Chromosoms in einer der ersten Furchungsteilungen als ätiologischer Faktor aus folgenden Gründen in Betracht gezogen werden: a) Fehlen eines mütterlichen Alterseffekts (im Gegensatz zum Klinefelter-Syndrom), der eher eine meiotische Non-Disjunction begünstigt, b) die Häufigkeit von Mosaikformen, c) die Häufung von Zwillingsgeburten mit Turner-Syndrom sowie bei den Probandengeschwistern.

Aus Analysen mit Genmarkierungsmerkmalen (Rotgrünblindheit, Xg-Blutgruppen [Race u. Mitarb. 1968, 1969], G-6-PD-Mangel [Gartler u. Mitarb. 1962, Dahl u. Andersen 1972]) kann gefolgert werden, daß in ca. 80% der Fälle das funktionstüchtige X von der Mutter stammt, der Chromosomenverlust somit öfters bei der Spermatogenese als der Oogenese eintritt. Angesichts der ziemlich hohen Frequenz der Rotgrünblindheit in der europäischen Bevölkerung (8% beim Manne), die auch für die Turnersche Monosomie XO zutrifft, sollte daher aus wissenschaftlichem Interesse in jedem Falle von Turner-Syndrom auch der Farbensinn nicht nur bei der Probandin, sondern auch deren Familie vermittels der Ishihara-Tafeln bestimmt werden. Ist beispielsweise der Vater farbentüchtig und die XO-Tochter farbenblind, so kann dieselbe das funktionstüchtige X, gekoppelt mit dem Rotgrünblindheits-Gen, nur von der Mutter erhalten haben.

Therapeutisch hat sich beim Turner-Syndrom eine kombinierte Oestrogen-Progesteron-Behandlung für die Entwicklung der sekundären Geschlechtsmerkmale bewährt. Der traumatisierende Effekt von Kleinwuchs und Sterilität kann leider nur psychotherapeutisch angegangen werden. In der genetischen Beratung der Eltern kann auf die große Unwahrscheinlichkeit einer Rekurrenz des Syndroms verwiesen werden, obwohl sie nicht völlig ausgeschlossen werden kann, wie ein Beispiel gezeigt hat (Dunlap u. Mitarb. 1972).

Varianten des Turner-Syndroms

Von den häufigsten XO-Mosaiken seien die Karyotypen XO/XX und XO/XY erwähnt, die klinisch Züge von Turner-Syndrom in jeder Abstufung aufweisen können. Der Phänotypus hängt im Prinzip von den relativen Proportionen beider Zellpopulationen in den Geweben und Organen ab (Mosaik-Karyotypen s. Tab. **9**). Bei Mosaikformen XO/XY kann man alle Übergänge zwischen „Turner-Typus", Intersexformen und phänotypisch männlichen Körperproportionen mit hypoplastischen intraabdominellen Hoden finden. Da diese Hodenrudimente oft zur Entwicklung von Gonadoblastomen führen, wird ihre prophylaktische Entfernung empfohlen.

Bei *Strukturanomalien* des zweiten X-Chromosoms hat sich erwiesen, daß eine *Deletion des kurzen Armes* von X (d.h. XO/XXp- sowie XO/X,i[Xq]) immer zu *Kleinwuchs* neben sexuellem Infantilismus und Gonaden-„Streaks" führt, während eine *Deletion des langen X-Armes* (XO/XXq- sowie XO/X,i[Xp]) mit *normaler* Körperlänge verbunden ist. Somit muß sich die genetische Information für das Körperwachstum auf dem kurzen Arm des X-Chromosoms befinden.

Tabelle **9** Karyotypen bei Varianten des Turner-Syndroms (Mosaikformen und Strukturanomalien)

XO/XX	
XO/XY	
XO/XXX	
XO/XYY	
XO/XX/XXX	
XO/XXq-	(Deletion des langen Arms)
XO/XXp-	(Deletion des kurzen Arms)
XO/XXr	(Ringchromosom)
XO/XX/XXr	
XO/XX,i(Xq)	(Isochromosom des langen Arms)
XO/XX,i(Xp)	(Isochromosom des kurzen Arms)

Das Turner-Syndrom kann sich auch bei normalem weiblichem oder männlichem Karyotyp finden. Die weiblichen Vertreter dieser Gruppe (46,XX) weisen entweder

a) normale Ovarialfunktion, sekundäre Geschlechtsmerkmale und nur wenige Turner-Stigmata auf oder
b) sie gehören zur Gruppe der reinen *Gonadendysgenesie*: d.h. sie zeigen sexuellen Infantilismus, Amenorrhoe sowie Bindegewebsstränge anstelle der Ovarien, lassen aber sonst keinerlei phänotypische Zeichen eines Turner-Syndroms erkennen (außer eventuellem Cubitus valgus). Trotz weiblicher primärer und sekundärer Geschlechtsmerkmale kommen neben 46,XX- auch 46,XY-Karyotypen vor. Familiäres Vorkommen von reiner Gonadendysgenesie ist beobachtet worden.

Differentialdiagnose: Das Noonan-Ehmke-Syndrom

Die differentialdiagnostische Abgrenzung des Turner-Syndroms muß vor allem gegenüber dem *Noonan-Ehmke-* oder *Noonan*-Syndrom (1963) vorgenommen werden. Obwohl bereits frühere Autoren auf das Bestehen „männlicher Turner-Phänotypen" hingewiesen hatten (Ullrich 1930, 1949, Flavell 1943), wurden diese Berichte in der Literatur nicht genügend gewürdigt, da der zytogenetische Befund bei den Probanden noch ausstand. Noonan u. Ehmke erbrachten zum ersten Male den Beweis eines normalen Chromosomenbefundes bei den befallenen Knaben und Mädchen, untersuchten eingehend die somatischen Anomalien sowie den Hypogonadismus bei ihnen und wandten auch den kardiovaskulären Mißbildungen große Aufmerksamkeit zu.

Die **klinische Symptomatologie** ist im allgemeinen wie folgt gekennzeichnet: Minderwuchs, leichte geistige Entwicklungsstörung, kraniofaziale Dysmorphie (Ptosis, Hypertelorismus, dentale Malokklusion), tiefer Nackenhaaransatz mit Pterygium, Skelettanomalien (Pectus carinatum, schildförmiger Thorax, Cubitus valgus, Klinodaktylie des V. Fingers) sowie Kryptorchismus mit Hodenhypoplasie. Die angeborenen Herzmißbildungen sind häufiger und stärker ausgeprägt als beim Turner-Syndrom und betreffen vor allem Pulmonalklappenstenose, Pulmonalarterienstenose und Septumdefekte. Der Erbgang dieses Syndroms ist wahrscheinlich meist autosomal dominant, manchmal auch multifaktoriell. Zwecks besserer Verdeutlichung dieses Krankheitsbildes bringen wir hier eine persönliche Beobachtung (Abb. **35**). Ferner geben wir eine tabellarische Gegenüberstellung der differentialdiagnostischen Merkmale von Turner- und Noonan-Syndrom (Tab. **10**).

Persönliche Beobachtung

Anamnese. P., Katharina, geb. 30. 4. 1959. Einzige Tochter normaler, nicht blutsverwandter Eltern. Mutter 28 Jahre, Vater 31 Jahre bei der Geburt ihres Kindes. Normaler Verlauf von Schwangerschaft und Entbindung. Bei der Geburt Haut des Kindes gerötet und ödematös. Schwacher Saugreflex. Psychomotorische Entwicklung zu-

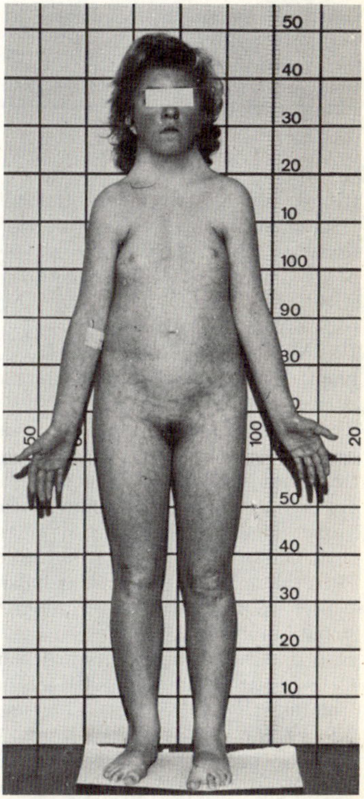

Abb. **35** Noonan-Syndrom bei einer 13jährigen Patientin. Oxyzephalie, trianguläres Gesicht, Pterygium colli, normale Körpergröße, Trichterbrust, Cubitus valgus, normale sekundäre Geschlechtsmerkmale, beginnendes Mammawachstum, auseinanderstehende Mamillen. Normale Intelligenz, normaler Karyotyp (46,XX) (pers. Beob.)

Tabelle **10** Differentialdiagnose zwischen Turner- und Noonan-Ehmke-Syndrom (nach *Zellweger* u. *Simpson*)

Merkmale	Turner-Syndrom (45,X)	Noonan-Syndrom (46,XY oder 46,XX)
Minderwuchs	konstant	variabel
Hypogonadismus	konstant	sehr variabel: vom Agonadismus bis zur normalen Fertilität
Amenorrhoe	konstant	selten
Äußere Genitalien	weiblich	männlich oder weiblich
Kraniofaziale Dysmorphien	vorhanden	vorhanden
Dentale Malokklusion	fehlt	konstant
Pectus carinatum	fehlt	konstant
Kardiovaskuläre Mißbildungen	hauptsächlich Aortenkoarktation	hauptsächlich Pulmonalstenose und Septumdefekte
Dermatoglyphen	distaler axialer Triradius häufig, Gesamtleistenzahl der Fingerbeeren erhöht	normal
Geistige Entwicklung	normal	leichte Retardierung
Vererbung	keine	autosomal-dominant oder multifaktoriell
Frequenz	1:2500 ♀	1:1000 bis 1:2500

nächst normal; nach einem Unfall mit 9 Jahren angeblich verlangsamt. Mit 12½ Jahren Beginn der Brustentwicklung und Pubesbehaarung. Jedoch bis jetzt noch keine Menarche.

Status. 13jähriges Mädchen in gutem Ernährungszustand. Körpergröße: 146 cm, Gewicht: 42,700 kg, Kopfumfang: 53 cm, Kopfindex 84 (Brachyzephalie), Karyotyp: 46,XX, chromatinpositiv.

Das Mädchen fällt durch eine Reihe von Mißbildungen auf: kurzer Hals mit Pterygium, das die Schultern nach vorn und innen zu ziehen scheint. Akrozephaler Schädel, dreieckiges Gesicht, rötliche Gesichtsfarbe. Wenig bewegliche Mimik. Der Stirn- und Temporalhaaransatz setzt sich in präaurikulären Haarzungen fort. Augenbrauen spitzwinklig, Wimpern lang. Antimongoloider Lidachsenverlauf. Hellblaue Iris mit Brushfieldschen Flecken. Medianer Epikanthus beiderseits Pupillenreflexe o.B. Leichter Nystagmus in den Endpositionen beider Augen.

Hoher Gaumen. Unregelmäßige Zahnimplantation. Zahnbögen eng, untere Prognathie. Ohren klein, schlecht modelliert. Gehör etwas verringert. Pectus excavatum. Pectoralis major in seinem klavikulären Anteil hypoplastisch. Brustentwicklung angedeutet. Mamillenabstand vergrößert. Herz- und Lungenbefund normal. Kyphoskoliose mit Lumballordose.

Haut unelastisch, besonders an den unteren Extremitäten sich teigig anfühlend. Einige Café-au-lait-Flecke in der oberen Thoraxregion.

Cubitus valgus beiderseits. Überstreckbarkeit der Handwurzel- und Fingergelenke. Subluxation der Metakarpo-Karpal-Gelenke des Daumens. Kutane Syndaktylie beiderseits. Thenar und Hypothenar hypoplastisch. Gewölbte, längsgestreifte Nägel. Vierfingerfurche links. Digitaler Zwischenraum zwischen Großzehen und II. Zehen vergrößert, Verkürzung der lateralen drei Zehen. Sehnenreflexe lebhaft. Muskeltonus normal. Sensibilität normal. Intelligenz unterdurchschnittlich.

Zusammenfassung. 13jähriges Mädchen mit Pterygium colli, normaler Körpergröße und Geschlechtsentwicklung. Karyotyp 46,XX. Von Anomalien sind außerdem erwähnenswert: akrozephaler Schädel, trianguläres Gesicht mit beidseitigem Epikanthus, antimongoloider Lidachsenverlauf, Pectus excavatum, partielle Hypoplasie des Pectoralis major, Kyphoskoliose mit Lumballordose. Intelligenz unterdurchschnittlich. *Diagnose:* Noonan-Ehmkesches Syndrom, jedoch ohne feststellbares Herzvitium.

Trisomie X (XXX-Zustand)

Die Trisomie X stellt bei der Frau die häufigste Geschlechtschromosomenanomalie dar (etwa 1:1000 bei weiblichen Neugeborenen, Jacobs u. Mitarb. 1974). Ein typisches Syndrom scheint sowohl bei Trisomie X als auch der selteneren Mosaikform XX/XXX nicht vorhanden zu sein. Bei oligophrenen, in Anstalten untergebrachten Frauen ist eine viermal größere Häufigkeit (1:250) beobachtet worden. Bei Triplo-X-Frauen sind öfters Herzdefekte, Nierenanomalien, Lippenspalten usw. beschrieben worden, ohne daß diese Anomalien als typisch für den XXX-Zustand angesehen werden können.
Das mütterliche Alter beim XXX-Zustand ist signifikant erhöht (gegen das 35. Lebensjahr). Sterilität gehört nicht zu den obligaten Symptomen der Trisomie XXX. So haben Stewart u. Sanderson (1960), Breg u. Mitarb. (1962) u. a. über mehrfache Geburten bei Triplo-X-Frauen berichtet. Trisomie X kann sowohl als Folge einer Non-Disjunction bei der Meiose I als auch der Meiose II auftreten. Obwohl theoretisch zu erwarten wäre, daß infolge Non-Disjunction etwa 50% der Kinder von XXX-Frauen entweder wieder einen Karyotyp 47,XXX oder einen mit 47,XXY aufweisen sollten, ist es interessant festzustellen, daß lediglich bei etwa 20% der Nachkommen eine solche geschlechtschromosomale Aneuploidie aufgetreten ist, somit ein selektiver Vorteil der normalen (euploiden) Gameten besteht. Eine Familie mit gleichzeitigem Auftreten von Mongolismus in Mosaikform beim Bruder und XXX-Karyotyp bei der Schwester wurde von Klein u. Mitarb. (1969) beschrieben (s. Abb. **22, 36, 37** und **38**).

Tetrasomie X, Pentasomie X und Mosaikformen

Tetrasomie X kann als Ergebnis zweier aufeinanderfolgender Ereignisse, nämlich Non-Disjunction während der Meiose I oder II, angesehen werden. Pentasomie X beruht auf einem ähnlichen doppelten Non-Disjunction-Prozeß; nur beteiligen sich bei der Non-Disjunction während der Meiose II *beide* X-Chromosomen, um ein 4-X-Ei zu produzieren. Dieses Tetraovum wird bei der Fertilisation mit einem X-tragenden Spermium zu einer Pentasomie-X-Zygote.
Obwohl mehr als 20 Tetrasomie-X-Fälle beschrieben worden sind, hat sich bei dieser Chromosomenaberration noch kein typisches Syndrom feststellen

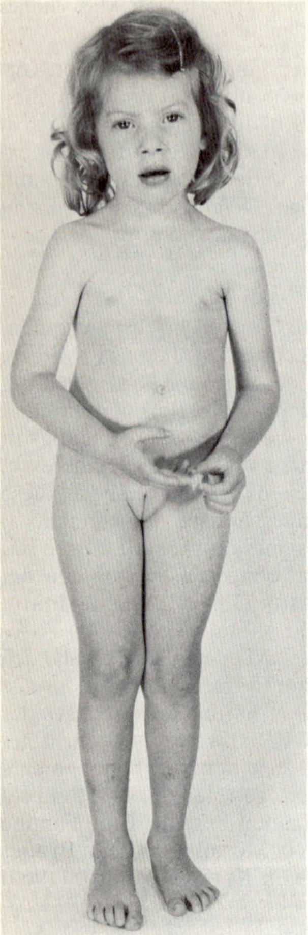

Abb. **36** 3jährige Schwester (III/3) des mongoloiden Patienten der Abb. **22**, die einen XXX-Zustand aufweist. Außer einer leichten Schultererhöhung rechts sowie einer ausgesprochenen Schlaffheit besonders der Handgelenke und der Knie keine besonderen Symptome. Anscheinend normale Intelligenz

lassen. Doch beobachtet man bei ihnen gelegentlich Hypertelorismus, Epikanthus, leichte Mikrozephalie, Vierfingerfurche, radioulnare Synostosen sowie ganz selten auch Herzmißbildungen.

Dagegen scheinen bei der viel selteneren *Pentasomie X* die beobachteten Krankheitszeichen sich zu einem eigentlichen spezifischen Syndrom zusammenfügen zu wollen: hochgradiger Schwachsinn (IQ im Durchschnitt 40 gegenüber 60 bei Trisomie X und Tetrasomie X), daneben kongenitale Herzläsionen (offener Ductus Botalli, Septumdefekt), somatische Anoma-

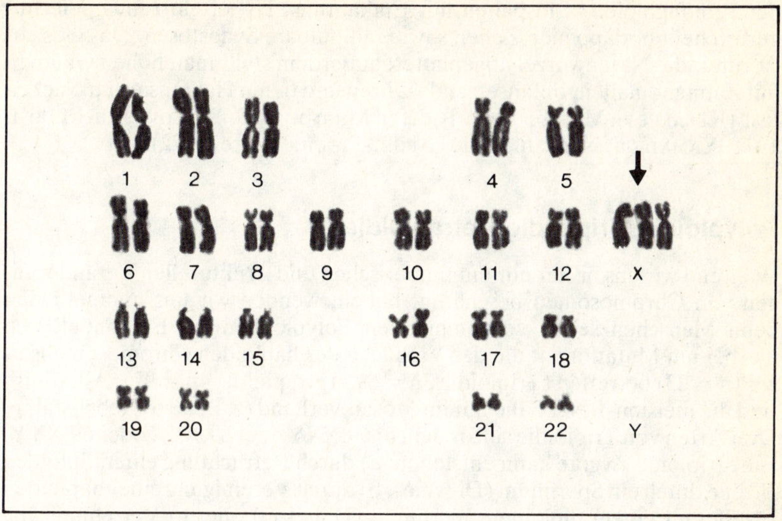

Abb. **37** Gleiche Patientin wie Abb. **36**. Karyotyp 47,XXX

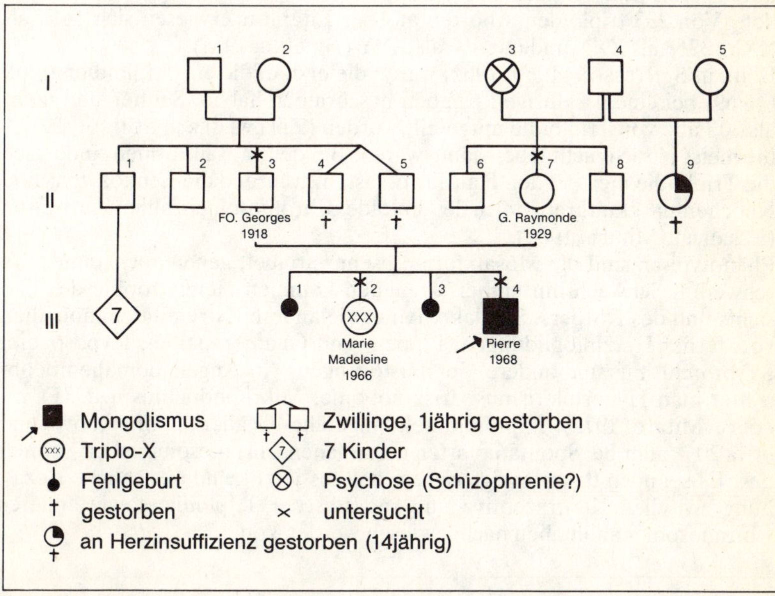

Abb. **38** Stammbaum der Familie mit gleichzeitigem Vorkommen von Trisomie 21 und Triplo-X

lien: „mongoloide" Lidspalten mit Epikanthus, Hypertelorismus, Vierfingerfurche, überlappende Zehen sowie radioulnare Synostosen. Das Gesicht ist rund, die Nasenwurzel abgeplattet; außerdem stellt man hohen Gaumen mit Zahnanomalien, tiefansetzende Ohren und tiefen Haaransatz im Nacken fest (KESAREE u. Mitarb. 1963, RICCI u. Mitarb. 1968, SERGOVICH u. Mitarb. 1971, YAMADA u. NERIISHI 1971, LARGET-PIET u. Mitarb. 1972).

Polyploidie (Triploidie, Tetraploidie)

Während wir uns bisher nur mit numerischen und strukturellen Veränderungen von Chromosomen beschäftigt haben, wenden wir uns nunmehr den beim Menschen selten vorkommenden Polyploidien zu. Es handelt sich hierbei um Mutationen, die das Vielfache des haploiden Chromosomensatzes (n = 23) betreffen (Triploidie 3n = 69, Tetraploidie 4n = 92). Allerdings sind die meisten dieser Fälle nur im Mosaikverband (z. B. 46/69) lebensfähig. Drei Arten von Triploidie sind möglich: 69,XXY oder 69,XXX oder 69,XYY. Eine triploide Zygote kann entstehen: a) durch Befruchtung einer diploiden Eizelle durch ein Spermium (Digynie), b) durch Vereinigung einer haploiden Eizelle mit einem diploiden Spermium (Diandrie) oder c) Verschmelzung mit zwei haploiden Spermien (Dispermie). Eine Dispermieentstehung ist durch NIIKAWA u. Mitarb. (1974), KAJII u. Mitarb. (1977) nachgewiesen worden. Von 233 triploiden Aborten aus der Literatur erwiesen sich 64% als XXY, 32% als XXX und nur 4% als XYY (NIEBUHR 1974).
BÖÖK u. SANTESSON (1960, 1962) waren die ersten, die ein Triploidiemosaik (46/69) bei einem 2jährigen Knaben beschrieben haben. Seither sind mehr als 30 Fälle von Triploidie mitgeteilt worden (ZELLWEGER u. SIMPSON 1977), die meist jedoch nicht lebensfähig waren. Bei den Mosaikformen findet sich die Triploidie meist in den Hautfibroblasten, während die Leukozyten- und Knochenmarkkulturen normale diploide Chromosomenzahlen aufweisen (FERRIER u. Mitarb. 1964).
Phänotypisch sind die Mosaikformen sehr variabel, gehen aber immer mit schwerem Schwachsinn einher. Daneben kommen Hemiatrophie des Gesichts und des Körpers, Syndaktylien sowie andere Extremitätenanomalien vor; ferner Herzmißbildungen, Lippen- und Gaumenspalten, Hypospadie, Kryptorchismus und andere Genitalstörungen. An Augenanomalien beobachtet man Hypertelorismus, Iriskolobome, Mikrophthalmus u. a. (FRANÇOIS u. Mitarb. 1972). Triploidie stellt ungefähr 4% aller Spontanaborte und etwa 20% aller bei Spontanaborten gefundenen Chromosomenaberrationen dar. Es sei noch darauf hingewiesen, daß bis jetzt keine ursächliche Beziehung zwischen Kontrazeptiva und sporadischer Triploidie sowie anderer Chromosomenanomalien nachgewiesen werden konnte.

Chromosomenanomalien bei Spontanaborten

Die hohe Zahl der verschiedensten Chromosomenanomalien bei Spontanaborten läßt darauf schließen, daß diesen öfters Chromosomenaberrationen zugrunde liegen. So wurde an der Genfer Konferenz für die Standardisierung der Chromosomenstudien bei Aborten (1966) geschätzt, daß etwa 15% aller Schwangerschaften zu spontanen Aborten führen. Von diesen weisen nahezu 20% chromosomale Anomalien auf (s. Tab. **11**). Es kann somit angenommen werden, daß mindestens 3% aller Konzeptionen (15% × 20%) zu einem chromosomal anomalen Embryo führen. Ganz allgemein muß bei etwa 1:300 (Jacobs u. Mitarb. 1974) bis 1:150 Neugeborenen (Ratcliffe 1975) mit Chromosomenanomalien gerechnet werden.
Wie die Tab. **11** zeigt, sind autosomale Trisomien in 41% der Chromosomenaberrationen die Ursache von Fehlgeburten, gefolgt von den Monosomien (meist vom Typ XO), die in 21% der Fälle auftreten, und den Triploidien (17%) und Tetraploidien (8%). Der Rest (16%) ist auf diverse Mosaik- und strukturelle Anomalien zurückzuführen. Eine neuere Untersuchung von Boué u. Mitarb. (1975) ergibt relative Häufigkeiten, die erstaunlich wenig von den Genfer Konferenzwerten abweichen: 52% für autosomale Trisomien, 15% XO-Typen, 20% Triploidie und 6% Tetraploidie.
Von den ca. 20% aller Zygoten, die infolge Chromosomenaberrationen die Entwicklung im Uterus nicht beenden und abortiert werden, ist besonders die relative Häufigkeit des 45,X-Karyotyps hervorzuheben. Im Hinblick auf seine Seltenheit bei weiblichen Neugeborenen (1:2500) kann gefolgert werden, daß diese Zygoten während ihrer intrauterinen Entwicklung einem starken Selektionsprozeß unterzogen werden, den nur eine Minderheit überlebt. Auch die Triploidie unterliegt dieser strengen Selektion (3,3% aller anomalen Karyotypen), doch ist hier die intrauterine Mortalität praktisch vollständig, da sich im Gegensatz zum Turner-Syndrom die Triploidiezygote postnatal keinesfalls zu einem normalen Phänotypus entwickeln kann.

Tabelle **11** Chromosomenanomalien bei Spontanaborten (aus Bull. WHO 1966)

Zahl der Karyotypen	788	
davon anomale Karyotypen	153 (19,4 %)	auf die Gesamtzahl der Karyotypen (788) berechnet
Total der autosomalen Trisomien	63 (41,1 %)	8,0 %
Monosomien (meist 45,XO)	32 (20,9 %)	4,1 %
Triploidie	26 (17,0 %)	3,3 %
Tetraploidie	8 (5,2 %)	1,0 %
Mosaikformen	12 (7,8 %)	1,5 %
Translokationen	3 (2,0 %)	0,4 %
Sonstige Anomalien	9 (5,9 %)	1,1 %
Total der anomalen Karyotypen	153	19,4 %

Amniozentese

Als Amniozentese wird eine Methode bezeichnet, die es erlaubt, vermittels einer in Lokalanästhesie vollzogenen transabdominalen Fruchtwasserpunktion die darin befindlichen fetalen Zellen auf Chromosomenanomalien zu untersuchen. Das Ergebnis der um die 16. Schwangerschaftswoche vorgenommenen pränatalen Zellkulturuntersuchung gestattet eine sichere diagnostische Klärung darüber, ob beim Fetus eine Chromosomenkrankheit vorliegt oder nicht. Vor jeder Punktion muß die Lokalisation der Plazenta und des Fetus durch Ultraschall abgeklärt werden. Im allgemeinen werden 10 bis 15 ml Fruchtwasser entnommen.

Abgesehen von der pränatalen Chromosomenuntersuchung kann eine Amniozentese auch für vorgeburtliche biochemische Tests von etwa 60 *Stoffwechselstörungen* und einigen *Hämoglobinopathien* angewendet werden. (Leider befinden sich unter den pränatal nachweisbaren Stoffwechselkrankheiten noch nicht die in der Bevölkerung ziemlich verbreitete Phenylketonurie.) Ferner kann die Bestimmung des *Alpha-Protein-Gehaltes* des Fruchtwassers wertvolle Hinweise auf das eventuelle Vorliegen eines Neuralrohrverschlußdefektes (Spina bifida aperta, Anenzephalie, Myelomeningozele) ergeben. Neuerdings hat es sich erwiesen, daß auch bei dem rezessiv vererbten, durch Chromosomenbrüche, Zwergwuchs und teleangiektatischem Erythem der Gesichtshaut gekennzeichneten *Bloom-Syndrom* eine pränatale zytogenetische Diagnostik möglich geworden ist. Während bei normaler Chromosomenstabilität der fetalen Zellen und normaler Fetalgröße ein gesundes Kind erwartet werden kann, ist bei einem Kind mit Bloom-Syndrom nach Markierung mit Bromdesoxyuridin (BrdU) ein 10fach erhöhter *Schwesternchromatidaustausch* zu erwarten. Während in 13 Fällen die Anwendung dieser Methode ein gesundes Kind ergab, ist allerdings bis jetzt in keinem Falle ein positives zytogenetisches Resultat beobachtet worden, das eine vorzeitige Beendigung der Schwangerschaft notwendig gemacht hätte (German 1982, pers. Mitt.).

Über mögliche Schädigungen im Gefolge einer Amniozentese ist seit der Verbesserung der Technik kaum etwas Sicheres bekannt geworden. In der Diskussion steht vor allem die Möglichkeit einer Auslösung von Spontanaborten im Vordergrund. Doch hat beispielsweise Childs (1976) bei einem Vergleich zwischen 1000 Frauen mit und 1000 Frauen ohne Amniozentese keinen signifikanten Unterschied in der Aborthäufigkeit feststellen können; desgleichen konnte Zellweger bei 300 Amniozentesen dieses Resultat bestätigen (Zellweger u. Simpson 1977). Andere Autoren beziffern das Risiko von Spontanaborten nach Amniozentesen auf 0,5–1,0% (Galjaard 1976). Andererseits muß berücksichtigt werden, daß die natürliche Häufigkeit von Spontanaborten bei Einbeziehung aller Auslesefaktoren bereits ca. 37% beträgt (Vogel u. Motulsky 1979).

Indikationen für pränatale Chromosomenuntersuchung sind mütterliches Alter (37 Jahre und mehr), eine vorausgegangene Chromosomenanomalie bei einem Kinde, balancierte Translokationen, Mosaikformen oder sonstige Anomalien (z. B. Trisomie 22 bei der Mutter, XXY-Syndrom beim Vater). Die Tatsache, daß 97% aller pränatalen Chromosomenuntersuchungen ein normales Resultat ergeben und die Amniozentese heutzutage als eine relativ harmlose Technik angesehen werden kann, dürfte vielen Frauen zweifellos den Entschluß zu dieser Form pränataler Diagnostik erleichtern.

Chorionbiopsie („Chorionic villus sampling")

Eine wesentliche Bereicherung erfuhr die Pränataldiagnostik durch die Einführung der Chorionbiopsie durch Simoni u. Mitarb. (1983). Im Gegensatz zur Amniozentese, die erst zwischen der 18. und 20. Schwangerschaftswoche vorgenommen wird, kann die Chorionbiopsie bereits im ersten Trimester (zwischen 8. und 12. Woche) durchgeführt werden und erfordert auch einen geringeren technischen Aufwand. Ihre Methode beruht darauf, daß man unter Ultraschallkontrolle einen Katheter durch die Portio in den Uterus einführt (Transzervikalmethode, Abb. **39**) und Choriongewebe aus dem *Chorion frondosum* ansaugt. Diese Chorionvilli enthalten viele Mitosen, so daß Chromosomenanalysen ohne vorgängige Zellkultur oder bereits nach kurzzeitiger Kultivierung möglich sind. Die Fehlgeburtenrate bei dieser Prozedur erscheint nach den heutigen Erfahrungen nur geringgradig gegen-

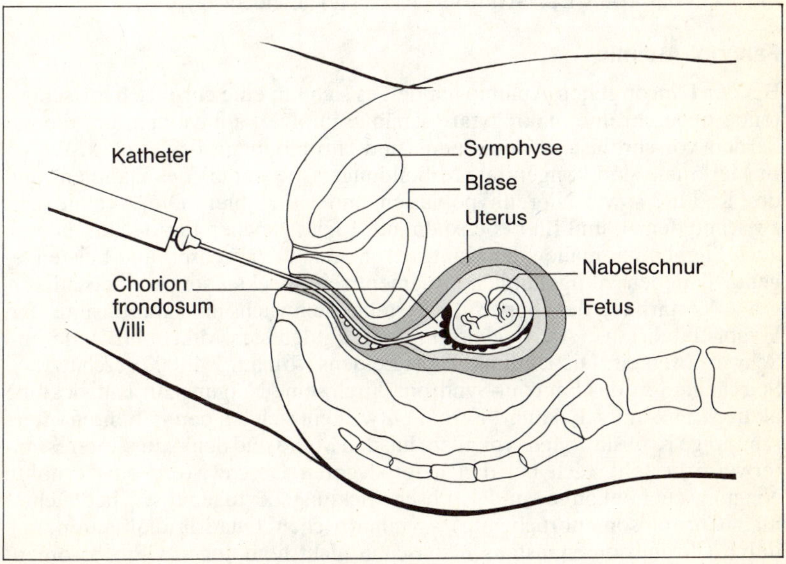

Abb. **39** Chorionbiopsie („Chorionic villus sampling")

über der Amniozentese erhöht (zwischen 2–3%). Die Verluste sind höher, wenn zwei oder mehr Interventionen vorgenommen werden müssen, und auch dann, wenn der Eingriff vor der 9. oder nach der 11. Woche ausgeführt wird. Akute Infektionen des Cavum uteri sind sehr selten (1:300 Fälle). Bei rh-negativen Müttern empfiehlt sich die Injektion von Anti-Rh-Globulin (Anti-D), um evtl. eingedrungene kindliche Rh-positive Erythrozyten aus dem Blut der Mutter zu entfernen. Die relative Gefahrlosigkeit der Technik, wenn sie von kompetenten Spezialisten durchgeführt wird, geht aus den guten Erfahrungen in mehr als 80 medizinischen Zentren der ganzen Welt über die Resultate von mindestens 10000 solcher Prozeduren hervor (Nicolaides u. Mitarb. 1986). Der große Zeitgewinn und auch psychologische Gründe, die Eltern bei „High-risk"-Kindern statt der bisherigen 18–20 Wochen nur etwa 12 Wochen auf die Diagnose warten lassen zu müssen, lassen voraussehen, daß sich diese Methode bald überall einbürgern dürfte.

Genetische Affektionen mit Tendenz zu Chromosomenbrüchen

Drei ziemlich seltene, dem autosomal rezessiven Erbgang folgende Affektionen zeichnen sich neben einer Neigung zu Tumoren und Leukämien durch eine ungewöhnliche Häufung von Chromosomenbrüchen aus:

1. die Fanconi-Anämie (Panzytopenie),
2. das Bloom-Syndrom,
3. das Louis-Bar-Syndrom (Ataxia teleangiectasia).

Fanconi-Anämie

Bei der Fanconischen Anämie handelt es sich um eine chronisch fortschreitende hyperchrome makrozytäre Anämie infolge Panmyelopathie, die außerdem von chronischer Leukopenie und Thrombopenie begleitet ist. Weitere Merkmale sind kongenitale Mißbildungen, besonders des Daumens und des Radius, sowie Nierenhypoplasien und Herzfehler. Die Anämie tritt zwischen dem 4. und 12. Lebensjahr auf. In der gleichen Periode erscheinen auch Pigmentanomalien der Haut, besonders in der Achsel- und Leistengegend, daneben vitiligoähnliche, pigmentfreie Flecken sowie eine schiefergraue Verfärbung der Lippen. Es besteht Kleinwuchs mit Infantilismus und Hypogenitalismus. Als Begleitsymptome finden sich Mikrophthalmie und Schwerhörigkeit. Die Häufigkeit des Leidens wird auf 1:40000 geschätzt.
Seit langem ist das Fanconi-Syndrom durch seine Neigung zur Entwicklung akuter Leukämien bekannt. Ferner entwickeln sich bei den Patienten öfters schuppige Krebsläsionen, vor allem um den Mund und den Anus. Interessanterweise besteht auch bei den heterozygoten Geschwistern eine erhöhte Neigung zu Leukämie- und Krebsentwicklung. Zytogenetisch beobachtet man Chromosomenbrüche mit asymmetrischen Quadriradialfiguren, die durch Chromosomenaustausch zwischen nicht homologen Chromosomenfragmenten entstanden sind. Die spontane Schwesternchromatidaustausch-

rate ist nicht erhöht. Die Lebenserwartung der Patienten beträgt durchschnittlich 10–12 Jahre.

Bloom-Syndrom

Die charakteristischen Symptome dieser Krankheit sind beträchtliche Wachstumsverzögerung (maximal 150 cm Körpergröße) sowie teleangiektatisches Erythem der Gesichtshaut. Ferner besteht ein „Vogelprofil" infolge schmalen Gesichts, vorstehender Nase, hypoplastischen Jochbeins und Retrognathie. Die Haut ist sehr photosensibel, so daß es bei Sonnenbestrahlung leicht zu Rötungen und Blasenbildungen kommt. Das intellektuelle Niveau sowie die sexuelle Entwicklung sind normal. Doch ist es trotz mehrfacher Heiraten von Patienten bis jetzt nie zu einer Fertilität gekommen.
Die Patienten neigen zu Infekten besonders der Atmungs- und Verdauungsorgane infolge verminderter Immunglobulinproduktion, besonders von IgA.
Zytogenetisch findet sich eine typische Chromosomenbrüchigkeit mit Bildung von quadriradialen Austauschfiguren zwischen homologen Chromosomensegmenten und gesteigertem Schwesterchromatidaustausch. Der Nachweis eines erhöhten Schwesterchromatidaustausches ist besonders für die *pränatale Diagnostik* sehr wichtig, da sie im zutreffenden Falle die Voraussage eines kranken Kindes erlaubt.
Das Risiko für maligne Erkrankungen, besonders in Form von Leukämien, ist erhöht.
Genetisch liegt ein autosomal rezessives Leiden vor, wobei etwa die Hälfte aller Patienten jüdisch-aschkenasischer Herkunft sind. Die geschätzte Häufigkeit bei ihnen ist ca. 1:15000, im Gegensatz zu etwa 1:90000 in der allgemeinen Bevölkerung (Passarge 1979). Über 100 Fälle sind bis heute beschrieben worden, mehr als die Hälfte davon aus jüdischen Familien (Germann 1982, pers. Mitt.).

Louis-Bar-Syndrom (Ataxia teleangiectasia)

Die Hauptmerkmale des Louis-Bar-Syndroms bestehen in einer progressiven zerebellaren Ataxie mit nystagmoiden Augenbewegungen, multiplen Teleangiektasien, speziell der bulbären Konjunktiva, des Gesichts und der Ohren sowie Neigung zu Infekten (besonders sinopulmonale Infektionen). Die statische und lokomotorische Ataxie wird bereits gegen Ende des ersten Lebensjahres augenfällig, wenn die Kinder gehen lernen; die Teleangiektasien werden um das 3.–6. Jahr sichtbar. Später kommt es zu choreoathetotischen Handbewegungen und zunehmender Spastizität. Die intellektuelle Entwicklung ist meist nicht beeinträchtigt. Bereits in der Periode der Adoleszenz kann der Patient sich nicht mehr selbständig bewegen und muß im Rollstuhl gefahren werden. Der Tod tritt um das 2.–3. Lebensjahrzehnt ein. Immunologisch findet sich eine Hypoplasie des Thymus, der Lymphknoten sowie eine verminderte Produktion der Immunoglobuline (IgA und E). Bei den Patienten konnte eine ausgesprochene Tendenz zur Entwicklung mali-

gner Tumoren (Lymphome) und Leukämien beobachtet werden. Außerdem besteht eine Hypersensibilität gegen Röntgenstrahlen.
Die Affektion vererbt sich autosomal dominant. Zytogenetisch besteht eine Chromosomenbrüchigkeit mit quadriradialen Austauschfiguren zwischen homologen Chromosomen. Allerdings ist die Stimulierbarkeit der Lymphozyten und damit die Entwicklung von Chromosomenkulturen vielfach herabgemindert.
Die drei oben besprochenen Syndrome *(Fanconi-Anämie, Bloom-Syndrom, Ataxia teleangiectasia)* weisen die gemeinsame Eigentümlichkeit auf, außer autosomal rezessiver Vererbung und Defizienz des Immunsystems zu Chromosomenbrüchen und Bildung maligner Tumoren zu neigen. Es war daher naheliegend, diese Chromosomeninstabilität näher in bezug auf ihren molekularen Mechanismus zu untersuchen, um so einen tieferen Einblick in die Krebsentstehung zu gewinnen. Es besteht in der Tat kein Zweifel, daß diese Chromosomenbrüche zur Bildung von Zellkloni mit diversen Strukturanomalien führen müssen (insbesondere Aneuploidien), und daß diese veränderten Zellen im Laufe ihrer Teilungen zu ungesteuerter Proliferation und damit zu Krebszellen führen können.
Auf der Suche nach einem molekulargenetischen Modell, das auf einer Störung des DNA-Reparatursystems (DNA-Repair) beruht und infolgedessen zu malignen Entartungen führt, stieß man auf das *Xeroderma pigmentosum*. Dieses autosomal rezessive Leiden zeigt nicht nur eine frappante klinische Ähnlichkeit mit den „Chromosomenbruch"-Syndromen in seiner Neigung zu Krebsentwicklungen, sondern konnte ätiologisch auf einen Defekt des *DNA-Repair-Mechanismus* zurückgeführt werden. Seit dieser Erkenntnis wird das Xeroderma pigmentosum in die gleiche Krankheitsgruppe wie die Chromosomenbruchsyndrome eingereiht.

Xeroderma pigmentosum
(Abb. **40**)

Patienten mit Xeroderma pigmentosum neigen schon in früher Kindheit zu abnormen Reaktionen gegenüber Sonnenlicht bzw. UV-Strahlen, die sich in Hautrötung, Blasenbildungen und gehäuften Pigmentflecken äußern. Die Haut wird trocken, keratotisch. Auch die Augenlider und die Hornhaut nehmen an dieser exzessiven Photosensibilität teil, so daß es zur Blindheit kommen kann. Langsam beginnen sich in diesem veränderten Hautgewebe maligne Entartungen, besonders vom Typus der squamösen und Basalzellkarzinome sowie der Melanome, zu entwickeln, die zu schweren Verstümmelungen führen können.
Das Leiden vererbt sich autosomal rezessiv, wobei die elterliche Konsanguinitätsrate sehr hoch ist (bis zu 70% Vetternehen 1. Grades in ägyptischen Familien; El-Hefnawi u. Mitarb. 1965).

Eine genetisch unabhängige Form von Xeroderma pigmentosum stellt das *Sanctis-Cacchione-Syndrom* (1932) dar, das durch zusätzliche somatische und neurologische

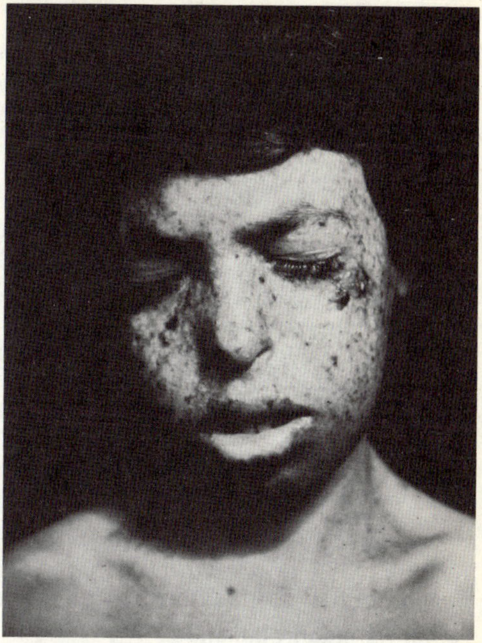

Abb. **40** Xeroderma pigmentosum bei einer 9jährigen Patientin. Zu beachten sind vor allem die Hypo- und Hyperpigmentation der Haut der der Sonne zugewandten Gesichtsgegend sowie einzelne Hauttumoren (Foto: Prof. *Emberger*, Monpellier)

Manifestationen gekennzeichnet ist: Mikrozephalie, Oligophrenie, Ataxie, Choreoathetose, Taubheit, Störung der Wachstums- und Geschlechtsentwicklung. Bei den Xeroderma-pigmentosum-Formen hat sich bis jetzt keine Chromosomenbrüchigkeit feststellen lassen.

Es war eine wichtige Entdeckung von Cleaver (1968, 1977), bei Xeroderma-pigmentosum-Patienten einen *DNA-Repair-Defekt* nach UV-Bestrahlung feststellen zu können. Es muß daher kurz auf diese Repair-Mechanismen auf molekularer Ebene eingegangen werden, von denen, wie bei Mikroorganismen gezeigt werden konnte, drei Arten existieren: a) Photoreaktivierung, b) Exzisions-Repair, c) Postreplikations-Repair.

a) *Photoreaktivierung.* Die hauptsächlichste photochemische Wirkung von UV-Bestrahlung ist die Induktion von Thymindimeren durch Verbindung zweier benachbarter Thyminmoleküle. Die Photoreaktivierung macht diese anomale Bindung wieder rückgängig, indem sie vermittels eines Enzymsystems (Endonukleasen) diese Dimere spaltet und damit den ursprünglichen Zustand wieder herstellt.

b) *Exzisions-Repair.* Für dieses Reparatursystem wird kein Licht benötigt. Zunächst wird der DNA-Strang nahe den neugebildeten anomalen Thymindimeren vermittels einer Endonuklease abgetrennt. Gleichzeitig erfolgt eine Neusynthese von DNA, wobei der Code des gegenüberliegenden DNA-Strangs als Vorlage dient.

Vermittels eines weiteren Enzyms wird der neu synthetisierte Strang in den ursprünglichen Strang eingebaut.

c) *Postreplikations-Repair.* Falls das Ausmaß der Schädigung zu groß ist, um durch Photoreaktivierung und Exzisions-Repair ausgebessert zu werden, so wird das die anomalen Thymindimere tragende DNA-Segment entfernt und durch einen neuen Strang ersetzt. Dieser erhält seine genetische Information von dem inzwischen neu synthetisierten („replizierten") Schwester-DNA-Strang.

Die biochemische Grundstörung bei Patienten mit Xeroderma pigmentosum wird somit durch das UV-Licht ausgelöst, das in die Zellkerne des Stratum germinativum der Epidermis eindringt, dort Thymin-, evtl. auch Cytosindimere produziert, die infolge Versagens des enzymatischen DNA-Reparatursystems nicht entfernt werden und deshalb zu malignen Mutationen führen.
Weiter haben Hybridierungsexperimente mit Fibroblastenkulturzellen von Patienten mit Xeroderma pigmentosum aufgrund bestimmter genetischer Komplementationsversuche gezeigt, daß mindestens fünf genetisch verschiedene Typen von Xeroderma pigmentosum bestehen. Abgesehen von dem De-Sanctis-Cacchione-Syndrom können diesen Typen keine entsprechenden klinischen Formen zugeteilt werden.
Xeroderma pigmentosum ist auch mit Erfolg pränatal nachgewiesen worden (Regan u. Mitarb. 1971, Ramsay u. Mitarb. 1975).

Hermaphroditismus und Pseudohermaphroditismus

Echter Hermaphroditismus

Hermaphroditen sind Individuen, bei denen sich sowohl Hoden als auch Ovarialgewebe entwickelt haben. Diese Zweigeschlechtigkeit der Gonaden kann in verschiedener Weise angelegt sein als:

a) *lateraler Hermaphroditismus,* wenn sich Hodengewebe auf der einen Seite und Ovarialgewebe auf der anderen Seite findet;
b) *bilateraler Hermaphroditismus,* wenn sich sowohl Hoden als auch Ovarien entweder als getrennte Gonaden oder als Ovotestes auf jeder Seite nachweisen lassen;
c) *unilateraler Hermaphroditismus,* wenn ein Ovotestis auf der einen Seite und nur ein Ovar oder nur ein Testikel auf der anderen Seite angelegt sind.

Dabei kann das äußere Genitale alle Übergänge von weiblichem über verschiedene sexuelle Zwischenstufen zu männlichem Geschlecht aufweisen. Bei etwa der Hälfte der Patienten kommt es zur Menstruation. Auch die somatische Differenzierung ist gestört; im ganzen herrscht jedoch infolge der fast regelmäßig sich findenden Gynäkomastie der weibliche Habitus vor. Das sexuelle Verhalten wird durch die Form der äußeren Geschlechtsorgane bestimmt, ist aber gewöhnlich männlich.
Die Chromosomenanalyse ergibt in etwa der Hälfte der Fälle den weiblichen Karyotyp 46,XX. Auch der Karyotyp XY kommt jedoch vor. Von den Mosaikformen trifft man am häufigsten den Chromosomensatz XX/XY an.

Kompliziertere Mosaikformen sind von FRACCARO u. Mitarb. (1962) (XX/XXY/XXYYY), BLANK u. Mitarb. (1964) (XX/XXYY) u. a. beschrieben worden. Das Geschlechtschromatin kann positiv oder negativ sein. Pathogenetisch läßt sich für den Hermaphroditismus mit XX/XY-Mosaik eine doppelte Befruchtung einer zweikernigen Eizelle (oder einer Eizelle + einem Polkörperchen) durch zwei Spermien (Dispermie) annehmen (WAXMAN u. Mitarb. 1962, GARTLER u. Mitarb. 1962). Diese Annahme wurde in dem erwähnten Falle auch durch den Befund unterschiedlicher Blutgruppen in verschiedenen Erythrozytenpopulationen des Probanden (Chimären) wahrscheinlich gemacht.

Während bei XX-Männern der H-Y-Antigen-Titer immer positiv ist (WOLF 1980), ist dieser bei XX-Hermaphroditen erniedrigt (FRACCARO u. Mitarb. 1979). Vermutlich ist dies auf die Bildung eines [H-Y ⊕/H-Y ⊖]-Mosaiks infolge Lyon-Effekt zurückzuführen. Bei Vorhandensein von Ovotestes ist im ovariellen Anteil der H-Y-Test negativ und im testikulären Anteil positiv (WINTERS u. Mitarb. 1979, WOLF 1980).

Familiäres Vorkommen von echtem Hermaphroditismus ist mehrmals beschrieben worden: zwei Brüder mit chromatinnegativem Befund (MILNER u. Mitarb. 1958), drei Brüder mit XX-Karyotyp (CLAYTON u. Mitarb. 1958, ROSENBERG u. Mitarb. 1963), Geschwisterkinder 1. Grades mit XY-Karyotyp, deren Väter Brüder waren (LOWRY u. Mitarb. 1975), drei Geschwister befallen (GALLEGOS u. Mitarb. 1976). Eine einzigartige Beobachtung eines Geschwisterpaares, bei welchem einer einen echten Hermaphroditismus mit Karyotyp 46,XX und der andere ein Klinefelter-Syndrom, gleichfalls mit der Chromosomenformel 46,XX aufwies, haben BERGER u. Mitarb. (1970) beschrieben.

Aus diesen Beispielen autosomal rezessiver Vererbung geht hervor, daß die für Geschlechtsentwicklung und Differenzierung verantwortlichen Gene keineswegs nur auf die Geschlechtschromosomen beschränkt sind.

Pseudohermaphroditismus

Testikuläre Feminisierung

(„XY-Frauen", „hairless women", GOLDBERG u. MAXWELL 1948, WILKINS 1950, MORRIS 1953)

Was Körperbau, Brustentwicklung, äußeres Genitale, Stimme und psychosexuelle Orientierung anbelangt, wirken die Patientinnen phänotypisch durchaus weiblich, zeichnen sich öfters sogar durch besondere Schönheit aus. Auffällig bei ihnen sind jedoch die etwas eunuchoiden Skelettproportionen, die regelmäßig vorhandene primäre Amenorrhöe mit Sterilität sowie das häufige Fehlen der Pubes- und Axillarbehaarung. Ein wichtiger Hinweis, besonders im Kindesalter, für testikuläre Feminisierung stellen die gelegentlichen „Inguinalhernien" dar, ebenso die bei Laparotomie manchmal gefundenen Abdominalhoden, die histologisch infantile Tubuli ohne Spermiogenese und vermehrte Leydig-Zellen zeigen. Gynäkologisch lassen sich meist

eine kurze, blind endigende Vagina sowie Fehlen des Uterus, der Tuben und Ovarien feststellen. Die Oestrogen- sowie Ketosteroidausscheidung ist normal, die der Gonadotropine leicht erhöht. Daß die weiblich gerichtete Pubertätsentwicklung durch die Oestrogenausscheidung der Hoden bewirkt wird, geht besonders aus dem Auftreten von Kastrationserscheinungen bei Exstirpation der Gonaden hervor: Wallungen, Rückbildung der Brüste, Atrophie der Vaginalschleimhaut, Rückgang der Oestrogenausscheidung.
Eine diagnostische Klärung, auch ohne Gonadenbiopsie, wird durch den Nachweis eines *XY-Karyotyps* erbracht. Allerdings können in Ausnahmefällen gewisse Mosaikformen für das gleiche Krankheitsbild verantwortlich gemacht werden: XX/XY (Gordon u. Mitarb. 1969), XO/XY/XX (Morris u. Mahesh 1963, Miller 1964), XO/XY/XXY (Uozumi u. Mitarb. 1967), XY/XYY/XXY (Forsberg u. Mitarb. 1965).

Pathogenetisch läßt sich der bizarre Kontrast zwischen weiblichem Phänotypus und Vorhandensein von Testes auf einen *Androgenrezeptordefekt*, d. h. Nichtansprechen der Endorgane (Genitalregion, Haarfollikel, Brust- und Stimmentwicklung) auf Androgene, besonders Testosteron und Dihydrotestosteron, zurückführen. Nach neueren Untersuchungen an Hautfibroblasten (Keenan u. Mitarb. 1974, 1975) scheint die biochemische Ursache auf ein Fehlen eines spezifischen Rezeptorproteins für Dihydrotestosteron zu beruhen, dessen Genlocus auf dem X-Chromosom gelegen ist. Auch Befunde an Ratten mit testikulärer Feminisierung, die auf eine fehlende Bindung des Testosterons an das Kernchromatin hinweisen, sprechen in diesem Sinne (Ritzen u. French 1972). Da das Androgen somit infolge Rezeptordefekts nicht wirksam wird, bilden sich die Wolffschen Gänge (aus denen sich Samenblasen, Samenleiter und Nebenhoden entwickeln) zurück; andererseits differenzieren sich die Müllerschen Gänge in Richtung der weiblichen Organe (Uterus, Tuben, oberer Teil der Vagina).
Das Krankheitsbild der testikulären Feminisation ist relativ selten; seine Inzidenz wird auf 1:65000 geschätzt (Jagiello u. Atwell 1962).

Genetik. Das Androgenresistenzsyndrom ist hereditär und folgt mit hoher Wahrscheinlichkeit dem X-chromosomal rezessiven Erbgang. In der Tat wird die Anomalie immer durch gesunde Frauen übertragen und befällt genetisch männliche Individuen. Durchschnittlich die Hälfte der Kinder einer normalen, aber heterozygoten Frau erhalten das Gen. Von den XX-Töchtern einer solchen Überträgerin ist die Hälfte wieder heterozygot für dieses Gen. Von den XY-Kindern ist die Hälfte wieder phänotypisch weiblich, chromosomal aber männlich.
Die Möglichkeit eines autosomal dominanten Leidens mit Geschlechtsbegrenzung konnte aber bis jetzt formell nicht ausgeschlossen werden. Leider haben Linkage-Studien mit anderen X-gekoppelten Chromosomenmarkierungsmerkmalen (Farbensinnstörungen, G-6-PD-Mangel, Xg-Blutgruppe) bisher noch keine definitive Entscheidung gebracht. Lyon u. Hawkes (1970) haben jedoch bei der Maus eine Anomalie entdeckt, die der testikulären

Feminisierung gleicht und sich geschlechtsgebunden vererbt. Damit wäre ein wichtiger Hinweis für diese Vererbung auch beim Menschen gegeben.
Ein weiteres Indiz für geschlechtsgebundene Vererbung ist in der Tatsache gelegen, daß die mangelhaften sekundären Geschlechtsmerkmale bei den Konduktorinnen gelegentlich *asymmetrisch* angelegt sind. So berichten GAYRAL u. Mitarb. (1960) von einer gesicherten Überträgerin (Schwester, Mutter und Großmutter von Befallenen), die eine Asymmetrie der sekundären Sexualmerkmale aufwies: die rechte Brust war kleiner als die linke, ferner fehlten auf der rechten Seite die Pubeshaare.
BURGERMEISTER (1957) fand in einer Familie mit sechs Befallenen in zwei Generationen eine 34jährige, unverheiratete, normale Schwester (III/10, Abb. **41**), die nur eine unilaterale Achselbehaarung aufwies.

Wir haben diese Frau, die normal gewachsen (1,70 m) und von kräftiger Konstitution war, anläßlich einer genetischen Beratung im Jahre 1960 nachuntersuchen können. Sie hatte sich inzwischen verheiratet und hatte ein 3jähriges Töchterchen (IV/2), bei dem man in beiden Leistengegenden kirschgroße Hoden fühlen konnte. Die Diagnose einer testikulären Feminisierung konnte auch durch das negative Resultat der X-Chromatin-Untersuchung bestätigt werden. Die Mutter (III/10) wies in der Tat nur auf der *rechten Seite* eine Achselbehaarung auf, nicht dagegen auf der linken Seite. Die Schambehaarung war normal. Eine weitere Schwester (III/12) hat inzwischen gleich-

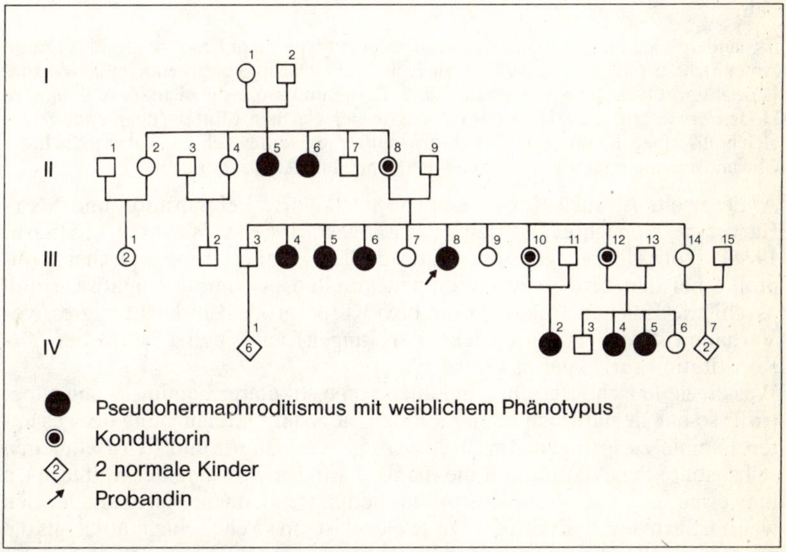

Abb. **41** Stammbaum einer Familie mit X-chromosomaler testikulärer Feminisation (nach *Burgermeister* und *Klein*)

falls zwei Kinder mit nachgewiesener testikulären Feminisierung (IV/4 und 5) geboren.

Diese beiden Beispiele einer unilateralen Verteilung der Scham- und Achselbehaarung bei heterozygoten Frauen ist mit der Lyon-Theorie gut vereinbar. Dieser mosaikartige Lyon-Effekt wäre so zu erklären, daß für einen Teil der somatischen Zellen nur das normale auf dem X-Chromosom gelegene Gen, in einem anderen Teil jedoch das pathologische Gen wirksam ist.
Inzwischen haben neuere Studien an Fibroblastenkulturen von Zellen heterozygoter Frauen einen weiteren Hinweis für die Gültigkeit der Lyon-Hypothese ergeben. Es fanden sich in den Fibroblasten zwei Zellpopulationen, eine mit normaler Androgenbindungsfähigkeit und eine ohne eine solche (Meyer u. Mitarb. 1975, Bauknecht 1977).
Gleichzeitiges Vorkommen von testikulärer Feminisation und *Klinefelter-Syndrom* ist von German u. Vesell (1966) bei einem 12jährigen eineiigen Zwillingspaar beschrieben worden. Der Karyotyp war 47,XXY. Es ist dabei von Interesse festzustellen, daß im Wettbewerb zwischen dem Gen für testikuläre Feminisation und der XXY-Konstitution für Klinefelter-Syndrom jenes für testikuläre Feminisation die Oberhand behielt, indem die beiden Zwillinge sowohl inguinal gelegene Hoden mit Fehlen von Uterus und Adnexen, als auch einen weiblichen Phänotypus aufwiesen.
Ein ähnliches Zusammentreffen von testikulärer Feminisierung und Klinefelter-Syndrom haben auch Bartsch-Sandhoff u. Mitarb. (1976) beschrieben.

Es handelte sich um eine 23jährige Probandin mit typischem Krankheitsbild (primäre Amenorrhoe, fehlende Achsel-, geringe Pubesbehaarung, blind endigende Vagina, Uterus und Ovarien fehlend, beiderseits Leistentumoren, die sich als rudimentäre Hoden erwiesen). Ihre Halbschwester, von der gleichen Mutter stammend, zeigte gleichfalls einen Feminisierungshabitus, hatte nie Menses gehabt, hatte jedoch die Chromosomenkonstitution 46,XY, ohne Klinefelter-Assoziation.

Andererseits ist auch Koexistenz von testikulärer Feminisation und XXY-Karyotyp beobachtet worden (Boczkowski 1969, v. Westarp u. Mitarb. 1974). Trotz Überwiegens der für testikuläre Feminisierung typischen Symptome bei den beiden Probandinnen konnten bestimmte somatische und psychische Zeichen (relativ vermehrte Körpergröße, ein leicht aggressives Verhalten sowie Rauflust gegenüber Jungen) auf einen Einfluß der YY-Konstitution zurückgeführt werden.
Was die genetische Beratung in Fällen von testikulärer Feminisierung anbetrifft, so hat sie natürlich immer auf der Basis der Untersuchung der gesamten Familie zu erfolgen. Im Gespräch mit den Eltern und den Befallenen selbst sollte der Arzt nur auf die mangelhafte Entwicklung der Keimdrüsen hinweisen, die eine absolute Sterilität bedingt; in keinem Falle sollte er den wahren Sachverhalt darlegen. Diese Regel ist um so eher einzuhalten, als die psychosexuelle Orientierung der Patientinnen eindeutig weiblich ist.

Inkomplette Formen von männlichem Pseudohermaphroditismus

Differentialdiagnostisch muß die komplette Form von männlichem Pseudohermaphroditismus, wie sie in der testikulären Feminisierung verwirklicht ist, von dem *inkompletten männlichen Pseudohermaphroditismus* abgegrenzt werden, wobei grundsätzlich zwei Haupttypen unterschieden werden können:

a) die X-chromosomale Form (Typ 1),

b) die autosomal rezessive Form (Typ 2) (WILSON u. Mitarb. 1974).

Inkomplette testikuläre Feminisierung (Typ 1). Klinisch die meiste Ähnlichkeit mit der testikulären Feminisierung, die oben besprochen wurde, weist das *inkomplette Feminisierungssyndrom* auf, indem diese Patienten gleichfalls einen weiblichen Phänotypus mit Brustentwicklung, beiderseitigen Leistenhoden und 46,XY-Karyotyp aufweisen. Im Unterschied zu der kompletten Form finden sich jedoch bei ihnen eine regelmäßige Klitorisvergrößerung und öfters eine Labioskrotalfusion (LUBS u. Mitarb. 1959). Für die genetisch autonome Stellung der kompletten testikulären Feminisierung spricht die Tatsache, daß sie bis jetzt nie zusammen mit der inkompletten Form in der gleichen Familie angetroffen worden ist.

Neuerdings wird die inkomplette testikuläre Feminisierung mit dem *Reifenstein-Syndrom* (Gynäkomastie, perineoskrotale Hypospadie, Hypogonadismus, Scrotum bifidum, Sterilität, XY-Karyotyp) und einigen anderen X-chromosomalen Varianten in die inkompletten männlichen Formen von Pseudohermaphroditismus, Typ 1, eingereiht. Leitsymptome sind die postpubertäre Gynäkomastie und der geschlechtsgebundene Erbgang. In der Tat sind Familien beschrieben worden, in denen bei den Mitgliedern alle Schweregrade des Pseudohermaphroditismus beobachtet werden konnten, so daß diese Krankheitsbilder mit Recht als verschiedene Expressivitätsformen des gleichen krankhaften Gens aufgefaßt werden konnten (WILSON u. Mitarb. 1974). Dabei stellt die von ROSEWATER u. Mitarb. (1965) beschriebene Form die leichteste und die von LUBS u. Mitarb. (1959) die schwerste Formveränderung der äußeren Geschlechtsorgane dar.

Inkompletter männlicher Pseudohermaphroditismus (Typ 2). Den X-chromosomalen Formen des inkompletten männlichen Pseudohermaphroditismus (Typ 1) muß der *autosomal rezessive Typus* (Typ 2) gegenübergestellt werden, der allgemein unter der Bezeichnung *pseudovaginale perineoskrotale Hypospadie* (LENZ 1964) einhergeht. Die besonderen Kennzeichen von Typ 2 sind weiblicher Habitus, jedoch ohne Mammaentwicklung, normale Achsel- und Pubesbehaarung, blind endigende Vagina mit Klitorisvergrößerung, Vorhandensein von normalen Nebenhoden, Samenleiter und Samenblasen. Ziemlich entwickelte Hoden; dagegen keine Anlagen innerer weiblicher Organe. Geschlechtschromatin negativ, Karyotyp XY. Die 17-Ketosteroid-Ausscheidung ist normal. Um die Pubertät findet eine auffällige Virilisierung in Richtung auf einen männlichen Habitus statt. Psychosexuell

sind die Patienten männlich orientiert, im Gegensatz zu der Kindheit, in der sie meist als Mädchen erzogen werden.
Die Androgenresistenz scheint beim Typ 2 einzig auf die Testosteronwirkung beschränkt zu sein, jedoch nicht auf das Dihydrotestosteron, das für die Virilisation verantwortlich ist. Die defekte Maskulinisierung betrifft ausschließlich Strukturen, die vom Urogenitalsinus und dem Tuberculum urogenitale abhängig sind.

Das Blutgruppensystem

Von den verschiedenen Blutgruppensystemen werden wir hier nur die für die klinische Medizin wichtigsten behandeln, nämlich die AB0-Blutgruppen, das Rhesussystem sowie die einzige X-chromosomal erbliche Blutgruppe Xg, die sich als Genmarkierer und für die Aufstellung der X-Chromosomenkarte von großem Wert erwiesen hat. Für die vielen anderen Blutgruppensysteme, die sich alle nach den Mendelschen Gesetzen vererben (MNS, P, Lutheran, Kell, Duffy, Kidd, Diego, Yt, Dombrock, Auberger), verweisen wir auf das klassische Werk von Race u. Sanger (1975).

Die AB0-Blutgruppen

Mit der Entdeckung der AB0-Blutgruppen durch Landsteiner (1900) wurde erstmals die Blutgruppenserologie in die Medizin und die Humangenetik eingeführt. Landsteiner konnte zeigen, daß, je nach den immunologischen Reaktionen zwischen den roten Blutkörperchen eines Individuums und dem Serum eines andern, sich vier Hauptgruppen von Menschen unterscheiden lassen. Die Repräsentanten dieser vier Gruppen weisen je nach ihren Antigeneigenschaften (d.h. nach ihren „Agglutinogenen") entweder den Phänotyp A, wenn sie das Antigen A, den Phänotyp B, wenn sie das Antigen B, und den Phänotyp AB, wenn sie beide Antigene führen, auf. Dagegen erweist sich der Phänotyp 0 als *„amorph"*, d.h. er zeigt keine charakteristische antigene Struktur. Die Antigene sind auf der Oberfläche der roten Blutkörperchen gelegen, während die komplementär auf sie reagierenden Antikörper im Serum gelegen sind. Ergänzend sei noch hinzugefügt, daß jede Blutgruppe nur diejenigen Antikörper im Serum führt, die mit den Antigenen der eigenen roten Blutkörperchen verträglich sind. So enthält das Serum einer A-Person Anti-B-, das Serum einer B-Person Anti-A-Antikörper. Das Serum von 0-Personen enthält sowohl Anti-A- als auch Anti-B- und das von AB-Personen keinen der beiden Antikörper (Tab. **12**).
Eine Reihe seltener Varianten des A-Antigens ist bekannt, wobei neben dem häufigsten Antigen A_1 gewöhnlich nur noch das seltene A_2 in den Laboratorien zur Anwendung gelangt. Während das A_2 mit dem Testserum Anti-A eine schwächere Reaktion als A_1 auslöst, ist das Antigen A_3 praktisch reaktionslos.
Die relative Häufigkeit der verschiedenen AB0-Blutgruppen innerhalb der verschiedenen Weltpopulationen schwankt je nach der ethnischen Herkunft

Tabelle **12** Die AB0-Blutgruppen. Reziproke Beziehungen zwischen Antigenen und Antikörpern.

Blutgruppe (Phänotypus)	Antigensubstanzen auf den roten Blutkörperchen	Antikörper im Serum	Genotypus
A	A	Anti-B	A0 oder AA
B	B	Anti-A	B0 oder BB
AB	A und B	keine	AB
0	keine	Anti-A, Anti-B	AB

der betreffenden Bevölkerungsgruppen. Als durchgehender Trend verdient die Tatsache festgehalten zu werden, daß die B-Blutgruppe ihre maximale Häufigkeit in den ostasiatischen Ländern erreicht (ca. 30%) und in Richtung auf Europa in stetiger Abnahme begriffen ist, um in den westeuropäischen Gebieten eine Frequenz von nur etwa 6% zu erreichen.

Vererbung der AB0-Blutgruppen

Wie erstmals von Bernstein (1925, 1930) aufgrund populationsgenetischer Überlegungen gefolgert, wird das Blutgruppensystem AB0 durch drei allele Gene A, B und 0 bestimmt, die definitionsgemäß auf einem einzigen Locus gelegen sind. Dabei verhalten sich die Gene A und B dominant gegenüber 0. Andererseits sind die allelen Gene A und B *codominant*, d. h. beide werden bei Heterozygoten im Phänotyp ausgedrückt; so sind bei der Blutgruppe AB die Antigene sowohl von A als auch von B in den roten Blutkörperchen vorhanden. Den vier Phänotypen (A, B, AB, 0) entsprechen sechs Genotypen: AA, A0, AB, BB, B0 und 00. Dabei besteht keine Möglichkeit, die Genotypen A0 (heterozygot) von den homozygoten AA, ebenso B0 von BB direkt zu unterscheiden, außer durch Familienuntersuchungen. Die Bernsteinsche Theorie der multiplen Allelie für die Blutgruppen AB0 ist inzwischen durch vielfache Stammbaumanalysen bestätigt worden.

Analyse der Allelenhäufigkeiten im AB0-Blutgruppensystem

Bekanntlich erlaubt das Hardy-Weinberg-Gesetz, aus der Häufigkeit phänotypischer Merkmale in einer Bevölkerung auf deren Genfrequenz zu schließen. Wir sind dabei von zwei Allelen mit den Häufigkeiten p und q ausgegangen, wobei $p + q = 1$ ist. Es zeigte sich dabei, daß die Häufigkeit von Merkmalsträgern mit 2 p-Allelen = p^2 ist, diejenige mit 2 q-Allelen = q^2 und diejenige mit je einem Gen beider Typen = 2pq ist. Dies geht aus der Formel

$$(p + q)^2 = p^2 + 2pq + q^2$$

hervor.

Eine der frühesten Anwendungen des Hardy-Weinberg-Gesetzes betraf die AB0-Blutgruppen. Wie bereits erwähnt, konnte Bernstein (1925) zum ersten Male nachweisen, daß drei Allele (A, B und 0) den vier Phänotypen (A, B, 0 und AB) zugrunde liegen und nicht, wie zuerst angenommen, drei auf verschiedenen Loci gelegene Gene.

Die populationsgenetische Begründung der multiplen Allelietheorie nach Bernstein:

Die Häufigkeiten der drei den AB0-Phänotypen zugrunde liegenden Gene seien mit p, q und r bezeichnet, wobei $p+q+r = 1$ ist. In einer Population mit freier Kombination der Gene sind die verschiedenen Genotypen in folgenden Häufigkeiten zu erwarten:

$$(p+q+r)^2 = p^2(AA) + q^2(BB) + r^2(0) + 2pq(AB) + 2pr(A0) + 2qr(B0).$$

Für die gesuchten AB0-Phänotypen ergeben sich somit folgende Häufigkeiten, wenn man diese in drei „Phänotyp-Klassen" unterteilt, nämlich A und Nicht-A, B und Nicht-B, 0 und Nicht-0, also

$A = AA+A0,$	$B = BB+B0,$	$AB = AB,$	$0 = 00,$
p^2+2pr	q^2+2qr	$2pq$	$r^2.$

Infolgedessen ist:

$$A+0 = p^2 + 2pr + r^2 = (p+r)^2$$
$$B+0 = q^2 + 2qr + r^2 = (q+r)^2.$$

Da $p = 1-q$ und $q = 1-p$ ist, so lassen sich nunmehr die Genhäufigkeiten p, q, r aufgrund der Bernsteinschen Formeln wie folgt ableiten:

1. $p = 1 - \sqrt{A+0}$
2. $q = 1 - \sqrt{B+0}$
3. $r = \sqrt{0}$

Da $1 = p+q+r$ ist, so läßt sich somit folgende Beziehung aufstellen:

$$1 = 1 - \sqrt{A+0} + 1 - \sqrt{B+0} + \sqrt{0}.$$

Diese drei Bernsteinschen Formeln geben uns somit die Möglichkeit, die Genhäufigkeiten p, q und r für das umfangreiche Blutgruppenmaterial, das in der ganzen Welt gesammelt wurde, zu berechnen und aus ihrer Verteilung Schlüsse in bezug auf ethnische Herkunft, Genfluktuation und eventuelle Selektionsvorteile für die verschiedenen Bevölkerungsgruppen zu ziehen. In der Tat haben die bis heute vorgenommenen systematischen AB0-Blutgruppenuntersuchungen aus der ganzen Welt, die sämtlich in dem Standardwerk von Mourant u. Mitarb. (1976) zusammengefaßt sind, die Übereinstimmung der Drei-Allelen-Theorie mit der Verteilung der AB0-Blutgruppen in den verschiedenen Bevölkerungen der Erde stets von neuem bestätigt.
Wir wollen hier ein einziges Beispiel zur Erläuterung der Berechnungsmethode geben, und zwar aus der Arbeit des frühverstorbenen Schweizer Biologen und Genetikers S. Rosin (1956). Dieser hat insgesamt 275664 AB0-Bestimmungen der Schweizer Bevölkerung (insgesamt 6,8% der Gesamtbevölkerung) ausgewertet, und zwar die der in den Jahren 1940–1945 in den Militärdienst eingerückten Rekruten. Da der Wehrdienst in der Schweiz obligatorisch ist und sämtliche Wehrmänner nach dem Heimatort registriert werden, so geben diese Daten die AB0-Verteilung sämtlicher Schweizer Kantone in repräsentativer Weise wieder (Tab. **13**).

Tabelle **13** Berechnung der AB0-Genhäufigkeiten in der Schweizer Bevölkerung (aus *S. Rosin:* Arch. Klaus-Stift. Vererb.-Forsch. 31 [1956] 19). Bei 275664 Soldaten aus sämtlichen Kantonen der Schweiz wurden folgende Blutgruppenzahlen gefunden: A: 130201, B: 23263, 0: 113873, AB: 8327. Die errechneten Genhäufigkeiten lassen sich übersichtlich wie folgt darstellen:

Untersuchte Personen n	Blutgruppen A	B	0	AB
275664	130201	23263	113873	8327
	0,4723	0,0844	0,4131	0,0302
Prozentzahlen	47,23 %	8,44 %	41,31 %	3,02 %
Genhäufigkeiten (%)	p	q	r	
	0,2947	0,0590	0,6427	
	29,47 %	5,90 %	64,27 %	

Die Berechnung erfolgte entsprechend den bereits erwähnten Bernsteinschen Formeln:

$$A + 0 = (p + r)^2$$
$$B + 0 = (q + r)^2, \text{ deshalb}$$
$$p = 1 - \sqrt{A + 0} = 1 - \sqrt{0{,}0844 + 0{,}4131} = 0{,}2947$$
$$q = 1 - \sqrt{B + 0} = 1 - \sqrt{0{,}4723 + 0{,}4131} = 0{,}0590$$
$$r = \sqrt{0} = \sqrt{0{,}4131} = 0{,}6427$$
$$0{,}9964$$

Somit ist die Summe von $p + q + r = 0{,}9964$, ein Resultat, das mit der Erwartung (= 1,0) gut übereinstimmt.

Sekretoreigenschaft der AB0-Blutgruppensubstanzen

Mit dem AB0-Blutgruppensystem ist ferner ein Locus für die Sekretoreigenschaft verbunden, von dem es abhängt, ob A- und B-Substanzen im Speichel auftreten. Personen mit den Blutgruppen A, B und AB, welche gleichzeitig den Genotyp SeSe oder Sese besitzen, sind Ausscheider. Auch Personen mit der Blutgruppe 0 können Sekretoren sein. Anstatt eines A- oder B-Antigens scheiden sie dann eine sog. „H-Substanz" aus, die ein Vorläuferantigen der A- und B-Antigene darstellt. Personen, die für das rezessive Gen (se) homozygot sind, gehören zu den Nichtausscheidern. Das Sekretor-Gen Se ist somit dominant über das Nicht-Sekretor-Gen (se). Etwa 77% der westeuropäischen Bevölkerung gehören zu den Ausscheidern, 23% zu den Nichtausscheidern. Das rezessive Gen (se) unterdrückt somit die Ausscheidung der AB0-Substanzen, muß also als Modifikationsfaktor der AB0-Allele bzw. als Suppressorgen angesehen werden. Als Beispiel für die Beziehung zwischen Blutgruppe und Krankheitsdisposition kann die Tatsache angeführt werden, daß Nichtausscheider ein etwa 70% höheres Risiko aufweisen, einmal ein Duodenalulkus zu entwickeln, als Sekretoren.

Für die pränatale Diagnose ist es von Interesse, daß der Sekretorlocus auf dem gleichen Chromosom wie das Gen für *Dystrophia myotonica (Steinert)* gelegen ist. In bestimmten Fällen kann daher der Nachweis einer Koppelung des Se-Locus und des Myotoniegens bei der befallenen Mutter eine pränatale Voraussage erlauben. Diese ist möglich durch die Bestimmung der Sekretoreigenschaft in den kultivierten Fruchtwasserzellen nach Amniozentese einerseits, durch Analyse des Familienstammbaums andererseits, so daß evtl. daraus geschlossen werden kann, daß die Mutter für beide Loci heterozygot ist. Leider wird diese pränatale Erbprognose durch die relativ hohe Crossing-over-Rate in den Keimzellen der Mutter (etwa 8%, Renwick u. Mitarb. 1971) stark eingeschränkt.

Biochemie der AB0-Blutgruppen
(Abb. **42**)

Die biochemischen Grundlagen der AB0-Antigene sind dank der Arbeiten von Watkins und Morgan (1955–1969) weitgehend geklärt worden. Danach bestehen die AB0-Antigene der roten Blutkörperchen aus *Glycoproteinen*, wobei die spezifischen antigenen Eigenschaften von den Zuckerbestandteilen (Tetrasaccharide) bestimmt werden. Das Vorläuferantigen H-Substanz (Anti-H), gegen das das menschliche Immunsystem

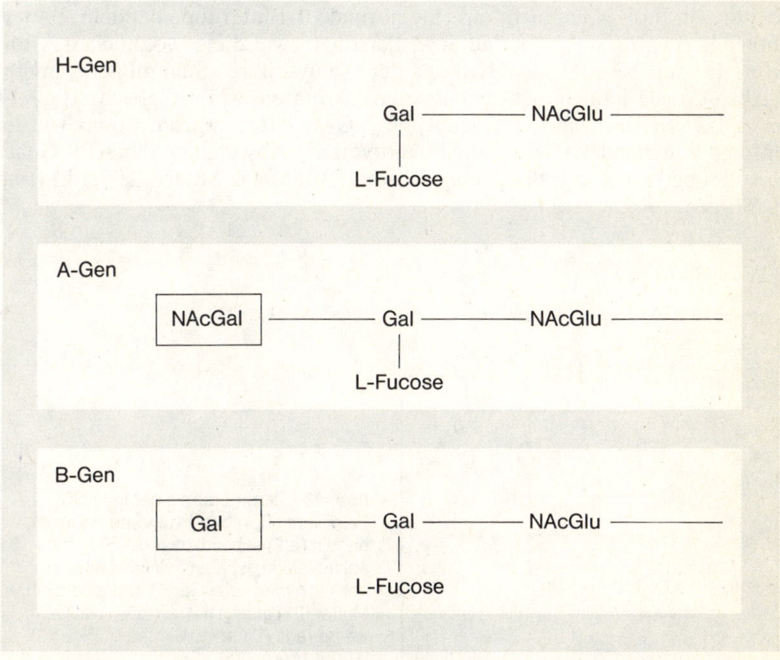

Abb. **42** Schema der Biochemie des AB0-Blutgruppensystems. Abhängigkeit der Blutgruppeneigenschaften A und B von der Aktivität des H-Gens. Gal = D-Galactose, NAcGal = N-Acetyl-Galactosamin, NAcGlu = N-Acetyl-Glucosamin

keine Antikörper bildet*, ist ein Trisaccharid, bestehend aus N-Acetylglucosamin (NAcGlu) und D-Galactose (Gal); außerdem ist das Zuckermolekül L-Fucose an das Galactosemolekül angegliedert. Träger dieser H-Substanz weisen die *Blutgruppe 0* auf. Träger der *Blutgruppe A* verfügen noch über eine Transferase (Enzym), die an den Galactoserest der H-Substanz ein Molekül N-Acetyl-Galactosamin (NAcGal) anheftet. Demgegenüber wird bei der *Blutgruppe B* vermittels einer weiteren Transferase ein Molekül D-Galactose (Gal) angehängt.
Bei Individuen mit der *Blutgruppe AB* finden sich beide Transferasen und damit beide Arten von Tetrasacchariden. Die Blutgruppe 0 wird durch ein Paar alleler Gene (H und h) determiniert, die von den AB0-Antigenen unabhängig sind.

Bombay-Phänomen (Bombay-Phänotypus 0/hh). Wie sich aus der Entdeckung des Bombay-Phänomens erwiesen hat, ist die Wirksamkeit der A- und B-Antigenspezifität an das Vorhandensein der H-Substanz geknüpft. Dies konnte zuerst an Mitgliedern einer indischen Familie nachgewiesen werden, deren rote Blutkörperchen scheinbar die Blutgruppe 0 hatten, da sie weder mit den Testsera Anti-A noch Anti-B reagierten. Merkwürdigerweise enthielten jedoch die Sera dieser Individuen nicht nur die entsprechenden Antikörper Anti-A oder Anti-B, sondern auch Anti-H. Somit konnte es sich bei diesen Individuen nicht um eine normale 0–Blutgruppe handeln. In der Folge ließ sich feststellen, daß diese Personen zwar die gewöhnlichen AB0-Blutgruppen besaßen, wie sich aus der Analyse ihres Stammbaums ergab (Abb. **43**), sie jedoch nicht manifestieren konnten, weil sie gleichzeitig *homozygot* für das inaktive („amorphe") *Gen h* (hh) waren. Somit wurde infolge Fehlens des H-Gens die phänotypische Ausprägung der AB0-Gene bei den betroffenen Individuen gehemmt (Bhende u. Mitarb. 1952, Levine u. Mitarb. 1964).

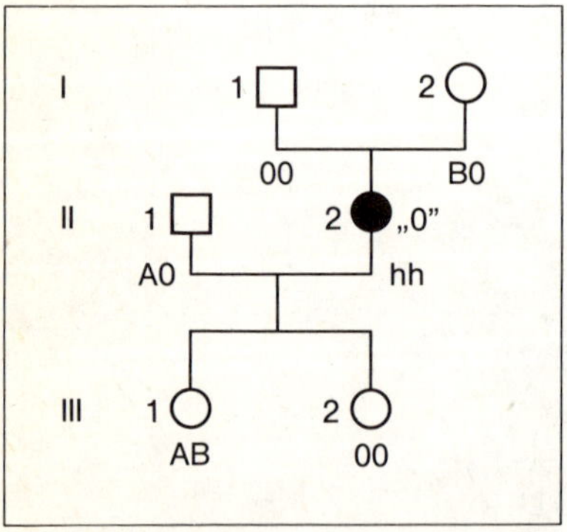

Abb. **43** Stammbaum einer indischen Familie mit Bombay-Phänomen. Die Probandin (II/2) scheint zwar die Blutgruppe 0 aufzuweisen, ist aber in Wirklichkeit B0. In der Tat gibt sie das Gen B, das sie von ihrer Mutter (I/2) geerbt hat, an ihre Tochter (III/1) weiter (aus *P. Levine* u. Mitarb. Blood 10 [1955] 1100)

* Dagegen kann Anti-H aus pflanzlichen Extrakten (Ulex europaeus) gewonnen werden.

Die Rhesusblutgruppen

Die Rhesusblutgruppen wurden unabhängig voneinander von LEVINE u. STETSON (1939) und LANDSTEINER u. WIENER (1940) entdeckt. Erstere konnten im Serum einer Frau, die von einer macerierten Totgeburt entbunden worden war und Transfusionen von ihrem Ehemann erhalten hatte, einen besonderen Antikörper nachweisen, der, wie sich später herausstellte, identisch war mit dem ein Jahr später entdeckten Rhesusfaktor. LANDSTEINER und WIENER, auf der Suche nach gemeinsamen Blutgruppen zwischen Mensch und Primaten, injizierten Kaninchen Blutkörperchen, die von Rhesusaffen stammten, und erhielten ein Immunserum (Antikörper Anti-Rhesus), das nicht nur imstande war, 100% der roten Blutkörperchen des Macacus rhesus zu agglutinieren, sondern auch zu 85% die des Menschen. Somit enthalten ungefähr 85% aller Individuen in ihren roten Blutkörperchen einen mit dem in den Blutkörperchen der Rhesusaffen identischen Faktor (Macacus rhesus).

LANDSTEINER und WIENER nannten dieses neu entdeckte Antigen „Rhesusfaktor“. Die Träger dieses Faktors (85% der Bevölkerung) wurden als Rhesus-positiv (Rh), die auf den Rhesusantikörper negativ reagierenden Individuen (15%) als Rhesus-negativ (rh) bezeichnet.

Die Entdeckung des Rhesusfaktors erlangte bald eine große Bedeutung, indem festgestellt werden konnte, daß der fetalen Erythroblastose als häufigste Ursache eine Inkompatibilität der Rhesusfaktoren zugrunde liegt.

Genetisch konnte gezeigt werden, daß die Rh-positiven Individuen entweder dem homozygoten Rh/Rh oder dem heterozygoten Rh/rh-Typ angehören. Die rh-negativen Individuen gehören dem homozygoten rh/rh-Typ an. Das Allel Rh verhält sich demnach dominant über das Allel rh.

Eine Rhesusinkompatibilität zwischen Mutter und Fetus kann dann erfolgen, wenn ein Rh-positiver Mann eine rh-negative Frau geheiratet hat. Ist der Vater homozygot Rh-positiv (Rh/Rh), so werden alle Kinder aus dieser Ehe heterozygot sein (Rh/rh); ist der Vater heterozygot (Rh/rh), so wird im Durchschnitt die Hälfte der Kinder heterozygot (Rh/rh), die andere Hälfte homozygot rh-negativ (rh/rh) sein.

Während der Schwangerschaft einer rh-negativen Mutter mit einem Rh-positiven Kind kommt es häufig vor, daß die Mutter, die an sich keine natürlichen anti-Rh-positiven Antikörper in ihrem Serum besitzt, gegenüber dem Kind sensibilisiert wird und beginnt, als Reaktion auf dessen Antigene anti-Rh-positive Antikörper zu bilden (Iso-Immunisationsprozeß). Meist geht diese Antikörperbildung nicht so rasch vonstatten, daß bereits das erste Rh-positive Kind geschädigt wird. Erst bei weiteren Schwangerschaften muß mit derartigen immunologischen Reaktionen des mütterlichen Organismus gegen die während der Schwangerschaft in die mütterliche Zirkulation übertretenden fetalen Zellen gerechnet werden. Die feto-maternelle Inkompatibilität manifestiert sich in Form einer hämolytischen Anämie, einer schweren Gelbsucht (Icterus gravis neonatorum) oder einer generalisierten Ödembildung (Hydrops).

Neurologisch ist besonders der Ikterus wichtig, der infolge Ablagerung der Gallenfarbstoffe im Gehirn und in den Stammganglien einen schweren, bleibenden Zerebralschaden in Form von psychomotorischem Rückstand, Schwerhörigkeit und Choreoathetose bewirken kann. Wie bereits erwähnt, bestehen diese Gefahren im allgemeinen erst von der zweiten Schwangerschaft an. Doch kann, wenn Bluttransfusionen oder Aborte anamnestisch vorausgegangen sind, bereits die erste Schwangerschaft derartige Komplikationen nach sich ziehen. Auch durch eine Amniozentese, bei der Rh-positives Fetalblut in den mütterlichen Kreislauf gelangt, kann eine rh-negative Mutter sensibilisiert werden.

Neben der großen klinischen Bedeutung gewann der Rhesusfaktor auch eine erhebliche theoretische Bedeutung auf dem Gebiete der serologischen Genetik.

Zunächst faßte man den Rhesusfaktor als einen einzigen dominanten Erbfaktor auf, wobei sich das Rh-positive Gen gegenüber dem rh-negativen dominant verhält, so daß drei Genotypen: Rh/Rh, Rh/rh, rh/rh unterschieden wurden. Bald gelang es jedoch, weitere Rhesusantikörper nachzuweisen, so daß man nicht mehr von einem Rhesusfaktor, sondern von einem Rhesussystem sprechen konnte. Nach WIENER konnten so zuerst sechs, dann acht Phänotypen unterschieden werden, die in zwei Untergruppen zerfielen, je nachdem, ob der [Rh+]-Faktor vorhanden war oder nicht (Abb. **44**). WIENER nahm zunächst sechs, dann acht allele Gene an, die für die acht Phänotypen verantwortlich seien (Theorie der unilokulären Polyallelieserie).

Es war die geniale Leistung des englischen Mathematikers R. A. FISHER (1946), in Zusammenarbeit mit RACE (1948), eine den Befunden besser gerecht werdende genetische Hypothese aufgestellt zu haben. Danach handelte es sich nicht um eine Polyallelieserie von sechs oder acht Allelen, sondern um drei Allelenpaare: C-c, D-d, E-e. Diesen drei Allelenpaaren entsprechen drei eng gekoppelte Genloci, deren Reihenfolge C-D-E wäre. Dabei bezeichnen C, D, E dominante und c, d, e rezessive Allele (Abb. **44**). Folgende Übersicht macht es leicht möglich, die Nomenklatur WIENERS in die von FISHER und RACE zu übertragen:

Fisher und Race		**Wiener**	
Dce	dce	R_0	r
DCe	dCe	R_1	r′
DcE	dcE	R_2	r″
DCE	dCE	R_z	r^y

Was die Fisher-Racesche Theorie anbetrifft, so ist sie für den Genetiker praktischer als die Wienersche Konzeption, da sie es beispielsweise ermöglicht, Vaterschaftsuntersuchungen ohne weiteres durch dieses System auszuwerten. Heuristisch gesehen spricht vor allem für die Hypothese von FISHER und RACE, daß sie es erlaubte, das Auffinden des komplementären Anti-Gens e vorauszusagen (vgl. Tab. **14**). Was das Anti-Gen d anbetrifft, so ist es

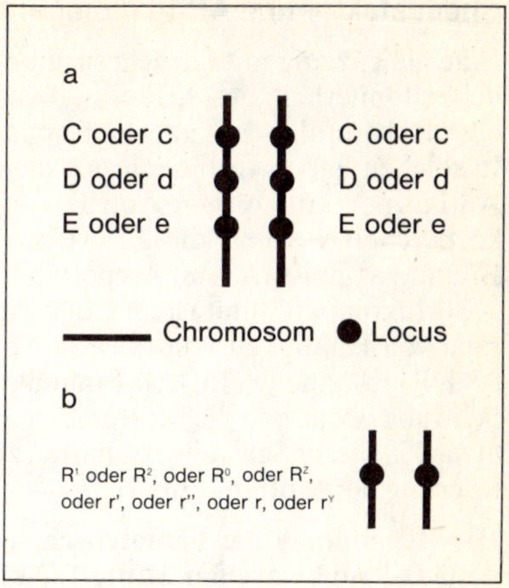

Abb. **44** Die Nomenklatur der Rhesusuntergruppen. **a** Die Fisher-Race-Theorie dreier eng gekoppelter Allelenpaare. **b** Die Wienersche Theorie der 8 allelen Gene

bis heute noch nicht identifiziert worden. Auch ist eine Reihe neuer und seltener Mutationen gefunden worden, die zu den drei ursprünglichen Genloci hinzugekommen sind und die nur vermittels der Fisher-Raceschen Theorie verständlich werden.

C^w, C^x, C^u (für die Genloci C–c)
D^u (für D–d)
E^w, e^s, E^u (für E–e)

Die Tatsache, daß zwischen diesen drei Genloci bis jetzt noch kein Crossingover gefunden werden konnte, spricht für eine enge Kopplung derselben.

Tabelle **14** Die acht Genkomplexe (Nomenklatur nach Fisher-Race und Wiener), deren Reaktion mit den fünf hauptsächlichen Antisera sowie Häufigkeiten in England. CDe, cde und cDE machen als die häufigsten Genkomplexe ca. 95 % aller Rhesuskombinationen aus. (aus *R. R. Race, R. Sanger,* 1975)

Nomenklatur nach Fisher-Race	Wiener	Reaktion mit Anti- C	D	E	c	e	Genkomplex-häufigkeit
CDe	R^1	+	+	–	–	+	0,41
cde	r	–	–	–	+	+	0,39
cDE	R^2	–	+	+	+	–	0,14
cDe	R^0	–	+	–	+	+	0,025
Cde	r′	+	–	–	–	+	0,01
cdE	r″	–	–	+	+	–	0,01
CdE	r^y	+	–	+	–	–	0,0003
CDE	R^z	+	+	+	–	–	0,002

Rhesusfaktor und AB0-Inkompatibilität

Eine gleichzeitig mit der Rhesusinkompatibilität einhergehende Unverträglichkeit innerhalb des AB0-Systems, z. B. Mutter Blutgruppe 0 und Fetus A oder B, kann als Schutzmechanismus gegen die Rhesusimmunisation dienen. In solchen Fällen verbinden sich die im mütterlichen Plasma zirkulierenden Antikörper Anti-A oder Anti-B sofort mit den übergetretenen fetalen Blutkörperchen, wodurch diese zerstört werden und infolgedessen nicht mehr die Bildung von Rhesusantikörpern anregen können. Diese oft vorhandene AB0-Inkompatibilität ist eine der wichtigsten Ursachen, warum es trotz der relativen Häufigkeit von rhesusunverträglichen Ehen (ca. 13% aller Ehen: 85% Rh-Männer × 15% rh-Frauen = 13%), und trotzdem in etwa 10% aller Schwangerschaften die Mutter rh-negativ und der Fetus Rh-positiv ist, nur in etwa 2% dieser Schwangerschaften zu der für das Kind gefährlichen Sensibilisierung der Mutter kommt.

Die Behandlung der hämolytischen Krankheit des Neugeborenen und die Anti-D-Prophylaxe der Mutter. Die Behandlung der hämolytischen Krankheit des Neugeborenen besteht in erster Linie in einer Austausch-(Exsanguino-)Transfusion, welche es erlaubt, die schädlichen mütterlichen Antikörper zu eliminieren. Um diese Methode wirksamer zu gestalten, ist es wünschenswert, daß die Schwangerschaft vorzeitig (schon um den 8. Monat) beendet wird, weil die mütterlichen Antikörper regelmäßig in den beiden letzten Wochen der Schwangerschaft ansteigen und den Fetus zu schädigen drohen. Vor nur wenigen Jahren schien die hämolytische Anämie des Neugeborenen im Falle einer fetomaternellen Inkompatibilität unvermeidlich, da es sich im Grunde um einen natürlichen Iso-Immunisationsprozeß der Mutter gegenüber ihrem Kinde handelt. Dank der Forschungen von Clarke und seiner Mitarbeiter (Clarke u. Mitarb. 1963, Clarke 1966, 1967) besitzen wir heute eine ebenso einfache wie elegante Methode, das Kind gegen die schädlichen Auswirkungen dieses mütterlichen Abwehrmechanismus zu schützen. Es genügt, der rh-negativen Mutter 48–72 Stunden nach der Geburt ihres ersten Rh-positiven Kindes 1 cm^3 eines Anti-D-Antikörpers in einem Gemisch mit Gammaglobulin zu injizieren (Anti-D-Prophylaxe). Auf diese Weise werden die in die mütterliche Blutzirkulation eingedrungenen roten Blutkörperchen zerstört, bevor sie die Mutter zu sensibilisieren vermögen. Man kann hoffen, daß damit die fetale Erythroblastose, die sehr oft Ursache von Totgeburten und von neurologischen Komplikationen beim Kinde ist, zum Verschwinden gebracht werden kann, sobald diese prophylaktische Behandlung in allen Ländern auf nationaler Ebene durchgeführt werden wird.

Die dominant geschlechtsgebundene Blutgruppe Xg
(Tab. **15**)

Während fast alle bekannten Blutgruppen einen autosomalen Erbgang aufweisen, ist die Blutgruppe Xg insofern bedeutsam, als sie durch ein auf dem

Tabelle **15** Phänotypen und Genotypen des Xg-Systems (aus *J. Bernard, J. Ruffié*: Hématologie géographique. Masson, Paris 1966)

Serologische Reaktionen auf Anti-Xg(a)	Phänotypen	Genotypen	Häufigkeiten der Phänotypen		
+	Xg (a+)	Xg^a/Xg^a	44 %	89 %	bei der Frau
		Xg^a/Xg	45 %		
−	Xg (a−)	Xg/Xg	11 %		
+	Xg (a+)	Xg^a/Y	66 %		beim Mann
−	Xg (a−)	Xg/Y	34 %		

Chromosom X gelegenes Gen kontrolliert wird. Der entsprechende Antikörper, der von MANN u. Mitarb. (1962) entdeckt wurde, erlaubte die Identifizierung eines neuen Antigens, das in den roten Blutkörperchen vorhanden und von einem geschlechtsgekoppelten Gen abhängig ist. Die Entdecker haben diesen neuen Faktor Xg(a) benannt und zwei Phänotypen unterschieden: Xg(a+) und Xg(a–). Das entsprechende Genallelenpaar wurde Xg^a und Xg benannt. Dabei ist Xg^a dominant über Xg.

Die geschlechtsgebunden dominante Vererbung dieses Systems wurde zunächst dadurch festgestellt, daß der Faktor Xg(a) eine verschiedene Verteilung in den beiden Geschlechtern aufwies. So zeigte sich bei einer Stichprobe von 3418 Untersuchungen (RACE u. SANGER 1968), daß der Faktor Xg(a) bei 89% der Frauen und nur bei 66% der Männer nachgewiesen werden konnte. Eine einfache Rechnung nach der Hardy-Weinbergschen Formel ($p^2 + 2pq + q^2$) zeigt, daß die erhaltenen Werte der phänotypischen Häufigkeit bei geschlechtsgebundener Vererbung entsprechen. Wir möchten bei dieser Gelegenheit daran erinnern, daß bei der geschlechtsgebundenen Vererbung die Häufigkeit des Phänotyps und des Genotyps beim Mann identisch ist, was auf die Formel $p + q = 1$ angewendet zu folgendem Ergebnis führt:

$p = 66\%$ Xg (a+)
$q = 34\%$ Xg (a−)

Für die Frauen berechnet sich die Häufigkeit der entsprechenden Phänotypen wie folgt:

p^2 (bezüglich des Merkmals homozygot-positive Frauen) $(0{,}66)^2 = 0{,}44$ ⎫ 0,89
$2pq$ (heterozygote Frauen) $2 \cdot (0{,}66 \times 0{,}34) = 0{,}45$ ⎭
q^2 (bezüglich des Merkmals homozygot-negative Frauen) $(0{,}34)^2 = 0{,}11$

Vaterschaftsausschluß

Das Xg-System hat sich bei Vaterschaftsuntersuchungen nicht derart wirksam verhalten, wie man es hätte erwarten können. Es ist klar, daß, wenn die Mutter und der angenommene Vater beide die Formel Xg(a–) haben, ein Mädchen mit Xg(a+) eine Vaterschaft und ein Sohn Xg(a+) die Mutterschaft ausschließt. Andererseits kann ein Mädchen Xg(a–) nicht von einem Vater mit Xg(a+) herrühren, da es sein X-Chromosom erbt. Ebenso kann eine homozygote Xg(a–)-Mutter nicht einen Sohn Xg(a+) haben, da sie ihm eines ihrer beiden Xg-Genotypen vererbt. Insgesamt läßt sich eine Vaterschaft nur dann ausschließen, wenn es sich um ein Mädchen handelt, und eine Mutterschaft, wenn es sich um einen Sohn handelt. Doch muß bei einer Inkompatibilität der Blutgruppen zwischen einem angenommenen Elter und einem Kinde der Experte immer eine eventuelle Non-Disjunction in Betracht ziehen, die sich bei der Gametogenese entweder des Vaters oder der Mutter ereignet haben könnte. Man muß also in jedem Fall die Blutgruppenuntersuchung durch eine somatische Untersuchung des Kindes und eine Analyse des Geschlechtschromatins, evtl. auch des Karyotyps ergänzen.
Derartige Abweichungen von der Regel, die auf eine Störung der Meiose oder eine eventuelle Translokation zurückzuführen sind, scheinen nicht so selten vorzukommen, da sie Mayr (1969) in einer Häufigkeit von 6‰ bei der systematischen Untersuchung von 1134 Personen gefunden hat.
Die Xg-Blutgruppe hat sich auch als höchst wertvoll für die Bestimmung der Herkunft einer bestimmten X-chromosomalen Aberration (Turner- und Klinefelter-Syndrome, XX-Männer) erwiesen. Angenommen, eine Patientin mit *X0-Syndrom* weise wie ihr Vater einen Xg(a+)-Phänotyp auf, während die Mutter Xg(a—) ist. Es folgt daraus, daß sie den entsprechenden Genotyp Xg^a vom Vater erhalten und sich somit die meiotische Non-Disjunction bei der *Oogenese* ereignet haben muß. Andererseits ist eine X0-Patientin, die sich ebenso wie ihre Mutter serologisch als Xg(a—) erweist, während der Vater Xg(a+) ist, ein Beweis für einen Fehler bei der *Spermatogenese*.
Desgleichen ist bei einem *Klinefelter-Patienten (XXY)* mit Xg(a+), wenn der Vater gleichfalls Xg(a+) und die Mutter Xg(a—) ist, der XY-Komplex auf eine meiotische Non-Disjunction bei der *Spermatogenese* zurückzuführen, da die Mutter nur ein Xg, d. h. Phänotyp Xg(a—), liefern konnte. Ist jedoch der XXY-Patient wie seine Mutter Xg(a—) und der Vater Xg(a+), so kann die Non-Disjunction nur von der Mutter kommen, die den XX-Komplex für das XXY-Syndrom beigesteuert hat.
Insgesamt hat sich gezeigt, daß beim Turner-Syndrom das einzig vorhandene X in etwa 75% der Fälle mütterlicher Herkunft ist, die Non-Disjunction somit bei der Spermatogenese stattgefunden hat. Dagegen konnte beim Klinefelter-Syndrom der meiotische Fehler meist auf eine Störung bei der Oogenese zurückgeführt werden. Dies würde auch im Einklang mit dem bei diesem Syndrom festgestellten mütterlichen Alterseffekt stehen.
Endlich hat sich auch erwiesen, daß die Xg-Verteilung bei den *XX-Männern*

eher dem XXY-Zustand des Klinefelter-Syndroms als dem des weiblichen Geschlechts entspricht (SANGER u. Mitarb. 1977).

X-Chromosomenkarte: Die Blutgruppe Xg

Die im Blutgruppensystem einzig dastehende X-chromosomal erbliche Blutgruppe Xg hat sich auch für die Aufstellung der Karte des X-Chromosoms von großem Wert erwiesen. Das Schema, das aufgrund von Crossing-over- und Rekombinationshäufigkeiten bis jetzt festgelegt werden konnte, zeigt als erstes Zentrum den *Xg-Locus*, um den sich die Loci für einige geschlechtsgekoppelte Affektionen gruppieren (Ichthyosis, eine besondere Form von Oligophrenie, okulärer Albinismus, Angiokeratoma Fabry sowie Retinoschisis); eine zweite Locigruppe ist um den *Xm-Locus* zentriert (s. Abb. **50**). Auf die X-Genkarte wird näher im Kapitel über Rotgrünfarbenblindheit eingegangen werden (s. S. 121).

Das HLA-System

„In an age of molecular biology and prenatal diagnosis it is easy to forget that the cornerstone of medical genetics is pedigree analyses, without which the major histocompatibility complex would still be a complete mystery.“

FRASER ROBERTS
u. Mitarb. 1978

Angesichts der heute allgemein anerkannten Bedeutung der HLA-Antigene (Histokompatibilitätsantigene) nicht nur für die Transplantation von Geweben und Organen, sondern auch als prädispositionelle Faktoren für die Auslösung bestimmter multifaktorieller Erkrankungen, besonders auf dem Gebiete der Autoimmunkrankheiten, sei kurz auf die genetischen Besonderheiten des HLA („human leucocyte antigen“)-Genkomplexes eingegangen. Der genetische Aufbau des HLA-Komplexes kann als ein kompliziert strukturiertes Multiple-Allelie-System aufgefaßt werden. Es ist auf dem kurzen Arm des 6. Chromosoms lokalisiert und ähnlich dem H-2-Locus der Maus („major histocompatibility complex“) aufgebaut. Es besteht aus vier eng benachbarten Hauptloci: HLA-A, HLA-B, HLA-C und HLA-D, die in Richtung auf das Zentromer in der Reihenfolge A-C-B-D aufeinander folgen. Jeder dieser Loci besitzt eine Reihe von multiplen Allelen: es sind bis heute mehr als 50 solcher Allele bekannt. Jede auf einem Chromosomen gelegene Serie von HLA-Hauptgenen mit ihren korrelierten Allelen stellt einen *Haplotyp* dar. Ein Individuum besitzt zwei Haplotypen und damit insgesamt 8 HLA-Antigene. Die Haplotypen werden bei der Reduktionsteilung als selbständige Einheiten weitergegeben, abgesehen von den seltenen Fällen von Crossing-over mit Rekombination, die zu neuen Haplotypen führen. Dadurch erhält jedes Kind von jedem seiner Eltern jeweils einen Haplotypen. Nach den Mendelschen Regeln besteht somit in 25% der Fälle

die Möglichkeit, daß zwei Geschwister identische HLA-Antigenkonstellationen aufweisen werden.
Die HLA-Gene sind im Prinzip für die Codierung der Transplantationsantigene verantwortlich. Diese Histokompatibilitätsantigene sind an der Zelloberfläche gelegen und haben die Aufgabe, körperfremde Zellen abzustoßen. Man unterscheidet serologisch definierte und lymphozytär definierte Antigene. Daneben dienen die HLA-Antigene auch, ähnlich den Blutgruppen, der Charakterisierung der biologischen Individualität, da infolge des außerordentlichen Polymorphismus des HLA-Systems jeder Mensch, von Ausnahmen abgesehen (z. B. eineiige Zwillinge), sein eigenes HLA-Muster besitzt. In pathogenetischer Hinsicht kommt dem HLA-Genkomplex insofern eine große Bedeutung zu, als bestimmte HLA-Antigene bei gewissen Erkrankungen (s. Tab. **16**), insbesondere Autoimmunprozessen und malignen Tumoren (z. B. Hodgkin-Lymphom), gehäuft vorkommen. Einer solchen Assoziation kann, wenn die Häufung besonders signifikant ist, direkt der Begriff *Prädisposition* zugeordnet werden, wie dies besonders für die markante Assoziation zwischen HLA-B27 und der ankylosierenden Spondylitis (Morbus Bechterew) der Fall ist. So hat eine Schweizer Forschungsgruppe (Truog u. Mitarb. 1975) bei 478 normalen Kontrollpersonen (Blutspender) eine Frequenz des B27-Phänotyps von 9,4% gefunden, während sie für 50 Patienten mit ankylosierender Spondylitis 94% betrug, demnach zehnmal mehr als bei den Kontrollen. Diese Zahlen stimmen auch gut mit den von Bodmer angegebenen Werten (1977, 1980) für die europäische Bevölkerung überein (8% Frequenz des B27-Phänotyps bei Kontrollpersonen gegenüber 90% bei Morbus Bechterew, Tab. **16**). Die Häufigkeit des B27-Antigens in der normalen europäischen Bevölkerung wird mit ca. 5% angegeben.

Linkage-Dysequilibrium („Kopplungsungleichgewicht"). Eine der auffallendsten Eigentümlichkeiten des HLA-Systems besteht darin, daß bestimmte HLA-Allele signifikant häufiger in den Haplotypen zusammentreffen, als dies aufgrund ihrer individuellen Genhäufigkeit zu erwarten wäre. Als ein solches Beispiel kann der Haplotyp A1/B8 aufgeführt werden. Dieser fand sich in einer Frequenz von 9,8% in der dänischen Bevölkerung (Svejgaard u. Mitarb. 1975) gegenüber der statistischen Erwartung dieser Allelenkombination von nur 2,1%. (Bei Genfrequenzen für A1 von 0,16 und B8 von 0,13 erhält man als Gesamtfrequenz $0{,}16 \cdot 0{,}13 = 0{,}0208 = 2{,}1\%$.) Ähnliche Beobachtungen wurden für den Haplotyp B8/Dw3 gemacht, der eine Gesamtfrequenz von 8,6% zeigte, während der statistische Erwartungswert nur eine Häufigkeit von 1,2% ergibt ($0{,}13 \cdot 0{,}09 = 0{,}0117 = 1{,}2\%$). Die Allelenkombination überstieg somit im ersten Fall mehr als 4mal und im zweiten Fall 7mal den Erwartungswert. Der Grund für dieses Phänomen des Kopplungsungleichgewichts ist nicht bekannt. Es wird vermutet, daß gewisse Allelenkombinationen für die Entwicklung und das Überleben des Menschen einen selektiven Vorteil boten (Vogel u. Motulsky 1979).

Tabelle **16** Zusammenhang zwischen HLA-Antigenen und bestimmten Erkrankungen (nach *Bodmer* und Histocompatibility Testing)

Krankheit	HLA-Antigene	Antigenhäufigkeit (%) Patienten	Kontroll-personen	Relatives Risiko *
Zöliakie	B 8	67	20	8,1
	DRw 3	96	27	64,5
Chronische aggressive Hepatitis	B 8	52	15	6,1
	DRw 3	41	17	3,4
Myasthenia gravis	B 8	39	17	3,1
	DRw 3	32	17	2,3
Morbus Basedow	B 8	44	18	3,6
	Dw 3	53	18	5,1
Juveniler Diabetes	B 8	32	16	2,5
	DRw 3	27	17	1,8
	DRw 4	39	15	3,6
(Japanische Fälle)	DRw 4	65	35	3,4
Multiple Sklerose	DRw 2	41	22	2,5
Ankylosierende Spondylitis (Bechterew)	B 27	90	8	103,5
Reiter-Syndrom	B 27	80	9	40,4
Hämochromatosis	A 3	72	21	9,7
Psoriasis	B 13	23	5	5,7
	B 17	19	9	2,4
	Cw 6	50	23	3,3

* Erkrankungsrisiko im Vergleich zu jenem bei Personen, die das Antigen nicht besitzen.

Angeborene Farbensinnanomalien

Die Rotgrünblindheit

DALTON (1798) kann als der erste Forscher angesehen werden, der sich wissenschaftlich mit der angeborenen Rotgrünblindheit beschäftigt hat, von der er und zwei seiner Brüder befallen waren (französische Bezeichnung daher noch: „Daltonismus"). Es ist jedoch besonders das Verdienst des Schweizer Augenarztes HORNER (1876), den Erbgang dieser Anomalie, nach Analogie zur Hämophilie, bestimmt zu haben (Abb. **45**). Es war dann WILSON (1911), der die Vererbung der Rotgrünblindheit in Übereinstimmung mit der bei der Drosophila studierten geschlechtsgebundenen Vererbung brachte.

Physiologie. Wie bekannt, enthält die Netzhaut zwei verschiedene Arten von Sinneszellen, die Stäbchen und die Zapfen. Während die Stäbchen dem sog. Dämmersehen dienen, sind die Zapfen für das Tagessehen und damit für das farbige Sehen verantwortlich. Das sichtbare Licht wird vom menschlichen Auge in verschiedenen Farben wahrgenommen, von denen jede durch eine

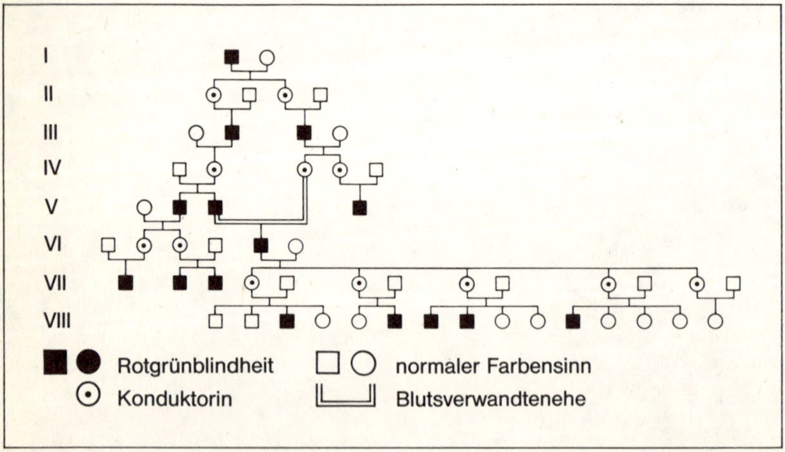

Abb. **45** Stammbaum einer Familie mit geschlechtsgebundener Rotgrünblindheit (nach *Horner*)

Mischung von drei primären Farben, Rot, Grün und Blau, erzielt werden kann: *„physiologische Trichromasie“*. Die physiologische Farbwahrnehmung entspricht physikalischen elektromagnetischen Wellen eines ganz bestimmten Wellenbereiches, etwa 400–700 nm (10^{-9}m*). Die Tab. **17** gibt die approximativen Wellenlängen für die verschiedenen Spektralfarben an.

Tabelle **17** Approximative Wellenlängen für die verschiedenen Spektralfarben (nach *Pokorny* u. Mitarb., 1979)

Schema des sichtbaren Spektrums	UV	V	B	Gr	Ge	O	R	IR
Die entsprechenden Wellenlängen in nm		400	500		600		700	

UV = Ultraviolett, V = Violett, B = Blau, Gr = Grün, Ge = Gelb, O = Orange, R = Rot, IR = Infrarot

Als erster entwickelte der englische Physiker THOMAS YOUNG (1773–1829) vor der Royal Society im Jahre 1800 in London die Theorie, daß sich sämtliche Farbeindrücke aus drei Grundkomponenten zusammensetzten, nämlich Rot, Grün und Blau, und daß alle anderen Farbeindrücke aus einem Gemisch dieser drei Elementarfarben hergestellt werden könnten. Im Anschluß an diese Überlegungen stellte 50 Jahre später der deutsche Physiker HERMANN VON HELMHOLTZ (1821–1894) seine Theorie des trichromatischen Sehens auf. Danach wären im Zäpfchenapparat der Netzhaut drei Elementarmechanismen vorhanden, von denen der eine für die Empfindung rot, der zweite für grün und der dritte für blau funktioniert. Durch Kombination der den Grundfarben entsprechenden spezifischen Erregungen der drei Netzhautmechanismen entständen dann die Farbtöne, die wir wahrnehmen. Aufgrund dieser *„Dreikomponententheorie des Farbsehens“* postulierte HELMHOLTZ somit getrennte Rezeptoren für Blau, Grün und Rot. Wenn diese Rezeptoren von den ihrer spezifischen Empfindlichkeit entsprechenden Wellenlängen erregt werden, vermitteln sie die Sensation von jeweils rot, grün oder blau. Je nach dem Gemisch dieser Farben würden sämtliche anderen Farben wahrgenommen. Neuere experimentelle Arbeiten aus den Universitäten Harvard (BROWN u. WALD 1964, WALD 1964) und John Hopkins (MARKS u. Mitarb. 1964), die übrigens durch den Nobelpreis 1967 ausgezeichnet wurden, haben zeigen können, daß es in der Tat Zapfen gibt, die für Blau, andere, die für Grün, und wiederum andere, die für Rot sensibel sind. In den Experimenten der Harvard-Gruppe zeigte die Absorptionskurve des Blaurezeptors eine maximale Ansprechbarkeit bei ungefähr 450 nm, des

* Die Bezeichnungen Millimikron und Angström werden heute nicht mehr benützt.

Grünrezeptors bei ungefähr 525 nm und des Rotrezeptors bei ungefähr 555 nm. Es kann demnach als experimentell bewiesen gelten, daß es drei Arten von Zapfenrezeptoren gibt, von denen jeder ein anderes Empfindlichkeitsmaximum bei einer bestimmten Wellenlänge besitzt, und somit die Hypothese von YOUNG und HELMHOLTZ als gültig angesehen werden kann.
Die Erkennung der Rotgrünblindheit erfolgt hauptsächlich mit den sog. pseudo-isochromatischen Tafeln von *Ishihara*, die eine rasche und sichere Diagnose erlauben. Für eine genaue Diagnose auch der Untergruppen der Farbblindheit stellt das Nagelsche Anomaloskop das geeignetste Prüfungsverfahren dar.

Frequenz der Rotgrünblindheit beim Manne. Die Häufigkeit der Rotgrünblindheit beim Manne bei der europäischen (kaukasischen) Rasse beträgt ca. 8% (Tab. **18** und **19**). Bei den Statistiken, die sich lediglich auf die Untersuchung mit den pseudo-isochromatischen Tafeln stützen und nicht durch Untersuchungen am Anomaloskop ergänzt wurden, erhält man im allgemeinen etwas zu hohe Werte (bis 9,33%). Über die Häufigkeit der Farbensinnstörungen bei anderen Rassen sind wir leider nur auf Statistiken vermittels der Ishihara-Tafeln angewiesen. Im allgemeinen scheint jedoch die Frequenz der Rotgrünblindheit bei allen anderen Völkern geringer als bei der europäischen Rasse zu sein (Tab. **20**).

Tabelle **18** Häufigkeit der verschiedenen Typen von Rotgrünblindheit in der männlichen europäischen Bevölkerung

Protanopie	1 %	Typ Protan 2 %
Protanomalie	1 %	
Deuteranopie	1 %	Typ Deutan 6 %
Deuteranomalie	5 %	
Total	8 %	

Tabelle **19** Frequenz der Rotgrünblindheit in der europäischen Bevölkerung

Autoren	Jahr	Land	Zahl der Unter-suchten	Zahl der Rotgrün-blinden	%
Waaler	1927	Norwegen	9 049	725	8,01
von Planta	1928	Schweiz	2 000	159	7,95
Wieland	1933	Schweiz	1 036	85	8,20
Schmidt	1936	Deutschland	6 863	532	7,75
Bally	1954	Schweiz	1 000	90	9,00
Schmidt	1955	USA	883	61	6,91
François u. Mitarb.	1957	Belgien	1 243	107	8,61
Total			22 074	1 759	7,92

Tabelle **20** Frequenz der Rotgrünblindheit bei nicht-europäischen Populationen

Rassen	Zahl der Untersuchten	%
Australasiaten	4455	1,98
Indianer (Amerika)	1646	2,31
Schwarze (Afrika)	3873	2,35
Schwarze (Amerika)	997	3,50
Eskimos	279	2,79
Japaner	249014	3,90
Malaien	959	4,28
Finnen	6599	5,73
Türken/Tartaren	8645	5,77
Semiten	1424	6,95

Untergruppen der Farbenblindheit

Entsprechend den Typen und der Schwere der Farbsehstörungen lassen sich drei Gruppen von Dyschromatopsien unterscheiden:

Anomale Trichromasie (Protanomalie und Deuteranomalie): Ein normal farbentüchtiger Mensch bedarf eines bestimmten Intensitätsverhältnisses von Rot : Grün : Blau, um weißes Licht wahrzunehmen; er ist somit normal trichromat. Die anomalen trichromatischen Typen benötigen für den gleichen Effekt mehr von einer der Grundfarben und entsprechend weniger von den beiden anderen. So gibt es eine *Rotschwäche* (Protanomalie), bei der das Individuum mehr Rot benötigt als der Normale, und die *Grünschwäche* (Deuteranomalie), wobei das Individuum für den gleichen Effekt mehr Grün benötigt als der Normale.

Dichromasie (Protanopie und Deuteranopie): Die dichromatischen Typen benötigen nur zwei Grundfarben für die Empfindung „weiß". Diese Gruppe zerfällt in zwei Untergruppen, solche mit ausgeprägter Störung des Rotsinnes *(Protanopie)* und solche mit Störung des Grünsinnes *(Deuteranopie)*. (Außerdem gibt es noch eine dritte zwischen Farbschwäche und Farbblindheit gelegene Form, die man als **extreme Protanomalie** bzw. **Deuteranomalie** bezeichnet. Wir werden diese nur am Anomaloskop festzustellende Störung hier nicht berücksichtigen.)

Die hauptsächlichsten Typen der Rotgrünblindheit

Im Prinzip können wir zwei Gruppen von partieller Farbenblindheit unterscheiden, nämlich die *Protangruppe* und die *Deutangruppe*, die, wie wir gesehen haben, auch physiologisch grundlegend verschieden sind. Die hauptsächlichen Typen der Protangruppe sind die Protanopie und die Protanomalie, die der Deutangruppe Deuteranopie und Deuteranomalie. Für diese vier Formen von Farbenblindheit sind ausgedehnte Untersuchungen, insbesondere von WAALER (1927) in Oslo durchgeführt worden, die auch für

andere europäische Länder bestätigt werden konnten (KLEIN u. FRANCESCHETTI 1964). Nach dem Vorschlag von STERN (1973) können wir für die europäische Rasse der Einfachheit halber folgende Frequenzen als repräsentativ ansehen: Protanopie (P) 1%, Protanomalie (PA) 1%, Deuteranopie (D) 1%, Deuteranomalie (DA) 5%.
Ferner hat sich aufgrund eingehender Untersuchungen herausgestellt, daß sowohl die Untergruppen der Protangruppe, als auch der Deutangruppe, zueinander im Verhältnis einer *Polyallelie* stehen, und zwar in dem Sinne, daß die weniger schweren Störungen jeweils über die schwereren Störungen dominieren. Bei diesen beiden Polyallelieserien handelt es sich also um

a) N > PA > P und
b) N > DA > D.

Es lassen sich somit zwei Gruppen, die Protan- und die Deutangruppe, feststellen, von denen jede mindestens drei Allele besitzt. Die Reihenfolge entsprechend abnehmender Dominanz ist folgende: normales Farbensehen – Protanomalie – Protanopie, und die zweite in entsprechender Reihenfolge: normales Farbensehen – Deuteranomalie – Deuteranopie.
Folgende Schlußfolgerungen lassen sich daraus ableiten:

1. Die Annahme, daß jeder dieser beiden Reihen einer Serie multipler Allele entspricht, erklärt uns, weshalb eine Frau nur zwei verschiedene Typen von Söhnen haben kann. Ist z.B. der eine Sohn deuteranop und der andere deuteranomal, so kann kein weiterer Sohn mit normaler Farbentüchtigkeit auftreten. Dasselbe gilt auch für die Protanreihe.
2. Hat die Mutter z.B. einen deuteranopen und einen deuteranomalen Sohn, dann wird sie selber deuteranomal sein, da, wie wir gezeigt haben, das Normal-Allel dominant über die beiden anderen defizienten Allele ist.
3. Hat sie einen deuteranopen und einen normalsichtigen Sohn, dann wird sie selber normal farbentüchtig sein, da sie ein Gen für den Normaltyp und eines für Deuteranopie besitzt und sich das Deuteranopiegen rezessiv gegenüber dem normalen Gen verhält.

Es stellt sich nunmehr die Frage, welches die Beziehung zwischen den Genen der Deutanreihe einerseits und denen der Protanserie andererseits ist.
Es ist das Verdienst WAALERS (1927), die Hypothese aufgestellt zu haben, wonach wir es bei der Protanreihe und der Deutanreihe mit zwei unabhängigen Allelenserien zu tun haben, deren jede drei Allele aufweist. Dagegen verhalten sich die Gene für die Protanreihe *nicht* als Allele im Verhältnis zu denen der Deutanreihe, d.h. die Gene für die Protanreihe einerseits und die Deutanreihe andererseits sind nicht am gleichen Locus im X-Chromosom gelegen. Nach dieser *bilokulären Theorie* muß eine Frau, welche auf einem der beiden X-Chromosomen ein Protangen und auf dem anderen ein Deutangen besitzt, trotz ihrer doppelten Heterozygotie normal farbentüchtig sein („non-allelic-compound").

Die „Zwei-Loci-Theorie" erlaubt es uns, folgende Befunde zu interpretieren:

1. Eine Frau mit einem protanopen und einem deuteranopen Sohn, welche infolgedessen Konduktorin sowohl eines Gens der Protanserie auf dem einen und eines Gens der Deutanserie auf dem anderen X-Chromosom ist, wird normalsichtig sein.
2. Es gibt keine Übergangsformen zwischen den Protan- und den Deutanstörungen.
3. Die statistische Häufigkeit der farbenblinden Frauen in der Bevölkerung entspricht nicht der theoretischen Erwartung, wenn ihre Berechnung einzig auf der Gesamtfrequenz der Rotgrünblindheit beim Manne basiert. Wenn wir z.B. eine Frequenz der Rotgrünblindheit beim Manne von ungefähr 8% annehmen (s. Tab. **18–19**), so würde sich daraus die Häufigkeit farbenblinder Frauen theoretisch als 0,64% (8% × 8%) berechnen lassen. In Wirklichkeit findet man jedoch nur 0,43% farbenblinder Frauen (Waaler 1927, von Planta 1928). Diese Differenz von 0,21% muß auf das Konto der Frauen gesetzt werden, die doppelt heterozygot für zwei Gene verschiedener Reihen (Protan- und Deutanreihen) und demnach Nicht-Allele sind; sie besitzen infolgedessen in der Regel ein normales Farbsehvermögen („Nicht-allelomorph-Compound").

Berechnet man jedoch getrennt voneinander die Homozygotiefrequenz von Frauen für die Protanserie einerseits und die Deutanserie andererseits, so erhält man ungefähr den beobachteten Wert von 0,4%:

Homozygotiefrequenz des Protantyps bei der Frau:
2% · 2% = 0,04%,
Homozygotiefrequenz des Deutantyps bei der Frau:
6% · 6% = 0,36%; total = 0,40%.

Wie man sieht, entspricht dieser theoretische Wert von 0,40% der beobachteten Häufigkeit von 0,43%. Damit kann also als bewiesen gelten, daß zwischen der Deutanserie und der Protanserie kein Allelieverhältnis vorliegt.

Diese Beweise basierten allerdings lange Zeit auf der Identifikation doppelt heterozygoter Frauen („Nicht-allelomorph-Compound") mit ihren Söhnen, bei denen beide Typen von Farbsehstörungen zusammen vorkamen. Ein direkter Beweis der Waalerschen Theorie durch Familienbeobachtungen, in denen *normalsichtige Töchter* aus der Ehe zweier farbenblinder Eltern, von denen der eine Elternteil eine Protanopie und der andere eine Deuteranopie aufwiesen, hervorgingen, wurde erst durch Franceschetti (1949, 1960) und Franceschetti u. Klein (1957) (Abb. **46** und **47**) erbracht. Andererseits kennt man in der Literatur Familien, bei welchen aus der Ehe zweier farbgestörter Eltern des gleichen Typus alle Kinder befallen waren.

Trotzdem somit alle diese Tatsachen zugunsten der bilokulären Theorie der Rotgrünblindheit sprachen, hätte sich die unilokuläre Theorie nicht ohne weiteres zurückweisen lassen (evtl. Annahme von Mutationsschritten am

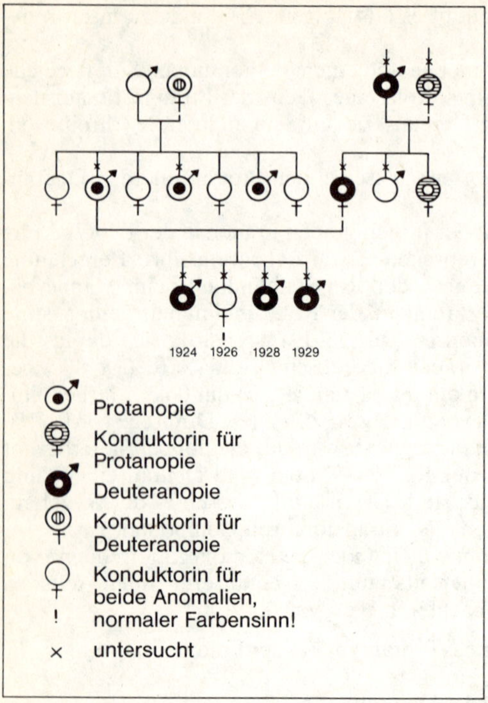

Abb. **46** Verbindung zwischen einem protanopen Mann und einer deuteranopen Frau (nach *Franceschetti*)

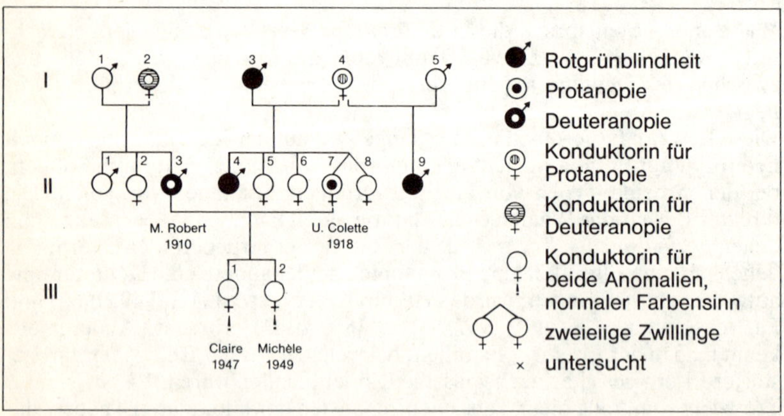

Abb. **47** Verbindung zwischen einem deuteranopen Mann und einer protanopen Frau (nach *Franceschetti* und *Klein*)

gleichen Locus, aber in einander entgegengesetzten Richtungen), wenn sich nicht auch Crossing-over bei gemischt heterozygoten Frauen („Nicht-allelomorph-Compound") hätte nachweisen lassen. Das bekannteste Beispiel eines solchen Crossing-over ist das von Vanderdonck u. Verriest (1960) einer doppelt heterozygoten Frau (s. Abb. **48**).

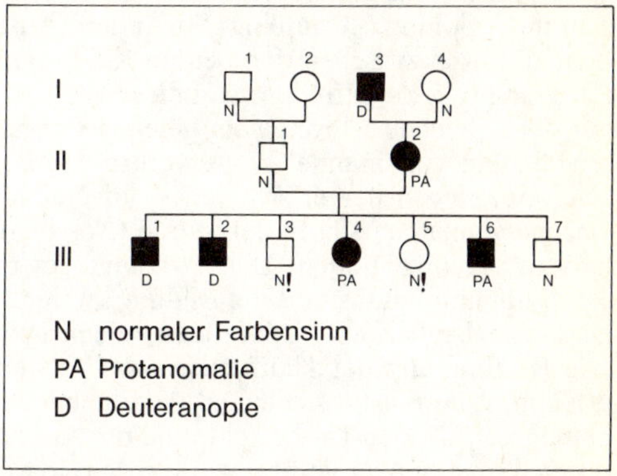

Abb. **48** Crossing-over zwischen Deuteranopie und Protanomalie (nach *Vanderdonck* u. *Verriest*)

Wie aus dem Stammbaum hervorgeht, sind zwei Söhne deuteranop, ein Sohn protanomal, zwei Söhne normalsichtig, desgleichen eine Tochter. Eine weitere Tochter ist ebenfalls protanomal wie ihre Mutter. Die Normalsichtigkeit zweier Söhne läßt sich nur durch Crossing-over eines der Loci der Mutter (Deutan oder Protan), die sich bei ihr in „Repulsion"-Stellung befinden, erklären.

Was an diesem Stammbaum etwas überrascht, ist die Tatsache, daß eine Tochter (III/4 des Stammbaumes) protanomal ist, nachdem sie sicherlich eine einfache Heterozygotin ist. Derartige Manifestationen der Rotgrünblindheit bei der Frau in heterozygotem Zustand finden sich jedoch gelegentlich in der Literatur. Sie lassen sich durch die *Lyonsche Theorie* (1961) der Inaktivation eines der beiden X-Chromosomen erklären. Bei Anwendung der Lyonschen Theorie auf die Rotgrünblindheit müßten heterozygote Frauen im Prinzip einen retinalen Mosaizismus aufweisen, d.h. die anomalen Zapfen müßten mit den normalen Zapfen alternieren. Die heutigen perimetrischen Methoden erlauben es noch nicht, diese Hypothese zu beweisen (Krill u. Beutler 1965). Weitere Beispiele von Crossing-over wurden von Siniscalco u. Mitarb. (1964) und Arias u. Rodriguez (1972) beobachtet.

Rotgrünblindheit und die X-Chromosomenkarte

Dank ihrer Häufigkeit und ubiquitären Verteilung spielt die Rotgrünblindheit auch eine wichtige Rolle als Genmarkierungsmerkmal, indem sie uns

hilft, die Lokalisation anderer Gene auf dem X-Chromosom zu bestimmen. Eines dieser Beispiele von „Linkage", d.h. Bestimmung von Genkoppelungen, stellt die Beziehung zwischen Rotgrünblindheit und Hämophilie dar. In über 20 Stammbäumen der Literatur finden sich Hämophilie und Farbenblindheit gemeinsam übertragen.
Bekanntlich können sich zwei Gene entweder auf den beiden Elementen des gleichen Chromosomenpaars („Repulsion") oder auf dem gleichen Chromosom in Kopplung („Coupling") befinden. Ausnahmsweise kann jedoch ein Genaustausch zwischen den beiden X-Chromosomen während der Meiose (Crossing-over) stattfinden. Auf diese Weise können zwei Gene, die vorher auf dem gleichen Chromosom gelegen waren, getrennt werden und dann unabhängig voneinander weitervererbt werden; andererseits können sich zwei Gene, von denen sich jedes auf einem verschiedenen Element des Chromosomenpaars befindet, durch Crossing-over auf dem gleichen Chromosom vereinigt finden. Das Crossing-over mit Chromosomenruptur und Rekombination hat somit die Bildung zweier neuer Gametentypen zur Folge, die zu den bereits existierenden beiden Typen hinzukommen.
Die Bestimmung der Häufigkeit des Crossing-over zwischen zwei Genen erlaubt es, den Ort festzulegen, den die beiden Gene auf dem Chromosom einnehmen. In der Tat besteht eine um so größere Chance für zwei Gene, durch Crossing-over getrennt zu werden, je weiter voneinander entfernt sie sich auf dem betreffenden Chromosom befinden. Andererseits besteht um so weniger Aussicht auf ein Crossing-over, je näher sich die Loci zwischen zwei Genen befinden. Der Crossing-over-Wert ist in letzterem Falle sehr niedrig.
Dank der Methode der Linkage- und Crossing-over-Bestimmung unter Benützung von Genmarkierungsmerkmalen, wie die Rotgrünblindheit, war bereits die Lokalisation einer zunehmenden Reihe von Genen auf dem X-Chromosom möglich.

Um den Mechanismus des Crossing-over besser zu verstehen, verweisen wir besonders auf die von Rath (1938) und v. Verschuer (1938) beobachtete Familie, deren Befunde von Jaeger (1952) bestätigt werden konnten. Es handelte sich um eine Konduktorin sowohl für Farbenblindheit als auch Hämophilie (Abb. **49**, II/3), die selber von einem hämophilen Vater abstammte. Diese Frau hatte vier Söhne, von denen der älteste farbenblind und hämophil, der zweite hämophil, der dritte farbenblind und der jüngste normal waren. Wenn man annimmt, daß sich bei der doppelt heterozygoten Mutter die Gene für Hämophilie und Farbenblindheit in „Coupling"-Position befanden (sie somit die beiden Gene zusammen von ihrem Vater erhalten hat), wird die Annahme eines Crossing-over notwendig, um zu erklären, warum III/2 lediglich hämophil und III/3 nur farbenblind waren. Wenn sich dagegen die Gene für Hämophilie und Farbenblindheit bei der Mutter separat auf den beiden Elementen des X-Chromosoms befanden („Repulsion"), so muß die Hypothese eines Crossing-over herangezogen werden, um zu erklären, wieso der älteste Sohn (III/1) beide Affektionen gleichzeitig phänotypisch manifestieren konnte.

Insgesamt läßt sich annehmen, daß sich die Loci für Hämophilie A und für Rotgrünblindheit eng nebeneinander auf dem X-Chromosom befinden müssen, wobei die Crossing-over-Rate etwa 10 Einheiten beträgt.

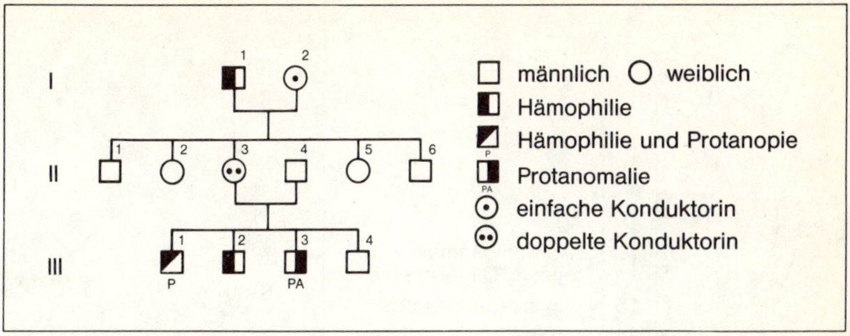

Abb. **49** Gleichzeitige Vererbung von Rotgrünblindheit und Hämophilie mit Crossing-over (nach *Rath* und *v. Verschuer*)

Während also Hämophilie A und Farbenblindheitgene sehr nahe beieinander sind, haben weitere Linkage-Untersuchungen ergeben, daß sich das Gen für die Hämophilie B im Gegenteil in ziemlich großer Distanz vom Farbenblindheitgen befindet (WHITTAKER u. Mitarb. 1962). In der Folge sind einige weitere Genmarkierungsmerkmale für Koppelungsstudien hinzugekommen: das G-6-PD (Defizienz der Glucose-6-Phosphat-Dehydrogenase), die Blutgruppe Xg sowie die Serumproteinvariante Xm. Damit wurde es möglich, für eine Reihe von geschlechtsgebundenen Erbleiden (Ichthyosis, okulärer Albinismus, Angiokeratoma Fabry) die Lokalisation auf dem X-Chromosom zu bestimmen.

Wenn wir die bisher sehr bescheidene Chromosomenkarte betrachten (Abb. **50**), so bemerken wir, daß anscheinend zwei Gruppen von gekoppelten Genen auf dem X-Chromosom existieren, die eine um den Locus Xg und die andere um die Loci für Farbenblindheit (Protanopie und Deuteranopie). In der ersten Gruppe befinden sich die Loci für Ichthyosis, okulären Albinismus und Fabrysche Krankheit, die von dem X-Gen in respektiven Distanzen von 11, 18 und 28 Centimorgans entfernt liegen. Eine neuere X-Chromosomenkarte, die teilweise dank der Anwendung moderner Gentechnologie aufgestellt werden konnte, ist in Abb. **51** wiedergegeben.

Was die gonosomalen Chromosomenaberrationen anbetrifft (Turner-, Klinefelter-Syndrom etc.), so konnte sich der Nachweis einer gleichzeitig bestehenden Farbenblindheit als nützlich erweisen, um die Herkunft des befallenen Chromosoms zu bestimmen; mit anderen Worten, um festzustellen, ob die Störung sich während der mütterlichen oder der väterlichen Meiose vollzogen hat.

Es wäre dringend wünschenswert, daß alle Familienmitglieder mit geschlechtsgebundenen Affektionen auch systematisch im Hinblick auf das gleichzeitige Bestehen einer Farbenblindheit oder anderer Genmarkierungsmerkmale untersucht werden. Ist einmal eine Farbenblindheit vermittels der

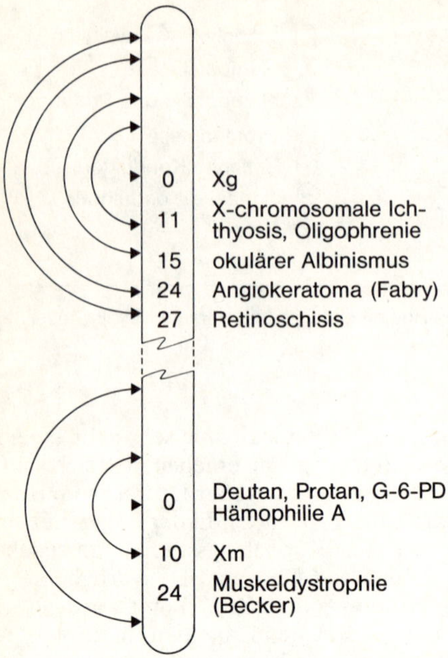

Abb. **50** Versuch einer X-Chromosomenkarte beim Menschen (nach *Race u. Sanger* und *McKusick*). Die Pfeile geben an, daß sich die Loci der einzelnen Gene auf der einen oder anderen Seite der Markierungsgene Xg und Xm befinden können

pseudo-isochromatischen Tafeln von Ishihara festgestellt, so sollte immer eine ergänzende Untersuchung vermittels des Spektralapparates von Nagel erfolgen. Einzig auf diese Weise ist es möglich, eine präzise Diagnose der verschiedenen Störungen vom Deutan- und Protantypus aufzustellen.

Achromatopsie (totale Farbenblindheit)

Bei einigen Patienten wird der Eindruck „weiß“ bereits durch *eine* Grundfarbe, und zwar eine beliebige, hervorgerufen. Diese achromatischen Personen nehmen nur Helligkeitsunterschiede wahr, sehen also nur weiß oder grau. Die totale Farbenblindheit – wie in einigen Fällen auch histologisch belegt (FALLS u. Mitarb. 1965) – beruht auf einem Fehlen des Zapfenapparates und geht meist mit starker Photophobie, Nystagmus und erheblich vermindertem Sehvermögen einher. Im Dämmerlicht und nachts vermögen diese Patienten sich meist besser zu orientieren als bei Tage.
Die Achromatopsie vererbt sich autosomal rezessiv. Ihre Häufigkeit in der

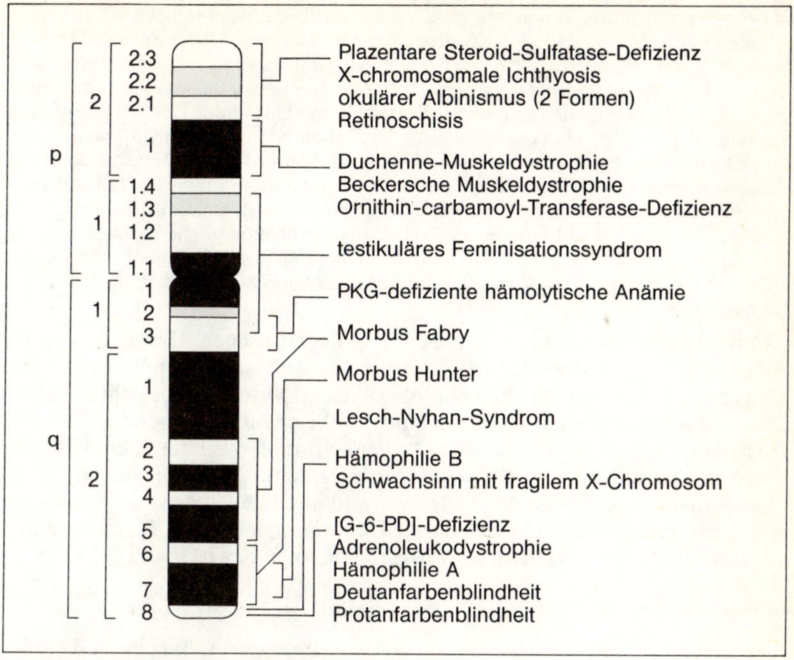

Abb. **51** Eine neuere X-Chromosomenkarte. Sie wurde z.T. dank der Anwendung X-spezifischer DNA-Sonden erhalten (nach *Roberts* u. *Pembrey*)

normalen Bevölkerung ist etwa 1:300000. Bei einem großen Stammbaum einer achromaten Familie auf der dänischen Insel Fur, der von HOLM u. LODBERG (1940) aufgestellt und von FRANCESCHETTI u. Mitarb. (1958) ergänzt wurde, fand sich in etwa 30% elterliche Blutsverwandtschaft sowie Befallensein in drei aufeinander folgenden Generationen infolge von *Pseudodominanz* (d.h. Heirat einer homozygoten mit einer heterozygoten Person). Berechnet auf die Zahl der Einwohner dieser Insel (ca. 1600), auf der 23 Patienten persönlich untersucht werden konnten, konnte die Frequenz dieses Leidens auf etwa 1:70(!) geschätzt werden.

In einer dieser Familien mit elterlicher Blutsverwandtschaft konnte interessanterweise beim älteren Bruder eine komplette Achromatopsie und beim jüngeren eine *inkomplette Form* festgestellt werden, die sich in einem gewissen Farbunterscheidungsvermögen bei größeren farbigen Flächen äußerte (FRANCESCHETTI u. Mitarb. 1958).

Es ist das Verdienst JAEGERS (1981), dieses Geschwisterpaar 25 Jahre nach der ersten Untersuchung in seiner Klinik nochmals vermittels moderner elektrophysiologischer Methoden nachuntersucht zu haben.

Diese Untersuchungen erlaubten es, die ursprüngliche Diagnose bei den beiden Patienten voll aufrechtzuerhalten. Es zeigte sich insbesondere bei der Spektralsensibilitätskurve des älteren Bruders, daß bei ihm ausschließlich eine Stäbchenaktivität vorlag; beim jüngeren Bruder hingegen fanden sich daneben Reste einer Zapfenfunktion, die auf das Erhaltensein eines „Rotrezeptors" hinwiesen. Der Nachweis einer intrafamiliären Alternanz von kompletter und inkompletter Achromatopsie in dieser Geschwisterschaft konnte somit vollständig bestätigt werden. Dabei bestanden beim jüngeren Bruder klinisch die gleichen charakteristischen Symptome der Achromatopsie (Photophobie, Nystagmus, vermindertes Sehvermögen), wenn auch in geringerem Grade als bei seinem Bruder. Ob es sich genetisch um phänotypische Variationen eines Allelenpaares oder um den Einfluß eines Modifikatorgens handelt, der für die inkomplette Achromatopsie beim jüngeren Bruder verantwortlich wäre, kann nicht entschieden werden.

Zapfenmonochromasie. Aus differentialdiagnostischen Gründen sei hier noch die Zapfenmonochromasie angeführt, bei der gleichfalls eine totale Farbenblindheit, jedoch ohne Photophobie und Nystagmus besteht. Auch ist das Sehvermögen nicht eingeschränkt. Wahrscheinlich handelt es sich bei dieser Form nicht um eine genetische Einheit. In der Tat betraf ein Fall eine Frau, die vermutlich eine doppelt Heterozygote für Protanomalie und Deuteranomalie war (Weale 1953). In zwei anderen Fällen bestand wahrscheinlich eine zufällige Kombination von Deuteranomalie und Tritonanomalie (Crone 1956), die diesen merkwürdigen Phänotyp bewirkt hatte.

Tritostörungen (Tritanopie, Tritanomalie)

Als Tritanopie wird eine Farbensinnstörung bezeichnet, bei der die Perzeption für Blau vollständig fehlt. Tritanomalie hingegen stellt eine qualitativ ungenügende Wahrnehmung dieser Farbe dar. Merkwürdigerweise liegen diesen beiden ziemlich seltenen Störungen keine allelen Gene zugrunde. In der Tat vererbt sich die Tritanopie autosomal dominant mit Penetranzschwankungen, die Tritanomalie dagegen X-chromosomal wie die Rotgrünblindheit. Krill u. Mitarb. (1971) haben das Vorkommen einer echten kongenitalen Tritanopie als genetische Einheit in Frage gestellt und sie eher unter die benignen hereditären dominanten Optikusatrophien eingereiht; Went u. Mitarb. (1974) dagegen halten an der genetischen Unabhängigkeit dieser Tritostörung fest.

Biochemie der Proteinsynthese und genetischer Code

Desoxyribonucleinsäure

In den Jahren 1871–1874 gelang es dem Basler Biochemiker J. F. MIESCHER, aus den menschlichen Eiterzellen sowie aus dem Sperma der Lachse eine Substanz zu isolieren, die er Nuclein nannte und von der er bereits annahm, daß sie zur Befruchtung und Fortpflanzung diene. Später wurde das Nuclein in Nucleinsäure bzw. Desoxyribonucleinsäure umbenannt. Es vergingen mehrere Jahrzehnte, bis erkannt wurde, daß die Desoxyribonucleinsäure (DNA) Träger der genetischen Information ist. Diese Wende zur Erkenntnis, daß die DNA die Erbsubstanz aller Organismen darstellt, wurde von AVERY u. Mitarb. (1944) eingeleitet, die anhand von Transformationsversuchen an Pneumokokken nachwiesen, daß die transformierende Substanz aus DNA bestand. Jedoch erst WATSON u. CRICK (1953) gelang es, ein Strukturmodell der DNA aufzustellen, das mit den beobachteten DNA-Funktionen chemischer, physikalischer und funktioneller Art in Einklang gebracht werden konnte. Die Autoren erhielten für ihre grundlegende Arbeit im Jahre 1962 den Nobelpreis.

Das von WATSON u. CRICK vorgeschlagene Modell des DNA-Moleküls setzt sich aus zwei Strängen von entgegengesetztem Richtungssinn zusammen, die spiralig zu einer Doppelschraube umeinander gewunden sind (DNA-Doppelhelix, Abb. **52**). Sie bestehen aus Polynucleotidketten, wobei sich jedes Nucleotid aus drei verschiedenen Bausteinen zusammensetzt: einem Grundgerüst, das aus der Alternanz eines Phosphat- und eines Zucker(Desoxyribose)-Restes besteht. Der Zuckerrest des einen Nucleotids ist jeweils über das Phosphat mit dem nächsten Nucleotid verbunden (Abb. **53**). Während das Grundgerüst stets konstant bleibt, wird der dritte Baustein von einem Basenpaar gebildet, das von einem DNA-Abschnitt zum anderen wechselt. Es stehen im ganzen vier Basen zur Verfügung, nämlich zwei Purine: Adenin (A) und Guanin (G), sowie zwei Pyrimidine: Thymin (T) und Cytosin (C). Die Basenpaarung in dem Doppelstrang ist infolge *komplementären Verhaltens* der Purine zu den Pyrimidinen auf vier Möglichkeiten beschränkt: Das Adenin des einen Stranges liegt immer einem Thymin des anderen Stranges gegenüber (A–T), das Thymin immer gegenüber dem Adenin (T–A), das Cytosin immer gegenüber dem Guanin (C–G) und das Guanin gegenüber dem Cytosin (G–C) (s. Abb. 53). Während an den Außenseiten jede Base an dem Zuckermolekül des Grundgerüstes angeheftet ist, wird die Verbindung zwischen den komplementären Basen des Doppelstrangs durch Wasserstoff-

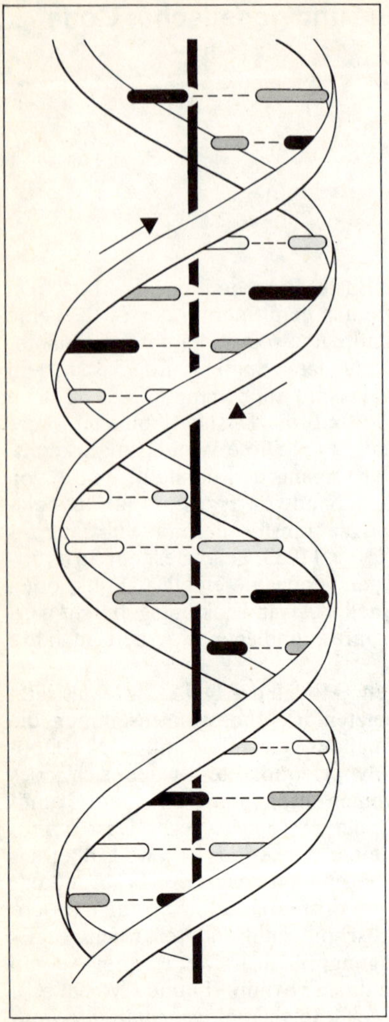

Abb. **52** Struktur der Doppelhelix der Desoxyribonucleinsäure (nach *Watson* u. *Crick*)

brücken aufrechterhalten. Dabei können aus stereochemischen Gründen Bindungen jeweils nur zwischen Adenin und Thymin oder Guanin und Cytosin stattfinden, so daß zwischen A:T und G:C ein konstantes Verhältnis von 1:1 besteht. Aus der Komplementarität der Basenpaarung folgt auch, daß die Basensequenz des einen Stranges in Abhängigkeit von der des

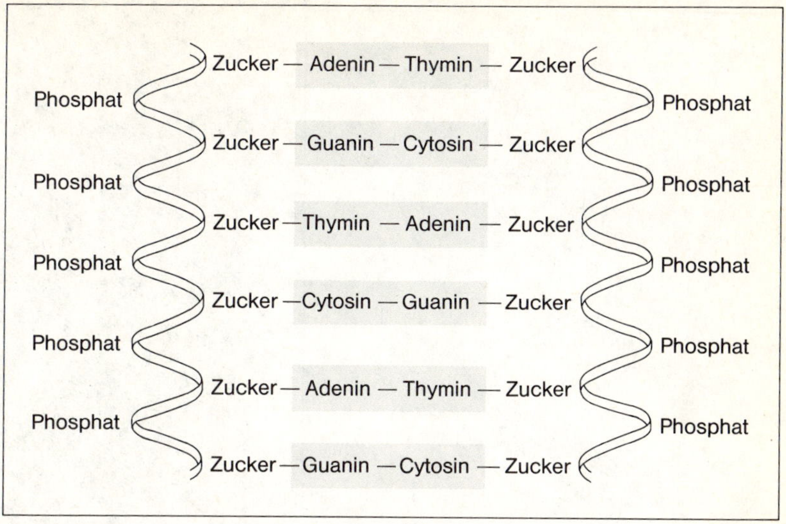

Abb. **53** Anordnung der Purin- und Pyrimidinbasen im DNA-Molekül

anderen steht. Damit wird eine wesentliche Eigenschaft der DNA, nämlich ihre Fähigkeit zur Verdoppelung *(Replikation)*, d.h. zur Bildung neuer Paare aus Einzelsträngen, verständlich.

Replikation. Die DNA-Replikation vollzieht sich in *„semi-konservativer"* Weise. Hierbei entwindet sich das DNA-Doppelstrangmolekül im Replikationsbereich, und an die Basen eines jeden der beiden Stränge lagern sich die dazu komplementären Basen an, wobei eine DNA-Polymerase die korrekte Basenpaarung kontrolliert. An jedem der beiden alten Stränge entsteht somit ein neuer DNA-Strang (Abb. **54**). Demnach wird bei der Replikation immer ein Einzelstrang eines Tochterdoppelstranges neu synthetisiert, während der andere von parentaler Herkunft ist und unverändert auf die Tochterstruktur übertragen wird. Daher wird für diesen Typ der Replikation die Bezeichnung „semi-konservativ" gebraucht.

Transkription (Abb. **55**). Die Übertragung der Information der im Zellkern befindlichen DNA auf die im Zytoplasma gelegenen *Ribosomen*, den Zentren der Proteinsynthese, geschieht über die *RNA (Ribonucleinsäure)*. Diese RNA ist eine Art „Matrizen-RNA", die an einem Teilstück der DNA des Zellkerns nach dem Prinzip der Basenpaarung synthetisiert wurde. Die entsprechend der Basensequenz der DNA nachgebildete RNA ist *einsträngig* und wird als *Messenger-RNA* (m-RNA, „Boten"-RNA) bezeichnet. Der Mechanismus der Nachbildung der DNA in Form einer Negativkopie aus der DNA wird als *Transkription* bezeichnet, und das katalysierende Enzym, das

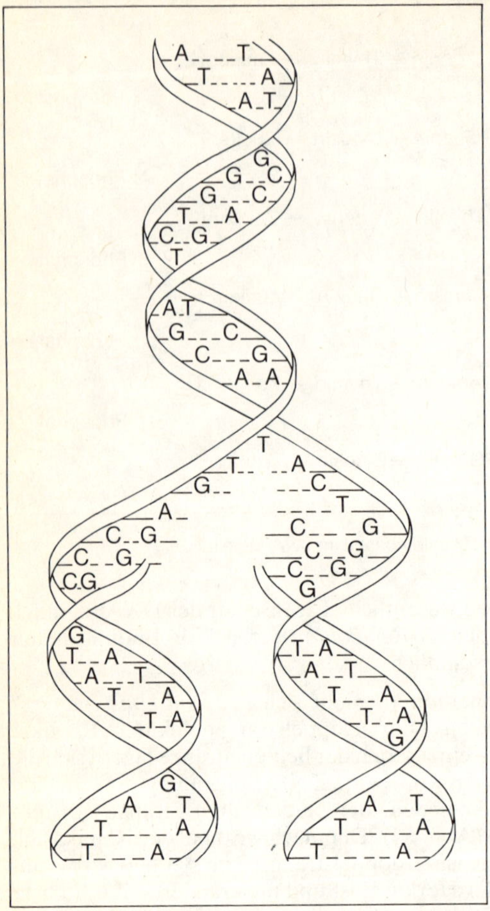

Abb. **54** Schema der Replikation der Desoxyribonucleinsäure (nach *Watson* u. *Crick*)

für die Informationsübertragung von der DNA auf die m-RNA verantwortlich ist, wird als *Transkriptase* oder *RNA-Polymerase* bezeichnet.
Diese mRNA-Polymerase ist von größter Spezifität für den Prozeß der Informationsübertragung, indem sie nicht nur zu entscheiden vermag, welcher der beiden DNA-Stränge komplementär nachgebildet werden soll, sondern auch festlegt, an welcher Stelle der DNA die Transkription des Messengers beginnt *(Initiation)* und in welcher Richtung die mRNA-Synthese erfolgt. Schließlich gibt sie auch die Stoppsignale für die *Termination* des Prozesses an. Die Geschwindigkeit, mit der die Synthese erfolgt, wird mit

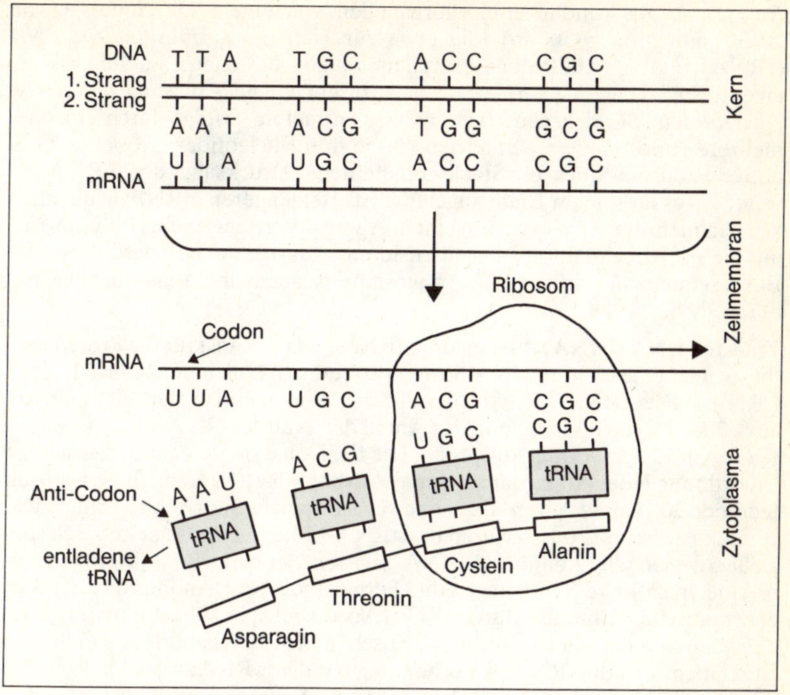

Abb. **55** Transkription der genetischen Information und Synthese der Polypeptidketten (nach *Carter*)

25–35 Nucleotide pro Sekunde angegeben, eine „dem Tempo einer flotten Sekretärin an der Schreibmaschine" ähnliche Zeitspanne (Bresch u. Mitarb. 1970). Der Transkriptionsvorgang ist somit als ein von der Natur in hervorragender Weise gelöstes Experiment zu betrachten, welches zeigt, wie die im Chromosomenverband niedergelegte genetische Information durch ihre Übertragung auf die einsträngige und auf kleinere Portionen verteilte mRNA an Beweglichkeit, Präzision und Transportfähigkeit ins Zytoplasma gewonnen hat.

Translation. Das Ziel der Translation ist die Übersetzung der Nucleotidsequenzen, die in der m-RNA enthalten sind, in die spezifischen Aminosäuresequenzen und ihre Einordnung in Polypeptidketten. Dieser Vorgang spielt sich grosso modo folgendermaßen ab: Nach dem Verlassen des Zellkerns trägt die nunmehr beweglich gewordene mRNA, die sich von der DNA nur durch ihre Einsträngigkeit und den Ersatz von Thymin durch Uracil unterscheidet, die Geninformation in das Zytoplasma. Hier wendet sie sich den

Ribosomen zu, rundlichen Zellorganellen von einem Durchmesser von 20–30 nm (1 nm = 10^{-9} m), die etwa zur Hälfte aus *ribosomalem RNA* (rRNA) und zur Hälfte aus Proteinmolekülen bestehen. Sie sind als die eigentlichen Proteinsynthesezentren anzusehen. Die Ablesung der RNA-Nucleotiden, die den genetischen Code enthalten, erfolgt durch ein oder mehrere Ribosomen in Sequenzen von je drei Nucleotiden, wobei sich das aktive Ribosom Stück für Stück entlang dem „Drucksatz" der mRNA bewegt, bis es an seinem Ende angelangt ist. Bei längeren mRNA-Molekülen können mehrere Ribosomen zu einem Aggregat vereinigt sein (Polysomen), um die Polypeptidketten zu synthetisieren. Auf diese Weise wird durch die Basensequenz der mRNA die Aminosäurensequenz innerhalb des Plasmas der Zelle bestimmt.

Transfer-RNA (tRNA). Neben der mRNA und rRNA ist für die Proteinsynthese noch eine weitere RNA-Sorte notwendig, nämlich die Transfer-RNA (tRNA). Das tRNA-Molekül besteht aus einem Polynucleotidstrang von etwa 70–100 Nucleotiden, und der Anteil der Transfer-RNA an der Gesamt-RNA von Zellen beträgt etwa 10%. Die tRNA hat die Aufgabe, die richtige Einordnung jeder Aminosäure in eine Polypeptidkette vorzunehmen, so daß jede der 20 Aminosäuren über eine für sie spezifische tRNA verfügt. Die Bindung zwischen Aminosäuren und tRNA-Molekülen geschieht durch spezielle *Synthetasen* (Aminoacyl-tRNA-Ligasen), wobei es für jede Aminosäure eine spezifische Synthetase gibt. Ferner muß jede Aminosäure vor der enzymatischen Bindung durch ATP (Adenosintriphosphat) aktiviert werden. Um nun die Aminosäuren spezifisch in eine Polypeptidkette einbauen zu können, tritt die tRNA in Verbindung mit der mRNA, wobei jede tRNA ihr spezifisches Codon (Triplet) an der mRNA finden muß. Hierfür verfügt jede spezifische tRNA über ein *Anticodon*, bestehend aus einer Sequenz aus drei Basen, die komplementär zur Basensequenz des Codons sind. Dabei müssen das Codon der mRNA und das Anticodon der tRNA komplementär zueinander passen. Nach der Entladung eines tRNA-Moleküls von seiner Aminosäurelast wird jede tRNA wieder für weitere Aufgaben frei.
Mit der nahezu vollständigen Aufklärung der Aminosäurensequenz und ihres Einbaus in die Polypeptidketten, deren Steuerung sich dank der Basenpaarung zwischen den mRNA-Codons und den tRNA-Anticodons an den Ribosomen vollzieht, wobei spezifische Enzyme die Anheftung der Aminosäuren an spezifischen tRNA-Molekülen besorgen, ist ein wichtiges Kapitel molekularbiologischer Forschung abgeschlossen worden.

Der genetische Code

Die Kenntnis des genetischen Codes datiert erst seit den Jahren 1960–1965. Dieser bedeutende Fortschritt ist auf die intensive Forschungstätigkeit einer großen Reihe von Wissenschaftlern zurückzuführen, insbesondere auf die

Arbeiten von NIRENBERG u. Mitarb. (1969). Sie ermöglichte, „eines der größten Rätsel des Lebens" auf experimentelle Weise zu lösen.
Wenn man als Gen die Funktionseinheit definiert, die die notwendige Information für die Synthese einer Polypeptidkette liefert, so kann man den genetischen Code als einen Transkriptionsmechanismus bezeichnen, der von der DNA über die mRNA zu den Aminosäuresequenzen und zur Proteinsynthese führt. Diese der DNA innewohnende genetische Spezifität beruht auf der besonderen sequentiellen Anordnung der vier Basen (A, T bzw. U, C, G) im Doppelhelix, die eine Art chiffrierte Nucleotidsprache darstellt. Hierbei bilden jeweils drei Basen die sequentielle Einheit des Codes, indem sie zu einem *Codon* oder *Triplet* zusammentreten (Tab. **21**). Da somit jeweils drei Basen eine Aminosäure codieren und insgesamt vier Basen für die Verschlüsselung von 20 Aminosäuren zur Verfügung stehen, wären im Prinzip lediglich 20 Triplets hierfür notwendig. Unter der Annahme, daß nur zwei Basen für die Determinierung einer Aminosäure notwendig wären, käme man auf 16 mögliche Kombinationen (4^2), eine für die Bestimmung von 20 Aminosäuren ungenügende Zahl. Erst unter der Voraussetzung, daß drei Basen für die Definition einer Aminosäure notwendig sind, kommt man auf eine allerdings mehr als genügende Zahl von Möglichkeiten für die Kodierung der 20 Aminosäuren, nämlich auf 64 Kombinationen (4^3). Der genetische Code ist somit als mehrdeutig anzusehen, d. h. dieselbe Aminosäure

Tabelle **21** Kodierung der Triplets (Codons) für Aminosäuren bezogen auf mRNA

RNA-Codon	Aminosäure
GCU oder GCC oder GCA oder GCG	Alanin (Ala)
CGU oder CGC oder CGA oder CGG oder AGA oder AGG	Arginin (Arg)
AAU oder AAC	Asparagin (Asn)
GAU oder GAC	Asparaginsäure (Asp)
UGU oder UGC	Cystein (Cys)
CAA oder CAG	Glutamin (Gln)
GAA oder GAG	Glutaminsäure (Glu)
GGU oder GGC oder GGA oder GGG	Glycin (Gly)
CAU oder CAC	Histidin (His)
AUU oder AUC oder AUA	Isoleucin (Ile)
UUA oder UUG oder CUU oder CUC oder CUA oder CUG	Leucin (Leu)
AAA oder AAG	Lysin (Lys)
AUG	Methionin (Met)
UUU oder UUC	Phenylalanin (Phe)
CCU oder CCC oder CCA oder CCG	Prolin (Pro)
UCU oder UCC oder UCA oder UCG oder AGU oder AGC	Serin (Ser)
ACU oder ACC oder ACA oder ACG	Threonin (Thr)
UGG	Tryptophan (Try)
UAU oder UAC	Tyrosin (Tyr)
GUU oder GUC oder GUA oder GUG	Valin (Val)

A = Adenin, C = Cytosin, G = Guanin, U = Uracil (Uracil statt Thymin)

kann durch mehrere Dreiergruppen determiniert werden. Man bezeichnet daher diesen Code als „degeneriert“. Einige wenige Triplets dienen auch zur Bezeichnung des Endes einer Polypeptidkette. Andere Codons dürften auch keinerlei Information tragen (Tab. **22**).

Tabelle **22** Genetischer Code für die Synthese der 20 Aminosäuren

1. Base	2. Base U	C	A	G	3. Base
Uracil *	Phenylalanin	Serin	Tyrosin	Cystein	U
	Phenylalanin	Serin	Tyrosin	Cystein	C
	Leucin	Serin	Stop **	Stop	A
	Leucin	Serin	Stop	Tryptophan	G
Cytosin	Leucin	Prolin	Histidin	Arginin	U
	Leucin	Prolin	Histidin	Arginin	C
	Leucin	Prolin	Glutamin	Arginin	A
	Leucin	Prolin	Glutamin	Arginin	G
Adenin	Isoleucin	Threonin	Asparagin	Serin	U
	Isoleucin	Threonin	Asparagin	Serin	C
	Isoleucin	Threonin	Lysin	Arginin	A
	Methionin	Threonin	Lysin	Arginin	G
Guanin	Valin	Alanin	Asparagin-säure	Glycin	U
	Valin	Alanin	Asparagin-säure	Glycin	C
	Valin	Alanin	Glutaminsäure	Glycin	A
	Valin	Alanin	Glutaminsäure	Glycin	G

* in RNA statt Thymin
** 3 Signale für die Termination

Der genetische Code ist universell; er gilt für alle Organismen. Sowohl Tiere, Pflanzen, Bakterien und Virusarten übersetzen in gleicher Weise die Nucleotidsequenzen in Proteine.

Reverstranskription von RNA in DNA. Seit langem galt als Grundprinzip der Informationsübertragung das Schema DNA → mRNA → Protein. Es war daher ein völlig unerwartetes Ereignis, als fast gleichzeitig zwei Forscher (TEMIN u. Mitarb., BALTIMORE) im Jahre 1970 in viralen Tumorzellen ein besonderes Enzym, die *„reverse Transkriptase“*, eine RNA-abhängige DNA-Polymerase nachwiesen. Es zeigte sich, daß die RNA-Viren imstande sind, komplementäres DNA aus RNA unter der Anleitung dieses speziellen Enzyms zu bilden. Da seither einige Viren bekannt geworden sind, die Krebs bei Mäusen, Vögeln und anderen Tieren zu erzeugen vermögen, wurde auch für menschliche Krebsformen, insbesondere Brustkrebs, nach dieser „Umkehrtranskriptase“ geforscht, jedoch bisher ohne großen Erfolg.
Die „reverse Transkriptase“ erwies sich jedoch von unschätzbarem Wert für

die genetische Forschung, um aus mRNA oder anderen spezifischen RNA-Sequenzen die komplementären DNA-Sequenzen zu synthetisieren. Durch Klonierung solcher DNA-Stränge können dann *einsträngige komplementäre DNA-Sonden* hergestellt werden. Diese markiert man radioaktiv und verwendet sie für die *direkte Genanalyse* (s. Kap. DNA-Analyse).

Regulation der Genaktivität. Wenn das Watson-Crick-Modell auch die Biosynthese der Proteine verständlich macht, so vermag sie doch nicht den Mechanismus zu erklären, wonach eine große Reihe von Proteinen nur zu gewissen Zeiten und in bestimmten Zellen produziert werden. Es war daher von großer theoretischer Bedeutung, daß es Jacob u. Monod (1961) gelang, bei E. coli ein Regulationssystem für die Enzymsynthese festzustellen, das auch für andere Organismen evtl. gültig sein könnte. Nach dem Schema von Jacob u. Monod kommen für eine solche Regulierung zwei verschiedene Genkategorien in Betracht: zunächst das Bestehen von *Strukturgenen*, die über die genetische Information verfügen und die Umsetzung dieser Information in Proteinsynthese als Aufgabe haben. Diesen Strukturgenen vorgelagert ist ein anderes Gen, der sog. *Operator*, der die Aktivität der Strukturgene kontrolliert. Operator und die dazugehörigen Strukturgene bilden eine operationelle Einheit, die den Namen *„Operon"* trägt (s. Abb. **56**). Dieser aus einer Gruppe strukturell und funktionell zusammengehöriger Gene bestehende Komplex ist mit der Regulation der genetischen Transkription für die Induktion oder Repression der Enzymsynthese betraut. Mit anderen Worten: von der Operatorregulation hängt es ab, ob und in welchem Maße RNA gebildet werden soll.
Zu diesem Zwecke ist die Intervention eines weiteren Gens erforderlich, nämlich eines *Regulatorgens*. Dieses befindet sich gegenüber dem Operator-

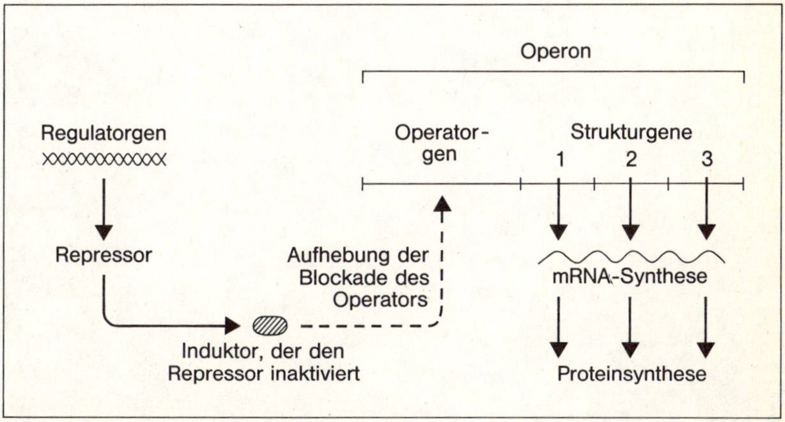

Abb. **56** Schema der Steuerung der Enzymsynthese (nach *Jacob* u. *Monod*)

gen und codiert ein spezifisches Proteinmolekül, den sog. *Repressor*. Dieser vermag je nach Bedarf, d. h. je nach der umgebenden Substratkonzentration im Zytoplasma, die Rolle eines inhibierenden oder aktivierenden Faktors zu spielen.

So kann der Repressor eine Proteinsynthese verhindern, indem er sich mit dem entsprechenden Operon (z. B. einem Lactoseoperon) verbindet und diesen blockiert („reprimiert"). Folglich werden die Überleitung der Information auf die Strukturgene des Operons und damit die mRNA-Transkription sowie Proteinsynthese gehemmt. Damit diese Synthese wieder in Gang gesetzt werden kann, muß der Operator wieder aktiviert („dereprimiert") werden, so daß er seine Information an das Operon weiterleiten kann. Dieser Prozeß der *Enzyminduktion* wird durch eine Inaktivierung des Repressors bewirkt. Diese kommt dadurch zustande, daß der Repressor sich mit dem entsprechenden Substrat im Zellmedium (z. B. Lactose) verbindet, das die Rolle eines *„Induktors"* übernimmt. Da auf diese Weise der Repressor zu einer Blockierung des Operators ungeeignet geworden ist, kann der Prozeß der mRNA- und Enzymbildung wieder in Gang kommen. Ist das Substrat (Induktor) aufgebraucht, so kann der Repressor aufs neue den Operator inhibieren und damit die Synthese unnötiger Enzyme verhindern.

Das *Jacob-Monod-Modell* (Nobelpreis 1965), das von den Autoren aufgrund der Untersuchung der Lactoseregion von E. coli aufgestellt wurde, und das durch neuere Ergebnisse bestätigt werden konnte, stellt somit ein geniales Regulationsschema dar, das es erlaubt, die Steuermechanismen zu verstehen, die über Zellsubstrat, Operon und Repressor die Enzymsynthese kontrollieren.

Hämoglobinopathien

Das Hämoglobin (Hb) ist ein zusammengesetzter Eiweißkörper, der aus einem Protoporphyrin-Eisen-Komplex (Häm) und einem Eiweißanteil (Globin) besteht. Während in allen Hämoglobinformen der Aufbau des Häms stets konstant bleibt, unterscheiden sich deren Globinmoleküle in der Struktur ihrer Polypeptidketten. Jedes Globinmolekül ist aus 4 Polypeptidketten zusammengesetzt, von denen je 2 identisch sind. Dabei tritt jeweils das zweiwertige Eisen, das Zentralatom der Hämgruppe, über ein Histidin (eine Aminosäure) mit jedem der 4 Polypeptidketten in Verbindung, um den Sauerstofftransport in die Gewebe zu gewährleisten.

Das Hämoglobinmolekül des erwachsenen Menschen (Hb A) besteht zu 98% aus 2α- und 2 β-Polypeptidketten und wird gewöhnlich als $\alpha_2\beta_2$ bezeichnet. Zu etwa 2% besteht es aus je 2 α- (Hb A) und 2 δ-Ketten (Hb A_2) (Bezeichnung $\alpha_2\delta_2$). Das fetale Hämoglobin (Hb F) setzt sich aus 2 α- und 2 γ-Ketten zusammen ($\alpha_2\gamma_2$). Bei der Geburt beträgt es noch etwa 80% der Hämoglobinmenge, sinkt aber bereits nach 4–7 Monaten auf wenige Prozente herunter. Inzwischen hat es sich herausgestellt, daß es zwei Varianten des fetalen Hämoglobins gibt, nämlich eine mit *Alanin* (γA) und eine mit *Glycin* (γG). Daneben kommen in den frühesten Embryonalwochen noch die embryonalen Hämoglobine vor: Hb Portland mit ζ-Ketten ($\zeta_2\gamma_2$), Hb Gower 1 mit ζ- und ε-Ketten ($\zeta_2\varepsilon_2$) und Hb Gower 2 mit α- und ε-Ketten ($\alpha_2\varepsilon_2$). Die embryonalen und fetalen Hämoglobine zeichnen sich durch eine größere Sauerstoffaffinität als die adulten Formen aus und garantieren damit eine vermehrte O_2-Abgabe in die Gewebe. (Die ζ-Ketten gleichen in ihrer Aminosäurenzusammensetzung den α-Ketten und die ε-Ketten den β-Ketten.) Die α-Kette weist 141 Aminosäuren auf, während die β-, γ- und δ-Ketten jeweils 146 Aminosäuren besitzen. Evolutionstheoretisch muß angenommen werden, daß die Gene für alle 4 Peptidketten aus einem gemeinsamen Gen, das vor etwa 650 Millionen Jahren existiert hat, durch Genduplikationen hervorgegangen sein muß. In der Tat ist deren Übereinstimmung zu groß, um durch Zufall erklärt zu werden. So stimmen die α-, β-, γ- und δ-Ketten in 50, β-, γ- und δ-Ketten in 103, und die β- und δ-Ketten in 136 Aminosäuren überein. Ferner haben Schimpanse und Mensch eine völlig identische Aminosäurenzusammensetzung der α- und β-Ketten, während die Abweichung der Aminosäurensequenz zwischen Gorilla und Mensch bei der α-Kette lediglich in einer Aminosäure, und bei der β-Kette in zweien liegt. Vermutlich hatte der Übergang von dem ursprünglich einfachen Hämoglobin zum tetrameren Molekülaufbau des menschlichen Hämoglobins den Vorteil, daß es sich infolge Besitzes von 4 Hämgruppen mit 4 Sauerstoffmolekülen beladen konnte und damit einen größeren Anpassungsvorteil erreichte.

Abgesehen von der eindimensionalen *Primärstruktur* der Aminosequenzen innerhalb der Peptidketten spielt auch die *räumliche Anordnung* der einzelnen Peptidsegmente eine große Rolle für die normale physiologische Funk-

tion der Sauerstoffübertragung. Dabei bezeichnet man als *Sekundärstruktur* die Formung einer Polypeptidkette zu einer Helix, was eine komplizierte Fältelung derselben in helikale und nicht helikale Segmente bedingt. Als *Tertiärstruktur* wird die Zusammenlagerung vieler Polypeptidketten zu einem festen Verband und ihre unterschiedliche dreidimensionale Anordnung bezeichnet; endlich wird als *Quartärstruktur* die Aggregation der 4 Häm-Globin-Untereinheiten (1 Tetramer) zu einem funktionellen Hämoglobinmolekül definiert.
Als chromosomaler Sitz der α- und ζ-Gene konnte Chromosom 16 und aller Nicht-α-Gene (ε, γ, δ, β) das Chromosom 11 nachgewiesen werden.

Sichelzellanämie (Drepanozytose)

Von den anomalen Hämoglobinen ist die Sichelzellanämie am längsten bekannt (Herrick 1910, Talliaferro u. Huck 1923). Sie findet sich hauptsächlich in den tropischen Regionen Afrikas, wo ihre Häufigkeit mit 1–2% der Bevölkerung angegeben wird. Die Sichelzellanämie gehört somit zu den am meisten verbreiteten Erbkrankheiten des Menschen. Andererseits finden sich die heterozygoten Träger des Hb S-Gens in manchen Gegenden Zentralafrikas bis zu 40%. Dabei stellt der Fluß Sambesi die südliche Grenze für das Vorkommen des Sichelzellmerkmals dar, während die nördliche Grenze von der Sahara und dem äthiopischen Hochland gebildet wird („Sichelzellgürtel"). In der farbigen Bevölkerung der Vereinigten Staaten beträgt die Häufigkeit heterozygoter Individuen etwa 8%. In Europa findet sich die Krankheit hauptsächlich im Mittelmeerraum vor (Italien, Griechenland, Türkei).
Das klinische Bild der Sichelzellanämie beginnt bereits um den 3. bis 4. Lebensmonat und ist durch eine chronische hämolytische Anämie mit Blässe, Ikterus, Hepatosplenomegalie und sehr schmerzhaften hämolytischen Krisen infolge Gefäßthrombosierungen gekennzeichnet: an den Extremitäten (Hand- und Fußrücken- sowie Gelenkschwellungen), später abdominelle Krisen und Infarkte in den verschiedensten Organen (Lungen-, Milz- und Knocheninfarkte, Nephropathien, Beingeschwüre, aseptische Nekrosen der Femurköpfe) sowie hämolytische Krisen innerhalb des Zentralnervensystems (Kopfschmerzen, Krämpfe, die zu Lähmungen führen können). Ophthalmologisch kann es zu Retina- und Glaskörperblutungen kommen.
Das Blutbild ist abgesehen von der hämolytischen Anämie durch eine ausgeprägte Anisozytose und Poikilozytose sowie Vorhandensein von Sichelzellen sowie „Schießscheibenzellen" (target cells) gekennzeichnet. Fast 80% des gesamten Hämoglobins besteht aus Hb S, dagegen ist das Hb A_2 in normaler Quantität vorhanden, das Hb F ist vermehrt. Die Lebenserwartung ist erheblich eingeschränkt, kann jedoch bei guter Pflege wesentlich verbessert werden.
Pauling u. Mitarb. (1949) gelang es, den Grunddefekt für die Sichelzellanämie bis zum molekularen Niveau voranzutreiben, wobei sie auch als erste den Begriff „Molekularkrankheit" prägten. Unter Verwendung der Elektro-

phoresemethode nach Tiselius gelang es ihnen zu zeigen, daß sich das normale Hämoglobin bei einem bestimmten pH als negatives Ion verhält und in einem elektrischen Feld zum positiven Pol wandert. Demgegenüber bewegt sich das Sichelzell-Hb als positives Ion zum negativen Pol. Besonders interessant war der Befund bei den heterozygoten Trägern des Sichelzellmerkmals. Er ergab das Vorhandensein zweier verschiedener Hb-Anteile, nämlich von etwa 60% normalem Hb A und 40% Sichelzell-Hb (Hb S). Damit konnte auf molekularer Ebene gezeigt werden, daß bei heterozygoten Merkmalträgern (A/S) beide Arten von Hb-Molekülen nebeneinander gebildet werden, während bei homozygoten Patienten nur abnorme Hb-Moleküle (Hb S/Hb S) vorkommen. Die einzelnen Allele für Hb A und Hb S bilden somit in unabhängiger Weise je eine Hb-Art (Abb. **57**).
Es ist das Verdienst von Neel (1949) und Beet (1949), unabhängig voneinander den Erbgang der Sichelzellanämie geklärt zu haben. Sie konnten aufgrund von Stammbaumanalysen nachweisen, daß Patienten mit Sichelzellanämie für das Sichelzellgen homozygot sind, während Sichelzellmerkmalträger hierfür heterozygot sind.
In den folgenden Jahren entdeckte man weitere Hb-Varianten (Hb C, Hb D, Hb E usw.), zunächst meist in der heterozygoten Form, später auch in

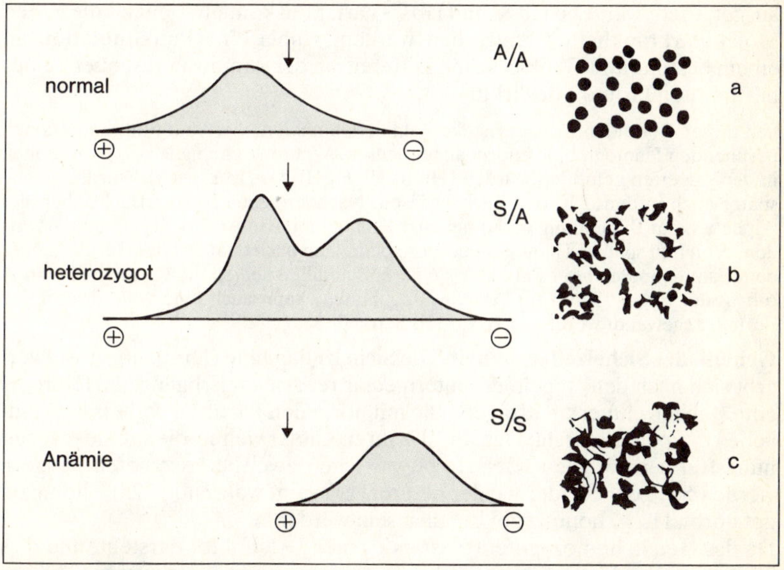

Abb. **57** Elektrophorese von Hämoglobinen. **a** Von einem Gesunden, **b** bei einem Träger des Sichelzellmerkmals (Heterozygotie), **c** von einem Patienten mit Sichelzellanämie (Homozygotie) (nach *Pauling* u. Mitarb.)

homozygoter. Während ihre heterozygoten Träger klinisch meist unauffällig waren, wiesen Homozygote für die Hb-Gene C und E nur eine leichte hämolytische Anämie mit Target-Zellen auf.
Die nächste wichtige Etappe war die Erkenntnis der molekularen Verschiedenheit in der Aminosäurezusammensetzung zwischen dem normalen Hämoglobin (Hb A) und dem Sichelzellhämoglobin (Hb S). Sie beruht auf dem von INGRAM (1956, 1957) brillant geführten Beweis, daß die biochemische Verschiedenheit zwischen dem normalen und dem Sichelzellhämoglobin einzig auf die *Substitution* einer Aminosäure der β-Kette, nämlich der *Glutaminsäure* in Position 6 (Numerierung vom Aminoende der Peptidkette), durch *Valin* zurückzuführen ist.

Die von INGRAM ausgearbeitete Technik („Fingerprinting") bestand darin, vermittels Hydrolyse durch Trypsin die Peptidketten in Bruchstücke zu zerlegen und diese dann durch Anwendung eines kombinierten zweidimensionalen Systems in etwa 30 kleinere Peptide, jedes etwa 7–10 Aminosäuren enthaltend, zu trennen und zu analysieren. Die einzige Differenz auf molekularem Gebiet zwischen normalem (Hb A) und Sichelzellhämoglobin (Hb S) war somit die Ersetzung einer einzigen von insgesamt 292 Aminosäuren (2 · 146 der beiden β-Ketten), die bereits so schwerwiegende funktionelle Folgen nach sich ziehen kann.

Mit der gleichen Methode gelang INGRAM auch der Nachweis, daß bei *HB C* die Glutaminsäure in der gleichen Position durch die Aminosäure *Lysin* ausgetauscht war. Die Hb S- und Hb C-Varianten können somit als die ersten Molekularkrankheiten angesehen werden, wobei eine Punktmutation an einem bestimmten Genlocus eine Differenz in der Aminosäuresequenz eines bestimmten Proteins bewirkt.

Seit diesen Befunden INGRAMS ist die Zahl der anomalen, meist auf Punktmutationen beruhenden Hämoglobine enorm angewachsen. Während anfänglich die Mutationen in den β-Ketten gefunden wurden (Hb S, Hb C, Hb D, Hb E usw.), wurden solche später auch in den α-Ketten nachgewiesen. Nachdem zunächst die Buchstaben des Alphabets zur Benennung pathologischer Hämoglobine in Anspruch genommen wurden, erhielten spätere Hämoglobine Bezeichnungen nach dem Ort der Herkunft oder dem Familiennamen der Patienten. Während im allgemeinen die Formeln für Hb A $\alpha_2\beta_2$ (oder $\alpha_2^A\ \beta_2^A$) und für Hb S $\alpha_2^A\ \beta_2^S$ lauten, kann auch eine volle deskriptive Formel angewandt werden, z. B. für HB S: $\alpha_2^A\ \beta_2^{6Val}$.

Genetik der Sichelzellkrankheit. Die Sichelzellanämie (Drepanozytose) vererbt sich nach den Regeln des intermediär rezessiven Erbganges. Heterozygote (Sichelzellmerkmalträger), die mit normalen Partnern verheiratet sind, geben das pathologische Gen an 50% ihrer Kinder weiter, die wie sie erscheinungsfrei sein werden. Bei Heirat zwischen zwei heterozygoten Trägern werden 50% der Kinder wieder heterozygot sein, während je 25% homozygot normal bzw. homozygot befallen sein werden.
Da das Gen in homozygotem Zustande einen Letalfaktor darstellt, und dies häufig vor der Fortpflanzungsperiode, wäre zu erwarten gewesen, daß die Sichelzellanämie langsam im Verschwinden begriffen ist. Dem steht jedoch entgegen, daß die Frequenz der Heterozygoten sehr hoch ist und in bestimm-

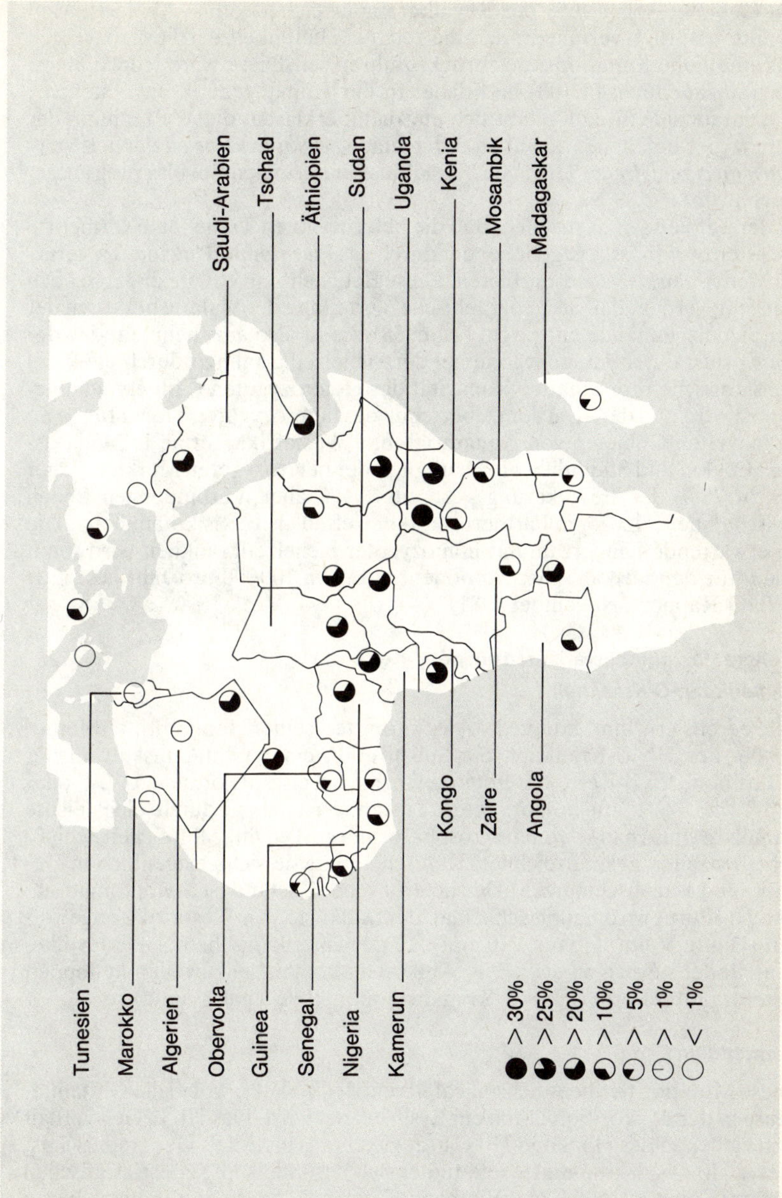

Abb. **58** Verbreitung des Sichelzellhämoglobins in Afrika (nach *Silvestroni* und *Bernard* u. *Ruffié*)

ten Gebieten sogar 40% der Bevölkerung erreichen kann (Abb. **58**). Man könnte natürlich vermuten, daß die relative Häufigkeit der Heterozygoten auf eine hohe Mutationsrate zurückzuführen sei. Diese wäre jedoch als zu hoch anzunehmen (1:100) und daher in der Humangenetik unvorstellbar. Die paradoxale Situation läßt sich nur damit erklären, daß die Letalität der homozygot befallenen Kranken durch einen *selektiven Vorteil der heterozygoten merkmalsfreien Träger* im Verhältnis zur normalen Bevölkerung aufgewogen wird.

In der Tat ließ sich feststellen, daß die heterozygoten Träger eine vermehrte Resistenz („fitness") gegenüber der durch das *Plasmodium falciparum* verursachten *Malaria tertiana* darbieten. Diese Beobachtung konnte dadurch noch erhärtet werden, daß die geographische Verteilung der Malaria praktisch der der Sichelzellanämie entspricht (Abb. **58**). Es ist also anzunehmen, daß der Genverlust durch Homozygotie bei der Sichelzellkrankheit durch die kompensatorische reproduktive Kapazität der Heterozygoten („fitness") aufgewogen wird und damit zu dem Überschuß der heterozygoten Träger führt. So ist in weiten Gebieten von Äquatorial- und Westafrika, ferner in Madagaskar, Ceylon und Südindien die Häufigkeit der heterozygoten Merkmalträger bis zu 25% der Bevölkerung verbreitet. 4% aller Verbindungen finden zwischen heterozygoten Partnern statt, betreffen also „Risikofamilien". Die zu erwartende Kinderzahl mit homozygoter Sichelzellkrankheit wird somit allein für den afrikanischen Kontinent auf etwa 100000 pro Jahr geschätzt (WHO-Rapport, November 1981).

Weitere Hämoglobinvarianten auf der β-Kette

Hämoglobin-C-Krankheit

Wie bereits erwähnt, konnte INGRAM vermittels seiner „Fingerprint"-Methode bei der Hb C-Krankheit die Substitution einer Glutaminsäure in der 6. Position der β-Kette durch ein *Lysin* nachweisen (Formel: $\alpha_2{}^A\beta_2{}^C$ oder $\alpha_2\beta_2{}^{6\ Glu\ \rightarrow\ Lys}$). Im homozygoten Zustande ist Hb C durch eine leichte hämolytische Anämie vom mikrosphärocytären Typ mit zahlreichen Schießscheibenzellen gekennzeichnet. Klinisch äußert sie sich gelegentlich in Gelenk- und Bauchschmerzen. Der heterozygote Zustand ist asymptomatisch. Die Hb-Form wird hauptsächlich an der Südküste von Westafrika angetroffen (Haute Volta, Ghana, Nigeria). In der amerikanischen Negerbevölkerung findet sie sich zu etwa 2%. Außerdem kommt sie zuweilen in doppelt heterozygoter Form (Hb S/C-Krankheit oder Hb C-Thalassämie) vor.

Hämoglobin E ($\alpha_2\beta^{26\ Glu\ \rightarrow\ Lys}$)

Diese Mutation befindet sich gleichfalls auf der β-Kette, wobei die Glutaminsäure in der 26. Position durch ein Lysin ersetzt wird. Das Hb E-Gen verhält sich zu denen des Hb S und Hb C u.a. gleichfalls als Allel. Geographisch ist dieses Hb das dritthäufigste und findet sich besonders im südost-asiatischen Raum (Kambodscha, Laos, Vietnam, Thailand), wo seine Frequenz bis zu

28–37% geschätzt wird. Während die heterozygote Form klinisch asymptomatisch ist, weisen die homozygoten Individuen eine leichte normochrome mikrozytäre Anämie mit Schießscheibenzellen auf.
Abgesehen von den Hämoglobintypen Hb S und Hb C gibt es über 150 weitere Hb-Varianten der β-Ketten, bei denen es sich meist gleichfalls um Ersetzung einer normalen Aminosäure durch eine andere handelt (Punktmutationen). Alle diese auf der β-Kette gelegenen Genvarianten verhalten sich daher als allele Mutationen, obwohl sie meist nicht auf dem gleichen Locus (z. B. Position 6) gelegen sind und daher auf verschiedene Codons zurückgeführt werden müssen.

Sichelzellhämoglobin kombiniert mit hereditärer Persistenz von fetalem Hämoglobin (Hb F)

Obwohl klinisch nicht in Erscheinung tretend, ist die sog. „hereditäre Persistenz von fetalem Hb“ von großem theoretischen und praktischen Interesse. Normalerweise findet sich weniger als 1% fetalen Hämoglobins nach dem 1. Lebensjahr. Bei Persistenz von Hb F bis in das Erwachsenenalter über normale Mengen hinaus (> 0,5–0,8 Hb F), ohne daß diese auf eine Thalassämie oder sonstige Hämoglobinopathie zurückzuführen ist, spricht man von einer Hb F-Persistenz. Dabei müssen insbesondere zwei Typen von Hb F unterschieden werden, die eine mit Alanin in Position 136 ($^{A}\gamma$), die andere mit Glycin in der gleichen Position ($^{G}\gamma$). Wie Familienuntersuchungen gezeigt haben, liegen den beiden γ-Ketten nicht-allele, d. h. verschiedene Gene zugrunde. Neben den reinen $^{A}\gamma$- und $^{G}\gamma$-Typen kommen auch Mischtypen vor ($^{A}\gamma/^{G}\gamma$-Kombinationen). Je nach den Produktionsraten der beiden γ-Ketten und der intrazellulären Verteilung des fetalen Blutfarbstoffs unterscheidet man ferner nationale Typen (afrikanischer, griechischer, Schweizer, deutscher Typ usw., Kleihauer 1976). Auch ein homozygoter Status ist beschrieben worden, mit einem 100%-Anteil von Hb F, ferner hämatologisch einer Aniso- und Poikilozytose sowie vermehrten Target-Zellen, jedoch klinisch ohne besondere Symptomatik. Die Kombination von hereditärer Persistenz von Hb F und Hb S (doppelte Heterozygotie) verhindert Sichelzellbildung und damit auch die entsprechenden Krankheitssymptome. Die hereditäre Persistenz von Hb F ist wahrscheinlich auf eine *Deletion* der mit den γ-Genen eng gekoppelten Gene für die β- und δ-Ketten zurückzuführen, weshalb keine perinatale Umschaltung von fetaler zu adulter Hb-Produktion erfolgen kann und erstere daher persistieren. Störungen im Bereich der Operator- und Regulatorgene werden jedoch auch erwogen.
Eine klinisch bedeutsame Rolle spielt das „High-F“-Gen bei der *Sichelzellanämie*. So ist bei doppelter Heterozygotie, nämlich für Hb S (Sichelzellmerkmal) und „High-F“-Gen, der Anteil der entsprechenden Hämoglobine: Hb S 60–80% und Hb F 20–40%. Bei einer solchen doppelten Heterozygotie kommt es infolge der Schutzwirkung des fetalen Hämoglobins zu keiner Sichelzellbildung der Erythrozyten und damit auch zu keiner Infarktbildung. Auch die homozygote Sichelzellanämie kann in ihrer Symptomatik wesent-

lich abgeschwächt erscheinen, sobald der Anteil von Hb F im Gesamtblutfarbstoff 10% übersteigt. Eine besonders günstige Konstellation scheint bei der in einer bestimmten Region Saudi-Arabiens vorkommenden Sichelzellanämie vorzuliegen, bei der der Anteil von fetalem Hämoglobin ungefähr 25% beträgt. Die Tendenz zur Aggregation des Hämoglobins und Verformung der Erythrozyten wird infolge des großen Hb F-Anteils vermindert und damit die Tendenz zu Komplikationen reduziert.

Seit der Entdeckung der klassischen Hämoglobinopathien sind über 250 neue Hb-Varianten bekannt geworden, davon etwa 150 Mutationen der β-Kette, 70 der α-Kette und weitere Varianten in Form von *doppelten Punktmutationen, Deletionen* (Verlust eines oder mehrerer Basentripletts), *Insertion* (zusätzliche Einfügung von Tripletts), *Elongation* am Kettenende (Mutation der Terminatorcodone), *Fusion* zweier benachbarter Strukturgene durch nicht-homologes Crossing-over bei der Meiose sowie *„Frameshift"-Varianten* („Rahmenverschiebung" = Kombination von Deletion und Elongation) (Tab. **23**). Zum Glück sind die meisten hämatologischen Abweichungen klinisch asymptomatisch oder weisen nur geringe Erscheinungen auf. Pathophysiologisch lassen sich diese Hämoglobinvarianten in vier Gruppen unterteilen (vgl. Tab. **24**):

1. *Varianten mit Sichelzellbildung* (wie bei Hb S und Hb E). Infolge herabgesetzter Löslichkeit der Hämoglobine polymerisiert das Hb solcher Patienten und bildet Faserbündel, die die Erythrozytenmembran sichelförmig deformieren und die Kapillaren verstopfen können, so daß es zu Infarktbildungen kommt.
2. *Varianten mit Hämoglobininstabilität.* Die meisten instabilen Hämoglobine betreffen die β-Ketten. Ein intramolekulärer Strukturdefekt bedingt eine vorzeitige Dissoziation der Hämgruppe von der Globinkette, was zu einer intrazellulären Präzipitation des denaturierten Hämoglobins in Form von Heinz-Körper-Bildung und zu einer hämolytischen Anämie führt. Sulfonamide können bei instabilen Hämoglobinen schwere Hämolysen auslösen.
3. *Varianten mit Methämoglobinämie und Zyanose.* Die Methämoglobine sind Hämoglobinderivate, bei denen die physiologische zweiwertige Eisenverbindung (Ferrozustand) der Hämgruppe durch Oxidation in eine dreiwertige Eisenverbindung (Ferrizustand) umgewandelt ist. Dadurch kann sich das Hämoglobin nicht mehr in reversibler Weise mit dem Sauerstoff verbinden und seine normale Funktion als Sauerstoffüberträger erfüllen. Es gibt vier verschiedene Hämoglobinvarianten, die zu Methämoglobinämie führen. Sie beruhen alle auf der Substitution eines Histidins durch Tyrosin, wovon zwei auf der α-Kette und zwei auf der β-Kette lokalisiert sind. Neben einer leichten hämolytischen Anämie leiden die Patienten an einer klinisch auffälligen Zyanose, die entweder bereits kongenital oder erst mit 6 Monaten auftritt.
4. *Varianten mit veränderter O_2-Affinität.* Bei erhöhter O_2-Affinität wird der Sauerstofftransport in die Gewebe verringert, was zu einer Hypoxie

Tabelle **23** Anomale Hämoglobine. Beispiele für verschiedene Arten von Strukturdefekten der Aminosäurensequenz (nach *Kleihauer*)

Art der Mutation	Beispiel: Substitution oder andere Strukturdefekte	Bemerkungen
Austausch einer Aminosäure	Hb S: β 6 Glu → Val	Punktmutation
Austausch zweier Aminosäuren	Hb C (Harlem): { β 6 Glu → Val { β 73 Asp → Asn	 entspricht Hb S entspricht Hb Korle-Bu
Deletion einer Aminosäure	Hb Freiburg: β 73 Val → 0	Ersatzlose Deletion innerhalb der β-Kette
Deletion mehrerer Aminosäuren	Hb Tochigi: β 56–59 → 0	Ersatzlose Deletionen innerhalb der β-Kette
Kettenelongation (Verlängerung am C-Terminus)	Hb Tak: β 146 → 157 +	Terminationsdefekt der β-Kette. Instabiles Hb
Kettenelongation (am C-Terminus)	Hb Constant Spring: α 142 Glyn } Hb Icaria: α 142 Lys } Hb Koya Dora: α 142 Ser	+ 31 zusätzliche Aminosäuren + 16 zusätzliche Aminosäuren. Terminationsdefekte der α-Kette. Hb Constant Spring bis zu 3,2 % bei Malaien. Hb Koya Dora bis zu 10 % bei Koya-Dora-Stamm in Andhra Pradesh (Indien). Hb Constant Spring und Hb Icaria können Thalassämie verursachen.
»Frameshift«-Mutation (»Rahmenverschiebung«) = Kombination von Deletion + Elongation	Hb Wayne/ α 139–141 → 0 139–141 → +	Die Deletion verursacht die Codierung einer neuen Sequenz.
Kettenverlängerung durch interstitielle Insertion von Aminosäuren	Hb Grady: α Pro 114 – Ala 115 – Glu 116 – Phe 117 – Thr 118 – *Glu-Phe-Thr* – Pro 119 – Ala 120	Die *nicht-numerierten* Aminosäuren (zwischen Thr 118 und Pro 119) *sind verdoppelt.*
Fusion zweier Ketten	Hb Lepore: $\alpha_2(\beta\delta)_2$	$\delta\beta$-Fusionsprodukt, entstanden durch ungleiches Crossing-over zwischen β- und δ-Ketten (s. Schema). Diese Imbalance der Kettensynthese führt zu verminderter Hb-Synthese. Bei Heterozygoten Symptom der Thalassaemia minor, bei Homozygoten Thalassaemia major.
	Hb »Anti-Lepore«: Varianten Hb Miyada und HbP Congo. (s. Schema, Abb. 60)	Crossing-over in umgekehrter Richtung mit Bildung eines $\beta\delta$-Fusionsgens. Normaler Hb-Synthese, keine Lepore-ähnliche Symptomatik.

Tabelle **24** Beispiele abnormer Hämoglobine und ihrer typischen klinischen Manifestationen (aus *G. L. Conley, S. Charache:* Inherited hemaglobinopathies. In McKusick, V.A., R. Claiborne: Medical Genetics. HP Publishing Freeman, New York 1974)

Hb-Typ	Austausch oder andere Strukturänderungen	Molekularpathologie	Klinische Symptome
Sichelzellanämie	β6 Glu → Val	Molekülaggregation mit Sichelzellbildung	Hämolytische Anämie mit peripheren Infarkten
HbC-Krankheit	β6 Glu → Lys	Herabgesetzte Löslichkeit mit verminderter Plastizität der Erythrozyten	Hämolytische Anämie bei Homozygoten
Instabile Hämoglobine			
Hb Torino	α43 Phe → Val	Präzipitationsneigung mit Innenkörperbildung in Erythrozyten	Hämolytische Anämie bei Heterozygoten
Hb Genova	β28 Leu → Pro		
Hb Hammersmith	β42 Phe → Ser		
Hb Köln	β98 Val → Met		
Hb Wien	β130 Tyr → Asp		
Hb Zürich	β63 His → Arg	Präzipitation nach Sulfonamidgaben	Hämolytische Krisen nach Sulfonamiden autosomal-dominante Vererbung
Methämoglobine			
HbM Boston	α58 His → Tyr	Die Phenolgruppe des Tyrosins bildet mit Hämeisen eine stabile Bindung ($Fe_2 \rightarrow Fe_3$)	Kongenitale Methämoglobinämie mit Zyanose
HbM Iwate	α87 His → Tyr		
HbM Saskatoon	β63 His → Tyr		
HbM Hydepark	β92 His → Tyr		
HbM Milwaukee	β67 Val → Glu		Hb M-Zyanose
Hb Freiburg	β23 Val → O (Deletion)	Instabiles Hb mit anomalem Methämoglobinspektrum	Hämolytische Anämie mit Zyanose
Hämoglobine mit erhöhter O_2-Affinität			
Hb Chesapeake	α92 Arg → Leu	Verminderte Abgabe von O_2 an die Gewebe, kompensatorische Bildung von Erythropoetin	Kongenitale Polyzythämie bei Heterozygoten
Hb Malmö	β97 His → Gln		
Hb Yakima	β99 Asp → His		
Hb Ypsilanti	β100 Asp → Tyr		
Hb Hiroshima	β143 His → Asp		
Hb Bethesda	β145 Tyr → His		
Hämoglobine mit erniedrigter O_2-Affinität			
Hb Seattle	β76 Ala → Glu	Erhöhte O_2-Abgabe an die Gewebe	Leichte Anämie infolge verminderter oder gehemmter Erythropoetinproduktion
Hb Yoshizuka	β108 Asn → Asp		

führt. Dadurch wird die Erythropoetinproduktion angereizt, so daß es zu einer Polyglobulie kommt. Diese Anomalie muß differentialdiagnostisch von einer *Polycythaemia vera* abgegrenzt werden.
Es gibt auch Varianten mit herabgesetzter O_2-Affinität. Infolge der verringerten O_2-Affinität des Hämoglobins ist eine reduzierte Erythropoetinproduktion zu erwarten, da der Hypoxiereiz nicht wirksam wird. Dies kann zu leichten Anämien führen.

Thalassämien

Die Thalassämien nehmen im Rahmen der Hämoglobinopathien insofern eine Sonderstellung ein, als der bei ihnen vorliegende genetische Defekt nicht auf der Produktion eines abnormen Hämoglobins, sondern auf einer ungenügenden Synthese von normalem Hb beruht. Die Bezeichnung „Thalassämie" – von dem griechischen Wort „Thalassa" (Mittelmeer) herrührend – war ursprünglich nur für die klassische hypochrome Mittelmeeranämie, d.h. die β-Thalassämie geprägt worden. Später wurde diese Bezeichnung auch auf die α-Thalassämie und verwandte Krankheiten ausgedehnt, die besonders häufig in Südostasien (Thailand, China), aber auch im Mittelmeerraum (z.B. Türkei) anzutreffen sind.

Thalassämieformen

β-Thalassämie

Eine Sonderform kindlicher Anämie ist zum ersten Male von Cooley, einem Kinderarzt von Detroit, bei Kindern italienischer und griechischer Herkunft beschrieben worden (Cooley u. Lee 1925). Um die gleiche Zeit war die „mikrozytäre Anämie" in Italien von mehreren Autoren entdeckt worden (Rietti 1925, Greppi 1927, Micheli 1935).
Die Beziehung zwischen Mikrozytämie und Cooley-Anämie als respektiv heterozygote und homozygote Form der gleichen Krankheit ist unabhängig voneinander von Neel und Beet im Jahre 1949 erkannt worden.

a) *Homozygote Form* (Thalassaemia major, Cooley-Anämie). Die Krankheit beginnt in den ersten Lebensjahren mit Blässe, Apathie und öfters diffusen Schmerzen im linken Hypochondrium. In den Entwicklungsjahren sind die Patienten im allgemeinen kleinwüchsig und mager, von blasser, subikterischer Hautfarbe und von einer eigenartigen Gesichtskonfiguration: Die Stirn ist vorstehend und erweitert, die Distanz zwischen den Lidwinkeln ist verbreitert, die Jochbögen sowie die Kieferknochen sind aufgetrieben und die Nasenwurzel ist eingesunken („Facies leonina" oder „asiatica"). Es besteht regelmäßig eine Hepatosplenomegalie. Die Erythropoese ist maximal gesteigert. Die Röntgenuntersuchung ergibt charakteristische Veränderungen: Die Schädelkalotte hat ein poröses, streifenartiges Aussehen, die Tabula externa ist unscharf und die Knochenbälkchen strahlen wie borstiges Haar nach außen aus („Bürstenschädel"). Das Skelett zeigt eine generalisierte Osteoporose sowie eine Anschwellung in der Metaphysenregion.

Das Blutbild entspricht einer hypochromen, erythroblastischen Anämie: Erniedrigung des Hämoglobingehaltes auf 4–8%, mit Vermehrung von Hb F (zwischen 50–90%). Die roten Blutkörperchen sind klein (Mikrozytose), von unregelmäßiger Form (Anisozytose, Poikilozytose), und man trifft viele Schießscheibenzellen („target cells") an. Die Resistenz gegenüber hypotonischen Lösungen ist erhöht. Die Krankheit ist langsam fortschreitend und führt meist um die Zeit der Pubertät zum Tode. Regelmäßige Bluttransfusionen sowie intramuskuläre Injektionen von Desferal, welche die Eisenausscheidung fördern und damit die Bildung einer Hämochromatose verzögern, können auf Jahre hinaus das fatale Ende aufhalten.

b) *Heterozygote Form* (Thalassaemia minor). Die heterozygoten Individuen zeigen im allgemeinen nur eine leichte hypochrome Anämie mit Mikrozytämie, Erhöhung der osmotischen Resistenz sowie Vermehrung der Hämoglobin-A_2-Fraktion (von 2–3% auf 4–6%). Jedoch kennt man auch Thalassaemia-minor-Formen ohne Veränderung der roten Blutkörperchen und mit einer Vermehrung nur von Hb A_2, manchmal auch von Hb F.

Genetik der β-Thalassämie. Der Vererbungsmodus der β-Thalassämie ist vom rezessiv intermediären Typ. Bei einer Heirat zwischen einem heterozygoten und einem normalen Individuum wird das Verhältnis von heterozygoten zu normalen Kindern 1:1 sein. Bei einer Verbindung zwischen zwei heterozygoten Individuen ist das Verhältnis = 1 homozygot Befallener : 2 Heterozygote : 1 homozygot normales Individuum. Die drei anderen Mendelschen Kreuzungsmöglichkeiten kommen nicht in Betracht, da die homozygot Befallenen nicht zur Fortpflanzung kommen.
Für die β-Thalassämie stellt sich das gleiche Problem wie für die Sichelzellanämie: Wie ist die relative Häufigkeit dieser Hämoglobinopathie in heterozygotem Zustande in gewissen Regionen des Mittelmeeres zu erklären, wenn die homozygote Form einen Letalfaktor darstellt, was im Prinzip zu einer langsamen Elimination des abnormen Gens führen sollte.
Was z. B. die Thalassaemia minor in Italien anbetrifft, so ist deren Frequenz in der Po-Ebene (Ferrara, Rovigo etc.) bis zu 10% und in anderen Gegenden sogar noch höher (bis zu 20%) (Abb. **59**). Andererseits ist die Sterblichkeit an dieser Krankheit in dieser Gegend 1 : 400 (0,25%); sie kann in anderen Gebieten bis zu 1% ansteigen, was natürlich ein großes sozialmedizinisches Problem darstellt.
Wie bei der Sichelzellanämie wurde die Möglichkeit eines selektiven Vorteils der Heterozygoten im Vergleich zu den normalen Individuen vermutet. In erster Linie kam eine vermehrte Resistenz der Heterozygoten gegenüber der Malaria in Betracht. Dadurch käme es zu einem Gleichgewicht zwischen der Elimination des letalen Gens in homozygotem Zustande einerseits und deren Kompensation durch die „reproduktive Fitness" der heterozygoten Individuen gegenüber der Malaria andererseits. Jedoch ist der Beweis eines solchen „balanzierten Polymorphismus", der in so eklatanter Weise für die Sichel-

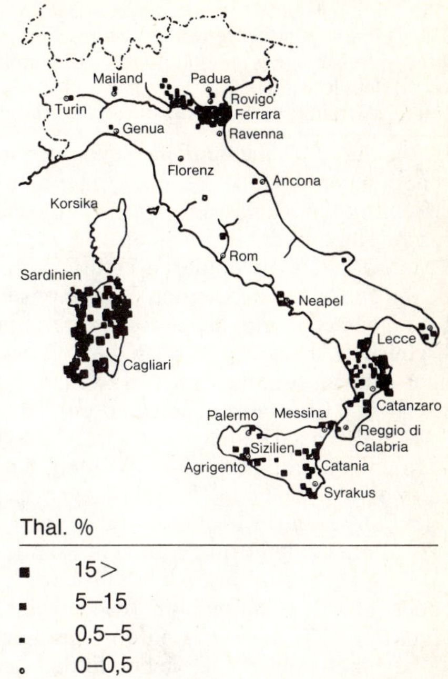

Abb. **59** Verbreitung der β-Thalassaemia minor in Italien (nach *Livingstone*)

zellanämie erbracht werden konnte, bei der Thalassämie bis heute noch nicht vollständig gelungen. Nichtsdestoweniger haben SINISCALCO u. Mitarb. (1961, 1966) für Sardinien ein großes Beweismaterial zusammengetragen, das es erlaubt, die Hypothese des „balanzierten Polymorphismus" auch für die β-Thalassämie als höchst wahrscheinlich erscheinen zu lassen.

α-*Thalassämien*

Hydrops-fetalis-Syndrom. Im Gegensatz zur homozygoten Form der β-Thalassämie (Cooley-Anämie) ist die homozygote Form der α-Thalassämie (Hydrops-fetalis-Syndrom), die besonders in Südostasien häufig ist, so schwer, daß sie nicht mit dem Leben vereinbar ist. Meist kommen die Kinder als Totgeburten zur Welt oder sterben kurz nach der Geburt an einer hypochromen hämolytischen Anämie mit generalisiertem Ödem und Herzversagen. Die Hämoglobinanalyse ergibt etwa 80% Hb Bart's (Hb γ_4) und 20% Hb H (Hb β_4). Jedoch findet sich weder Hb A noch Hb F. In allen Fällen von homozygoter α-Thalassämie erwiesen sich die Eltern als heterozygot.

Das schwere Krankheitsbild ist auf einen vollständigen Ausfall der α-Ketten-Synthese zurückzuführen. Die Störung der Synthese der α-Ketten bewirkt auch eine Minderung der Produktion der an sich normalen Hämoglobinkomponenten (Hb A, Hb A_2, Hb F), da alle Hämoglobine α-Ketten enthalten. Infolgedessen kommt es zu einem Überschuß von freistehenden γ- und β-Überresten und damit zur Bildung abnormer *tetramerer* Moleküle wie Hb Bart's (γ_4) und Hb H (β_4). Diese sind jedoch infolge ihrer hohen O_2-Affinität, die eine Abgabe an die Gewebe verhindert, nicht funktionell.

Genetik der α-Thalassämien. Bevor wir nun auf die weiteren klinischen Erscheinungen der Thalassämieformen eingehen, müssen wir uns zunächst der Genetik der Thalassämieformen zuwenden, da nur diese eine adäquate klinische Klassifikation derselben erlaubt. Wie Familienuntersuchungen und die Methode der molekularen Hybridisierung wahrscheinlich gemacht haben, muß in einer der letzten Evolutionsetappen eine *Duplikation* der α-Gene eingetreten sein, die zu zwei getrennten, nicht-allelen Loci für funktionell gleiche α-Ketten geführt haben. Jedes normale Individuum ist somit Träger von vier α-Genen, wovon zwei auf dem väterlichen und zwei auf dem mütterlichen Chromosom gelegen sind. Entsprechend der Zwei-Loci-Theorie lassen sich nach dem Schweregrad der Synthesestörung der α-Ketten vier Varianten (Phänotypen) unterscheiden, die je nach ihrer Schwere von vier, drei, zwei oder einem α-Thalassämiegen(en) verursacht worden sind.

1. *Hb Bart, Hydrops-fetalis Syndrom* (vier α-Gene befallen). Diese bereits erwähnte letale Form der α-Thalassämie ist auf das völlige Fehlen der α-Ketten zurückzuführen, weshalb bereits intrauterin weder fetales ($\alpha_2\gamma_2$) noch adultes Hämoglobin ($\alpha_2\beta_2$) gebildet wird. Dagegen werden die funktionell nicht verwertbaren Tetramere Hb Bart (γ_4) und Hb H (β_4) im Überschuß gebildet. Daneben finden sich kleinere Mengen des embryonalen Hämoglobins Hb Portland ($\zeta_2\varepsilon_2$). Klinisch weisen diese Kinder Hydrops, Aszites, Kardiomegalie, leichten Ikterus sowie Hepatosplenomegalie auf. Hämatologisch findet man eine Erythroblastose mit Anisozytose und Poikilozytose. Immer sind jeweils beide Eltern Träger einer heterozygoten Form der Thalassämie.
2. *Hb H-Krankheit* (drei α-Gene befallen). Diese Krankheit ist durch eine mittelschwere hämolytische Anämie gekennzeichnet, da die Produktion der α-Ketten stark vermindert ist, wobei sich hämatologisch in der Hauptsache das Tetramer Hb H (β_4) im Überschuß findet. In geringen Mengen findet man auch in Hb Bart's (γ_4). Hämatologisch stellt man außerdem Mikrozytose, Anisozytose, Poikilozytose, Target-Zellen und Hypochromasie der Erythrozyten fest. Klinisch findet sich eine Splenomegalie.
3. *α-Thalassaemia-minor* (zwei α-Gene befallen). Diese heterozygote Form von Thalassämie ist wegen ihrer geringen Ausprägung (leichte hypochrome Anämie) kaum bei Erwachsenen klinisch zu diagnostizieren. Bei Kindern findet man zwischen 5 und 15% Hb Bart's.
4. *α-Thalassaemia-minima* („silent carrier trait“) (ein α-Gen befallen). Diese heterozygote Form ist völlig asymptomatisch. Neugeborene haben 1–2% Hb Bart's.

Interaktionen zwischen Thalassämien und anomalen Hämoglobinen

Besonderes Interesse verdienen die Befunde über Kombinationen von Thalassämien mit abnormen Hämoglobinen, da sie uns Aufschluß zu geben vermögen über Wechselwirkungen *(Interaktionen)* doppelt heterozygoter Anlagen, sei es im Sinne einer Summation oder Abschwächung beider bestehenden Störungen. Im Prinzip kann es nur dann zu echter Interaktion kommen, wenn das heterozygote Zusammentreffen *allele Gene* betrifft (also zwischen Genen für β-Thalassämien und Sichelzellanomalien oder α-Thalassämien und α-Hämoglobinen). Die bekanntesten Interaktionen sind solche zwischen Sichelzell- und Thalassämiegenen (Hb S-β-Thalassämie, Hb C-β-Thalassämie und Hb E-β-Thalassämie).

Sichelzellthalassämie

Da sowohl das Sichelzellmerkmal als auch die α-Thalassämie in gewissen Gebieten weitverbreitet sind (Griechenland, Westafrika, Westindien), ist dort das Vorkommen von Individuen mit Heterozygotie für beide krankhaften Gene nicht selten. Hämatologisch sind solche Fälle von der homozygoten Cooley-Anämie manchmal nicht zu unterscheiden, da die vorhandene Menge an normalem Blutfarbstoff (Hb A) sehr gering sein kann. Andere Patienten können ein Hb A bis zu 30% sowie nur wenige klinische Erscheinungen darbieten, so daß ihre Krankheit oft unerkannt bleibt oder nur durch eine Familienuntersuchung klargestellt werden kann. Eine solche milde Form von Hb S-β-Thalassämie findet sich besonders in einigen saudi-arabischen Populationen, wobei das Hb F zwischen 5–10% erhöht ist.

Hb C-β-Thalassämie

Auch diese Form doppelter Heterozygotie kann von leichtester Ausprägung bis zu schwerster Verlaufsform variieren. Der Schweregrad der Manifestationen wird dabei vom Gehalt an normalem Blutfarbstoff (Hb A) bestimmt.

Hb E-β-Thalassämie

Diese besonders in Thailand und Südostasien häufig auftretende Form, die durch vollständiges Fehlen der β-Ketten-Synthese als auch durch die sehr verlangsamte Synthese von Hb E bedingt ist, führt oft zu einem der Cooley-Anämie ähnlichen Zustandsbild. Unbehandelt reicht die Lebenserwartung dieser Patienten höchstens bis zu 20 Jahren.

Interaktion zwischen α-Thalassämie und einem abnormen α-Hämoglobin

Bei doppelter Heterozygotie für α-Thalassämie und einem abnormen α-Hämoglobin bildet sich kaum noch normales Hb A. Dagegen sind Hb Bart's (γ_4) in der Kindheit und Hb H (β_4) beim Erwachsenen nachweisbar.
Fälle von Interaktion sind für *Hb Q* und *Hb I* mit α-Thalassämie beschrieben worden. Hb Q-α-Thalassämie als hämolytische Anämie ist in Asien gefun-

den worden, wobei die normale α-Ketten-Synthese vollständig fehlte und kein Hb A vorhanden war. Hb I-α-Thalassämie ist bei einem Neger beobachtet worden, der außerdem noch 40% Hb A besaß, somit noch eine gewisse α-Ketten-Syntheseaktivität aufwies.

Kombination von α-Thalassämie und Hb Constant Spring (Hb CoSp)

Das Hämoglobin Constant Spring wurde in einer chinesischen Familie in Jamaika entdeckt (Clegg u. Mitarb. 1971), findet sich aber besonders in Südostasien in einer Häufigkeit bis zu 3%. Es stellt eine dominante Variante innerhalb der α-Kette dar, und zwar ist sie durch Mutation des Terminatorcodons in Position 142 entstanden. Infolge dieses zusätzlichen Kettenstücks von 31 Aminosäuren weist diese Hb-Variante eine Länge von 172 Aminosäuregliedern auf (anstatt normal 141). Klinisch wirkt sich diese Variante in einer Verminderung der α-Ketten-Synthese aus, die zu einer der Thalassaemia minor ähnlichen Krankheit führt. Heterozygote haben ca. 1–2% Constant-Spring-Hämoglobin. Homozygot erkrankte Patienten haben ca. 5% Hb CoSp und weisen eine hypochrome Anämie mit Splenomegalie und leichtem Ikterus auf. Doppelte Heterozygotie (Thalassämie α/Hb CoSp) führt zum Krankheitsbild einer Hb H-Krankheit (intermediäre Thalassämie, ca. 20% Hb H und 2% Hb CoSp). Von den Eltern solcher doppelt heterozygoten Merkmalsträger ist der eine Träger eines Thalassämiegens und der andere eines Hb-CoSp-Gens.

Lepore-Hämoglobinopathie mit Thalassämiesyndrom

Endlich sei erwähnt, daß die Hb-Lepore-Anomalie, verursacht durch *ungleiches Crossing-over bei der Meiose* der Loci für die β- und δ-Ketten (Abb. **60**), zu einer Fusionsvariante der entsprechenden Gene führt: Anstatt normalerweise Produktion einer $\alpha_2\beta_2$-Kette kommt es zur Bildung einer $\alpha_2(\delta\beta)_2$-Kette; trotz des δβ-Fusionsgens stimmt die Gesamtzahl ihrer Aminosäureglieder mit der normalen Zahl von 146 Aminosäuren überein. Das Hb Lepore führt zu einer verminderten Synthese der normalen Hämoglobine β und δ und damit bei Heterozygotie zum hämatologischen Bild einer Thalassaemia minor; das anomale Hämoglobin macht dabei ca. 10–15% aus. Homozygote Patienten weisen im allgemeinen das Krankheitsbild einer β-Thalassämie auf: Wachstumsrückstand, Anämie, Hepatosplenomegalie, Knochenveränderungen, früher Tod. Hämatologisch besteht ein Lepore-Anteil von 10–30% und von fetalem Hämoglobin von 70–90%.
Merkwürdigerweise kommt es bei den „*Anti-Lepore*"-Hämoglobinen (Hb Miyada, Hb P Congo), bei denen sich das ungleiche Crossing-over in umgekehrter Reihenfolge vollzogen hat (Abb. 60), wobei das Fusionsgen (βδ) gebildet wurde, zu keiner der Hb Lepore ähnlichen Verminderung der β- und δ-Ketten-Synthese.

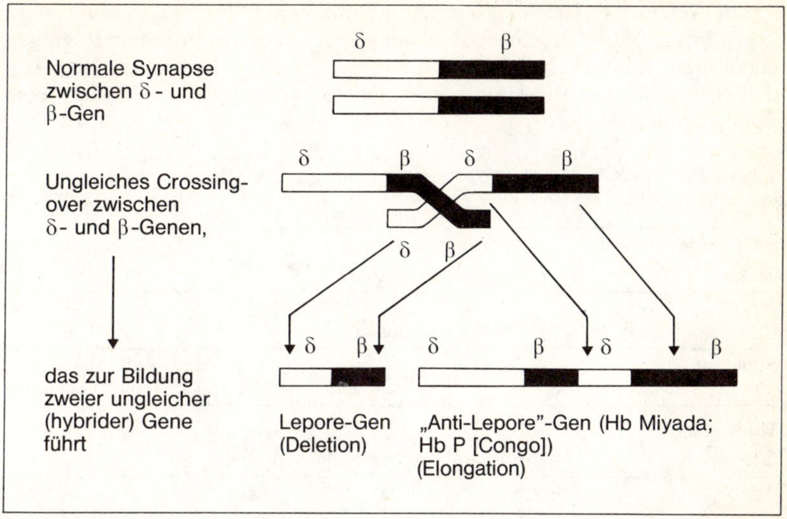

Abb. **60** Lepore-Hämoglobin. Crossing-over der β- und δ-Ketten des Hämoglobinmoleküls

Therapie und Prävention der Hämoglobinopathien

Die Hämoglobinopathien gehören zusammen mit der Enzymopathie Glucose-6-phosphat-Dehydrogenase zu den in der Welt am meisten verbreiteten genetischen Affektionen und umfassen Krankheitsgruppen von beträchtlicher Mannigfaltigkeit und Heterogenität. Infolge der leichten Zugänglichkeit des Blutfarbstoffs und seiner gründlichen biogenetischen Erforschung wissen wir mehr über die genetischen und molekularen Grundlagen der Hämoglobinvarianten als über die meisten anderen genetischen Anomalien. Wie bereits eingehend besprochen, kennen wir zwei Hauptgruppen von abnormer Hämoglobinproduktion, einerseits die strukturellen Hb-Varianten, deren hauptsächlicher Vertreter die Sichelzellanämie ist, andererseits die auf eingeschränkter oder unterdrückter Synthese von Hb-Ketten beruhenden Thalassämien, deren bekanntester Repräsentant die Cooley-Anämie ist. Abgesehen davon, daß beide Krankheitsgruppen an sich bereits äußerst heterogen sind, stellen auch die aus der Interaktion beider Typen resultierenden klinischen Manifestationen ein komplexes Spektrum von diagnostisch oft verkannten Krankheitsformen dar.

Entsprechend ihrer weltweiten Verbreitung nehmen die Hämoglobinopathien auch vom Standpunkt der sozialen und präventiven Medizin eine erstrangige Stellung ein. Dies geht schon aus der Zahl der heterozygoten Merkmalträger hervor, die nach neueren Statistiken der Weltgesundheitsorganisation (WHO 1981) auf mindestens 240 Millionen Menschen geschätzt wird (Tab. **25**). Daraus läßt sich die Zahl der jährlich in den betroffenen Regionen geborenen, homozygot befallenen Kinder auf etwa 200000 ableiten, von denen jeweils etwa die Hälfte eine Sichelzellanämie und die andere eine Thalassämie aufweisen.

Tabelle **25** Approximative Heterozygotenfrequenz der Hämoglobinopathien in der Welt (nach WHO-Schätzung 1981)

Hb S-Merkmalträger				
Gebiet				Häufigkeit
Afrika				$50 \cdot 10^6$
USA, Südamerika, Nordafrika, Mittl. Osten, Indien				$10 \cdot 10^6$
Subtotal (minimale Schätzung)				$60 \cdot 10^6$ (60 Millionen)
Thalassämien				
Gebiet	β-Thalassämie	α-Thalassämie	β-Hb E	Total
Asien	$60231 \cdot 10^3$	$29381 \cdot 10^3$	$84293 \cdot 10^3$	$174 \cdot 10^6$
Nordafrika	$2577 \cdot 10^3$	—	—	$2{,}6 \cdot 10^6$
Europa	$4800 \cdot 10^3$	—	—	$4{,}8 \cdot 10^6$
Subtotal (minimale Schätzung)	$67608 \cdot 10^3$	$29381 \cdot 10^3$	$84293 \cdot 10^3$	$181{,}3 \cdot 10^6$ (181 Millionen)
Gesamtzahl der Heterozygoten für alle Hauptformen von hereditärer Anämie (Mindestschätzung)				$241 \cdot 10^6$ **(241 Millionen)**

Therapeutisch kommen für die β-Thalassaemia major (Cooley-Anämie) in erster Linie häufige Bluttransfusionen in Betracht. Daneben haben sich regelmäßige subkutane Infusionen von *Desferrioxamin (Desferal)* in einer Dosis von mindestens 25 mg/kg Körpergewicht/Tag bewährt. Das Desferal vermag in der Tat als Chelatbildner in geradezu spezifischer Weise das Hämeisen zu eliminieren und dadurch zur Vermeidung einer Hämosiderose der Organe und insbesondere der Leber beizutragen. Leider kann das Präparat infolge seiner hohen Kosten für Entwicklungsländer nur in beschränktem Maße in Betracht kommen.

Eine *spezifische Gentherapie* für Sichelzellanämien und β-Thalassämie scheint nach dem Bericht einer Arbeitsgruppe der WHO (1981) nicht mehr eine rein theoretische Angelegenheit zu sein. Dank der Fortschritte der Molekularbiologie ist es in der Tat denkbar, daß es in naher Zukunft möglich sein wird, abnorme β-Globingene durch normale β-Gene zu ersetzen. Da ein solches Verfahren eine ziemlich komplizierte Technologie voraussetzt (Isolation normaler β-Strukturgene mitsamt den dazugehörigen Regulationsgenen und Insertion in die entsprechenden hämatopoetischen Stammzellpopulationen), dürfte diese Methodik auf globaler Basis kaum anwendbar sein (WHO 1981).

Vorbeugung. Trotz des großen Fortschrittes in der medizinischen Behandlung der Hämoglobinopathien kommt den vorbeugenden Maßnahmen immer noch die wichtigste Aufgabe zu. Diese bestehen in erster Linie in der Aufklärung der betroffenen Bevölkerung über die Grundlagen und Vererbung der betreffenden Leiden, in genetischer Beratung der heterozygoten Merkmalträger und, wenn möglich, in der Aufstellung eines Präventionsprogrammes mit einem „Massenscreening" ganzer Bevölkerungsgruppen. Nach Identifizierung der heterozygoten Merkmalträger kann eine genetische Beratung innerhalb der untersuchten Gemeinschaft durchgeführt werden, wobei auch die Möglichkeit besteht, auf die Gefahren einer ehelichen Verbindung zwischen heterozygoten Partnern für die Nachkommenschaft nachdrücklichst aufmerksam zu machen.

In diesem Zusammenhang müssen auch die neueren Methoden der *pränatalen Voraussage* besprochen werden. Diese beruhen auf der Tatsache, daß der normale Fetus bereits um die 8. Schwangerschaftswoche ungefähr 7% adultes Hämoglobin (Hb A) synthetisiert. Die meisten anomalen Hämoglobine sowie die β- und α-Thalassämien können somit aufgrund einer durch Plazentazentese oder Fetoskopie erhaltenen Blutprobe zwischen dem 4. bis 5. Schwangerschaftsmonat mit einer fast absoluten Sicherheit diagnostiziert werden. Das Risiko, durch diese Prozedur einen fetalen Tod auszulösen, sei es intrauterin oder durch spontane Fehlgeburt, wird gegenwärtig auf etwa 7% geschätzt, dürfte aber bei größerer Erfahrung und verfeinerter Methodik weiter absinken.

Endlich sei auch darauf hingewiesen, daß es in den letzten Jahren gelungen ist, mittels *fetaler DNA* beim Fetus sowohl das Vorliegen einer *α-Thalassämie* (KAN u. Mitarb. 1976, LITTLE u. Mitarb. 1980), einer *β-Thalassämie* (KAZAZIAN u. Mitarb. 1980), als auch einer *Sichelzellanämie* (KAN u. DOZY 1978, CHANG u. KAN 1981) diagnostizieren zu können. Man verwendet hierzu die Methode der *komplementären DNA-Hybridisierung*. Für die Diagnose einer α-Thalassämie prüft man, ob und bis zu welchem Grade die fetale DNA, die aus Amnionzellkulturen gewonnen wird, mit der radioaktiv markierten und zur fetalen α-Polypeptidkette komplementären Kontroll-DNA hybridisiert wird. Für den intrauterinen Nachweis einer β-Thalassämie sowie einer Sichelzellanämie wird zur Untersuchung der Globin-Ketten-Synthese Fetalblut verwendet, das durch Plazentapunktion erhalten und mit radioaktivem Leucin inkubiert wurde. Bei einer fraglichen β-Thalassämie wird das Verhältnis der synthetisierten β-Ketten zu den γ-Ketten bestimmt; bei Sichelzellanämieverdacht wird auf das Vorhandensein von β^S-Ketten untersucht (KAN u. Mitarb. 1977).

Die Methode der DNA-Analyse durch molekulare Hybridisierung stellt ein bei weitem einfacheres und für den Fetus ungefährlicheres Verfahren als die Fetoskopie dar. Obwohl sie z.Z. nur in wenigen molekularbiologischen

Zentren eingeführt ist, dürfte sie bald die Methode der Wahl für die pränatale Diagnostik der Hämoglobinopathien werden. Es sei hier noch vermerkt, daß sich für die homozygote α-Thalassämie (Hb Bart's, *Hydrops-fetalis-Syndrom*) eine einfache Ultraschallmethode für die intrauterine Diagnostik als genügend erwiesen hat (Dozy u. Mitarb. 1979).

Aus unseren Ausführungen geht hervor, daß die Hämoglobinopathien zu den klinisch, biochemisch und molekular bestuntersuchten genetischen Affektionen gehören. Die aus dem Studium der Hämoglobine auf molekularer Ebene gewonnenen Erkenntnisse in bezug auf spezielle Mutationsmechanismen konnten auch auf andere genetische Systeme ausgedehnt werden und waren auch für die Evolutionstheorie sehr nützlich. Vor allem haben die molekularbiologischen Methoden auf dem Gebiete der *intrauterinen Diagnose* eine geradezu revolutionäre Umwandlung gebracht, indem sie hier eine direkte DNA-Analyse der fetalen Hämoglobingene erlaubten. Wir schließen uns somit völlig der Meinung von Vogel u. Motulsky (1979) an, wonach die Anwendung der molekularen Technik für die pränatale Diagnose der Hämoglobinopathien die erste direkte praktische Anwendung der Molekulargenetik in der medizinischen Praxis bedeutet.

Pharmakogenetik

Der Begriff der Pharmakogenetik wurde von MOTULSKY (1957) und VOGEL (1959) fast zur gleichen Zeit eingeführt. KALOW (1962) legte anschließend die Ziele dieses Forschungsbereiches fest und veröffentlichte eine bedeutende Monographie über die anomalen Reaktionen, die nach Einnahme eines Arzneimittels bei Personen mit genetisch veränderter Stoffwechselphysiologie auftreten können.
Jedem Kliniker ist in der Tat bekannt, daß die verschiedensten Reaktionen auf Medikamente möglich sind. Im allgemeinen lassen sich jedoch diese Einzelreaktionen auf eine kontinuierliche, unimodale Gaussche Kurve auftragen (glockenförmige Kurve). Sind jedoch die Reaktionen diskontinuierlich, wobei die Kurven *bimodal* oder sogar *trimodal* verlaufen, so muß angenommen werden, daß die betroffenen Personen sich auch in einem wichtigen Gen, das für diese veränderte Arzneimittelwirkung verantwortlich ist, von der Umwelt unterscheiden, was durch Familienuntersuchungen erhärtet werden kann.

Glucose-6-phosphat-Dehydrogenase-Mangel

Es ist seit langem bekannt, daß bei zahlreichen Bewohnern des Mittelmeerbeckens zwei oder drei Tage nach dem Genuß einer bestimmten Bohnenart (Favabohnen, *Vicia faba*) oder auch nur nach Inhalation des Pollens dieser Pflanze hämolytische Krisen auftreten*.
Das klinische Bild dieser „Favismus" genannten Krankheit ist das einer akuten Hämolyse mit erheblicher Anämie und Schockerscheinungen: Blässe, Schweiß, Subikterus, Asthenie, Schüttelfrost und Hämoglobinurie. Trotz der äußerst ernsten Symptome im Laufe dieser Krisen kommt es im allgemeinen zu einer spontanen Heilung. Manchmal allerdings ist die Reaktion der Erkrankten so schwer, daß eine sofortige Bluttransfusion notwendig wird. Paradoxerweise bringt die Einnahme von Bohnen während der Rekonvaleszenz keine weiteren Reaktionen mit sich. Ein erneuter Hämolyseanfall erfolgt frühestens nach 3–4 Monaten bei erneutem Bohnengenuß.
Hämatologisch finden sich während einer solchen Krise Heinzsche Innen-

---

* Pythagoras, der berühmte griechische Philosoph und Mathematiker (580–500 v. Chr.), scheint den Favismus bereits gekannt zu haben, denn er riet seinen Anhängern, niemals zur Blütezeit in Bohnenfeldern spazierenzugehen und nie Bohnen zu essen. (I. M. LONDON: Harvey Lect. 56 [1961], 151, zit. in Lancet 1969/II, 1177.)

körper in den Erythrozyten, Hämoglobinämie, Hämoglobinurie, Methämalbuminämie und Hyperbilirubinämie, ferner wenige Tage nach Krankheitsbeginn eine verstärkte Retikulozythenproduktion als Zeichen einer kompensatorischen Erythropoese.

Unabhängig vom Favismus kam es während des Koreakrieges (1950–1952) anläßlich der prophylaktischen Behandlung amerikanischer Truppen mit dem Antimalariamedikament Primaquine zu schweren hämolytischen Krisen bei etwa 10% der schwarzen, und bei nur wenigen weißen, meist aus dem Mittelmeerraum stammenden Soldaten.

Allgemein konnte festgestellt werden, daß die neuen synthetischen Antimalariamittel (Pamaquin, Pentaquin, Chloroquin und insbesondere Primaquine), die alle Derivate der Amino-8-Quinoleine sind, manchmal, vor allem bei der farbigen Bevölkerung, hämolytische Reaktionen hervorrufen (Hockwald 1952). Es konnte nachgewiesen werden, daß der Primaquine-Sensibilität ein Defekt der Erythrozyten zugrunde liegt, der diese für dieses Medikament besonders anfällig macht (Dern u. Mitarb. 1954, Beutler u. Mitarb. 1955). Carson u. Mitarb. (1956) entdeckten, daß der Ursprung dieser Primaquine-Sensibilität in einer enzymatischen Veränderung der roten Blutkörperchen liegt, die in einer hereditären Glucose-6-phosphat-Dehydrogenase-Defizienz begründet ist.

Die G-6-PD-Aktivität junger Erythrozyten ist ausgeprägter als die älterer, folglich bieten neu gebildete rote Blutkörperchen eine stärkere Hämolyseresistenz, wodurch sich die begrenzte Dauer und die Eigenregulierung der Krisen erklärt. Es hat sich gezeigt, daß die G-6-PD-Defizienz sowohl Ursache der Idiosynkrasie gegenüber Primaquine als auch des Favismus ist. Merkwürdigerweise sind die auf Vicia faba empfindlichen Menschen auch immer „prima-sensitiv", wohingegen die auf Primaquine empfindlichen Personen nicht unbedingt auch gegenüber Bohnen des Typus *Vicia faba* sensibel zu sein brauchen.

Die G-6-PD ist enzymatisch wichtig für den Stoffwechsel der Erythrozyten, bei dem sie in der ersten Phase der Glucoseoxidation (Dehydrierung) eine Rolle spielt (Katalyse der Oxidation von Glucose-6-phosphat in 6-Phosphogluconat). Auch ist sie zur ständigen Reduktion des in den roten Blutkörperchen gebildeten Atmungsfermentes Glutathion notwendig.

Erbgang. Familienstudien haben gezeigt, daß die Übertragung der G-6-PD-Defizienz rezessiv oder intermediär geschlechtsgebunden ist. Beim Mann existieren nur zwei Genotypen, der normale und der G-6-PD-defiziente (Hemizygotie); bei der Frau hingegen sind drei Genotypen zu unterscheiden: die normale Homozygotie, die anormale Homozygotie und die Heterozygotie. Das Gen drückt sich also beim Mann immer integral aus. Bei den heterozygoten Frauen dagegen ist die Expressivität sehr unterschiedlich: bei einigen ist die Aktivität vollständig normal, bei anderen ist sie schwach und wieder bei anderen ist sie völlig insuffizient.

Populationsgenetische Untersuchungen haben erhebliche Unterschiede in der geographischen Verteilung dieser Enzymopathie aufgezeigt. In den mitteleuropäischen und skandinavischen Ländern ist sie selten zu finden, wohingegen sie in Südeuropa, im Nahen Osten und bei den afrikanischen Schwarzen in einem Prozentsatz bis zu 35% auftritt. Man schätzt, daß auf der ganzen Welt mehr als 100 Millionen Menschen diese Enzymdefizienz aufweisen; sie ist daher, abgesehen vom Diabetes, die am weitesten verbreitete genetische Anomalie.

Ähnlich wie bei den Hämoglobinopathien und besonders der Sichelzellenanämie scheint eine zufriedenstellende Erklärung für die erhebliche Verbreitung dieser Anomalie darin zu liegen, daß sie Malariaresistenz gewährt. Ihr Vorkommen entspricht nämlich den Gebieten mit ehemals großer Verbreitung der Malaria (Sardinien, Süditalien, Griechenland, Irak usw.). Es kann also angenommen werden, daß dieser weltweiten Verteilung ein *balancierter Polymorphismus* zugrunde liegt, und zwar in dem Sinne, daß die in bezug auf das G-6-PD-Defizit heterozygoten Personen einen selektiven Vorteil hinsichtlich des *Plasmodium falciparum* besitzen. Wahrscheinlich führt der G-6-PD-Mangel zu einer Reduzierung des Glutathiongehaltes der Erythrozyten, wodurch sich wiederum das Nährmilieu für die Parasiten verschlechtert.

Aufgrund neuer Untersuchungen ist anzunehmen, daß zwei wahrscheinlich auf dem gleichen Locus des X-Chromosoms (Allele) gelegene Hauptgene die beiden wichtigsten Arten der G-6-PD-Defizienz bestimmen. Jeder dieser beiden Mutanten kann gekennzeichnet sein a) durch seinen *Grad der Enzymaktivität* und b) durch seine *elektrophoretische Mobilität.*

a) *Grad der Enzymaktivität.* Bezüglich der Enzymaktivität lassen sich zwei Typen voneinander unterscheiden:
   1. der *Mittelmeertyp*: Aktivität bei 0–4% der normalen,
   2. der *afrikanische Typ*: Aktivität 8–20% der normalen.

   Die erheblichen Unterschiede in der Enzymaktivität dieser beiden Typen äußern sich in klinisch schweren akuten Hämolysen beim Mittelmeertyp und mäßigen Hämolysen beim afrikanischen Typ. Die schweren Hämolyseanfälle des Mittelmeertyps sind dadurch zu erklären, daß in diesen Krisen nicht nur die älteren Erythrozyten, sondern auch die jungen befallen sind und daher wirkliche Lebensgefahr besteht.

b) *Elektrophoretische Mobilität.* Elektrophoretisch konnte bewiesen werden, daß es zwei physiologisch normale G-6-PD-Formen gibt, die von den Allelen B und A bestimmt werden und die sich elektrophoretisch voneinander unterscheiden lassen. Typ B herrscht bei den Menschen weißer und gelber Hautfarbe vor, wohingegen Typ A in der schwarzen Population in einem Prozentsatz von ca. 15–20% zu finden ist.

   Bei G-6-PD-Defizienz entspricht die elektrophoretische Mobilität des Mittelmeertyps der des Typs B. Beim afrikanischen Typ ist die Mobilität fast immer vom Typ A. Daher wird dieser Defizienztypus mit A– gekennzeichnet. Bei den Negern sind also drei Phänotypen zu unterscheiden: Gd B, Gd A und Gd A–. Personen mit Gd B zeigen einen normalen Grad der Enzymaktivität und eine elektrophoretische Mobilität vom

Typ B. Bei Gd A-Personen ist der Aktivitätsgrad normal und die elektrophoretische Mobilität ist vom Typ A. Personen mit Gd A– weisen eine defiziente Enzymaktivität auf (durchschnittlich etwa 15% der normalen) und eine elektrophoretische Mobilität vom Typ A.

Diese drei Phänotypen sind durch drei auf dem X-Chromosom lokalisierte Allele bestimmt: Gd^B, Gd^A und Gd^{A-}.

In den USA sind diese drei Phänotypen in der schwarzen Bevölkerung männlichen Geschlechtes prozentual folgendermaßen verteilt: Gd B: 60–70%; Gd A: 15–20%; Gd A–: 10–15%. Bei der männlichen Bevölkerung Nigerias lauten die entsprechenden Zahlen: Gd B: 56%; Gd A: 22%; Gd A–: 22% (Porter u. Mitarb. 1964, Harris 1975).

Bei den Frauen der schwarzen Bevölkerung können drei den Männern entsprechende Phänotypen auftreten (Gd B, Gd A, Gd A–) und darüber hinaus die heterozygoten Phänotypen Gd BA, Gd BA– und Gd AA– (Für die entsprechenden Phänotypen s. Tab. **26**). Im Gegensatz zu den Männern, die also nur eines der beiden Bänder, A oder B, aufweisen können, ist es bei den Frauen möglich, daß die beiden Enzymbänder A und B gemeinsam vorhanden sind, wodurch der heterozygote Zustand wiedergegeben wird.

Beim Mittelmeertyp mit G-6-PD-Defizienz hat das defiziente Enzym die gleiche elektrophoretische Mobilität wie das normale Enzym. Das Allel, welches dem Mittelmeertyp zugrunde liegt und sich am gleichen Locus wie die Allele A und A– der schwarzen Population befindet, erhielt die Bezeichnung *„Gd Mediterranean"*. Wie schon erwähnt, tritt der Mittelmeertyp relativ häufig in den Populationen Südeuropas und des Nahen Ostens auf. Die meisten dieser Menschen sind gesund, solange sie keine Medikamente vom Primaquine-Typus oder sonstige für sie schädliche Nahrungsmittel einnehmen, wie z. B. Vicia-faba-Bohnen. Erst dann können sie eine hämolytische Reaktion, meist von akutem Typus, entwickeln.

Abschließend können wir also festhalten, daß vier Allele Gd^B, Gd^{A-} und $Gd^{Mediterranean}$ vier verschiedene G-6-PD-Enzymformen bestimmen. Das Enzym B ist als der normale, ubiquitäre Typ anzusehen, der am häufigsten und in allen Populationen auftritt. Die anderen Arten unterscheiden sich zumin-

Tabelle **26** Phänotypen und Genotypen schwarzer, in bezug auf G-6-PD homozygoter und heterozygoter Frauen (aus *H. Harris:* The Principles of Human Biochemical Genetics, 2nd ed. North-Holland, Amsterdam 1975)

Phänotypen	Genotypen
Gd B	Gd^BGd^B
Gd A	Gd^AGd^A
Gd A–	$Gd^{A-}Gd^{A-}$
Gd BA	Gd^BGd^A
Gd BA–	Gd^BGd^{A-}
Gd AA–	Gd^AGd^{A-}

dest teilweise in ihrer molekularen Zusammensetzung durch eine einfache Substitution einer Aminosäure durch eine andere. So konnte z. B. Yoshida (1967) beweisen, daß der bei den Negern häufige Phänotypus Gd A sich von Gd B nur dadurch unterscheidet, daß die Aminosäure Asparagin durch Asparaginsäure substituiert ist.

Andere G-6-PD-Varianten

Im Laufe von Untersuchungen in anderen Populationen konnten noch zahlreiche andere G-6-PD-Varianten entdeckt werden, wie dies auch bei den Hämoglobinopathien der Fall war. Der Unterschied zwischen diesen Varianten liegt entweder in ihrer Enzymaktivität, in ihrer elektrophoretischen Mobilität oder anderen Kriterien. Einige dieser Varianten zeigen keinerlei klinische Wirkung, andere äußern sich in einer chronischen hämolytischen Anämie, ohne daß diese Manifestation durch eine chemische Substanz oder ein Nahrungsmittel ausgelöst wurde. So kennt man eine Variante mit der Bezeichnung Gd Canton, die häufig in Südchina auftritt, und das Gd Athen, das in Griechenland anzutreffen ist. Die Zahl der bisher beschriebenen G-6-PD-Varianten liegt bei ungefähr 150.

G-6-PD und die Lyon-Beutler-Hypothese

Die G-6-PD-Defizienz bietet auch eine gute Gelegenheit, die Gültigkeit der Hypothese von Lyon (1962) und Beutler (1962) zu überprüfen. Bekanntlich wird in dieser Theorie die Ansicht vertreten, daß bei der Frau in den ersten Wochen des embryonalen Lebens eines der beiden X-Chromosome inaktiviert wird. Ganz zufällig findet hier entweder eine Inaktivierung des väterlichen oder mütterlichen X-Chromosoms statt. Hinsichtlich der G-6-PD-Defizienz müssen folglich bei heterozygoten Frauen zwei Zelltypen anzutreffen sein: der eine enzymatisch positiv, der andere negativ. Tatsächlich hat man durch histochemische Methoden – besondere Färbung der roten Blutkörperchen –, durch Fibroblastenkulturen und durch die elektrophoretische Mobilität einzelliger Klone nachweisen können, daß die Zellen bei heterozygoten Frauen wirklich nur positive oder nur negative Bänder ergeben, aber nie beide zusammen. Dies ist also auf zwei unterschiedliche Zellpopulationen zurückzuführen, von denen die eine das normale Enzym synthetisiert und die andere nicht.
Mit der Theorie von Mary Lyon können wir auch erklären, warum Männer mit einem *Klinefelter-Syndrom* (XXY) und Frauen mit *Triplo-X* (XXX) immer die gleiche G-6-PD-Aktivität wie chromosomal normale Personen („Dosiskompensations-Effekt") aufweisen.

Pyruvatkinasemangel

Aus der Gruppe der *„nicht-sphärozytären hämolytischen Anämien"* möchten wir nur noch die relativ häufige Enzymopathie *Pyruvatkinasemangel der*

Erythrozyten besprechen. Aus den vorliegenden Familienbeobachtungen mit häufiger Blutsverwandtschaft der Eltern Befallener ist zu entnehmen, daß ihr Erbgang autosomal rezessiv ist. Bei den homozygot befallenen Patienten bewegt sich die Enzymaktivität zwischen 5 und 20%, und der Grad der Anämie sowie der sonstigen hämatologischen Krankheitserscheinungen kann eine erhebliche Schwankungsbreite aufweisen, selbst innerhalb der gleichen Familie. Im Gegensatz hierzu sind die heterozygoten Genträger klinisch meist normal; sie können jedoch an der Erniedrigung der intraerythrozytären Pyruvatkinase auf etwa die Hälfte der normalen Enzymaktivität erkannt werden. Die ziemlich schwere Anämie manifestiert sich im allgemeinen bald nach der Geburt mit Blässe, Hyperbilirubinämie, die eine Austauschinfusion notwendig machen kann, und Leber- und Milzvergrößerung im weiteren Verlauf der Krankheit. Bemerkenswert ist auch die Ausbildung von Stirnhöckern. Innerhalb der gleichen Familie können die Krankheitserscheinungen von verschiedenem Schweregrad sein.
Die Heterozygotenfrequenz wird auf etwa 1,4% in der mitteleuropäischen Bevölkerung geschätzt (Blume u. Mitarb. 1968), die Häufigkeit der Krankheit selbst beträgt somit ca. 1:20000.
Es sei noch bemerkt, daß aufgrund genetischer und enzymologischer Analysen die Existenz zweier oder dreier alleler Gene als Ursache für den Pyruvatkinasemangel angenommen werden muß, was das Bestehen verschiedener klinischer Typen und die außerordentliche Schwankungsbreite ihrer Erscheinungsformen verständlich macht.

Pathogenese. Beim Pyruvatkinasemangel liegt ein genetischer Block im Glucolysestoffwechsel der Erythrozyten vor. Normalerweise katalysiert die Pyruvatkinase die Umwandlung von Phosphoenolpyruvat in Pyruvat durch Dephosphorylierung; dabei wird der Phosphatrest auf das Adenosindiphosphatmolekül übertragen, wodurch es zur Bildung des energiereicheren Adenosintriphosphat kommt, nach der Formel:

$$\text{2-Phosphoenolpyruvat} + \text{ADP} \rightleftarrows \text{Pyruvat} + \text{ATP}.$$

Die Ursachen für die hämolytischen Erscheinungen infolge Pyruvatkinasemangels müssen somit in einem ATP-Mangel liegen. Dieser Ausfall bedingt den Verlust einer intrazellulären Energiequelle und führt damit zu einer Störung der Membranmorphologie der Zelle in Form geschrumpfter und deformierter Erythrozyten.

Akatalasämie

Diese kongenitale Anomalie, die 1952 von Takahara entdeckt wurde, beruht auf einer fehlenden Katalase in den roten Blutkörperchen und bestimmten Organen (Nase, Pharynx, Hals, Leber, Knochenmark). Gewisse Beobachtungen lassen vermuten, daß die Erythrozytenkatalase bei homozygoten Patienten zwar synthetisiert wird, jedoch weniger aktiv ist als die normaler Personen. Sobald das Blut dieser Kranken mit einer Wasserstoffsuperoxidlösung in Berührung kommt, nimmt es eine schwarz-bräunliche Färbung an. Diese Schwärzung ist auf die Bildung von Methämoglobin infolge mangelnder Katalase zurückzuführen. Klinisch weisen die Patienten öfters eine progressive Gangrän des Mundes und der Nase auf. In manchen Fällen fehlen jedoch klinische Zeichen. Bis 1967 hat man 70 Patienten in 33 japanischen Familien und eine befallene Familie koreanischen Ursprungs festgestellt (AEBI 1967). Die relativ hohe Blutsverwandtschaftsrate der Eltern weist auf einen rezessiven Erbgang hin. Die biochemischen Forschungen von NISHIMURA u. Mitarb. (1959) sowie von TAKAHARA (1968) ergaben die Verringerung der Blutkatalasedosis bei einigen Familienmitgliedern, besonders bei den Eltern und einigen Geschwistern der Kranken, was für Heterozygotie spricht.

Interessant ist, daß AEBI u. Mitarb. (1962, 1971) bei acht Personen aus zwei autochthonen Schweizer Familien – die eine aus dem Wallis, die andere aus Graubünden – eine Akatalasie feststellen konnten. Diese Individuen erschienen im übrigen völlig gesund. In den zwei Familien zeigten 30 Mitglieder eine Katalasetätigkeit, die zwischen 16 und 80% von der normalen Rate abwich (Heterozygotie).

Folglich können drei Gruppen von Individuen unterschieden werden: die Akatalasiefälle ohne jegliche Enzymtätigkeit (homozygotes Befallensein), die Hypokatalasien, deren Ergebnisse zwischen denen bei normalen Personen und den Akatalasiefällen liegen (Heterozygotie), und schließlich jene mit normaler Katalaseaktivität (homozygot Normale).

Die gangränöse Stomatitis, die sich bei den Akatalasiepatienten findet, beginnt im allgemeinen um die Zahnhälse. Nach TAKAHARA ist diese Lokalisation auf die Wirkung des Wasserstoffsuperoxids zurückzuführen, welches die paradentären Bakterien produzieren und infolge der fehlenden Gewebskatalase nicht zerstört wird. Eine rechtzeitige Extraktion der kranken Zähne oder Mandeln sowie eine Antibiotikabehandlung können zunehmende Schäden aufhalten.

Serumcholinesterase*

Die Serumcholinesterase hydrolisiert eine Reihe von Cholinestern. Trotzdem ihre physiologische Rolle bis heute ungeklärt geblieben ist, hat sie sich von großer Bedeutung für die Chirurgie erwiesen, da sie das in der Narkose gebrauchte *Suxamethonium (Succinyldicholin)* durch Hydrolyse entgiftet. Das Suxamethonium hat übrigens auch in der Psychiatrie infolge seiner muskelentspannenden Wirkung bei Elektroschockbehandlung Verwendung gefunden.

---

* Die früher übliche Bezeichnung „Pseudocholinesterase" ist auf die Tatsache zurückzuführen, daß sie zunächst in Gegensatz zu der „echten" Cholinesterase gesetzt wurde, die vor allem als Acetylcholinesterase der Erythrozyten ihre Funktion auf die neuromuskulären Verbindungen ausübt.

Bei normalen Individuen verläuft die Hydrolyse des Suxamethoniums rasch. So dauern bei der Verabreichung einer gewöhnlichen Dosis von 30–100 mg dieses Pharmakons die Muskelrelaxierung und respiratorische Apnoe maximal 2–3 Minuten.
Bei einigen Individuen zeigt sich jedoch eine verlängerte Wirkung des Suxamethoniums, so daß die Muskelparalyse und der Atemstillstand mehr als 1–2 Stunden anhalten und bei längerer Dauer zum Tode führen können. Diese Komplikation ist auf eine verringerte Aktivität des hydrolysierenden Serumenzyms zurückzuführen. Die Häufigkeit einer solchen anomalen Reaktion auf die curarisierende Wirkung des Suxamethoniums in der europäischen Bevölkerung wird auf 1:2000 geschätzt (Harris 1975). Es stellte sich bald heraus, daß diese Suxamethonium-Überempfindlichkeit genetisch determiniert ist; auch in der Verwandtschaft der Probanden wurden niedrige Enzymaktivitäten gefunden.
Später haben besonders die Arbeiten von Lehmann u. Mitarb. (1956) diese Serumcholinesterasedefizienz bestätigt. Aufgrund der Ergebnisse von 26 Familien haben Lehmann u. Liddell (1964) drei Genotypen definiert, die durch folgende Enzymaktivitäten gekennzeichnet sind: normale Homozygoten (mehr als 60 Einheiten/ml), Heterozygoten (zwischen 26 und 90 Einheiten/ml), anomale Homozygoten (weniger als 35 Einheiten/ml). Da die festgestellten Enzymwerte eine kontinuierliche Verteilung ergaben und Überschneidungen zwischen den drei Kategorien aufwiesen, stellte es sich als unmöglich heraus, aufgrund des individuell festgestellten Enzymgehaltes auf den Genotypus einer Person schließen zu wollen.
Dank den Forschungen Kalows u. Mitarb. (1957) erkannte man jedoch, daß die bei anomalen Homozygoten festgestellte schwache Enzymaktivität nicht einem niedrigen Gehalt an normaler Serumcholinesterase entspricht, sondern einer *qualitativ* veränderten und daher wenig wirksamen Enzymvariante, nämlich der sog. *atypischen Serumcholinesterase*. Kalow u. Mitarb. gelang es, einen Labortest zu entwickeln, der auf der Affinität der Cholinesterase zum Enzyminhibitor *Dibucain* beruht.
Der Grad der Cholinesterasehemmung durch das Dibucain wird in Prozent der Hemmbarkeit, der sog. „Dibucain-Zahl" („dibucain number") ausgedrückt. Unter standardisierten Bedingungen hemmt Dibucain ca. 80% des normalen Enzyms und ca. 20% des „atypischen" Enzyms Suxamethonium-empfindlicher Patienten. Dank der Dibucain-Methode wurde es aber auch möglich, die *heterozygoten Genträger zu identifizieren*, die eine intermediäre Dibucain-Zahl von etwa 62 aufweisen. Die Verteilung zeigt also eine trimodale Kurve, wie sie bei intermediär rezessivem Erbgang, in dem die Heterozygoten eine Zwischenstellung einnehmen, zu erwarten ist (Abb. **61**).
Die genetische Verteilung in atypische, intermediäre und gewöhnliche Phänotypen kann durch die Annahme zweier alleler Gene erklärt werden: E^u und E^a (E = Esterase, u = „usual", a = atypisch). Die entsprechenden Phänotypen können wie folgt bezeichnet werden: E^uE^u mit der Dibucain-Zahl 80 bestimmt normales (usual) Enzym, E^uE^a synthetisieren beide

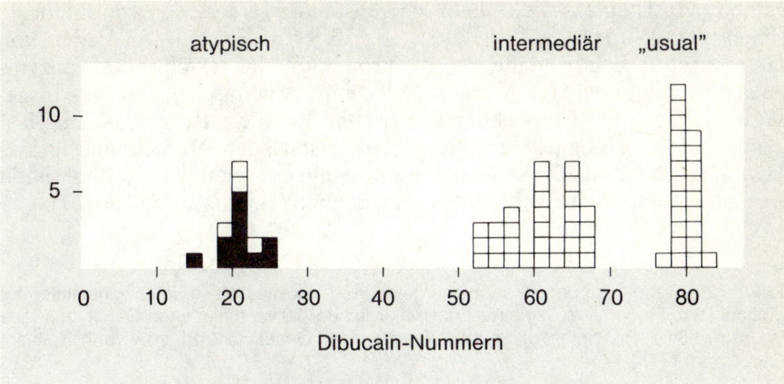

Abb. **61** Trimodale Verteilung der Dibucain-Nummern, die aus den Seren von 11 Suxamethonium-empfindlichen Individuen und 58 ihrer Verwandten erhalten wurden. Die Verteilung läßt deutlich 3 Phänotypen erkennen: „usual", intermediär und atypisch. Die Zahl der Quadrate gibt die Zahl der untersuchten Individuen an, in schwarz die Suxamethonium-empfindlichen Personen (nach *Harris*)

Esteraseformen (Heterozygote), und E^aE^a-Individuen sind Homozygote für das atypische Allel, das mit einer Dibucain-Zahl von nur ca. 20 zur Suxamethonium-Überempfindlichkeit führt.

Dank der Dibucain-Methode konnte auch die Frequenz des atypischen Allels E^a in verschiedenen Populationen bestimmt werden. Sie ist für die Bundesrepublik Deutschland 0,016, für England 0,019, für die Mayas in Yukatan sogar 0,038. In einer Reihe von Ländern ist das E^a-Allel praktisch inexistent (Kongo, Thailand, Japan, Korea, Eskimos u. a., Lit. s. ALTLAND 1975). Im allgemeinen dürfte für Mitteleuropa die Frequenz des atypischen Allels auf 0,02 geschätzt werden, die Häufigkeit somit der Heterozygoten auf 0,04 und die *atypischen Homozygoten* auf ungefähr 1:2500. Diese Zahl deckt sich mit der Suxamethonium-empfindlicher Patienten, bei denen infolge ihrer pharmakogenetischen Eigenart besondere Vorsichtsmaßnahmen vor einer Operation getroffen werden müssen (Infusion von Normalplasma oder Vollblut, evtl. Vortestung mit einem Serumcholinesterase-Screening-Test). Ferner steht den bundesdeutschen Krankenhäusern heute das von GOEDDE u. Mitarb. (1967, 1971) in Zusammenarbeit mit der Fa. Behring entwickelte injizierbare Serumcholinesterase-Reinpräparat als Substitutionsmedikament zur Verfügung.

Abgesehen von der Dibucain-resistenten Serumcholinesterase hat sich im Laufe weiterer Familienuntersuchungen gezeigt, daß außerdem zwei andere Allele des Hauptgens existieren, und zwar ein *„stilles" Allel* (E^s; s = „silent", stumm), so daß es überhaupt zu keiner funktionell aktiven Enzymproduktion kommt (LIDDELL u. Mitarb. 1962), und ein gegen (Natrium-)*Fluorid* als

Inhibitor resistentes Allel (chemisch vollständig verschieden von Dibucain [HARRIS u. WHITTAKER 1961]), das sog. E^f (f = Fluorid). In Fällen von Heterozygotie E^uE^s ist daher nur die Produktion des gewöhnlichen Enzyms zu erwarten und bei Heterozygotie E^aE^s nur des atypischen Enzyms. Insgesamt sind nach der Entdeckung der E^s- und E^f-Allele 10 verschiedene Enzymphänotypen möglich, die in bezug auf Ausmaß der Serumcholinesterase-Hemmbarkeit durch Dibucain und Fluorid und der relativen Enzymaktivität wie folgt tabellarisch eingereiht werden können (HARRIS 1975; Tab. **27**):

Tabelle **27** Genotypen und Phänotypen der Serum-Cholinesterase, Inhibitionszahlen für Dibucain und Fluorid sowie relative Enzymaktivität der 10 verschiedenen Genotypen (aus *H. Harris:* The Principles of Human Biochemical Genetics, 2nd ed. North-Holland, Amsterdam 1975)

Genotyp	Enzymtyp	Inhibitor Dibucain	Fluorid	Relative Enzymaktivität (%)
E^uE^u	gewöhnlich	80	60	100
E^uE^f	gewöhnlich + fluoridresistent	75	50	85
E^uE^a	gewöhnlich + atypisch	60	50	75
E^uE^s	gewöhnlich	80	60	70
E^fE^a	fluoridresistent + atypisch	50	30	60
E^fE^f	fluoridresistent	65	30	55
E^aE^a	atypisch	20	20	50
E^fE^s	fluoridresistent	65	30	30
E^aE^s	atypisch	20	20	25
E^sE^s	—	—	—	0

Wie aus der Verteilung der relativen Enzymtätigkeit in Tab. 27 ersehen werden kann, ist sie in einer großen Bevölkerung, die das gesamte Spektrum der möglichen Genotypen enthält, kontinuierlich verlaufend. (Der Vollständigkeit wegen sei vermerkt, daß es noch ein nur elektrophoretisch erkennbares *Isoenzym* gibt, das auf einem zweiten Genlocus [E_2] gelegen ist und in keinerlei genetischem Zusammenhang mit der Serumcholinesterase steht, deren Gen sich auf dem E_1-Locus befindet.)
Endlich sei noch erwähnt, daß es GOEDDE u. AGARWAL (1978) gelungen ist, vermittels einer neuen Technik die Existenz einer weiteren atypischen Variante der Serumcholinesteraseaktivität wahrscheinlich zu machen, deren Gen auf dem gleichen Locus wie die übrigen Enzymvarianten gelegen ist. Es hat die Bezeichnung E^{su} (su = Succinyldicholin) erhalten, da das Enzym zwar nicht Succinyldicholin (Suxamethonium) in pharmazeutischen Dosen zu hydrolysieren vermag, dagegen das Benzoylcholin. Auf das Vorhandensein dieser Enzymvariante sind 90% der Narkosezwischenfälle mit verlängerter Apnoe zurückzuführen, bei denen bis dahin kein genetisch determinierter Enzymmangel nachgewiesen werden konnte.

Narkosebedingte Hyperthermie mit Hyperrigidität

Eine in keiner Weise mit einer anomalen Serumcholinesterase in Beziehung stehende Störung ist die autosomal dominant vererbte, oft fatal verlaufende *maligne Hyperthermie mit Hyperrigidität*. Hierbei kommt es während einer Vollnarkose mit einem Anästhetikum (z.B. Suxamethonium, Halothan, Metoxyfluran, Aether u.a.) zu extrem erhöhter Temperatur sowie zunehmender Muskelrigidität. Von weiteren klinischen und biochemischen Befunden seien erwähnt: Zyanose, Tachykardie, Tachypnoe, Azidose, Hypokalzämie mit Hyperkaliämie sowie Vermehrung der Serum-Kreatinphosphokinase und anderer Muskelenzyme. In etwa zwei Drittel der Fälle führt die Erkrankung infolge Herzstillstands zum Tode.
Die erstbeschriebene Familie war die von Denborough u. Mitarb. (1962), in der elf von 38 Mitgliedern, bei denen eine Äthernarkose durchgeführt worden war, an maligner Hyperthermie gestorben waren (!). Die unter Halothannarkose vorgenommene Operation des 21jährigen Probanden selbst, für die angesichts der dramatischen Familiengeschichte alle Vorsichtsmaßnahmen getroffen worden waren, mußte bereits 10 Minuten nach Beginn wegen der bedrohlichen Symptome des Patienten (Abfall des Blutdrucks, Blässe, Zyanose, erhöhter Puls, tiefe Bewußtlosigkeit) abgebrochen werden.
Die Häufigkeit der Störung bei jung operierten Patienten wird auf 1:15000 bis 1:20000 geschätzt (WHO 1973). Therapeutisch wirkungsvoll erwiesen sich in einigen Fällen hohe intravenöse Dosen von Procain- und Procainamid. In den betroffenen Familien konnten die Träger dieses Defekts öfters anhand der pharmakologischen Untersuchung einer Muskelbiopsie identifiziert werden. Unter Coffeineinwirkung einer Muskelprobe kommt es zu einer Kontraktion, die mit oder ohne gleichzeitiger Halothanzugabe verschieden stark ausfällt (Kalow u. Mitarb. 1970 a, b).

Isoniazid-Polymorphismus

Seit der Einführung des Isoniazids (Isonicotinsäurehydracid [INH]) als Tuberkulostatikum (Bernstein u. Mitarb. 1952) sind nach der Einnahme dieses Medikaments erhebliche Variationen in der Blut- und Urinkonzentration dieses Präparates bei den Patienten festgestellt worden. Nimmt man z.B. 6 Stunden nach einer Belastung mit INH (10 mg/kg Körpergewicht) eine Bestimmung der Serumkonzentration vor, so fügen sich die Ergebnisse in eine *bimodale Kurve* ein, deren erster Abschnitt den Phänotyp der *Schnellausscheider* und deren zweiter der *Langsamausscheider* ergibt. Evans u. Mitarb. (1960, 1961) haben 267 über zwei Generationen verteilte Mitglieder von 53 Familien untersucht und zeigen können, daß die langsame Inaktivierung des Medikamentes ein autosomal rezessives Merkmal darstellt.
Das INH wird vermittels eines in der Leber gebildeten Enzyms, der *N-Acetyltransferase*, inaktiviert; bei den langsamen Inaktivatoren ist die Aktivität dieser Leberacetylase vermindert, so daß das INH langsam ausgeschieden wird. Die schnellen Ausscheider sind entweder homozygot oder heterozygot

für das normale Allel. Die Nachkommen von zwei langsamen Inaktivatoren müssen also immer homozygot für das rezessive Allel sein. Verfeinerte mikrobiologische Untersuchungsmethoden ergaben eine *trimodale Kurve*, die es erlaubt, neben den Trägern des homozygot schnellen und des homozygot langsamen Allels auch die Heterozygoten einzureihen, so daß folgende drei Genotypen aufgestellt werden können:

1. $Ac^R Ac^R$ (R = rapid) (homozygote Schnellausscheider),
2. $Ac^R Ac^S$ (S = slow) (heterozygote Schnellausscheider),
3. $Ac^S Ac^S$ (homozygote Langsamausscheider).

Die homozygot langsame Ausscheidung ($Ac^S Ac^S$) ist wahrscheinlich auf eine qualitativ veränderte Leberacetylase zurückzuführen. Es ist interessant festzustellen, daß der INH-Polymorphismus selbst (d.h. die Acetylierungsgeschwindigkeit) keine besondere tuberkulostatische Wirksamkeit auszuüben scheint. Dagegen hat es sich gezeigt, daß die Langsamausscheider eher eine *Polyneuritis* entwickeln als die Schnellausscheider. Ursache dieser Neuritis scheint ein Mangel an Pyridoxin (Vitamin B_6) zu sein, so daß bei jeder INH-Behandlung zusätzlich Vitamin B_6 verabreicht werden sollte. INH teilt auch mit einer Reihe anderer Medikamente die Neigung, bei entsprechender pharmakogenetischer Disposition ein dem *Lupus erythematodes* ähnliches Syndrom auslösen zu können (wie z.B. auch Procainamid, Hydralazin, Practolol, Penicillamin, Thiouracil; Reidenberg u. Drayer 1978). Abgesehen von INH werden auch andere Pharmaka von der gleichen Leberacetylase inaktiviert und führen daher zu einem ähnlichen Polymorphismus von Schnell- und Langsamacetylierern: Hydralazin (gegen Hochdruck), Phenelzin (gegen Depressionen), und bestimmte Sulfonamide (Sulfamethazin, Sulfasalazin, Sulfapyridin).

Ein INH-Polymorphismus ist in allen Erdteilen festgestellt worden. In Europa, Afrika, Nordamerika, Thailand sind die Langsamacetylierer häufig (bis 57%), während die Japaner und Eskimos zu den Schnellacetylierern gehören (Sunahara u. Mitarb. 1961, Schloot u. Mitarb. 1967; s. Tab. **28**).

Tabelle **28** INH-Langsamausscheider in den verschiedenen Populationen

Population	n	Langsame Acetylierung Zahl der Personen	 Genfrequenz (Ac^S)	Autoren/Jahr
Europa	900	441 (49 %)	0,70	*Schloot* u. Mitarb. 1967
Afrika	197	106 (54 %)	0,74	*Schloot* u. Mitarb. 1967
Thailand	442	262 (57 %)	0,76	*Schloot* u. Mitarb. 1967
Indien	442	262 (59 %)	0,77	*Schloot* u. Mitarb. 1967
Japan	1808	207 (11,5 %)	0,34	*Sunahara* 1963
Eskimos	216	10 (4,6 %)	0,21	*Kalow* 1962
USA und Kanada	784	432 (55,1 %)	0,74	*Kalow* 1962

Geschmacksempfindung für Phenylthiocarbamid

Das im Jahre 1931 von dem amerikanischen Chemiker Fox synthetisierte Phenylthiocarbamid (PTC [Phenylthioharnstoff]) wurde bereits von seinem Entdecker als eine Substanz erkannt, die von unterschiedlichem Geschmack bei den verschiedenen Individuen ist. In der Tat nehmen etwa 30% der Europäer den bitteren Geschmack von PTC auf der Zunge nicht oder nur schwach wahr. Diese sog. „Nichtschmecker" können den 70% „Schmekkern" gegenübergestellt werden, die den Bittergeschmack des PTC selbst in schwächster Konzentration noch empfinden können. Es zeigte sich bald aufgrund von Familienuntersuchungen, daß die Geschmacksvariabilität genetisch bedingt ist, wobei das Nichtschmecken ein autosomal rezessives Merkmal (d. h. homozygot bei Anwesenheit zweier rezessiver Allele; tt) ist. Demgegenüber sind Individuen mit der Fähigkeit, PTC zu schmecken, genetisch entweder homozygot (Genotyp TT) oder heterozygot dominant (Genotyp Tt). Diese bipolare physiologische Reaktionsweise auf PTC gilt auch für eine Reihe anderer Thiouracilderivate, wobei festgestellt werden konnte, daß es die in diesen Substanzen enthaltene chemische Gruppe N–C=S ist, die für den Bittergeschmack verantwortlich ist.

Entsprechend anderer pharmakogenetischer Beispiele konnte auch für das PTC bewiesen werden, daß die Verteilung des Schwellenwertes für die Wahrnehmung des Bittergeschmacks in der Bevölkerung einer *bimodalen Kurve* entspricht.

Das von Harris u. Kalmus (1950) entworfene Testverfahren geht von einer Stammlösung aus, die 1,3 g PTC enthält, und die sukzessiv verdünnt wird, wobei jede der nachfolgenden Lösungen die Hälfte der vorangegangenen PTC-Mengen enthält. Man erhält auf diese Weise eine Serie von 14 abgestuften Lösungen, die letzte in einer PTC-Konzentration von ungefähr 1:16000. Die erste als bitter wahrgenommene Lösung stellt den *Schwellenwert* für den betreffenden Probanden dar. Die graphische Darstellung der aufgrund dieser Schwellenwertmethode erhaltenen Resultate ergibt eine bimodale Verteilung der Schmeckfähigkeit für PTC, wobei etwa 25–35% der weißen Bevölkerung diese Substanz auch unverdünnt oder in nur geringen Verdünnungsstufen nicht wahrnehmen kann.

Populationsgenetisch stellt die PTC-Schmeckfähigkeit einen echten monogen vererbten Polymorphismus dar, für dessen wechselnde Verbreitung in den verschiedenen Populationen bisher kein selektiver Vorteil nachgewiesen werden konnte. Bemerkenswert ist jedoch die eigenartige Beziehung des PTC-Polymorphismus zu Schilddrüsenkrankheiten, auf die Harris u. Kalmus (1949) und andere Forscher hingewiesen haben.

Danach sind bei Struma-nodosa- und athyreotischen Patienten die Nichtschmecker, bei Basedow-Kranken dagegen die Schmecker häufiger. Die Ursachen dieser Korrelation sind vorläufig unbekannt.

Die Tab. **29**, die einen Auszug aus dem von Jörgensen (1969) zusammengestellten Verzeichnis aller in der Welt unternommenen Untersuchungsserien darstellt (mehr als 300 Arbeiten), gibt ein anschauliches Bild der unterschiedlichen Verteilung des PTC-Polymorphismus in den verschiedenen Po-

Tabelle **29** PTC-Schmeckvermögen in verschiedenen Populationen (auszugsweise aus *G. Jörgensen:* Schmecken und Riechen. In Becker, P. E.: Humangenetik, Bd. I/2. Thieme, Stuttgart 1969)

Population	Anzahl der Untersuchten (n)	Anzahl (%) der Nichtschmecker (tt)	Genfrequenz bei Nichtschmeckern (t)	Autoren/Jahr
Europa				
Norwegen (Lappen)	78	6,8	0,26	*Allison* u. Mitarb. 1952
Schweden (Lappen)	62	7,0	0,27	*Allison* u. Mitarb. 1952
Schweden	3056	16,5	0,41	*Romanus* 1965
England	441	31,5	0,56	*Harris* u. *Kalmus* 1949
Belgien	425	24,7	0,50	*Leguebe* 1960
Bundesrepublik Deutschland (Niedersachsen)	700	33,0	0,57	*Jörgensen* u. *Becker* 1966
Polen	1201	28,7	0,54	*Modrzewska* 1958
Tschechoslowakei	878	23,0	0,48	*Miluničová* u. *Sottner* 1966
Frankreich	259	17,3	0,42	*Tisserand* 1951
Schweiz	544	29,6	0,54	*Botsztejn* 1942
Spanien	306	24,8	0,50	*Pons* 1955
Portugal	454	24,0	0,49	*DaCunha* u. Mitarb. 1956
Italien	1839	36,6	0,61	*Messeri* 1959
Ungarn	507	33,9	0,58	*Malán* u. *Kacsur* 1963
Jugoslawien	459	30,9	0,56	*Grünwald* u. *Herman* 1963
Rumänien	746	12,9	0,36	*Tibera-Dumitru* 1961
Amerika				
USA (Weiße, Ohio)	3643	29,8	0,55	*Snyder* 1952
USA (Neger)	3156	9,3	0,31	*Lee* 1934
Brasilien (Weiße)	1000	24,7	0,50	*Beigelman* 1964
Brasilien (Neger)	123	13,0	0,36	*Saldanha* 1962
Chile	481	14,9	0,39	*Covarrubias* 1964
Indianer (Brasilien)	163	1,2	0,11	*Kalmus* 1957
Trotzil-Indianer	341	5,3	0,23	*Kalmus* u. Mitarb. 1964
Micmac-Indianer	496	39,1	0,63	*Chiasson* 1963
Eskimos (Alaska)	68	25,7	0,51	*Allison* u. *Blumberg* 1959
Asien				
Türkei	2000	20,0	0,45	*Say* u. Mitarb. 1966
Irak	550	27,8	0,53	*Boyd* u. Mitarb. 1941
Israel				
(Ashkenazim)	440	20,7	0,46	*Sheba* u. Mitarb. 1962
(Sephardim)	336	16,1	0,40	*Sheba* u. Mitarb. 1962
(Jemen)	261	18,0	0,42	*Sheba* u. Mitarb. 1962
(Nordafrika)	340	15,0	0,39	*Sheba* u. Mitarb. 1962
Japan	2304	13,8	0,37	*Ogawa* 1961
Korea	771	15,1	0,39	*Kang* u. Mitarb. 1967
Taiwan	5933	7,1	0,27	*Rikimaru* 1936

Tabelle **29** Fortsetzung

Population	Anzahl der Unter-suchten (n)	Anzahl (%) der Nicht-schmecker (tt)	Genfrequenz bei Nicht-schmeckern (t)	Autoren/Jahr
Asien (Fortsetzung)				
Tibet	242	10,7	0,33	*Sharma* 1967
Indien (Bombay)	800	36,5	0,60	*Sanghvi* u. Mitarb. 1949
Indien (Parsi)	200	21,5	0,46	*Sirsat* 1956
Tamilen	1011	30,5	0,55	*Olivier* 1961
Singapur	237	16,0	0,40	*Thambipillai* 1955
Afrika				
Ägypten	569	21,9	0,47	*Boyd* u. Mitarb. 1937
Äthiopien (Amhara)	123	12,2	0,35	*Bat-Miriam* u. Mitarb. 1962
Zentralafrikanische Republik	360	2,7	0,16	*Cresta* 1965
West-Nigeria (Neger)	191	13,7	0,36	*Kalmus* 1967
Kenya (Ost-Bantu)	208	5,8	0,20	*Allison* 1951
Australien und Ozeanien				
Südaustralische Eingeborene	152	49,3	0,70	*Simmons* u. Mitarb. 1954
Neuseeland (Maoris)	157	8,3	0,29	*Simmons* u. Mitarb. 1951
Neuguinea (Mt. Hagen)	330	45,8	0,75	*Simmons* u. Mitarb. 1956
Neu-Britannien (Melanesier)	347	33,4	0,58	*Simmons* u. Mitarb. 1956
Neue Hebriden (Melanesier)	196	9,2	0,30	*Simmons* u. Mitarb. 1954

pulationen. Auffallend ist vor allem die geringe Anzahl der Nichtschmecker bei den Lappen (7%) und einigen Indianerstämmen (1,2–5,3%). Im Gegensatz hierzu findet sich eine Häufung der Nichtschmecker bei den Micmac-Indianern (39,1%) und Eskimos Amerikas (25,7%). Eine relativ niedrige Nichtschmeckerquote stellt man bei Japanern (13,8%), Koreanern (15,1%), Chinesen aus Taiwan (7,1%) und Tibetanern (10,7%) fest. Ebenso sind in einigen afrikanischen Ländern die Nichtschmecker nur schwach vertreten (2,7–13%). Dies trifft auch für die Negerpopulationen der USA (9,3%) und Brasiliens (13,0%) zu. Was die jüdische Bevölkerung anbetrifft, so ist ein deutlicher Unterschied zwischen den Gruppen orientalischer (15,0–18,0%) und europäischer Herkunft (20,7%) zu erkennen.

Interessehalber sei noch erwähnt, daß die Fähigkeit des PTC-Schmeckens auch phylogenetisch verankert ist, wie sich anhand von Untersuchungen von 15 Familien verschiedener Affenarten gezeigt hat. Dabei ergab sich eine ähnliche Verteilung von Schmeckern und Nichtschmeckern wie beim Menschen (JÖRGENSEN 1969).

Schmecken von Anetholtrithion

Bei einigen weiteren bitter schmeckenden Thioharnstoffderivaten, u. a. das *Anetholtrithion*, beobachtet man einen ähnlichen Polymorphismus wie beim PTC, wobei bis jetzt nicht festgestellt werden konnte, ob es sich um die gleichen Gene oder um Heterogenie handelt (GOEDDE u. OHLIGMACHER 1965). Jedenfalls ist in dieser Substanz die für PTC charakteristische chemische Gruppe

N–C–
   ‖
   S

nicht enthalten. Bei der Prüfung der Geschmacksschwellenwerte bei 89 Probanden anhand abgestufter Verdünnungen einer Stammlösung fanden sie eine *trimodale Verteilung*, was auf die Existenz zweier Allele (T_{ATTH}, t_{ATTH}) mit Erkennbarkeit der Heterozygoten hinwies. DAWSON u. Mitarb. (1967) haben in einer Untersuchung von 102 Londoner Personen jedoch nur eine *bimodale Verteilung* der Geschmacksschwellenwerte feststellen können. Im Gegensatz zu GOEDDE u. OHLIGMACHER fanden sie auch eine hohe Korrelation des ATTH-Schmeckens mit dem für PTC.

Schmecken von Mercapto-benzo-sklenazol

Ein weiterer Polymorphismus des Schmeckens liegt bei *Mercapto-benzo-sklenazol* (MBS) vor, worüber SNYDER u. Mitarb. (1941) und KLOEPFER (1946) Untersuchungen durchgeführt haben. Die Schmeckfähigkeit wird durch ein dominantes Allel bedingt. Der prozentuale Anteil der Nichtschmecker beträgt ungefähr 30%.

Resistenz gegen Warfarin (Dicumarol)

Bei gewissen Individuen ist eine etwa 20fach erhöhte Dosis des antikoagulativen Medikamentes Warfarin erforderlich, um eine Erniedrigung des Plasma-Prothrombin-Spiegels zu erreichen. Diese Warfarin-Resistenz wird autosomal dominant vererbt. Andererseits erwiesen sich diese Patienten besonders empfindlich gegenüber dem für die Synthese verschiedener Blutgerinnungsfaktoren verantwortlichen Vitamin K. Es wird angenommen, daß die Warfarin-Resistenz in Zusammenhang mit den in der Leber befindlichen Rezeptoren für das Vitamin K steht, die bei diesen Patienten qualitativ verändert sind. Daher kommt es zu einer anomal erhöhten Affinität der Rezeptoren für das prothrombinogene Vitamin K und einer Verlängerung der Prothrombinzeit. Der gewünschte antikoagulative Effekt des Warfarins wird dabei erst bei einer 20fach erhöhten Dosis möglich (O'REILLY u. AGGELER 1965).

Intraokuläre Druckschwankungen bei Anwendung von Glucocorticoiden am Auge

Bei einer hauptsächlich um das 40. Lebensjahr auftretenden, hereditären Glaukomform können wiederholte lokale Anwendungen von Glucocorticoiden am Auge eine latente Glaukomprädisposition infolge Steigerung des intraokulären Drucks (normal um 20 mm Hg) in eine manifeste Erkrankung überführen (Armaly 1966, 1968, Becker 1971, Schwartz u. Mitarb. 1972, Schwartz 1978). Der Druckanstieg steht in umgekehrt proportionalem Verhältnis zur Leichtigkeit des Abflusses des Kammerwassers. Nicht selektionierte Familienuntersuchungen haben gezeigt, daß in der Bevölkerung der *Druckanstieg* als Reaktion auf das Medikament *trimodal* verteilt ist, wobei die respektiven Häufigkeiten der Gruppen, je nach schwacher, mittlerer und hoher Empfindlichkeit für das Medikament, resp. 66%, 29% und 5% betragen. Diese drei Phänotypen werden wahrscheinlich durch ein Gen mit zwei Allelen determiniert, von denen das eine für niederen, das andere für hohen Druckanstieg verantwortlich ist und Heterozygote einen intermediären Druck aufweisen. Die Phänotypen können somit auf dieser Basis folgendermaßen ausgedrückt werden: P^LP^L, P^LP^H und P^HP^H, wobei das Allel P^L für niederen Druck und das Allel P^H für hohen Druck verantwortlich ist. Bei den Heterozygoten (P^NP^H) und Homozygoten für hohen Druckanstieg (P^HP^H) können durch fortgesetzte Behandlung mit Glucocorticoiden Glaukomschäden gesetzt werden. Jedoch ist die Druckerhöhung reversibel und kann bei Absetzen des Medikamentes wieder rückgängig gemacht werden.

Hereditäre hepatische Porphyrien

Zu den unter der Bezeichnung „hereditäre hepatische Porphyrien" zusammengefaßten angeborenen Stoffwechselleiden gehören folgende drei autosomal vererbten Affektionen: 1. die akute intermittierende Porphyrie (schwedischer Typ), 2. die Porphyria variegata (südafrikanischer Typ), 3. die Coproporphyrie. Die Symptomatologie dieser Gruppe von metabolischen Krankheiten ist im wesentlichen durch abdominale Koliken und neuropsychiatrische Störungen gekennzeichnet. Die Besprechung dieser Krankheitsbilder im Rahmen der Pharmakogenetik ist insofern gerechtfertigt, als hauptsächlich bestimmte Arzneimittel (Barbiturate, Mutterkornpräparate, Griseofulvin, Anilinpräparate, weibliche Sexualhormone), ferner toxische Substanzen (wie Alkohol, Bleivergiftungen, Morphinderivate usw.) als auslösende Faktoren wirken. Die hohe Empfindlichkeit solcher Patienten gegenüber im allgemeinen gut tolerierten Medikamenten ist in ihren Ursachen noch unklar. Während der akuten Krisen läßt sich bei allen drei Krankheitsformen eine vermehrte Ausscheidung von δ-Aminolaevulinsäure (ALA) sowie von Porphobilinogen (PBG) im Harn feststellen. Ursprünglich wurde angenommen, daß der primäre Defekt bei der akuten intermittierenden Porphyrie in einer biochemischen Regulationsstörung liege, die eine Überproduktion der ALA-Synthetase bewirke. Was die Ausscheidung anderer

Porphyrinarten im Harn und in den Fäzes anbetrifft, so ist sie je nach dem Krankheitstyp verschieden. Enzymatische Untersuchungen lassen keinen Zweifel darüber bestehen, daß jeder der drei Krankheitstypen auf einem spezifischen Defekt beruht, nämlich der *Uroporphyrinogen-I-Synthetase* bei der akuten intermittierenden Porphyrie, der *Ferrochelatase* (und evtl. auch der *Protoporphyrinogen-Oxidase*) bei der Porphyria variegata und der *Coproporphyrinogen-Oxidase* bei der Coproporphyrie (s. Tab. **30**). Der Anstieg der ALA-Synthetase (bei der akuten intermittierenden Porphyrie bis zum 8fachen der Norm während eines Anfalls erhöht) stellt nur ein sekundäres, regulatorisches Phänomen dar. Die Produktion dieses Enzyms wird normalerweise durch ein vom Endprodukt, dem Häm, gesteuertes „negatives Feedback" reguliert. Infolge der reduzierten Uroporphyrinogen-Synthetase bei der akuten intermittierenden Porphyrie kommt es zu einer partiellen Blockierung der Hämsynthese, wodurch eine verstärkte Bildung der ALA-Synthetase induziert und damit eine Überproduktion von ALA und PBG eingeleitet wird. In analoger Weise bewirken bei der Porphyria variegata und Coproporphyrie die entsprechenden Enzymdefekte (Ferrochelatase bzw. Coproporphyrinogen-Oxidase) eine Störung der biochemischen Hämsynthese und führen zu einer vermehrten Aktivität der ALA in der Leber und entsprechend hohen Ausscheidung der intermediären Porphyrinderivate im Harn. Eine partielle Insuffizienz eines Enzyms der hepatischen Hämsynthese braucht jedoch nicht unbedingt bereits zu einer klinischen Manifestation einer Porphyrie zu führen. In der Tat finden sich bei Familienuntersuchungen immer Merkmalträger, die nie oder nur angedeutete Störungen im Sinne einer Porphyrie aufgewiesen haben. In dieser Hinsicht könnte genetisch von einer variablen Penetranz und Expressivität gesprochen werden.

Zurückkehrend zu unserem Ausgangsproblem, nämlich der Ursache für die oft dramatische Auslösung eines Porphyrieanfalls im Anschluß an die Einnahme bestimmter Medikamente, wie z. B. Barbiturate und Steroide, möchten wir noch abschließend die heute vorherrschende Konzeption, die auf klinischen und enzymatischen Untersuchungen beruht, wiedergeben (Meyer u. Schmid 1978).

Danach ist mit der Hämsynthese ein zweiter enzymatischer Prozeß koordiniert, nämlich der zur Synthese des Hämoproteins „Cytochrom P-450" führt. (Dieser Name wurde deshalb gewählt, weil das Absorptionsmaximum des Enzyms nach Bindung von CO bei 450 nm liegt.) Cytochrom P-450 ist die kollektive Bezeichnung für eine Gruppe intrazellulärer Hämoproteine, von denen die terminale mikrosomale Oxidation und damit Entgiftung einer Reihe von Medikamenten und Chemikalien abhängt. Quantitativ gemessen stellt der für die Synthese des Cytochromosoms P-450 benötigte Hämanteil den größeren Anteil der insgesamt synthetisierten Hämmenge dar. Proportional zur Belastung durch Medikamente nimmt auch die Induktion von Cytochromosom P-450 in der Leber zu, so daß zusätzliche Hämproduktion für die vermehrte Synthese der Hämproteine benötigt wird. Hämsynthese und Cytochrombildung sind somit eng miteinander verbunden, so daß sämtliche Medikamente, die eine Porphyrie auslösen, auch zu den Substanzen gehören, die die Produktion von Cytochrom P-450 zu induzieren vermögen.

Tabelle **30** Klinische und biochemische Symptomatik der genetisch bedingten Porphyrien (aus *U. A. Meyer, R. Schmid:* The porphyrias. In Stanbury, J. B., u. Mitarb.: The Metabolic Basis of Inherited Disease, 4th ed. McGraw-Hill, New York 1978)

Stoffwechselkrankheit	Klinische Symptome	Enzymdefekt	Häufigkeit Vererbung
Akute intermittierende Porphyrie (schwedischer Typ)	abdominale Koliken, periphere Neuritis, Paresen, psychische Störungen, hohe Mortalität. Manifestation nicht vor der Pubertät	Uroporphyrinogen-I-Synthetase um die Hälfte vermindert, daher Überproduktion von ALA * und Porphobilinogen in der Leber und vermehrte Ausscheidung im Harn	Frequenz in Schweden ca. 1 : 60 000, in Lappland bis 1 : 1000. Sonst 1 : 5000 bis 1 : 60 000 Autosomal dominant
Porphyria variegata (südafrikanischer Typ)	wie bei akuter intermittierender Porphyrie, außerdem Photosensibilität (Blasenbildung) und mechanische Anfälligkeit der Haut. Hypertrichose bei Frauen	Ferrochelatase-Defekt (*Becker* 1977), daher verstärkte Aktivität von ALA-Synthetase in Leber; exzessive Ausscheidung von ALA und Porphobilinogen im Harn im Anfall	Frequenz in Südafrika 1 : 500 (10 000 Merkmalträger) Autosomal dominant
Hereditäre Coproporphyrie	meist symptomlos, sonst wie akute intermittierende Porphyrie	Coproporphyrinogen-Oxidase vermindert. Große Mengen von Coproporphyrin III in Harn und Fäzes; Hyperaktivität der ALA-Synthetase in Leber	Autosomal dominant etwa 100 Fälle veröffentlicht

Bemerkung: Auslöser für Attacken bei allen 3 Porphyrieformen: Barbiturate, Sulfonamide, Oestrogene, Griseofulvin, ferner Vergiftungen durch Blei, Anilin- und Morphinderivate.

* ALA = δ-Aminolaevulinsäure

Die vermehrt benötigte Hämbelieferung erfolgt durch Stimulation der *ALA-Synthetase* (Abb. **62**). Da sich bei den Porphyrien jedoch bereits eine partiell blockierte Hämsynthese vorfindet, so erleidet auch die kompensatorische Produktionserhöhung von Cytochrom P-450 trotz der ALA-Ankurbelung eine Verzögerung, womit seine Entgiftungsfunktion von Medikamenten gestört wird. Der Mechanismus der drogenabhängigen Induktion der ALA-Synthetase trägt also in entscheidender Weise zur Auslösung und Steigerung der Schwere der Porphyrieattacken bei.

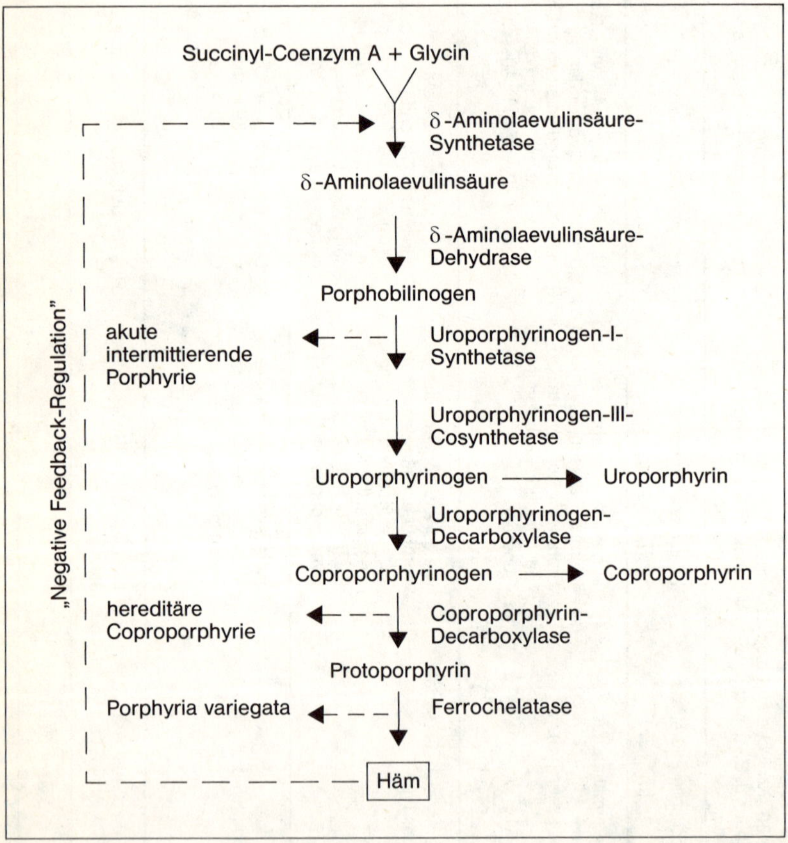

Abb. **62** Schema der hereditären Störungen der Hämsynthese (nach *U. A. Meyer* u. Mitarb.)

Therapeutisch handelt es sich bei der akuten intermittierenden Porphyrie und der Porphyria variegata vor allem darum, alle Medikamente wie Barbiturate und Steroide zu vermeiden. Bei abdominalen Krisen kann sich für den unerfahrenen Arzt die Fehldiagnose von Appendizitis, Nierenkoliken oder Gallenblasensteinen aufdrängen, was zu einer verhängnisvollen Laparotomie unter Penthotalnarkose oder einem anderen Anästhetikum führen kann. Zur Unterdrückung oder Milderung der Krisen haben sich neuerdings Gaben von Hämatin anscheinend bewährt. Die prophylaktisch wichtigste Aufgabe ist die medizinisch-genetische Beratung der Familien und die Identifizierung der latenten Merkmalträger, die auf die Notwendigkeit einer strikten Vermeidung von Alkohol und auslösenden Arzneimitteln hingewiesen werden müssen.

Die Zwillingsmethode

„Twins are of extreme value for detailed individual study, and have had a profound influence in guiding both medical and lay opinion to accept the concept of inborn shortcomings, both physical and mental."

J. H. EDWARDS *1969*

Für eine große Reihe sowohl normaler als auch krankhafter Merkmale ist es schwierig zu bestimmen, in welchem Maße sie jeweils durch den Genotypus und durch Umweltfaktoren im weitesten Sinne geprägt werden. Die klassische Methode, sich ein Urteil über die Rolle der Erbanlage einerseits und die der einwirkenden Umweltfaktoren andererseits beim Zustandekommen bestimmter Merkmale zu bilden, ist die Zwillingsmethode.
Es war FRANCIS GALTON, der im Jahre 1876 als erster diese Methode vorschlug, um zwischen Erb- („Nature") und Umwelteinfluß („Nurture") zu unterscheiden. Aber erst seit den Arbeiten von SIEMENS (1924) wurde die Zwillingsmethode in den Rang eines wissenschaftlichen Prüfungsverfahrens erhoben. SIEMENS arbeitete eine präzise polysymptomatische Ähnlichkeitsmethode aus, die es erlaubte, eineiige Zwillinge von zweieiigen Zwillingen zu unterscheiden.
Eineiige (monozygote) Zwillinge entstehen durch Befruchtung einer einzelnen Eizelle durch ein einzelnes Spermium. In einem frühen Furchungsstadium kommt es dann zu einer spontanen Teilung dieser Zelle in zwei Embryonen, die infolgedessen eine identische Erbanlage besitzen (Polyembryonie). Eineiige Zwillinge machen ungefähr 25% aller Zwillingsgeburten aus. Sie werden in allen Altersgruppen der Mutter mit gleicher Häufigkeit geboren.
Zweieiige (dizygote) Zwillinge entstehen aus der Befruchtung zweier Eizellen durch zwei Spermien und bilden daher zwei unabhängige Zygoten (Polyovulation). Die Erbanlagen solcher Zwillinge sind nicht ähnlicher als die gewöhnlicher Geschwister. In seltenen Fällen kann eine Befruchtung eines zweiten Eies während einer bereits bestehenden Schwangerschaft erfolgen, und zwar auch durch verschiedene Väter *(Superfecundatio)*. Die Aussicht einer Mutter, ein zweieiiges Zwillingspaar zur Welt zu bringen, wächst mit zunehmendem Alter. So ist für eine Mutter zwischen 35 und 39 Jahren die Wahrscheinlichkeit, zweieiige Zwillinge zu bekommen, etwa 5mal größer als für eine Mutter unter 20 Jahren. Auch die erfolgreiche moderne Hormontherapie mit FSH hat bei Frauen, die trotz Kinderwunsch bis dahin steril blieben, die Polyovulation stark gefördert.

Eine genetische Tendenz zu Geburten zweieiiger Zwillinge ist durch Familienbefunde eindeutig belegt. So muß eine Frau, die selbst Zwilling ist, mit überdurchschnittlicher Wahrscheinlichkeit damit rechnen, ihrerseits auch Zwillinge zu bekommen. Während die Disposition zu Zwillingsgeburten sowohl durch Männer als durch Frauen übertragen werden kann, kommt es nur bei Frauen mit der entsprechenden Anlage zu einer vermehrten Häufigkeit von zweieiigen Zwillingen unter ihren Nachkommen. Die Brüder von zweieiigen Zwillingen haben dagegen keine erhöhte Frequenz zur Zwillingsnachkommenschaft, im Gegensatz zu ihren Töchtern.
Da eineiige Zwillinge identische Erbanlagen besitzen, müssen Unterschiede in der Merkmalsausprägung bei ihnen auf exogene Einflüsse im weitesten Sinne zurückgehen. Zum Teil sind sie durch die gleichen Faktoren bewirkt, die beim Einzelindividuum bilaterale oder unilaterale Anomalien (z. B. Lippenspalten) auslösen. Andererseits können Merkmalsunterschiede bei zweieiigen Zwillingen sowohl auf genetische als auch auf exogene Wirkungen zurückgeführt werden.

Eiigkeitsdiagnose

Die Eiigkeitsdiagnose kann im Prinzip nach zwei verschiedenen Methoden durchgeführt werden:

1. durch die Untersuchung der Eihäute und
2. durch den polysymptomatischen Merkmalsvergleich.

Untersuchung der Eihäute

Diese sollte in allen Frauenkliniken regelmäßig und mit einem Standardvorgehen durchgeführt werden. Wir unterscheiden eine innere Hülle, die von fetaler Herkunft ist, das *Amnion*, welches die Amnionhöhle auskleidet, und eine äußere, das *Chorion*, das über die Plazenta an den Uterus angeheftet ist. Mit absoluter Sicherheit läßt sich nur beim Vorliegen eines *gemeinsamen Chorions* – sei es bei getrennten oder gemeinsamen Amnien – auf eineiige Zwillinge schließen. Zweieiige Zwillinge dagegen weisen stets zwei Chorien auf, da sie bei ihrer Einbettung in das Uterusepithel immer ihre eigenen Eihäute entwickeln. Doch darf Eineiigkeit selbst beim Vorhandensein zweier Chorien, zweier Amnien und doppelt vorhandenen Plazenten nicht ausgeschlossen werden. In der Tat finden sich eineiige Zwillinge mit zwei Chorien in etwa 25% aller eineiigen Zwillinge. Es ist also nicht möglich, diese von gleichgeschlechtlichen zweieiigen Zwillingen rein durch die Eihautmethode zu unterscheiden.

Polysymptomatischer Merkmalsvergleich

Wegen der Unverläßlichkeit der Eihautdiagnose ist es daher unbedingt notwendig, sich bei der Bestimmung der Eiigkeit der *Ähnlichkeitsmethode* (Tab. **31**) zu bedienen, die auf dem Vergleich einer Vielzahl genetisch determinierter Merkmale beruht.

Tabelle **31** Vergleich von Zwillingen aufgrund der polysymptomatischen Ähnlichkeitsmethode

- Blutgruppensysteme
- Form und Farbe der Haare, Augenbrauen und Wimpern, Haarwirbel
- Hautfarbe (evtl. Sommersprossen, Nävi usw.)
- Lidspalten (Achse, Weite, Form)
- Farbe und Struktur der Iris
- Nasenform
- Form und Dicke der Lippen
- Form und Dicke der Zunge
- Form und Stellung der Zähne
- Ohrenform, -länge und -stellung
- Papillarleisten der Finger und Hände
- Anthropometrische Messungen: z. B. Größe, Gewicht, Kopfumfang, größte Länge und Breite des Kopfes, Stirnbreite, Jochbogenbreite, Unterkieferwinkelbreite, morphologische Gesichtshöhe, Form des Hinterhauptes, Höhe und Breite der Nase, Messung sonstiger Körper- und Extremitätensegmente
- Schmecken von PTC (Phenylthioharnstoff)
- Evtl. Vergleiche von röntgenologischen Aufnahmen des Schädels, der Handwurzelknochen usw.

Eine sehr beweiskräftige Methode der Unterscheidung zwischen eineiigen und zweieiigen Zwillingen bietet auch die gegenseitige Transplantation von Hautstückchen, die nur bei den ersteren angehen und bei den letzteren abgestoßen werden (Abb. **66**) (Franceschetti u. Mitarb. 1948).

Eine Zwillingsverwechslung (Abb. **63–68**). Ein Hauttransplantationstest spielte auch eine entscheidende Rolle in einem gerichtlich-medizinischen Beweisverfahren, wobei es sich um die Substitution eines Zwillingpaarlings durch ein anderes Kind kurz nach der Geburt in einer Frauenklinik in der Schweiz handelte.

Sechs Jahre nach der Geburt eines angeblich zweieiigen Zwillingspaares (Victor und Pierre J.) in einer Familie beobachtete man in der Schule einen Knaben (Eric V.) aus einer anderen Familie, der eine auffallende Ähnlichkeit mit einem der beiden Zwillinge (Victor) aufwies (Abb. **63**). Dieses Doppelgängertum wurde zunächst auf ein zufälliges „Naturspiel“ zurückgeführt. Im Laufe der nächsten Wochen wurde indessen

Abb. **63** (rechts oben) Die vertauschten Zwillinge. Vorderansicht und Profil der drei Kinder im Alter von 6 Jahren. Pierre J. (links), Pseudozwilling von Victor J. (Mitte), war bei der Geburt mit Eric V. (rechts), der in einer anderen Familie aufgezogen wurde, vertauscht worden. Victor und Eric, die echten Zwillinge (rechts), weisen eine erstaunliche Ähnlichkeit miteinander auf, besonders in bezug auf Gesichtsform, Ohren und Stirnwölbung

Abb. **64** (rechts unten) Blutgruppen der verschiedenen Mitglieder beider betroffener Familien. Es geht daraus hervor, daß Pierre („Pseudozwilling“) nicht der Sohn seiner legalen Mutter sein kann. Dagegen ist die Blutgruppenformel für die beiden echten Zwillinge Eric und Victor identisch

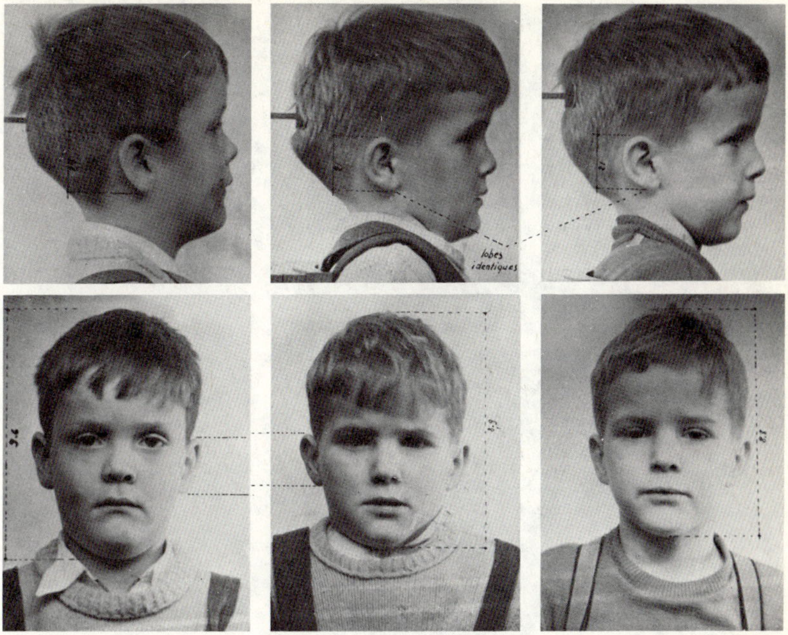
lobes identiques

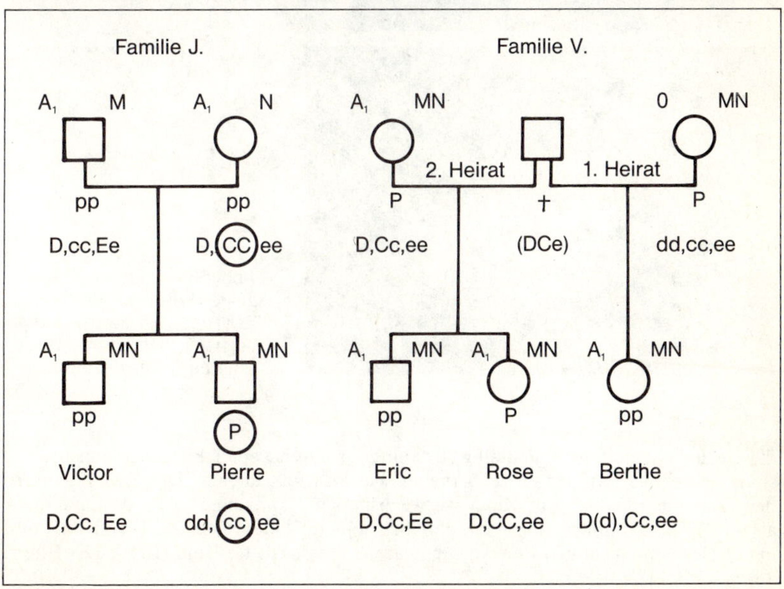
Familie J.
Familie V.
A1 M
A1 N
A1 MN
0 MN
2. Heirat
1. Heirat
pp
pp
P
†
P
D,cc,Ee
D,CC,ee
D,Cc,ee
(DCe)
dd,cc,ee
A1 MN
A1 MN
A1 MN
A1 MN
A1 MN
pp
P
pp
P
pp
Victor
Pierre
Eric
Rose
Berthe
D,Cc, Ee
dd,cc,ee
D,Cc,Ee
D,CC,ee
D(d),Cc,ee

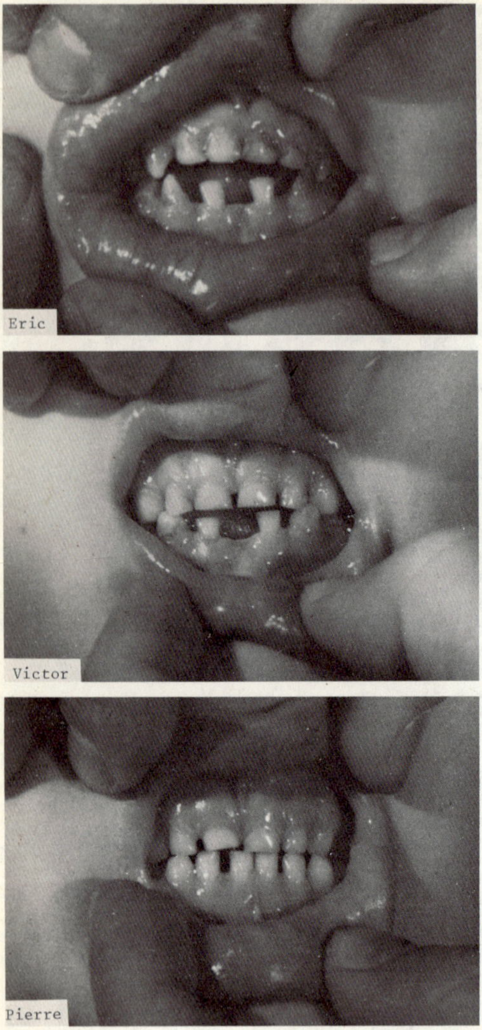

Abb. **65** Die Zahnaufnahmen zeigen bei den beiden echten Zwillingen die gleiche Anomalie, nämlich Fehlen der beiden unteren Schneidezähne

diese Ähnlichkeit sehr augenfällig, besonders während einer Fronleichnamsprozession, an der alle Kinder in der gleichen Uniform erschienen. Die Zwillingseltern begannen nun ernstlich eine Kindesverwechslung in Erwägung zu ziehen, um so mehr als ihre Nachforschungen ergaben, daß ihre beiden Kinder in der gleichen Klinik und in der gleichen Nacht geboren worden waren, wie das dritte Kind (Eric). Die Eltern

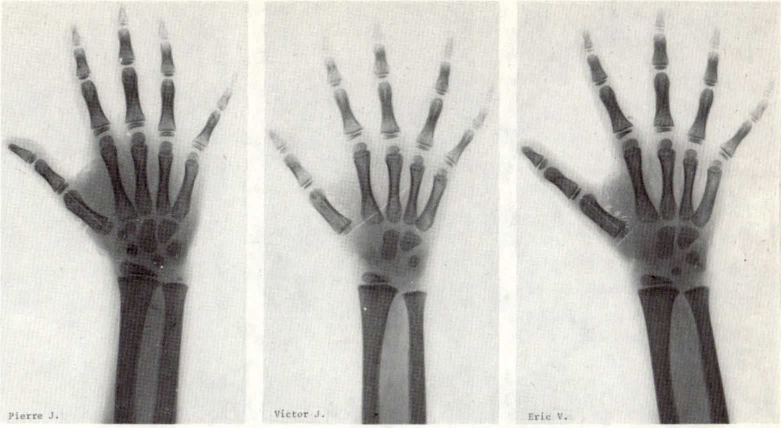

Abb. **66** Röntgenaufnahme der Hände. Bei den beiden echten Zwillingen (Victor und Eric) sind die radialen Handwurzelknöchelchen noch nicht entwickelt. Dagegen sind sie bei Pierre bereits deutlich sichtbar

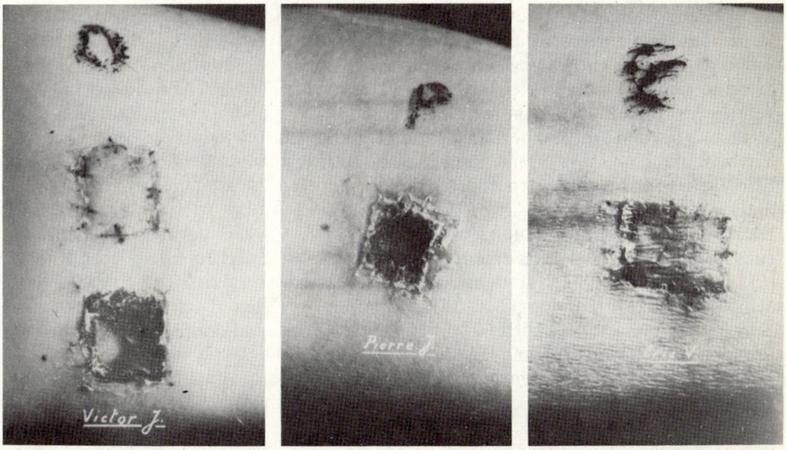

Abb. **67** Fotografie der reziproken Hauttransplantationen bei den drei Kindern drei Wochen nach der Operation. Während die reziproke Transplantation zwischen den echten Zwillingen per primam intentionem abheilte, erzeugte der Hautaustausch mit Pierre, dem „Pseudozwilling", eine Nekrose

Abb. **68** Die beiden wiedervereinigten Zwillinge Victor und Eric neben dem Pseudozwilling Pierre

wandten sich infolgedessen an die Behörden mit dem Gesuch um eine gerichtliche Begutachtung, mit der die Drs. FRANCESCHETTI, BAMATTER und KLEIN betraut wurden. Eine Blutgruppenuntersuchung ergab zunächst, daß der eine der beiden Zwillingsbrüder, Pierre, unmöglich der Sohn seiner „Mutter" sein konnte (Abb. **64**). Andererseits stimmten die Blutgruppen des Knaben aus der zweiten Familie (Eric V.) vollkommen mit denen des ersten Zwillingskindes (Victor J.) überein. Ferner ergab die polysymptomatische Ähnlichkeitsmethode Konkordanz der beiden Kinder Victor J. und Eric V. nicht nur in allen wesentlichen konstitutionellen und psychomotorischen Kriterien, sondern auch hinsichtlich gewisser Anomalien (Fehlen der unteren medianen Schneidezähne (Abb. **65**) sowie gleiche Handwurzelform und -zahl (Abb. **66**). Schließlich lieferte der von uns vorgenommene experimentelle Test einer *gegenseitigen Hautüberpflanzung* bei den drei Knaben auch einen biologischen Beweis für die Eineiigkeit von Victor J. und Eric V. Während nämlich die Hauttransplantate zwischen Victor J. und Eric V. per primam einheilten, führten die verpflanzten Hautstücke zwischen Victor J. und Pierre J. zu Nekrosen (Abb. **67**).

Das Ergebnis der Untersuchungen ließ somit keinen Zweifel darüber bestehen, daß eine Vertauschung zwischen einem der beiden Zwillinge und einem anderen Knaben bei der Geburt tatsächlich stattgefunden hatte! Die aufgrund des Gutachtens gerichtlich angeordnete Trennung der beiden „Zwillings"-Kinder erfolgte ohne äußere Schwierigkeiten. Der wirkliche Zwillingsbruder Eric nahm den Platz des bisherigen Pseudozwillings Pierre ein und fand neben seinem Bruder damit auch zu seiner großen Freude einen neuen Vater vor, da der Vater der anderen Familie inzwischen verstorben war. Pierre kam zu seiner wirklichen Mutter, die aber zu ihrem neuen Sohn kein richtiges Verhältnis zu finden vermochte und es daher bald vorzog, ihn in Heimen unterzubringen. Demgegenüber vollzog sich der Übergang Erics in die andere Familie durchaus harmonisch. Die beiden Kinder lebten einträglich miteinander, bestanden mit Auszeichnung die Reifeprüfung. Victor studierte Architektur, Eric Nationalökonomie. Beide erhielten Stipendien für einen Studienaufenthalt in den Vereinigten Staaten. Pierre hingegen, weniger begabt, wurde Briefträger und später Bankangestellter (Abb. **68**). Die affektiven Bande zwischen den Zwillingen und Pierre halten weiter an, und in der Wohnung seiner ehemaligen Eltern ist ein Gastzimmer ständig für Pierre bereit.

Differenzmethode von Weinberg

WEINBERG (1901) arbeitete eine Methode aus, die es erlaubt, die Proportion von eineiigen und zweieiigen Zwillingen in einer Zwillingspopulation zu berechnen. Sie basiert auf dem Prinzip der genetischen Geschlechtsdetermination (1:1). Demnach muß die Wahrscheinlichkeit für ein zweieiiges Zwillingspaar, entweder gleichgeschlechtlich oder verschiedengeschlechtlich zu sein, gleichfalls wie 1:1 sein. Infolgedessen muß die Häufigkeit der drei Typen von zweieiigen Zwillingen der Zufallsverteilung ¼ ♂♂ : ½ ♂♀ : ¼ ♀♀ entsprechen, was bedeutet, daß die Zahl der gleichgeschlechtlichen Zwillingspaare (♂♂ + ♀♀) gleich der der verschiedengeschlechtlichen (♂ + ♀) sein muß. Die Gesamtzahl aller zweieiigen Zwillinge beträgt somit das Doppelte der beobachteten verschiedengeschlechtlichen Zwillingsgeburten. Um demnach die Zahl der eineiigen Zwillinge einer Population zu erfahren, genügt es, von der Gesamtzahl aller registrierten Zwillinge die Gesamtzahl der zweieiigen abzuziehen. Da die Zahl der eineiigen Zwillinge durch Subtraktion der zweieiigen von der Gesamtzahl der Zwillinge erhalten wird, nennt man diese Methode auch Differenzmethode. Die Formel für ihre Anwendung lautet:

Alle Zwillingspaare abzüglich 2mal verschiedengeschlechtliche Zwillingspaare = Häufigkeit der eineiigen Zwillingspaare.

Beispiel: Nehmen wir z. B. an, daß von 1000 Zwillingspaaren 350 verschiedengeschlechtliche Paare sind. Demnach beträgt die Gesamtzahl der zweieiigen Paare 700 ($2 \cdot 350$) und infolgedessen die Zahl der eineiigen Zwillingspaare 300.

Häufigkeit der Mehrlingsgeburten

Untersuchungen in den verschiedenen Ländern haben ergeben, daß die Zahl der eineiigen Zwillinge ungefähr 25% der Gesamtzahl aller Zwillinge ausmacht. Allgemein wird die Häufigkeit von eineiigen Zwillingen in allen Ländern in der Welt auf ca. 3,5 pro 1000 Geburten geschätzt. Dagegen kann die Häufigkeit von zweieiigen Zwillingen in den verschiedenen Ländern zwischen 0,8% (Japan, südamerikanische Populationen) bis zu 4,5% (Nigeria) schwanken.

Aufgrund von Statistiken verschiedener Länder kommt eine Zwillingsgeburt auf ca. 85 Einzelgeburten (1,2%). Allgemein kann folgende Regel (HELLIN 1895) für die Häufigkeiten von Mehrlingsgeburten aufgestellt werden:

Zwillinge	ca. 1 : 85
Drillinge	ca. 1 : 85^2 (1 : 7225)
Vierlinge	ca. 1 : 85^3 (1 : 614125)
Fünflinge	ca. 1 : 85^4 (1 : 52200625)

Unter den Mehrlingsgeburten sind verschiedene Kombinationen von Ein-, Zwei- und Dreieiigkeit möglich. Die berühmten Dionne-Fünflinge aus Kanada waren eineiig.

Zwillinge und Umwelt

Infolge eines häufig vorgebrachten Einwandes an der genetischen Zwillingsforschung, wonach die erstaunlichen Zeichen der Konkordanz bei eineiigen Zwillingen, besonders auf psychischem Gebiet, auf die Tatsache zurückzuführen seien, daß diese ein „ähnlicheres Milieu" um sich gestalten als die zweieiigen Zwillinge, ist im letzten Jahrzehnt vermehrt dem Verhalten eineiiger Zwillinge, die von Geburt an *getrennt aufgewachsen* sind, Beobachtung geschenkt worden. Es hat sich dabei jedoch erwiesen, daß z. B. Körperlänge, Gewicht, Intelligenzleistungen nicht signifikant von gemeinsam aufgewachsenen eineiigen Zwillingen abweichen und durchweg ähnlicher sind, als die von zweieiigen (Shields 1962).

Zwillingsmißbildungen

Wie wir gesehen haben, entstehen eineiige Zwillinge durch Teilung einer Zygote, sei es während der ersten Furchung oder einer späteren. Bei einer Teilung eines bereits ziemlich entwickelten Eies kann es zu einer Spiegelbildlichkeit der Konstitutionsmerkmale von eineiigen Zwillingen kommen. Manchmal ist die Trennung der Eizelle nicht vollständig, so daß es zur Bildung von nicht lebensfähigen Doppelmißbildungen kommt. In seltenen Fällen erweisen sich derartige unvollständig getrennte Individuen jedoch als lebensfähig, besonders wenn die Gewebsbrücke, durch die sie untereinander verbunden sind, eine gewisse Autonomie der beiden Paarlinge erlaubt. Die Häufigkeit „siamesischer" Zwillinge wird auf 1:400 eineiige Zwillinge oder 1:120000 Geburten geschätzt.

Die berühmtesten Zwillinge dieser Art waren die *siamesischen Zwillinge Chang und Eng* (1811–1874), die durch den Processus xiphoides miteinander verbunden waren, und die davon lebten, daß sie als Sehenswürdigkeit im Zirkus Barnum auftraten. Beide heirateten später und hatten zahlreiche Kinder (Eng 12, Chang 10 Kinder). Virchow untersuchte beide in den Jahren 1869 und 1870 und war abgesehen von ihrer physiognomischen Ähnlichkeit auch von der gleichen Puls- und Atemfrequenz sowie der Ähnlichkeit ihrer Gesten beeindruckt. Beide starben mit 63 Jahren, Chang an einer Pneumonie, wobei Eng ihn nur um 2 Stunden überlebte.

Mit dem Fortschritt der chirurgischen Methoden gelingt es immer häufiger, derartige „siamesische Zwillinge" in früher Kindheit voneinander zu trennen.

Heterokaryotische eineiige Zwillinge

Seit der Einführung zytogenetischer Methoden ist eine Reihe eineiiger Zwillinge mit diskordantem Chromosomenbefund bekannt geworden. Diese Diskordanz ist in der Regel auf *Non-Disjunction* während der ersten mitotischen Teilung und darauf folgende Trennung der Zygote in zwei Teile, die sich zu eineiigen Zwillingen entwickeln, zu erklären.

Von besonders interessanten Befunden seien erwähnt: Diskordante eineiige Zwillinge für das Turner-Syndrom: Paarling I männlich, normal; Paarling II mit X0-Syndrom (TURPIN u. Mitarb. 1961); diskordante eineiige Zwillinge für Mongolismus (DE WOLFF u. Mitarb. 1962). Weitere Beispiele von heterokaryoten eineiigen Zwillingen (insgesamt 27 Paare aus der Literatur) wurden von NIELSEN (1967) zusammengestellt.

Zwillingschimären

Als Chimären werden Organismen definiert, deren Zellen von zwei oder mehreren Zygoten abstammen. Im Gegensatz hierzu leitet sich ein Mosaik von einer einzigen Stammzygote ab. Man unterscheidet zwei Formen von Chimären: a) Blutchimären, b) Dispermiechimären.

Blutchimären

Als solche werden dizygote Zwillingspaare bezeichnet, von denen einer oder beide Zwillinge gemischtes, d. h. genetisch verschiedenartiges (meist sowohl von Blutgruppe 0 als auch A) Blut aufweisen. Die Ursache eines solchen Vorkommnisses ist das Vorhandensein plazentarer Gefäßanastomosen, so daß auf diesem Wege hämatopoetisches Gewebe vom einen zum anderen Zwilling überpflanzt wird, und zwar zu einem Zeitpunkt, in dem noch keine immunologischen Abwehrreaktionen ausgebildet sind. Etwa ein Dutzend solcher Fälle ist in der Literatur mitgeteilt worden (davon acht von RACE u. SANGER [1970] aufgeführt).

Bei Haustieren (Kälbern, seltener Schafen und Schweinen) kommt es gelegentlich bei Pärchenzwillingen zum *Freemartin-Syndrom*. Das weibliche Kalb macht keine normale geschlechtliche Entwicklung durch, sondern bleibt steril und gibt auch keine Milch. Der Grund liegt in dem maskulinisierenden Effekt, der in utero von dem einen Zwillingspartner mittels seiner sich entwickelnden Sexualhormone auf den weiblichen Genitalapparat seiner Zwillingsschwester ausgeübt wird. Beim Menschen wird ein solches Freemartin-Syndrom nicht beobachtet.

Dispermiechimären

Dispermiechimären entstehen durch gleichzeitige Befruchtung eines zweizelligen Eies durch ein X- und ein Y-Spermium. Der zweite Eikern ist auf das Erhaltensein eines reifen Polkörperchens mit einem eigenen Chromosomensatz zurückzuführen. Nach der doppelten Befruchtung nehmen die beiden fusionierten Zygoten die Form einer einzigen sich in mitotischer Teilung befindlichen Zygote an. Als Endprodukt der Dispermie eines zweizelligen Eies entsteht ein Organismus vom Typus eines *XX/XY-Hermaphroditismus*, bestehend aus einem Mosaik von XX- und XY-Zellen und sowohl Ovarial-

als auch Hodengewebe aufweisend. Der Beweis, daß für das Endprodukt nicht nur Dispermie, sondern auch Zweikernigkeit der Eizelle notwendig waren, konnte in einem Falle dadurch erbracht werden, daß auch die Erythrozyten dieses Hermaphroditen zwei verschiedene Populationen aufwiesen, als deren Ursache nur die Mutter in Betracht kommen konnte (EBERLE u. Mitarb. 1972).

Zwillingsepidemiologie
(Tab. **32–44**)

Wir geben im folgenden einige Resultate der großangelegten, von HARVALD u. HAUGE (1965) vom humangenetischen Institut in Kopenhagen durchgeführten Untersuchung wieder, die auf 37914 Zwillingsgeburten basiert und das nationale Geburtenregister von 1870–1910 umfaßt. Etwa 7000 Paare wurden dabei von den Forschern persönlich erfaßt. Die Ergebnisse zeigen

Tabelle **32** Konkordanzraten für Schizophrenie bei eineiigen (EZ) und zweieiigen Zwillingen (ZZ) (aus *E. Zerbin-Rüdin:* Nervenarzt 51 [1980] 380)

Autoren/Jahr	Herkunftsland	Zahl der Paare EZ	Zahl der Paare ZZ	Konkordanz (%) EZ	Konkordanz (%) ZZ	Verhältnis EZ : ZZ
Luxenburger 1928	Bundesrepublik Deutschland	17	48	76,5	2,1	36,4
Rosanoff 1934	USA	41	101	61,0	10,0	6,1
Essen-Möller 1941	Schweden	7	24	14,3	8,3	1,7
Kallmann 1946	USA	174	517	85,8	14,7	5,8
Kallmann 1967 ** (nach *Shields* u. Mitarb.)	USA	174	517	59,2 (69,0)	9,1 (10,3)	6,5 (6,7)
Slater 1953	England	41	115	68,3	11,3	6,0
Inouye 1961	Japan	55	17	60,0	11,8	5,1
Tienari 1963	Finnland	16	21	0	4,8	–
Tienari 1968 *	Finnland	17	–	6,0 36,0	–	–
Kringlen 1968	Norwegen	55	90	25,0 (38,0)	4,0 (10,0)	6,3 (3,8)
Fischer u. Mitarb. 1969	Dänemark	21	41	23,8 (47,6)	9,8 (19,5)	2,4 (2,4)
Pollin u. Mitarb. 1969	USA	80	146	13,8	4,1	3,4
Gottesman u. *Shields* 1972	USA u. England	22	33	50,0	9,1	5,5
Shields 1976 ***	England	28	–	63,3	–	–

* Nachuntersuchung der Probanden
** Statistische Neuauswertung
*** Sammelkasuistik getrennt aufgewachsener Paare
( ) Die eingeklammerten Zahlen enthalten unsichere Fälle bzw. Schizophrenien im weiteren Sinne

Tabelle **33** Konkordanzraten für Schizophrenie bei eineiigen Zwillingen (EZ), die *getrennt aufgezogen* wurden (aus *I. I. Gottesman, J. Shields:* Schizophrenia and Genetics. Academic Press, New York 1972)

Autoren/Jahr	Alter bei der Trennung	Anzahl der EZ-Paare konk.	disk.
Kallmann 1938	bei der Geburt	1	–
Essen-Möller 1941	7 Jahre	1	–
Craike u. Mitarb. 1945	9 Monate	1	–
Shields 1962	bei der Geburt	1	–
Tienari 1963	3 u. 8 Jahre	–	2
Kringlen 1967	3 Monate und 1 Jahr	1	1
Mitsuda 1967	Kindheit	5	3
Total		10	6 (Konkordanzrate = 60 %)

Tabelle **34** Zwillingsbefunde bei Neurosen (EZ = eineiige, ZZ = zweieiige Zwillinge) (aus *H. Schepank:* Erb- und Umweltfaktoren bei Neurosen. Springer, Berlin 1974)

Befund	Konkordanz EZ	%	ZZ	%
»Neurose« (13 internationale Serien)	109/184	59	46/163	28
»Leitsymptom«	11/21	52	4/29	14
Einzelsymptome	76/232	33	50/299	17

Tabelle **35** Konkordanzraten bei eineiigen (EZ) und zweieiigen Zwillingen (ZZ) für psychiatrische Störungen (aus *B. Harvald, M. Hauge:* Hereditary factors elucidated by twin studies. In Neel, J. V., M. W. Shaw, W. J. Schull: Genetics and the Epidemiology of Chronic Disease. U.S. Dep. of Health, Education and Welfare. Public Health Service, Washington 1965)

Diagnose	Konkordanzrate EZ	ZZ
Schizophrenie	4/9 (44,4 %)	4/33 (12,1 %)
Manisch-depressives Irresein	10/15** (66,7 %)	2/23 (8,7 %)
Oligophrenie	12/18** (66,7 %)	0/20
Epilepsie	10/27* (37,0 %)	6/43 (14,0 %)
Suizid	4/21 (19,0 %)	0/38

* signifikante Werte
** hoch signifikante Werte

auch die Schwierigkeiten auf, aus einem auslesefreien Zwillingsmaterial genügend repräsentative Serien für vorwiegend multifaktorielle Merkmale zu erhalten.

Tabelle **36** Paarkonkordanz für Kriminalität. Ältere Literatur (aus *C. Stern:* Principles of Human Genetics, 3rd ed. Freeman, San Francisco 1973)

Autoren/Jahr	EZ konk.	EZ disk.	ZZ konk.	ZZ disk.
Lange 1929	10 (77 %)	3	2 (12 %)	15
Le Gras 1943	4 (100 %)	–	– (0 %)	5
Kranz 1936	20 (65 %)	11	23 (53 %)	20
Stumpfl 1936	11 (61 %)	7	7 (37 %)	12
Borgström 1939	3 (75 %)	1	2 (40 %)	3
Rosanoff u. Mitarb. 1941	35 (78 %)	10	6 (22 %)	21
Yoshimasu 1965	14 (50 %)	14	– (0 %)	26
Insgesamt	97 (68 %)	46 (32 %)	40 (28 %)	102 (72 %)

EZ = eineiige Zwillinge, ZZ = zweieiige Zwillinge

Tabelle **37** Paarkonkordanz für Kriminalität. Neuere skandinavische Untersuchungen (aus *P. E. Becker:* Persönlichkeit und Neurosen in der Zwillingsforschung. In: Ursprünge seelisch bedingter Krankheiten, Bd. I. Vandenhoeck & Ruprecht, Göttingen 1980)

Autoren/Jahr	EZ konk.	EZ disk.	ZZ konk.	ZZ disk.
Zusammenfassung von Tab. **36**	68 %	32 %	28 %	72 %
Christiansen 1968, 1970	33 %	67 %	11 %	89 %
Dalgard u. *Kringlen* 1976 (Kriminalität im engeren Sinne)	26 %	74 %	15 %	85 %

EZ = eineiige Zwillinge, ZZ = zweieiige Zwillinge

Tabelle **38** Homosexualität bei männlichen Zwillingspaaren

Autoren/Jahr	EZ konk.	EZ disk.	ZZ konk.	ZZ disk.
Sanders 1929	6	1	–	1
Habel 1950	3	2	–	5
Rainer u. Mitarb. 1960	–	1	–	–
Koch 1965	–	–	–	1
Heston u. *Shields* 1968	2	3	1	6
Klein 1971	–	1 *	–	–
Insgesamt	11 (57,9 %)	8	1 (7,1 %)	13

* konkordant taubstumm

EZ = eineiige Zwillinge, ZZ = zweieiige Zwillinge

Tabelle **39** Suizid bei Zwillingen (EZ = eineiig, ZZ = zweieiig) (aus *P. E. Becker:* Persönlichkeit und Neurosen in der Zwillingsforschung. In: Ursprünge seelisch bedingter Krankheiten, Bd. I. Vandenhoeck & Ruprecht, Göttingen 1980)

Autoren/Jahr	EZ konk.	EZ disk.	ZZ konk.	ZZ disk.
Kallmann 1953	1	17	–	21
Haberlandt 1965	–	3	–	2
Juel-Nielsen u. *Videbech* 1970	4	15	–	58
Insgesamt	5	35 (12,5 %)		81 (85,5 %)

Tabelle **40** Konkordanzraten für kardiovaskuläre Störungen (aus *B. Harvald, M. Hauge:* Hereditary factors elucidated by twin studies. In Neel, J. V., M. W. Shaw, W. J. Schull: Genetics and the Epidemiology of Chronic Disease. U.S. Dep. of Health, Education and Welfare. Public Health Service, Washington 1965)

Krankheit	Konkordanz EZ	Konkordanz ZZ
Verschluß der Kranzgefäße	20/102 (19,6 %)	24/155 (15,5 %)
Hochdruck	20/80* (25,0 %)	10/106 (9,4 %)
Schlaganfall	22/98* (22,4 %)	16/148 (10,8 %)

* signifikante Werte
EZ = eineiige Zwillinge, ZZ = zweieiige Zwillinge

Tabelle **41** Diabetes mellitus bei Zwillingen (EZ = eineiig, ZZ = zweieiig) (aus *B. Harvald, M. Hauge* 1965)

Krankheit	Konkordanz EZ	Konkordanz ZZ
Diabetes mellitus	36/76* (47,4 %)	12/122 (9,8 %)

* hoch signifikante Werte

Bevor wir auf die neueren Ergebnisse der Zwillingsforschung eingehen, wollen wir noch kurz das Problem der Auswertung der Zwillingsresultate behandeln. Gerade bei psychischen und psychiatrischen Merkmalen (Psychosen, Psychopathien, Neurosen, Intelligenzunterschiede usw.), die keinen eindeutigen monofaktoriellen Erbgang aufweisen, haben sich Zwillingsuntersuchungen als die geeignetste Methode erwiesen, um zu entscheiden, in

Tabelle **42** Konkordanz bei eineiigen (EZ) und zweieiigen Zwillingen (ZZ) für Tumoren verschiedener Lokalisation (aus *B. Harvald, M. Hauge* 1965)

	Tumorkonkordanz EZ	ZZ
Bestätigte Diagnose	17/160	43/335
Diagnose nicht nachgeprüft	16/47	12/62
Total	33/207 (16,0 %)	55/397 (13,9 %)

Tabelle **43** Konkordanzrate für verschiedene Leiden (aus *B. Harvald, M. Hauge* 1965)

Krankheit	Konkordanz EZ	ZZ
Tuberkulose	50/135** (37,0 %)	42/267 (15,7 %)
Rheumatismus	30/148** (20,3 %)	12/226 (5,3 %)
Gelenkrheumatismus	16/47** (34,0 %)	2/71 (2,8 %)
Bronchialasthma	30/64* (46,9 %)	24/101 (23,8 %)

* signifikante Werte
** hoch signifikante Werte
EZ = eineiige Zwillinge, ZZ = zweieiige Zwillinge

Tabelle **44** Langlebigkeit bei Zwillingen (aus *B. Harvald, M. Hauge* 1965)

	EZ	ZZ
Altersunterschied beim Tode (in Jahren)	14,5 ± 0,94	18,6 ± 0,84

EZ = eineiige Zwillinge, ZZ = zweieiige Zwillinge

welchem Grade psychische Abwegigkeiten und Krankheiten auf Erbfaktoren bzw. Umwelteinflüsse zurückzuführen sind. Dabei haben sich Zusammenstellungen von Einzelbeobachtungen für die Auswertung meist weniger brauchbar erwiesen als auslesefreie Zwillingsserien. In der Tat führten die früher üblichen, auf ein bestimmtes Merkmal bezogenen Sammelkasuistiken eher zu einer „Interessantheitsauslese", wobei die konkordanten eineiigen Zwillingspaare überrepräsentiert waren, während die diskordanten nur unvollständig erfaßt wurden. Dagegen erlauben unausgelesene Zwillingsserien dank den eindeutigen Unterschieden des Konkordanzverhältnisses bei eineiigen und zweieiigen Zwillingen, ein objektives Bild über die Erbbedingtheit eines Merkmals zu gewinnen.

Auslesefreie Zwillingsserien werden besonders bei *epidemiologischen Zwillingserhebungen* erzielt, wobei versucht wird, sämtliche Paarlinge in einem geographisch begrenzten Gebiet und aus einem bestimmten Zeitabschnitt zu erfassen. Weitgehend auslesefrei sind auch Untersuchungen innerhalb bestimmter Personengruppen (z. B. Schizophreniepatienten), die zunächst systematisch ohne Rücksicht auf Zwillingsvorkommen untersucht und deren Zwillingsfälle erst nachträglich ermittelt wurden. Vorbildliche Zwillingsserien in bezug auf Auslesefreiheit sind besonders von Mitarbeitern des dänischen Institutes für Humangenetik (HARVALD u. HAUGE 1965), von LUXENBURGER (1928), VON VERSCHUER und seiner Schule in Deutschland (1959) und GEDDA u. Mitarb. in Italien (1961) zusammengestellt worden.

Statistische Auswertung von Zwillingsserien

Wie bereits ausgeführt, spricht man von Konkordanz, wenn Zwillinge hinsichtlich eines Merkmals gleich, und von Diskordanz, wenn sie verschieden sind. Theoretisch müßte für Erbmerkmale, die von Umweltfaktoren vollkommen unbeeinflußt sind, die Konkordanzrate für eineiige Zwillinge 1,0 (= 100%) sein. Andererseits ist die Korrelation für zweieiige Zwillinge bei autosomal dominanten Genen = ½, und bei autosomal rezessiven Genen = ¼.

Konkordanzraten

Das Prinzip der Konkordanzberechnung besteht in einem Vergleich der Zahl aller konkordanten Paare mit der der diskordanten Paare. Die einfachste Methode ist die Berechnung der *paarweisen* Konkordanzrate, die sich aus dem Verhältnis der konkordant befallenen Zwillingspaare zur Gesamtsumme von konkordanten und diskordanten Paaren berechnet, nach der Formel

$$c = \frac{C}{C + D}.$$

(Hierbei ist c = geschätzte Konkordanzrate, C = Zahl der konkordanten Paare, D = Zahl der diskordanten Paare.)

Auswertung von Zwillingsserien bei Schizophrenie. Als Beispiel wollen wir eine Zwillingsserie mit Schizophrenie anführen, die 11 konkordante von insgesamt 22 eineiigen Zwillingspaaren und 3 konkordante von insgesamt 33 zweieiigen Zwillingspaaren enthält (GOTTESMAN u. SHIELDS 1972). Bei Anwendung der Formel für die 22 Zwillingspaare erhalten wir zunächst als direkte, unkorrigierte *Konkordanzrate*

$$C = \frac{11}{11 + 11} = 0{,}50 \; (= 50\%).$$

Wegen der höheren Wahrscheinlichkeit der Erfassung konkordanter Paare als diskordanter Paare haben ALLEN u. Mitarb. (1967) eine Formel vorgeschlagen, die diese Überschätzung konkordanter Paare korrigiert:

$$c = \frac{C}{C + 2D}\,.$$

Auf unsere Serie eineiiger Zwillinge angewandt, erhalten wir

$$C = \frac{11}{11 + 22} = \frac{11}{33} = 0{,}33 \; (= 33\%)$$

als korrigierte Konkordanzrate. Aus der angegebenen Formel kann die folgende abgeleitet werden:

$$c = \frac{\tfrac{1}{2}(C + x)}{\tfrac{1}{2}(C + x) + D}\,.$$

(Hierbei ist C = Zahl der konkordanten Paare, D = Zahl der diskordanten Paare, x = Zahl der Paare, bei denen jedes der beiden Paarlinge *unabhängig* voneinander erfaßt wurde.)
Für unsere Serie eineiiger Zwillinge, in der 4 solcher Paare unabhängig erfaßt wurden, erhalten wir somit das folgende korrigierte Resultat:

$$c = \frac{\tfrac{1}{2}(11 + 4)}{\tfrac{1}{2}(11 + 4) + 11} = \frac{7{,}5}{7{,}5 + 11} = 0{,}45 \; (45\%).$$

Probandenkonkordanz

Schließlich kann auch die Konkordanzrate der Probanden berechnet werden, die besonders für genetische Beratungen wichtig ist. Sie erlaubt, die Wahrscheinlichkeit zu untersuchen, mit der Partner befallener Probanden („co-twins") Gefahr laufen, gleichfalls betroffen zu sein. Die Formel dieser Berechnungsmethode lautet:

$$c = \frac{C + x}{C + x + D}\,.$$

Die Auswertung für unsere Probanden (eineiige Zwillinge [EZ]) ergibt folgendes Resultat:

$$cEZ = \frac{11 + 4}{11 + 4 + 11} = \frac{15}{26} = 57{,}7\%.$$

Das Risiko für deren Partner, ebenfalls betroffen zu sein, ist somit ziemlich hoch.
Vergleichen wir diese Konkordanzrate mit der für die *zweieiigen Zwillingspaare* (ZZ) *der gleichen Serie* (3 von 33 Paarlingen konkordant, ein 4. konkordantes Paar unabhängig erfaßt), so ergibt sich das folgende unterschiedliche Ergebnis:

$$cZZ = \frac{3 + 1}{3 + 1 + 30} = \frac{4}{34} = 11{,}8\%.$$

Zwillingsbefunde bei einigen Persönlichkeitsstörungen

Schizophrenien

Aus den dargelegten Zwillings- und Adoptionsstudien geht eindeutig hervor, daß die Schizophrenien im wesentlichen erbbedingt sind. Die vielfach noch vorherrschende Vorstellung, daß ungünstige familiäre oder soziale Umweltbedingungen eine ursächliche Rolle bei der Entstehung schizophrener Erkrankungen spielen könnten, muß somit mit den biologisch-genetischen Forschungsergebnissen als unvereinbar angesehen werden. Jedoch weisen die diskordanten eineiigen Zwillingspaare auf einen möglichen Einfluß exogener Faktoren in bezug auf Auslösung und Krankheitsverlauf schizophrener Erkrankungen hin.

Neurosen

Erstmals wurden von SCHEPANK (1974) Zwillingsuntersuchungen über Neurosen vorgenommen, wobei nicht nur die Gesamtdiagnose, sondern auch Einzelsymptome und Schwere der Störungen zwischen eineiigen und zweieiigen Zwillingen verglichen wurden. Hierbei zeigten erstere eine weit größere Konkordanz als letztere (Tab. **34**). Es kann daraus gefolgert werden, daß die Disposition zu neurotischem Verhalten teilweise auf erblicher Anlage beruht.

Alkoholismus

Neuere Zwillingsuntersuchungen zeigen eine deutliche Beteiligung der Erbanlagen für Alkoholmißbrauch. So hat KAIJ (1960) eine großangelegte Zwillingsuntersuchung in Schweden durchgeführt, da in diesem Lande Personen mit Alkoholmißbrauch offiziell registriert werden. Er konnte somit Personen des Alkoholikerregisters mit Hilfe des allgemeinen Zwillingsregisters auf Zwillingseigenschaft überprüfen. Als konkordant wurden die Zwillingspaare bezeichnet, die im Schweregrad des Alkoholismus einander entsprachen, wobei 4 Schweregrade definiert wurden. Es zeigte sich, daß von 58 Probanden eineiiger Zwillinge 31 einen konkordanten Partner hatten (53,4%); dagegen hatten von 138 Probanden zweieiiger Zwillinge nur 39 (28,3%) einen konkordanten Partner.

Homosexualität

Nachdem bereits SANDERS (1934) und HABEL (1950) auf häufige Konkordanz von eineiigen Zwillingspaaren für Homosexualität im Gegensatz zu Diskordanz bei zweieiigen Zwillingspaaren hingewiesen hatten, hat insbesondere KALLMANN (1952) eine eindrucksvolle Sammlung von Zwillingspaaren (44 männliche eineiige und 51 zweieiige Zwillingspaare) zum Thema der Vererbung der Homosexualität beigesteuert. Die Ergebnisse seiner Untersuchung fielen ziemlich überraschend aus: von den 44 Paaren waren sämtliche kon-

kordant, von den 51 Paaren dagegen waren es nur 13 (25,5%). Nach der Meinung des Autors selbst stellte jedoch sein Zwillingsmaterial eine Auslese dar, indem seine Fälle meist aus der New Yorker Unterwelt stammten und nach schwerer Homosexualität ausgewählt worden waren.
Die nächst größere Zwillingsserie stammt von HESTON u. SHIELDS (1968) aus dem Maudsley Hospital London, mit 5 eineiigen Zwillingspaaren, wovon 2 Paare konkordant waren, und 7 zweieiigen Zwillingspaaren, wovon nur eines konkordant war. Interessanterweise handelte es sich in einem Falle um eine Familie, die insgesamt 3 eineiige Zwillingspaare zählte, wovon 2 Paare konkordant für Homosexualität und eines für Heterosexualität waren. Wenn man von der Kallmannschen Serie absieht, so kommt man auf 11 konkordante und 8 diskordante Paare eineiiger Zwillinge für Homosexualität (57,9% Konkordanz) und lediglich 7,1% Konkordanz bei den zweieiigen Zwillingspaaren (1 von 14). Diese Ergebnisse sprechen zugunsten eines genetisch bedingten Typus männlicher Homosexualität, der gegenüber einer mehr umweltbedingten, labilen Homosexualität abgegrenzt werden muß. Was die weibliche Homosexualität anbetrifft, so liegen vorläufig nur vereinzelte Beobachtungen vor, die meistens diskordante eineiige Zwillinge betreffen.

Suizid

Obwohl gehäuftes Vorkommen von Suizid in vereinzelten Familien eine bekannte Tatsache ist, ist Konkordanz bei eineiigen Zwillingspaaren nur selten beobachtet worden. So ist von den 18 Probanden eineiiger und den 21 der zweieiigen Zwillinge von KALLMANN (1953) nur ein einziger Partner eines eineiigen Zwillings bekannt geworden, der gleichfalls Selbstmord begangen hatte. Von den inzwischen bekannt gewordenen Serien ist, abgesehen von den 3 diskordanten eineiigen Zwillingspaaren von HABERLANDT (1965, 1970), vor allem die von JUEL-NIELSEN (1970) zusammengestellte, völlig auslesefrei gewonnene dänische Serie mit 4 konkordanten eineiigen Zwillingspaaren bemerkenswert. Diesen stehen 15 diskordante eineiige Zwillingspaare gegenüber ($^4/_{19}$ = 21% Konkordanzrate). Insgesamt ergibt die Tab. **39**: 12,5% Konkordanz und 85,5% Diskordanz für Suizid, was gegen eine erbliche Disposition für Selbstmord spricht. Es ist daher anzunehmen, daß der Suizid vielfach eine „Kurzschlußreaktion darstellt, die aus einer komplizierten Konstellation motivierender Faktoren infolge gescheiterter Anpassung an den Druck widriger Lebensumstände“ (BECKER 1980) erfolgt. Bei den konkordanten Paaren kann es sich evtl. auch um psychotische Fälle handeln.

Multifaktoriell (polygen) bedingte Vererbung

Gewisse normale Merkmale (Körpergröße, Fingerbeerenmuster, Blutdruck, Refraktionswerte des Auges, Intelligenz u. a.) sowie eine Reihe angeborener Mißbildungen und Krankheiten zeigen keinen einfachen monogenen Erbgang rezessiver oder dominanter Art, sondern werden von mehreren, unabhängig voneinander gelegenen Genen bestimmt. Es findet eine Summierung der verschiedenen Geneinwirkungen statt, die bestimmte körperliche oder psychische Merkmalsausprägungen steuern. Überdies kann diese additive Geneinwirkung von intra- oder extrauterinen Umweltfaktoren beeinflußt werden. Daher wird der Bezeichnung einer polygenen auch vielfach der Ausdruck einer multifaktoriellen Vererbung vorgezogen.
Ein bekanntes Beispiel einer solchen multifaktoriellen Vererbung ist die *Körpergröße*. Stellt man eine repräsentative Gruppe junger Männer der Größe nach auf, so läßt sich feststellen, daß die Variabilität ihrer Körperlängen einer Normalverteilung folgt. Graphisch aufgezeichnet, ergibt sich eine symmetrische, glockenförmige, sog. Gaußsche Kurve (Abb. **69**). Hierbei gruppieren sich die häufiger vertretenen Individuenklassen um die Mittelwerte, während die extremeren positiven und negativen Werte sich ihnen in Plus- oder Minusrichtung anschließen, so daß eine kontinuierliche Vertei-

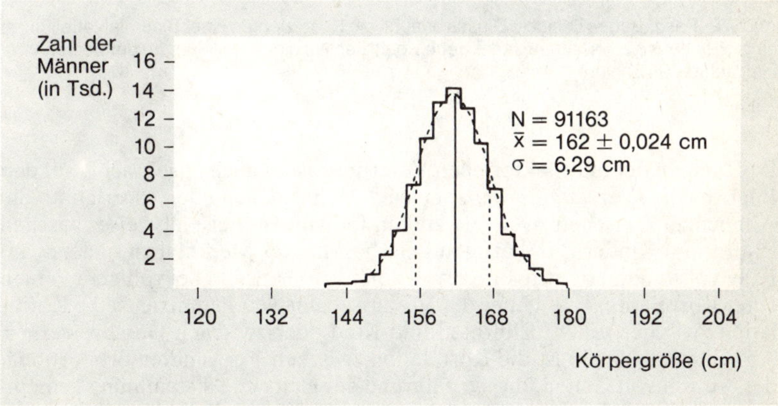

Abb. **69** Gaussche Normalverteilung bei kontinuierlicher Variation der Körpergröße

lung resultiert. Die Häufigkeit, mit der die einzelnen Klassen auftreten, lassen sich nach der Binomialformel $(1/2A+1/2a)^n$ ableiten, wobei A und a die beiden Allele eines Genlocus sind und n die Zahl der beteiligten Genloci darstellen.

Nehmen wir beispielsweise an, daß *zwei Genloci* für das Auftreten eines multifaktoriellen Merkmals verantwortlich sind. Die auftretenden Phänotypen lassen sich dann aus dem Binom $(1/2A+1/2a)^4$ errechnen, was eine Verteilung in fünf Größenklassen im Verhältnis von 1:4:6:4:1 ergibt (s. *Pascalsches Dreieck,* Abb. **70**). Bei der Mitwirkung von *drei Genloci* ergeben sich aus der Binomialformel $(1/2A+1/2a)^6$ insgesamt sieben Klassen von Merkmalsausprägung, nämlich im Verhältnis von 1:6:15:20:15:6:1 (wie aus dem Pascalschen Schema ablesbar). Wie ersichtlich, nimmt mit der Zahl der beteiligten Loci auch die Zahl der quantitativ unterschiedlichen Klassen zu und dementsprechend deren binomiale Verhältniswerte. Damit werden die Abstufungen immer geringer, so daß sich die Kurve kontinuierlich einer Normalverteilung nähert.

Allele		Genloci (Allelenpaare)
	1	
	1 1	
2	1 2 1	1
	1 3 3 1	
4	1 4 6 4 1	2
	1 5 10 10 5 1	
6	1 6 15 20 15 6 1	3
	1 7 21 35 35 21 7 1	
8	1 8 28 56 70 56 28 8 1	4

Abb. **70** Pascalsches Dreieck. Dieses erlaubt, die Koeffizienten einer Binomialverteilung in einfacher Weise zu erhalten: Jeder neue Koeffizient ist gleich der Summe der beiden über ihm stehenden Zahlen

Im Rahmen der multifaktoriellen Vererbung ist es auch angebracht, auf den Begriff des *Korrelationskoeffizienten (r)* einzugehen, der es erlaubt, die Ähnlichkeit zwischen zwei verwandten Individuen, beispielsweise zwischen Eltern und Kindern, in bezug auf ein bestimmtes Merkmal zu messen. Im Falle vollständiger positiver Korrelation ist $r = +1$ und bei völligem Fehlen einer Korrelation $= 0$. Unter der Voraussetzung von Panmixie ist die Korrelation zwischen einem Elternteil und Kind oder zwischen Geschwistern $= 0{,}5$. Ganz allgemein ist die Korrelation zwischen Verwandten proportional der Anzahl von Genen, die sie aufgrund der gleichen Abstammung gemeinsam haben. Demnach ergeben sich entsprechend dem Anteil ihrer gemeinsamen Gene folgende Verhältnisse (Tab. **45**):

Tabelle **45** Korrelationskoeffizienten für die verschiedenen Verwandtschaftsgrade im Verhältnis zum Probanden

Verwandtschaftsgrad	Korrelation (r)
Eineiige Zwillinge	1
Verwandtschaft 1. Grades (Eltern, Geschwister, Kind, zweieiige Zwillinge)	$\frac{1}{2}$
Verwandtschaft 2. Grades (Großeltern, Enkel, Onkel oder Tante, Halbgeschwister, Neffe oder Nichte)	$\frac{1}{4}$
Verwandtschaft 3. Grades (Vetter oder Base, Urgroßeltern, Urenkel)	$\frac{1}{8}$

Es sei bei dieser Gelegenheit betont, daß die Wahrscheinlichkeit, mit der zwei Verwandte den gleichen Anteil von Genen von ihrem gemeinsamen Stammvater geerbt haben, auch der Wahrscheinlichkeit entspricht, lediglich ein einziges Gen gemeinsam zu besitzen. Als besonders anschauliches Beispiel der multifaktoriellen Vererbung eines quantitativen Merkmals können die *Fingerleistenzahlen* (Abb. **71**) gelten, da sie nicht dem Einfluß von Umweltfaktoren ausgesetzt sind und auch während des ganzen Lebens unverändert bleiben. Eine Auszählung der Gesamtleistenzahl bei nahen Verwandten durch HOLT (1961) ergab Korrelationsziffern, die mit den erwarteten Werten ausgezeichnet übereinstimmten (Tab. **46**). In Übereinstimmung zwischen beobachteten und erwarteten Korrelationswerten der Fingerleistenzahlen für die verschiedenen Verwandtschaftsgrade erhält man eine charakteristische Normalverteilung mit einer gewissen Streuung um den Mittelwert.

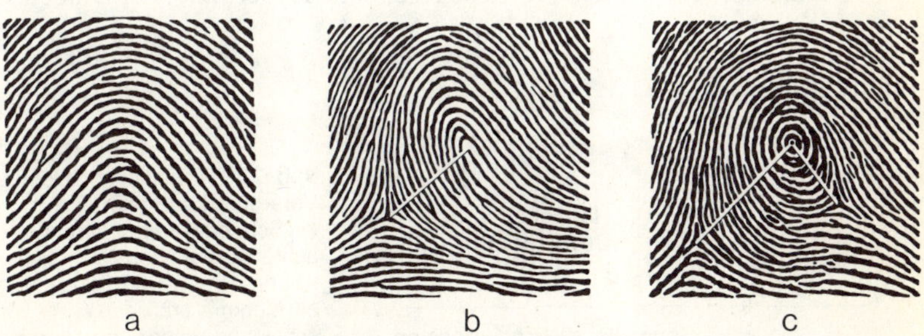

Abb. **71** Die drei hauptsächlichen Typen von Fingerbeerenmuster. **a** Bogen, **b** Schleife, **c** Wirbel

Tabelle **46** Korrelation der Fingerleistenzahlen zwischen Verwandten verschiedenen Grades (aus *S. B. Holt:* Inheritance of dermal ridge-counts. In Penrose, L. S.: Recent Advances in Human Genetics. Churchill, London 1961)

Verwandtschaftsgrad	Zahl	Korrelation beobachtet	erwartet
Mutter–Kind	405	0,48 ± 0,04	0,5
Vater–Kind	405	0,49 ± 0,04	0,5
Mittelwert von Eltern–Kind	405	0,66 ± 0,03	0,7
Geschwister	642	0,50 ± 0,04	0,5
Eineiige Zwillinge	80	0,95 ± 0,01	1,0
Zweieiige Zwillinge	92	0,49 ± 0,08	0,5

Multifaktorielle Vererbung mit Schwellenwerteffekt

Als eine Sonderform der polygenen kontinuierlichen Normalverteilung kann der multifaktorielle Erbgang mit Schwellenwert angesehen werden. Diese Vererbungsweise gehört sogar wahrscheinlich zu den häufigsten Formen der menschlichen Erbpathologie.

Ein solcher Erbmodus liegt dann vor, wenn ein Merkmal nur dann in Erscheinung tritt, wenn eine gewisse Mindestzahl additiver Gene zusammentreffen muß, um einen phänotypischen Effekt auszulösen. Es sind somit quantitative genetische Unterschiede, die je nach der Schwellenzone eine alternative Merkmalsverteilung in normale und erkrankte Individuen vortäuschen können (Abb. **72**).

Es ist besonders das Verdienst Carters (1964, 1969, 1974), am Beispiel der *angeborenen hypertrophischen Pylorusstenose* gezeigt zu haben, daß das familiäre Auftreten dieses Erbleidens am besten durch die Annahme eines *Schwellenwertes* erklärt werden kann.

In die Reihe der polygenen Erbmerkmale mit Schwellenwert gehören ferner die Lippen-Gaumen-Spalten, die kongenitale Hüftluxation, die Spina bifida, die Myelomeningozele, die Hirschsprungsche Krankheit, der Klumpfuß sowie verschiedene Herzvitien. Auch die essentielle Hypertonie, der Diabetes

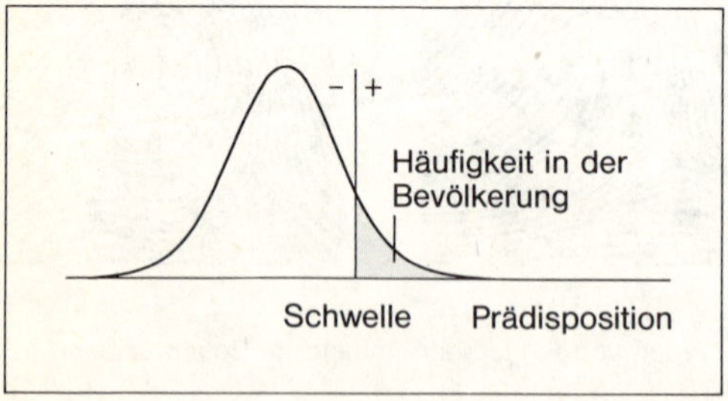

Abb. **72** Bei multifaktorieller Vererbung kann gelegentlich ein Schwellenwerteffekt beobachtet werden: trotz Normalverteilung in der Bevölkerung tritt ein Merkmal erst dann in Erscheinung, wenn eine gewisse Summe zugehöriger Gene zusammentreffen

mellitus, gewisse Psychosen und die Epilepsie werden heute zu den multifaktoriellen Leiden mit Schwellenwert gezählt. Multifaktoriell bedingte Anomalien weisen öfters eine Bevorzugung eines Geschlechts auf. So ist die angeborene Pylorusstenose etwa 6mal häufiger bei Knaben als bei Mädchen; umgekehrt wird die kongenitale Hüftluxation etwa 6mal häufiger bei Mädchen als bei Knaben beobachtet. Diese Geschlechtsverteilung dürfte auf physiologische Geschlechtsunterschiede zurückzuführen sein, die eine unterschiedliche Schwellenwertverschiebung bewirken.

Die hauptsächlichsten Kriterien der multifaktoriellen Vererbung mit Schwellenwert sind folgende:

1. Im Gegensatz zu den monogen bedingten Mendelschen Krankheiten läßt sich bei multifaktoriellen Leiden ein graduelles Abfallen ihrer Häufigkeit in Abhängigkeit von dem Grade der Verwandtschaft der Familienmitglieder zu dem Probanden beobachten. Am häufigsten sind Verwandte 1. Grades betroffen (Eltern, Kinder, Geschwister). Die Häufigkeit fällt rasch ab bei Verwandten 2. Grades (Onkel, Tante) und mehr noch bei Verwandten 3. Grades (Vetter, Base). Dementsprechend ist das Belastungsrisiko bei *Lippen-Gaumen-Spalten* (Frequenz in der Bevölkerung 1:1000) für erst-, zweit- und drittgradige Verwandtschaften respektive 40, 7 und 3mal so hoch als in der allgemeinen Bevölkerung. – Ebenso ist bei der bevorzugt bei Mädchen auftretenden *angeborenen Hüftluxation* (Frequenz 1:500) die vergleichsweise gefundene Häufigkeit bei den Verwandtschaften 1., 2. und 3. Grades etwa 25, 3 und 2mal so hoch als in der Bevölkerung. – Endlich sind bei der *angeborenen Pylorusstenose*, die eine Prävalenz für Knaben zeigt (Frequenz 1:200), die Risikofaktoren 1, 5 und 10mal so hoch (CARTER 1974).
2. Die Häufigkeit, mit der ein Merkmal bei Verwandten 1. Grades eines Probanden auftritt, entspricht ungefähr der Wurzel seiner Frequenz in der Bevölkerung; somit ist bei einer Häufigkeit q des Merkmals in der Bevölkerung seine Häufigkeit bei Verwandten 1. Grades = $\sqrt{q}$ (EDWARDS 1960).
   NEWCOMBE (1964) hat die Häufigkeit multifaktorieller Merkmale bei Probandengeschwistern zur Häufigkeit dieser Anomalien in der Gesamtbevölkerung in Beziehung gesetzt und die erhaltenen Verhältniszahlen mit den entsprechenden Werten für monogen bedingte erbliche Krankheiten verglichen. Wie das so erhaltene graphische Schema zeigt (Abb. **73**), befinden sich dominante und rezessive Erkrankungen auf zwei parallelen Linien, die sich klar von der Gruppe der multifaktoriellen Leiden abheben.
3. Es wurde bereits auf die häufige Bevorzugung eines Geschlechts bei multifaktoriellen Leiden hingewiesen. CARTER konnte nun anhand einer großangelegten genetisch-statistischen Untersuchung in englischen Familien mit Vorkommen von angeborener Pylorusstenose nicht nur deren Prävalenz bei Knaben beweisen, sondern auch zeigen, daß befallene Individuen, die dem Geschlecht angehören, das in der Bevölkerung die

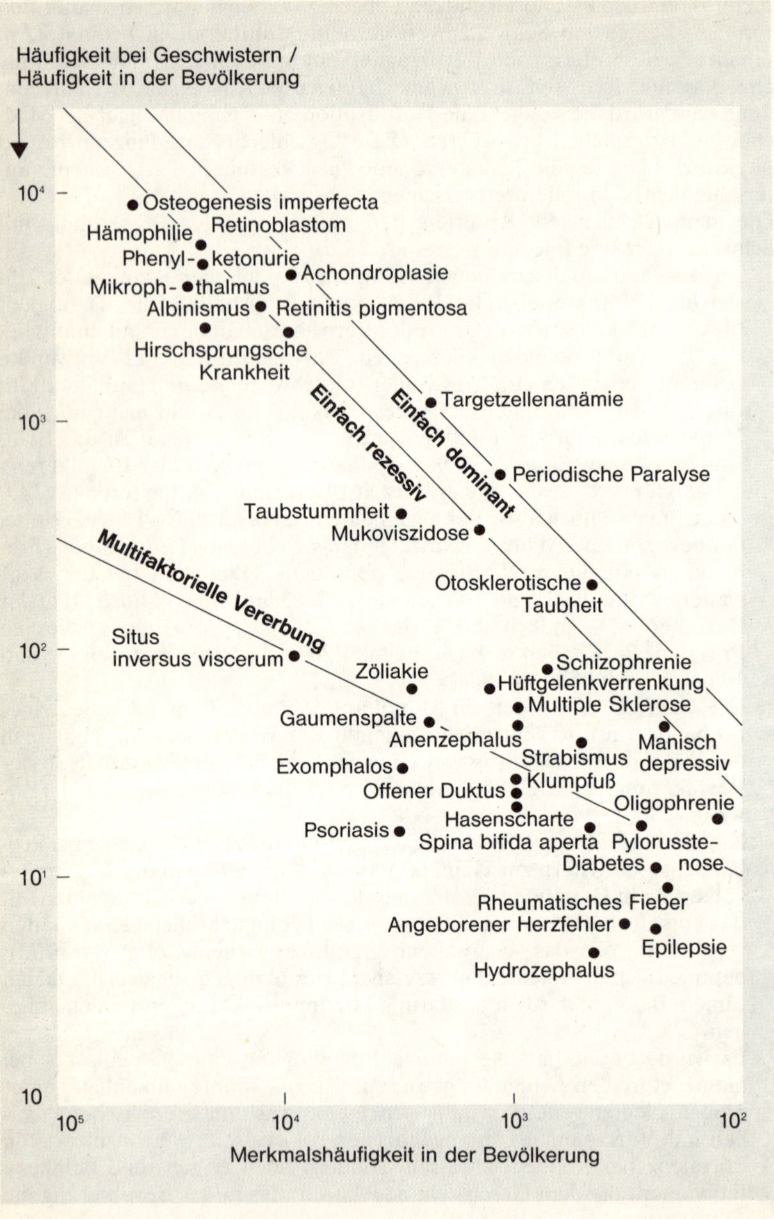
Häufigkeit bei Geschwistern / Häufigkeit in der Bevölkerung
10⁴
10³
10²
10¹
10
Osteogenesis imperfecta
Hämophilie
Retinoblastom
Phenyl-ketonurie
Achondroplasie
Mikroph-thalmus
Albinismus
Retinitis pigmentosa
Hirschsprungsche Krankheit
Targetzellenanämie
Einfach rezessiv
Einfach dominant
Periodische Paralyse
Taubstummheit
Mukoviszidose
Multifaktorielle Vererbung
Otosklerotische Taubheit
Situs inversus viscerum
Schizophrenie
Zöliakie
Hüftgelenkverrenkung
Multiple Sklerose
Gaumenspalte
Anenzephalus
Manisch depressiv
Strabismus
Exomphalos
Klumpfuß
Offener Duktus
Oligophrenie
Hasenscharte
Psoriasis
Spina bifida aperta
Pylorusste-nose
Diabetes
Rheumatisches Fieber
Angeborener Herzfehler
Epilepsie
Hydrozephalus
10⁵
10⁴
10³
10²
Merkmalshäufigkeit in der Bevölkerung

geringere Häufigkeit aufweist, eine individuell *höhere genetische Prädisposition* („liability“) für die Merkmalweitergabe besitzen als Personen des anderen Geschlechts. Dieses als *„Carter-Effekt“* bezeichnete Phänomen kommt in den von ihm zusammengetragenen Statistiken über die Pylorusstenose überzeugend zum Ausdruck (Tab. **47**).

Tabelle **47** Multifaktorielle Vererbung der angeborenen Pylorusstenose (aus *C. O. Carter:* Multifactorial genetic disease. In McKusick, V. A., R. Cliborne: Medical Genetics. HP Publishing/Freeman, Reading/England 1974)
Es ist hieraus ersichtlich, daß das weniger befallene Geschlecht (in diesem Falle das weibliche) ein höheres empirisches Risiko für die Übertragung des Leidens auf die Nachkommenschaft besitzt (*»Carter-Effekt«*)

Eltern	befallene Söhne	befallene Töchter
330 befallene Väter	19/346 (5,5 %)	8/337 (2,4 %)
239 befallene Mütter	20/103 (19,4 %)	7/96 (7,3 %)

Danach hatten von 330 als Säuglinge an *Pylorusstenose* erkrankte Väter unter ihren 346 Söhnen 19 (= 5,5% ♂) und von den 337 Töchtern 8 (= 2,4% ♀) erkrankte Kinder. Bei den 239 Müttern, die in der Kindheit an Pylorusstenose gelitten hatten, waren dagegen unter 103 Söhnen 20 (= 19,4% ♂) und unter 96 Töchtern 7 (= 7,3% ♀), somit die dreifache Anzahl erkrankt. Für die genetische Beratung ergibt sich somit die wichtige Folgerung, daß das empirische Risiko für die Nachkommen eines betroffenen Patienten bedeutend erhöht ist, wenn diese Person dem im allgemeinen seltener befallenen Geschlecht angehört.

4. Bei multifaktoriellem Erbgang erhöht sich das Risiko für Verwandte mit der Schwere der Mißbildung. So beträgt bei *einseitiger Lippenspalte* eines Kindes das Wiederholungsrisiko bei einem Geschwister um 3–4%, während es bei *doppelseitiger Lippen-Gaumen-Spalte* auf 6% ansteigt. Das Prinzip des Schwellenwertes läßt vermuten, daß diese Patienten besonders viele kumulative Gene besitzen, so daß sich ihre genetische Prädisposition („liability“) dem extremen Anteil der Schwellenwertzone annähert. Aus gleichen Gründen ist das Risiko für Probandengeschwister erhöht, wenn ein Elternteil gleichfalls befallen ist.

Abb. **73** Graphische Darstellung des Verhältnisses zwischen der Häufung eines Leidens bei Geschwistern von Probanden zur Häufung in der allgemeinen Bevölkerung in bezug auf monogene und multifaktoriell vererbte Merkmale. Das Schema ergibt eine deutliche Trennung der Gruppe der monogenen, dominant und rezessiv erblichen Leiden von der Gruppe der multifaktoriell erblichen Merkmale (nach *Newcombe*)

Auch für das *Megacolon congenitum* (Morbus Hirschsprung, Aganglionose) gilt das Cartersche Prinzip, wonach unter den Probandengeschwistern das Geschlecht eine höhere Häufigkeit der Krankheit aufweist, das von der Anomalie seltener betroffen ist. Da das Megakolon eine ausgesprochene Androtropie aufweist (etwa 3,5mal häufiger bei Knaben als bei Mädchen), so war zu erwarten, daß das Wiederholungsrisiko für Geschwister befallener Mädchen höher ist als das für Knaben. In der Tat haben die Erhebungen von PASSARGE an einem großen Material gezeigt, daß das genetische Risiko für Geschwister *männlicher* Probanden relativ niedrig ist: 5,5% für Brüder und 0,6% für Schwestern. Dagegen haben *weibliche* Probanden durchschnittlich 8% erkrankte Brüder und 3% erkrankte Schwestern (PASSARGE 1967, 1979).
Abschließend sei hervorgehoben, daß das Konzept der multifaktoriellen Vererbung mit Schwellenwert eine neue Dimension der biologisch-statistischen Analyse erschlossen hat. Sie erlaubt es nicht nur, viele normale Merkmale wie Körpergröße, Fingerbeerenmuster, Intelligenz usw. biologisch adäquat zu klassifizieren, sondern auch häufig in der Bevölkerung vorkommende genetische Defekte und Erkrankungen besser zu beurteilen. Da die Verteilung dieser polygen bedingten Anomalien im Gegensatz zu den monogenen Krankheiten einer kontinuierlichen Normalverteilung folgt, ist eine genaue genetische Analyse des Beobachtungsmaterials im allgemeinen nicht möglich. Dagegen erlaubt die Methode der multifaktoriellen Verteilung mit Schwellenwert, zwischen gesund und krank eine gewisse Grenze zu ziehen, und aufgrund eines Vergleiches der Krankheitshäufigkeit bei Verwandten von Erkrankten mit derjenigen der Gesamtbevölkerung eine empirische Erbprognose für die betroffenen Familienmitglieder aufzustellen.

Mutationen

Als Mutation kann ein sprunghaft eintretendes Ereignis bezeichnet werden, durch welches ein Genallel in ein anderes übergeht, wodurch bei Dominanz und voller Penetranz eine Änderung des Phänotyps in der nächsten Generation beobachtet werden kann. Bei rezessiven Genen können sich die phänotypischen Auswirkungen manchmal erst nach Generationen bemerkbar machen, wenn nämlich als Folge einer Konsanguinität der Ehepartner zwei homolog veränderte Erbanlagen zusammentreffen. Folgende Arten von Mutationen lassen sich unterscheiden:

a) *Genmutationen.* Derartige „Punktmutationen“ sind mikroskopisch an den Chromosomen nicht nachweisbar. Sie stellen den weitaus größten Teil aller Mutationen dar. Im allgemeinen handelt es sich um Änderungen des genetischen Codes in Form von Substitution eines Nukleotids durch ein anderes. Infolgedessen wird die mRNA am betreffenden Locus verändert, was eine entsprechende Substitution einer Aminosäure durch eine andere innerhalb der von den Ribosomen fabrizierten Polypeptidketten bewirkt.

b) *Genommutationen.* Hierbei ist die Gesamtzahl der Chromosomen verändert (Triploidie, Tetraploidie, Polyploidie).

c) *Chromosomenmutationen.* Hierbei finden sich numerische oder strukturelle Veränderungen, die sich durch zytogenetische Methoden nachweisen lassen.

Schätzung der spontanen Mutationsraten beim Menschen

Zwei Methoden der Mutationsratenbestimmung stehen zur Verfügung: die direkte und die indirekte Methode.

Direkte Methode. Diese läßt sich nur für autosomal dominante Neumutationen anwenden. Solche lassen sich daran erkennen, daß beide Eltern eines befallenen Individuums normal sind und das mutierte Gen eine volle Penetranz zeigt. Die Formel, nach der die Mutationsrate (μ) in solchen Fällen berechnet werden kann, ist folgende:

$$\mu = \frac{\text{Zahl der befallenen Kinder mit normalen Eltern}}{2 \cdot \text{Gesamtgeburtenzahl}}$$

Der Faktor 2 im Nenner ist dadurch bedingt, daß sich die Methode auf die Zahl der Allele (Gameten) und nicht der Individuen bezieht.

Beispiel. Eine direkte Bestimmung der Mutationsrate wurde von MØRCH (1940) für die *Achondroplasie (Chondrodystrophie)* in Dänemark durchgeführt. In der Kinderklinik von Kopenhagen fanden sich unter 94075 Neugeborenen 10 mit Achondroplasie, davon 2 von einem gleichfalls befallenen Elternteil abstammend. Dies ergibt 8 auf Neumutationen zurückzuführende achondroplastische Zwerge, somit

$$\frac{8}{94075} \approx \frac{1}{11750},$$

somit ungefähr ein neuer Fall auf 12000 Geburten. Da sich die Mutationsrate auf die Zahl der Allele (Gameten) und nicht der Geburten bezieht und jedes Individuum immer zwei Allele für einen bestimmten Locus besitzt, kann eine Neumutation auf 12000 Geburten einer solchen pro 24000 Allele pro Generation gleichgesetzt werden. Die Mutationsrate für die Achondroplasie beträgt somit 1:24000 pro Gen und pro Generation (oder $4{,}2 \cdot 10^{-5}$ = 4 von 1 Million Gameten pro Generation).

Indirekte Methode. Die indirekte Methode basiert auf der Annahme, daß ein gewisses Gleichgewicht besteht zwischen der verminderten Fortpflanzungsquote der Träger krankhafter Merkmale (reduzierte Fitness) einerseits und dem Auftreten neuer Mutationen andererseits. In der Tat hat sich diese von HALDANE (1932) aufgestellte Regel der *Kompensation* anomaler, infolge verminderter Fitness zum Verschwinden verurteilter Gene durch das Auftreten neuer Mutationen in der Bevölkerung, als eine zuverlässige Grundlage für die Aufstellung einer Methode zur Berechnung der Mutationsrate auf indirektem Wege erwiesen. Die von HALDANE entwickelte Methode der Mutationsbestimmung beruht somit auf dem Prinzip, den Verlust an mutierten Genen infolge verminderter Fortpflanzung der Befallenen einer entsprechenden Anzahl von Neumutationen gleichzusetzen. Die diesbezügliche Formel ist folgende:

für den *autosomal dominanten Erbgang*

$$\mu = \tfrac{1}{2}(1-f)x,$$

für den *geschlechtsgebunden rezessiven Erbgang*

$$\mu = \tfrac{1}{3}(1-f)x,$$

für den *autosomal rezessiven Erbgang*

$$\mu = 1(1-f)x.$$

Hierbei ist

$$\mu = \text{Mutationsrate} = \frac{\text{Zahl der Neumutationen}}{\text{Zahl aller Allele in der Bevölkerung}},$$

f = relative Fertilität der Merkmalträger im Verhältnis zur Gesamtbevölkerung,

$$x = \frac{\text{Zahl der Merkmalträger}}{\text{Gesamtbevölkerung}}.$$

Für den geschlechtsgebunden rezessiven Erbgang ist x = *männliche* Gesamtbevölkerung.

Vermittels dieser Formeln erhält man für erbliche Krankheiten, die dem *autosomal dominanten* und *geschlechtsgebunden rezessiven Erbgang* folgen, ziemlich präzise Schätzungen (s. Tab. **48a** und **b**, Seite 208/209), was besonders

ders an dem bereits angeführten Mørchschen Beispiel für Achondroplasie gut gezeigt werden kann.

Anwendung der indirekten Methode für die Mutationsratenschätzung bei der Achondroplasie. Mørch (1941) hatte in seinen genetischen Untersuchungen über Achondroplasie in Dänemark 108 Probanden mit achondroplastischem Minderwuchs angetroffen, die insgesamt 27 Kinder hatten. Im Vergleich zu ihnen hatten ihre 457 normale Geschwister total 582 Kinder. Somit errechnete sich die reproduktive Fitness der achondroplastischen Probanden wie folgt:

$$R = \frac{(27:108)}{(582:457)} = \frac{0{,}25}{1{,}27} = \underline{0{,}196}$$

Wie aus dieser Gleichung ersichtlich, beträgt die reproduktive Fitness der achondroplastischen Probanden bloß ca. 20% der Reproduktivität ihrer normalen Geschwister. Da die Frequenz der Achondroplasie (f) 10 Fälle auf 94 075 Geburten betrug, ergibt sich bei Anwendung obiger Formel für autosomal dominante Vererbung

$$\begin{aligned} \mu &= \tfrac{1}{2} \cdot \frac{10}{94075} \cdot (1-0{,}1963) \\ &= 0{,}0000427 \\ &= \underline{4{,}27 \cdot 10^{-5}} \end{aligned}$$

Wie das Beispiel zeigt, besteht eine erstaunliche Übereinstimmung zwischen den nach der direkten und der indirekten Methode erhaltenen Ergebnissen.

Natürlich kann die indirekte Methode nur dann angewendet werden, wenn Heterogenität des Leidens ausgeschlossen werden kann.

Die Schätzung der Mutationsraten für *X-chromosomal rezessive Krankheiten* ist relativ einfach, wenn die reproduktive Fitness = 0 ist, wie dies z. B. bei der Muskeldystrophie Typ Duchenne der Fall ist. Bei einer Häufigkeit derselben von 1:5000 ergibt sich bei der Anwendung der Formel $\mu = \frac{1}{3}(1-f)x$, da $f = 0$ ist, eine Mutationsrate von $\frac{1}{3} \cdot 1/5000 = 1/15000 = 6{,}7 \cdot 10^{-5}$ (d.h. etwa 6 Gameten pro Generation). Dies bedeutet, daß ⅓ der beobachteten Fälle auf neue Mutationen zurückzuführen sind. Dieses Ergebnis ist besonders im Hinblick auf die pränatale genetische Beratung wichtig, weil es zeigt, daß Neumutationen bei sporadischen Fällen niemals ausgeschlossen werden können. Handelt es sich um Krankheiten wie die *Hämophilie*, bei der die reproduktive Fitness nur vermindert ist, so wird die Mutationsrate im Vergleich zu der Duchenneschen Muskeldystrophie entsprechend kleiner sein und etwa $2{,}2 \cdot 10^{-5}$ bis $3{,}2 \cdot 10^{-5}$ betragen (Vogel u. Motulsky 1979), d.h. ungefähr 2–3/100 000 Gameten/Generation.

Autosomal rezessive Krankheiten. Im Gegensatz zu den dominanten und X-chromosomalen Affektionen können Mutationsraten bei rezessiven Krankheiten nicht geschätzt werden. Ihre Bestimmung nach der direkten Methode ist deswegen nicht möglich, weil die meisten rezessiven Mutationen aus der Verbindung von homozygot und heterozygot normalen Ehepartnern hervorgehen. Die indirekte Methode scheint *a priori* anwendbar, da im Prinzip mit

Tabelle **48** Ausgewählte Mutationsratenschätzungen menschlicher Gene (aus *F. Vogel, A. G. Motulsky:* Human Genetics, Problems and Approaches. Springer, Berlin 1979; gekürzt)

Merkmal	Untersuchte Bevölkerung	Mutationsrate	Zahl der Mutanten pro 1 Million Gameten	Autoren/Jahr
a) **Dominante Mutationen**				
Achondroplasie	Dänemark	$1 \cdot 10^{-5}$	10	*Mørch* 1941
	Nordirland	$1{,}3 \cdot 10^{-5}$	13	*Stevenson* 1956
	Bundesrepublik Deutschland	$6-9 \cdot 10^{-6}$	6–9	*Schiemann* 1966
Aniridie	Dänemark	$2{,}9(-5) \cdot 10^{-6}$	2,9 (–5)	*Møllenbach* 1947
	Michigan (USA)	$2{,}6 \cdot 10^{-6}$	2,6	*Shaw* u. Mitarb. 1960
Dystrophia myotonica	Nordirland	$8 \cdot 10^{-6}$	8	*Lynas* 1957
	Schweiz	$1{,}6 \cdot 10^{-5}$	16	*Klein* 1958
Retinoblastom	England Michigan (USA) Schweiz Bundesrepublik Deutschland	$6-7 \cdot 10^{-6}$	6–7	*Vogel* 1975
	Ungarn	$6 \cdot 10^{-6}$	6	*Czeizel* u. Mitarb. (nach *Vogel* u. Mitarb. 1979)
	Niederlande	$1{,}23 \cdot 10^{-5}$	12,3	*Schappert-Kimmijser* u. Mitarb. 1966
	Japan	$8 \cdot 10^{-6}$	8	*Matsunaga* 1976
	Frankreich	$5 \cdot 10^{-6}$	5	*Briard* u. Mitarb. 1974
Akrozephalosyndaktylie	England	$3 \cdot 10^{-6}$	3	*Blank* 1960
	Bundesrepublik Deutschland	$4 \cdot 10^{-6}$	4	*Tünte* u. Mitarb. 1967
Osteogenesis imperfecta	Schweden	$0{,}7-1{,}3 \cdot 10^{-5}$	7–13	*Smårs* 1961
	Bundesrepublik Deutschland	$1{,}0 \cdot 10^{-5}$	10	*Schröder* (nach *Vogel* u. Mitarb. 1979)
Tuberöse Sklerose	Oxford Regional Hosp.	$1 \cdot 10^{-5}$	10,5	*Nevin* u. *Pearce* 1968
Neurofibromatose	Michigan (USA)	$1 \cdot 10^{-4}$	100	*Crowe* u. Mitarb. 1956
	Moskau	$4{,}4-4{,}9 \cdot 10^{-5}$	44–49	*Sergejev* 1975
Polyposis intestinalis	Michigan (USA)	$1{,}3 \cdot 10^{-5}$	13	*Reed* u. *Neel* (nach *Vogel* u. Mitarb. 1979)
Marfan-Syndrom	Nordirland	$4{,}2-5{,}8 \cdot 10^{-6}$	4,2–5,8	*Lynas* 1958
Polyzystische Nierenkrankheit	Dänemark	$6{,}5-12 \cdot 10^{-5}$	65–120	*Dalgaard* 1957
Multiple Exostosen	Bundesrepublik Deutschland	$6{,}3-9{,}1 \cdot 10^{-6}$	6,3–9,1	*Murken* 1963
von-Hippel-Lindau-Syndrom	Bundesrepublik Deutschland	$1{,}8 \cdot 10^{-7}$	0,18	Burhorn 1970
b) **X-chromosomal rezessive Mutationen**				
Hämophilie	Dänemark	$3{,}2 \cdot 10^{-5}$	32	*Andreassen* 1943
	Schweiz	$2{,}2 \cdot 10^{-5}$	22	*Vogel* 1955
	Bundesrepublik Deutschland	$2{,}3 \cdot 10^{-5}$	23	*Reith* 1970

Tabelle **48** Fortsetzung

Merkmal	Untersuchte Bevölkerung	Mutationsrate	Zahl der Mutanten pro 1 Million Gameten	Autoren/Jahr
b) **X-chromosomal rezessive Mutationen** (Fortsetzung)				
Hämophilie A	Bundesrepublik Deutschland	$5{,}7 \cdot 10^{-5}$	57	*Bitter* u. Mitarb. 1963
	Finnland	$3{,}2 \cdot 10^{-5}$	32	*Ikkala* (nach *Vogel* u. Mitarb. 1979)
Duchenne-Muskeldystrophie	Nord-England	$2{,}8 \cdot 10^{-5}$	28	*Walton* u. *Gardner-Medwin* 1974
»Becker«, X-chromosomale Form	idem	$0{,}21 \cdot 10^{-5}$	2,1	idem
Duchenne-Muskeldystrophie	Leeds	$4{,}7 \cdot 10^{-5}$	47	*Blyth* u. *Pugh* 1958
	Nord-Irland	$6{,}0 \cdot 10^{-5}$	60	*Stevenson* 1964
	Südbaden	$4{,}8 \cdot 10^{-5}$	48	*Becker* u. *Lenz* 1955/56
	Schweiz	$7{,}3 \cdot 10^{-5}$	73	*Moser* u. Mitarb. 1964
	Utah (USA)	$9{,}5 \cdot 10^{-5}$	95	*Stephens* u. *Tyler* 1951
	Wisconsin (USA)	$9{,}2 \cdot 10^{-5}$	92	*Morton* u. *Chung* 1959
	Japan	$6{,}5 \cdot 10^{-5}$	65	*Kuroiwa* u. Mitarb. (nach *Vogel* u. Mitarb. 1979)
	Polen	$4{,}6 \cdot 10^{-5}$	105	*Prot* (nach *Vogel* u. Mitarb. 1979)

jedem homozygot befallenen und daher nicht reproduktiven Patienten zwei mutante Gene aus der Bevölkerung ausgeschaltet werden, die entsprechend der Haldaneschen Regel durch Neumutationen kompensiert würden, um das Gengleichgewicht wieder herzustellen. In Anbetracht dessen, daß entsprechend dem Hardy-Weinberg-Gesetz die heterozygoten Merkmalträger um ein Vielfaches häufiger sind als die homozygot Befallenen, würde bereits ein geringer selektiver Nachteil, der mit dem Status der Heterozygotie verbunden wäre, eine relativ hohe Mutationsrate erfordern, um ein genetisches Gleichgewicht herzustellen. Umgekehrt würde bereits ein leichter Vorteil der heterozygoten Träger (z. B. für Thalassämie und Sichelzellanämie) Neumutationen zur Herstellung des Gleichgewichts in der Bevölkerung unnötig machen. Die direkte Methode zur Berechnung der Mutationsraten ist somit für autosomal rezessive Krankheiten nicht anwendbar.

Isolate

Da seltene rezessive Krankheiten in unserer modernen Gesellschaft infolge relativer Kleinheit der Familien und Verminderung der Frequenz blutsverwandter Ehen eine rückläufige Häufigkeitstendenz aufweisen, bieten sich im

Gegensatz hierzu die Isolate als neue „Jagdgefilde“ für das Studium solcher Erbkrankheiten an. In der Tat weisen oft kleinere, in abgelegenen Tälern oder Bergdörfern lebende Bevölkerungen trotz Selektionsnachteil öfters eine Häufung bestimmter Genopathien auf, die auf eine mehrere Generationen zurückliegende Mutation zurückzuführen oder durch einen „Founder-Effekt“ („Stammvater“) eingeführt worden ist.

Genetischer Drift. In kleineren Isolaten können gelegentlich Zufallsabweichungen der Genhäufigkeiten von einer Generation zur andern beobachtet werden. Die zufälligen Änderungen des genetischen Bestandes kommen dadurch zustande, daß bestimmte Allele infolge der Kleinheit der Bevölkerung nicht an die nächste Generation weitergegeben wurden. Als Sonderfall des genetischen Drifts kann der *Gründereffekt („Founder-Effekt“)* angesehen werden, der die hohe Frequenz eines bestimmten Gens in einer relativ isolierten Bevölkerung erklärt. Diese kam dadurch zustande, daß sich unter den Ahnen der Population ein Mitglied befand, das zufälligerweise Träger dieses an sich seltenen Gens war. Infolge der in der Gruppe vorherrschenden Endogamie konnte sich dann das Gen in der gesamten Bevölkerung ausbreiten. Als Beispiel kann die *Porphyria variegata* in Südafrika angeführt werden (Dean 1971).

Schweiz

Um das Studium der Schweizer Isolate hat sich besonders Hanhart (1961) verdient gemacht. In der Tat besitzt die Schweiz gut erhaltene zivilstandsamtliche und pfarramtliche Archive, die auf 250–300 Jahre zurückgehen; sie weist eine relativ seßhafte Bevölkerung meist bäuerlicher Herkunft mit oft hoher Endogamie in den abgelegenen Tälern und Bergdörfern auf sowie eine mustergültige medizinische Versorgung. Hanhart hat auf diese Weise Familien mit rezessiver Taubstummheit, Albinismus, Schwachsinn, Lippen-Gaumen-Spalten, den nach ihm benannten heredodegenerativen Zwergwuchs, Mikrocephalia vera (1958) sowie andere krankhafte Merkmale in den Inzuchtgebieten systematisch gesammelt und eingehend untersucht. Franceschetti u. Klein (1948) haben einen großen Herd von Friedreichscher Ataxie (21 Fälle) alternierend mit tapetoretinaler Degeneration (10 Fälle) im Kanton Aargau beschrieben. Ammann u. Marty (1962) haben eine ausgedehnte Familie mit tapetoretinaler Degeneration in einem Ober-Walliser Isolat entdeckt (12 Fälle), und Fournier (1984) hat z. T. im gleichen Gebiet Familien mit Pseudoxanthoma elasticum (10 Fälle) beschrieben. In einem anderen Walliser Gebiet haben Klein u. Mitarb. (1968, 1980) eine ausgedehnte Sippe mit Myoklonusepilepsie (13 Fälle in 4 Familien) eingehend untersucht. Die Krankheitsform war ähnlich wie bei der Lundborgschen Form, mußte jedoch aufgrund dreier spezifischer pathologisch-anatomischer Befunde als besonderer Biotyp angesehen werden. Gleichfalls im Kanton Wallis fand sich ein bis dahin unbekanntes, der Progerie ähnliches Syndrom in drei Geschwisterschaften einer Familie (*Gerodermia osteodysplastica;* Bamatter

u. Mitarb. 1950, Brocher u. Mitarb. 1968, Boreux 1969). Dieses Syndrom wurde später auch in zwei kanadischen Mennoniten-Familien mit starker Inzucht (Hunter u. Mitarb. 1978) sowie in einer mexikanischen Familie (Lisker 1979) angetroffen, wobei der autosomal rezessive Erbgang bestätigt werden konnte. In einer systematischen Untersuchung über Frequenz und Verbreitung des *Bardet-Biedl-Syndroms* (Abb. **12**, S. 18) in der Schweiz wurden insgesamt 57 Fälle entdeckt, hiervon 15 und 7 Fälle in zwei Isolaten der Innerschweiz. Die Untersuchung der betreffenden Familien ergab fast alle klinischen Variationsmöglichkeiten dieses Syndroms in bezug auf Penetranz und Expressivität (Klein u. Ammann 1969).

Schließlich war auch die *rezessive angeborene Taubheit* Gegenstand mehrerer Untersuchungen in Schweizer Populationen, die infolge bestimmter historischer Gegebenheiten einer relativen Isolierung ausgesetzt waren. So fanden Pfändler u. Schnyder (1960) im Werdenberg, einem im Sankt Gallener Sektor des Rheintals gelegenen Gebiet, das östlich an das Fürstentum Liechtenstein angrenzt, 153 Taubstumme und 19 Schwerhörige in 143 Geschwisterschaften. Die elterliche Blutsverwandtschaft betrug 14,6%.

Dänemark

Achromatopsie. Von weiteren klassischen Isolaten sei die ca. 1600 Einwohner zählende *Insel Fur* erwähnt, die den größten in der Literatur bekannten Stammbaum von *Achromatopsie* aufweist. Der von Holm u. Lundberg (1940) aufgestellte und später von Franceschetti u. Mitarb. (1958) erweiterte Stammbaum weist 23 Fälle in 7 Generationen auf. Da etwa jeder dritte Einwohner der Insel ein heterozygoter Merkmalträger ist und der Grad der elterlichen Konsanguinität 33% beträgt, ist es nicht verwunderlich, daß Pseudodominanz sogar über drei Generationen im Stammbaum vorkommt. Die Frequenz der Achromatopsie auf der Insel ist daher infolge gesteigerter Homozygotie 1:70, während sie in einer gewöhnlichen Bevölkerung etwa 1:30000 beträgt. Im Gegensatz zu der im allgemeinen beobachteten intrafamiliären Konstanz des Krankheitsbildes konnten diese Autoren in einer bereits auf dem dänischen Festland lebenden, jedoch von der Insel Fur abstammenden Familie zwei Brüder aus blutsverwandter Ehe (Eltern Kusinen 2. Grades) beobachten, von denen der ältere eine komplette, der jüngere jedoch eine inkomplette Form von Achromatopsie aufwies. Eine solche intrafamiliäre Variabilität war bis dahin nicht beobachtet worden. Jaeger u. Krastel (1981) haben das Verdienst, diese Familie nach 25 Jahren nachuntersucht und die intrafamiliäre Variabilität mit den modernsten Untersuchungsmethoden bestätigt zu haben. Es konnte somit gezeigt werden, daß der ältere Bruder nur einen reinen Stäbchenvisus besitzt, während beim jüngeren noch ein Rest von Zapfenfunktion besteht.

Dalmatien

Meleda-Krankheit. Als ein weiteres typisches Isolat kann die dalmatinische Insel Meleda (Mljet) angesehen werden, auf der eine seit 1826 beschriebene rezessiv erbliche *Palmoplantarkeratose* (Keratosis palmoplantaris transgrediens) gehäuft aufgetreten ist. Charakteristisch für diese Verhornungsstörung ist ihre Ausdehnung auf die dorsalen Hand- und Fußflächen. Schnyder u. Mitarb. konnten 1969 10 Fälle auf der Insel untersuchen und zwei Stammbäume ergänzen, wovon der eine von Bosnjakovic (1938) veröffentlicht worden war und sich über 9 Generationen mit 20 Befallenen in 15 Geschwisterschaften erstreckte. Eine genetische Darstellung dieser Familien ist von Franceschetti jun. u. Mitarb. (1972) gegeben worden. Abgesehen von der Keratosis palmoplantaris (Abb. **74**) fanden sich u. a. noch folgende Symptome: Pachydermie, Hyperhidrosis, Brachyphalangie, Nagelveränderungen und gelegentlich ein periorales Erythem, gelb-bräunliche lichenoide Plaques über den Handgelenken sowie dermatogene Kontrakturen.

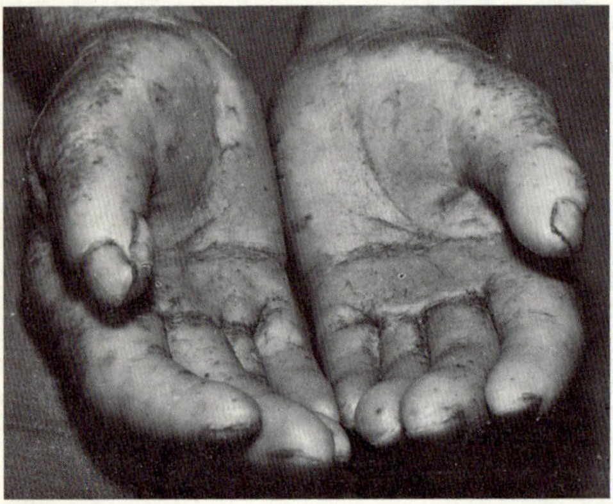

Abb. **74** Meleda-Krankheit. Palmare, diffuse Hyperkeratose mit Übergang auf die Fingerrücken. Finger kurz und konisch zugespitzt (Foto: Prof. *Schnyder*, Zürich)

Finnland

Eine ähnliche Stellung in populationsgenetischer Hinsicht wie die Schweiz scheint Finnland einzunehmen. Hier wurden über ein Dutzend seltener rezessiver Krankheiten beschrieben, von denen wir besonders das kongenitale nephrotische Syndrom (Norio 1966, 1980), die frühkindliche Form der neuronalen Zeroidlipofuszinosis (Santavuori u. Mitarb. 1973, 1974, 1980), das Dystrophia-retinae-pigmentosa-dysacusis-Syndrom (Usher-Syndrom; Nuutila 1970, 1980) sowie die Haar-Knorpel-Hypoplasie (Kaitila u. Mitarb. 1980) hervorheben wollen.

Vereinigte Staaten und Kanada

Von epidemiologischen Untersuchungen auf dem amerikanischen Kontinent seien noch folgende Beispiele angeführt:

Hepatorenale Tyrosinämie (Typ I). In dem am St.-Jean-See gelegenen Chicoutime-Distrikt der Provinz Quebec konnten Scriver u. Mitarb. (1967) 29 französisch-kanadische Familien mit 35 Kindern untersuchen, die ein chronisch hepatorenales Leiden aufwiesen, das durch Tyrosinämie, Tyrosylurie, Leberzirrhose und Nierentubuliläsionen mit Aminoazidurie gekennzeichnet war. Die Häufigkeit des Krankheitsbildes in der Quebec-Provinz betrug 1:685 und die der heterozygoten Merkmalträger 1:14 (Bergeron u. Mitarb. 1974). Sämtliche befallene Geschwisterschaften dieses rezessiven Erbleidens konnten auf einen 1612 in Frankreich geborenen und 1644 nach Kanada ausgewanderten Stammvater zurückgeführt werden.

Usher-Syndrom. Um eine durch geographische und sprachliche Schranken relativ isolierte Bevölkerung handelt es sich auch bei der französisch sprechenden „Cajun“-Gruppe in Louisiana, bei der Kloepfer u. Mitarb. (1966) total 537 Individuen mit Hörstörungen fanden. Unter den 468 lebenden Personen mit Hörverlust konnten 158 Patienten identifiziert werden (33,8%), die gleichzeitig an *Retinitis pigmentosa* litten.

Die Amish-Sekte („Old Order Amish“). Ein religiös und sozial ziemlich geschlossenes Isolat stellt die Amish-Sekte dar. Da keine nicht ihrer Gemeinschaft angehörige Personen einheiraten können, kommt es bei ihnen infolge Paarungssiebung („assortative mating“) zu einer erhöhten Homozygotie rezessiver Gene und damit zur Manifestation genetischer Defekte.

Zur Geschichte der Amish-Sekte: Die Amish-Sekte nahm ihren Ursprung im Jahre 1693 vom Kanton Bern aus (Emmenthal und Thunersee-Gebiet), angeführt von Jakob Ammann, einem bei Erlenbach (Simmental) wohnenden mennonitischen Bischof und Prediger. Dieser war wegen abweichender Interpretation von Glaubensartikeln und gottesdienstlicher Praktiken aus der mennonitischen Kirche ausgetreten und hatte in diesem Jahre seine eigene theokratische Gemeinschaft gegründet. Ammann fand bald Zustrom zu seiner Bewegung nicht nur in anderen Kantonen (z. B. Neuenburg und Juraregion), sondern auch in Elsaß-Lothringen, in der Pfalz und den angrenzenden französischen und deutschen Gebieten. Teils infolge der gegen sie gerichteten Verfolgungen, teils weil ihnen nur Amerika das für Wachstum und landwirtschaftliche Entwicklung benötigte Land in unbegrenztem Maße zur Verfügung stellen konnte, begannen die Amish-Gruppen um das Jahr 1720 ihre Auswanderung nach den Vereinigten Staaten und führten sie bis etwa 1770 durch. Sie wählten als erstes Siedlungsland das östliche Gebiet von Pennsylvania (Lancaster County), auf dem zunächst 200 Personen untergebracht wurden. Weitere Emigrationswellen fanden bis 1850 statt, wobei sich die Einwanderer vorwiegend in Ohio (Holmes County) und Indiana (Lagrange County) ansiedelten. Die von Soziologen zunächst aufgestellte pessimistische Beurteilung der Entwicklung dieser Siedlungen sollte sich glücklicherweise nicht bewahrheiten. Während die Zahl der Amish-Mitglieder noch im Jahre 1905 auf ca. 8200 geschätzt wurde, stieg sie im Jahre 1960 bereits auf über 43000 an und beträgt gegenwärtig über 75000 Personen in den Vereinigten Staaten und Kanada (Hostetler 1963, 1976).

Die Amish zeichnen sich durch besondere religiöse und soziale Gebräuche aus, die auf einer wörtlichen Interpretation der Bibel beruhen. Sie lehnen jeden technologischen Fortschritt ab. Für Beleuchtung und Haushalt wird keinerlei Elektrizität benützt. Sie reisen ausschließlich in Kabrioletten umher („horse and buggy transport"). Die Benützung von Autos ist verpönt. Jeder Luxus der Kleidung und der Wohnung wird vermieden. Die Kinder dürfen nicht über die Primarklassen hinaus zur Schule gehen. Der sonntägliche Gottesdienst vollzieht sich abwechselnd in den Häusern der einzelnen Familien. Sie heiraten nur unter sich. Irgendwelche Geburtenregelung, selbst nach Fehl- und Mißbildungen oder mit chronischen und rekurrierenden Krankheiten behafteten Kindern, wird von ihnen konsequent abgelehnt. Invalide Kinder werden jedoch immer zuhause belassen. Trotz der strengen Lebensführung ist in den Familien eine meist fröhliche, gelockerte Stimmung vorherrschend und Besuchern, die einmal das Vertrauen der Familien gewonnen haben, wird, wie wir uns persönlich überzeugen konnten, große Gastfreundschaft entgegengebracht. Ebenso vollzieht sich die Zusammenarbeit der Amish mit Ärzten reibungslos.

McKusick u. Mitarb. vom Johns Hopkins Institut für Genetik (Baltimore) gehören zu den ersten, die die Bedeutung der Amish-Sekte für die genetische Forschung erkannt haben. Zunächst handelt es sich bei ihnen um eine homogene Bevölkerung, die sich zumeist aus Landwirten von einheitlichem sozialen Niveau und ziemlich hohem Lebensstandard zusammensetzt. Die Sekte verfügt über ausführliche genealogische Aufzeichnungen, die bis zu ihrer Einwanderung aus Europa zurückgehen. Die Bevölkerung benützt die ausgezeichneten diagnostisch-therapeutischen Einrichtungen ihrer Umwelt. Ihre strikte Endogamie mit einer durchschnittlichen Frequenz von ca. 20% Blutsverwandtschaft (meist Kusinenheiraten 2. bis 3. Grades) und mit im allgemeinen hoher Kinderzahl sowie ihre positive Einstellung zur Medizin machen sie zu einem ergiebigen Studiengebiet für die genetische Forschung.

Das Ellis-van-Creveld-Syndrom (chondromesoektodermale Dysplasie). Das klinische Bild dieses Syndroms ist folgendes: Zwergwuchs (akromele Mikromelie), partielle mediane Lippenkerbe, Nageldysplasie, Herzmißbildung, kurzes, dünnes Haar, manchmal neonatale Zähne. Das Krankheitsbild war besonders in der Lancaster County (Pennsylvania) anzutreffen. Es fanden sich im ganzen 52 Fälle in 30 Geschwisterschaften, davon 16 lebende Kinder in einer Bevölkerung von ca. 8000 Personen. Die Frequenz des Syndroms in diesem Gebiet betrug somit ca. 1:500 und pro Geburt 1:200. Die elterliche Blutsverwandtschaft betrug etwa 33%. Die Heterozygotenhäufigkeit wurde auf 13% geschätzt. McKusick (1964) führt die Häufigkeit des Gens in dieser Bevölkerung auf einen „Gründereffekt" zurück, da der Stammbaum der Eltern sämtlicher befallener Geschwisterschaften auf einen Stammvater, der um 1766 in die Vereinigten Staaten eingewandert war, zurückgeführt werden konnte.

Knorpel-Haar-Zwergwuchs (Typ McKusick), Chondrodysplasia metaphysaria. Neben dem Ellis-van-Creveld-Typ von Zwergwuchs ist, gleichfalls bei der Amish-Population von Lancaster County, eine zweite Zwergwuchsform von McKusick u. Mitarb. (1965) entdeckt worden, nämlich die *Knorpel-Haar-Hypoplasie.* Es besteht hier eine Osteochondrodysplasie mit Anoma-

lien des Haarwachstums. Die Mißbildung ist radiologisch durch eine metaphysäre Dysplasie des Knochens, die vielleicht kausal in Zusammenhang mit der angeborenen Knorpelhypoplasie gebracht werden muß, gekennzeichnet. Neben den rachitisartigen Gelenkdeformationen und Knochenverbiegungen ist das abnorm dünne, spärliche helle Haar bemerkenswert. An gelegentlichen Begleitsymptomen werden u.a. Anämie, Malabsorption, Neutropenie und Infektneigung gegenüber Varizellen beobachtet. Die Vererbung ist autosomal rezessiv. 77 Fälle dieses Leidens in 53 Geschwisterschaften konnten die Autoren bis 1965 in der Amish-Gruppe identifizieren und seine Frequenz auf 1 bis 2:1000 Lebendgeburten schätzen.
Wie auf S. 212 erwähnt, findet sich auch eine ziemliche Häufung dieses Syndroms in *Finnland* (ungefähr 30 Fälle; Kaitila u. Mitarb. 1980). Für beide Herde müssen unabhängig voneinander eingetretene Mutationen angenommen werden, die beide infolge „Gründereffekt" verbunden mit „genetischem Drift" in zunächst ziemlich isolierten Populationen erfolgt sind.
Hydrometrokolpos, postaxiale Polydaktylie und kongenitales Herzvitium (Kaufman-McKusick-Syndrom). Dieses Mißbildungssyndrom findet sich gleichfalls in ziemlicher Häufigkeit bei der Amish-Gruppe in der Lancaster County. Das Kaufman-McKusick-Syndrom kann gleichfalls als Beweis der Nützlichkeit des Studiums isolierter Gruppen herangezogen werden. Auf diese Weise konnten phänotypische Variationen des gleichen pleiotropen Syndroms besser erkannt und von ähnlichen, genotypisch jedoch verschiedenen Heredopathien abgegrenzt werden. Das im Vordergrund dieses Mißbildungskomplexes stehende Symptom war der *Hydrometrokolpos* (d.h. ein angeborenes transversales Vaginalseptum), das McKusick u. Mitarb. (1964, 1968) in drei Geschwisterschaften beobachten konnten. Die befallenen Familien konnten auf das gleiche Stammelternpaar zurückgeführt werden.
Zunächst wurde als Ursache ein rezessives, aber phänotypisch auf das weibliche Geschlecht begrenztes Gen angenommen. Kaufman u. Mitarb. (1972) konnten jedoch nachweisen, daß der Hydrometrokolpos nur Teil eines Syndroms ist, das außerdem eine postaxiale Polydaktylie und ein kongenitales Herzvitium umfaßt. Inzwischen sind drei weitere befallene Geschwisterschaften hinzugekommen (McKusick 1980), so daß insgesamt 15 Fälle in 6 Geschwisterschaften mit 42 Mitgliedern vorliegen, die die Autonomie dieses rezessiven Syndroms bestätigen. Interessant ist die variable Expressivität des Krankheitsbildes. In der Tat fanden sich nur bei einer Patientin sämtliche drei Symptome. Bei den anderen Familienmitgliedern verteilten sich die phänotypischen Komponenten des Syndroms sowohl in quantitativer als qualitativer Hinsicht auf die verschiedenen Patienten.
Progressive Muskeldystrophie, Glieder-Gürtel-Typ (Typ Leyden-Möbius). Diese Myopathie setzt im allgemeinen zwischen dem 5. und 15. Lebensjahr ein, beginnend mit einer Muskelschwäche des Beckengürtels und später sich auf die oberen Extremitäten fortsetzend. Sie führt im Verlauf von 20–30 Jahren zu Gangschwäche bis zu schwerer Bewegungsunfähigkeit. In etwa 60% der Fälle folgt die Krankheit dem rezessiven Erbgang. Die Lebenser-

wartung ist stark herabgesetzt. JACKSON u. CAREY (1961) konnten 14 Fälle dieses Typs in einer Amish-Familie in einem Isolat in Indiana feststellen. Es ist bemerkenswert, daß der gleiche Typ von Muskeldystrophie auch im Emmenthal, dem schweizerischen Herkunftsland der Amish, gefunden worden ist (PFAENDLER 1950), und daß MOSER u. Mitarb. (1966) eine 4mal größere prozentuale Häufigkeit dieser rezessiven Muskeldystrophie im Kanton Bern als in anderen Ländern verzeichnen konnte.

Mast-Syndrom (präsenile Demenz mit motorischen Störungen). In der Amish-Population von Ohio (Holmes County) mit etwa 10000 Mitgliedern konnte eine charakteristische Form präseniler Demenz bei 20 Individuen in 10 Geschwisterschaften entdeckt werden, die auf ein Stammelternpaar, das etwa vor 250 Jahren lebte, zurückgeführt werden konnte (CROSS u. MCKUSICK 1967). Der Beginn des Leidens war um das 2. Lebensjahrzehnt und zeigte eine langsam fortschreitende Demenz, Spastizität, Dysarthrie und später auch zerebellare und extrapyramidale Symptome. Auffallend war die mimische Ausdrucksstarre der Patienten. Die Vererbung erfolgte in autosomal rezessiver Weise, wobei die gehäufte elterliche Blutsverwandtschaft bemerkenswert war.

Troyer-Syndrom (spastische Paraplegie mit distalem Muskelschwund). Gleichfalls in der Ohio-Amish-Gruppe fanden die gleichen Autoren (CROSS u. MCKUSICK 1967) 20 Fälle in 12 Geschwisterschaften einer rezessiven Form von spastischer Paraplegie, die in früher Kindheit begann und von distalem Muskelschwund (besonders am Thenar, Hypothenar und den dorsalen Interossei) und Gangstörungen begleitet war. Die Krankheit äußerte sich ferner in Dysarthrie, progressiver Spastizität, gefolgt von Kontrakturen, die das Gehen schließlich unmöglich machten. Eine klinisch ähnliche Paraplegie wurde von NEUHAUSER u. Mitarb. (1976) bei zwei Brüdern dieser Amish-Gruppe beobachtet, die jedoch von geistiger Retardierung und Wachstumsrückstand begleitet war.

Pyruvatkinasemangelsyndrom. Von sonstigen in den Amish-Isolaten häufig vorkommenden genetischen Affektionen sei noch das in der Mifflin-County (nahe bei Lancaster County, Pennsylvanien) vorkommende *Pyruvatkinasemangel-Syndrom* erwähnt. BOWMAN u. Mitarb. (1965) führten eine eingehende klinische und genetische Untersuchung in einer Amish-Familie durch, die in Mifflin County beheimatet ist, und in der BOWMAN u. PROCOPIO (1963) einen besonderen Typ von hämolytischer Anämie, hervorgerufen durch *Pyruvatkinasemangel*, festgestellt hatten. Die Autoren konnten eine Stammtafel mit 21 Fällen von rezessiv vererbtem Pyruvatkinasemangel innerhalb von 10 Geschwisterschaften aufstellen, die genealogisch auf einen 1742 eingewanderten „Strong" Jakob Yoder zurückführte. Klinisch ist bemerkenswert, daß es sich bei diesem in der Familie aufgetretenen Enzymmangel um eine besonders schwere phänotypische Variante handelt, die bereits im Alter von 1–3 Jahren auftritt und die bei Nichtbehandlung zum Tode führen kann. Andererseits sind Splenektomie und Transfusionen meist therapeutisch erfolgreich.

Genetische Beratung

„New medical knowledge has meaning only when it is translated into practical benefits for human beings with problems that oppress the body, mind and heart."

BASIL O'CONNOR,
Genetic Counseling 1970

Das Ziel einer genetischen Beratung besteht darin, bestimmen zu können, mit welcher Wahrscheinlichkeit ein bestimmtes erbliches Leiden oder eine angeborene Mißbildung in einer Familie sich manifestieren oder wieder auftreten wird.
Meist handelt es sich um Eltern mit bereits einem befallenen Kind, die den Genetiker aufsuchen. In anderen Fällen sind es Verlobte, die sich über das Risiko eines anomalen Kindes in ihrer Nachkommenschaft erkundigen, sei es, daß sie mehr oder weniger entfernte Verwandte desselben sind oder daß in der Aszendenz ihrer Familien bereits erbliche Leiden aufgetreten sind. Endlich muß sich der Genetiker auch zu Risikofragen äußern, wenn werdende Mütter zu Beginn ihrer Schwangerschaft Röntgenstrahlen ausgesetzt, in Kontakt mit Rötelfällen waren oder wenn sie in dieser Periode bestimmte Medikamente zu sich genommen hatten.
Um derartige Fragen beantworten zu können, muß der Genetiker sich auf eine sichere klinische Diagnose stützen können, unter Zuhilfenahme eines detaillierten Stammbaums der Familie. Wenn es sich um eine den klassischen Mendelschen Regeln folgende Krankheit handelt, wird es ihm im Prinzip nicht schwer fallen, eine präzise Auskunft zu geben.

Dominante Vererbung

Bei dominanter Vererbung wird die Familie eine Chance von 50% haben, daß ein Kind wieder befallen wird. Doch kann bei dominanten Merkmalen öfters eine irreguläre Vererbung festgestellt werden, die sich durch Schwankungen des Grades der Penetranz und der Expressivität ausdrückt. Diese Kriterien werden also bei der Berechnung des Risikos eines Wiederauftretens des Merkmals in Betracht zu ziehen sein.
In einer von uns beobachteten Familie mit Fußanomalien in Form von *„Hummerscheren"* über fünf aufeinanderfolgende Generationen (Abb. **4**) läßt sich z. B. feststellen, daß dieses Merkmal bei Mitgliedern zweier Generationen latent geblieben (III/2 und IV/12) und sodann in fast explosiver Weise

bei allen fünf Kindern der letzten Generation (V/13–17) wieder zum Vorschein gekommen ist (KLEIN u. KHOSROVANI 1959).
Diese Variabilität der Penetranz eines dominanten Gens kann natürlich manchmal unangenehme Auswirkungen haben. So kennen wir im Falle der dominant vererbten mandibulofazialen Dysostose drei Beispiele von unerwarteter Manifestation des Gens bei Geschwistern phänotypisch *nicht* befallener Eltern (AMMERMANN u. Mitarb. 1971). In einem persönlichen Fall (KLEIN u. Mitarb. 1970, VATRÉ 1971) wies der Bruder eines extensiv befallenen Mädchens einzig eine am Anfang des Gehörgangs gelegene *Fistula auris congenita* mit intermittierender Sekretion auf. Wir haben dieses Zeichen als *Mikromanifestation* einer mandibulofazialen Dysostose aufgefaßt und glauben, daß bei einer genetischen Prognose dieses Stigma in Betracht zu ziehen ist.

Rezessive Vererbung

Bei der rezessiven Vererbung sind in der Regel die Eltern phänotypisch normal, jedoch heterozygote Merkmalsträger. In diesem Falle ist theoretisch zu erwarten, daß eine Chance von 25% für ein befallenes Kind besteht, eine Chance von 50%, wie die Eltern phänotypisch normal, aber heterozygot und 25% sowohl phänotypisch als genotypisch normal zu sein.
Da die Mehrheit der heutigen Familien nur eine geringe Kinderzahl aufweist, ist es nicht erstaunlich, daß rezessive Krankheiten sich oft nur in sporadischer Weise manifestieren. Es ist daher falsch, sporadisches Auftreten mit Nicht-Erblichkeit gleichzusetzen.

Elterliche Blutsverwandtschaft

Je seltener ein rezessives Merkmal vorkommt, um so häufiger wird man zwischen den Eltern eine Blutsverwandtschaft antreffen. Im allgemeinen besteht kein Grund, von konsanguinen Ehen abzuraten, vorausgesetzt, daß sich in der Familienanamnese keine speziellen rezessiven Krankheiten finden. Immerhin wird man bei Vettern-Basen-Heiraten darauf hinweisen, daß das Risiko einer solchen Verbindung in bezug auf angeborene Anomalien statistisch etwa dreimal größer ist als in exogamen Ehen.

Geschlechtsgebunden rezessiver Erbgang

Entsprechend dem X-chromosomalen Erbgang erhält jede Tochter ein mütterliches und ein väterliches X-, jeder Sohn dagegen nur ein mütterliches X- und ein Y-Chromosom vom Vater. Ein X-chromosomales Gen wird also nie vom Vater auf den Sohn weitergegeben.
Ein geschlechtsgebunden rezessives Gen manifestiert sich immer bei einem männlichen Individuum, da dieses das betreffende Gen nur in einfacher Dosis besitzt *(Hemizygotie)*. Beim weiblichen Geschlecht sind dagegen die

geschlechtsgebundenen Gene wie die autosomalen Gene, immer paarig vorhanden; Frauen können also im Prinzip nur dann erkranken, wenn sie das betreffende Gen in *homozygotem Zustande* erhalten. Eine phänotypisch gesunde heterozygote Mutter (Konduktorin) wird also theoretisch ihr pathologisches Gen an 50% ihrer Söhne weitergeben, die infolge Hemizygotie manifest befallen sein werden, während 50% ihrer Töchter phänotypisch gesunde, aber heterozygote Konduktorinnen wie die Mutter sein werden.
Da eine große Zahl von Erbkrankheiten entsprechend dem X-chromosomalen Erbgang weitergeleitet werden (Hämophilie, progressive Muskeldystrophie Duchenne, X-chromosomale Retinitis pigmentosa, Agammaglobulinämie, Defizienz der Glucose-6-phosphat-Dehydrogenase, Lesch-Nyhan-Syndrom etc.), ist es von größter Wichtigkeit, daß Mitglieder solcher Familien eine adäquate genetische Beratung erhalten.
In gewissen Fällen ist es möglich geworden, die heterozygoten Konduktorinnen durch besondere klinische oder biochemische Methoden zu erkennen: Bestimmung des Antihämophiliefaktors A oder B bei fraglicher Hämophilie-Heterozygotie, Dosierung der Kreatinphosphokinase bei Morbus-Duchenne-Heterozygotie usw. Immerhin sei festgestellt, daß es selbst in den günstigsten Fällen niemals möglich ist, mit unbedingter Sicherheit aufgrund eines negativen Heterozygotenbefundes eine normale Genanlage zu bestätigen, da gelegentlich trotzdem eine Heterozygotie für das betreffende krankhafte Merkmal bestehen kann. Der scheinbar negative Heterozygotiebefund würde sich dann aufgrund der Lyonschen Theorie durch Zufallsinaktivation des das pathologische Gen tragenden X-Chromosoms erklären lassen.
Aufgrund der gleichen Theorie lassen sich auch die seltenen Fälle verstehen, in denen sich eine Heterozygotieanlage für Hämophilie bei der Frau phänotypisch in Form eines typischen Krankheitsbildes wie beim Manne manifestiert hat. Wenn ein Turnersches Syndrom, eine testikuläre Feminisation oder eine andere X-chromosomale Aberration ausgeschlossen werden kann, muß eine Manifestation in heterozygotem Zustand infolge Inaktivierung des normalen X-Chromosoms in Betracht gezogen werden.

Angeborene Mißbildungen mit öfters multifaktoriellem Erbgang

Im Gegensatz zu den Mißbildungen und Krankheiten, deren Erbgang den Mendelschen Gesetzen folgt und deren Risiko zwischen 25 und 50% beträgt, gibt es eine bedeutende Gruppe angeborener Anomalien (Hasenscharte, Klumpfuß, Pylorusstenose, Anenzephalie, Spina bifida usw.), deren Vererbung multifaktoriell bedingt ist. Der Genetiker muß sich daher in solchen Fällen an die *empirische Erbprognose* halten, die sich auf systematische epidemiologische Erhebungen in verschiedenen Ländern stützt. Obwohl die gefundenen Werte von einem Land zum andern gemäß dem „genius loci“ schwanken können, sind im allgemeinen die empirischen Risikoziffern niedriger als die Mendelschen Erwartungszahlen und bewegen sich meist zwischen 5 und 10%. Trotz des Bestehens empirischer Wahrscheinlichkeitswerte für das Wiederauftreten verschiedener Formen von Mißbildungen muß man sich jedoch davor hüten, diese Zahlen ohne weiteres auf einen gegebenen Fall anzuwenden. In der Tat muß jeder Beratung eine eingehende Familienanamnese mit Aufstellung eines Stammbaumes vorausgehen, die dann nicht selten eine genauere Präzisierung des Erbgangs im Sinne eines Mendelschen Merkmals erlaubt.

So hatten wir Gelegenheit, eine genetische Konsultation bei einer 26jährigen Frau durchzuführen, die wegen einer doppelten oberen und unteren Hasenscharte operiert worden war (KLEIN 1962) (Abb. **75**). Die einzige Tochter der Patientin wies eine Gaumenspalte auf, ferner zwei Fisteln der Unterlippe, die wir bei einer nochmaligen Untersuchung der Mutter auch bei ihr antrafen *(van der Woudesches Syndrom)*. Damit stand ein autosomal dominanter Erbgang und ein Risiko von 50% für jedes weitere Kind fest. Indem wir unsere körperliche Untersuchung weiter ausdehnten, konnten wir bei der Mutter ferner ein *Popliteal-Pterygium* rechts, partielle Syndaktylie der Hände und Füße, Equino-varus-Füße sowie eine merkwürdige Nageldysplasie der Großzehen entdecken. Die Tochter wies gleichfalls eine Syndaktylie der Hände und Füße sowie dieselbe Nageldysplasie auf. Es war daher offenkundig, daß die Lippen-Gaumen-Spalten, die Fisteln der Unterlippe sowie das *popliteale Pterygiumsyndrom* einen Mißbildungskomplex sui generis darstellte, dessen Wiederholungsrisiko entsprechend dem dominanten Erbgang 50% betrug.

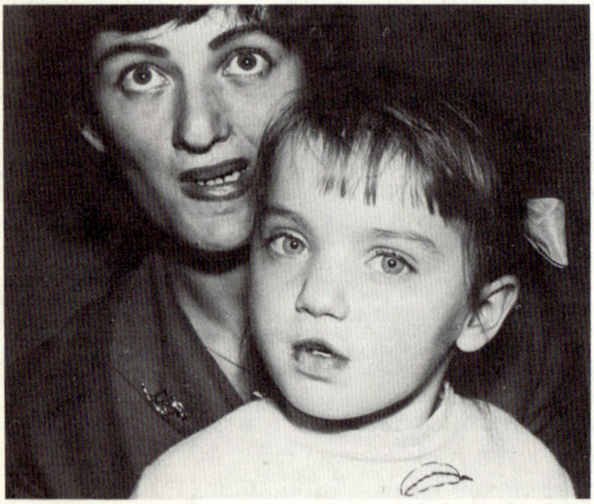

Abb. **75** Eine 26jährige Patientin mit ihrer 4jährigen Tochter, die beide eine doppelte obere und untere Hasenscharte mit Gaumenspalte sowie Unterlippenfisteln aufweisen (van-der-Woude-Syndrom). Die Mutter zeigt außerdem ein popliteales Pterygium sowie Syndaktylie, Onychodysplasie und Klumpfüße

Auch die beiden wiedergegebenen Stammbäume von *Spina bifida*, assoziiert mit *Anenzephalie* (Abb. **76**) bzw. mit *Hydrozephalie* (Abb. **77**), beweisen, daß man selbst bei scheinbar multifaktoriellen Merkmalen erst eine genaue Familienuntersuchung vornehmen muß, um den wirklichen Erbgang zu erkennen, ehe man eine genetische Prognose aufstellen kann.

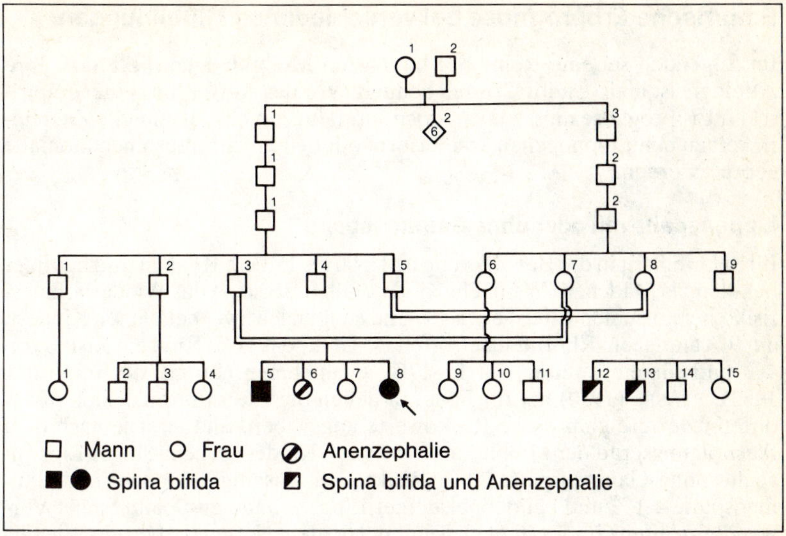

Abb. **76** Gleichzeitiges Vorkommen von Spina bifida und Anenzephalie in derselben Familie (nach *Fuhrmann* u. Mitarb.)

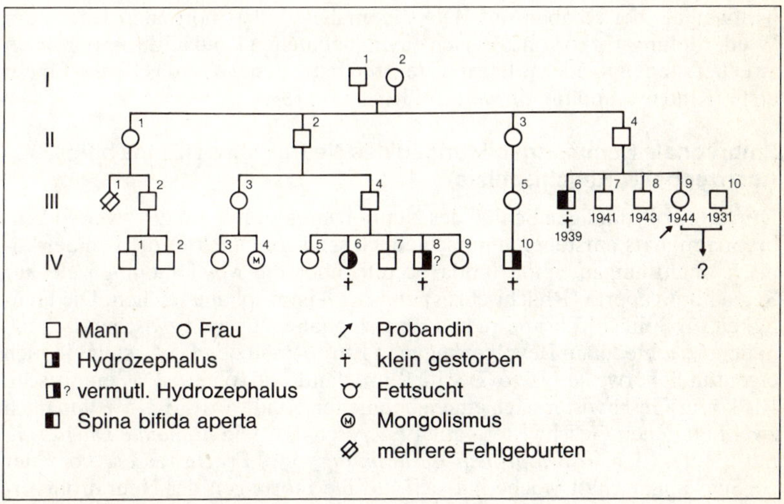

Abb. **77** Gleichzeitiges Vorkommen von Spina bifida und Hydrozephalus in derselben Familie (pers. Beob.)

Empirische Erbprognose bei verschiedenen Mißbildungen

Im folgenden sei eine Reihe der häufigsten Mißbildungen diskutiert. Ihre Ätiologie ist meist multifaktoriell bedingt. Vor der Aufstellung einer empirischen Erbprognose müssen sie jedoch sorgfältig auf eine eventuelle Zugehörigkeit zu einer monogenen Sonderform oder einer Chromosomenanomalie geprüft werden.

Lippenspalte mit oder ohne Gaumenspalte

Ihre Häufigkeit in der Bevölkerung ist 1:500 bis 1:1000. Knaben sind häufiger befallen als Mädchen. Wenn ein Kind befallen ist, so ist das Wiederholungsrisiko bei normalen Eltern etwa 4% und steigt nach zwei befallenen Kindern auf 9% an. Ist ein Elternteil betroffen, so ist für das erste Kind ein Risiko von 4% und für ein zweites von 15–17% anzunehmen (Fuhrmann u. Vogel 1982). Fraser (1970) hat für Fälle, in denen die Eltern normal sind, etwas differenziertere empirische Risikowerte angegeben, und zwar je nach dem Ausprägungsgrad der Mißbildung des ersten Kindes: bei einseitiger Lippenspalte ohne Gaumenspalte 2,6% Risiko, bei einseitiger Lippen- und Gaumenspalte 4,1% und bei doppelseitiger Lippen-Gaumen-Spalte 5,6%. Verwandte zweiten Grades (Onkel, Tanten, Nichten, Neffen) haben ein Wiederholungsrisiko von weniger als 1%.
Isolierte Gaumenspalte. Gegenüber dem Lippen-Gaumenspalten-Komplex muß die isolierte Gaumenspaltenmißbildung abgegrenzt werden. Ihre Häufigkeit in der Bevölkerung wird auf 1:2500 geschätzt. Sie tritt bei Mädchen häufiger als bei Knaben auf. Die Anomalie hat bei normalen Eltern ein Wiederholungsrisiko von 2% nach einem befallenen Kind und von 10% nach zwei befallenen Kindern. Ist ein Elternteil betroffen, so ist das Risiko für ein erstes Kind 6% und für ein weiteres Kind 15–17%.

Embryonale Hemmungsbildungen des Neuralrohres (Spina bifida, Anenzephalie, Rhachischisis)

Durch unvollständigen Schluß des Neuralrohres zu Beginn des zweiten Embryonalmonats entstehen unterschiedlich schwere Defekte, die von der klinisch unauffälligen Spina bifida occulta über die Myelomeningozele zur Spina bifida aperta (Rhachischisis) und zur Anenzephalie reichen. Die Häufigkeit für Spina bifida aperta und Anenzephalie schwankt zwischen 1–2:100 in den verschiedenen Bevölkerungen in Europa und den USA, steigt jedoch eigentümlicherweise bis zu 7–8:1000 in Irland und Wales. Das empirische Risiko für Geschwister nach einem befallenen Kind wird auf 3–5% und nach zwei befallenen Geschwistern auf 10% geschätzt. Die *pränatale Diagnostik* mit Hilfe der *α-Fetoprotein-Bestimmung* im Fruchtwasser vor der 20. Schwangerschaftswoche hat sich für alle Störungen des Neuralrohrverschlusses als äußerst wertvoll erwiesen und erlaubt für alle Fälle von Spina bifida aperta und Anenzephalie deren Erkennung bis zu 90% und mehr.

Neuerdings hat sich auch die Bestimmung der α-Fetoprotein-Konzentration im mütterlichen Serum als ziemlich zuverlässiger Test für das Vorliegen einer Spina bifida oder Anenzephalie erwiesen. So haben MILUNSKY u. ALPERT (1984) bei einer Screening-Untersuchung von 21000 Frauen vor der 24. Schwangerschaftswoche in 85,7% (12/14) das Vorliegen einer Anenzephalie und in 62,5% (5/8) einer Spina bifida diagnostizieren können. Prophylaktisch ist ferner die Beobachtung von SMITHELS u. Mitarb. (1981) von Bedeutung, wonach das Wiederholungsrisiko für Spina bifida und Anenzephalie durch Gaben von Vitaminen, Folsäure und Mineralsubstanzen anscheinend günstig beeinflußt werden kann.

Angeborene Herzfehler

(Tab. **49**)

Die angeborenen Angiopathien gehören zu den häufigsten Mißbildungen und stellen eine ätiologisch heterogene Gruppe dar. Mehr als 90% von ihnen sind multifaktoriell bedingt. Ihre Häufigkeit bei lebend geborenen Säuglingen liegt zwischen 0,8 und 1%. In einem Viertel der Fälle stellen sie Teilsymptome von Chromosomenanomalien (Down-Syndrom, Edwards-Syndrom, u. a.) oder monogen vererbter Syndrome dar (wie z. B. die mit Skelettanomalien einhergehenden Marfan- und Holt-Oram-Syndrome). Gelegentlich können sie als isolierte, monogen vererbte Krankheiten auftreten, wie z. B. der mit AV-Überleitungsstörungen kombinierte Vorhofseptumdefekt, der sich dominant vererbt. Auch als Teilsymptome der Rötelnembryopathie sowie von teratogenen Mißbildungssyndromen (u. a. Thalidomid- und Hydantoinsyndrome) werden kardiovaskuläre Anomalien beobachtet.

Tabelle **49** Häufigkeit von Herzfehlern bei nahen Verwandten von Probanden (aus *P. S. Harper:* Practical Genetic Counselling. Wright, Bristol 1981). Die Zahlen in Klammern geben die durchschnittlichen Werte an.

Mißbildungstyp	Wiederholungsrisiko (%) für Geschwister	Kinder
Ventrikelseptumdefekt	2,1–4,2 (3)	4,0
Vorhofseptumdefekt	2,9–3,7 (3)	2,5
Fallotsche Tetralogie	3,0	4,2
Offener Ductus arteriosus Botalli	1,0–3,5 (3)	1,7–4,3 (3)
Pulmonalstenose	1,5–2,7 (2)	3,6
Pulmonalatresie	0,2	1,3
Trikuspidalatresie	1,0	
Transposition der großen Gefäße	1,7	
Aortenstenose	2,2	3,9
Aortenisthmusstenose	1,0–1,8	2,7
Endokardfibroelastose	3,8	
Hypoplastisches Linksherz	2,7	

Im allgemeinen liegt das Wiederholungsrisiko bei multifaktoriell vererbten kongenitalen Herzfehlern zwischen 2–4% für Geschwister und zwischen 3–4% für ein Kind eines Patienten. Sind bereits zwei Geschwister befallen oder ein Elternteil plus dem Probanden, so beläuft sich das empirische Risiko auf 10%. Bezüglich des Wiederholungsrisikos innerhalb der einzelnen kardiovaskulären Untergruppen sei auf Tab. **49** verwiesen.

Kongenitale Pylorusstenose
(Tab. **50**)

Tabelle **50** Empirisches Risiko für Verwandte von Patienten mit Pylorusstenose (aus *C. O. Carter, K. A. Evans:* J. med. Genet. 6 [1969] 233)

	Männliche Probanden Risiko (in %)	Weibliche Probanden Risiko (in %)
Brüder	3,8	9,2
Schwestern	2,7	3,8
Söhne	5,5	18,9
Töchter	2,4	7,0
Neffen	2,3	4,7
Nichten	0,4	—
Vettern	0,9	0,7
Kusinen	0,2	0,3

Wie im Kap. „multifaktorielle Vererbung" ausgeführt, folgt diese Krankheit der polygenen Vererbung mit Schwellenwerteffekt, wobei diese Störung etwa 5mal häufiger bei Knaben (1:1000 in der Bevölkerung) als bei Mädchen (1:5000) vorkommt. Charakteristisch für die Pylorusstenose ist daher nicht nur der rasche Abfall des Risikos außerhalb der Gruppe der nächsten Verwandten, sondern auch das erhöhte empirische Risiko für Verwandte von Probanden des seltener befallenen Geschlechts (in diesem Falle, wenn die Mutter oder die Tochter erkrankt ist).

Kongenitale Hüftgelenkluxation
(Tab. **51**)

Tabelle **51** Empirische Risikoziffern für Verwandte von Patienten mit angeborener Hüftluxation (aus *W. Fuhrmann, F. Vogel:* Genetische Familienberatung, 3. Aufl. Springer, Berlin 1982)

Proband	Brüder	Schwestern	Söhne	Töchter	Onkel
♂, 37	—	6,9 %	—	—	—
♀, 219	0,56 %	6,25 %	—	11,1 %	0,2 %
Proband	**Tanten**	**Neffen**	**Nichten**	**Vettern**	**Kusinen**
♂, 37	—	—	7,6 %	—	—
♀, 219	—	2 %	—	0,3 %	—

Auch für diese Mißbildung wird eine multifaktorielle Grundlage mit Schwellenwerteffekt angenommen. Für die Entstehung einer Hüftluxation wird eine zu flache Ausbildung der Hüftgelenkspfanne sowie eine Schlaffheit der Gelenkbänder verantwortlich gemacht, wofür beim weiblichen Geschlecht eine gewisse Disposition besteht. In der Tat beträgt das Verhältnis von Knaben zu Mädchen für diese Erkrankung 1:5. Die allgemeine Häufigkeit der Anomalie in Europa wird auf 1:200 geschätzt. Differentialdiagnostisch sind Ehlers-Danlos- und Marfan-Syndrom in Betracht zu ziehen. Die empirischen Risikoziffern für die angeborene Hüftluxation bestätigen die Prädilektion der Krankheit für das weibliche Geschlecht unter den Verwandten der Patienten (Tab. **51**).

Hirschsprung-Krankheit

(Tab. **52**)

Tabelle **52** Genetisches Wiederholungsrisiko für Hirschsprung-Krankheit (aus *E. Passarge:* Elemente der klinischen Genetik. Fischer, Stuttgart 1979)

Proband	Typ/Segment	Brüder	Schwestern
♂	Typ I	5,5 %	0,6 %
♀	(kurzes Segment)	8 %	3 %
♂	Typ II	7 %	10 %
♀	(langes Segment)	18 %	9 %

Die Hirschsprung-Krankheit (intestinale Aganglionose, aganglionäres Megakolon) ist eine Mißbildung, die auf einer mangelhaften Einwanderung von Ganglienzellen aus der Neuralleiste in den Plexus myentericus und Plexus submucosus der Darmwand beruht. Abgesehen von der Aganglionose *sui generis* wird das Megakolon auch öfters beim Down-Syndrom (Passarge 1967) sowie dem Waardenburg-Klein-Syndrom (Omenn u. Mitarb. 1979) beobachtet. Man muß bei der Aganglionose eine Form mit kurzem (Typ I, etwa 90% der Fälle) und eine mit langem aganglionären Segment (Typ II) unterscheiden, deren empirische Risikozahlen verschieden sind.

Die Häufigkeit der Mißbildung bei lebend geborenen Säuglingen ist etwa 1:5000. Es besteht eine deutliche Prädilektion für Knaben, indem das Geschlechtsverhältnis bei Typ I 5:1 und für Typ II 2:1 zugunsten von Knaben beträgt. Bezüglich des Wiederholungsrisikos für Geschwister befallener Kinder sei auf Tab. **52** verwiesen. Diese zeigt bei weiblichen Probanden eine signifikante Erhöhung der Rekurrenzziffer für Verwandte des seltener befallenen Geschlechts, in diesem Falle des weiblichen („Carter-Effekt").

Klumpfuß (Talipes equinovarus)
(Tab. **53**)

Tabelle **53** Genetisches Risiko für Klumpfuß (aus *W. Fuhrmann:* Die formale Genetik des Menschen. In Altmann, H. W., u. Mitarb.: Handbuch der allgemeinen Pathologie, Bd. IX. Springer, Berlin 1974)

Proband		Väter	Mütter	Brüder	Schwestern	Total männlich	Total weiblich
Männlich	97	1/97	0/97	4/115	0/90	5/212 (2,3 %)	0/187 (—)
Weiblich	47	3/47	0/47	2/33	2/34	5/80 (6,2 %)	2/81 (2,5 %)
Total	144	4/144	0/144	6/148	2/124		

Nach Ausschluß neurologischer Störungen und anderer mit Klumpfuß einhergehenden Syndrome muß eine auf multifaktorieller Basis beruhende Mißbildung angenommen werden. Seine Häufigkeit bei Neugeborenen beträgt etwa 1:1000. Das Geschlechtsverhältnis ist etwa 2:1 zugunsten männlicher Merkmalsträger. Das genetische Risiko allgemein für Geschwister von Befallenen wird mit 3% angegeben. Dieses Risiko ist jedoch speziell für Geschwister *männlicher Probanden* etwas niedriger (2%) und für Geschwister *weiblicher Probanden* höher (*6% für Knaben*), entsprechend den Kriterien multifaktorieller Vererbung mit Schwellenwert (s. Tab. **53**).

Epilepsie

Die zahlreichen Untersuchungen über die idiopathische Epilepsie haben gezeigt, daß diese in der Regel einem multifaktoriellen Erbgang folgt. Wenn die Möglichkeit eines monogenen Erbgangs aufgrund des Krankheitsbildes und einer genauen Familienanalyse ausgeschlossen werden kann (z. B. autosomal rezessive myoklonische Epilepsie vom Unverricht-Lundborg-Typ oder irregulär dominante tuberöse Sklerose Bourneville vom abortiven Typ) und auch eine toxische oder infektiöse Ursache nicht in Betracht kommt, so wird für einen Probanden mit generalisierter Epilepsie ein approximatives Risiko von 3–6% bestehen, ein gleichfalls befallenes Geschwister oder Kind zu bekommen. Im allgemeinen ist es jedoch empfehlenswert, bei dem Patienten die spezielle Form seiner Epilepsie aufgrund des Elektroenzephalogramms (EEG) in Kombination mit dem klinischen Krankheitsbild zu bestimmen.
Die drei hauptsächlichsten Formen der idiopathischen Epilepsie sind: 1. die *generalisierte*, sog. *„zentrenzephale“ Epilepsie* mit EEG-Anomalien („Spikes und Waves“), 2. *die fokale, temporal bedingte Form* mit EEG-Anomalien

(„Spikes"), beide um das 1.–2. Lebensjahr in Erscheinung tretend, und 3. *die Petit-mal-Myoklonien* (EEG: multiple Spikes und/oder Spikes und Waves), die um das 1.–2. Lebensjahrzehnt auftreten. Die Genetik der drei Formen ist besonders vom Ehepaar METRAKOS (1966) studiert worden. Wir werden uns deshalb in unseren Tabellen über das Wiederholungsrisiko vor allem auf die Schätzungen dieser kanadischen Autoren stützen, die auch von DODINVAL (1974), KLEIN u. DODINVAL (1979) und WITKOWSKI u. PROKOP (1983) übernommen worden sind (s. Tab. **54** und **55**).

Im Zusammenhang mit genetischer Beratung bei Epilepsie muß auch speziell auf *zwei Embryopathien* eingegangen werden, die als Folge längerdauernder Einnahme gewisser Medikamente während der Frühschwangerschaft bei Kindern von Epileptikerinnen auftreten können.

Tabelle **54** Wiederholungsrisiko bei Epilepsie (nach *Dodinval, Klein* u. *Dodinval,* und *Witkowski* u. *Prokop*)

Epilepsietyp des Probanden	Risiko für Geschwister (in %)			Risiko für Kinder (in %)	
Idiopathische Epilepsie	1,5–5 % (niedrig, wenn Eltern normal; erhöht, wenn ein Elternteil befallen)			3–6 %	
Generalisierte (zentrenzephale) Epilepsie	8–12 % (je nach der Häufigkeit und Schwere der Anfälle)			8–12 %	
Fokale, temporale Epilepsie	wie bei der generalisierten Epilepsie				
Petit-mal-Myoklonien	Proband	Brüder	Schwestern	Söhne	Töchter
	♂	2,1 %	2,3 %	—	9,7 %
	♀	7,7 %	8,7 %	9,7 %	34,4 %
	Beide Geschlechter	4,2 %	4,6 %	1,8 %	9,8 %

Tabelle **55** Wiederholungsrisiko bei generalisierter Epilepsie für Probanden, wenn ein Elternteil oder ein Geschwister befallen ist (aus. *J. D. Metrakos, K. Metrakos:* Clin. Pediat. 5 [1966] 536)

Allgemeines Risiko	8 %
Erstmanifestation bei einem Elternteil vor dem Alter von 2½ Jahren	10 %
Erstmanifestation nach dem Alter von 2½ Jahren	6 %
Ein Geschwister und ein Elternteil befallen	13 %
Ein Geschwister befallen, Eltern normal	7 %
Erkrankungsrisiko für den Probanden, wenn im 1. Lebensjahr kein Anfall auftritt	6 %
Erkrankungsrisiko, wenn bis zum 6. Lebensjahr kein Anfall auftritt	2 %
Erkrankungsrisiko, wenn bis zum 10. Lebenjahr kein Anfall auftritt	≈ 1 %
Erkrankungsrisiko, wenn beide Eltern befallen sind	ca. 15 %

Fetales Hydantoinsyndrom

Als Folge von Phenylhydantoinmedikation während der Frühschwangerschaft lassen sich manchmal beim Kind bestimmte Entwicklungsstörungen mit folgender Symptomatologie beobachten: Wachstumsverzögerung, psychomotorische Retardierung, Mikrozephalie, kraniofaziale Dysmorphien, Hypertelorismus, abstehende, tief angesetzte Ohren, Hypoplasie der Nägel und Fingerendglieder, Ptosis und Strabismus. Als weitere gelegentliche Begleiterscheinungen wurden kardiovaskuläre Anomalien und Genitaldysplasien beobachtet (Hanson u. Mitarb. 1976).

Fetales Trimethadionsyndrom

Dieses Mißbildungssyndrom tritt gelegentlich bei Kindern auf, deren Mütter während der Schwangerschaft wegen Epilepsie mit *Trimethadion* oder anderen Oxazolidinderivaten behandelt worden sind. Während die Hauptsymptome (Mikrozephalie, geistige Retardation, intrauterine Wachstumsverzögerung, tiefsitzende Ohren) denen des Hydantoinsyndroms gleichen, bestehen differentialdiagnostische Unterschiede: V-förmige Position der Augenbrauen, Epikanthus, hoher Gaumen mit oder ohne Spaltbildung, Hypospadie, Vierfingerfurche.
Beide angeführten Syndrome sind dosisunabhängig und ihr Risiko für eine bestehende Schwangerschaft wird mit ca. 10% geschätzt (Passarge 1979). Bei Epileptikerinnen mit Kinderwunsch sollten daher möglichst Hydantoin- und Trimethadionpräparate vermieden und eher Barbiturderivate verschrieben werden.

Oligophrenie

Wohl kaum je hat ein klinisches Fach in der Humangenetik einen so außergewöhnlichen Gewinn aus der modernen biochemischen und zytogenetischen Forschung gezogen, wie gerade das Forschungsgebiet des erblichen Schwachsinns. Es wurde dadurch möglich, eine jährlich zunehmende Zahl von mit Schwachsinn verbundenen Sonderformen aus dem Sammeltopf des „idiopathischen Schwachsinns“ herauszunehmen und sie bestimmten chromosomalen, biochemischen und sonstigen morphologischen Formen zuzuordnen. Gleichzeitig wurde dank der besseren klinisch-genetischen Klärung eines gegebenen Krankheitsbildes auch das Feld erbprognostischer und pränataler Beratung erheblich erweitert. Immerhin bleibt noch eine sicherlich mehr als die Hälfte aller Fälle umfassende Schwachsinnsgruppe, bei der keine charakteristischen morphologischen, biochemischen oder zytogenetischen Befunde erhoben werden können, und die daher vorläufig weiterhin in die heterogene Gruppe des idiopathischen Schwachsinns fallen. Ihre Einteilung ist schwierig, weil schon die Unterscheidung zwischen exogenen und endogenen Formen im Einzelfall schwerfallen bzw. manchmal sogar unmöglich sein kann.

Es hat sich daher als vorteilhaft erwiesen, die Schwachsinnigen empirisch nach dem Schweregrad des Krankheitsbildes zu unterteilen. Meistens werden drei Kategorien je nach dem approximativen Intelligenzniveau, ausgedrückt durch den Intelligenzquotienten (IQ), unterschieden, nämlich *Debilität* („high grade") mit einem IQ von 50–70, *Imbezillität* („medium") mit einem IQ von 20–49 und *Idiotie* („low-grade") mit 0–19. Eine vereinfachte, von PENROSE (1963) angegebene Einteilungsweise schlägt nur zwei Hauptgruppen von Oligophrenie vor, nämlich einen *leichten Schweregrad* (IQ 50–70) und eine *schwere Form* (IQ unter 50). Ein IQ über 70 wird im allgemeinen noch zu der normalen Variationsbreite der Intelligenz gezählt. Eine solche Einteilung ermöglicht in der Tat eine bessere Übersicht über die prinzipiellen Verschiedenheiten beider Kategorien und vermeidet Überschneidungen (s. Tab. **56**).

Allgemein wird die durchschnittliche Häufigkeit der Oligophrenie in der Bevölkerung mit ca. 1–3% angegeben, wovon etwa 1% asylierungsbedürftig ist.

Aus der von PENROSE (1963) entworfenen Tabelle wird ersichtlich, daß zwischen dem Intelligenzniveau der leichtschwachsinnigen Probanden und ihren befallenen Verwandten fließende Übergänge bestehen können, was zugunsten einer *multifaktoriellen Vererbung* spricht. Andererseits findet man in der Gruppe der Schwerschwachsinnigen bei den Eltern im allgemeinen eine normale Intelligenz; ferner stellt man in dieser Gruppe einen scharfen Kontrast zwischen den schwachsinnigen Kindern und ihren normalen Geschwistern fest, was eher für einen Mendelschen Erbgang spricht. Es kann daher vorausgesehen werden, daß einmal für diese Gruppe die spezifische genetische Ursache erkannt und solche Fälle mehr und mehr aus der idiopathischen Gruppe herausgehoben werden können.

Es ist auch bezeichnend, daß speziell in der Gruppe des schweren Schwachsinns öfters Fälle von Inzestverbindungen bekannt werden, was auf die Manifestation eines autosomal rezessiven Gens infolge naher Blutsverwandtschaft schließen läßt.

Die empirischen Gefährdungsziffern der Literatur für leichte und schwere Schwachsinnsgrade sind in Tab. **57** zusammengestellt. Auf der Basis eines unausgelesenen und daher repräsentativen Materials von 269 Probanden ausschließlich *mittel* und *schwer schwachsinniger Patienten*, die durch systematische Felduntersuchungen in Schweden erhalten worden waren, fanden HALLGREN u. SJÖGREN (1959) für Eltern 2,5% ± 0,7 und für Geschwister der Probanden 8,4% ± 0,9 Erkrankungsrisiko. Die gleichfalls in Schweden von *Åkeson* (1969) unternommene Serienuntersuchung von 85 leicht und 121 schwer oligophrenen Probanden ergab Risikowerte für die Eltern und Geschwister, die den vorausgegangenen Zahlen (ZERBIN-RÜDIN 1967, HALLGREN u. SJÖGREN 1959) ziemlich gut entsprechen (Tab. **58**).

Tabelle **56** Vereinfachte und schematisierte Übersicht über die typischen Befunde bei Leicht- und Schwerschwachsinnigen (nach *Zerbin-Rüdin* 1967)

Grad des Schwachsinns	Leicht (Gruppe 1)	Schwer (Gruppe 2)
Intelligenzhöhe	IQ ungefähr 57	IQ ungefähr 17
Bezeichnung nach Schweregrad	debil, minderbegabt, leicht schwachsinnig	imbezil, idiotisch, schwer schwachsinnig
Klinische Bezeichnung	physiologisch, aklinisch, unkompliziert, idiopathisch, Restgruppe	pathologisch, klinisch
Durchschnittliche Häufigkeit	häufig (2 %)	selten (¼ %)
Häufigkeit unter Anstaltsinsassen	selten (3 %)	häufig (25 %)
Geschlecht	gleichmäßig verteilt oder mehr Frauen	mehr Männer
Häufige Nebenbefunde	psychische Auffälligkeiten, Störungen des Benehmens	körperliche Schäden und Mißbildungen, massiver neurologischer Befund
Ursprüngliche geistige Veranlagung	unterdurchschnittlich	durchschnittlich
Fruchtbarkeit	normal oder erhöht	gering oder unfruchtbar
Befunde bei den Verwandten	Eltern und Geschwister häufig schwachsinnig, aber keine scharfe Grenze zum Normalen	Eltern selten schwachsinnig, Geschwister gelegentlich schwachsinnig und dann scharf vom Normalen abgegrenzt
Vermutliche Ursache	vorwiegend endogen und erblich	häufig exogen und umweltbedingt
Typische erbliche Grundlage	häufige Gene, multifaktorielle, inermediäre Vererbung	seltene Gene, monomere rezessive Vererbung
Typische Umwelteinflüsse	Hirntrauma oder -krankheit während der Kindheit, schlechte soziale Verhältnisse	intrauterine Einflüsse, Geburtstraumen, Hirntraumen oder -krankheiten im frühesten Leben
Soziale und familiäre Verhältnisse	schlecht	durchschnittlich
Körperliche Messungen	mittlere Werte und Variabilität normal	mittlere Werte verringert, Variabilität erhöht
Behandlungsziel	Erziehung, soziale Eingliederung	Beibringen von Grundbegriffen, Pflege

Tabelle **57** Empirische Gefährdungsziffern für die Verwandtschaft vorwiegend leichterer und mittlerer Schwachsinnsformen (kumulierte Daten verschiedener Untersuchungsserien; nach *Zerbin-Rüdin* 1967)

Erkrankungsrisiko für:	(in %)	Durchschnitt (in %)
Eltern	3,6–48,3	18,8
Geschwister	11,0–41,1	20,7
Halbgeschwister	0,9–33,3	14,0
Kinder	15,8–50,4	28,1
Vettern und Basen	3,5–24,4	11,3
Onkel und Tanten	7,8–12,9	8,6
Neffen und Nichten	3,3–24,1	5,9

Eineiige Zwillinge sind zu 84–100 % konkordant, zweieiige Zwillinge zu 8–59 %

Tabelle **58** Risikowerte für die Eltern und Geschwister idiopathischer Oligophrenie (nach *Åkesson* 1968)

Zahl der Probanden	Grad des Schwachsinns	Eltern oligophren	Geschwister oligophren
85	leicht	29,3 %	20,9 %
121	schwer	4,2 %	8,5 %

X-chromosomal erblicher Schwachsinn mit fragiler Stelle am X-Chromosom (Martin-Bell-Syndrom)

Von der heterogenen Gruppe geschlechtsgebundener Schwachsinnsformen ist in neuerer Zeit insbesondere dem X-chromosomalen Schwachsinn mit „fragiler Stelle“ am X-Chromosom große Beachtung geschenkt worden. Bei der „brüchigen Stelle“ handelt es sich um eine sekundäre Konstriktion am distalen Teil des langen Arms des X-Chromosoms an der Position Xq27 oder 28. Diese Chromosomenanomalie kann jedoch nicht in gewöhnlicher Zellkultur beobachtet werden, sondern nur in unter Folsäuremangel kultivierten Zellen. Diese Patienten weisen meist eine mäßig schwere geistige Retardation auf, wozu auch noch eine verzögerte Sprachentwicklung kommt. Morphologisch beobachtet man oft ein längliches Gesicht mit auffallend großen Ohren, einen vorstehenden Unterkiefer mit dicken Lippen, hohem Gaumen, vorstehender Stirn und Hypoplasie der mittleren Gesichtsetage. Gelegentlich findet sich auch eine blaßblaue Iris. Als besonders charakteristisch für diese Schwachsinnsform können die *Makrotestes* angesehen werden. Konduktorinnen sind oft in ihrer Intelligenz vermindert. Die Häufigkeit dieser X-fragilen Schwachsinnsform wird auf 0,5 pro 1000 männliche Individuen geschätzt, was diese Affektion zur zweithäufigsten Ursache von Gei-

stesschwäche nach der Trisomie 21 macht. Sie konnte inzwischen auch in den verschiedensten ethnischen Gruppen nachgewiesen werden. Ebenso ist neuerdings die *pränatale Diagnostik* dieser Oligophrenieform aus der modifizierten Zellkultur von Amnionzellen möglich geworden (JACKY u. DILL 1980, JENKINS u. Mitarb. 1982, SCHMIDT u. Mitarb. 1982, SHAPIRO 1982).
Es ist interessant, die Geschichte dieser X-chromosomalen Schwachsinnsform zu verfolgen, deren Kenntnis sich nur mosaikartig im Laufe der Jahre zusammensetzte und über die bereits eine stattliche Literatur vorliegt (s. bei TARIVERDIAN u. WECK 1982). Sie begann mit der Entdeckung eines sog. *„X-Chromosomenmarkers"* von LUBS (1969) bei einigen geistig zurückgebliebenen Individuen einer Familie mit X-chromosomalem Schwachsinn. Diese Beobachtung fand jedoch zunächst kaum Beachtung. Erst in den Jahren 1976/77 konnten GIRAUD u. Mitarb. und HARVEY u. Mitarb. den Befund einer konstitutionell brüchigen Chromosomenstelle in Familien mit X-chromosomal vererbtem Schwachsinn bestätigen. Es war dann das Verdienst SUTHERLANDS (1977–79), den Nachweis zu erbringen, daß die fragile Stelle am X-Chromosom mit einem Folsäuremangel im Kulturmedium in Zusammenhang steht. Retrospektiv konnten dann RICHARDS u. Mitarb. (1981) in bezug auf die bereits 1943 von MARTIN u. BELL veröffentlichte Familie mit X-chromosomal vererbtem Schwachsinn zeigen, daß es sich bei ihr um eine mit X-Fragilität einhergehende Schwachsinnsform handelte, so daß dieses Syndrom seither auch unter dem Martin-Bell-Eponym einhergeht. Dagegen konnte für die von RENPENNING u. Mitarb. (1962) beobachtete Familie mit X-chromosomaler Vererbung der Nachweis einer fragilen Stelle am X-Chromosom nicht erbracht werden. Ferner stimmten auch die phänotypischen Merkmale der Patienten nicht mit denen des Martin-Bell-Syndroms überein, so daß diese beiden Syndrome als unabhängig voneinander zu betrachten sind.
Der Makroorchidismus als charakteristisches Symptom des Martin-Bell-Syndroms wurde bereits zwei Jahre nach der Lubsschen Entdeckung eines X-Chromosomenmarkers von ESCALANTE u. Mitarb. (1971) in einer von vier Schwestern abstammenden Familie mit neun befallenen männlichen Individuen beschrieben. Histologisch zeigen diese Makrotestes normale Spermiogenese (CANTU u. Mitarb. 1976, 1978). Ihre Funktionstüchtigkeit wurde auch *„in vivo"* in einer von DEROOVER u. Mitarb. (1977) beschriebenen Familie nachgewiesen, in der ein befallenes Individuum zwei Töchter bekam, von denen jede wieder einen schwachsinnigen Sohn gebar.
Es seien noch kurz weitere seltene Schwachsinnsformen aufgeführt:

Schwachsinnsform Typ Renpenning

In dieser von RENPENNING (1962) veröffentlichten Familie war der X-chromosomal vererbte Schwachsinn mit Kleinwuchs und mäßiger Mikrozephalie kombiniert. Die Familie wurde von FOX u. Mitarb. (1980) und JACOBS u. Mitarb. (1980) nachuntersucht, wobei kein Marker-X-Chromosom gefunden werden konnte.

Schwachsinn mit Hypotonie und Muskelatrophie

ALLAN u. Mitarb. (1944) beschrieben eine Familie mit 24 Schwerschwachsinnigen in sechs Generationen, die Hypotonie, progressive Muskelatrophie, Gelenkkontrakturen und Hyporeflexie aufwiesen.

Schwachsinn mit Wachstumsverzögerung, Taubheit und Genitalhypoplasie

Dieses Syndrom haben JUBERG u. MARSIDI (1980) bei einem 4jährigen Knaben beschrieben. Es fand sich keine fragile Stelle am X-Chromosom. Von zweien seiner Onkel mütterlicherseits, die das gleiche Krankheitsbild aufgewiesen hatten, verstarb der eine mit 9 Jahren und der andere mit 10 Monaten. Ein ähnliches Zustandsbild wurde von VASQUEZ u. Mitarb. (1979) in einer Familie mit befallenen männlichen Individuen über vier Generationen beobachtet, nur fanden sich hier bei einigen Patienten außerdem Gynäkomastie und Fettsucht.

Psychomotorische Rückständigkeit mit progressiver spastischer Paraplegie

Dieses Syndrom wurde von DAVIS u. Mitarb. (1981) in einer Familie mit neun männlichen Mitgliedern in drei Generationen gefunden.

Schwachsinn mit Skelettdysplasie und Abduzenslähmung

Dieses Syndrom beobachteten CHRISTIAN u. Mitarb. (1977) bei vier Vettern dreier durch weibliche Überträger miteinander verbundenen Geschwisterschaften. An Skelettanomalien fanden sich neben Kleinwuchs und breiter Nasenwurzel eine Fusion der Halswirbel, thorakale Keilwirbel, Skoliosis sowie kurze Mittelphalangen.

Genetische Beratung bei endogenen Psychosen

Die genetische Beratung bei endogenen Psychosen, hauptsächlich Schizophrenie und manisch-depressive Störungen, erfordert vom beratenden Arzt neben einer gesicherten Diagnose und einer gewissen psychiatrischen Schulung viel Takt, Einfühlungsvermögen und Geduld. In erster Linie muß er zu beurteilen vermögen, ob der Patient zu einer eigenen Meinungsbildung und Entscheidung fähig ist, und ob er prognostische Risikoangaben zu verstehen imstande ist. Abgesehen von der persönlichen Anamnese des Patienten muß der Berater auch eine genaue Familiengeschichte aufnehmen, sich nach dem Vorkommen von Blutsverwandtschaften in der Aszendenz und dem eventuellen Auftreten weiterer Psychosen in der Verwandtschaft erkundigen, um Wiederholungswahrscheinlichkeiten einschätzen zu können. Schließlich wird er auch auf die persönliche Situation des Probanden zu sprechen kom-

men, um die Möglichkeit einer späteren Erkrankung oder eines Rezidivs abzuwägen. Mit dem für die ärztliche Betreuung verantwortlichen Psychiater wird er dann die wesentlichen Gesichtspunkte der Beratung abzustimmen haben, um zu einer für den Probanden befriedigenden Entscheidung zu gelangen. Ein sicheres Zeichen dafür, daß ein in voller Remission befindlicher Schizophrener oder Manisch-Depressiver die angegebene Risikoziffer für eigene Kinder, die relativ hoch ist (mindestens 10%), verstanden hat, wird sein Entschluß sein, auf Nachkommenschaft zu verzichten.
Nicht weniger schwierig wird die Beurteilung sein, wenn es sich um *Geschwister* von Schizophrenen handelt, die heiraten und Kinder haben wollen. Hier wird man, möglichst in Zusammenarbeit mit dem Psychiater, auf das eventuelle Vorhandensein schizoider oder neurotischer Züge beim Fragenden abstellen, aber auch Schul- und Berufsleistungen des Probanden zu prüfen haben, ehe man sich zu einer positiven Antwort entschließt. Eine gewisse Zwischenlösung kann dabei der von PROPPING (1980) vorgebrachte Vorschlag sein, die Fortpflanzung bis etwa zum 30. Lebensjahr aufzuschieben, da bis zu diesem Alter fast die Hälfte der Ersterkrankungen aufgetreten ist.
Für die empirischen Belastungsziffern der weiteren Verwandtschaft verweisen wir auf Tab. **59** und **60**, die keines weiteren Kommentars bedürfen. Es sei

Tabelle **59** Erkrankungsrisiko an Schizophrenie (aus zusammengestellten Daten; in Klammern die errechneten Mittelwerte) (nach *Zerbin-Rüdin* 1981)

Verwandtschaftsgrad zu einem Schizophrenen	Erkrankungswahrscheinlichkeit (korrigierte Prozentzahlen)	
Eltern	5–10	(6,3 ± 0,3)
Kinder	9–16	(13,7 ± 1,0)
Geschwister	8–14	(10,4 ± 0,3)
Enkel	2–8	(3,5 ± 0,7)
Vettern und Basen	2–6	(3,5 ± 0,4)
Neffen und Nichten	1–4	(2,6 ± 0,3)
Onkel und Tanten	2–7	(3,6 ± 0,3)
Großeltern	1–2	(1,6 ± 0,5)
Kinder zweier erkrankter Eltern	40–45	
Eineiige Zwillinge	20–75	
Zweieiige Zwillinge	5–16	
Durchschnitt in der Bevölkerung	0,85	

Tabelle **60** Ungefähre Erkrankungsrisiken in Prozenten für Verwandte Manisch-Depressiver einschließlich rein Depressiver (nach *Zerbin-Rüdin* 1981)

Eltern	10–20
Kinder	10–20
Geschwister	10–20
Eineiige Zwillinge	70
Zweieiige Zwillinge	20
Durchschnitt in der Bevölkerung	0,4–2,5

nur darauf verwiesen, daß die Untersuchungsergebnisse der verschiedenen Autoren manchmal einen großen Spielraum für die Beurteilung der Erkrankungsrisiken lassen.

Erbprognose bei Diabetes mellitus

Diabetes mellitus ist lange Zeit als des „Genetikers Alpdruck" („geneticist's nightmare", NEEL 1976) bezeichnet worden. Erst nachdem es sich erwiesen hatte, daß der Diabetes ätiologisch eine außerordentlich heterogene Krankheitsgruppe darstellt, die in der Regel keinem einfachen Mendelschen Erbgang folgt, konnten Fortschritte in der Beurteilung der genetischen Situation des Diabetes erzielt werden.

Neuere genetische und immunologische Untersuchungen haben gezeigt, daß innerhalb des Diabetes mellitus zwei Typen abzugrenzen sind, die sich durch ihre *Insulinbedürftigkeit* voneinander unterscheiden. *Diabetes Typ I* betrifft nach der neuen WHO-Nomenklatur (1980) insulin-*abhängige* und *Typ II* insulin-*unabhängige Fälle*.

Diabetes Typ I

Interessanterweise stellte sich heraus, daß zwischen Typ I, dem klassischen juvenilen Diabetes und dem *HLA-System* enge Verbindungen bestehen, während zwischen Typ-II-Diabetes und den HLA-Antigenen bis jetzt keinerlei solche Beziehungen festgestellt werden konnten. So besteht ein erhöhtes Risiko, einen juvenilen, insulinabhängigen Diabetes zu entwickeln, für Individuen mit den HLA-Typen DR 3, DR 4 sowie in weniger ausgesprochenem Maße mit den Typen B 8 und B 15. In der Tat konnte gezeigt werden, daß 94% der Individuen mit insulinabhängigem Diabetes mindestens eines der beiden HLA-Antigene (DR 3 oder DR 4) aufwiesen, während dies für die Kontrollpopulation nur in 59,3% der Fall war (SVEJGAARD u. Mitarb. 1980). Ein besonders hohes Risiko für Diabetes gilt für Individuen mit kombiniertem Vorkommen von DR 3 und DR 4; diese weisen ein 40- bis 50faches relatives Risiko auf, um das 20.–25. Lebensjahr einmal einen Diabetes zu entwickeln. Diese „High-risk"-Allelenkombination spricht für die Existenz eigentlicher Diabetesgene („susceptibility genes"), von denen jedes, wenn mit einem der beiden DR-Loci (DR 3 und DR 4) in Linkage-Dysequilibrium gekoppelt, eine potenzierte und besonders intensiv pathogene Wirkung entfaltet (CUDWORTH u. WOLF 1981). Die Möglichkeit kann jedoch nicht ausgeschlossen werden, daß die spezifische HLA-Konstellation (z. B. DR 3/DR 4-Heterozygotie) eine besondere *„diabetogene Immunantwort"* hervorruft, wodurch sie für den Diabetes prädestiniert (KELLER u. BERGER 1982).

Ferner ist bemerkenswert, daß die beim juvenilen, insulinabhängigen Typ-I-Diabetes festgestellten Antigene auch bei einigen anderen Endokrinopathien (z. B. Addison- und Basedow-Erkrankungen, Hashimoto-Thyroiditis

u. a.) gehäuft gefunden worden sind (Riley u. Mitarb. 1980, Gray u. Mitarb. 1981).
Unabhängig von der HLA-Konstellation konnten bei etwa ⅔ der Patienten mit Typ-I-Diabetes bei Krankheitsausbruch, dank der Immunfluoreszenztechnik, gegen die Langerhans-Zellen gerichtete Antikörper im Serum nachgewiesen werden *(Inselzell-Antikörper)*, die bei einem Teil der Patienten jedoch mit der Zeit verschwanden. Interessanterweise konnten auch bei etwa 12% der gesunden Geschwister von Diabetikern solche Inselzell-Antikörper nachgewiesen werden, ohne daß sie je an Diabetes erkrankten (Irvine u. Mitarb. 1977, 1980).
Trotz der bestehenden genetischen Prädisposition muß mindestens für einen Teil der jugendlichen Typ-I-Diabetiker angenommen werden, daß die Krankheit durch eine *Virusinfektion* ausgelöst wurde. An viralen Infekten kommen hauptsächlich Mumps, Röteln und Cocksackie B 4 (Yoon u. Mitarb. 1976, 1979) in Betracht.
Klinisch manifestiert sich der insulinabhängige juvenile Diabetes meist im 1.–2. Lebensjahrzehnt mit Müdigkeit, Abmagerung, quälendem Juckreiz, Polydipsie, Polyurie, Dehydration, Glukosurie mit erhöhter Serumglucose (über 200 mg/%) sowie Tendenz zur Ketoazidose. Gelegentlich diagnostiziert man einen akuten Diabetes im Rahmen eines Infektgeschehens. Bei chronischem Verlauf kann es zu kardiovaskulären Störungen (Angiopathia diabetica), Niereninsuffizienz, Retinopathien, Polyneuropathien und anderen klinischen Erscheinungen kommen. Insulinbehandlung in Verbindung mit Diätetik und regelmäßiger körperlicher Aktivität führen meist zu zufriedenstellenden Resultaten. Was jedoch die durch die Bildung von Mikroaneurysmen und Hämorrhagien hervorgerufenen sekundären Schädigungen (Glomerulosklerosen vom Typ Kimmelstiel-Wilson, Retinopathien usw.) anbetrifft, so bleibt deren Behandlung bis heute unbefriedigend.

Diabetes Typ II

Der nicht-insulinabhängige Typ-II-Diabetes (Erwachsenen- bzw. Altersdiabetes, „Maturity-onset diabetes") ist die weitaus häufigere Diabetesform in der Bevölkerung. Für seine Pathogenese kommen zwei Möglichkeiten in Betracht: a) eine verminderte Ansprechbarkeit der β-Zellen des Pankreas auf Glucosestimulation oder b) der Erfolgsorgane auf Insulin (Rezeptordefekt). Abgesehen von Familienuntersuchungen weisen auch die hohen Konkordanzziffern eineiiger Zwillinge (Barnett 1981) bei Altersdiabetes auf die Erblichkeit des Leidens hin. Als bedeutsamer exogener Faktor bei Typ II für die klinische Auslösung der Krankheit muß die oft bestehende Übergewichtigkeit bzw. Fettsucht angesehen werden. Auch Gravidität und Infektionskrankheiten gehören zu den gelegentlich auslösenden Faktoren. Der Erbgang des Typ-II-Diabetes ist wie für Typ I *multifaktoriell.* Die erbliche Bedingtheit des Leidens kommt besonders eindrucksvoll in den extensiven Zwillingsuntersuchungen von Tattersall u. Pyke sowie Barnett

(1972–1981) zum Ausdruck. So stellten TATTERSALL u. PYKE (1972) anhand 96 befallener eineiiger Zwillingspaare mit überwiegend Erwachsenendiabetes bei 65 Paaren (67,7%) Konkordanz für Diabetes fest (Tab. **61**). Wenn nur die Fälle in Betracht gezogen wurden, bei denen ein Elternteil gleichfalls befallen war, so erwies sich das Ergebnis als besonders instruktiv. Zunächst zeigte sich, daß Zwillingspaare mit einem befallenen Elter viel häufiger in der konkordanten als diskordanten Gruppe vorkamen. Sodann erwies sich die Konkordanz als doppelt so häufig, wenn der Zwilling erst nach dem 40. Lebensjahr diagnostiziert worden war (Tab. **62**). Es kann daraus der Schluß gezogen werden, daß die eigentliche erbliche Diabetesform besonders im Erwachsenenalter auftritt und somit den Typ II betrifft.

BARNETT u. Mitarb. konnten im Jahre 1981 mitteilen, daß die Zahl ihrer eineiigen Zwillingspaare mit Diabetes inzwischen auf 200 angestiegen war und daß die Konkordanzquote, die hauptsächlich den Erwachsenen-Typ-II betraf, sich allmählich der 100%-Grenze genähert hatte. Diese Zwillingsuntersuchungen unterstreichen somit in eklatanter Weise die nosologische Berechtigung einer ätiologischen Unterscheidung zwischen juvenilem insulinabhängigen Diabetes Typ I und dem Erwachsenendiabetes Typ II.

Tabelle **61** Erkrankungsalter der Probanden an Diabetes bei 96 Paaren eineiiger Zwillinge (aus *R. B. Tattersall, D. A. Pyke:* Lancet 1972/II, 1120)

Erkrankungsalter in Jahren	Konkordant männlich	weiblich	zusammen		Diskordant männlich	weiblich	zusammen	
0–10	4	7	11	31	3	4	7	28
11–20	6	5	11		2	6	8	
21–30	2	2	4		4	4	8	
31–40	3	2	5		3	2	5	
41–50	5	6	11	34	0	3	3	3
51–60	6	7	13		0	0	0	
61–70	1	4	5		0	0	0	
70+	3	2	5		0	0	0	
Zusammen	30	35	65 (67,7 %)		12	19	31 (32,3 %)	

Tabelle **62** Zahl der Zwillinge mit einem diabetischen Elternteil (aus *R. B. Tattersall, D. A. Pyke:* Lancet 1972/II, 1120)

Erkrankungsalter	Konkordant	Diskordant
Alle Altersgruppen	21/65 (32 %)	1/31 (3 %)
Probanden unter 40 Jahre alt	6/30 (28 %)	1/28 (3 %)
Probanden über 40 Jahre alt	15/35 (42 %)	0/30

Autosomal dominanter juveniler Diabetes

In die Gruppe der heterogenen Krankheitsbilder fügt sich auch der *autosomal dominant erbliche Diabetes des Jugendalters* („maturity-onset diabetes in young people“ oder MODY-Typ) ein. Dieser Diabetestyp beginnt um das 20. Lebensjahr, ist nicht-insulinbedürftig, von benignem, kaum progredienten Verlauf und auch nicht mit dem HLA-System korreliert. Auch sind selbst bei längerer, bis zu 20 Jahren Krankheitsdauer nie klinische Spätkomplikationen beobachtet worden. Der dominante Erbgang konnte bis zu fünf Generationen beobachtet werden (TATTERSALL 1974, 1976).

Genetische Beratung bei Diabetes mellitus

Das empirische Risiko für erstgradige Verwandte eines Probanden muß im wesentlichen, solange die HLA-Typenbestimmung nicht routinemäßig in die klinischen Untersuchungen eingeführt ist, vom Manifestationsalter des Leidens, von der Insulinbedürftigkeit des Patienten sowie den Glucosewerten im Blut und im Harn der interessierten Familienmitglieder bestimmt werden. Aufgrund der allerdings ziemlich divergierenden Angaben in der Literatur dürften etwa folgende Risikowerte als angemessen erscheinen.

Juveniler, insulinpflichtiger Diabetes. Für den Fall, daß sich bei einem Elternteil ein Diabetes vor dem 25. Lebensjahr manifestierte, muß für ein befallenes Kind ein Risiko von etwa 3% angenommen werden. Sind die Eltern gesund und ist ein Kind an einem insulinpflichtigen Diabetes erkrankt, so beträgt das Wiederholungsrisiko für ein weiteres Kind gleichfalls 3%. Besteht bei einem Elternteil ein Diabetes und wurde auch bei einem Kind ein Diabetes diagnostiziert, so ist das Wiederholungsrisiko für ein zweites Geschwister 10%. Leiden beide Eltern an einem Diabetes (konjugaler Diabetes), so wird ein Risiko von 20% für ein Kind mit Manifestation bis zu seinem 20. Lebensjahr und bis zu 50% für die Entwicklung eines Diabetes in späteren Lebensjahren angegeben.

Nicht-insulinbedürftiger Erwachsenendiabetes. Für den familiär auftretenden Erwachsenen- und Altersdiabetes liegt die Erkrankungswahrscheinlichkeit für Verwandte höher, da, wie die hohen Konkordanzziffern bei eineiigen Zwillingen beweisen, seine Erblichkeit höher ist. Das Risiko für Verwandte ersten Grades eines Probanden wird auf rund 10% geschätzt. In Anbetracht des meist benignen Verlaufs der Krankheit werden jedoch im allgemeinen keine familienberaterischen Bedenken geäußert.
Bei genetischen Beratungen in diabetischen Familien muß jedoch das Augenmerk nicht nur dem erbprognostischen Risiko zugewandt, sondern auch auf die zusätzlichen Gefahren für das Kind aufmerksam gemacht werden, besonders wenn es sich um *diabetische Mütter* handelt. So ist bekannt, daß deren Kinder im Vergleich zur allgemeinen Bevölkerung sowohl eine erhöhte Sterblichkeit als auch eine vermehrte Mißbildungsrate (etwa 3–4mal höher) aufweisen. Öfters handelt es sich bei diesen Anomalien um eine Agene-

sie des Sakrums oder eine sonstige Störung aus der Gruppe der „kaudalen Dysplasien“. Kinder diabetischer Mütter sind auch häufig übergewichtig.
Hinsichtlich weiterer Komplikationen des Diabetes muß insbesondere auf die *diabetische Retinopathie* hingewiesen werden, die heute mit ¼ aller Fälle eine der häufigsten Erblindungsursachen in der westlichen Welt ist. Sie verläuft gewöhnlich besonders schwer beim jugendlichen Diabetiker, indem sie trotz guter Blutzuckereinstellung im Zeitraum von etwa 20 Jahren zur Erblindung führen kann. Diese Retinopathie wird durch die Bildung von Mikroaneurysmen innerhalb des Netzhauthintergrundes verursacht, die zu Hämorrhagien und Exsudationen mit bindegewebiger Organisation und zu langsamer Erblindung führen. Die Tendenz zu einer solchen Entwicklung beim insulinpflichtigen juvenilen Diabetiker findet sich oft durch die Assoziation mit den HLA-Antigenen (HLA-A1- und/oder HLA-B8-Typen vorgezeichnet (VAUGHAN u. ASBURY 1983). Hingegen ist beim Altersdiabetes die Entwicklung einer proliferativen Retinopathie seltener und zeigt einen langsameren Verlauf. Von anderen okulären Komplikationen beim Diabetes begegnet man Katarakt, Okulomotoriusparese, Beeinträchtigung der Pupillenmotorik, Refraktionsschwankungen (bis zu 3–4 Dioptrien) sowie chronischem Glaukom und Optikusatrophie.
Es ist zu hoffen, daß die moderne Behandlung, insbesondere der Retinopathia diabetica, vermittels Photokoagulation zu besseren Resultaten führen wird, als dies bisher der Fall war.

Hydrozephalus

Dieser Mißbildungskomplex ist ätiologisch heterogen. Einige wenige Typen folgen dem einfachen Mendelschen Erbgang und haben daher eine ungünstige Erbprognose. Die meisten Formen sind multifaktoriell bedingt. Folgende Typen seien hier aufgezählt:

Arnold-Chiari-Mißbildung
(ohne Meningomyelozele: Typ I und mit einer solchen: Typ II)

Es bestehen genetische Beziehungen zum Spina-bifida-Komplex: kombiniertes Vorkommen bei gleichen Patienten oder alternatives Auftreten in der gleichen Familie (KLEIN 1980, COHEN u. Mitarb. 1979). LINDENBERG u. WALKER (1971) haben das Arnold-Chiari-Syndrom bei zwei Schwestern von blutsverwandten Eltern in Verbindung mit Meningomyelozele beschrieben. Die Vererbung ist jedoch im allgemeinen multifaktoriell. Die Häufigkeit der Mißbildung wird mit 1:1000 bis 1:1500 angegeben. In sporadischen Fällen ist das empirische Risiko zwischen 2,5%–4% zu bewerten.

Dandy-Walker-Syndrom
(Dandy u. Blackfan 1914, Taggart u. Walker 1942)

Diese sehr seltene angeborene Hydrozephalieform beruht auf einer mangelhaften Ausbildung des Kleinhirnwurms (zystische Veränderungen mit Ausweitung der hinteren Schädelgrube), Atresie der Foramina Magendie und Luschka und Liquorstauung vor allem im IV. Ventrikel. Klinisch beobachtet man Hirnnervenparesien, Nystagmus, Ataxie und Tetraplegie. Familiäres Auftreten, das auf *rezessive Vererbung* schließen läßt, ist beobachtet worden (Benda 1954). D'Agostino u. Mitarb. (1963) fanden das Dandy-Walker-Syndrom in Kombination mit polyzystischen Nieren bei Geschwistern. Christian u. Mitarb. (1980) machten die interessante Beobachtung eines Dandy-Walker-Syndroms assoziiert mit einem *Ellis-van-Creveld-Syndrom* und Homozygotie für ein langes [9qh+]) – Chromosomensegment bei einem Kind aus einer vermutlich inzestuösen Verbindung seiner debilen, kleinwüchsigen Mutter.
Genetik. In Anbetracht der wahrscheinlich rezessiven Vererbung des Leidens und der Schwere des Krankheitsbildes sollte die Diagnose ventrikulographisch und tomographisch genau abgeklärt werden. Bei positivem Ergebnis sollte von weiteren Schwangerschaften abgeraten werden. Pränataler Nachweis durch Echographie ist möglich.

Hydrozephalus mit Kleinhirnagenesie

Eine Variante des Dandy-Walker-Syndroms ist von Riccardi u. Marcus (1978) beschrieben worden. Die Autoren beobachteten eine Familie, in der zwei Brüder sowie wahrscheinlich der Großonkel mütterlicherseits Hydrozephalus, zerebellare Agenesie sowie Fehlen der Foramina Magendie und Luschka aufwiesen.

Hydrozephalus infolge Aquäduktstenose (Sylvius)
(X-chromosomaler Hydrozephalus, Bickers-Adams-Syndrom [1949])

Dieses bereits von Fanconi (1934) beschriebene Krankheitsbild führt zu schwerer körperlicher und geistiger Retardation, verbunden mit spastischer Paraplegie und sonstigen neurologischen Symptomen (hypoplastische, flektierte Daumen in Adduktionsstellung, klaffende Schädelnähte, Platybasie). Mehr als 30 Familien sind bis jetzt beschrieben worden. Die genetische Beratung erfolgt entsprechend dem geschlechtsgebundenen Erbgang. Von Knabengeburten ist daher abzuraten. Pränatale Diagnose ist evtl. durch Sonographie möglich.

Hydrozephalus mit Agyrie bzw. Lissenzephalie und Retinadysplasie (HARD-Enzephalozele-Syndrom)

Zu den mit Hydrozephalie und fakultativer Enzephalozele einhergehenden Syndromen gehört auch der mit Retinadysgenesie einhergehende letale Symptomenkomplex, der in zwei Typen unterteilt werden kann:

Typ 1: Zur ersten Gruppe gehört das von CHEMKE u. Mitarb. (1975) und PAGON u. Mitarb. (1978) beschriebene autosomal-rezessive Krankheitsbild. CHEMKE u. Mitarb. beobachteten drei von sieben Geschwistern einer jemenitischen Familie mit blutsverwandten Eltern (Kusinen 3. Grades), die außer einer *Dandy-Walker-Anomalie* mit Lissenzephalie eine retinale Dysgenesie mit Aderhautkolobom und kongenitalem Katarakt aufwiesen. PAGON u. Mitarb. beschrieben das gleiche Krankheitsbild bei zwei Geschwistern. Ein weiterer Fall wurde von WINTER u. Mitarb. (1981) publiziert, der auch Vorderkammeranomalien aufwies.

Typ 2: *Hydrozephalus, Mikrophthalmie, Retinadysplasie mit Netzhautablösung und Ablatio falciformis.* Dieses Syndrom wurde von WARBURG (1976, 1978) aufgrund von 15 in der Literatur gesammelten Fällen und einer persönlichen Beobachtung bei einem 6jährigen Knaben, dessen Eltern Kusinen 1. Grades waren, eingehend beschrieben. Zwei weitere Beobachtungen stammen von WHITLEY u. Mitarb. (1981). Im ersten Fall fanden sich bei einem nach 10 Tagen verstorbenen Kind Netzhautablösung, Mikrophthalmie, Katarakt sowie eine autoptisch nachgewiesene Agyrie, ferner beträchtlich erweiterte Ventrikel.
Es ist anzunehmen, daß Typ 1 und 2 pleiotrope Variationen des gleichen rezessiven Krankheitsbildes darstellen.

Mikrozephalie

Eine Mikrozephalie liegt dann vor, wenn der Kopfumfang mehr als zwei Standardabweichungen unter dem Mittelwert der für das betreffende Alter geltenden Norm liegt. Diese Dyskranie ist ätiologisch außerordentlich heterogen. Von den vielen pränatalen Schädigungen, die zu einer Mikrozephalie führen können, seien in erster Linie folgende Störungen genannt: ionisierende Strahlen (Strahlenembryopathie, PLUMMER 1952), intrauterine Infekte (Toxoplasmose, Rubeolen, Zytomegalie), Stoffwechselstörungen (z. B. Phenylketonurie), mit degenerativen Gehirnerkrankungen einhergehende Syndrome (Cockayne-, Bloom-, Dubowitz-, Rubinstein-Taybi-Syndrom, Seckels Zwergwuchs mit Vogelgesicht, Smith-Lemli-Opitz-Syndrom, Chromosomenanomalien (Cornelia-de-Lange-Syndrom) sowie Down-Syndrom, Cri-du-chat-Syndrom).
Kinder mit einer eigentlichen genetischen Mikrozephalieform ohne sonstige Deformitäten (Microcephalia vera) bieten ein ziemlich typisches klinisches Bild: erhebliche Intelligenzschwäche, niedrige, fliehende Stirn, normale Ge-

sichtsgröße, fliehendes Kinn sowie meist große, abstehende Ohren. Nur selten weisen sie, außer einer leichten Spastizität, neurologische Symptome oder Skelettanomalien auf.

Die Häufigkeit der genetischen Mikrozephalie wurde in Holland auf 1:250000 geschätzt (van den Bosch 1959). Etwa ein Drittel aller Mikrozephaliefälle war nach diesen Untersuchungen genetischen Ursprungs. In 54% der genetischen Fälle fand sich eine elterliche Konsanguinität, was für rezessiven Erbgang spricht. Auch in den anderen Untersuchungen ergab sich eine Häufigkeit der rezessiven Vererbung (mehr als die Hälfte aller Fälle; Hanhart 1958, Koch 1959, 1974, Cowie 1960). Der umfangreichste Stammbaum einer rezessiven Mikrozephalie wurde von Kloepfer u. Mitarb. (1964) mit 22 Fällen in 13 Geschwisterschaften einer großen Inzuchtfamilie aufgestellt.

Bei genetischer Beratung in isolierten Fällen und typischem Krankheitsbild wird man daher auf Homozygotie eines rezessiven Gens schließen und ein Wiederholungsrisiko von 10–12% annehmen (Baraitser 1982). Liegt eine elterliche Konsanguinität vor, so kann der rezessive Erbgang als gesichert angesehen werden, und das genetische Risiko erhöht sich auf 25% für ein weiteres Kind.

Autosomal dominante Vererbung

Haslam u. Smith (1979) haben vier Familien mit Vererbung über mindestens zwei Generationen beobachten können, wobei die befallenen Kinder eine geringere Schädelreduktion als bei der rezessiven Form aufwiesen und auch intellektuell weniger betroffen waren.

X-chromosomale Vererbung

Die sehr seltene geschlechtsgebundene Form von Mikrozephalie wurde von Deshaies u. Mitarb. (1979) in einem Stammbaum über drei Generationen mit acht befallenen männlichen Patienten dargelegt. Bei den Befallenen fanden sich außerdem Kleinwuchs und Fettsucht; einige Patienten wiesen Kryptorchidie, Spinnenfingrigkeit, Kontrakturen, Klumpfuß und proximal implantierte Daumen auf. Fünf der Patienten zeigten eine typische dermatoglyphische Besonderheit (distale Verlagerung des palmaren axialen Triradius).

Sonderformen mit Mikrozephalie

Mikrozephalie mit Halswirbelfusionen. Zackai u. Mitarb. (1972) beschrieben zwei Brüder von blutsverwandten Eltern, die außerdem Skelettanomalien (Kypholordose, Trichterbrust) und, bei einem der Brüder infolge von Halswirbelfusion, Kompressionserscheinungen des Rückenmarks aufwiesen.

Mikrozephalie mit spastischer Quadriplegie. Bundey u. Griffiths (1977) fanden in zwei Jamaikafamilien drei mikrozephale Patienten, bei denen sich außerdem um den 14.–16. Monat eine Quadriplegie entwickelt hatte.

Mikrozephalie mit Lippen-Gaumenspalte, Hypoplasie von Radius und Daumen und Ankylose der Ellbogen. JUBERG u. HAYWARD (1969) haben solch ein Syndrom bei fünf von sechs Kindern normaler, nicht-verwandter Eltern beschrieben.

Mikrozephalie mit Chorioretinopathie. Diese Kombination ist sowohl als rezessive Form (MCKUSICK u. Mitarb. 1966, KOCH 1968, SCHMIDT u. Mitarb. 1968, CANTÚ u. Mitarb. 1977) als auch als dominante Variante (ALZIAL u. Mitarb. 1980, TENCONI u. Mitarb. 1981) beobachtet worden.

Mikrozephalie mit Katarakt und Kyphoskoliose. Einen Stammbaum von Mikrozephalie mit Katarakt bei vier Geschwistern beschrieben SCOTT-EMUAKPOR u. Mitarb. (1977). Das Syndrom war von Kyphoskoliosis und Gedeihstörungen begleitet. Im Falle von LOWRY u. Mitarb. (1978) fanden sich noch zusätzlich bei zwei Geschwistern Vogelgesicht und Arthrogryposis der vier Extremitäten.

Agenesie des Corpus callosum

Aicardi-Syndrom

Zu den merkwürdigsten klinischen Manifestationen einer Corpus-callosum-Agenesie gehört das *Aicardi-Syndrom*, das von den Autoren (1965, 1969) als ein durch frühkindliche Flexionsspasmen, Balkenaplasie und chorioretinale Dysplasien charakterisiertes Krankheitsbild beschrieben wurde. Inzwischen sind mehr als 70 Fälle in der Literatur bekannt geworden, die dazu beigetragen haben, die Symptomatologie dieses Leidens zu erweitern und auch seine eigenartige Vererbungsweise besser zu definieren. An okulären Symptomen sind neben multiplen chorioretinalen Lakunenbildungen auch Retinakolobome, Mikrophthalmie, Irissynechien und Persistenz der Pupillarmembran beobachtet worden (TILLMANN u. v. BERNUTH 1975, *de Jong* u. Mitarb. 1976, DENSLOW u. ROBB 1979). Von weiteren Anomalien wurden Mikrozephalie, geistiger Rückstand, Wirbel- und Rippenanomalien, Kyphoskoliose sowie EEG-Anomalien mit Hypsarrhythmie (DENNIS u. BOWER 1972) angetroffen. Interessanterweise sind bisher, von einer Ausnahme abgesehen (CURATOLO u. Mitarb. 1980), nur Mädchen von diesem Mißbildungssyndrom betroffen worden. Auch ist diese Affektion bis jetzt immer nur in einer Generation aufgetreten. Ferner ist über familiäres Auftreten bis jetzt nichts bekanntgeworden. Aufgrund dieser Kriterien muß für das Aicardi-Syndrom ein *geschlechtsgebunden dominanter Erbgang* angenommen werden, wobei das Leiden *für hemizygote männliche Genträger letal ist.* Das ausnahmsweise Befallensein von Knaben in einem solchen Erbgang, wie von CURATOLO u. Mitarb. (1980) beobachtet, muß als „Durchbrenner"-Phänomen bezeichnet werden. Eine X-chromosomal dominante Vererbung mit Letalität bei befallenen Knaben ist auch bei der *Incontinentia pigmenti* (Bloch-Sulzberger-Syndrom) sowie dem *oro-digito-fazialen Syndrom* (Papillon-Léage-

Psaume-Syndrom) bekannt. Da in allen diesen Fällen die Krankheit immer sporadisch aufgetreten ist, muß es sich bei ihnen jeweils um Neumutationen handeln.

Agenesie des Corpus callosum ohne okuläre Symptome

Familiäre Formen von kompletter oder teilweiser Agenesie des Corpus callosum können sich sowohl rezessiv, als auch X-chromosomal vererben. Ihr Assoziationsfeld sind Anomalien der Gehirnwindungen (Mikrogyrie, Heterotopie), Mikrozephalie, Hydrozephalus, Hypertelorismus, Ohrenmißbildungen, Kieferhypoplasie u.a. *Rezessive Vererbung* (Geschwisterfälle) ist von ZIEGLER (1958), SHAPIRA u. COHEN (1973; bei elterlicher Konsanguinität) sowie CAO u. Mitarb. (1977; mit schwerer Oligophrenie und spastischer Quadriparese) beobachtet worden. Besonders eindrucksvoll sind die in einem französisch-kanadischen Inzuchtgebiet durch ANDERMANN u. Mitarb. (1977) erhobenen Befunde bei 24 Geschwisterschaften mit insgesamt 45 Fällen von Balkenaplasie, verbunden mit Vorderhornzelldegeneration („Charlevoix County Disease").
X-chromosomale Vererbung eines partiellen Corpus-callosum-Syndroms ist von MENKES u. Mitarb. (1964) in einer Familie beschrieben worden, wobei fünf Knaben in zwei Generationen an epileptiformen Anfällen litten. Eine spezielle genetische Variante stellt die von OPITZ u. KAVEGGIA (1974) untersuchte Familie dar (nach den Initialen der betroffenen Familie *„FG-Syndrom"* benannt). Hier zeigten drei Brüder und zwei Vettern derselben als zusätzliche Symptome Makrozephalie, allgemeine Hypotonie, Oligophrenie, hohen engen Gaumen und Anus imperforatus. Eine weitere nichtverwandte Familie mit drei befallenen Brüdern wurde von RICCARDI (1977) beobachtet, der in das Symptomenregister noch Gelenkkontrakturen, epileptiforme Anfälle sowie kongenitale Herzfehler einfügen konnte.

Genetische Beratung beim Retinoblastom

Das Retinoblastom ist ein bösartiger, von der Retina ausgehender Tumor, dessen Häufigkeit um 1:20000 Geburten liegt und der in der überwiegenden Zahl der Fälle in den ersten drei Lebensjahren auftritt, häufig schon in den ersten 6–12 Monaten. Indessen sind Erkrankungen auch bis zum 10. Lebensjahr und darüber hinaus beobachtet worden. Als erstes Symptom fällt den Eltern ein grau-gelblicher Schein in der Pupille auf („amaurotisches Katzenauge"). Eine plötzliche Schielstellung des befallenen Auges oder ein Sekundärglaukom können manchmal zur Diagnose führen. Lange Zeit war die von ALBRECHT V. GRAEFE eingeführte Enukleation des Auges die einzige Methode, die dem Patienten eine Überlebenschance bot. Heutzutage können kleinere Tumoren vermittels Röntgenbestrahlung, Kryotherapie oder Lichtkoagulation oft erfolgreich behandelt werden. Das Retinoblastom tritt zu etwa 60% einseitig und zu 40% beidseitig auf. Die hereditären Fälle vererben sich in dominanter Weise bei einer Penetranz von etwa 80%. Die Schwierigkeit

der genetischen Beratung beruht auf der Tatsache, zwischen erblichen und nicht-erblichen Fällen nicht unterscheiden zu können. Aufgrund ausgedehnter genetischer und statistischer Analysen von Retinoblastom-Stammbäumen konnte VOGEL (1979) zeigen, daß man zwischen zwei Retinoblastomtypen zu unterscheiden hat: einem dominant erblichen, der zu etwa 70% beidseitig und zu 30% einseitig auftritt, und einem Typ II, der immer sporadisch und einseitig auftritt. Das Problem besteht nun darin, wie diese beiden Typen genetisch voneinander getrennt werden können, um angesichts der Schwere und Bösartigkeit des Leidens die Familien sachgemäß zu beraten. Insbesondere handelt es sich darum, die sporadisch-einseitigen Formen, die auf einer vererbbaren Neumutation beruhen, von den nichthereditären *„Phänokopien“* abzusondern.
VOGEL hat dementsprechend die Regeln für eine genetische Familienberatung aufgestellt, die jeder konkreten Situation gerecht werden kann.

1. Möglichkeit: *Das familiäre Auftreten des Retinoblastoms ist nachgewiesen.*

a) Bei einem Befall eines weiteren Mitglieds der Familie kann kein Zweifel daran bestehen, daß der Proband Träger eines hereditären Retinoblastoms ist. Die Wahrscheinlichkeit, daß eines seiner Kinder wieder befallen sein wird, beträgt somit 40%. Dieses Risiko ist so hoch, daß man von einer Fortpflanzung dringend abraten muß.
b) Ist der Fragende selber *nicht befallen,* so bestehen wiederum zwei Alternativen: Entweder wurde *das gesunde Gen* auf ihn vererbt, oder er erhielt das *befallene Gen*. In letzterem Falle gehört der Proband zu den 20% von Individuen, bei denen sich das Gen infolge reduzierter Penetranz nicht manifestiert hat. Für eine derartige Situation wurde eine durchschnittliche Chance von 6,5% berechnet, daß eines seiner Kinder an Retinoblastom erkranken könnte. Dieser Prozentsatz ist jedoch zu gering, um den Probanden von einer Nachkommenschaft abzuraten. Jedoch sollte bei Kindern eine regelmäßige ophthalmoskopische Kontrolle alle sechs Monate bis zum 5. Lebensjahr empfohlen werden.

2. Möglichkeit: *Sporadisches Auftreten eines Retinoblastoms.*

a) *Beidseitiges Auftreten eines Retinoblastoms* bei dem Patienten. In diesem Falle muß die Affektion als hereditär angesehen werden. Für die Kinder besteht daher eine 40%-Chance, befallen zu werden. Von einer Fortpflanzung muß abgeraten werden.
b) *Einseitiger Befall des Probanden.* In der großen Mehrzahl der Fälle (80–90%) handelt es sich bei einseitigen sporadischen Fällen um nicht weiter vererbte *Phänokopien* und nur bei etwa 10–20% um eine *Neumutation*. Da leider klinisch keine Möglichkeit besteht, diese Fälle zu trennen, so muß mit einem Risiko von etwa 8% für den Befall eines Kindes gerechnet werden. Von einer Fortpflanzung wird nicht abgeraten, doch sollten Kinder einer regelmäßigen Kontrolluntersuchung unterzogen werden. Sollte sich ein Kind als befallen erweisen, so besteht natürlich für jedes weitere Kind eine Wahrscheinlichkeit von 40%(!) zu erkranken.
c) *Ist der Proband selber nicht befallen,* es sei jedoch ein Geschwister und ein Elternteil erkrankt, und fragt er nach nach dem *Risiko für seine Kinder*, so ergibt sich nach den Berechnungen von VOGEL ein *Gefährdungsdurchschnitt von etwa 4%*. Es besteht somit kein Grund, von der Fortpflanzung abzuraten. Die Kinder sollten jedoch während der Gefährdungszeit fachärztlich überwacht werden. Je mehr gesunde Kinder der Fragende schon hat, desto günstiger ist die Prognose für die künftigen

Kinder. Auch hier gilt natürlich die Regel, daß bei der Erkrankung eines Kindes jedes weitere Kind ein Erkrankungsrisiko von 40% aufweist.

d) *Der Proband ist wie alle seine Angehörigen gesund,* jedoch ein Kind ist erkrankt. Erkrankungsrate für weitere Kinder: *1,36%*.

e) *Proband ist gesund.* Sporadisches Retinoblastom bei einem Bruder oder einer Schwester bekannt. Empirische Erbprognose für eigene Kinder: 1,1%.

f) *Proband selbst ist gesund.* Keiner seiner Angehörigen trägt das Merkmal. Mindestens zwei seiner Kinder haben aber ein Retinoblastom. Erbprognose für die Nachkommen: *40%*.

Das Retinoblastomgen zeigt eine ausgesprochene Prädilektion für *osteogene Sarkome*, wobei das Risiko bei Patienten um das 230- bis 500fache erhöht zu sein scheint (Abramson u. Mitarb. 1976, Matsunaga 1980). Diese Tumoren befallen bevorzugt die unteren Extremitäten.

Auch wurde in mehr als 20 Fällen von *Deletion im langen Arm des Chromosoms 13* (13q14) eine Assoziation mit ein- oder beidseitigem Retinoblastom beobachtet. Dabei kann die Chromosomenanomalie entweder nur die Tumorzellen betreffen oder sich auf den gesamten Karyotyp erstrecken. Auch eine reziproke Translokation zwischen X-Chromosom und Chromosom 13 ist beobachtet worden (Orye u. Mitarb. 1974, de Grouchy u. Mitarb. 1980, Ejima u. Mitarb. 1982 u. a.).

Strahlenexposition des Menschen

Die vor einiger Zeit abgehaltenen Gedenktage zur Erinnerung an die vor 40 Jahren (6. und 9. August 1945) über Hiroshima und Nagasaki abgeworfenen Atombomben, die über 100000 Tote und Verletzte forderten, haben eine weltweite Diskussion über die Bedrohung der Menschheit durch eine nukleare Katastrophe wieder aufleben lassen. Bevor wir auf die Gefahren der *ionisierenden Strahlung* eingehen, wollen wir jedoch zunächst etwas näher auf die Natur dieser Strahlenwirkung als wesentlichen mutagenen Umweltfaktor eingehen.

Es war das Verdienst von H. J. MULLER, als erster im Jahre 1927 die mutagene Wirkung von Röntgenstrahlen nachgewiesen zu haben. MULLER konnte aufgrund systematischer Bestrahlung von Drosophila-Kolonien feststellen, daß die Häufigkeit der Mutationen von der eingestrahlten Dosis abhängig ist. Seine experimentellen Versuche ergaben dabei folgende Gesetzmäßigkeiten:

1. Die Häufigkeit der durch eine bestimmte Dosis ausgesandter Strahlenenergie erhaltenen Mutationen ist direkt proportional der Energiemenge.
2. Die mutagene Strahlungseinwirkung unterliegt keinem Schwellenwert. Jede noch so kleine Dosis vermag eine Mutation auszulösen.
3. Die Wirkung einzeln verabreichter Strahlendosen ist *kumulativ* und unabhängig von der Zeit. Auch wiederholt verabreichte kleine Strahlendosen werden in den Gonaden registriert.

Bekanntlich ist H.J. MULLER im Jahre 1946 für seine Arbeiten auf dem Gebiete der Strahlengenetik mit dem Nobelpreis ausgezeichnet worden. In der Folge machten RUSSELL u. Mitarb. (1958) die wichtige zusätzliche Beobachtung, daß eine Strahlendosis wesentlich wirksamer ist, wenn sie in einer einzelnen Gesamtdosis verabreicht wird *(„akute Bestrahlung")*, als wenn sie fraktioniert, auf einen längeren Zeitraum verteilt, gegeben wird *(„chronische Bestrahlung")*. In der Tat konnten RUSSELL u. Mitarb. an Mäusen nachweisen, daß eine gewisse Strahlenmenge, in hoher Dosis appliziert, etwa *dreimal mehr Mutationen* auslöst, als dies bei Verabreichung der gleichen Dosis in kleineren Quantitäten der Fall ist.

Dosiseinheiten

Um die Bedeutung der Strahlenenergie als Ursache induzierter Mutationen quantitativ bestimmen zu können, seien zunächst die üblichen Meßeinheiten für die Strahlenmenge, der ein Patient exponiert sein kann, definiert.

Die Strahlendosis wird üblicherweise in *Röntgen (R)* gemessen. Ein R erzeugt in einem Zählrohr mit 1 cm^3 Luft $2 \cdot 10^5$ Ionisationen. Eine andere Einheit ist das *rad*, das die in einem bestrahlten Körper absorbierte Energiemenge (Energiedosis) mißt. Ein rad = 100 erg/g. Eine weitere Meßeinheit ist das *rem* („Relative-biologische-Wirksamkeit"-Dosis; RBW). 1 rem = 1 rad · RBW. Ein rem kann als diejenige Dosis von ionisierender Strahlung angesehen werden, die den gleichen biologischen Effekt hat wie 1 R, das von Röntgenstrahlen ausgelöst wurde. Da 1 R = 0,95 rad ist, besteht im Prinzip kein wesentlicher Unterschied zwischen den drei Meßeinheiten für ionisierende Strahlungen.

Die Treffertheorie

Die von H. J. Muller festgestellte lineare Proportionalität zwischen Strahlenmenge und Häufigkeit der induzierten Mutationen hat durch die Treffertheorie (Timoféeff-Ressovsky 1940, 1947) eine plausible Interpretation erfahren. Danach wird jeder Chromosomenbruch oder jede Genmutation durch einen einzigen „Treffer" in Form einer Ionisation innerhalb des Trefferbereiches ausgelöst. Niedrige Bestrahlungsmengen bewirken eine geringe Anzahl von Ionisationen, während hohe Dosen eine hohe Anzahl von Ionisationen liefern. Je nach der Anzahl von Ionisationen ist daher die Wahrscheinlichkeit für einen Treffer entsprechend gering oder erhöht. Diese Theorie erklärt auch die Tatsache, daß es bei Bestrahlungen keinen Schwellenwert gibt, unterhalb dessen keine Mutationen ausgelöst werden. Die experimentellen Ergebnisse mit Bestrahlungen von hoher und niedriger Intensität an Drosophila-Spermien bestätigten zunächst die Theorie des Fehlens einer unteren Reizschwelle für die mutagene Wirkung ionisierender Strahlen. Immerhin erschien es aufgrund späterer experimenteller Ergebnisse notwendig, die ursprüngliche Treffertheorie etwas abzuwandeln. Wie bereits erwähnt, konnten Russell u. Mitarb. (1958) an Mäusen zeigen, daß in vielen Fällen eine gewisse Strahlenmenge, in kleineren Dosen verabreicht, zu einer geringeren Anzahl von Mutationen führt, als wenn die gleiche Menge in höheren Dosen verabfolgt wird. Auch scheint die Empfänglichkeit gewisser Zelltypen gegenüber der Strahlenwirkung in einem gewissen Zusammenhang mit dem O_2-Gehalt des bestrahlten Gewebes zu stehen.

Quellen ionisierender Strahlung
(Tab. **63–65**)

Die Quellen ionisierender Strahlungen fallen in zwei Gruppen: a) natürliche Umgebungsbestrahlung und b) künstliche Ursachen der Strahlenbelastung.

a) Zu den *natürlichen Quellen der Strahlenbelastung* zählt man die kosmische Strahlung, die Erdstrahlung (Radium, Uranium, Thorium, die Isotopen Kalium 40, Strontium 90, Carbon 14 u. a.), ferner die durch natürliche radioaktive Substanzen im Körper bedingte Strahlung.
   Insgesamt wird der Anteil der natürlichen Bestrahlung pro Jahr auf 100 mrem geschätzt und diejenige über 30 Jahre auf 3 rem (s. Tab. **64**). Die errechnete Strahlendosis wird immer auf die Gonaden bezogen, da in erster Linie der genetische Effekt der Bestrahlung zur Diskussion steht.

Tabelle **63** Spektrum elektromagnetischer, energiearmer Wellenstrahlung im Vergleich zur genetisch aktiven Strahlungszone (Röntgen- und γ-Strahlen, Neutronen) (aus *H. Fritz-Niggli:* Strahlenbiologie. Grundlagen und Ergebnisse. Thieme, Stuttgart 1959)

Strahlung	Wellenlänge
Radiowellen	Meter
Kurzwellige Diathermiewellen	Zentimeter
Infrarotes Licht langwellig	2400–12000 μm
Infrarotes Licht kurzwellig	760–2400 μm
Sichtbares Licht	380–760 μm
Ultraviolettes Licht	180–380 μm
Röntgen- und γ-Strahlen, Neutronen	< 0,03 μm

Tabelle **64** Schätzung der durchschnittlichen Dosen natürlicher und künstlicher Bestrahlung der Gonaden während eines Jahres und innerhalb einer Generation (30 Jahre) (aus *A. E. H. Emery:* Elements of Medical Genetics, 5th ed. Churchill-Livingstone, Edinburgh 1979)

Strahlenquelle	Jahresdosis (mrem)	Dosis nach 30 Jahren (rem)
Natürliche Strahlenexposition:		
Kosmische Strahlen	30	0,90
Erdstrahlung (γ-Strahlen)	50	1,50
Innere Strahlenexposition	20	0,60
Subtotal	100	3,00
Künstliche Strahlenexposition:		
Medizinische Radiologie	35	1,05
Radioaktiver Niederschlag (»fallout«)	1	0,03
Berufliche Exposition *	2	0,06
Subtotal	38	1,14
Total	138 mrem	4,14 rem

* Eine Ausnahme besteht für Arbeiter in der Kernkraftindustrie, die Bestrahlungsdosen von 600–800 mrem pro Jahr erhalten (*Barthelmess* zit. b. *Vogel* u. *Motulsky* 1979). Dagegen liegt die zusätzliche Strahlenbelastung für die in der näheren Umgebung eines Kernkraftwerks wohnende Bevölkerung zwischen 1 und 20–30 mrem pro Jahr (*Passarge* 1979).

Tabelle **65** Grenzwerte der Strahlenbelastung durch zivilisatorische Strahlenquellen* (International Commission on Radiological Protection 1966; aus *W. Jacobi:* Betrachtungen zur Festlegung der höchstzugelassenen Strahlenexposition des Menschen. In Aurand, K., H. Bücker, O. Hug, W. Jacobi, A. Kaul, H. Muth, W. Pohlit, W. Stahlhofen: Die natürliche Strahlenexposition des Menschen. Thieme, Stuttgart 1974)

Anwendungsbereich	Jahresdosis	Lebensalter (60 Jahre)
Berufliche Exposition (Alter 18 Jahre)	5 rem	200 rem
Zivilisatorische Exposition der Bevölkerung:		
a) Einzelpersonen	0,5 rem	30 rem
b) Mittel der gesamten Bevölkerung **	0,17 rem	10 rem

* ohne natürliche Strahleneinwirkung und medizinische Behandlung
** mittlere Gonadendosis: 5 rem in 30 Jahren

b) Zu der *künstlich verursachten Strahlenbelastung* werden gezählt: die medizinische Radiologie, die berufliche Belastung in spezialisierten Industrie- und Forschungslaboratorien sowie die Verwendung der Atomenergie für friedliche Kernkraftwerke und militärische Zwecke.

Insbesondere können thermonukleare Explosionen infolge der Entwicklung enormer Energiemengen eine große Strahlungsintensität entfalten und zahlreiche radioaktive Substanzen in die Atmosphäre freisetzen, wie z. B. die Isotopen Carbon 14, Jod 131, Caesium 137 und Strontium 90. Hiervon sind die wichtigsten das Caesium 137 und das Strontium 90, da ihre Halbwertzeiten 28 resp. 30 Jahre ausmachen, diese Substanzen somit relativ lange in der Atmosphäre und Stratosphäre verbleiben, bis sie als „fallout" zur Erde zurückfallen. Insgesamt wird der Anteil der künstlichen Strahlenbelastung pro Jahr auf 38 mrem und über 30 Jahre auf 1,14 rem geschätzt. Die gesamte Strahlenbelastung für die Gonaden beträgt somit 138 mrem pro Jahr und 4,14 rem in einer Generation (30 Jahre) (s. Tab. **64**).

Die natürliche terrestrische Umgebungsstrahlung hängt von einer Vielzahl von Faktoren ab. Während sie in Seegebieten relativ niedrig ist, steigt sie in größeren Höhen infolge Zunahme der kosmischen Strahlung an. Die natürliche Radioaktivität ist auch vom Untergrund abhängig; ein granitreicher Boden enthält mehr radioaktive Substanzen als Sedimentgestein. Auch das Baumaterial der Häuser kann die Radioaktivität beeinflussen. Aus Natursteinen erbaute Häuser weisen eine höhere Strahlungsdosis auf als Gebäude aus Holz oder künstlichen Baustoffen.

Es hat sich als nützlich erwiesen, die durch Radioaktivität ausgelösten Mutationen zur spontanen Mutationsrate in Beziehung zu setzen. Hierbei stellt die *„Verdoppelungsdosis"* den Bestrahlungswert dar, der das Auftreten der doppelten Zahl der spontanen Mutationen bewirkt. Dabei muß zwischen *doppelter akuter* und *doppelter chronischer Dosis* unterschieden werden. Je niedriger die Wirksamkeit chronischer Bestrahlung, um so höher muß die Verdoppelungsdosis angesetzt werden. Der Schätzwert für eine chronische Bestrahlungsdosis, durch welche die gleiche Anzahl von Mutanten ausgelöst wird wie diejenige infolge spontaner Mutationsursachen, wird mit 100 rem angegeben. Da die natürliche Strahlungsbelastung des Menschen für eine 30-Jahres-Periode auf etwa 3 rem geschätzt wird, demnach auf nur 3% der Spontanmutationshäufigkeit, muß gefolgert werden, daß *der größte Anteil der Spontanmutationen nicht auf die natürliche Radioaktivität der Umgebung zurückzuführen ist.*

Als *genetisch signifikante Dosis* bezeichnet man die auf die gesamte Bevölkerung bezogene Strahlendosis, die die Gonaden betrifft. Sie entspricht jährlich etwa 15–60 mrad pro Kopf der Bevölkerung (Keane u. Tikhonov 1975). Sie setzt sich hauptsächlich aus der natürlichen Umgebungsradioaktivität und der durchschnittlichen Belastung durch medizinische Röntgenuntersuchungen zusammen.

In Anbetracht der Wichtigkeit einer genauen Kenntnis der natürlichen Strahlenexposition des Menschen und ihrer Schwankungsbreiten, die eine bessere Beurteilung des Risikos aller zusätzlichen zivilisatorischen Strahlen-

einwirkungen erlaubt, wandte sich das wissenschaftliche Interesse sehr früh dem Studium der Populationen zu, die infolge stark erhöhter Radioaktivität des Bodens, auf dem sie leben, ungewöhnlich hohen Gammastrahlendosen ausgesetzt sind. Ein solches Areal, das infolge erheblicher Monazitanhäufungen in den oberflächlichen Erdschichten (Thorium, Uranium und andere seltene radioaktive Mineralien) eine 10- bis 15fach erhöhte radioaktive Dauerstrahlung aufweist, findet sich auf einer bestimmten Küstenstrecke der Provinz *Kerala* (Südindien). Dieser Küstenstreifen ist etwa 55 km lang und einen Kilometer breit und wird von ca. 70000 Menschen bewohnt. Die terrestrische Milieustrahlung auf diesem Gebiet beträgt durchschnittlich 1300 mR pro Jahr (= ca. 820 mR Gonadendosis; WHO 1959). Bemerkenswert ist auch die einzigartige Situation dieses Küstenstreifens, dessen nördlich und südlich angrenzende Strandgebiete frei von erhöhter Radioaktivität sind, so daß sie als ideale Kontrollareale dienen können.
Auch die ökonomischen, kulturellen und religiösen Kriterien für beide Bevölkerungen sind die gleichen. Beide Gruppen sind von gleicher ethnischer Herkunft und sprechen die gleiche Sprache (Malayam). Sie sind zur Hälfte Christen und der Rest überwiegend Hindus. Sie zeichnen sich durch eine gute Schulbildung aus und leben meist vom Fischfang. Einzig in bezug auf Eheschließungen ist ein Unterschied insofern vorhanden, als die Hindus aus traditionellen Gründen zu Kusinenheiraten neigen (in 10–20% der Ehen). Genaue Zivilstandsamtsregister fehlen, doch scheinen Lebendgeburtenrate, Zahl der Totgeburten und der Kindersterblichkeit den üblichen dortigen Lebensbedingungen zu entsprechen.
In Anbetracht der hohen radioaktiven Dauerexposition, die in dem Küstenstreifen im Staate Kerala vorherrscht, haben Gopal-Ayengar u. Mitarb. (1970, 1972) eine systematische dosimetrische und populationsgenetische Untersuchung durchgeführt. Es ergab sich, daß etwa 16000 Personen Jahresdosen von mehr als 0,5 rad (also mehr als das Zehnfache des Durchschnittswertes) erhielten, davon 5000 Individuen sogar Dosen von 1 rad bis mehr als 2 rad. Im allgemeinen wird als Verdoppelungsdosis 100 rem in 30 Jahren angenommen. Demnach wäre für die bestrahlte Kerala-Gruppe von 5000 Personen eine Gesamtdosis von 30–60 rad in 30 Jahren zu erwarten, somit ein Strahlungsrisiko von etwa der Hälfte der Verdoppelungsrate für Mutationen. Nichtsdestoweniger zeigten die Untersuchungen von Gopal-Ayenger u. Mitarb. trotz der in diesem Distrikt vorherrschenden Strahlenexposition keine direkten populationsgenetischen Auswirkungen. In der Tat ergaben die von den Autoren registrierten biologischen Parameter (Mißbildungen, Säuglingssterblichkeit, Geschlechtsverhältnis der Neugeborenen u. a.) keine wesentlichen Abweichungen gegenüber der Kontrollbevölkerungsgruppe. Die vorliegenden Beobachtungen an einem relativ repräsentativen Bevölkerungsmaterial lassen somit keine signifikante Abhängigkeit von Geburtsanomalien und anderen Populationskriterien von der Strahlenexposition erkennen.
Von *phänotypischen Besonderheiten* ist der Befund von Kochupillai u. Mit-

arb. (1976) in einer Bevölkerung von 12918 Individuen, die in einer stark erhöhten Strahlungszone in Kerala lebten, bemerkenswert. Die Autoren fanden hier 12 Patienten mit Down-Syndrom, 11 Fälle von Oligophrenie und 12 Fälle von Oligophrenie kombiniert mit Mißbildungen. Demgegenüber wurden keine Mongolismusfälle und nur 3 Fälle von Schwachsinn, davon einer mit zusätzlichen Mißbildungen, in der Kontrollzone angetroffen. Ferner ergaben zytogenetische Zellkulturen von strahlenexponierten Individuen eine leichte Vermehrung von Chromatid- und Chromosomenaberrationen. Wenn diese Befunde auch nicht als gültige Beweise für Genmutationen als Folge der Strahlenbelastung angesehen werden können, so mahnen sie doch zur Vorsicht. Es ist durchaus denkbar, daß die genetischen Auswirkungen der Strahlenbelastung im Kerala-Gebiet sich vorläufig kaum bemerkbar machen, jedoch in den Folgegenerationen zur Manifestation gelangen könnten.

Eine ähnliche Situation liegt an einigen Orten der brasilianischen Küste vor (Espirito Santo und Minas Gerais-Staaten), wo ca. 20000 Personen infolge Monazitanhäufungen in den oberflächlichen Erdschichten Strahlendosen von 500 mrad pro Jahr (Schwankungsbreite 0,2–8 rad) erhalten (WHO 1959, Penna-Franca u. Mitarb. 1965, Cullen 1968; zit. Muth 1974). Trotz des hohen Niveaus der Strahlungsbelastung haben jedoch die Untersuchungen über Mißbildungen, Fehl- und Totgeburten bei etwa 42500 Schwangerschaften keinen Unterschied gegenüber den übrigen Bevölkerungsgruppen bezüglich der Häufigkeit von Mutationen erkennen lassen (Freire-Maia 1971). Dagegen ergaben Chromosomenstudien bei 12000 chronisch exponierten Bewohnern des Strahlungsgebietes eine geringe, jedoch signifikante Vermehrung der Zahl der Chromatid- und Chromosomenaberrationen, wie sie auch in der Kerala-Studie festgestellt worden war (Barcinski u. Mitarb. 1975). Diese Chromosomenveränderungen in den bestrahlten somatischen Zellen gestatten die Annahme, daß auch in den Keimzellen derartige Mutationen infolge der Bestrahlung eingetreten sein könnten.

Genetische Untersuchungen an den Nachkommen strahlenexponierter Individuen in Hiroshima und Nagasaki

Im Bestreben, genauere Aufschlüsse nicht nur über die somatischen Folgen hoher Strahlendosen zu erhalten, sondern auch einen besseren Einblick in bezug auf die genetischen Auswirkungen hoher Strahlenexposition in Form einer eventuellen Erhöhung erblicher Anomalien zu gewinnen, sind bereits seit 1946, also ein Jahr nach den Bombenabwürfen von Hiroshima und Nagasaki, großangelegte Untersuchungen an strahlenexponierten Menschen vorgenommen worden. Diese mit Unterstützung der amerikanischen Atomenergiekommission (Atomic Bomb Casualty Commission) und in Zusammenarbeit mit japanischen Forschungsgruppen durchgeführten Untersuchungen ergaben jedoch zunächst die überraschende Tatsache, daß bei den mehreren Tausenden von Geburten weder in bezug auf Kindersterblichkeit und Totgeburten, noch in bezug auf Mißbildungen ein wesentlicher Unterschied zwischen den Kindern bestrahlter und unbestrahlter Individuen festgestellt werden konnte. Nur ein einziges Kriterium, nämlich das *Geschlechtsverhältnis der Neugeborenen („Sex-ratio“;* normal auf 100 Mädchen etwa 106–107 Knaben) schien in der erwarteten Richtung verschoben, wenn auch nicht bis zur Erreichung der Signifikanzgrenze.

Theoretische Beziehung zwischen Strahlenbelastung und Verschiebung des Geschlechtsverhältnisses

Angenommen, es findet eine *Bestrahlung der Mutter* statt. In diesem Falle werden in ihren Gonaden neben anderen Mutationen auch X-chromosomal rezessive Letalfaktoren ausgelöst (X'). Wird ein solches einen Letalfaktor enthaltendes Ei durch ein Y-Spermium befruchtet, so wird die entstehende männliche Zygote (X'Y) infolge dieses Letalfaktors absterben. Eine durch ein X-Spermium befruchtete Zygote wird in bezug auf den rezessiven Letalfaktor jedoch heterozygot sein (X'X) und damit lebensfähig. Ist der Letalfaktor X' jedoch *dominant*, so wird die Zygote unabhängig davon, ob sie männlich oder weiblich ist, absterben. Somit dürfte eine mütterliche Bestrahlung zu einer *Verschiebung des Geschlechtsverhältnisses zugunsten der Knaben* führen.

Eine *Bestrahlung von Männern* dagegen kann nur bei Vorhandensein *dominanter Letalfaktoren* im X-Chromosomen zu einem erkennbaren Resultat führen. Eine solche Bestrahlung müßte zu einem Überschuß männlicher Lebendgeburten führen und damit zu einer entsprechenden *Verschiebung des Geschlechtsverhältnisses zugunsten der Knaben*. Dagegen würden *rezessive X-chromosomale Letalfaktoren* in den *väterlichen Gonaden* keinen Einfluß auf die „Sex-ratio“ ausüben.

Bei der Analyse der Ergebnisse bei den Eltern, die hohen Strahlenexpositionen ausgesetzt waren, ließ sich nun feststellen, daß das Zahlenverhältnis der Geschlechter unter den Neugeborenen ziemlich genau den Erwartungen entsprach, die zugunsten des Vorhandenseins strahleninduzierter X-chromosomaler Letalfaktoren sprach.

Ausgehend von einer Untersuchung von insgesamt 46752 Kindern, die innerhalb einer Periode von 10 Jahren nach den Bombenabwürfen geboren worden waren, wurde eine Unterteilung in drei Klassen vorgenommen: 1. eine Gruppe, deren *Mütter* einer hohen Bestrahlung (jeweils etwa 200 rad) unterworfen worden waren (27057 Kinder), 2. eine Gruppe, die von bestrahlten *Vätern* abstammte (7525 Kinder) und 3. eine weitere Gruppe, die von Eltern abstammte, die *beide* bestrahlt worden waren (12170 Kinder). Für alle drei Klassen war eine Geschlechtsverschiebung in der erwarteten Richtung festzustellen, wenn auch die erhaltenen Werte nicht wirklich signifikant waren: Bei mütterlicher Bestrahlung bestand eine relative Verminderung der Knabengeburten und bei Väterbestrahlung eine entsprechende Reduktion der Mädchengeburten. Bei Bestrahlung beider Eltern übertraf der mütterliche den väterlichen Effekt (Schull u. Neel 1958).

In einer weiteren Arbeit, die die Verwertung fünf zusätzlicher Jahrgänge von

Kindern exponierter Eltern enthielt, konnte jedoch dieser strahlenbedingte Verschiebungseffekt in der Sex-ratio nicht mehr bestätigt werden (SCHULL u. Mitarb. 1966). Die sich deshalb stellende Frage, ob der erste Befund von 1958, der eine (wenn auch schwache) Verschiebung des Geschlechtsverhältnisses aufgezeigt hatte, nur auf Zufall beruhte, oder ob vielmehr der Zeitpunkt der zweiten Analyse im Jahre 1966 bereits in eine Phase der Elimination der X-chromosomalen Letalfaktoren gefallen war, kann nicht entschieden werden. Da in diesem Zusammenhang auch öfters die Zuverlässigkeit der Sex-ratio-Methode für menschliche Verhältnisse in Zweifel gezogen wird, seien hier auch andere Untersuchungen bei Nachkommen bestrahlter Patienten angeführt, wobei die Verschiebung des Geschlechtsverhältnisses im Einklang mit der Annahme eines strahleninduzierten Effektes stand.
So konnten französische und holländische Forscher (LEJEUNE u. Mitarb. 1960, SCHOLTE u. Mitarb. 1964) bei der Untersuchung von Nachkommen von Patienten, die aus therapeutischen Gründen (ankylosierende Spondylitis u. a.) Beckenbestrahlungen, manchmal bis zu 700 R, erhalten hatten, signifikante Verschiebungen des Geschlechtsverhältnisses feststellen. Auch TANAKA u. OHKURA (1958) fanden bei den Kindern japanischer Röntgenlaboranten eine Änderung der Sex-ratio gegenüber der allgemeinen Bevölkerung (Tab. **66**).

Chromosomenaberrationen als Folge von Bestrahlung der Mutter

UCHIDA u. Mitarb. (1968) haben in einer prospektiven Studie die Häufigkeit von Aneuploidie bei Kindern bestrahlter und unbestrahlter Mütter verglichen. Sie fanden acht Kinder mit Trisomie 21 und zwei mit Trisomie 8 unter den Nachkommen von Patientinnen gegenüber den Kontrollpersonen, von denen nur ein Kind eine Trisomie 21 aufwies. Andere, jedoch nicht prospektive Untersuchungen ergaben wechselnde Resultate. UCHIDA u. Mitarb. (1975) und andere Autoren erbrachten auch den Nachweis, daß Bestrahlung selbst in kleinen Dosen von menschlichen Lymphozyten in vitro die Non-Disjunction-Rate erhöht. An strahlenbedingten Strukturanomalien finden sich u. a. Chromatidbrüche, dizentrische Chromosomen, reziproke Translokationen, Deletionen u. a. Da diese Ergebnisse es wahrscheinlich machen, daß ähnliche strukturelle Aberrationen auch in weiblichen Gonaden nach Röntgendiagnostik oder -therapie entstehen könnten, sollte deren Anwendung bei Frauen nur bei genauer Indikation und in vorsichtiger Weise geschehen.

Genetische Beratung nach Anwendung von Röntgenstrahlen
(Tab. **67**)

Genetische Beratungen haben öfters die Frage zum Gegenstand, in welchem Umfang Röntgenbestrahlungen aus diagnostischen oder therapeutischen Gründen zu angeborenen genetischen Anomalien führen können. Im allgemeinen läßt sich feststellen, daß das genetische oder teratologische Risiko

Tabelle **66** Das Geschlechtsverhältnis Neugeborener (»sex ratio«) bei Bestrahlung des Vaters oder der Mutter (aus *J. V. Neel:* Changing Perspectives on the Genetic Effects of Radiation. Thomas, Springfield/Ill. 1963)

Autoren/Jahr	Herkunft der Fälle	Kontrollgruppe		Geschätzte Röntgendosis (R)	Bestrahlte Gruppe	
		Lebende Neugeborene	Knabenanteil		Zahl der Lebendgeborenen	Knabenanteil
Bestrahlung des Vaters						
Turpin u. Mitarb. 1956, *Lejeune* u. Mitarb. 1960	französische Patienten	1185	0,515	200–400 R auf mehrere Dosen verteilt	656	0,561
Tanaka u. Mitarb. 1958	japanische Röntgenlaboranten	287	0,509	wiederholte kleinere Dosen (290 ± 46 R)	246	0,533
Scholte 1961	holländische Patienten	828	0,466	300–600 R auf mehrere Dosen verteilt	635	0,523
Bestrahlung der Mutter						
Lejeune u. Mitarb. 1960	französische Patienten	355	0,546	200–400 R auf mehrere Dosen verteilt	161	0,447
Scholte 1961	holländische Patienten	225	0,533	300–600 R auf mehrere Dosen verteilt	221	0,480

Tabelle **67** Gonadendosis bei Röntgenuntersuchungen (aus *W. Seelentag:* Org. mond. Santé [Genève] 29 [1975] 129)

Untersuchungstyp	Erhaltene Gonadendosis männl. Geschlecht		weibl. Geschlecht	
	Durchschnitt (mrad)	Schwankungsbreite (mrad)	Durchschnitt (mrad)	Schwankungsbreite (mrad)
Magen-Darm-Passage (Bariumsulfat)	30	(5–230)	340	(60–830)
Pyelographie (absteigend)	430	(15–2090)	590	(270–1160)
Pyelographie (aufsteigend)	580	(150–2090)	520	(85–1390)
Abdomen	250	(12–480)	210	(57–790)
Kontrasteinlauf	300	(95–1590)	870	(460–1750)
Becken	300	(100–1020)	230	(40–710)
Lendenwirbelsäule	210	(26–2270)	410	(230–1190)
Lumbosakrale Wirbelsäule	300	(65–2019)	340	(73–1780)
Oberer Femurschaft	920	(230–1710)	240	(58–680)
Untere 2/3 des Femurs	92	(1,1–290)	1	(1–13)
Pelvimetrie			620	(230–1600)
Hysterosalpingographie			1270	(275–2700)
Cholezystographie	8	(1,3–39)	120	(14–380)
Thorax (systematische Untersuchung)	0,4	(0,2–1,3)	3	(0,9–11)
Thorax-Herz-Lungen-Aufnahme	0,7	(0,1–13)	2	(0,2–8)
Kopf	< 10		< 10	
Zähne	0,6	(0,5–0,7)	0,06	(0,03–0,1)
Extremitäten	< 10		< 10	
Mammographie			< 10	

einer Strahlenexposition bei üblicher Anwendung der medizinischen Radiologie nur gering ist und etwaige Schäden bei den Nachkommen kaum zu befürchten sind.

Befunde bei der Frau. Die meisten diagnostischen Röntgenaufnahmen liegen noch unterhalb der uterinen Strahlendosis von 1 rad, die den Fetus gefährden könnte (s. Tab. **67**: 0,4–0,9 rad für Bariumkontrast- und Magen-Darm-Passage-Aufnahmen; 0,4 rad für i. v. Pyelogramm usw.). Nichtsdestoweniger sollten Röntgenaufnahmen während der Schwangerschaft nur bei genauer Indikation durchgeführt und, falls dringlich indiziert, nach Möglichkeit auf die zweite Hälfte der Schwangerschaftsmonate verlegt werden. Auf diese Weise könnte vermieden werden, daß evtl. Chromosomenaberrationen oder rezessive Punktmutationen auf die nächste Generation übertragen würden.

Schwieriger wird die Beratung bei einer Schwangerschaft, wenn die verwendete Gesamtstrahlendosis *1–5 rad* betrug. Obwohl es in den meisten Fällen

nicht zu genetischen Schäden kommt, kann die Möglichkeit einer Mißbildung nicht ausgeschlossen werden. Eine Unterbrechung der Schwangerschaft kann daher in Aussicht genommen werden. Ab *5–10 rad* ist das Risiko zwar immer noch klein; ein Abbruch der Schwangerschaft erscheint jedoch gerechtfertigt, besonders wenn es sich um eine Bestrahlung der Beckengegend handelte.
Endlich werden in der Literatur auch Fälle zitiert, in denen Frauen, sei es aus Unkenntnis ihrer Schwangerschaft oder als Röntgenlaborantinnen, versehentlich eine Strahlendosis von 100 rad und mehr erhalten haben. Als teratogene Schädigung wurden danach Mikrozephalie, Schwachsinn und okuläre Defekte (z. B. Mikrophthalmie) beim Fetus beobachtet. Mikrozephalie bei Feten konnte auch in Hiroshima nach Abwurf der Atombombe, in einzelnen Fällen sogar nach Bestrahlung der Frucht mit relativ niedrigen Dosen beobachtet werden. Eine Strahlenbelastung von mehr als 300 rad führt zu intrauterinem Fruchttod.

Befunde beim Mann. Beim Mann stellt sich besonders die Frage, ob durch bestimmte Strahlenexpositionen medizinischer oder beruflicher Art eine mutagene Schädigung eintreten könnte, die zu einem genetischen Risiko für ein Kind führen könnte. Da sowohl akute als auch chronische Strahlenbelastungen eine Auslösung struktureller Chromosomenaberrationen bewirken können, muß ein ziemlich erhebliches genetisches Risiko dann angenommen werden, wenn die Befruchtung innerhalb der ersten Wochen nach der Strahlenexposition erfolgte. Als besonders gefährlich gelten Strahlendosen, die der beim Menschen angenommenen *Verdoppelungsdosis der Mutationsrate* nahekommen: bei akuter Bestrahlung zwischen den Dosen von 20–50 R, bei chronischer Bestrahlung zwischen 80 und 200 R (FUHRMANN u. VOGEL 1982). Ist dagegen zwischen Bestrahlung und Konzeption ein längerer Zeitraum gelegen, mindestens 6 Monate, so kann eine genetische Auswirkung als gering angesehen werden. Nach 3jähriger Wartezeit kann der größte Teil der durch Strahlenbelastung ausgelösten Keimzellenmutationen als eliminiert oder repariert gelten, so daß kein Bedenken mehr für weitere Kinder bestehen.

Chemische Mutagenese

Mutationen können nicht nur durch Strahlen, sondern auch durch chemische Substanzen ausgelöst werden. Zu den ersten Forschern auf diesem Gebiete gehören AUERBACH u. ROBSON, die bereits im Jahre 1942 eindeutige Mutationen mit Senfgas bei Drosophila erzielen konnten, ihre Entdeckung jedoch erst nach dem Kriege (1946, 1947) veröffentlichen durften. CONEN u. LANSKY (1961) beschrieben zum ersten Male Chromosomenaberrationen in den Lymphozyten von Personen, die mit Senfgas behandelt worden waren. Erst um diese Zeit begann sich die wissenschaftliche Welt für dieses Problem zu interessieren, so daß die Liste der mutagenen Substanzen, die in Medikamenten, industriellen und landwirtschaftlichen Produkten nachgewiesen werden konnten, von da an zunehmend länger wurde. Es zeigte sich, daß chemische Produkte auf verschiedene Weise auf die Struktur der nuklearen DNA einwirken können.

Alkylierende Agenzien

Zu den stärksten chemischen Mutagenen gehören die *alkylierende Agenzien* (Aethylmethansulfonat, Methylmethansulfonat, Senfgas u.a.), deren Wirkung auf einer Alkylierung der Phosphatgruppen und der Basen beruht. Als Folge einer solchen alkylierenden Verbindung kann ein Austausch einer Purinbase gegen eine andere (Transitionen, z.B. Guanin gegen Adenin) oder einer Purin- gegen eine Pyrimidinbase (Transversionen, z.B. Guanin gegen Cystosin oder Thymin) stattfinden. Purin- bzw. Pyrimidinbasen können aus dem DNA-Molekül herausgelöst werden. Auch Strangbrüche und Deletionen kommen vor.

Basenanaloga

Zur Induktion chemischer Mutationen erwiesen sich auch die *Basenanaloga* sehr wirksam. Es handelt sich um purin- bzw. pyrimidinbasenähnliche Verbindungen, die bei der Replikation anstelle der natürlichen Basen in die DNA-Struktur eingebaut werden können. Infolge der Inkorporation falscher Basen kommt es zu einer mutagenen Wirkung.
Ein Beispiel für die Entstehung solcher Mutanten ist das 5-Bromuracil (BU), das sich in der *Ketoform* wie *Thymin* verhält, sich daher mit *Adenin* paart, in der selteneren *Enolform* wie *Cytosin* verhält und sich daher mit *Guanin* paart. Infolge des dadurch verursachten Replikationsfehlers (Einbau von Bromuracil statt Thymin und seines Überganges in die Enolform) entsteht

statt des normalen Nucleosidpaares A−T das Paar G−C, und umgekehrt wird das Nucleosidpaar G−C in A−T umgewandelt:

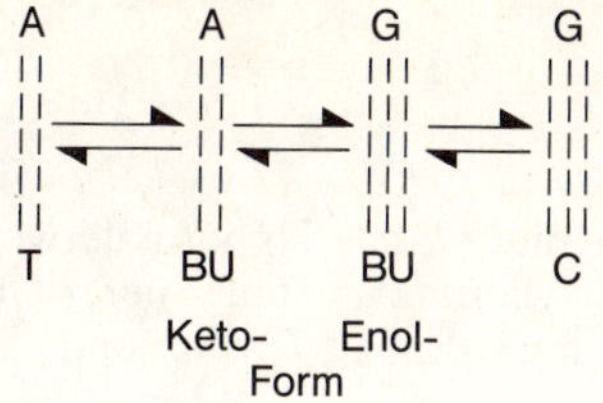

Nitrite

Die mutagene Wirkung von salpetriger Säure (HNO_2) besteht in einer Desaminierung NH_2-haltiger Basen in der DNA, z. B.: Adenin → *Hypoxanthin*; Cytosin → *Uracil*; Guanin → *Xanthin*. Die Desaminierung der beiden ersteren Substanzen (Adenin und Cytosin) führt zu Replikationsfehlern folgender Art: Da sich Hypoxanthin wie Guanin verhält, paart es sich mit Cytosin. Das Basenpaar A−T wird daher durch G−C ersetzt. Andererseits verhält sich Uracil wie Thymin, so daß das ursprüngliche G−C-Paar durch das A−T-Paar ersetzt wird (s. Abläufe a) und b), nach RÖHRBORN 1971).

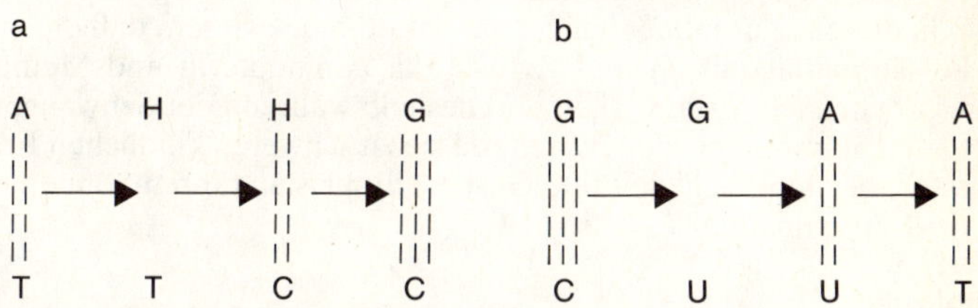

Basische Farbstoffe (Acridinderivate, Trypaflavin)

Auch Acridinverbindungen haben eine ausgesprochene Affinität zu den Nucleinsäuren. Die hauptsächlichsten in der Medizin angewendeten Acridinderivate sind Trypaflavin, Rivanol, Panflavin, Amoebin und Choleflavin. Die Acridinkomplexe führen in bevorzugter Weise zu *„Frameshift"-Mutationen*, obwohl gelegentlich auch Nitrite und alkylierende Substanzen zu solchen Mutationen führen können. Der Mechanismus, nach welchem sich eine solche *„Rasterverschiebung"* vollzieht, ist folgender: Die Acridinmoleküle schieben sich zwischen zwei Basenpaare der DNA-Helix ein („Sandwich-Mechanismus"), so daß dadurch ein Einbau zusätzlicher Basen oder Fortfall einiger Nucleotide infolge Replikationsfehler bewirkt wird. Dadurch kommt es zu einer Paarungsverschiebung.

Hydroxylamine

Die Veränderung der DNA durch NH_2OH

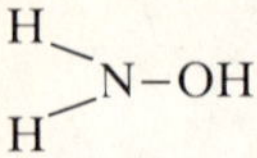

erfolgt insbesondere über eine Reaktion mit *Cytosin*, das normalerweise mit *Guanin* gepaart ist. Infolge der N-Hydroxylierung und tautomerer Umlagerungen kommt es zu einer Transition von Cytosin zu *Thymin* und damit zu einer Paarung mit *Adenin*.

DNA-Antimetabolite

Antimetabolite sind chemische Verbindungen, die vitale biologische Stoffwechselprozesse auf kompetitive Weise zu blockieren oder verändern vermögen. Infolge Konkurrenz eines Antimetaboliten gegenüber einem Metaboliten kommt es zu mehr oder weniger schweren Mangelsymptomen. So können Folsäureantagonisten (z.B. *Aminopterin*) die Purinsynthese hemmen. Purin- und Pyrimidinantagonisten können den Einbau dieser Basen in die Nucleinsäuren stören. Zu den Folsäureantagonisten gehört auch das *Methotrexat* (Amethopterin), ein viel verwendetes *Zytostatikum*. Andere Antimetabolite des Nucleinsäurestoffwechsels sind Mercaptopurin (da es anstelle von Adenin tritt), und Azathioprin, ein Purinantagonist.
Es sei in diesem Zusammenhang noch darauf hingewiesen, daß die erwähnten Folsäureantagonisten und Zytostatika Aminopterin und Methotrexat ausgesprochen *teratogen* wirken und deshalb während der Schwangerschaft nicht eingenommen werden dürfen, da sie zu schweren kindlichen Entwicklungsstörungen mit Schädel- und Gesichtsdysplasien führen können *(Aminopterin-Embryopathie)*.

Antibiotika

Die meisten Antibiotika, wie z.B. Penicillin, Streptomycin, Terramycin, Tetracyclin und andere, haben sich glücklicherweise als nicht mutagen erwiesen. Zu den wenigen Antibiotika, die aufgrund zytogenetischer Untersuchungen (Chromosomenbrüche und andere in vitro beobachtete Aberrationen) als *mutagen* angesehen werden müssen, gehören Mitomycin C, Actinomycin D, Streptonigrin, Daunomycin und Phleomycin (GEBHART 1970).

Direkte und indirekte DNA-Analyse für Diagnose und pränatale Erkennung genetischer Erkrankungen

Die Entdeckung der Restriktionsenzyme

Selten hat eine scheinbar banale molekularbiologische Beobachtung so viele umwälzende Auswirkungen auf die genetische Methodologie und Analyse gezeitigt wie die Entdeckung der *Restriktionsenzyme* (Endonucleasen) durch WERNER ARBER, für die er 1978 den medizinischen Nobelpreis erhielt. Das durch ihn eröffnete Forschungsgebiet sollte neben grundlegenden Erkenntnissen über das genetische Material auch für die klinische und pränatale Diagnostik neue Wege aufzeigen und dürfte vielleicht auch bald für die medizinische Praxis interessante Möglichkeiten eröffnen.
ARBER war Professor der Molekulargenetik an der Universität Genf, wo er um 1962 begann, die Propagierung bestimmter Bakteriophagen zu studieren. Er machte dabei die Beobachtung, daß die Phagen lambda (λ), die sich in einem Escherichia-coli-B-Stamm (E. coli B) vermehrt hatten, nur noch fähig waren, sich im gleichen Wirtsorganismus zu vermehren, dagegen in einem Escherichia-K-Stamm (E. coli K) kaum noch zur Vermehrung gelangten. ARBER führte für dieses Phänomen den Begriff *Restriktion* ein. Er konnte zeigen, daß die in E. coli K eingedrungene, von E. coli B stammende Phagen-DNA von einer *Nuclease* gespalten wurde, die von E. coli K produziert wurde. Diese Spaltung fand jeweils an spezifischen Stellen und in Form von Doppelstrangbrüchen statt. Andererseits wurde die DNA, die von den Phagen λ der E. coli K stammte, von der Nuclease intakt gelassen. Es zeigte sich interessanterweise, daß die intakt gebliebene Phagen-DNA von E. coli K deshalb von der Nuclease verschont geblieben war, weil sie durch *Methylierung* der spezifischen Spaltstellen *modifiziert* worden war, so daß sie nicht mehr dem Angriff der Restriktionsenzyme ausgesetzt war („wirtsbedingte Modifikation"). Solche DNA-methylierende Enzyme sind mehrfach aus Zellen von E. coli K isoliert worden.

Direkte Genanalyse

Die Restriktionsenzyme haben sich für die genetische Analyse beim Menschen von unschätzbarem Wert erwiesen, da sie die Eigenschaft haben, auch die menschliche DNA an spezifischen Basensequenzen zu schneiden und diese damit in eine große Zahl kleinster Stücke (über hunderttausend) zu zerlegen. Diese können dann vermittels Elektrophorese entsprechend ihrem Molekulargewicht getrennt und mittels alkalischer Denaturation in einsträngige DNA umgewandelt werden. Für die Wahl der Fragmente, die unter den hunderttausend Einzelstücken für eine genetische Analyse von besonderem Interesse erscheinen, haben sich die *radioaktiv markierten (^{32}P) DNA-Sonden*, die auch für die Erkennung und Typisierung viraler Krankheitserreger verwendet werden, als Forschungsinstrument von praktisch unbegrenzter Anwendungsmöglichkeit erwiesen. Sie wurden deshalb mit Magneten verglichen, die „Stecknadeln aus dem Heuschober herauszufischen" imstande sind. Es handelt sich bei diesen DNA-Sonden („Proben") um spezifische einsträngige Nucleinsäuresequenzen, die bereits bezüglich ihrer Testsequenzen markiert sind. Sie sind imstande, von den vielen Tausenden von Basenpaaren komplementäre Basensequenzen in einem Pool einsträngiger DNA zu identifizieren und damit der *„molekularen Hybridation"* zuzuführen. Diese Sonden werden auch als *komplementäre DNA (cDNA)* bezeichnet, da hier die DNA in entgegengesetztem Richtungssinn entstanden ist. Während sich die genetische Information gewöhnlich von der DNA zur mRNA überträgt, ist es dank der *„reversen Transkriptase"*, eines viralen Enzyms, möglich geworden, DNA aus mRNA zu synthetisieren. Die Basensequenz der so erhaltenen cDNA verhält sich somit komplementär zu der RNA-Sequenz, ebenso wie zu der Basensequenz des in Frage kommenden Gens. Der Vollständigkeit halber sei hier vermerkt, daß die DNA-Sonde nicht unbedingt aus RNA-Basen entstanden sein muß, sondern auch durch *Klonierung* eines DNA-Genomfragmentes hergestellt werden kann. (Auf diese Prozedur braucht hier jedoch nicht eingegangen zu werden.)

Das Programm der molekulargenetischen Untersuchung wickelt sich somit folgendermaßen ab (*Southern*-„blotting"-Technik 1975). Nach einer Blutentnahme vermittels Venenpunktion werden einige Mikrogramm von DNA den Zellkernen der weißen Blutzellen entnommen und in Kontakt mit selektionierten Restriktionsenzymen gebracht. Die erhaltenen Einzelstücke werden durch Elektrophorese auf Agarosegel voneinander getrennt und einer alkalischen Denaturation unterzogen, wodurch die DNA-Doppelhelices in Einzelstränge zerfallen. Nach dieser Prozedur werden die Fragmente auf einen Nitrocellulosefilm übertragen und der spezifischen radioaktiven Sonde ausgesetzt. Diese sucht aus der Unzahl der Einzelstücke das Fragment aus, für dessen Codierung sie komplementär ist *(Hybridation)*. Zum Schluß macht die Autoradiographie die spezielle Nucleotidsequenz des zur Untersuchung stehenden Genoms sichtbar. Weitere Untersuchungen gelten der Natur der Änderung: Variation oder Mutation.

Etwa 200 solcher Restriktionsenzyme sind bisher bekannt geworden, von denen jedes etwa 4–6 Basen in spezifischen Sequenzen abzuspalten imstande ist. Diese Endonucleasen kommen in den meisten Bakterienarten vor und stellen für sie ein höchst wirksames Abwehrsystem gegen Hybridisierung dar.

Das erste Beispiel, an dem die Nützlichkeit der Restriktionsenzyme für die direkte Erkennung einer fehlerhaften DNA-Struktur als Ursache einer krankhaften Störung möglich wurde, war die *Sichelzellanämie*. Bekanntlich unterscheidet sich das Sichelzellhämoglobin vom normalen Hämoglobin in der Zusammensetzung seiner β-Ketten, und zwar durch den Austausch an einer einzigen Stelle, nämlich der Position 6 der 146 Aminosäuren dieser Ketten: *Glutaminsäure* gegen die Aminosäure *Valin*. Normalerweise ist die Codierungssequenz der Aminosäuren in den Positionen 5, 6 und 7 der β-Kette wie folgt:

CCT – <u>GAG</u> – GAG.
(Pro – Glu – Glu)

Die Sichelzellmutation bewirkt nun eine Änderung des Codons in Position 6 von GAG zu GTG, so daß die neue Sequenz folgendermaßen lautet:

CCT – <u>GTG</u> – GAG.
(Pro – Val – Glu)

Diese „Punktmutation" genügt bereits, um das entsprechende Restriktionsenzym (Mst II) unwirksam zu machen, das nun nicht mehr die Basensequenz an ihrer gewöhnlichen Stelle schneidet, sondern eine Strecke weiter (anstatt einer Basenlänge von 1100 erst bei 1300 Basen). Damit ist es möglich geworden, mittels Restriktionsfragmentanalyse die Punktmutation innerhalb des β-Gens direkt zu identifizieren. Diese Methode ist insbesondere für pränatale Diagnose sehr geeignet, da sie eine vorangehende Familienuntersuchung unnötig macht.

Nach der molekulargenetischen Diagnose des Sichelzellgens ist auch für einige andere Molekularkrankheiten eine Direktanalyse des betroffenen Gens möglich geworden, z. B. die β-Thalassämie (Orkin u. Mitarb. 1983, Piratsu u. Mitarb. 1983), die α 1-Antitrypsin-Defizienz (eine degenerative Lungenaffektion mit Leberzirrhose; Kurachi u. Mitarb. 1981) u. a. (nach Jeanpierre u. Junien 1984).

Indirekter Gennachweis durch Linkage-Analyse

Mit Hilfe der Restriktionsenzyme machte man auch die überraschende Feststellung, daß es außerhalb der kodierenden DNA-Strecken repetitive Basensequenz gibt, sog. *DNA-Polymorphismen*, die keinem bekannten Zweck dienen und die Eigentümlichkeit besitzen, sich hundert- bis tausendfach wiederholen zu können. Diese repetitiven DNA-Sequenzen sind in relativ regelmäßiger Folge in die transskribierenden Sequenzen eingestreut. Die DNA-Polymorphismen kommen in allen Zellen, einschließlich der Amnionzellen, vor. Mit Hilfe der Restriktionsendonucleasen konnten bestimmte repetitive DNA-Sequenzen identifiziert und in einzelne Stücke zerlegt werden. Die so erhaltenen DNA-Fragmente werden als *„restriction fragment length polymorphism (RFLP)"* bezeichnet und entsprechend der verwendeten Endonuclease etikettiert.

Das Problem bestand nun darin, mittels der Restriktionsendonucleasen geeignete spezifische DNA-Polymorphismen (DNA-Marker) zu finden, die

genügend nahe an einen gesuchten Genlocus herankommen, um seine Lokalisation zu bestimmen. Eine enge genetische Distanz zwischen Genlocus und DNA-Marker ist hierbei unerläßlich, um ein Crossing-over während der Mitose auszuschließen. Da die repetitiven Basensequenzen (Polymorphismen) großen Variationen unterworfen sind, stellen sie als molekulare Genmarkierungsmerkmale eine höchst wertvolle Erweiterung der klassischen Linkage-Methode für die Aufstellung der Chromosomenkarte dar. Es sei hierbei daran erinnert, daß von den X-gekoppelten „klassischen" Genmarkierungsmerkmalen, zu denen hauptsächlich die Deutan- und Protanloci, die Xg-Blutgruppe sowie die Glucose-6-phosphat-Dehydrogenase-Enzymopathie gehören, nur wenige in meßbarer Nähe zu den Loci der bekannten X-chromosomalen Genopathien liegen.
Im Gegensatz hierzu konnten die spezifischen DNA-Polymorphismen („restriction fragment length polymorphisms") dank ihres häufigen Vorkommens innerhalb des Genoms, ihrer Mendelschen Vererbung und ihres neutralen Verhaltens mit Erfolg für molekularbiologische Kopplungsuntersuchungen herangezogen werden und auch schon in bemerkenswerter Weise nicht nur zur Erstellung der Genkarte für das X-Chromosom, sondern auch autosomaler Chromosomen beitragen.
Die Anwendung dieser DNA-Polymorphismen zur Lokalisation des abnormen Gens macht jedoch Familienuntersuchungen nicht überflüssig. Sie benötigt im Gegenteil als Ergänzung der Linkage-Analyse das Studium der Segregationsverhältnisse des Gens innerhalb der betroffenen Familie zur Bestätigung der engen genetischen Distanz zwischen Genlocus und DNA-Marker und um Heterogenität auszuschließen. Meist werden mehrere Polymorphismen zur Feststellung des Genlocus benötigt, die genügend nahe an den vermuteten Sitz des Gens herankommen, um die Möglichkeit eines Crossing-over auszuschließen.
Als Illustration dieser indirekten Methode des Gennachweises durch Linkage-Analyse mittels der DNA-Polymorphismen sei die Arbeit von BHATTACHARYA u. Mitarb. (1984) zitiert, denen es gelungen ist, für die *X-chromosomale Retinitis pigmentosa* eine enge Kopplung zwischen dem hypothetischen Genlocus und einem spezifischen DNA-Marker (L1.28) nachzuweisen.
Ihre Untersuchungen ergaben, daß der Retinitis-pigmentosa-Locus wahrscheinlich auf dem kurzen Arm des X-Chromosoms gelegen ist und zwei Varianten zeigt: A1 und A2. BHATTACHARYA u. Mitarb. konnten das Vorhandensein dieses DNA-Segmentes und seiner beiden Varianten bei fünf verschiedenen X-chromosomalen Familien mit Retinitis pigmentosa über mehrere Generationen hindurch verfolgen. In vier Familien vererbte sich die Retinitis pigmentosa immer zusammen mit der Variante A2, in einer Familie mit A1. Es konnte vorläufig noch nicht geklärt werden, ob diese Variantenunterschiede auf Heterogenie oder, was wahrscheinlicher ist, auf multiple Allelie zurückzuführen ist. Jedenfalls erlaubten sie bereits für die vier A2-Familien provisorische genetische Beratungsmöglichkeiten. Wenn man bedenkt, daß bis vor kurzem für die meisten X-chromosomalen Krankheiten

(z. B. X-chromosomale Retinitis pigmentosa und Duchenne-Muskeldystrophie) bei der Feststellung eines männlichen Embryos die pränatale Diagnose auf vorzeitige Beendigung der Schwangerschaft lautete, so wird man den enormen Fortschritt der molekularen Gentechnologie für die pränatale Erkennung solcher geschlechtsgebundener Affektionen erkennen.
Weitere enge Kopplungen zwischen X-chromosomalen Genen und DNA-Polymorphismen, die zu pränatalen Prognosen und Heterozygotenerkennung führen können, sind bei der Duchenne-Muskeldystrophie (Davies u. Mitarb. 1983), dem fragilen X-Syndrom (Camerino u. Mitarb. 1983), der Hämophilie A (Harper u. Mitarb. 1984) und B (Gianelli u. Mitarb. 1984, Peake u. Mitarb.) u. a. entdeckt worden. Über einen Linkage-Befund zwischen Duchenne-Muskeldystrophie und dem Gen für *Ornithin-Transcarbamylase* (einem Enzym des Harnstoffzyklus, das zu Citrullin führt) berichteten Davies u. Mitarb. (1985).

Chorea Huntington

Während die großen Fortschritte der Genkartierung für das X-Chromosom zweifellos auf den Umstand zurückzuführen sind, daß das Chromosom, das der Träger des betroffenen Gens ist, bereits zuvor bekannt ist, sind die Genloci der autosomalen Chromosomen, die etwa 80% des Genoms ausmachen, nur relativ wenig erforscht. Es war daher das große Verdienst der Arbeitsgruppe um Gusella vom genetischen Dienst des Massachusetts General Hospital Boston (1983, 1984), die „Spurensuche" nach dem unbekannten Gen gerade bei der *Huntington-Chorea* mit Erfolg aufgenommen zu haben. Diese neurodegenerative Erkrankung (Inzidenz 1:20000) gilt seit ihrer Erstbeschreibung durch George Huntington (1872) wegen ihres schweren Krankheitsbildes (choreiforme Bewegungen, Krämpfe und progressive Demenz) als ein Leiden von physisch als auch psychisch verheerender Auswirkung. Das Manifestationsalter bei dieser Krankheit ist relativ spät (35–45 Jahre), so daß eine genetische Beratung meist zu spät kommt. Andererseits ist weder bei ihren Kindern, noch sonstigen Familienmitgliedern „at risk" niemals eine biochemische Anomalie, noch eine Störung des Elektroenzephalogramms nachgewiesen worden, so daß diese Personen über ihr zukünftiges Schicksal in der Ungewißheit belassen werden müssen. Da die bisherigen klassischen Forschungsmethoden zu keinem Ergebnis über den zugrunde liegenden biochemischen Defekt geführt hatten, wählte Gusella eine neue Strategie, nämlich die der neuen DNA-Technologie, um zunächst Klarheit über die Lokalisation des krankhaften Gens zu gewinnen.
Als Ausgangsmaterial für ihre Suche nach dem Huntington-Genlocus wählten die Autoren zwei Familienstammbäume, wovon einer aus einer bekannten Huntington-Familie aus Indiana, der andere aus einer großen Venezuela-Sippe stammte. Für den Gennachweis wählten sie die indirekte DNA-Analyse, basierend auf der Verwendung der Restriktions-Polymorphismen („restriction fragment length polymorphisms") als Genmarkierer. Auf der Suche nach dem Huntington-Locus machten sie sich auf eine langwierige Untersu-

chung aller autosomaler Chromosomen gefaßt, hatten jedoch das unerwartete Glück, gewissermaßen auf den ersten Anhieb vermittels des G8-Genmarkers auf die Lokalisation des Gens, gelegen auf dem *Chromosomen 4*, und zwar dem kurzen Arm desselben, zu stoßen. Es ist zu hoffen, daß die zweite Etappe, nämlich die Isolierung des krankhaften Gens und Analyse des fehlerhaften Proteins, für die Forscher gleichfalls vom Glück begünstigt sein wird, so daß ein Test zur Bestimmung der heterozygoten asymptomatischen Genträger sowie für die pränatale Diagnostik entwickelt werden kann. Endziel einer verbesserten Diagnostik bleibt natürlich immer eine Therapiemöglichkeit.

Myotonische Dystrophie

(Abb. **5**, S. 11)

Bei der myotonischen Dystrophie (Steinertsche Krankheit), einer der Huntington-Chorea insofern ähnlichen neural-degenerativen Erkrankung, als sie gleichfalls in mehr als der Hälfte der Fälle erst im Erwachsenenalter (30.–35. Jahr) manifest wird, und sich ebenfalls autosomal dominant vererbt, hat die neue DNA-Technologie gleichfalls zu einer besseren Erkenntnis der molekularen Grundlagen geführt, so daß die Hoffnung auf eine baldige Isolation des dystrophischen Gens berechtigt ist.

Nachdem Fälle von „atrophischer Myotonie“ bereits in den beiden letzten Jahrzehnten des vorigen Jahrhunderts beschrieben worden waren, faßten Steinert (Leipzig) und Batten u. Gibb (London) im Jahre 1909 die beobachteten Symptome zu einer Synthese zusammen, die auch heute noch maßgeblich geblieben ist: Muskeldystrophien des Gesichts, Halses und der distalen Extremitäten, myotonische Bewegungsstörungen sowie endokrine, okuläre, dystrophische und psychische Abweichungen. Das Besondere an dem Krankheitsbild der myotonischen Dystrophie ist seine phänotypisch außerordentliche Variationsbreite, abgesehen von der *frühkindlichen Sonderform*, die wiederum ein anderes Gepräge aufweist: Hypotonie, Saug- und Schluckstörungen, faziale Diplegie, Klumpfüße, geistige Retardierung. Merkwürdigerweise sind es fast immer die Mütter, die ihre Erbanlage bei frühkindlichen Fällen auf ihre Kinder übertragen haben.

Historisch ist die myotonische Dystrophie besonders bemerkenswert, weil bei ihr die erste genetische Kopplung, nämlich mit dem ABH-Sekretor-Faktor und dem Lutheran-Faktor nachgewiesen werden konnte (Mohr 1954), bestätigt durch Renwick u. Mitarb. (1971) und Harper u. Mitarb. (1972). Letztere konnten zeigen, daß der Sekretorstatus in der Amnionflüssigkeit nachweisbar ist, womit die *pränatale Diagnose* für die Krankheit möglich wurde.

Wie bekannt, wird die An- oder Abwesenheit der ABH-Gruppen in den Körperflüssigkeiten und im Speichel von einem Paar alleler Gene Sekretor (Se) und Nicht-Sekretor (se) kontrolliert, wobei Se dominant über se ist. In der europäischen Bevölkerung sind ca. 77% Sekretor: entweder homozygot *SeSe* (27%) oder heterozygot *Sese* (50%); 23% sind Nicht-Sekretor *(sese)*. Bei geeigneter Verteilung der Sekretortypen, z. B. wenn der befallene Elternteil ein *heterozygoter Sekretor* und sein Partner ein

Nicht-Sekretor ist, kann in einer Familie theoretisch mit einer Wahrscheinlichkeit von 92% (8% entfallen auf die Möglichkeit eines Crossing-over) eine präzise Auskunft über die An- oder Abwesenheit des mutierten Gens beim Fetus aus dem Fruchtwasser gegeben werden. In Wirklichkeit ist die Möglichkeit einer Voraussage relativ mäßig (etwa 20% der betroffenen Familien), da viele Stammbäume nicht informativ sind und nicht eine genügende Zahl befallener Individuen, die analysiert werden können, enthalten.

Nach dem Nachweis des Sekretorfaktors aus der Amnionflüssigkeit, der die pränatale Diagnose möglich machte, sollten noch weitere zehn Jahre vergehen, bis ein Linkage-Verhältnis der Sekretor-und Lutheran-Loci mit dem C3-Polymorphismus-Gen auf dem *Chromosom 19* festgestellt wurde. Interessanterweise zeigte der C3-Polymorphismus auch eine Kopplung mit dem *Hypercholesterämiegen* des gleichen Chromosoms (SHAW u. Mitarb. 1986). Einer weiteren Forschung bleibt es vorbehalten, noch nach näher gelegenen Genmarkern zu suchen, um das Gen der Dystrophia myotonica zu isolieren.

Mukoviszidose (zystische Fibrose)

Diese Erkrankung ist in Mitteleuropa und in der weißen Bevölkerung Amerikas die verbreitetste letale Kinderkrankheit geblieben (Häufigkeit 1:2000 bis 1:2500; Heterozygotenfrequenz 4–5%). Die primäre Störung besteht in der Produktion eines hochviskösen Sekrets aller mukösen Drüsen, wodurch es zu einer Obstruktion der Drüsenausführungsgänge und sekundär zu Zystenbildung und Fibrosierung des Gewebes kommt. Besonders betroffen sind Pankreas und epitheliale Drüsenzellen der Bronchien. Es kommt zu einem Pankreasfermentausfall, wobei einzig die Langerhans-Zellen noch lange funktionell bleiben, so daß die Abgabe von Insulin zunächst wenig beeinträchtigt ist. Die Verminderung des Pakreassekrets führt zu Malabsorption und Steatorrhoe. Die erhöhte Viskosität des Bronchialsekrets bewirkt Sekretretention, entzündliche Reaktionen und allmählich eine chronische obstruktive Lungenerkrankung mit Bronchiektasien, Ateminsuffizienz, Cor pulmonale mit Trommelschlegelfingern. Gleichzeitig mit der Entwicklung einer generalisierten Exokrinopathie besteht ein gestörter Elektrolythaushalt mit Vermehrung der Natrium- und Chloridelektrolyte im Schweiß und im Speichel (Salzverlustsyndrom).
Während die Kinder früher bereits um das 6. Lebensjahr starben, kommt es heute in etwa 10% der Fälle dank einer sachgerechten Behandlung zum Übergang in Adoleszenz und frühes Erwachsenenalter. Bei männlichen Patienten besteht jedoch trotz normaler Spermiogenese Sterilität, entweder infolge fehlerhafter Entwicklung oder degenerativer Veränderungen mit Obstruktion der Ausführungsgänge des männlichen Genitalsystems ähnlich denen des Pankreas und der Speicheldrüsen. Bis vor kurzem war eine pränatale Diagnostik infolge Fehlens zuverlässiger Testverfahren nicht möglich.
BROCK (1983,1985) gelang inzwischen die Entdeckung eines intestinalen *Alkalin-Phosphatase-Isoenzyms,* das bei befallenen Feten regelmäßig erniedrigt war. Vermutlich ist diese spezifische enzymatische Reaktion als

phänotypische Auswirkung des pleiotropen Gens für zystische Fibrose aufzufassen. Sie gilt jedenfalls als ziemlich zuverlässiger Indikator bei der Untersuchung der Amnionflüssigkeit um die 17.–18. Schwangerschaftswoche (SUPER 1986).

Einige gentechnologische Forschungszentren haben auch mit Erfolg versucht, mittels Anwendung von *DNA-Restriktionspolymorphismen* zur Lokalisation des Gens für zystische Fibrose und dessen eventueller Indentifizierung beizutragen. Dank solcher polymorpher DNA-Marker konnte in der Tat dieses Gen auf dem *langen Arm des Chromosoms 7 (7q22)* lokalisiert werden (KNOWLTON u. Mitarb. 1985, WHITE u. Mitarb. 1985, WAINWRIGHT u. Mitarb. 1985, SCAMBLER u. Mitarb.)

In der Tat konnten LIECHTI-GALLATI u. Mitarb. am letzten pädiatrischen Kongreß in Genf (1987) bereits über 25 Familien mit zystischer Fibrose berichten, die in den humangenetischen Instituten von Bern und Zürich auf insgesamt 10 verschiedene DNA-Restriktionsenzyme untersucht worden waren. Hiervon erwiesen sich 21 Familien (84%) für den pränatalen Nachweis bzw. Ausschluß einer Zweiterkrankung informativ. Bei sechs Schwangerschaften wurde eine pränatale Diagnose durchgeführt (DNA-Analyse einer Chorionbiopsie in der 8. Schwangerschaftswoche). Hierbei erwiesen sich zwei Fälle als homozygot gesund, zwei als heterozygot, und zwei ergaben eine „halbinformative“ Situation. Eines der homozygot gesunden Kinder wurde inzwischen geboren und für gesund befunden. In einem der „halbinformativen“ Fälle wurde eine Interruptio durchgeführt.

Die X-chromosomale, infantile progressive Muskeldystrophie, Typ Duchenne

Als letztes Beispiel einer genetischen Erkrankung, in der die DNA-Annalyse bald eine wichtige Rolle in bezug auf pränatale Diagnostik und Prophylaxe spielen dürfte, ist die X-chromosomale Duchenne-Muskeldystrophie. Dieses ausschließlich Knaben befallende letale Leiden ist die häufigste Muskelerkrankung der Kindheit und wird in einer Häufigkeit von ca. 1:3000 bis 1:4000 bei männlichen Neugeborenen angetroffen. Der Beginn kündigt sich im allgemeinen bereits vor dem 2. Lebensjahr in einer Verzögerung der statomotorischen Entwicklung an. Sodann wird ein eigentümlicher Watschelgang mit Neigung zum Fallen bemerkt. Das Aufrichten aus dem Sitzen und Liegen ist erschwert. Es erfolgt in Form eines Hochkletterns an sich selbst (Gower-Manöver) oder durch Abstützen an den Wänden. Die am Beckengürtel und an den Oberschenkeln beginnenden Muskelatrophien sind meist symmetrisch und stehen in einem gewissen Gegensatz zu der Pseudohypertrophie der Wadenmuskulatur. Die Muskelschwäche setzt sich dann auf den Rumpf fort, wodurch es zu einer ausgeprägten Lordose und Skoliose kommt. Um das 8.–10. Lebensjahr werden die Kinder gehunfähig und müssen im Rollstuhl bewegt werden. Im weiteren Verlauf der Krankheit entwickeln sich schwere Gelenkkontrakturen zunächst an den unteren Extremitäten, danach auch an den Schultergelenken. Infolge generalisierter Muskelatrophien wird der Patient allmählich bettlägerig und zu jeder Bewegung unfähig. Hierzu kommen meist Herzmuskelschäden, muskuläre Ateminsuffizienz und pulmonale Infekte, die zu Kachexie und Exitus meist vor dem 20. Lebensjahr führen.

In biochemischer Hinsicht ist für die Duchenne-Muskeldystrophie eine erhöhte Aktivität der *Serum-Creatinposphokinase* (CPK) charakteristisch, die bereits in der neonatalen Periode nachweisbar ist. Es ist bemerkenswert, daß auch etwa 70% der heterozygoten Merkmalsträgerinnen deutlich erhöhte CPK-Werte aufweisen. Als Ursache der biochemischen Anomalie wird ein Membrandefekt der Muskelzellen vermutet. Ferner läßt sich bei etwa 8% der Konduktorinnen eine leichte Myopathie feststellen. Ein interessantes neonatales Screening-Projekt wurde in den Jahren 1975–1978 von DELLAMONICA u. Mitarb. (1978) in Lyon durchgeführt. Insgesamt wurden 109000 Neugeborene in bezug auf CPK-Werte getestet. In 11 Fällen erwies sich der CPK-Wert im Blute signifikant erhöht, und in 28 Fällen erhielten fragliche heterozygote Frauen genetische Beratung.

In einer Reihe von Fällen sind auch weibliche Patienten mit Duchenne-Muskeldystrophie beschrieben worden. Abgesehen von diagnostisch unklaren Fällen handelt es sich bei einigen solcher Patientinnen etweder um *Turner- oder Turner-Mosaik-Syndrome* (FERRIER u. Mitarb. 1965, JALBERT u. Mitarb. 1966) oder um *Anomalien des X-Chromosoms,* sei es struktureller Art (BERG 1974) oder Translokationen zwischen dem X-Chromosom und einem Autosom, wobei das normale X-Chromosom infolge *Lyon-Effekt* inaktiviert wurde (VERELLEN-DUMOULIN 1984 u. a.). Interassanterweise fand sich bei all diesen X-Autosom-Translokationen die Bruchstelle immer am *X-Chromosom-Locus p21,* während die Autosomen wechselten, ein direkter Beweis für die X-chromosomale Lokalisation der Duchenne-Muskeldystrophie-Mutation.

Ein bis heute ungeklärte genetische Eigentümlichkeit dieser Krankheit ist ihre relativ hohe Mutationsrate. Entsprechend den verschiedenen Ländern und Kontinenten schwankt sie zwischen 4,0 und $10{,}9 \times 10^{-5}$, und ergibt im Durchschnitt den ungewöhnlich hohen Wert von $7{,}1 \times 10^{-5}$ pro Gen und Generation (MOSER 1984).

In gentechnologischer Hinsicht sind inzwischen bemerkenswerte Fortschritte in bezug auf die Genlokalisierung der Duchenne-Muskeldystrophie-Mutation gemacht worden. Wie bereits die strukturellen und Translokationsanomalien des X-Chromosoms bei weiblichen Patienten annehmen ließen, konnte die auf dem Xp21-Locus vermutete Mutation auch durch genspezifische DNA-Proben bewiesen werden. Mittels Anwendung von Restriktionspolymorphismen kam man der vermuteten Mutation der Duchenne-Muskeldystrophie zunächst bis auf etwa 15 Centimorgans nahe. Neuere Forschungsmethoden haben dann unter Anwendung eines Dutzends von spezifischen Genproben, die eine engere Kopplung mit dem wahrscheinlichen Locus Xp21 erlaubten, eine größere Sicherheit in bezug auf die Voraussage bei „Risiko-Schwangerschaften“ ermöglicht (IONASESCU u. Mitarb. 1986, DARRAS u. Mitarb. 1987).

Immerhin sollte der Fall eines männlichen Fetus, für den letztere Autoren

eine Wahrscheinlichkeit von 95% für Nichtbefallensein angenommen hatten, und der sich bei der Geburt als mit Duchenne-Muskeldystrophie befallen erwies, zur Vorsicht bei pränataler Diagnostik für Duchenne-Muskeldystrophie mahnen. Den Grund für die Fehlprognose sehen Darras u. Mitarb. (1987) in der relativen Länge des mutmaßlichen Duchenne-Locus, die evtl. zu *Crossing-over* (d.h. Austausch genetischer Information zwischen den beiden X-Chromosomen) und genetischer Rekombination zwischen benachbarten Genloci führen kann.
Auch Junien u. Mitarb. (1987) betonen auf Grund eigener Untersuchungen und solcher aus der Literatur (insgesamt 88 Familien mit Duchenne- und Becker-Muskeldystrophie) die Schwierigkeiten genetischer Beratung und Grenzen der pränatalen Diagnostik infolge der Möglichkeit meiotischer Rekombination oder Neumutationen.

Progressive Beckengürtel-Muskeldystrophie (Becker)

Bei der wesentlich selteneren, gleichfalls X-chromosomal vererbten Beckerschen Muskeldystrophie handelt es sich um eine relativ gutartige Myopathie. Auch bei ihr sind die Creatinphosphokinase-Werte im Serum im präklinischen Stadium wie bei der Duchenne-Muskeldystrophie stark erhöht. Der Krankheitsverlauf bei der Becker-Form ist bedeutend langsamer und die ersten klinischen Erscheinungen treten erst um das 11. Lebensjahr auf. Sie beginnen gleichfalls mit Beschwerden beim Gehen infolge Dystrophie der Beckengürtel- und Oberschenkelmuskulatur, wozu später auch Muskelschwäche im Schultergürtelbereich hinzukommt. Ähnlich wie bei der Duchenne-Krankheit wird auch bei dieser Form sehr früh eine Pseudohypertrophie der Waden beobachtet. Zur Gehunfähigkeit sowie Gelenkkontrakturen kommt es erst jenseits des 30. Lebensjahres. Eine Herzmuskelbeteiligung ist selten; gewöhnlich lassen sich nur EKG-Veränderungen beobachten.
Der genetische Basisdefekt dürfte vermutlich auf eine allelische Variante des Duchenne-Gens zurückzuführen sein. Im Gegensatz zur Duchenne-Form ist die Fortpflanzungsfähigkeit („reproduktive Fitness") zwar herabgesetzt, jedoch nicht ausgeschaltet. Bei der genetischen Beratung ist darauf hinzuweisen, daß die Patienten zwar phänotypische gesunde Kinder haben werden, alle Töchter jedoch obligatorische Konduktorinnen sind.

Progressive Muskeldystrophie (Emery-Dreifuss)

Emery u. Dreifuss (1966) beschrieben eine Familie mit acht befallenen Männern in drei Generationen eines typisch X-chromosomalen Stammbaums, bei denen sich um das 4.–5. Lebensjahr eine Muskelschwäche der Beckengürtelregion entwickelte, die mit Kontrakturen der Fußknöchel (Zehengang) und Ellenbogen einherging. Um das 10. Lebensjahr beobachtete man einen Watschelgang mit Lumballordose. Später griff die Muskeldystrophie auf die Schultergürtel über. Dagegen fehlte eine Pseudohypertrophie der Waden. An sonstigen Symptomen wurden gelegentlich Herzmuskelbeteilung, Pectus excavatum sowie geistige Retardierung angetroffen. Nur wenige Stammbäume sind beschrieben worden (Baraitser 1982).

Teil II
Übersicht über die genetischen Stoffwechselstörungen und Immunmangelsyndrome

Tabelle **68** Störungen des Aminosäurestoffwechsels und Pigmentmangelsyndrome

Krankheit	Enzymdefekt	Biochemische Zeichen	Klinisches Bild	Genetik
Alkaptonurie	Mangel an Homogentisinsäureoxydase.	Ausscheidung von Homogentisinsäure im Harn (dunkelbraune Verfärbung des Harns bei Alkalisierung oder Stehenlassen an der Luft). Pigmentablagerung (Ochronose) im 3.–4. Jahrzehnt in verschiedenen Geweben (Knorpel, Zwischenwirbelscheiben, Konjunktiva, Ohren, Haut).	Um das 3.–4. Dezennium Arthropathien u. Spondylitiden infolge Einlagerung eines braunschwarzen Pigments (*Osteoarthrosis deformans alcaptonurica*), die zu Versteifung der Wirbelsäule, verbunden mit starken Schmerzen, führen kann. Gelegentlich auch Cardiopathia ochronotica.	Autosomal rezessive Vererbung. Häufigkeit 1:250000 (*Rosenberg* u. *Scriver* 1974); in der Slowakei ziemlich häufig (*Cervenansky* u. Mitarb. 1959). Als erstes rezessives Stoffwechselleiden nach *Mendel* von *Garrod* (1902) angeführt.
Tyrosinämie, Typ I (hepatorenale Form)	Mangel an 4-Hydroxyphenylpyruvat-Dioxygenase.	Erhöhte Ausscheidung von Tyrosin, p-Hydroxyphenyl-Brenztraubensäure, -Milchsäure u. -Essigsäure, generalisierte Aminacidurie, Proteinurie u. Glucosurie.	*Akute Form:* Ab frühester Kindheit Diarrhöe, Leberschwellung, Ödeme. Tod innerhalb des 1. Lebensjahres. *Chronische Form:* Entwicklung einer Leberzirrhose, Nephropathie mit Vitamin D-resistenter Rachitis, gelegentlich Katarakt. *Therapie:* Tyrosin- u. phenylalaninarme Diät.	

Tabelle **68** Fortsetzung

Krankheit	Enzymdefekt	Biochemische Zeichen	Klinisches Bild	Genetik
Tyrosinämie, Typ II (Richner-Hanhart Syndrom)	Mangel an Tyrosinamino-Transferase, dadurch Abbau in der Leber gehemmt.	Anstieg der Tyrosinkonzentration im Blut (bis 30–50 mg/100ml). Auch andere Metabolite des Tyrosinabbaus im Blut erhöht, z. B. p-Hydroxyphenyl-Brenztraubensäure. Tyrosinurie. Ablagerung von Tyrosinkristallen in der Hornhaut.	Frühdiagnose im Kleinkindesalter durch den Augenarzt: Blepharospasmus, Photophobie, herpetiforme Hornhautdystrophie. Schulalter: zunehmende Oligophrenie, Lernschwierigkeiten. Gleichzeitig Entwicklung einer schmerzhaften *Palmoplantarkeratose*. *Therapie:* Restriktion von Tyrosin u. Phenylalanin in der Nahrung! Unter frühzeitiger diätetischer Behandlung Rückbildung der meisten Symptome und normales Sehvermögen.	Autosomal rezessiver Erbgang. Häufige elterliche Blutsverwandtschaft. Mediterrane Bevölkerung oft befallen. Lit.: *Franceschetti* u. *Thier* (1961), *Goldsmith* u. Mitarb. (1973), *Jaeger* u. Mitarb. (1978), *Hunziker* (1980).

Tabelle **69** Die Albinismussyndrome

Krankheit	Enzymdefekt	Biochemische Zeichen	Klinisches Bild	Genetik
Okulokutaner Albinismus (Albinismus universalis) Es werden zwei Hauptformen unterschieden: 1. tyrosinasenegativer Typ, 2. tyrosinasepositiver Typ.	Angeborene Störung des Melaninstoffwechsels. Synthese des Melanins in den Melanozyten aus L-Phenylalanin und L-Tyrosin u. Ablagerung in den Melanosomen. Bei Albinismus Fehlen der Tyrosinase, die zur Hydroxylierung zu DOPA (3,4-Dihydroxyphenylalanin) und Oxydation zu Dopachinon führt. Bei *tyrosinasepositivem Typ* liegt wahrscheinlich ein Transportdefekt des Tyrosins vor. Nur teilweises Fehlen des Melanins: Nachdunkeln des Haars und der Iris möglich.	Fehlende oder verminderte Pigmentierung der Haut, Haare und Augen.	Unpigmentierte, weiße oder rötlich durchscheinende Haut, die empfindlich gegen Sonneneinwirkung ist. Pigmentfreie Wimpern und Augenbrauen. Haare weiß oder gelblich. Photophobie. Transparenz der Iris, rotes Aufleuchten der Pupille bei gewöhnlichem Licht, da dieses infolge Pigmentmangels der Sklera seitlich eindringen kann. Stark herabgesetztes Sehvermögen infolge gleichzeitig bestehender *Makulahypoplasie*.	Autosomal rezessive Vererbung beider Hauptformen des Albinismus universalis. Häufigkeit 1 : 10000 bis 1 : 20000. Bei Heterozygoten häufig Durchleuchtbarkeit der Iris. Tyrosinasepositive Form hat günstigere Prognose bezügl. Visus. Tyrosinasepositive u. -negative Form nicht-allel zueinander.
Daneben sind noch einige seltene *Varianten* beschrieben worden: *Gelbe Mutante* des Albinismus) („yellow mutant albinism")	Vermutlich auf reichliche Synthese von *Phaeomelanin* (gelbe Vorstufe des Melanins) und nur geringer Menge von Eumelanin zurückzuführen.		Ähnelt dem tyrosinasepositiven Typ, jedoch schnellere Nachbräunung der Haut und gelbliche Haarfärbung. Persistieren des okulären Albinismus, sowie Nystagmus.	Autosomal rezessiver Erbgang. Genetische Sonderform. Zuerst in der Amish-Population beobachtet (*Nance* 1970).

Tabelle **69** Fortsetzung

Krankheit	Enzymdefekt	Biochemische Zeichen	Klinisches Bild	Genetik
Albinismus mit hämorrhagischer Diathese (*Hermansky-Pudlak-Syndrom* [1959])	Unbekannt	Neben hämorrhagischer Diathese (Thrombopathie) Speicherung eines ceroidähnlichen Pigments in den Zellen des retikuloendothelialen Systems u. in der Intima der kleinen Blutgefäße.	Universeller Albinismus, verlängerte Blutungszeit, zuweilen Lungenkomplikationen (*Davies* u. Mitarb. 1976, *Garay* u. Mitarb. 1979, *Palmer* u. Mitarb. 1983).	Autosomal rezessiver Erbgang.
Albinismus oculi	Unbekannt (Tyrosinstoffwechselstörung?)		Auf das Auge beschränkte Pigmentstörung: hochgradige Sehverminderung, roter Pupillarreflex, Nystagmus, Fehlen der Makula und Fovea, Pigmentarmut des Fundus mit Hervortreten der Aderhautgefäße, gelegentlich Kopfwackeln.	X-chromosaler Erbgang. Heterozygote kenntlich an peripherer, mosaikartiger Pigmentsprenkelung im Sinne der *Lyon*-Theorie.
Chediak-Higashi-Syndrom	Unbekannt	Große, eosinophile peroxidase – positive Einschlußkörperchen in den Myeloblasten und Promyelozyten des Knochenmarks, Neutropenie. *Granulationsanomalie* der Leuko- und Lymphozyten. Gelegentlich periphere Neuropathie.	Hypopigmentation der Haut, Haare, Iris, Fundus oculi. Photophobie, Nystagmus, vermehrte Neigung zu Infektionen sowie malignen Lymphomen. Allgemeine Hyperhidrose. Hepatosplenomegalie. Tod im allg. in früher Kindheit.	Autosomal rezessiver Erbgang mit häufiger elterlicher Konsanguinität. Heterozygotennachweis anhand kultivierter Hautfibroblasten (granuläre Einschlüsse). Pränatale Diagnose aufgrund spezif. Einschlußkörperchen möglich. Lit.: *Undritz* 1958, *Blume* u. Mitarb. 1972.

Weitere Pigmentanomalien:

Partieller Albinismus (Piebald-Albinismus, Leuzismus oder Scheckung). Die Pigmentarmut äußert sich in Form einer medianen weißen Stirnlocke, kombiniert mit pigmentlosen Arealen des Gesichts, der Brust, Bauchgegend und an den Extremitäten. Die Anomalie ist besonders bei Angehörigen dunkelhäutiger Rassen auffällig, wurde aber auch in europäischen und indianischen Familien beobachtet. Der Erbgang ist autosomal dominant.

Rezessiver Typ von okulärem Albinismus. *Witkop* u. Mitarb. (1978) haben vier Familien mit okulärem Albinismus beschrieben mit Befall beider Geschlechter und in gleich schwerer Form. Zwei der Familien stammten aus der Amish-Sekte mit elterlicher Blutsverwandtschaft. Sporadische Fälle (wie z. B. *Scialfa* 1972) sind nicht beweisend, da sie nicht gegen den x-chromosomalen Bulbusalbinismus mit heterozygotem Befall bei Frauen und zufälliger Nicht-Aktivierung eines normalen X-Chromosoms („Lyonisation") abgegrenzt werden können.

Forsius-Eriksson-Syndrom. Ein x-chromosomal vererbtes Syndrom, bestehend aus Albinismus solum fundi, Foveahypoplasie, Visusverminderung, Nystagmus und Protanomalie, das in einer auf den Aland-Inseln beheimateten Familie beobachtet werden konnte (*Forsius* u. *Eriksson* 1964), muß wahrscheinlich gegen den eigentlichen x-chromosomalen Albinismus oculi abgegrenzt werden, da die heterozygoten Frauen nur einen elektromyographisch nachweisbaren Nystagmus, aber keine charakteristischen Fundusveränderungen aufwiesen.

Partieller Albinismus mit Taubstummheit. Eine Familie mit x-chomosomalem partiellen Albinismus und Taubstummheit wurde von *Ziprkowski* u. Mitarb. (1962) und *Margolis* (1962; gleiche Familie) bei einer aus Marokko stammenden jüdisch-sephardischen Familie beschrieben. Bei drei Befallenen bestand ferner Irisheterochromie. *Fried* u. Mitarb. (1969) wiesen bei weiblichen Heterozygoten eine Hörverminderung nach. Eine phänotypisch ähnlich befallene Familie wurde auch in einer Hopi-Indianer-Familie beschrieben (*Woolf* u. Mitarb. 1965).

Cross-Syndrom (Oculozerebral-Syndrom mit Hypopigmentation). *Cross* u. Mitarb. (1967) haben vier Geschwister aus einer konsanguinen Amish-Familie beschrieben, die extrem blonde Haare, Hypopigmentation der Haut, Mikrophthalmie mit Hornhauttrübung und Nystagmus, Spastizität mit athetoiden Bewegungen, Zahnfleischfibromatose sowie schwere geistige und körperliche Rückständigkeit aufwiesen. Die biochemische Ursache dieses Krankheitsbildes ist unbekannt.

Klein-Waardenburg-Syndrom (*Klein* 1947, 1950, *Waardenburg* 1951).
Pigmentationsstörungen: Weiße Haarsträhne (oder frühzeitiges Ergrauen), Heterochromia iridis (oder beidseitige hellblaue Irides), partieller Albinismus der Haut (Leuzismus oder Scheckung). Der Fundus ist meist albinoid, und zwar in der der Irishypoplasie entsprechenden Region.
Dystopia canthi: Lateralverlagerung der medialen Augenwinkel und der unteren Tränenpunkte (Interokulardistanz 38 mm und mehr), Blepharophimosis. Breite, hohe Nasenwurzel mit Fehlen des frontonasalen Winkels („griechisches Profil"), Hypertrophie des medialen Anteils der Augenbrauen mit Konfluenz über der Nasenwurzel (Synophrys).
Gesichtsdysmorphie: Schmaler Oberkiefer mit hohem Gaumen und hypoplastischen Nasenflügeln, Zahnstellungsanomalien, breiter Unterkiefer mit Prognathismus. Bei etwa 25% der Patienten besteht eine angeborene Innenohrtaubheit (in 4,5% nur einseitig; *Dellemann* u. *Hageman* 1978). Gelegentliche Begleitanomalien: Lippen- u. Gaumenspalten, Hirschsprungsche Krankheit (aganglionäres Megakolon). Autosomal dominante Vererbung mit fast vollständiger Penetranz, aber variabler Expressivität: 95–99% für die Dystopia canthi, 75% für die Konfluenz der medialen Augenbrauenportion, 25% für die Heterochromia iridis,

25% für die kongenitale Taubheit, 17–40% für die weiße Haarsträhne. Differentialdiagnostisch muß das Syndrom als Typ I vom heterogenen Typ II abgegrenzt werden, bei dem die *Dystopia canthi fehlt* (*Arias* 1971). Im Gegensatz zu Typ I (Taubheitsrisiko 25%) ist bei Typ II die Erbprognose für Taubheit auf 50% erhöht (*Hageman* u. *Delleman* 1977, *Hageman* 1981). Für das von *Klein* (1947) beschriebene komplexe Mißbildungssyndrom (zusätzlich Arthromyodysplasie der oberen Extremitäten, Flexionskontrakturen, Fusion von Handwurzelknochen und Syndaktylie u. a.) ist die Bezeichnung Typ III vorgeschlagen worden (*Goodman* u. Mitarb. 1981, 1982, *Klein* 1983). Insgesamt sind über 1300 Fälle von Klein-Waardenburg-Syndrom in der Literatur veröffentlicht (*Hageman* u. *Delleman* 1977).

Tabelle **70** Weitere Störungen des Aminosäurestoffwechsels (vgl. Abb. **78**, Stoffwechsel der aromatischen Aminosäuren)

Krankheit	Enzymdefekt	Biochemische Zeichen	Klinisches Bild	Genetik
Phenylketonurie (*Fölling* 1934)	Phenylalaninhydroxylase (Phenylalanin-4-Monooxygenase). Daher kann Phenylalanin nicht in Tyrosin umgewandelt werden.	Erhöhter Phenylalaninspiegel im Blut (20 mg/100 ml) und im Liquor cerebrospinalis; im Harn Ausscheidung von Phenylbrenztraubensäure sowie Phenylalaninmetaboliten (Phenylpyruvat, Phenyllactat, Phenylacetat). *Labor:* Ferrichloridprobe ($FeCl_3$-Test): tiefgrüne Farbe im angesäuerten Urin. *Guthrie-Test:* Prinzip des Tests: Aufhebung der Wachstumshemmung des *Bacterium subtile*, die durch β-Thienylalanin bewirkt worden war, nach Phenylalaningabe.	Schwachsinn, Krampfanfälle, Hyperkinesen, Hyperreflexie, extrapyramidale Bewegungsstörungen, Manierismen (rhythmische Hand- und Rumpfbewegungen, Fingerspiele), „pithekoide" (affenartige) Körperhaltung, Kleinwuchs, Mikrozephalie, Pigmentarmut, Neigung zu Dermatosen, unangenehmer Körpergeruch („Mäusegeruch"). *Therapie:* Behandlung möglichst früh mit phenylalaninarmer Diät.	Autosomal rezessiver Erbgang; Häufigkeit in Zentraleuropa: ca. 1:10000. Häufigkeit der Phenylketonurie bei Schwachsinnigen: ca. 1%.

Sonderformen der Phenylketonurie:

1. *Persistierende milde Hyperphenylalaninämie*. Enzymdefekt: Phenylalaninhydroxylase herabgesetzt (evtl. Isoenzymdefekt). Relativ hohe Toleranz für Nahrungsphenylalanin.
2. *Transitorische Phenylketonurie*. Partieller Phenylalaninhydroxylase-Mangel. Evtl. spätere Normalisierung. Bei einem Teil der Fälle ohne Frühbehandlung geistige Retardierung.
3. *Hyperphenylalaninämie ohne Phenylketonurie*. Enzymdefekt: partielle Phenylalaninhydroxylase-Inaktivität. Normale Intelligenz.
4. *Kinder von Müttern mit Phenylketonurie*. Über 90% der Kinder phenylketonurischer Mütter zeigen eine herabgesetzte Intelligenz. Fehlbildungen ebenfalls häufig (Verzögerung der somatischen Entwicklung, Mikrozephalie, Skelettanomalien usw.). Daher wichtig: Phenylketonurikerinnen vor der Erkennung der Schwangerschaft an phenylalaninarm zu behandeln.

Die Diagnose einer Phenylketonurie wird heute in den meisten europäischen Ländern schon kurz nach Geburt gestellt, da die Untersuchung des Neugeborenenurins vermittels des Guthrie-Testes routinemäßig durchgeführt wird. Die phenylalaninarme Diät muß möglichst in den ersten drei Monaten zugeführt werden, wenn die Entwicklung eines Schwachsinns verhindert werden soll.

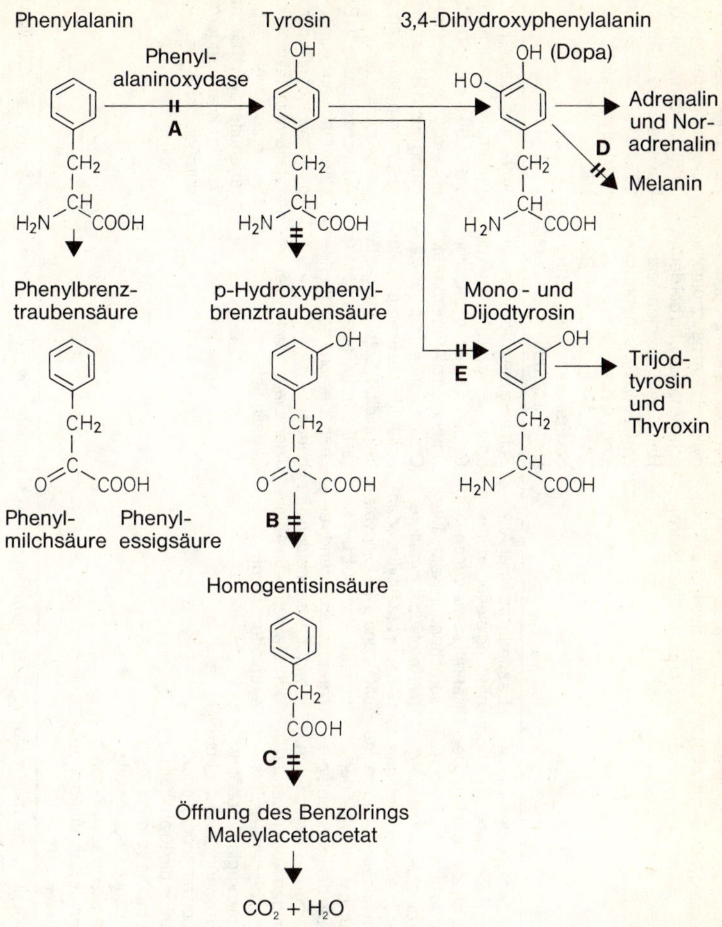

Block A	Block B	Block C	Block D	Block E
Phenylketonurie	Tyrosinose	Alkaptonurie	Albinismus	Störungen der Schilddrüsenhormonsynthese

Abb. **78** Stoffwechsel der aromatischen Aminosäuren

Tabelle **70** Fortsetzung

Stoffwechselkrankheit	Enzymdefekt	Biochemische Zeichen	Klinisches Bild	Genetik
Histidinämie	Histidase (L-Histidinammoniaklyase-Inaktivität)	$FeCl_3$-Probe: grüne Verfärbung des Urins (Imidazolbrenztraubensäure)	Symptome ähnlich der Phenylketonurie: psychomotorische Entwicklung bei der Hälfte der Patienten verzögert, auch Sprachentwicklung gestört. *Therapie:* histidinarme Diät bei Früherkennung kann geistige Retardation verhindern.	Autosomal rezessive Vererbung. Häufigkeit: 1:20000 Geburten (USA, Kanada; *Levy* u. Mitarb. 1974), 1:37000 Geburten (Schweden; *Alm* u. Mitarb. 1981).
Ahornsirupkrankheit („maple-syrup-disease")	Verzweigtketten-Decarboxylase-Mangel. Infolge fehlender oxidativer Decarboxylierung kommt es zu einer Abbaustörung der 3 verzweigtkettigen Aminosäuren Leucin, Isoleucin u. Valin auf der Stufe der ihnen entsprechenden α-Ketosäuren. Für den Abbau werden 3 verschiedene Multienzymkomplexe benötigt, von denen die Defektmutation einer der Komponenten die Krankheit bedingt. Die verminderte oxidative Decarboxylierung kann auch in den Leukozyten nachgewiesen werden.	Es kommt zu einer Anhäufung dieser Aminosäuren sowie der entsprechenden Ketosäuren (α-Ketoisocapronsäure, α-Keto-β-Methylvaleriansäure und α-Ketoisovaleriansäure) in Blut, Liquor cerebrospinalis und vermehrter Ausscheidung im Urin. Geruch nach Ahornsirup oder Maggi.	Schwere metabolische Azidose: wenige Tage nach der Geburt: Erbrechen, Apathie, Somnolenz, Atemstörung, Opisthotonus, Pupillenstarre, epileptiforme Krämpfe, Muskelrigidität, Enthirnungsstarre, Exitus in Tagen oder Wochen. Demenz bei Überlebenden. *Therapie:* Leucin-Isoleucin- u. Valindiät.	Autosomal rezessive Vererbung. Häufigkeit: 1:60000 bis 1:150000. Heterozygotenbestimmung durch Belastungstests. Pränatale Diagnose in Fruchtwasser u. Amnionzellen durch Bestimmung von Leucin usw. sowie der Decarboxylase-Aktivität möglich. Screening im Neugeborenenalter durch Guthrie-Test in vielen Ländern durchgeführt.

Varianten der Ahornsirupkrankheit: 1. *Intermittierende (Spät-) Form*. Beginn 1. Lebensjahr oder später. Geringe Decarboxylase-Aktivität (bis 25%) (*Dancis* u. Mitarb. 1967).
2. *Milde (intermediäre) Form*. Enzymaktivität bis 15%. Im Anschluß an Infektionen auftretend (*Schulman* u. Mitarb. 1970).
3. *Thiaminabhängige Form*. Thiamingaben haben guten Erfolg (*Scriver* u. Mitarb. 1971).

Tabelle **70** Fortsetzung

Stoffwechselkrankheit	Enzymdefekt	Biochemische Zeichen	Klinisches Bild	Genetik
Hypervalinämie	Valin-Ketoisovaleriansäure-Transaminase-Mangel	Valin im Serum und Urin vermehrt, jedoch ohne Leucin- und Isoleucinerhöhung.	Erbrechen, Schläfrigkeit, Gedeihstörung, Schwachsinn. Geringe Lebenserwartung.	Autosomal rezessive Vererbung. Eltern im Originalfall (*Wada* u. Mitarb. 1963) zeigten erhöhte Mengen von Valin im Urin. Pränatale Diagnose ab 17. Schwangerschaftswoche durch Untersuchung des Fruchtwassers möglich; ab 20. Woche auch des Urins. Daneben Enzymdefektnachweis in Amnionzellkulturen.

Bemerkung: Außer der Ahornsirupkrankheit und der Hypervalinämie sind im Rahmen der *Abbauschritte der verzweigtkettigen Aminosäuren* noch eine *Reihe weiterer Stoffwechselstörungen* bekannt (Isovalerianacidämie, β-Methylkrotonylglycinurie [2 Varianten], α-Methylacetoacetaturie [β-Ketothiolase-Defekt], Propionacidämie [2 Varianten], Methylmalonacidurien, Glutaracidurie [2 Typen]). Ihr gemeinsames Kennzeichen ist ihre Neigung zu episodischen Ketoazidosen und ihre vermehrte Ausscheidung von neutralen Ketonen bei Eiweißbelastung.

Tabelle **70** Fortsetzung

Stoffwechselkrankheit	Enzymdefekt	Biochemische Zeichen	Klinisches Bild	Genetik
Isovalerianacidämie	Isovaleryl-CoA-Dehydrogenase	Konzentration im Serum u. Ausscheidung von Isovaleriansäure während ketoazidotischer Krisen. Pathognomonisch: charakteristischer Schweißgeruch (Körper, Atemluft, Urin).	Azidose mit Koma, geistige Retardierung bei Überlebenden. *Therapie:* Leucinarme Diät.	Autosomal rezessive Vererbung.
β-Methylkrotonylglycinurie (2 Varianten)	β-Methylkrotonyl-CoA-Carboxylase	Infolge Leucinabbaublock wird β-Methylkrotonylglycin im Urin ausgeschieden.	Muskelhypotonie, Azidose mit Ketose, Erbrechen, Erythem. Manche Fälle sprechen auf Biotin an. Im übrigen leucinarme Diät.	Vermutlich rezessive Vererbung.
α-Methylacetoacetaturie (β-Ketothiolase-Mangel)	Acetyl-CoA-Acyltransferase	Defekt der Umwandlung des α-Methyl-β-ketobutyryl-CoA in Propionyl-CoA. Hauptsächlich im Urin ausgeschieden: α-Methyl-β-hydroxybuttersäure u. α-Methylacetessigsäure. Hyperglycinurie.	Schwere rezidivierende metabolische Azidose. Psychomotorische Retardierung.	Autosomal rezessive Vererbung (*Daum* u. Mitarb. 1973).
Propionacidämie („ketotische Hyperglycinämie"; *Childs* u. Mitarb. 1961). Daneben biotinempfindliche Propionacidämie-Variante (*Barnes* u. Mitarb. 1970)	Propionyl-CoA-carboxylase	Defekt der Umwandlung von Propionsäure in Methylmalonsäure. Hyperglycinämie u. Hyperglycinurie. Ausscheidung von β-Hydroxypropionsäure u. β-Hydroxyvaleriansäure im Harn.	Schwere Ketoazidose, Tachypnoe, Erbrechen, Lethargie. Überlebende: geistige Retardierung, Krampfanfälle, Spastizität. Neutropenie und Thrombopenie. Eiweißintoleranz. *Therapie:* Eiweißarme Diät.	

Tabelle **70** Fortsetzung

Krankheit	Basisdefekt	Biochemische Zeichen	Klinik	Genetik
Methylmalonacidurien	Die hereditären Methylmalonacidurien stellen eine Krankheitsgruppe dar, bei der die Umwandlung von Methylmalonyl-CoA in Succinyl-CoA gestört ist. Verschiedene Enzymdefekte (mindestens 6 bekannte) können zu einer Störung des Intermediärstoffwechsels (von Valin, Isoleucin, Threonin, Methionin u. a.) führen; davon betreffen 3 Defekte ein *Vitamin-B_{12}-Malabsorptionsyndrom*. Die übrigen Abbaustörungen lassen sich nach *Bremer* (1979) genetisch und klinisch in folgende Typen unterteilen: Typ 1 *Methylmalonyl-CoA-Racemase-Defekt*, Typ 2 *Methylmalonyl-CoA-Mutase-Defekt* (2 Varianten), Typ 3 *5-Desoxyadenosylcobalamin-Synthese-Defekt* (*Mahoney* u. Mitarb. 1975) (2 Varianten): a) *cbl-A-Mutante* (Defekt der Cob(III)alamin-Aufnahme oder Cob(III)-alamin-Reduktase. b) *cbl-B-Mutante* (Defekt der Cob(II)alamin-Reduktase oder der Desoxyadenosyl-Transferase).	*Laboruntersuchung*. Methylmalonsäure in Plasma und Liquor während Krisen erhöht, gesteigerte Ausscheidung im Urin. Häufige Nebenbefunde: Hyperglycinämie und Hyperglycinurie, Hyperurikämie.	*Allgemeine klinische Symptome der Typen 1 bis 3:* metabolische Azidose mit Ketonurie, Muskelhypotonie, Gedeihstörung, gelegentlich Lebervergrößerung; Koma, zerebrale Läsionen, oft Tod im Säuglingsalter. Bei Überlebenden: Muskelhypotonie, Entwicklungsstörungen, abnormes EEG. Neutropenie und Thrombopenie.	
Typ 4 Methylmalonylacidurie mit Homocystinurie (Cobalamin-B_{12}-Cofaktor-Mangel) (*Baumgartner* u. Mitarb. 1979 a u. b)	Der Defekt betrifft zwei Enzyme, deren Aktivität der Mitwirkung zweier B_{12}-abhängiger Coenzyme bedarf: Methylfolat-H(4)-methyl-Transferase und Methylmalonyl-CoA-Isomerase. Daher keine Methioninbildung aus 5-Methylfolat-H(4) und Homocystein und keine Umwandlung von Methylmalonyl-CoA in Succinyl-CoA.		*Klinische Symptome: Baumgartner* u. Mitarb. (1979) fanden bei einem mit 4 Monaten gestorbenen Kind hämolytische und Megaloblastenanämie, Hämaturie, Proteinurie, hohen Homocysteingehalt des Plasmas und Urämie. Die Methioninwerte in Blut und Urin waren erniedrigt. Bei der Autopsie stellte man schwere vaskuläre Läsionen, ein hämolytisch-urämisches Syndrom und Mangel an cobalaminabhängigen Enzymen in der Leber fest. Das von *Goodman* u. Mitarb. (1970) bei zwei Brüdern mit elterlicher Blutsverwandtschaft beobachtete Krankheitsbild war leichterer Art und mit Intelligenzverminderung, neu-	

Tabelle **70** Fortsetzung

Krankheit	Basisdefekt	Biochemische Zeichen	Klinik	Genetik
			ropsychiatrischen Symptomen und einem marfanoiden Habitus verbunden, so daß es sich evtl. um eine allele Form handeln könnte. Der Erbgang bei den wenigen beschriebenen Fällen ist von autosomal rezessivem Typus.	
Glutaracidurie Typ I	Defekt der Glutaryl-CoA-Dehydrogenase	Ausscheidung von Glutarsäure, ferner Glutaconsäure und β-Hydroxyglutarsäure im Harn. Erhöhter Glutarsäurespiegel im Plasma und Liquor.	Beginn mit ca. 6 Monaten: Dystonie, athetoide Bewegungen, Spastik, progrediente Demenz, manchmal metabolische Azidose.	Autosomal rezessive Vererbung.
Glutaracidurie Typ II B (*Przyrembel* u. Mitarb. 1976)	Defekt der Acyl-CoA-Dehydrogenase: Block im Lysin-, Leucin-, Isoleucin- und Valinabbau.	Ausscheidung von Glutarsäure, Isovaleriansäure, α-Methylbuttersäure und Isobuttersäure im Harn.	Metabolische Azidose, Hypoglykämie, Schweißfußgeruch, Tod in den ersten Lebenstagen. Jedoch auch im jugendlichen Alter beobachtet (*Dusheiko* u. Mitarb. 1979: 3 befallene Schwestern im Alter von 7–19 Jahren).	Autosomal rezessive Vererbung. Heterozygote zeigen partiellen Enzymdefekt (*Mantagos* u. Mitarb. 1979). Eine neonatale, letale X-chromosomale Form, von *Coude* u. Mitarb. (1981) beobachtet, wird als Typ II A bezeichnet: 5 Fälle in 3 Geschwisterschaften einer Familie u. 5 weibl. Genträgerinnen.

Tabelle **71** Störungen des Prolin- und Hydroxyprolinstoffwechsels

Krankheit	Basisdefekt	Biochemische Zeichen	Klinik	Genetik
Hyperprolinämie Typ I	Prolinoxydase-Mangel	Hyperprolinämie, Hyperaminoacidurie (Prolin, Hydroxyprolin und Glycin).	*Frühsymptom:* Nephropathie mit Hämaturie; psychomotorische Retardation, Krampfanfälle, evtl. angeborene Taubheit oder Innenohrschwerhörigkeit (Differentialdiagnose mit Alport-Syndrom).	Autosomal rezessive Vererbung (*Scriver* 1978).
Hyperprolinämie Typ II	δ-Pyrrolin-5-Carboxylsäure-Dehydrogenase-Mangel	Hyperprolinämie, Hyperaminoacidurie (Prolin, Hydroxyprolin, Glycin, Pyrrolincarbonsäure).	Neurologische Symptome ausgeprägter als bei Typ I: progressive psychomotorische Entwicklungsverzögerung, epileptiforme Krampfanfälle.	Autosomal rezessive Vererbung
Hydroxyprolinämie (*Efron* u. Mitarb. 1965)	Hydroxyprolinoxydase-Mangel	Hydroxyprolinurie	Schwachsinn, Verhaltensstörungen (4 Fälle bis 1978).	Autosomal rezessive Vererbung
Hyperimidodipeptidurie (*Powell* u. Mitarb. 1974, 1977, *Sheffield* u. Mitarb. 1977)	Prolidase (Imidodipeptidase)-Defekt	Prolin- und hydroxyprolinhaltige Peptide im Harn ausgeschieden. Prolidasemangel in Erythrozyten, Fibroblasten und Lymphozyten nachweisbar.	Trockene, rissige, erythematöse Hand- und Fußflächen, chronische Ohren- und Sinusinfektionen, Lymphödem, Fettsucht, Splenomegalie, mäßige geistige Retardation.	Autosomal rezessive Vererbung.

Tabelle **71** Fortsetzung

Krankheit	Basisdefekt	Biochemische Zeichen	Klinik	Genetik
Oxalosesyndrom I (Hyperoxalurie I)	Inaktivität der 2-Oxoglutarsäure-Glyoxylsäure-carboligase	Vermehrte Ausscheidung von Oxalsäure, Glycolsäure und Glycosylsäure im Harn; Ablagerung von Calciumoxalatsteinen in Niere und anderen Organen	Krankheitsbeginn im Kindesalter: Erbrechen, Polydipsie, Koliken u. Dysurie infolge Nephrolithiasis. Progressive Niereninsuffizienz mit Blutdruckerhöhung und Urämie. Exitus einige Wochen nach Beginn der urämischen Krampfanfälle. Bei leichteren Verlaufsformen Entwicklung einer Osteodystrophie mit Spontanfrakturen (*Morris* u. Mitarb. 1982).	Überwiegender Teil der Fälle autosomal rezessiv vererbt, dominante Vererbung seltener (*Lindenmayer* 1970).
Oxalosesyndrom II (Hyperoxalurie II) (*Williams* u. *Smith* 1978)	Mangel an D-Glycerat-Dehydrogenase	Vermehrte Ausscheidung von Oxalsäure und *L-Glycerinsäure* im Urin. Fehlen der D-Glycerat-Dehydrogenase in Leukozyten.	Rezidivierende Calciumoxalat-Nephrolithiasis, jedoch milder verlaufend als bei Typ I.	Autosomal rezessive Vererbung, Heterozygotenerkennung möglich (*Smith* u. *Williams* 1974).

Anmerkung: Die Typen I und II dürften auf genetische Unterschiede (2 separate Genloci) zurückzuführen sein.

Tabelle **71** Fortsetzung

Krankheit	Basisdefekt	Biochemische Zeichen	Klinik	Genetik
Sarcosinämie	Sarcosin-Dehydrogenase	Hypersarcosinämie, Hypersarcosinurie	Unterschiedliche klinische Symptome: geistige Retardation, Hepatomegalie, Minderwuchs, evtl. gutartig.	Autosomal rezessive Vererbung (*Gerritsen* u. Mitarb. 1966, *Hagge* u. Mitarb. 1967). Heterozygotenerkennung durch Sarcosinbelastung unsicher (*Scott* u. Mitarb. 1970, *Willems* u. Mitarb. 1971).
Aethanolaminose	Aethanolaminkinase-Mangel (Aethanolamin wichtig für die Phospholipidsynthese).	Vermehrte Aethanolaminausscheidung im Harn. Speicherung von Aethanolamin in Herz, Muskeln und Leberzellen.	Kardiomegalie, Muskelhypotonie, zerebrale Störung, Tod innerhalb der ersten beiden Lebensjahre. Speicherung von PAS-positiver und Best-positiver Substanz in den Lysosomen.	Autosomal rezessive Vererbung (*Victor* u. Mitarb. 1977).

Tabelle **72** Störungen des Tryptophanstoffwechsels

Krankheit	Basisdefekt	Biochemische Zeichen	Klinik	Genetik
Tryptophanurie	Tryptophan-2,3-Dioxygenase (Pyrrolase)- oder Formamidase(Formylase)-Mangel.	Hypertryptophanämie, Hypertryptophanurie, erniedrigte Ausscheidung von Kynurenin und Methylnicotinamid im Harn.	Zwergwuchs, Schwachsinn, Photosensibilität der Haut (ähnlich dem Hartnup-Syndrom), zerebellare Ataxie. Konjunktivale Teleangiektasien.	Autosomal rezessive Vererbung. In der von *Tada* u. Mitarb. (1963) beschriebenen Familie handelte es sich um 3 befallene Kinder in 3 Geschwisterschaften, deren Eltern auf ein Stammelternpaar zurückgeführt werden konnten. Ein weiterer Fall ist von *Wong* u. Mitarb. (1976) beobachtet worden.
Xanthurenacidurie	Kynureninase-Mangel in der Leber, der zu einer Abbaustörung des Tryptophans zu Nicotinamid führt.	Vermehrte Ausscheidung von Xanthurensäure, Kynurenin und 3-Hydroxykynurenin nach Tryptophanbelastung.	Zum Teil symptomlos, teils Schwachsinn (*Tade* u. Mitarb. 1967). Sowohl auf Vitamin B_6 ansprechende als auch nicht-ansprechende Fälle bekannt.	Wahrscheinlich autosomal rezessive Vererbung.
Hydroxykynureninurie	Kynureninase-Mangel	Vermehrte Ausscheidung von Xanthurensäure, 3-Hydroxy-kynurenin und Kynurenin auch ohne Tryptophanbelastung.	Leichte geistige Retardation, Hepatosplenomegalie (1 Fall, *Komrower* u. *Westall* 1967).	Wahrscheinlich autosomal rezessive Vererbung.

Tabelle **73** Glycogenosen

Krankheit	Biochemische Zeichen	Speicherung	Klinisches Bild	Genetik
Glycogenose Typ I (*von Gierke* 1929, hepatorenale Form)	Glucose-6-phosphatase-Mangel in Leber, Niere	Glycogenablagerung in Leber, Nieren und Intestinum.	Hepatomegalie, schon in früher Kindheit. Vorwölbung des Abdomens. Hypoglykämien, Hyperlipämie, Hautxanthome, hämorrhagische Diathese, Krampfanfälle, Azidose. Kleinwuchs. Hyperurikämie im späteren Alter.	Autosomal rezessiver Erbgang. Heterozygotiebestimmung möglich.
Glycogenose Typ II (generalisierte Glycogenose, Pompe-Krankheit)	Mangel an lysosomaler saurer α-Glucosidase	Akkumulierung von Glycogen in den Lysosomen, besonders Herzmuskel, Leber, Niere, Skelettmuskulatur usw.	Muskelhypotonie, Makroglossie, Herzvergrößerung, Tod im 1. Lebensjahr. Bei einer selteneren *neuromuskulären Form* fehlen die kardialen Symptome; dagegen Muskelhypotonie, Hyporeflexie, motorische Störungen, später bulbäre Symptome. Tod um das 4. Lebensjahr. Bei einer seltenen *Abortivform* kann das Erwachsenenalter erreicht werden (*Schlenska* u. Mitarb. 1976).	Autosomal rezessiver Erbgang. Heterozygotenbestimmung möglich.
Glycogenose Typ III (Forbes Krankheit, Grenzdextrinose, Cori-Syndrom)	Fehlen des „Debranching"-Enzyms (Amylo-1, 6-Glucosidase)	Speicherung eines abnormen, stark verzweigten, kurzkettigen Glycogens in Leber, Blutzellen, manchmal auch in Skelett- und Herzmuskulatur.	Manifestation in den ersten Lebensjahren. Mildere Verlaufsform als in Typ I. Hepatomegalie, Wachstumsverzögerung, Ketose, Krämpfe, Muskelhypotonie.	Autosomal rezessiver Erbgang. Heterozygotenerkennung durch Bestimmung der Enzymaktivität in Leukozyten.

Tabelle **73** Fortsetzung

Krankheit	Biochemische Zeichen	Speicherung	Klinisches Bild	Genetik
Glycogenose Typ IV (Amylopectinose Andersen)	Mangel an 1,4-α-Glucan-verzweigendem Enzym („brancher enzyme").	Speicherung von abnormen, schwach verzweigtem, langkettigem Glycogen in Leber, Milz, Lymphknoten, Muskulatur.	Hepatosplenomegalie, Muskelhypotonie, progressive Leberzirrhose, Tod vor 3. Lebensjahr.	Autosomal rezessiver Erbgang. Partieller Enzymmangel bei beiden Eltern.
Glycogenose Typ V (Muskelphosphorylasemangel, McArdle-Krankheit)	Mangel an Phosphorylase, infolgedessen Störung des Glycogenabbaus.	Speicherung von normalem Glycogen in der Muskulatur.	Muskelsteifigkeit, Schwäche u. Schmerzen bei körperlicher Tätigkeit. Kein Milchsäureanstieg im Blut bei Anstrengung. Myoglobinurie. In der Kindheit im allgemeinen erscheinungsfrei.	Autosomal rezessiver Erbgang. Spätmanifestation und intrafamiliäre Variabilität beobachtet (*Engel* u. Mitarb. 1963). Eine dominante Form wurde beschrieben (*Chui* u. *Munsat* 1976).
Glycogenose Typ VI (Leberphosphorylasemangel, Hers-Krankheit)	Verminderte Aktivität der Leberphosphorylase. Störung des Glycogenabbaus.	Erhöhte Glycogenablagerung in der Leber.	Mäßige Lebervergrößerung, gelegentlich Milchsäureanstieg im Blut, geringe Ketoazidose. Hypoglykämische Symptome mild, geringe Wachstumsverzögerung. Gute Prognose.	Autosomal rezessiver Erbgang (*Wallis* u. Mitarb. 1966).
Glycogenose Typ VII (Muskelphosphofructokinase-Mangel, *Tarui* u. Mitarb. 1965, *Layzer* u. Mitarb. 1967)	Erniedrigte, oft fehlende Phosphofructokinase-Aktivität. Daher Störung des Glycogenabbaus in der Muskulatur. Erniedrigte Enzymaktivität in den Erythrozyten.	Glycogenablagerung in der Muskulatur.	Beginn im Kindesalter. Hypotonie, schnelle Ermüdbarkeit, Muskelkrämpfe, Steifheit und Schwäche bei der Arbeit. Verkürzte Lebensdauer der Erythrozyten. Myoglobinurie.	Autosomal rezessiver Erbgang. Partielle Enzymaktivität in den Erythrozyten der Eltern.

Tabelle **73** Fortsetzung

Krankheit	Biochemische Zeichen	Speicherung	Klinisches Bild	Genetik
Glycogenose Typ VIII a (*Hug* u. Mitarb. 1969) (Leberphosphorylase-Kinase-Mangel mit *autosomal rezessivem Erbgang*)	Mangel an Leberphosphorylase-b-Kinase	Glycogenspeicherung in Leber, Enzymdefekt auch in Erythrozyten und Leukozyten.	Leichte Hepatomegalie, keine oder geringe hypoglykämische Symptome, Serumtransaminasen erhöht, leichte Wachstumsverzögerung. Milde Verlaufsform.	Autosomal rezessive Vererbung.
Glycogenose Typ VIII b (*Huijing* u. *Fernandez* 1969, 1970) (Leberphosphorylase-Kinase-Mangel mit *X-chromosomalem Erbgang*)	Mangel an Leberphosphorylase-b-Kinase-Mangel	wie bei Typ VIII a	Hepatomegalie, hypoglykämische Symptome, leichte Wachstumsverzögerung. Normalisierung im Erwachsenenalter. *Garibaldi* u. Mitarb. haben Behandlung mit *Dextrothyroxin* vorgeschlagen, die eine dramatische Besserung der Symptome bewirkt (1978).	X-chromosomale Vererbung. Mildere Symptome, die früher verschwinden bei heterozygoten Mädchen als bei hemizygoten Jungen. Bei Zellklonierung finden sich sowohl hereozygote als auch hemizygote Formen (Lyonsche X-Inaktivation) (*Migeon* u. *Huijing* 1974).
Bemerkung: McKusick (1983) weist auf eine bedauerliche Konfusion in der Literatur bezüglich Klassifikation und insbesondere Numerierung der Glycogenosen hin. So bezeichnet z. B. *Huijing* den Glycogenosetyp VIII als VI A. Andererseits grenzen *Hug* u. Mitarb. (1967) eine eigene Form von Phosphorylase-Defekt mit neurologischen Zeichen (Ataxie, Nystagmus und Hypotonie, später progressive Dezerebration) und Tod in der Kindheit als Typ VIII ab.				
Glycogenmangelkrankheit („Glycogen storage disease-Zero")	Glycogen-Synthetase-Mangel in der Leber	Glycogenspeicherungsunfähigkeit	Hypoglykämische Anfälle in der Kindheit, Ketonurie, Milchsäureanstieg im Blut nach Glucose- oder Galactosebelastung. *Therapie:* Vermeidung der Hypoglykämien durch über den Tag verteilte kohlehydratreiche kleine Mahlzeiten.	Autosomal rezessiver Erbgang. Eineiige Zwillinge konkordant (*Lewis* u. Mitarb. 1963).

Tabelle **74** Sonstige Störungen des Kohlehydratstoffwechsels

Krankheit	Enzymdefekt	Biochemische Zeichen	Klinisches Bild	Genetik
Galactosämie	Galactose-1-phosphat-uridyltransferase	Ansammlung von Galactose-1-phosphat u. Galactose in den Organen (Leber, Milz, Linse, Gehirn, Erythrozyten). Für die Entstehung der Katarakt besonders verantwortlich ist das akkumulierte *Galactidol* in der Linse.	Mit Beginn der Milchzufuhr Erbrechen, Durchfall, Ikterus, Hepatomegalie, Gewichtsverlust, Katarakt. Besserung der Symptome bei milchfreier Diät. Bei Fortführung der Milchgaben rasche Verschlechterung des Zustands: Leberzirrhose, Nierenschädigung, Aszites, Ödeme, Krämpfe, geistige Retardierung, Tod innerhalb weniger Wochen. *Therapie:* Galactosefreie Nahrung, Verabreichung lactosefreier Präparate.	Autosomal rezessiver Erbgang. Heterozygote weisen erniedrigte Transferaseaktivität der Erythrozyten auf. Häufigkeit der Krankheit ca. 1:35000 in der Bevölkerung. Pränatale Diagnose möglich (*Benson* u. Mitarb. 1979). Während Schwangerschaft galactosearme Diät zur Vermeidung intrauteriner Schädigung.

Galactosämievarianten, die unterschiedliche elektrophoretische Wanderungsgeschwindigkeiten aufweisen und auf genetisch bedingten Strukturveränderungen des Enzymproteins beruhen:

Duarte-Variante: besitzt nur 50% der normalen Transferaseaktivität. Relativ hohe Genfrequenz in der Bevölkerung (*Beutler* u. Mitarb. 1965).

Los-Angeles-Variante: keine klinischen Symptome. Transferaseaktivität erhöht.

Rennes-Variante: klinische Symptome wie bei der Galactosämie. Geringe Aktivität der Transferase (*Hammersen* u. Mitarb. 1975).

Indiana-Varietät: Klinische Symptome bei Milchzufuhr. Geringe Transferaseaktivität.

Negro-Variante: Im Kindesalter klinische Symptome bei Milchzufuhr. Bei Erwachsenen gute Milchverträglichkeit. Fehlende Transferaseaktivität in den Erythrozyten. Restaktivität in der Leber (*Baker* u. Mitarb. 1967).

Ferner ist eine Mutante bekannt geworden, bei der trotz mäßiger Enzymaktivität ein der Galactosämie ähnliches Krankheitsbild auftritt, da das entstehende Enzym (Galactose-1-phosphat-uridyltransferase) durch Glucose-1-phosphat gehemmt wird (*Lang* u. Mitarb. 1980).

Tabelle **74** Fortsetzung

Krankheit	Enzymdefekt	Biochemische Zeichen	Klinisches Bild	Genetik
Galactokinase-Mangel (*Gitzelmann* 1967)	Galactokinase-Mangel (Galactose phosphorylierendes Enzym) in Erythrozyten und anderen Geweben sowie Fibroblastenkulturen.	Hypergalactosämie, Galactosurie, Galactiturie.	Katarakt wie bei der Galactosämie. *Therapie:* Galactosefreie Diät.	Autosomal rezessiver Erbgang. Heterozygote (50% Galactokinase-Aktivität) entwickeln häufig Katarakt im Erwachsenenalter. Häufigkeit: 1:40000 (*Kaloud* u. Mitarb. 1974).
UDP-Glucose-4-Epimerase-Mangel (*Gitzelmann* 1972)	UDP-Glucose-4-Epimerase (UPD-Galactose-4-Epimerase)	Auf die Erythrozyten beschränkter Epimerasemangel, erhöhter Blut-Galactose-Spiegel.	Keine klinischen Symptome.	Autosomal rezessiv. Heterozygote durch Enzymbestimmung erkennbar.
Benigne Fructosurie	Inaktivität der Fructokinase. Phosphorylierung von Fructose-1-phosphat gestört.	Fructosämie mit Fructosurie nach Zufuhr von Fructose.	Keine klinischen Symptome	Autosomal rezessiver Erbgang. Häufigkeit: 1:130000 (*Froesch* 1972).
Fructoseintoleranz	Fructose-1-phosphat-Aldolase	Intrazelluläre Anreicherung von Fructose-1-phosphat. Fructosämie, Fructosurie und Hypoglykämie nach Verabreichung von fructosehaltigen Nahrungsmitteln.	Erbrechen nach Zufuhr von Fructose und hypoglykämische Anfälle. Hepatomegalie, mit Ikterus. Aszites, Ödeme, Nierenschädigungen.	Autosomal rezessiver Erbgang (*Froesch* u. Mitarb. 1963).

Tabelle **74** Fortsetzung

Krankheit	Enzymdefekt	Biochemische Zeichen	Klinisches Bild	Genetik
Fructose-1,6-diphosphatase-Mangel (*Baker* u. *Winegrad* 1970)	Fructose-1,6-diphosphatase	Ausfall der Gluconeogenese. Nüchternhypoglykämie und Lactazidose.	Durch Fasten oder Fructose- bzw. Sorbitgaben ausgelöste Anfälle von Hypoglykämie u. Lactazidose, die letal ausgehen können. Evtl. Hepatomegalie, Muskelhypotonie, manchmal Fettleibigkeit. *Therapie:* kohlehydratreiche, fructosefreie Nahrung.	Autosomal rezessiver Erbgang. Heterozygote: reduzierte Enzymaktivität.
Familiäre infantile Lactatazidose	Mangel an Lactatdehydrogenase, Pyruvatcarboxylase oder Pyruvatdehydrogenase?	Erhöhte Lactat- und Pyruvatkonzentration im Blut. Renale Aminoazidurie, erniedrigtes Serumphosphat, Hyperalaninämie.	Atembehinderung, metabolische Azidose, geistige Retardierung, Ataxie, Krämpfe, Muskelzuckungen und Hypotonie, intermittierende Hyperpnoe, Haarverlust, Enzephalopathie; Tod innerhalb eines Jahres nach Beginn der Krankheit. Ophthalmologisch: Optikusatrophie, ausgelöschtes ERG (tapetoretinale Degeneration (?); *Saraux* u. Mitarb. 1969).	Autosomal rezessiver Erbgang

Tabelle **75** Hereditäre Störungen der Schilddrüsenhormonsynthese

Stoffwechselkrankheit	Enzymdefekt	Biochemische Zeichen	Klinisches Bild	Genetik
Hyperthyreose infolge Störung der Jodisation	Peroxydase; rasche Entleerung der Schilddrüse von anorganischem Radiojod durch Perchloratgabe.	Anorganisches Jodid kann nicht in organisch gebundenes Jod umgewandelt werden, daher Einbau in die normalen Vorstufen Monojodtyrosin und Dijodtyrosin nicht möglich.	Struma, geistige Retardierung.	Autosomal rezessive Vererbung (*Stanbury* 1978)
Pendred-Syndrom (Taubheit-Kropf-Syndrom)	Enzymdefekt unbekannt (verminderte Aktivität der Jodperoxydase?).		Mäßige Struma, Innenohrschwerhörigkeit oder Taubheit, gelegentlich auch Schwachsinn.	Autosomal rezessive Vererbung (*Fraser* 1965).
Kopplungsdefekt der Jodtyrosine	Ursache unbekannt. Perchlorat entleert die Schilddrüse nicht von Radiojod.	Unfähigkeit, Monojod- und Dijodtyrosin zu Trijodthyronin und Thyroxin zu koppeln. Daher nur geringe Mengen an T_3 und T_4, dagegen hohe Mengen an markiertem Monojod- und Dijodtyrosin im Schilddrüsengewebe.	Kretinismus oder Strumabildung bei Hypothyreose.	Autosomal rezessive Vererbung (*Pommier* u. Mitarb. 1974).

Tabelle **75** Fortsetzung

Stoffwechselkrankheit	Enzymdefekt	Biochemische Zeichen	Klinisches Bild	Genetik
Dejodinase (Dehalogenase)-Insuffizienz	Jodtyrosindejodinase-Mangel in Schilddrüse, Leber, Nieren u. anderen Organen.	Monojod- und Dijodtyrosin können nicht dejodiert werden. Daher kontinuierliche Ausscheidung von Jod und Tyrosin im Urin. Folglich verminderte Hormonsynthese. Rasche Aufnahme und Umsatz von Radiojod in der Schilddrüse.	Struma, geistige Retardierung. *Therapie:* hohe Dosen von T_4 oder Jod.	Autosomal rezessive Vererbung. Eine heterozygote Form ohne geistige und körperliche Entwicklungsstörung ist beobachtet worden. Heterozygotenerkennung möglich (*Rochiccioli* u. *Dutau* 1974).
Störung der Thyreoglobulinsynthese	Heterogener Defekt?	Verminderte Produktion von normalem Thyreoglobin. Bildung eines abnormen Jodproteins in der Schilddrüse.	Schwerer Hypothyreoidismus mit Struma.	Autosomal rezessive Vererbung (*Riddick* u. Mitarb. 1969: 3 von 4 Geschwistern befallen).

Tabelle **76** Tubulopathien

Krankheit	Basisdefekt	Biochemische Zeichen	Klinik	Genetik
Tubuläres Salzverlustsyndrom (Chloriddiarrhoe, angeborene Alkalose mit Diarrhoe)	Störung der Rückresorption von NaCl	Hohe NaCl-Ausscheidung im Urin, sekundärer Hyperaldosteronismus bei normalen Blutdruckwerten, Hyperreninämie, Hyperkaliurie, Hyperkaliämie. Histologisch: Hyperplasie der juxtaglomerulären Zellen.	Beginn 1. Lebenswoche: Inappetenz, Dehydratation, metabolische Alkalose, wässerige saure Stühle, mit hoher Chloridkonzentration, Hypotonie, Gedeihstörungen (oft prämature Kinder mit Hydramnion während der Schwangerschaft).	Autosomal rezessive Vererbung (*Kelsey* 1954, *Holmberg* u. Mitarb. 1980: 21 Familien mit 31 Fällen in Finnland beschrieben).

Differentialdiagnose: Symptomatologie ähnlich dem *Bartter-Syndrom:* vermehrte NaCl-Ausscheidung mit sekundärem Hyperaldosteronismus, hypokaliämische Alkalose. Häufig Wachstumsverzögerung, geistige Rückständigkeit.
Basisdefekt: Störung der tubulären Rückresorption von Kalium und Natrium. Manifestation ab 3. Lebensmonat. Autosomal rezessive Vererbung (*Sutherland* u. Mitarb. 1970).
Therapie: Indomethacin-Gaben (*Dillon* u. Mitarb. 1979).

Tabelle **76** Fortsetzung

Krankheit	Basisdefekt	Biochemische Zeichen	Klinik	Genetik
Renaler Diabetes insipidus	Nichtansprechen der Nierentubuli auf das antidiuretische Hormon.	Ausscheiden großer Mengen von stark verdünntem Harn.	Dehydratation, pathologisches Durstgefühl, Gedeihstörung, Krämpfe, psychomotorische Retardation. *Therapie:* hohe Flüssigkeitszufuhr, salzarme Diät, Chlorothiazid.	Geschlechtsgebunden rezessive Vererbung, partielle Störung bei Konduktorinnen (*Andreoli* u. *Schafer* 1978).

Differentialdiagnose: Außer der geschlechtsgebundenen Form von Diabetes insipidus findet sich auch eine *autosomal dominante neurohypophysäre Form* (*Forssman* 1955).

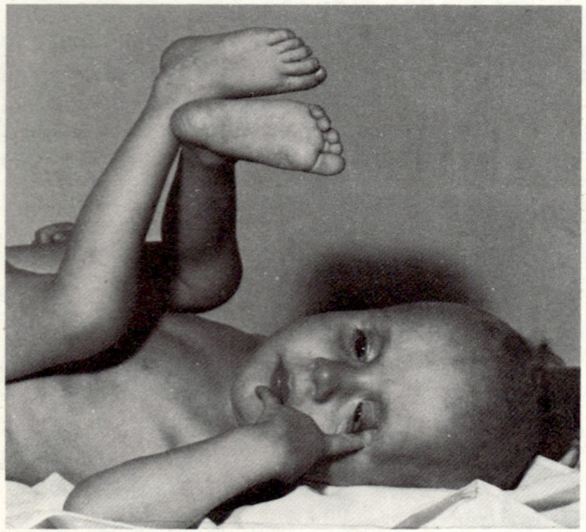

Abb. **79** Lowe-Syndrom bei einem 2jährigen Knaben. Psychomotorischer Rückstand, beidseitige Katarakt, linksseitiges kongenitales Glaukom (operiert), allgemeine Muskelhypotonie. Typisches Gesicht mit vorstehenden Stirnhöckern, tiefliegenden Augen und digitookulärem Phänomen

Tabelle **76** Fortsetzung

Krankheit	Basisdefekt	Biochemische Zeichen	Klinik	Genetik
Okulozerebrorenales Syndrom (Lowe-Terrey-MacLachlan-Syndrom [1952]) (vgl. Abb. **79**)	Nierentubulidefekt	Hyperaminoacidurie, Proteinurie, Hypophosphaturie.	Kongenitale Katarakte, gelegentlich Glaukom, Mikrophthalmie, Mikrozephalie, Schwachsinn, Kryptorchismus, Vitamin-D-resistente Rachitis, chronische renale Azidose, Muskelhypotonie.	Geschlechtsgebunden rezessive Vererbung (*Streiff* u. Mitarb. 1958). Bei weiblichen Konduktorinnen gelegentlich Linsentrübungen (*Delleman* u. Mitarb. 1977).
Glucoaminophosphat-Diabetes De Toni [1933]-Debré [1934]-Fanconi [1936]-Syndrom) a) *frühkindliche* Form	Nierentubulidefekt	Verlust von Glucose, Aminosäuren, Phosphat, Protein und Bicarbonat mit dem Harn.	Vitamin-D-resistente Rachitis, Minderwuchs, chronische tubuläre Azidose.	Autosomal dominante Vererbung (*Klajman* u. Mitarb. 1967, *Schneider* u. Mitarb. 1978).
b) *beim Erwachsenen*	Nierentubulidefekt	Verlust von Glucose und Aminosäuren mit dem Harn. Serumphosphat erniedrigt, alkalische Phosphatase erhöht, Urin-pH-Wert erhöht.	Beginn um 40. Lebensjahr. Osteomalazie, multiple Frakturen, Muskelhypotonie, Polydipsie, rheumatoide Beschwerden.	Autosomal dominante Vererbung (*Brenton* u. Mitarb. 1981).

Tabelle **76** Fortsetzung

Krankheit	Basisdefekt	Biochemische Zeichen	Klinik	Genetik
Renale tubuläre Azidose, Typ I (distale Form)	Gestörter Austausch von H-Ionen gegen Na-Ionen in den distalen Tubuli (enzymatischer Defekt in distalen Tubuli?)	Harn-pH nie unter 6,0. Hyperkalziurie, Hyperchlorämie, Hypokaliämie, Hyponatriämie, alkalische Phosphatase erhöht.	Säuglingsalter: Erbrechen, Fieber, Azidose, Polydipsie, Polyurie, Dehydratation, später: Rachitis, Nephrokalzinose, Nephrolithiasis, Urämie. *Therapie:* Alkalizufuhr.	Autosomal dominante Vererbung (*Randall* 1967, *Richards* u. Mitarb. 1972, *Kuhlencordt* u. Mitarb. 1967: konkordant bei eineiigen Zwillingen).
Renale tubuläre Azidose, Typ II (proximale Form)	Bicarbonatverlust infolge Rückresorptionsstörung in den proximalen Tubuli.	Hyperchlorämische Azidose, Hyperaminoazidurie, Glucosurie, Harn-pH nach Zufuhr von NH_4Cl unter 5,6 sinkend.	Wachstumsstörung; bei Erwachsenen evtl. Osteoporose. Im Fall *Winsnes* u. Mitarb. (1979): ferner Schwachsinn, Nystagmus, Katarakt, Hornhauttrübung, Glaukom und Schmelzdefekte.	Geschlechtsgebunden rezessive Vererbung (*Soriano* u. Mitarb. 1967, *Nash* u. Mitarb. 1972).
Renale tubuläre Azidose, Typ III (*Morris* u. Mitarb. 1969)	Bicarbonatverlust im distalen Tubulus.	Hypokaliämie.	Polyurie, Azidose, Nephrokalzinose, Nephrolithiasis, Osteomalazie, periodische Lähmungen (infolge Hypokaliämie).	Infantile Formen autosomal rezessiv vererbt (*Huth* u. Mitarb. 1960, *Wilson* u. Mitarb. 1967).
Renale tubuläre Azidose mit progressiver Schwerhörigkeit; Carboanhydrase-B-Mangel				Genetisch unabhängige Form. Autosomal rezessiv (*Nance* u. Mitarb. 1970, *Cohen* u. Mitarb. 1973, *Shapira* u. Mitarb. 1974).

Tabelle **77** Störungen des Harnstoffzyklus

Krankheit	Basisdefekt	Biochemische Zeichen	Klinik	Genetik
Kongenitale Hyperammonämie, Typ I (*Freeman* u. Mitarb. 1970, *Hommes* u. Mitarb. 1969, *Farriaux* u. Mitarb. 1977)	Carbamylphosphat-Synthetase-Mangel	Hyperammonämie, Glutamin in Plasma und Liquor cerebrospinalis erhöht, Blutharnstoff vermindert, Hyperglutaminurie. Hyperammonurie.	Symptomatik infolge Anreicherung von Ammoniak im Gehirn bedingt: Manifestation im Säuglingsalter, Erbrechen, Verwirrtheit, Lethargie, Dehydratation, Entwicklungsrückstand, Schwachsinn. Tod meist gegen Ende des 1. Lebensjahres. Autopsie: Hirnrindenatrophie.	Autosomal rezessive Vererbung
Kongenitale Hyperammonämie, Typ II (*Campbell* u. Mitarb. 1973, *Ricciuti* u. Mitarb. 1976, *Short* u. Mitarb. 1973)	Ornithintranscarbamylase-Mangel	Hyperammonämie, Hyperglutaminämie, normaler Blut-Harnstoff-Gehalt.	Symptomatologie bei *Knaben* entspricht Typ I. Letalität im allgemeinen in den ersten Lebenstagen. Bei *Mädchen* variabler, meist milder Verlauf; auch kann bei ihnen durch eiweißarme Kost manchmal normale körperliche und geistige Entwicklung erreicht werden.	X-chromosomale Vererbung mit Letalität bei Knaben und meist nur partieller Symptomatologie bei Mädchen. *Ricciuti* u. Mitarb. (1976) konnten Mosaizismus für Ornithintranscarbamylase-Gehalt in der Leber bei heterozygoten Frauen nachweisen („Lyonisation").
Citrullinämie (*McMurray*, 1963)	Argininosuccinat-Synthetase-Mangel.	Citrullinspiegel im Blut u. Liquor stark erhöht, ferner Hyperammonämie. Arginin im Blut erniedrigt. Citrullinurie (Ehrlich-Aldehyd-Reagens). Harnstoffausscheidung vermindert.	Beginn mit Erbrechen, Krampfanfälle, Erregbarkeit, Koma, psychomotorischer Rückstand. Im Neugeborenenalter letal. Bei späterem Beginn variable Symptomatik, evtl. Zerebralschaden infolge Ammoniakintoxikation.	Autosomal rezessive Vererbung. Heterozygote deutliche Hypercitrullinämie; pränatale Diagnostik in kultivierten Amnionzellen möglich (*Fleisher* u. Mitarb. 1983).

Tabelle **78** Störungen von Transportmechanismen (besonders Tubulopathien)

Stoffwechselkrankheit	Basisdefekt	Biochemische Zeichen	Klinik	Genetik
Hartnup-Krankheit	Störung der intestinalen und renalen Transportfunktion sowie der tubulären Rückresorption einzelner Aminosäuren.	Hyperaminoazidurie, Indolkörperausscheidung.	Pellagraähnliche Lichtdermatose, reversible zerebellare Ataxie, gelegentlich Kollapszustände, affektive Labilität, öfters Schwachsinn. *Therapie:* Nicotinamid, eiweißreiche Kost.	Autosomal rezessive Vererbung (*Baron* u. Mitarb. 1956). Häufigkeit: 1:14000 (*Levy* u. Mitarb. 1972). Krankheitsbild wahrscheinlich heterogen.
Iminoglycinurie, Glycinurie	Störung der tubulären Rückresorption der Iminosäuren (Prolin und Hydroxyprolin) u. des Glycins.	Erhöhte Ausscheidung von Prolin, Hydroxyprolin und Glycin. Manchmal nur Glycinausscheidung.	Im allgemeinen harmlose Malabsorption der Iminosäuren und des Glycins im Darm.	Autosomal rezessive Vererbung. Genetisch heterogene Anomalie. Vermutlich ist die Iminoglycinurie die homozygote Form und die einfache Glycinurie die heterozygote Form (*Whelan* u. *Scriver* 1968).

Bemerkung: Eine möglicherweise heterogene Form mit schwerem *Schwachsinn* wurde beschrieben (*Statter* u. Mitarb. 1976). Ferner wurde eine Iminoglycinurie in Verbindung mit *Atrophia gyrata chorioideae et retinae* (*Saito* u. Mitarb. 1981) beschrieben (ähnlich wie bei der *Ornithinämie*).

Tabelle **78** Fortsetzung

Stoffwechselkrankheit	Basisdefekt	Biochemische Zeichen	Klinik	Genetik
Cystinurie	Störung im Transportmechanismus der Aminosäure mit Diaminostruktur.	Erhöhte Ausscheidung von Cystin, Lysin, Arginin und Ornithin im Urin.	Cystinsteine in Nieren und in ableitenden Harnwegen, oft symptomlos, sonst rezidivierende Koliken, Infektionen, Hämaturie. *Therapie:* reichliche Flüssigkeitszufuhr, D-Penicillamin (1–2 g tägl.: *Grawhall* u. Mitarb. 1963).	Autosomal rezessive Vererbung. Drei allele Typen bei Heterozygoten: Typ I: keine Aminoacidurie, Typ II: im Urin Cystin und Lysin vermehrt, Typ III: Cystin und Lysin vermehrt. Bei Homozygoten nur mäßig erhöhte Ausscheidung im Urin. Häufigkeit: 1 : 17000.
Proteinintoleranz mit Lysinurie (Hyperdibasicaminoacidurie)	Intestinale und tubuläre Transportstörung der zweibasigen Aminosäure.	Erhöhte Ausscheidung von Lysin, Arginin und Ornithin im Harn; Cystinausscheidung normal.	Erbrechen, Diarrhoe, Wachstums- und Gedeihstörung, Hepatomegalie.	Autosomal rezessive Vererbung. Familien in Finnland, Japan und Kanada beschrieben, wobei bestimmte klinische Unterschiede auf Heterogenität hinweisen (*Whelan* u. *Scriver* 1968, *Kihara* u. Mitarb.* 1973).

* *Bemerkung:* Im Falle *Kiharas* lag bei der schwachsinnigen Probandin sicherlich eine Homozygotie vor, während beide blutsverwandten Eltern sowie andere Familienmitglieder in 4 Generationen einen heterozygoten Zustand aufwiesen (*McKusick* 1983, Nr. 12600).

Tabelle **78** Fortsetzung

Stoffwechselkrankheit	Basisdefekt	Biochemische Zeichen	Klinik	Genetik
Methionin-Malabsorptionssyndrom („oast-house urine disease“)	Intestinale und tubuläre Transportstörung von Aminosäure.	Ausscheidung von α-Hydroxybuttersäure, Phenylalanin, Tyrosin, charakteristisch: penetranter Uringeruch.	Weißhaarig, Hyperventilation, Diarrhoe, Schwachsinn, Konvulsionen, Hypotonie. *Therapie:* methioninarme Diät (*Smith* u. *Strang* 1958, *Hooft* u. Mitarb. 1965).	Wahrscheinlich autosomal rezessive Vererbung.
Renale (isolierte) Glucosurie	Niederer renaler Schwellenwert für Glucose (?); Defekt des tubulären Rückresorptionsvermögens (?).	Normale Blutzuckerwerte.	Meist symptomlos, Prognose gut; bei Hungerzuständen Neigung zu Ketonämie.	Entweder intermediär rezessiv oder dominant; keine Beziehung zu Diabetes mellitus (*Elsas* u. Mitarb. 1971).
Vitamin-D-resistente Rachitis (Familiäre Hypophosphatämie)	Störung des Phosphat-Rücktransports der Tubuli; verminderte intestinale P- und Ca-Absorption.	Hypophosphatämie, Hyperphosphaturie, Calciumwerte im Blut meist normal.	Manifestation meist in den ersten Lebensmonaten in Form einer schweren Vitamin-D-Mangel-Rachitis, besonders untere Extremitäten befallen, disproportionierter Kleinwuchs. *Therapie:* hohe Vitamin-D-Dosen (bis an die Intoxikationsgrenze).	Geschlechtsgebundene intermediäre Vererbung mit hoher Expressivität beim männlichen Geschlecht und leichten Symptomen bei heterozygoten Frauen.

Tabelle **78** Fortsetzung

Krankheit	Basisdefekt	Biochemische Zeichen	Klinik	Genetik
Argininbernsteinsäure-Krankheit (Argininsuccinaturie) (*Van der Heiden* u. Mitarb. 1976)	Argininosuccinase-Mangel (Argininsuccinat-lyase); dadurch keine Spaltung der Argininbernsteinsäure in Arginin und Fumarsäure.	Hyperammonämie; Argininbernsteinsäure-Erhöhung im Liquor, ebenfalls der Ammoniak- u. Glutaminwerte; hohe Ausscheidung von Argininbernsteinsäure im Urin.	Erste Symptome je nach dem Grad der Restaktivität des Enzyms. Neonatale Form verläuft schnell letal. Symptome: Erbrechen, Krampfanfälle, Lethargie. Bei späterer Manifestation Schwachsinn, Haardystrophie (Trichorrhexis nodosa), brüchige Finger- und Fußnägel, in der Hälfte der Fälle Hepatomegalie. *Therapie:* eiweißarme Diät, evtl. Argininzufuhr.	Autosomal rezessiv. Gelegentlich Vergesellschaftung mit Trisomie D. Heterozygotennachweis durch Bestimmung der Argininosuccinase im Hämolysat.
Argininämie (*Terheggen* u. Mitarb. 1969, 1972)	Arginasemangel.	Hyperammonämie; Hyperargininämie, leichte Hypercitrullin- u. Hyperornithinämie; Hyperargininurie, ferner Ausscheidung von Lysin, Cystin und Glutamin. Im Liquor Arginin gleichfalls vermehrt.	Manifestation im Kleinkindalter. Krampfanfälle, spastische Diplegie, Athetose, Schwachsinn.	Autosomal rezessiv.

Tabelle **78** Fortsetzung

Krankheit	Basisdefekt	Biochemische Zeichen	Klinik	Genetik
Hyperornithinämie mit *Atrophia gyrata chorioideae et retinae* (*Takki* u. *Simell* 1974, *Jaeger* u. Mitarb. 1979, *Kennaway* u. Mitarb. 1980)	Ornithin-Ketosäure-Transaminase-Mangel; dadurch Abbaustörung von Ornithin in Glutaminsäure (vgl. Abb. **80**, Ornithinstoffwechsel im Rahmen der Störungen des Harnstoffzyklus).	Ornithingehalt etwa 10 bis 20mal erhöht in Plasma, Harn, Liquor und Kammerwasser. Keine Hyperammonämie. Ornithintransaminase in kultivierten Fibroblasten u. Lymphozyten erniedrigt.	Atrophia gyrata chorioideae et retinae, mit Nachtblindheit, Myopie, progredienter Visusabnahme, Gesichtsfeldeinschränkung. *Therapie:* manchmal auf Pyridoxin(B_6-)gaben ansprechend. Außer den okulären keine sonstigen Symptome.	Autosomal rezessive Vererbung; obligate Heterozygote weisen leicht erhöhten Ornithingehalt im Blut auf, jedoch Überlappung mit normalen Werten. Dagegen Enzymaktivität in Hautfibroblasten ungefähr um die Hälfte bei ihnen reduziert. In Finnland 31 Fälle in 18 Familien beobachtet gegenüber 30 Fällen in der sonstigen Bevölkerung (*Sipilä* u. Mitarb. 1980).

Differentialdiagnose: Es ist ein Geschwisterfall mit Hyperornithinämie *ohne Atrophia gyrata*, jedoch mit psychomotorischem Entwicklungsrückstand sowie Leber- und Nierentubulischädigung (*Bickel* u. Mitarb. 1968) beschrieben worden; vermutlich liegt Heterogenie vor. Ebenso sind Fälle von typischer Atrophia gyrata ohne Hyperornithinämie bekannt (*Jaeger* u. Mitarb. 1979); auch hierbei dürfte es sich um ein verschiedenes Krankheitsbild handeln.

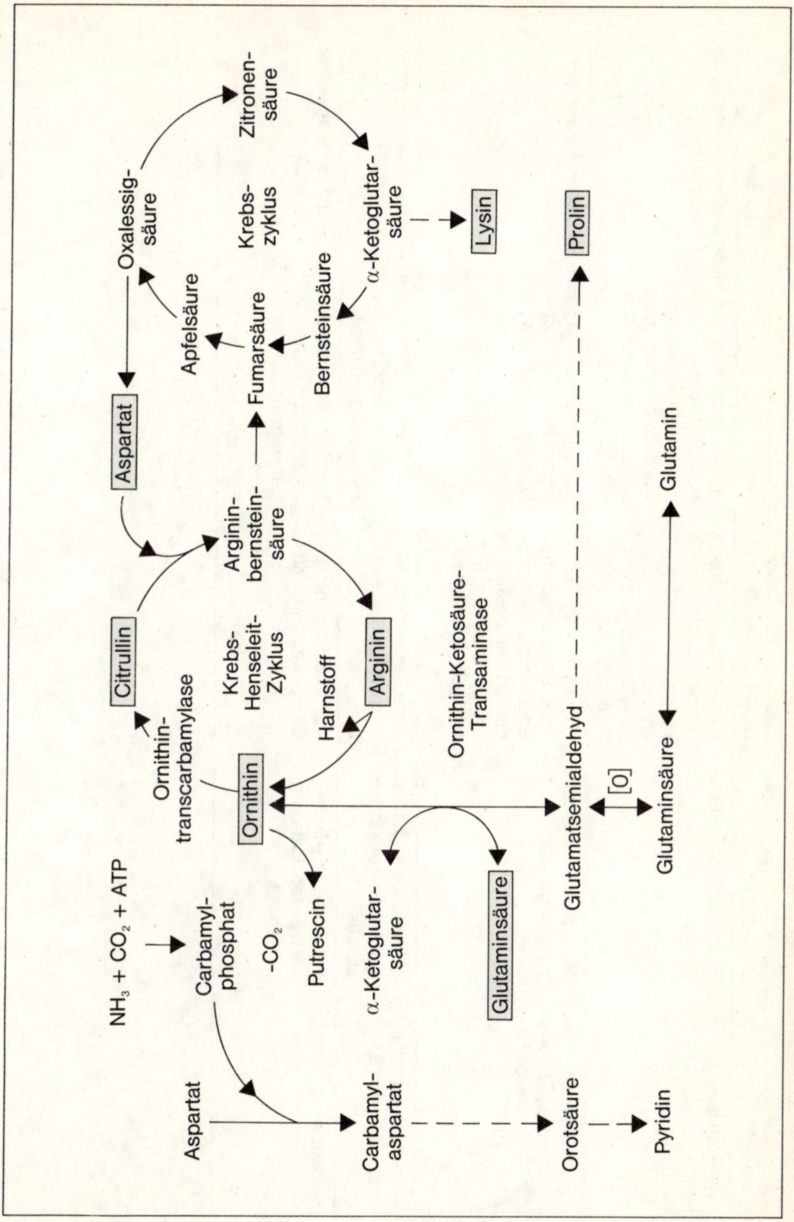

Abb. **80** Der Ornithinstoffwechsel im Rahmen der Störungen des Harnstoffzyklus (nach *Berson* u. Mitarb. sowie *Wollensak*)

Tabelle **79** Störungen des Lysinstoffwechsels

Krankheit	Basisdefekt	Biochemische Zeichen	Klinik	Genetik
Hyperlysinämie (*Woody* 1964, *Ghadimi* u. Mitarb. 1978)	Defekt der Lysin-α-Ketoglutarat-Reductase.	Hyperlysinämie, Hyperlysinurie, manchmal auch vermehrte Ausscheidung anderer Lysinderivate (u. a. Homoarginin, Homocitrullin, Ammoniak).	Schwachsinn, Krämpfe, Muskelhypotonie, Kleinwuchs, Hepatosplenomegalie. Ophthalmologisch: evtl. Linsensubluxation (*Smith* u. Mitarb. 1971).	Autosomal rezessive Vererbung.
Hyperlysinämie mit Saccharopinurie (*Carson* u. Mitarb. 1968, *Simell* u. Mitarb. 1972)	Mangel an Saccharopin-Dehydrogenase.	Hyperlysinämie, Citrullinämie, Saccharopinurie, Saccharopin auch im Liquor erhöht. Zusätzliche Lysinmetabolite im Urin: Homocitrullin, Homoarginin.	Geistige Retardation, Kleinwuchs, im 2. Fall spastische Diplegie (*Carson* u. Mitarb. 1968).	Bisherige Fälle sporadisch.
α-Aminodipinazidurie (*Fischer* u. Mitarb. 1974)	α-Aminoadipinsäure ist ein Metabolit des Lysinabbaus.	Ausscheidung von α-Aminoadipinsäure im Urin.	Von 2 Brüdern mit dieser Anomalie: einer normal, der andere geistig retardiert.	Autosomal rezessive Vererbung.
α-Ketoadipinazidurie	Wahrscheinlich Defekt der α-Ketaodipat-Dehydrogenase.	Ausscheidung von Ketoadipinsäure im Urin.	Von 3 Kindern mit dieser Anomalie: 2 schwachsinnig (*Przyrembel* u. Mitarb. 1975, *Wilson* u. Mitarb. 1975; ein Fall mit Muskelhypotonie).	Autosomal rezessive Vererbung.

Tabelle **79** Fortsetzung

Stoffwechselstörungen im Rahmen des Ehlers-Danlos-Syndroms:
Im Zusammenhang mit den Lysinstoffwechselstörungen muß auch kurz auf das Ehlers-Danlos-Syndrom eingegangen werden, da zu den bekannten vier Typen mit autosomal dominantem Erbgang und nur klinischer Symptomatik (Typ I–IV) drei bzw. vier hinzugetreten sind (Typ V–VII), davon Typ V mit X-chromosomaler und Typ VI und VII mit autosomal rezessiver Vererbung. Zusätzlich zu den klinischen Zeichen sind bei letzteren Typen metabolische Störungen festgestellt worden, wobei bei Typ V ein Lysin-Oxydase-Mangel, bei Typ VI ein Lysin-Hydroxylase-Mangel, und bei Typ VII ein Defekt der Prokollagenpeptidase vorliegt. Schließlich wurde auch noch ein Typ VIII beschrieben: der autosomal dominant vererbbare Paradontose-Typ des Ehlers-Danlos-Syndroms.
Der Vollständigkeit halber sei zunächst die Symptomatologie der vier klassischen Typen aufgeführt, bei denen der biochemische Defekt unbekannt ist.

Typ I
Typ gravis: Hyperelastizität und Vulnerabilität der Haut, Überstreckbarkeit der Gelenke, Skelettdeformitäten; Neigung zu Frühgeburten.
Typ II
Typ mitis: Gleiche klinische Zeichen wie bei Typ I, jedoch weniger ausgeprägte Symptomatik.
Typ III
Benigner, hypermobiler Typ: Überstreckbarkeit der Gelenke, Hyperelastizität der Haut mäßig ausgeprägt, keine Skelettanomalien.
Typ IV
Vaskulärer oder ekchymotischer Typ (*Barabas* 1972): Überstreckbarkeit der Gelenke auf Finger begrenzt, Haut dünn, durchscheinend, mit geringer Überstreckbarkeit, jedoch starker Vulnerabilität (Hämatome nach geringfügigen Traumen), abnorme Verletzbarkeit der großen Gefäße (Aneurysmen, Aortarupturen, intraperitoneale Blutungen), Pneumothorax, spontane Darmrupturen. Typ IV wird auf einen Defekt der Synthese von Kollagen Typ III zurückgeführt (*Byers* u. Mitarb. 1979, 1981). Neben der dominanten Form ist inzwischen auch eine autosomal rezessive Form gefunden worden (*Pope* u. Mitarb. 1975, 1980).

Typ V
X-chromosomale Form: Hyperelastizität der Haut, Überstreckbarkeit der Gelenke (nur Hände und Finger betroffen), Neigung zu Hautblutungen. Biochemischer Befund: *Lysin-Oxydase-Mangel* (*DiFerrante* u. Mitarb. 1975). Dieses Enzym ist für die oxydative Desaminierung von Lysin und Hydroxylysin in den Kollagenvorstufen verantwortlich; daher ungenügende Vernetzung der Kollagenfibrillen.

Tabelle **79** Fortsetzung

Typ VI *Okulärer Typ:* Klinische Symptome wie bei Typ I: Überstreckbarkeit der Gelenke mit Neigung zu Luxationen. Hyperelastizität der Haut. Skoliosis, Muskelhypotonie. Vorzeitige Ruptur der Fetalmembrane. *Augensymptome:* Blaue Skleren, Keratokonus, abnorme Fragilität der Kornea, Mikro- und Megalokornea, Gefahr von Spontanrupturen des Auges oder bei geringfügigem Trauma. Netzhautablösung. Biochemischer Befund: Hydroxylysin-Mangel im Kollagen, daher mangelnde Festigkeit der Bulbusmembrane. *Basisdefekt: Prolin-Lysin-Hydroxylase-Mangel.* Autosomal rezessive Vererbung. Bei *Heterozygoten* verminderter Hydroxylysin-Gehalt des Kollagens (*Beighton* 1970, *Steinmann* u. Mitarb. 1975, *Behrens-Baumann* u. Mitarb. 1977). Inzwischen haben neuere Untersuchungen durch *Dembure* (1984) auch die Möglichkeit einer *pränatalen Diagnostik* durch Bestimmung der Lysin-Hydroxylase in Amnionzellen im 2. Trimester der Schwangerschaft für Typ VI aufgezeigt. Typ VII *Arthrochalasis multiplex congenita:* Hyperelastizität und Vulnerabilität der Haut, Überstreckbarkeit der Gelenke wie bei Typ I. Ferner Kleinwuchs, Mikrognathie, Epikanthus, Sattelnase. Basisdefekt: Prokollagenpeptidase. Daher mangelhafte Abspaltung der Peptide vom Prokollagen. Autosomal rezessive Vererbung (*Lichtenstein* u. Mitarb. 1973, *Steinmann* u. Mitarb. 1980, *Byers* u. Mitarb. 1982).
Typ VIII *Paradontose-Typ* des Ehlers-Danlos-Syndroms: Neuerdings ist noch eine weitere Variante beschrieben worden (*Stewart* u. Mitarb. 1977, *Linch* u. Mitarb. 1979), die neben typischen Symptomen des Ehlers-Danlos-Syndroms (Überstreckbarkeit der Gelenke, Hautvulnerabilität) eigentümliche nekrobiotische, zigarettenpapierähnliche, symmetrische Narben in der Schienbeingegend, einen marfanoiden Habitus (Hochwuchs, Arachnodaktylie, Magerkeit) sowie eine generalisierte Paradontose mit frühem Verlust der Zähne aufweist. Die Vererbung ist autosomal dominant.

Tabelle **80** Störungen des Stoffwechsels schwefelhaltiger Aminosäuren

Krankheit	Basisdefekt	Biochemische Zeichen	Klinische Symptome	Genetik
Cystinose	Lysosomale Speicherungsstörung des Abbaus von Cystin.	Ablagerung von Cystinkristallen besonders in der Kornea, im retikuloendothelialen System (Knochenmark, Milz usw.), und sekundäre Nierenschädigung. Glucosurie, Hyperaminoacidurie, Proteinurie (Differentialdiagnose mit Fanconi-Syndrom).	Infantile Form: Beginn mit ca. 6 Monaten; Erbrechen, Anorexie, Gedeihstörungen, Polydipsie und Polyurie, Dehydratation, Photophobie, Wachstumsrückstand. Später rachitische Knochenveränderungen. Öfters spezifische Retinopathie. Tod meist infolge chronischer Nephritis zwischen 3. und 8. Lebensjahr. *Therapie:* symptomatisch, evtl. Nierentransplantation.	Autosomal rezessive Vererbung. Juvenile sowie Erwachsenenformen von benigner Art beruhen vermutlich auf multipler Allelie. Pränatale Diagnostik in Amnionzellen (*Schneider* u. Mitarb. 1974). Heterozygotentest durch quantitative Bestimmung von Cystin in den Leukozyten.
Homocystinurie	Inaktivität der Cystathionin-Synthetase, daher keine Cystathionin-Bildung aus Homocystein und Serin.	Homocystinurie, Hyperhomocysteinämie, Hypermethioninämie. *Labornachweis:* Rotfärbung des Harns mit Nitroprussidnatrium.	Linsenektopie, evtl. Katarakt, Myopie, Netzhautablösung, Optikusatrophie; marfanoider Habitus (Hochwuchs, Trichterbrust, Arachnodaktylie, Skoliose, Genua valga), bedrohliche Neigung zu Thrombosen und Gefäßverschlüssen. In ⅔ der Fälle Schwachsinn sowie epileptiforme Krämpfe; Hypopigmentation der Haut, Haare und Iris, Wangenröte. *Therapeutisch* 2 Typen zu unterscheiden, je nach Ansprechbarkeit (oder nicht) auf Vitamin B_6 (Pyridoxin).	Autosomal rezessive Vererbung. Pränatale Diagnostik aufgrund einer Messung der Enzymaktivität möglich. Heterozygotentest durch Methionin-Belastung.

Tabelle **80** Fortsetzung

Krankheit	Basisdefekt	Biochemische Zeichen	Klinisches Bild	Genetik
Cystathioninurie	Inaktivität der Cystathionin-γ-Lyase (Cystathionase). Funktion der Cystathionase ist die Übertragung des S-Atoms von Methionin auf Cystein.	Vermehrte Werte von Cystathionin im Blut und im Urin.	In ⅓ der Fälle Schwachsinn; andere beobachtete Symptome wahrscheinlich zufallsbedingt. *Therapie:* hohe Pyridoxingaben bewirken in einem Teil der Fälle Cystathionin-Abfall in Blut und Urin.	Autosomal rezessive Vererbung. Heterozygotentest durch Methionin-Belastung (Lit.: *Mudd* u. *Levy* 1978).
β-Mercaptolactat-Cystein-Disulfidurie	Unfähigkeit, β-Mercapto-Pyruvat abzubauen?	Vermehrte Ausscheidung von gemischtem Disulfid im Harn (bis zu 200 mg/Tag).	Von 4 beschriebenen Fällen waren 2 Schwestern normal (*Niederwieser* u. Mitarb. 1973, ostschweizerische Familie); 23jähriger schottischer Patient zeigte Schwachsinn, Hypogonadismus und Obesitas (*Law* u. Mitarb. 1976); ein 46jähriger schwachsinniger und epileptischer Patient stammte aus einer Bruder-Schwester-Verbindung (*Ampola* u. Mitarb. 1969).	Autosomal rezessive Vererbung (*Crawhall* 1978).
Sulfit-Oxidase-Mangel	Fehlen der Sulfitoxidase, die Sulfit zu Sulfat umwandelt.	Harn enthält nur wenig anorganisches Sulfat, dagegen Sulfit, Thiosulfat, Sulfocystein	Linsenektopie (wie bei der Homocystinurie), neurologische und zerebrale Störungen (*Mudd* u. Mitarb. 1967, *Shih* u. Mitarb. 1977).	Autosomal rezessive Vererbung.

Tabelle **81** Mukopolysaccharidosen

Typ	Enzymdefekt	Harn-Mukopolysaccharid	Klinisches Bild
Mukopolysaccharidose Typ I–H (Hurler-Syndrom	α-L-Iduronidase	Dermatansulfat, Heparansulfat	Charakteristischer Phänotyp bereits mit 2–4 Jahren: Gargoylismus: Kleinwuchs, großer Schädel, typische Physiognomie: Sattelnase, vorspringende Stirn, wulstige Lippen, Makroglossie, kurzer Hals, Kyphose, Gelenkkontrakturen, Abdomen aufgetrieben mit Hepatosplenomegalie, Nabelhernie, Herzdefekte, Wirbelkörper deformiert (oberer Lendenkörper keilförmig, unteres Ende mit Sporn). Schwerhörigkeit.
Mukopolysaccharidose Typ I–S (Scheie-Syndrom, „Spät-Hurler")	α-Iduronidase	Dermatansulfat, Heparansulfat	Schädel und Wirbelsäule weniger befallen. Körperwachstum fast normal.
Mukopolysaccharidose Typ II A (Hunter-Syndrom, schwere Form)	L-Iduronsulfat-Sulfatase	Dermatansulfat, Heparansulfat	Skelettbefall wie bei Typ I–H, Hördefekte.
Mukopolysaccharidose Typ II B (Hunter-Syndrom, leichte Form)	L-Iduronsulfat-Sulfatase	Dermatansulfat, Heparansulfat	Skelettbefall leichter als bei Typ I–H.
Mukopolysaccharidose Typ III A (Sanfilippo-Syndrom A, schwere Form)	Heparansulfat-Sulfatase	Heparansulfat	„Hurler"-Physiognomie weniger ausgeprägt, mäßiger Skelettbefall. Häufig Schwerhörigkeit. Hohe Infektanfälligkeit, Lebenserwartung daher gering.
Mukopolysaccharidose Typ III B Sanfilippo-Syndrom B, leichte Form)	N-Acetyl-α-D-Glucosaminidase	Heparansulfat	Symptome weniger stark ausgeprägt als bei Typ III A.
Mukopolysaccharidose Typ III C (neue Variante des Sanfilippo-Syndroms)	Acetyl-CoA: α-Glucosaminid-N-acetyltransferase	Heparansulfat	

Kornea	Intelligenz	Genetik	Bemerkungen
Getrübt (gelegentlich Pigmentdegeneration der Retina).	Schwachsinn	Autosomal rezessiver Erbgang.	Exitus vor Pubertät.
Getrübt (gelegentlich Pigmentdegeneration der Retina).	Normal	Autosomal rezessiver Erbgang.	Früher als Typ V klassifiziert.
Keine Trübung (differential diagnostisch wichtig!)	Mäßige geistige Retardierung.	X-chromosomaler Erbgang.	Früher Tod.
Keine Trübung	Geringer Intelligenzdefekt.	X-chromosomaler Erbgang.	Lebenserwartung größer.
Keine oder leichte Trübung.	Einsetzen des Intelligenzverfalls in der frühen Kindheit und rasche Progression.	Autosomal rezessiver Erbgang.	Differentialdiagnose der drei Formen A, B und C hauptsächlich auf unterschiedlichem Enzymdefekt beruhend.
Trübungen	Normal	Autosomal rezessiver Erbgang.	Lit.: *Bartsocas* u. Mitarb. 1979, *Klein* u. Mitarb. 1978, 1981).

Tabelle **81** Fortsetzung

Typ	Enzymdefekt	Harn-Mukopolysaccharid	Klinisches Bild
Mukopolysaccharidose Typ IV A (Morquio-Syndrom A, Galactosamin-6-sulfatase-Defekt)	N-acetylgalactosamin-6-sulfat-Sulfatase	Keratansulfat	Kleinwuchs, Kyphose, spondyloepiphysäre Dysplasien, sternale Protrusion, Wirbeldefekte, Hernien, Hepatosplenomegalie, Schwerhörigkeit. Lebenserwartung günstig.
Mukopolysaccharidose Typ IV B (Morquio-Syndrom B, β-Galactosidase-Defekt)	β-Galactosidase	Keratansulfat	Ähnliche Symptomatologie wie Typ IV A.
Typ V			
Mukopolysaccharidose Typ VI (Maroteaux-Lamy-Syndrom, schwere, mittelschwere u. leichte Formen beobachtet)	N-Acetylgalactosamin-4-Sulfatase (Arylsulfatase B)	Hauptsächlich Chondroitinsulfat B	„Hurler"-ähnliche Physiognomie, schwerer Skelettbefall, jedoch ohne Wirbeldeformation, Schwerhörigkeit, Aortenstenose; langsame Progredienz des Leidens, *Lebenserwartung begrenzt.* In leichteren Formen: Kleinwuchs, Hornhauttrübung, Legg-Perthes-ähnliche Hüftveränderungen u. Aortenstenose (*Wilson* 1980).
Mukopolysaccharidose Typ VII Sly-Syndrom, β-Glucuronidase-Defizienz)	β-Glucuronidase	Chondroitin-4-sulfat, Chondroitin-6-sulfat	Skelettveränderungen, Kleinwuchs, Hepatosplenomegalie, Einschlußkörperchen in Leukozyten. Leichte Form: hauptsächlich Kyphoskoliose, Alder-Granulationen in polymorphen Leukozyten und Monozyten (*Gitzelmann* 1978).
Mukopolysaccharidose Typ VIII (DiFerrante-Syndrom)	Glucosamin-6-sulfat-Sulfatase	Keratansulfat, Heparansulfat	Vereinigt die klinischen und biochemischen Kennzeichen der Morquio- und Sanfilippo-Syndrome (*McKusick* 1983): leichte Dysostosis multiplex, Hepatomegalie, Kleinwuchs, Färbeanomalien der Lymphozyten (ringförmige Metachromasiebildung unterhalb der Zellmembran).

Kornea	Intelligenz	Genetik	Bemerkungen
Trübungen (Hydrozephalus mit Papillenödem wurde von *Goldberg* u. Mitarb. 1970 beschrieben).	Normale Intelligenz.	Autosomal rezessiver Erbgang. Pränatale Diagnose möglich (*van Dyke* u. Mitarb. 1981).	Alle Formen zeigen Leukozyteneinschlüsse.
Trübung	Schwere geistige Retardierung.	Autosomal rezessiver Erbgang.	Das Sly-Snydrom ist die 1. autosomale Mukopolysaccharidose, bei der die Chromosomenlokalisation, nämlich *Chromosom 7*, bestimmt werden konnte (*Chern* u. Mitarb. 1976, *Knowles* u. Mitarb. 1977 u. a.).
Keine Trübung	Geistige Retardierung.	Autosomal rezessiver Erbgang. Eltern weisen partiellen Enzymdefekt auf.	Lit.: *DiFerrante* 1980, *Ginsburg* 1977, 1978.

Tabelle **82** Mukolipidosen

Krankheit	Enzymdefekt	Speichersubstanzen	Augen
Mukolipidose Typ I (Lipomucopolysaccharidose)	Neuraminidase (N-Acetylneuraminidase)	Speicherung von Glucolipiden und sauren Mukopolysacchariden in der Leber. Lymphozyten u. Fibroblasten zeigen Vakuolen bzw. Einschlüsse. Harnausscheidung von Sialyloligosacchariden.	Korneatrübung selten; in manchen Fällen kirschroter Fleck in der Makulagegend.
Mukolipidose Typ II („inclusion cell disease")	N-acetylglucosamin-1-phosphotransferase-Mangel (*Varki* u. Mitarb. 1981 a).	Mukopolysaccharide, Glycolipide.	Korneatrübungen bald nach der Geburt in etwa der Hälfte der Fälle.
Mukolipidose Typ III (Pseudo-Hurler, Polydystrophie)	N-acetylglucosamin-1-phosphotransferase (*Varki* u. Mitarb. 1981 b).	Mukopolysaccharide und Glycolipide.	Korneatrübungen.
Mukolipidose Typ IV (Gangliosid-Sialidase-Defekt) (*Berman* u. Mitarb. 1974, *Merin* u. Mitarb. 1975)	Gangliosid-Sialidase (Neuraminidase).	Mono- und Disialo-Ganglioside; saure Mukopolysaccharide (hauptsächlich Hyaluronsäure). *Elektronenmikroskopische Befunde:* innerhalb Zellen vieler Gewebe (Hirn, Haut, Leber, Fibroblasten usw.): typische intrazytoplasmatische lamelläre Einschlußkörperchen, die z. T. in den Neuronen autofluoreszierend waren.	Frühe Korneatrübungen, Retinadegeneration.

Bemerkung: Die unterschiedliche Enzymaktivität sowie klinische Schwere zwischen Typ II und Typ III sind evtl. auf verschiedene homozygote Formen infolge nicht-homologer Genmutation innerhalb des gleichen Genlocus zurückzuführen (*Varki* 1981 b, *McKusick* 1983). Daher bei Typ III normale katalytische Enzymaktivität, aber defekte Fähigkeit, lysosomale Enzyme als spezifische Substrate für Phosphorylation zu erkennen.

Intelligenz	Klinisches Bild	Genetik
Mäßiger geistiger Rückstand.	Manifestation um das 2.–3. Lebensjahr. In manchen Fällen „Hurler"-Physiognomie, Skelettdysplasien, Pectus carinatum, Kyphose sowie geistiger Rückstand. Nach 4. Jahr Zeichen eines neurodegenerativen Prozesses mit zerebellarer Ataxie, Muskelhypotonie, choreoathetoiden Bewegungen. Lebenserwartung vom 15. Jahr an ungünstig.	Autosomal rezessiver Erbgang. Fibroblasteneinschlüsse auch bei Heterozygoten.
Psychomotorischer Rückstand.	Beginn in früher Kindheit. „Hurler"-Gesichtszüge, Dysostosis multiplex, Hüftgelenkluxation, Zahnfleischhypertrophie, Hernien, Gelenkkontrakturen, abnorme Inklusionen in Leber- u. Schwann-Zellen sowie Fibroblasten (daher I-Zellenkrankheit). Tod meist in früher Kindheit (Infekte der Luftwege).	Autosomal rezessiver Erbgang. Abnorme Fibroblasteneinschlüsse auch bei Heterozygoten gefunden (*Leroy* u. Mitarb. 1969).
Mäßiger geistiger Rückstand.	Beginn in der Kindheit. Besonders auffällig sind die ausgedehnten Gelenkkontrakturen (Finger, Zehen, Hand, Knie- und Hüftgelenke, Schultern, Wirbelsäule). Zwischen 2–4 Jahren typische „Gargoyle"-Fazies (vorspringende Stirn, breite Nase, Makroglossie). Dysostosis multiplex. Besonders typisch ist die Störung der karpalen und tarsalen Knochenentwicklung. Nabelhernie. Fibrotische Hautknötchen. Keine Hepatosplenomegalie. Keine neurologischen Symptome. Im Knochenmark Vakuolen enthaltende Zellen. Ausscheidung von anomalen Glycoproteinen.	Autosomal rezessiver Erbgang.
Frühe psychomotorische Retardierung.	Keine Gesichts- und Skelettveränderungen, keine Hepatosplenomegalie. Langsam verlaufender Krankheitsprozeß.	Autosomal rezessiver Erbgang. Die meisten Fälle bei Ashkenasi-Juden (aus Mittel- u. Osteuropa) gefunden (*Bach* 1979). Pränatale Diagnose an kultivierten Amnionzellen möglich (charakteristische Zelleinschlüsse bei elektronenmikroskopischer Untersuchung) (*Bach* u. Mitarb. 1977). Heterozygoten zeigen partiellen Gangliosid-Sialidase-Defekt in Fibroblasten (*Zeigler* u. *Bach* 1981).

Tabelle **82** Fortsetzung

Krankheit	Enzymdefekt	Speichersubstanzen	Augen
Goldberg-Cotlier-Syndrom (1971) (*Thomas* u. Mitarb. 1979)	Kombinierter Neuraminidase-β-Galactosidase-Mangel.	Haut, vakuolisierte Kupffer-Zellen, Konjunktiva.	Hornhauttrübung, kirschroter Fleck der Makula.

Bemerkung: Eltern des Originalfalls, Geschwisterkinder. Weitere Fälle: *Lowden* u. *O'Brien* 1979, *Maire* u. *Nivelon-Chevallier* 1981 u. a.

Tabelle **83** Oligosaccharidosen

Krankheit	Enzymdefekt	Speicher- oder ausgeschiedene Substanz	Augen	Intelligenz
Mannosidose (Glycoprotein-Speicherkrankheit)	α-Mannosidase	Mannosereiche, glucosaminhaltige Oligosaccharide im Harn. Aufgetriebene Speicherzellen in Neuronen. Speichersubstanz auch in Leber.	Katarakt	Psychomotorische Entwicklung verzögert.
Fucosidose	α-L-Fucosidase-Mangel: *Typ I (schwere Form)*: totaler Mangel. *Typ II (leichte Form)*: unter 10% der Norm.	Infolge blockiertem Abbau von Glycoproteinen Akkumulation von fucosehaltigen Oligosacchariden in Organen und Geweben und erhöhte Ausscheidung. Erhöhte Na- u. Cl-Konzentration im Schweiß bei Typ I, normal bei Typ II.	Normal	
Aspartylglucosaminurie	Aspartyglucosylaminase-Mangel	Anhäufung von Aspartyglucosamin u. Aspartyl-Oligosacchariden in Organen und Geweben, Aspartylglucosaminurie.	Katarakt in der Pubertät.	Psychomotorische Retardierung.

Intelligenz	Klinisches Bild	Genetik
Geistige Rückständigkeit.	Gargoyle-Fazies, Dysostosos multiplex, Krampfanfälle. Schwerhörigkeit.	Autosomal rezessiv.

Klinisches Bild	Genetik
Manifestation im 1.–3. Lebensjahr: Sprachentwicklung verzögert, grobe Gesichtszüge, Schwerhörigkeit, Hepatosplenomegalie, Skelettveränderungen (Dysostosis multiplex), häufige Infektionen, geringe Progredienz, gute Lebenserwartung. *Labor:* vakuolisierte Lymphozyten, vakuolisierte Speicherzellen im Knochenmark.	Autosomal rezessiver Erbgang. Heterozygote zeigen Verminderung der Enzymaktivität in Fibroblasten. Pränatale Diagnostik in Amnionzellen möglich.
Typ I: Beginn im Säuglingsalter, *Typ II:* 2. Lebensjahr. Bei der *schweren Form* (Typ I) vergröberte Gesichtszüge, rasch fortschreitender neurodegenerativer Prozeß: spastische Tetraplegie mit Tremor, psychischer Verfall, Dezerebrationsstarre. Evtl. Hepatosplenomegalie. Tod nach 3–6 Jahren. *Leichte Form* (Typ II): Psychomotorische Retardierung, Demenz mit 6 Jahren. Skelettveränderungen (Dysostosis multiplex), spastische Tetraplegie mit Krampfanfällen. Angiokeratoma diffusum mit Hautverdickung. Lebensdauer über 3. Lebensjahrzehnt. *Labor:* vakulosierte Lymphozyten, Speicherzellen im Knochenmark.	Autosomal rezessiver Erbgang. Pränatale Diagnose möglich (*Poenaru* u. Mitarb. 1976).
Grobe Gesichtszüge, Skelettdysplasien (Wirbelkörper, Thorax, Schädel), Muskelhypotonie, Dysarthrie, Koordinationsstörungen, Krampfanfälle, gelegentlich Hörvermögen eingeschränkt. Lebenserwartung bis Erwachsenenalter gut. *Labor:* vakuolisierte Lympho- und Monozyten.	Autosomal rezessiver Erbgang. Heterozygotiebestimmung sowie pränatale Diagnostik möglich (*Aula* u. Mitarb. 1974, *Autio* 1980, *Gatti* u. Mitarb. 1982).

Tabelle **84** Genetische Störungen des Di- und Monosaccharidstoffwechsels

Krankheit	Enzymdefekt	Biochemische Zeichen	Klinisches Bild	Genetik
Disaccharid-Unverträglichkeit I (Saccharase-Isomaltase-Mangel)	Mangel an Saccharase und Isomaltase der Darmmukosa.	Saccharose und Isomaltose werden nicht hydrolysiert.	Diarrhoe, mäßige Steatorrhoe nach Zufuhr von Saccharose oder Nährzucker. Dehydratation, Gedeihstörung. Besserung der Symptome um das 6.–12. Jahr.	Autosomal rezessiver Erbgang.
Disaccharid-Unverträglichkeit II (Kongenitaler Lactasemangel, Alactasie)	β-Galactosidase (Lactase) der Darmmukosa (persistierender Mangel).	Ausfall der Lactosespaltung im Dünndarm	Nach Milchzufuhr Diarrhoe. In der Folge Dehydratation, Gedeihstörung.	Autosomal rezessiver Erbgang.
Disaccharid-Unverträglichkeit III (Primärer Lactasemangel des Erwachsenen)	β-Galactosidase (Lactase) der Darmmukosa	Mangelhafte Lactosespaltung im Dünndarm	Ab spätem Kindesalter oder erst Erwachsenenalter nach Milchzufuhr Völlegefühl, Flatulenz, Durchfall, Koliken.	Autosomal rezessiver Erbgang (*Sahi* u. Mitarb. 1973, 1974, *Lisker* u. Mitarb. 1975).
Glucose-Galactose-Malabsorption	Störung des Transportmechanismus für Glucose u. Galactose in Dünndarmschleimhaut (intestinaler Monosaccharidose-Defekt). Zusätzlich Defekt der tubulären Rückresorption von Glucose.	Glucosurie, Glucose u. Galactose in den Fäzes.	Schwere Durchfälle vom Säuglingsalter an, Dehydratation, Gedeihstörung; wenn unbehandelt, oft letal verlaufend. *Therapie:* Fructose als einzige Zuckerzufuhr.	Autosomal rezessiver Erbgang. Lit.: *Elsas* u. Mitarb. 1970, *Melin* u. *Meeuwisse* 1969.
Pentosurie	L-Xylulose-Reductase; daher keine Umwandlung von L-Xylulose zu Xylit.	Ausscheidung von L-Xylulose im Urin.	Keine klinischen Symptome.	Autosomal rezessiver Erbgang. Intermediäre Enzymaktivität bei Heterozygoten. Häufigkeit: 1:2000 bis 1:2500 (*Hiatt* 1978).

Tabelle **85** Nomenklatur und Struktur der Sphingolipide

Ceramid	N-Acylsphingosin
Galactocerebrosid	Ceramid-Galactose
Glucocerebrosid	Ceramid-Glucose
Ceramidlactosid (Lactocerebrosid)	Ceramid-Glucose-Galactose
Ceramidtrihexosid	Ceramid-Glucose-Galactose-Galactose
Globosid	Ceramid-Glucose-Galactose-Galactose-N-Acetyl-Galactosamin
Hämatosid (G_{M3})	Ceramid-Glucose-Galactose
	|
Tay-Sachs-Gangliosid (G_{M2})	N-Acetylneuraminsäure
	Ceramid-Glucose-Galactose-N-Acetylgalactosamin
	|
Asialo-Tay-Sachs-Gangliosid (G_{A2})	
Monosialogangliosid (G_{M1})	N-Acetylneuraminsäure
	Ceramid-Glucose-Galactose-N-Acetylgalactosamin
Asialogangliosid (G_{A1})	Ceramid-Glucose-Galactose-N-Acetylgalactosamin-Galactose
	|
	N-Acetylneuraminsäure
	Ceramid-Glucose-Galactose-N-Acetylgalactosamin-Galactose

Tabelle **86** Sphingolipidosen

Krankheit	Biochemische Grundlagen	Manifestation, Verlauf	Klinisches Bild	Besondere Merkmale
Niemann-Pick-Krankheit Typ A (Klassische Form)	Enzymdefekt: Sphingomyelinase. Gespeicherte Lipide: Sphingomyelin u. Cholesterin.	6. Monat bis 2 Jahre. Tod ca. 4. Jahr (Ablagerung von Sphingomyelin schon in utero).	Splenohepatomegalie, generalisierte Lymphknotenschwellungen, bräunliches Hautkolorit, Lungeninfiltrate; neurologische Störungen: Spastizität, später Hypotonie mit Hyporeflexie, kirschroter Fleck in der Makula (50% der Fälle); Optikusatrophie. *Pathognomonisch:* große, vakuolisierte Schaumzellen (Pick-Zellen) in Leber, Milz, Lymphknoten, Knochenmark.	Autosomal rezessive Vererbung. Häufigkeit in der jüdischen Bevölkerung (Aschkenasim). Über pränatale Diagnose s. *Wenger* u. Mitarb. 1978, 1980.
Niemann-Pick-Krankheit Typ B (Chronische, viszerale Form, *Pfändler* 1946)	Enzymdefekt: Sphingomyelinase. Gespeicherte Lipide: Sphingomyelin u. Cholesterin (Sphingomyelin u. Cholesterin mäßig erhöht).	6. Monat bis 4 Jahre; protrahierter Verlauf.	Nur viszeraler Befall (Milz, Leber, Knochenmark, Lunge).	2 Brüder (*Pfändler* 1953) mit 29 bzw. 33 Jahren gestorben.
Niemann-Pick-Krankheit Typ C (Subakute, juvenile Form)	Enzymdefekt: nicht bekannt; mäßige Speicherung von Sphingomyelin u. Cholesterin	1.–5. Jahr, protrahierter Verlauf. Tod 5.–15. Lebensjahr.	Mäßige Hepatosplenomegalie. ZNS-Symptome zwischen 2–4 Jahren: Spastizität und Myoklonien.	
Niemann-Pick-Krankheit Typ D (Nova-Scotia-Variante, *Crocker* u. *Farber* 1958)	Enzymdefekt: nicht bekannt; mäßige Speicherung von Sphingomyelin u. Cholesterin	Manifestation bei der Geburt.	Klinisch wie Typ C; ferner Ikterus und hoher Cholesteringehalt der Gewebe.	

Tabelle **86** Fortsetzung

Krankheit	Biochemische Grundlagen	Manifestation	Klinisches Bild	Besondere Merkmale
Niemann-Pick-Krankheit Typ E (Erwachsenenform mit nur viszeralem Befall, *Fredrickson* u. *Sloan* 1977)	Sphingomyelin-Speicherung	Manifestation ca. 50. Lebensjahr; gutartiger Verlauf.	Splenomegalie, kein Befall des ZNS.	Wenige Fälle
Ceramidlactosidose (Lactosylceramidose) (*Dawson* u. Mitarb. 1970, 1971, *Wenger* u. Mitarb. 1975)	Enzymdefekt: Lactosylceramidase (Lactosylceramid-β-Galactosidase). Speichersubstanz: Ceramidlactosid in ZNS, viszeralen Organen, Erythrozyten; nachweisbar in Hautfibroblasten und Urinsediment. Schaumzellen im Knochenmark.	2.–3. Jahr.	Muskelhypertonie, zerebellare Ataxie, psychomotorische Retardierung, Hepatosplenomegalie, makrozytäre Anämie, Optikusatrophie.	Autosomal rezessive Vererbung; Heterozygotennachweis an kultivierten Hautfibroblasten möglich. Vermutlich handelt es sich bei dieser Sphingolipidose um eine Variante der *Niemann-Pick-Krankheit*.

Tabelle **86** Fortsetzung

Krankheit	Biochemische Grundlagen	Manifestation	Klinisches Bild	Besondere Merkmale
„Sea-blue histiocytosis"	Enzymdefekt unbekannt; Speicherung von Sphingomyelin und anderen Sphingo- und Phospholipiden.	Jugend- und Erwachsenenalter.	Splenomegalie, Thrombozytopenie, Vorkommen charakteristisch *tiefblauer Histiozyten* im Knochenmark bei üblichen hämatologischen Färbungen. Dadurch von Niemann-Pick- und Gaucher-Krankheit abgrenzbar. Ophthalmologisch: weißer Ring um die Makula.	Autosomal rezessive Vererbung. Bei Heterozygoten gleichfalls tiefblaue Histiozyten manchmal nachweisbar. Tiefblaue Histiozyten auch bei der *Norum-Gjone-Krankheit* sowie bei der *neuroviszeralen Speicherkrankheit mit vertikaler supranukleärer Ophthalmoplegie*.
Neuroviszerale Speicherkrankheit mit vertikaler supranukleärer Ophthalmoplegie	Enzymdefekt: erniedrigte Aktivität der Sphingomyelinase; Speicherung von Sphingolipiden.		Progressive vertikale supranukleäre Ophthalmoplegie, neurologische Störungen, Dysarthrie, außerdem: konnataler Ikterus, Hepatosplenomegalie; Schaumzellen und tiefblaue Histiozyten im Knochenmark.	Autosomal rezessive Vererbung. Diese Sphingolipidose stellt vermutlich eine weitere Variante der juvenilen Form der Niemann-Pick-Krankheit dar (*Grover* u. Mitarb. 1971, *Neville* u. Mitarb. 1973, *Wenger* u. Mitarb. 1977; 9 befallene Kinder in 5 Familien einer hispano-amerikanischen Bevölkerungsgruppe).

Tabelle **86** Fortsetzung

Krankheit	Biochemische Grundlagen	Manifestationsalter, Verlauf	Klinik	Besondere Merkmale
Morbus-Gaucher (Glucozerebrosidose) Typ I (Chronische, adulte Form)	Enzymdefekt: Insuffizienz der Glucosylceramidase (Aktivität bis 30% der Norm). Gespeicherte Lipide: Glucocerebroside.	In jedem Alter möglich, meist zwischen 5–8 Jahren; Tod meist in später Kindheit.	Oft enorme Splenomegalie, Hepatomegalie, bräunliche Hautverfärbung, Knochenveränderungen mit pathologischen Frakturen, Anämie, Thrombozytopenie, Lymphknotenhyperplasie, Panmyelophtise, geringe ZNS-Beteiligung. Pathognomonisch sind die *Gaucher-Zellen*: große, häufig mehrkernige, schaumartige Zellen in Knochenmark u. Lymphknoten, von knitterigem Aussehen, deren Zytoplasma mit Gluocerebrosiden angefüllt ist. Ophthalmologisch charakteristisch sind die „*Pingueculae*": bräunliche Flecken im Lidspaltenbereich der Conjunctiva bulbi, die typische Gaucher-Zellen enthalten.	Autosomal rezessive Vererbung aller 3 Typen. Typ I bevorzugt in jüdischen Familien auftretend. Einzelne scheinbar dominante Fälle wahrscheinlich auf Pseudodominanz beruhend. *Pränatale Diagnose* durch Bestimmung der Enzymaktivität in Amnionzellen möglich.
Morbus Gaucher Typ II (Infantile, akute Form)	Völliger Ausfall der Glucosylceramidase.	Manifestation in den ersten Monaten nach der Geburt.	Psychomotorischer Stillstand, Hepatosplenomegalie, Lungenbefall; neurologische Symptome: Hypertonie, Opisthotonus, tonisch-klonische Anfälle, paralytischer Strabismus, Kontrakturen, Dezerebration.	

Tabelle **86** Fortsetzung

Krankheit	Biochemische Grundlagen	Manifestationsalter, Verlauf	Klinik	Besondere Merkmale
Morbus Gaucher Typ III (Juvenile, chronische Form mit Beteiligung des ZNS)	Aktivität ca. 20% der Glucosylceramidase	Manifestation erst nach dem 3. Lebensjahr. Protrahierter Verlauf. Tod um das 3.–4. Lebensjahrzehnt.	Splenomegalie, Knochenbefall, geistige Rückständigkeit, Choreoathetose, Muskelrigidität.	
Angiokeratoma corporis diffusum (*Fabry*) (Glycosphingolipidose)	Enzymdefekt: Ceramid-α-trihexosidase (α-Galactosidase). Gespeicherte Lipide: Ceramidtrihexosid, in geringem Grade auch Ceramiddihexosid in Gefäßendothelien aller Organe, ferner Myokard, Muskelzellen, Nieren, Ganglienzellen, Hornhaut usw. Histopathologisch: in den Zellen doppeltbrechende Granula, die mit PAS anfärbbar sind.	Späte Kindheit, juvenile Periode; Tod meist um das 50. Lebensjahr.	Heftige Schmerzzustände und Parästhesien, besonders der Hände und Füße; Hornhauttrübungen; zerebrale, renale und kardiale Komplikationen. Charakteristisch sind *Teleangiektasien*: dunkelrote, punktförmige Gefäßerweiterungen der Haut, besonders am Unterbauch, Oberschenkel, Gesäß („Badehosenregion"), ferner an Lippen- und Mundschleimhaut. An der Spaltlampe sichtbar ist die wirbelförmige Hornhautdystrophie (*Cornea verticillata*), die auch bei *heterozygoten Frauen* nachgewiesen werden kann (*Franceschetti* u. Mitarb. 1969). Gefäßerweiterungen auch an Konjunktiva und Augenhintergrund sichtbar.	X-chromosomal intermediärer Erbgang. Nachweis der heterozygoten Frauen an Spaltlampe: Cornea verticillata. (Enzymaktivität bei Frauen 40–80%.) *Pränatale Diagnose* durch Bestimmung des Enzyms in kultivierten Amnionzellen. Fibroblasten bei heterozygoten Frauen lassen 2 Populationen erkennen: mit und ohne Enzymdefekt („*Lyonisation*"; *Romeo* u. *Migeon* 1970).

Tabelle **86** Fortsetzung

Krankheit	Biochemische Grundlagen	Manifestation	Klinisches Bild	Besondere Merkmale
G_{M1}-Gangliosidose Typ I (Generalisierte Gangliosidose, „Pseudo-Hurler", Landing-Syndrom [1964])	Enzymdefekt: Inaktivität der β-Galactosidase A, B und C. Speicherung von G_{M1} und G_{A1} in Neuronen, Leber, Milz, Nieren, Knochenmark. Speicherung ferner eines Mucopolysaccharids: Keratansulfat.	Früheste Kindheit; Tod mit etwa 2–3 Jahren.	Kombination eines Tay-Sachs-Syndroms mit Morbus Hurler: grobe Gesichtszüge, Zahnfleischhypertrophie, Entwicklungsrückstand, Knochenveränderungen, Hepatosplenomegalie, kirschroter Makulafleck (Hälfte der Fälle), Visusverlust, Hornhauttrübung, Hyperakusis, generalisierte Krampfanfälle, Enthirnungsstarre. *Pathologie:* ballonierte Ganglienzellen. Demyelinisation der weißen Hirnsubstanz. Vakuolisierte Lymphozyten im Blut, Schaumzellen im Knochenmark.	Autosomal rezessive Vererbung (elterliche Konsanguinität ca. 30%). Diagnose: Enzymbestimmung in Urin, Leukozyten, Hautfibroblasten. Heterozygote weisen herabgesetzte Enzymaktivität auf. Pränatale Diagnose an Amnionzellen möglich.

Tabelle **86** Fortsetzung

Krankheit	Biochemische Grundlagen	Manifestationsalter, Verlauf	Klinik	Besondere Merkmale
$G_{M\,1}$-Gangliosidose Typ II (juveniler Typ, Derry-Syndrom [1968])	Enzymdefekt: Ausfall der β-Galactosidasen B und C. Speicherung von $G_{M\,1}$ im ZNS, in den Viszeralorganen auch Keratansulfat (*Okada* u. *O'Brien* 1968).	Manifestation mit 12–20 Monaten; Tod zwischen 3–10. Jahr.	Ataxie, psychomotorischer Rückschritt, Nystagmus, paralytischer Strabismus, kein kirschroter Fleck in der Makula; keine Hornhauttrübungen; Dysarthrie, Spastizität, Hyperakusis, epileptiforme Anfälle, Dezerebrationsstarre.	Autosomal rezessive Vererbung (*O'Brien* u. Mitarb. 1972). Diagnose: Enzymbestimmung in Leukozyten, Hautfibroblasten. Heterozygoten intermediäre Enzymdosis. Pränatale Diagnose an Amnionzellen möglich (*Lowden* u. Mitarb. 1973, 1974).
$G_{M\,1}$-Gangliosidose Typ III (*Wenger* 1974, 1980, *O'Brien* u. Mitarb. 1976, *Stevenson* u. Mitarb. 1978)	β-Galactosidase-Defizienz	Beginn um das 3. Lebensjahr; geistige Retardation wenig ausgesprochen.	Krankheitsverlauf langsam. Phänotypische Manifestationen uneinheitlich. Meist spondyloepiphysäre Dysplasie, Hornhauttrübungen (*O-Brien* u. Mitarb. 1976, *Stevenson* u. Mitarb. 1978), dagegen weder kirschroter Fleck der Makula noch Viszeromegalie. Manchmal Angiokeratom (wie bei Morbus Fabry; *Loonen* 1974), Ataxie (*Wenger* u. Mitarb. 1980).	Autosomal rezessive Vererbung (*Stevenson* u. Mitarb. 1978).

Tabelle **86** Fortsetzung

Krankheit	Biochemische Grundlagen	Manifestation	Klinisches Bild	Besondere Merkmale
Neuronale Ceroid-Lipofuscinose (Infantiler Typ, *Hagberg* u. Mitarb. 1968, *Santavuori* u. Mitarb. 1973) (Synonym: „polyunsaturated fatty acid lipidosis“, *Hagberg* u. Mitarb. 1968)	Enzymdefekt unbekannt. Speicherung von Arachidonsäure (mehrfach ungesättigte Fettsäure) in den Phospholipiden des Gehirns, ferner in Leber und Serum.	Beginn um 12.–18. Monat. Mit 3 Jahren blind u. bettlägerig. Spastische Kontrakturen nach dem 5. Jahr. Tod um das 8.–11. Jahr.	Psychomotorischer Rückgang, Ataxie, muskuläre Hypotonie, myoklonische Zukkungen; Mikrozephalie; Optikusatrophie mit Blindheit um das 2. Lebensjahr, atypische tapetoretinale Degeneration. Elektroretinogramm ausgelöscht (*Raitta* u. *Santavuori* 1973). Fehlen der „visual evoked responses“.	Autosomal rezessive Vererbung. Häufigkeit in Finnland: 1 : 13000 (*Santavuori* 1980). Pränatale Diagnose bis jetzt unbekannt.
Neuronale Ceroid-Lipofuscinose (Spätinfantile Form, Jansky-Bielschowsky-Krankheit)	Enzymdefekt unbekannt. Speicherung von Ceroid und Lipofuscin.	3.–4. Jahr; Tod 8.–10. Jahr.	Kein kirschroter Makulafleck; auch Optikusatrophie fehlt. Dagegen verstärkte zerebellare Symptomatik (Ataxie, Dysarthrie usw.). Im übrigen Verlauf wie bei der juvenilen Form (s. unten).	Autosomal rezessive Vererbung (*Andrews* u. Mitarb. 1971, *Richardson* u. Mitarb. 1968).
Neuronale Ceroid-Lipofuscinose (Juvenile Form, Batten-Spielmeyer-Vogt-Sjögren-Syndrom)	Enzymdefekt unbekannt. Speicherung eines als *Ceroid-Lipofuscin* bezeichneten autofluoreszierenden Pigmentes. In den Neuronen lipofuscinspeichernde Organellen (Zytosomen) mit multilamellären Einschlüssen gefunden.	5.–8. Jahr; Tod zwischen 15.–17. Jahr.	Frühstadium: Abnahme des Sehvermögens, Regression der geistigen Fähigkeiten. Spastizität, Hyperreflexie, typische Gehstörungen, Dysarthrie, epileptische Anfälle. Im letzten Stadium totale Demenz u. Amaurose. Fundus: atypische retinale Pigmentdegeneration. Vakuolisierte Lymphozyten im Blut (*Rayner* 1963) Azurophile zytoplasmatische Ein-	Früher als juvenile Form der amaurotischen Idiotie bezeichnet; Gangliosidspeicherung jedoch nie angetroffen. Autosomal rezessive Vererbung. *Sjögren* (1931) untersuchte 115 Patienten in 59 Familien und bewies den rezessiven Erbgang (25,8% Befallene in seinem Material; elterliche

Tabelle **86** Fortsetzung

Krankheit	Biochemische Grundlagen	Manifestation	Klinisches Bild	Besondere Merkmale
			schlüsse in Leukozyten, auch bei Heterozygoten. Metachromasie in kultivierten Fibroblasten (*Danes* u. *Bearn* 1968).	Konsanguinität in 25,5%). Neuere Lit.: *Elze* u. Mitarb. 1978 (13 Fälle), *Lyon* 1975 (23 Patienten in 15 Familien).
Neuronale Ceroid-Lipofuscinose (Adulte Form, Kufs-Syndrom [1925])	Speicherung von Ceroid-Lipofuscin in ZNS, Leber, Herzmuskel, gelegentlich Retina (*Dom* u. Mitarb. 1979).	15.–30. Lebensjahr.	Intellektueller Rückgang, zerebellare Ataxie, Myoklonien, epileptische Anfälle, extrapyramidale Symptome, im allgemeinen keine Fundusveränderungen.	Autosomal rezessive Vererbung, jedoch auch *dominanter Erbgang* beobachtet (*Boehme* u. Mitarb. 1971; 11 Fälle in 4 Generationen).
G_{M2}-Gangliosidose Typ I (Tay-Sachs-Krankheit [1881, 1887])	Enzymdefekt: Mangel an Hexosaminidase A (β-N-Acetylhexosaminidase A). Speicherung von G_{M2}-Gangliosiden (bereits in utero): besonders in der grauen und weißen Hirnsubstanz.	Zwischen 6.–8. Monat; Exitus zwischen 1. u. 3. Jahr.	*Pathognomonisch:* kirschroter Fleck in der Makula. Hyperakusis, Entwicklungsrückstand, Apathie, Visusverminderung. Muskelhypotonie, später Hypertonie, Makrozephalie, Tetraplegie, Enthirnungsstarre. *Pathologie:* ballonförmig aufgetriebene Ganglienzellen mit exzentrischen Kernen. Elektronenmikroskopisch: membranöse Zytoplasmakörperchen. *Diagnose:* Bestimmung der Hexosaminidase-A-Aktivität in Serum, Leukozyten, kultivierten Hautfibroblasten für pränatalen und Heterozygotennachweis.	Autosomal rezessive Vererbung. Häufigkeit der Erkrankung bei Aschkenasim-Juden (osteurop. Herkunft): 1:3600; Heterozygotenfrequenz 1:30. Häufigkeit der Krankheit in der nicht-jüdischen Bevölkerung dagegen etwa 100mal seltener (1:400000). Seit dem 1971 für die jüdische Bevölkerung von Baltimore, Washington u. a. aufgestellten Screening Programm für Erkennung der Heterozygoten mehr als 100000 Aschkenasim-Juden getestet (*Kaback* 1977).

Tabelle **86** Fortsetzung

Krankheit	Biochemische Grundlagen	Manifestation	Klinisches Bild	Besondere Merkmale
$G_{M\,2}$-Gangliosidose Typ II (Sandhoff-Krankheit [1968])	Enzymdefekt: Mangel an *beiden* Isoenzymen der Hexosaminidasen *A + B* (*O'Brien* 1970, 1971). Speicherung von G_{M2}-Gangliosiden. Zusätzlich zur zerebralen Akkumulation Anhäufung auch in viszeralen Organen (Leber, Nieren). Außerdem *Globosid*-Speicherung in Nieren und Milz.	6. Lebensmonat; Tod gegen Ende des 2. Jahres.	Entspricht dem der Tay-Sachs-Krankheit (inkl. kirschroter Fleck). *Diagnose:* Bestimmung der Hexosaminidasen A + B in Blutplasma, Leukozyten, Fibroblasten: *Heterozygote:* Hexosaminidasen A + B etwa die Hälfte der Norm.	Autosomal rezessive Vererbung. Im Gegensatz zur Tay-Sachs-Krankheit *nicht in der jüdischen Bevölkerung* angetroffen.
$G_{M\,2}$-Gangliosidose Typ III (Juvenile Form, Bernheimer-Seitelberger-Syndrom [1968])	Enzymdefekt: partielle Defizienz der Hexosaminidase A (*Suzuki* u. *Suzuki* 1970).	2.–6. Jahr; Lebenserwartung 5–15 Jahre.	Klinisch der Batten-Vogt-Spielmeyer-Krankheit ähnlich (neuronale Ceroid-Lipofuscinose). Psychomotorischer Stillstand, Sprachverlust, progressive Spastizität, Ataxie. Kirschroter Makulafleck selten. Visus im allgemeinen erhalten.	Autosomal rezessiver Erbgang: 14 Fälle bis 1973 in der Lit. beschrieben, davon 4 Geschwisterfälle (*Brett* u. Mitarb. 1973). Elterliche Konsanguinität bei einem Geschwisterpaar (*Andermann* u. Mitarb. 1974). Enzymwerte der Eltern erniedrigt (*Brandt* u. Mitarb. 1977).

Tabelle **86** Fortsetzung

Addendum zur Tay-Sachs Krankheit.
Eine Veröffentlichung *Kabacks* (1981) gibt Auskunft über nunmehr über 350 000 jüdische Personen, die bis Juni 1981 in bezug auf das Vorhandensein des Tay-Sachs Gens auf freiwilliger Basis getestet wurden. Die Herkunftsländer der Untersuchten waren außer den Vereinigten Staaten und Kanada auch Europa, Israel, Südamerika und Südafrika. Insgesamt wurden mehr als 14 000 heterozygote Genträger ermittelt. Prognostisch wichtig war insbesondere der Befund bei 350 Ehepaaren, von denen beide als heterozygote Merkmalsträger identifiziert wurden. Somit war in diesen Familien das Auftreten der Krankheit bei den Kindern mit einer Wahrscheinlichkeit von 25% zu befürchten. Die auf Grund der in der jüdischen Bevölkerung osteuropäischer Herkunft (Ashkenazim) gefundenen Häufigkeit der Tay-Sachs Krankheit (1 : 36 000) errechnete Genhäufigkeit (1 : 60) und entsprechende Heterozygotenhäufigkeit (1 : 30) fand sich in guter Übereinstimmung mit der für Nordamerika festgestellten Heterozygotenfrequenz von 1 : 29.

Die parallel mit der Durchführung dieses selektiven Screening-Programms eingerichteten pränatalen Beratungszentren für genetisch gefährdete Familien kontrollierten insgesamt 617 Schwangerschaften, bei denen beide Eltern Merkmalsträger waren. Hiervon wurden 470 Kinder bei der Amniozentese als normal befunden und konnten ausgetragen werden. Ohne die Möglichkeit einer solchen fetalen Gentechnologie hätten die Eltern sicherlich keine Schwangerschaft riskiert. Von den infolge Verdachts auf eine Tay-Sachssche Erkrankung abortierten Feten erwiesen sich 56 als mit Sicherheit homozygot befallen. Insgesamt konnte dank des Screening-Programms in Verbindung mit pränataler Diagnose die Inzidenz der Tay-Sachs Krankheit in Amerika seit 1970 um 65–85% reduziert werden.

Tabelle **87** Leukodystrophien

Krankheit	Biochemische Grundlagen	Manifestation, Verlauf	Klinisches Bild	Bemerkungen
Metachromatische Leukodystrophie (*Greenfield* 1933; Sulfatid-Lipidose) (Infantile und spätinfantile Formen; *Hagberg* u. Mitarb. 1962)	Enzymdefekt: Arylsulfatase A (Cerebrosidsulfatase), Aktivität 3–5% der Norm. Gespeicherte Lipide: Sulfatide (Galactosyl- u. Lactosylsulfatceramid) in Gehirn, peripheren Nerven, Gallenblase, Nieren.	1.–2. Jahr, progredient; Tod im 3.–7. Lebensjahr.	Hypotonie, abgeschwächte Reflexe, Dysarthrie, Ataxie; später: psychomotorische Retardation, Spastizität, Tetraplegie, Optikusatrophie; gelegentlich kirschroter Fleck in der Makula. Schluckstörung, Enthirnungsstarre. *Pathologie:* Demyelinisierung der weißen Hirnsubstanz, Markscheidenzerfall der peripheren Nerven.	Autosomal rezessiver Erbgang. 1 : 40 000 Geburten in Schweden (*Gustavson* u. *Hagberg* 1971). Pränatale Diagnose möglich (Kultivation von Amnionzellen mit Enzymbestimmung). Heterozygotennachweis durch Hautfibroblasten. Laborbestimmung der Arylsulfatase A: in Urin und Leukozyten. Metachromatisches Material aus den Nierenepithelien kann durch Toluidinblau oder Kresylviolett im Urinsediment nachgewiesen werden.
Metachromatische Leukodystrophie (Juvenile Form)	Enzymdefekt: Arylsulfatase A, Aktivität erniedrigt; gespeicherte Lipide: Sulfatide in Gehirn, peripheren Nerven.	Manifestation im 4.–20. Jahr.	Schulschwierigkeiten, affektive Labilität, Sehschwäche, extrapyramidale Störungen (Hyperkinesien, Rigor), schizophrenieähnliche Psychose mit Demenz, generalisierte Krampfanfälle.	Autosomal rezessive Vererbung (*Schutta* u. Mitarb. 1966).

Tabelle **87** Fortsetzung

Krankheit	Biochemische Grundlagen	Manifestation, Verlauf	Klinisches Bild	Bemerkungen
Metachromatische Leukodystrophie (Adulte Form)	Enzymdefekt: Arylsulfatase A, Aktivität erniedrigt; gespeicherte Lipide: Sulfatide in Gehirn, peripheren Nerven.	Manifestation nach dem 20. Lebensjahr.		Autosomal rezessive Vererbung. Eine klare Trennung zwischen juvenilen und adulten Formen ist nicht immer möglich. Präklinische Diagnose manchmal durchführbar (*Pilz* u. *Hopf* 1972).
Juvenile Sulfatidose (Typ Austin [1965])	Enzymdefekt: Arylsulfatasen A, B u. C (Cerebrosidsulfatasen), Steroidsulfatasen. Gespeicherte Lipide: Sulfatide, Ganglioside, Cholesterinsulfat, sulfatiert. Mukopolysaccharide in Neuronen, Leber.	1.–4. Jahr; Tod zwischen 3 und 12 Jahren.	Psychomotorische Retardation, grobe Gesichtszüge, progrediente neurologische Störungen: Tremor, Nystagmus, Myoklonien, Taubheit, Mukopolysaccharidose-Symptome: Skelettdeformierung, Kleinwuchs, Hepatomegalie: häufige ophthalmologische Befunde: Hornhauttrübungen, Optikusatrophie.	Ausscheidung von Mukopolysacchariden im Harn; Alder-Reilly-Körperchen in den Leukozyten. Familiäres Auftreten in mehreren Familien (autosomal rezessiver Erbgang) (*Rampini* u. Mitarb. 1970).
Globoidzellen-Leukodystrophie (Infantile familiäre Hirnsklerose, Krabbe-Syndrom [1916])	Enzymdefekt: Galactocerebrosid-β-Galactosylceramid-β-Galactosidase bzw. Galactosylceramidase. Gespeicherte Lipide: Galactocerebroside. Pathologie: fehlende Myelinisierung der Markscheiden, Entmarkungsherde in der weißen Hirnsubstanz mit Globoidzellinfiltration.	6. Lebensmonat; Tod in den ersten beiden Lebensjahren.	Psychomotorischer Stillstand, Hyperakusis, zerebrale Degeneration, Opisthotonus, Erblindung innerhalb von Monaten infolge Optikusatrophie. Weitere Symptome: Nystagmus, Spastizität, Taubheit, Fieberanfälle.	Autosomal rezessives Leiden. Pränatale Diagnose durch Bestimmung der β-Galactocerebrosidase-Aktivität an Amnionzellen möglich (*Suzuki* u. Mitarb. 1971, *Harzer* 1977, *Farrell* u. Mitarb. 1978).

Tabelle **87** Fortsetzung

Krankheit	Biochemische Grundlagen	Manifestation, Verlauf	Klinik	Bemerkungen
X-chromosomale Leukodystrophie (Sudanophile Leukodystrophie) a) Adrenoleukodystrophie (Lit.: *Schaumburg* u. Mitarb. 1975, *Baraitser* 1982)	Enzymdefekt: primärer Defekt der Fettsäurensynthese bzw. Abbaustörung? Gespeicherte Lipide: Cholinester mit abnorm langkettigen Fettsäuren (> 22 C-Atome), die als zytoplasmatische Einschlüsse in Erscheinung treten.	Erste 5–10 Lebensjahre, protrahierter Verlauf; Tod 1–3 Jahre nach Beginn der neurologischen Symptome.	Anfangs Symptome der Addisonschen Krankheit, Melanodermie, später Ataxie, geistiger Rückgang, Dysarthrie, Visus- und Hörstörungen, Nystagmus, spastische Paraplegie, Opisthotonus. *Ophthalmologisch:* Optikusatrophie, homonyme Hemianopsie. – Streckkrämpfe, Dezerebration. *Pathologie:* Nebennierenatrophie, Demyelinisation der weißen Hirnsubstanz. Elektronenmikroskopisch: ballonierte Zellen mit lamellären, zytoplasmatischen Einschlüssen in Nebennieren, Schwannschen Zellen, Hirnmakrophagen, Leydig-Zellen der Hoden.	X-chromosomale Vererbung.

Variante der Adrenoleukodystrophie:
Andrenomyeloneuropathie des Erwachsenen (*Schaumburg* u. Mitarb. 1977): Progressive spastische Paraparese mit Morbus Addison: spastische Myelopathie, periphere Neuropathie, zerebellare Ataxie, geistiger Rückgang mit Verhaltensstörungen. Genetisch gleiche Grundstörung, da Familien mit gleichzeitigem Vorkommen von Adrenoleukodystrophie und Adrenomyeloneuropathie beobachtet wurden (*Griffin* u. Mitarb. 1977, *Davis* u. Mitarb. 1979, *Weber* u. Mitarb. 1980).

Tabelle **87** Fortsetzung

Krankheit	Biochemische Grundlagen	Manifestation, Krankheitsbild, Pathologie	Bemerkungen
X-chromosomale Leukodystrophie (Sudanophile Leukodystrophie) b) Pelizaeus-Merzbacher-Krankheit (*Pelizaeus [1885], Merzbacher* [1910])	Gespeicherte Lipide, die sich mit Sudanfarbstoffen (bzw. basischen Anilinfarben) anfärben.	Diffuse Entmarkung des gesamten Gehirns, perivaskuläre Markinseln, daher „getigertes“ Aussehen des Gehirns. Achsenzylinder erhalten.	Es lassen sich 6 Typen (*Stark* 1972) unterscheiden, von denen die *infantile Form*, die *klassische Pelizaeus-Merzbacher*-Krankheit, die bekannteste ist. Sie vererbt sich *X-chromosomal*.
Typ I (Infantile, klassische Form)		Beginn: infantile oder spätinfantile Periode, Intentionstremor, Nystagmus, Dysarthrie, Ataxie, Choreoathetose, Spastizität, später Optikusatrophie und Demenz.	X-chromosomale Vererbung. Stammbaum von *Pelizaeus* u. *Merzbacher* über 4 Generationen; *Watanabe* u. Mitarb. 1973): 6 Generationen.
Typ II (Kongenitale Form; *Seitelberger* 1970)		Schwerere Verlaufsform: Choreoathetose, Nystagmus, Spastizität der unteren Extremitäten. Retardation der motorischen Entwicklung.	X-chromosomale Vererbung (*Zeman* u. Mitarb. 1964, *Watanabe* 1969, *Adachi* u. Mitarb. 1970, *Ulrich* u. *Herschkowitz* 1977).
Typ III (Übergangsformen zwischen I und II)		Beginn um das 3. Lebensjahr. Nystagmus, Ataxie, Spastizität, Choreoathetosis, Demenz, später Optikusatrophie.	Nur sporadische Fälle bekannt. Keine Geschlechtsprädilektion.
Typ IV (Adulte Form; *Löwenberg* u. *Hill* [1933])		Beginn um das 4. Lebensjahrzehnt. Tremor, Ataxie, Hyperreflexie, progressive Demenz.	Autosomal dominante Vererbung (*Zerbin-Rüdin* u. *Peiffer* 1964: Familie mit 4 Generationen Befallener).
Typ V (Atypische Formen; *Seitelberger* 1970)			Geschwisterfall (*Diezel* u. *Huth* 1963).

Tabelle **87** Fortsetzung

Krankheit	Biochemische Grundlagen	Manifestation, Krankheitsbild, Pathologie	Bemerkungen
Typ VI Cockayne-Syndrom (1936, 1946)		Beginn um das 2. Lebensjahr. Symptomatologie: Mikrozephalie, Zwergwuchs, greisenhaftes Aussehen, fehlendes subkutanes Fettgewebe, Enophthalmie, Pigmentdegeneration der Retina, Katarakt. Innenohrschwerhörigkeit. Große abstehende Ohren, Prognathismus, hoher Gaumen. Kyphose, Gelenkkontrakturen, Akrozyanose, Photodermatose. Intrakraniale Kalzifikationen.	Autosomal rezessive Vererbung. Nach *Vonsattel* (1980) insgesamt 81 Fälle publiziert, wovon 40 Fälle in 18 Familien.

Pathologie. Über die ersten Befunde, die auf das Vorliegen eines *leukodystrophischen Syndroms* hinwiesen, berichteten *Norman* u. *Tiney* (1966), *Rowlatt* (1969) und *Moosa* u. *Dubowitz* (1970). Danach zeigte die weiße Gehirnsubstanz eine ausgedehnte *„tigroide" Demyelinisation*. Ebenso war das periphere Nervensystem von einer segmentalen Demyelinisation betroffen.
Eine von *Vonsattel* (1980) im neuropathologischen Universitätslabor in Lausanne (Prof. T. Rabinowicz) durchgeführte pathologisch-anatomische Untersuchung an einer mit 4 Jahren verstorbenen Patientin konnte diese Ergebnisse voll bestätigen. Außerdem ließen sich bei der ultrastrukturellen Untersuchung der Schwannschen Zellen der spinalen Nervenwurzeln eigenartige »Zebrakörperchen" („zebra bodies" = membranöse Zytosomen) innerhalb des Zytoplasmas beobachten, wie sie sich manchmal auch bei Thesaurismosen finden.

Tabelle **87** Fortsetzung

Krankheit	Biochemische Grundlagen	Manifestation	Klinisches Bild	Bemerkungen
Disseminierte Lipogranulomatose (Farber-Krankheit [1957])	Enzymdefekt: Inaktivität der Ceramidase. Hauptsächliches Speicherprodukt: generalisierte Ceramidspeicherung in Neuronen u. Gliazellen, Leber, periartikulärem u. subkutanem Gewebe mit Granulombildung in RES und Atmungswegen. Charakteristische Schaumzellen in den Geweben.	Bereits in den ersten Lebenswochen; Tod im 2. Lebensjahr.	Reizbarkeit, schmerzhafte Gelenkschwellungen und Ödeme, Heiserkeit, statomotorische u. psychische Retardierung, Lebervergrößerung. Ophthalmologisch: Pfeffer- und -Salz-ähnlicher Fundus.	Familiäres Auftreten beobachtet (*Crocker* u. Mitarb. 1967, *Amirhakimi* u. Mitarb. 1976). Pränatale Diagnose möglich (*Fensom* u. Mitarb. 1979).
Familiäre Xanthomatose mit Nebennierenverkalkung (Wolman-Krankheit [1961, 1981])	Mangel einer lysosomalen sauren Lipase. Speicherung von Neutralfetten (Cholinester) in Leber, Milz, Nebennieren. Zunahme der Mono-, Di- u. Triglyceride in den viszeralen Organen. Schaumzellen wie bei Niemann-Pick-Krankheit.	2.–4. Woche; Tod 3.–6. Monat infolge Malabsorption.	Gastrointestinale Störungen, Hepatosplenomegalie, röntgenologisch: Nebennierenverkalkung.	Autosomal rezessive Vererbung.
Zerebrotendinöse Xanthomatose (van-Bogaert-Krankheit [1937])	Defekt des Cholesterinstoffwechsels; Speicherung von Cholestanol (Dihydrocholesterin) im ZNS, von Cholesterin in den Sehnenxanthomen. Hypercholesterinämie häufig.	Späte Kindheit (nach 10. Lebensjahr); Tod in der 4.–5. Lebensdekade.	Entwicklung von Xanthomen in den Sehnen. Katarakt; fortschreitende Demenz, zerebellare Ataxie, Spastizität, distale Muskelatrophie. *Pathologie:* Demyelinisierung von Groß- u. Kleinhirn sowie Hirnstamm.	Autosomal rezessive Vererbung. Geschwisterfälle mitgeteilt von *Schimshock* u. Mitarb. (1968), *Schreiner* u. Mitarb. (1975), *Farpour* u. *Mahloudji* (1975), *de Jong* u. Mitarb. (1977).

Tabelle **88** Genetische Hyperlipoproteinämien (Einteilung nach *Fredrickson* u. *Levy*)

Krankheit	Biochemische Grundlagen	Manifestation	Klinisches Bild	Bemerkungen
Hyperlipoproteinämie Typ I (Familiärer Lipoproteinlipase-Mangel [*Bürger-Grütz* 1932], familiäre Hyperchylomikronämie)	Enzymdefekt: Fehlen der Lipoproteinlipase. Die Störung des Abtransportes der Chylomikronen bewirkt eine exzessive *Hyperchylomikronämie*. Infolge ungenügender Kapazität des RES entsteht eine *Hypertriglycerinämie* (Triglycerid-Cholesterin-Verhältnis im Plasma 5:1 bis 10:1).	Bereits vom 2. Lebensjahr an. Gutartiger Verlauf. Tod oft infolge rezidivierender Pankreatitiden um das 40. Lebensjahr.	Häufige Oberbauchkoliken nach Fettzufuhr. Mäßige Hepatosplenomegalie; eruptive Xanthome an Haut und evtl. Schleimhäuten; milchige Trübung des Plasmas; beim Stehenlassen Chylomikronen-„Rahm"-Bildung über klarem Serum. Keine arteriosklerotischen Veränderungen. *Therapie:* Einschränkung der Fettzufuhr.	Autosomal rezessive Vererbung.
Hyperlipoproteinämie Typ II a u. II b (Familiäre Hyper-β-Lipoproteinämie, Hypercholesterinämie)	Mangelnde Zahl oder Funktion der Zellrezeptoren für β-Lipoprotein. Daher Anstieg der HDL* (Typ II a) oder der HDL + VLDL* (Typ II b). β-Lipoprotein erhöht. Cholesterinspiegel im Serum bei Typ II a erhöht, bei Typ II b auch der Triglyceridspiegel.	Hypercholesterinämie schon bei der Geburt. Xanthome bei Heterozygoten ab 30 Jahren, bei Homozygoten bereits in der Kindheit.	Haut- u. Sehnenxanthome, teilweise tuberös, teilweise plan; Lokalisation auch an Ellbogen, Knie, Hände, periorbital (Xanthelasmen), Arcus lipoides corneae. Frühzeitige Atherosklerose. Auftreten von Koronarsklerose u. Myokardinfarkten oft im 3.–4. Lebensjahrzehnt, manchmal plötzlicher Herztod. Prognose abhängig von Geschwindigkeit u. Ausmaß des kardiovaskulären Prozesses.	Einzige Hyperlipoproteinämie-Form, die einem *dominanten* Erbgang folgt. Häufigkeit 1:200 bis 1:1000 in der Bevölkerung. Unterscheidung zwischen Homo- u. Heterozygoten oft schwierig.

* HDL = „High-density"-Lipoproteine
LDL = „Low-density"-Lipoproteine
VLDL = „Very-low-density"-Lipoproteine

Tabelle **88** Fortsetzung

Krankheit	Biochemische Grundlagen	Manifestation	Klinisches Bild	Bemerkungen
Abetalipoproteinämie (Bassen-Kornzweig-Syndrom [1950])	Defektes Enzym unbekannt; Störung der Synthese des β-Lipoproteins; Fehlen der Chylomikronen, Cholesterin u. Triglyceride erniedrigt.	5.–10. Jahr; Tod 3.–4. Lebensjahrzehnt.	Steatorrhoe, spinozerebellare Ataxie, Sensibilitätsstörungen, Retinopathia pigmentosa (meist Pfeffer- und -Salz-Fundus), Akanthozytose, leichte hämolytische Anämie, progrediente Muskelschwäche. *Therapie:* Einschränkung der Fettzufuhr und hohe Gaben fettlöslicher Vitamine (A, D, E, K).	Autosomal rezessive Vererbung. Patienten jüdischer Abstammung häufig betroffen.
Kongenitale Hypo-β-Lipoproteinämie	Störung der Lipoproteinsynthese. Erniedrigte Serumkonzentration der „Low-density"-Lipoproteine, Verminderung der Cholesterinkonzentration im Serum.		In einigen Fällen atypische Retinitis pigmentosa. Sonst klinisch fast asymptomatisch. Gute Prognose.	Im Gegensatz zur Abetalipoproteinämie autosomal dominante Vererbung.
Tangier-Syndrom (Kongenitale Hypo-α-Lipoproteinämie; *Frederickson* u. Mitarb. 1961)	Mangel an α-(„high density")-Lipoproteinen. Infolgedessen erniedrigte Cholesterin- u. Phospholipid-Konzentration im Serum. Speicherung von Cholesterinestern besonders im RES (Leber, Milz, Lymphknoten usw.), ferner in Tonsillen, Hornhaut, Blutgefäßen usw.	Ab 5. Jahr; Tod um mittl. Erwachsenenalter.	Vergrößerte Tonsillen von gelblicher Farbe. Hepatosplenomegalie. Schaumzellen im Knochenmark. Lymphadenopathien. Periphere Neuropathien und progressive Muskelschwäche. Hornhauttrübungen (Spaltlampe!). Frühzeitige Koronarsklerose.	Autosomal rezessive Vererbung. Heterozygote Träger haben erniedrigte α-Lipoprotein-Werte im Serum.

Tabelle **88** Fortsetzung

Krankheit	Biochemische Grundlagen	Manifestation	Klinisches Bild	Bemerkungen
Hypolipidämie (*Hooft* 1962)	Unbekannte Störung des Lipidstoffwechsels: α- u. β-Lipoproteine erniedrigt, daher Hypolipidämie (besonders Triglyceride, Cholesterin und Phospholipide).	Manifestation in der Kindheit.	Verzögerte psychomotorische Entwicklung, erythematössquamöse Eruptionen. Leukonychie, Zahnschmelzdefekte. Weder Akantozytose noch Steatorrhoe.	Autosomal rezessive Vererbung. Diffuse tapetoretinale Degeneration bei einer der beiden befallenen Schwestern.
Heredopathia atactica polyneuritiformis (Refsum-Krankheit [1946, 1952])	Enzymdefekt: Mangel an Phytansäure-α-Hydroxylase. Phytansäureanreicherung in den peripheren Nerven, Leber, Nieren u. a. Organen (*Hansen* u. *Refsum* 1981).	Frühes Kindesalter bis Erwachsenenalter. Bei Früherkennung Lebenserwartung wenig eingeschränkt.	Chronische Polyneuropathie, atypische Retinitis pigmentosa, zerebellare Ataxie, Ichthyosis, zentrale Taubheit, Kardiopathie, hohe Eiweißkonzentration im Liquor. *Pathologie:* diffuse Dyemyelinisation der peripheren Nerven. *Therapie:* phytansäurearme Diät (möglichst frei von Milchprodukten).	Autosomal rezessive Vererbung; heterozygote Individuen haben ca. 50% der normalen Hydrolaseaktivität in den Hautfibroblasten.
Lecithin-Cholesterin-Acyltransferase-Mangel (Norum-Gjone-Krankheit [1967, 1974])	Enzymdefekt: Lecithin-Cholesterin-Acyltransferase. Vermehrung von freiem Cholesterin u. Triglyceriden; Lysolecithin u. Cholesterinester erniedrigt.	Erwachsenenalter; Tod infolge Niereninsuffizienz im 4.–6. Lebensjahrzehnt.	Proteinurie, Hornhauttrübungen besonders um den Limbus (Speicherung von Lipiden). Normochrome Anämie, Niereninsuffizienz. In Knochenmark und Glomeruli Schaumzellen.	Autosomal rezessive Vererbung. Krankheit nach Norwegen und Schweden auch in anderen Ländern beschrieben. Heterogenie nicht ausgeschlossen. Heterozygotennachweis möglich (*Fröhlich* u. Mitarb. 1982, *Utermann* u. Mitarb. 1981).

Tabelle **89** Störungen des Glutathion-Stoffwechsels

Struktur und Funktion des Glutathions:
Das Glutathion ist ein wichtiges Tripeptid, das sich aus Glutaminsäure, Cystein und Glycin (Glycocoll) zusammensetzt. Es kommt in zwei Formen in den roten Blutkörperchen vor: zu 99,8% als reduziertes Sulfhydril (GSH) und zu 0,2% als oxidiertes Disulfid (GSSG). Beide Formen gehen leicht ineinander über.

Die Bedeutung des Glutathions kommt besonders in folgenden Funktionen zum Ausdruck: 1. als Coenzym verschiedener enzymatischer Reaktionen der Erythrozyten; 2. in seiner physiologischen Schutzfunktion gegenüber oxidierenden Substanzen wie Peroxiden sowie gewissen Arzneisubstanzen; 3. schließlich kommt ihm eine besondere Rolle beim Transport von Aminosäuren vermittels des sechsstufigen γ-Glutamylzyklus zu. Synthese und Abbau des Glutathions vollziehen sich im Erythrozyten in zwei Phasen. In der ersten entsteht aus Glutaminsäure und Cystein vermittels der γ-Glutamyl-Cystein-Synthetase das γ-Glutamylcystein. In der zweiten Phase wird aus γ-Glutamylcystein und Glycin Glutathion durch die Glutathion-Synthetase gebildet. Als Energiequelle für diese Reaktionen dient ein energiereiches Phosphat, das Adenosintriphosphat (ATP), dank seiner Umwandlung zu Adenosindiphosphat (ADP).

Es hat sich erwiesen, daß eine Reihe hereditärer Enzymdefekte zu mangelhafter Glutathionsynthese führen kann: 1. bestimmte enzymatische Störungen innerhalb des γ-Glutamylzyklus (z. B. γ-Glutamyl-Cystein-Synthetase-Mangel); 2. ein Defekt der Glutathion-Synthetase. Letzterer kann in zwei Varianten auftreten: a) eine leichtere Form, wobei das Enzym nur in den Erythrozyten reduziert ist; b) bei der anderen Form ist der Enzymdefekt generalisierter. Diese Variante wird als *5-Oxoprolinurie* (oder Pyroglutaminacidurie) bezeichnet.

Krankheit	Basisdefekt	Biochemische Zeichen	Klinik	Genetik
γ-Glutamylcystein-Synthetase	γ-Glutamylcystein-Synthetase-Mangel	Generalisierte Aminoacidurie, Glutathionkonzentration in den Erythrozyten stark erniedrigt.	Hämolytische Anämie, Schwachsinn, spinozerebellare Degeneration (*Konrad* u. Mitarb. 1972; gleicher Fall: *Richards* u. Mitarb. 1974).	Autosomal rezessive Vererbung. Obligatorische Heterozygoten haben intermediäre Enzymkonzentration.

Tabelle **89** Fortsetzung

Krankheit	Basisdefekt	Biochemische Zeichen	Klinik	Genetik
Pyroglutaminacidurie (5-Oxoprolinurie)	Generalisierter Glutathion-Synthetase-Mangel I	Pyroglutaminsäure in Plasma stark vermehrt, massive Ausscheidung im Harn, Glutathiongehalt der Erythrozyten erniedrigt.	Chronische metabolische Azidose; hämolytische Anämie mit schweren hämolytischen Krisen; zerebellare Störungen mit Intentionstremor und Dysarthrie, evtl. spastische Tetraparese; Schwachsinn, epileptische Anfälle (*Jellum* u. Mitarb. 1970, *Larsson* u. Mitarb. 1974, *Meister* 1978). Makulaveränderungen (Blutungen mit sekundären degenerativen Veränderungen bei einem im Alter von 1 Monat verstorbenen Mädchen; progrediente Makuladegeneration beim gleichfalls befallenen 7jährigen Bruder [„Pfeffer- und -Salz"-Fundus]; *Porath* u. *Schreier* 1978).	Autosomal rezessive Vererbung.
Glutathion-Synthetase-Mangel II (nicht-oxoprolinurische Variante: Beziehung zur 5-Oxoprolinurie unklar: biochemische Heterogenität?)	Glutathion-Synthetase-Mangel.	Enzym nur in den Erythrozyten, nicht aber in den kernhaltigen Zellen reduziert.	Isolierte hämolytische Anämie, keine neurologischen Störungen.	Autosomal rezessive Vererbung. Heterozygote haben intermediäre Enzymkonzentration (*Mohler* u. Mitarb. 1970, *Spielberg* u. Mitarb. 1978).

Tabelle **89** Fortsetzung

Krankheit	Basisdefekt	Biochemische Zeichen	Klinik	Genetik
Glutathionurie	γ-Glutamyl-Transpeptidase	Glutathionämie, exzessive Ausscheidung von Glutathion im Harn, geringe Aktivität der Transpeptidase in kultivierten Hautfibroblasten.	Leichte geistige Retardation (*Schulman* u. Mitarb. 1975).	Unbestimmt.
Glutathionperoxidase-Mangel (*Necheles* u. Mitarb. 1968, 1969, 1970)	Glutathionperoxidase	Enzymaktivität in den Leukozyten erniedrigt.	Kompensierte hämolytische Anämie.	Autosomal rezessive Vererbung. Heterozygote haben intermediären Enzymgehalt. Verminderte Enzymaktivität in der postnatalen Periode evtl. auf Selenmangel während der Schwangerschaft zurückzuführen, da Selen ein wichtiger Bestandteil des Enzyms ist (*Perona* u. Mitarb. 1979).
Glutathion-Reductase-Mangel (*Löhr* u. *Waller* 1962, 1963)	Glutathion-Reductase	Fehlen der Enzymaktivität in den Erythrozyten und Leukozyten.	Favismus (hämolytische Krisen nach Verzehr von Saubohnen (*Vicia faba*); geschwächte Abwehr von Infekten; Katarakt (*Loos* u. Mitarb. 1976).	Autosomal rezessive Vererbung. Heterozygote haben intermediäre Enzymkonzentrationen. Ein Enzymmangel kann auch Folge eines Fehlens von Riboflavin in der Nahrung sein, z. B. in Nord-Thailand.

Tabelle **90** Anomalien des Purin- und Pyrimidinstoffwechsels

Krankheit	Basisdefekt	Biochemische Zeichen	Klinik	Genetik
Primäre idiopathische Gicht	Überproduktion oder verringerte Ausscheidung von Harnsäure wird diskutiert.	Erhöhte Harnsäurewerte in Blut und Lymphe, vermehrte Ausscheidung im Harn.	Akute Gichtarthritis, in typischer Weise zuerst der Metatarsophalangealgelenke (Großzehe: „Podagra"), später der Knie- und Handgelenke. Anfall mit heftigen Schmerzen sowie Schwellung und Rötung der betreffenden Hautpartie verbunden. Ablagerung von Uraten in und um die betroffenen Gelenke („Tophi") mit entzündlichen Lokalerscheinungen. „Gichtperlen" auch an den Ohrmuscheln. Attacken gefolgt von Remissionen, schließlich Übergang in chronische Gichtarthritis. Ablagerung der Uratsteine in den Nieren zu renalem Defekt („Gichtniere"). *Therapie:* Colchicingaben, die beim Anfall spezifisch anti-inflammatorisch wirken.	Bei der klassischen familiären Gicht ist am ehesten autosomal dominante Vererbung mit wechselnder Penetranz u. variabler, geschlechtsabhängiger Expressivität anzunehmen. Die geringe Penetranz beim weiblichen Geschlecht mit Manifestation oft nach der Menopause ist vermutlich auf physiologische niedrigere Harnsäurewerte als beim Mann zurückzuführen. Doch kann eine polygene Vererbung nicht ausgeschlossen werden (*Hauge* u. *Harvald* 1955, *Neel* u. Mitarb. 1965, *Wyngaarden* u. *Kelly* 1978).

Tabelle **90** Fortsetzung

Krankheit	Basisdefekt	Biochemische Zeichen	Klinik	Genetik
Adenin-phosphoribosyl-Transferase	Ausfall der Adenin-phosphoribosyl-Transferase	Ausscheidung von Adenin, 8-Hydroxyadenin und 2,8-Dihydroxyadenin. Fehlen von Adenin-phosphoribosyl-Transferase in den Erythrozyten.	Seit früher Kindheit Harnsteine, die Schmerzen in der Blasengegend und Koliken beim Wasserlassen verursachen. *Therapie:* Purine in der Diät einschränken, Allopuringaben.	Im Gegensatz zu dem Hypoxathin-Guanin-Phosphoribosyl-Transferase-Mangel bei Lesch-Nyhan-Syndrom, das sich x-chromosomal vererbt (s. oben), ist die auf Adenin-phosphoribosyl-Transferase-Mangel beruhende Enyzmopathie *autosomal rezessiv* mit partieller Transferase-Aktivität bei Heterozygoten (*Kelley* u. Mitarb. 1968, *Debray* u. Mitarb. 1976, *van Acker* u. Mitarb. 1977).
Xanthinurie (*Watts* u. Mitarb. 1964, *Sperling* u. Mitarb. 1971)	Xanthinoxidase-Mangel, daher nur geringe Oxidation von Hypoxanthin u. Xanthin zu Harnsäure.	Harnsäure im Serum und Urin stark vermindert, Xanthinsteine, Xanthin und Hypoxanthin im Plasma erhöht.	Nephrolithiasis, Schmerzen in der Blasengegend. In seltenen Fällen *Myopathie* mit Rigidität infolge der Ablagerung von Xanthinkristallen in der Skelettmuskulatur (*Chalmers* u. Mitarb. 1969).	Autosomal rezessive Vererbung (*Wyngaarden* 1978).

Tabelle **90** Fortsetzung

Krankheit	Basisdefekt	Biochemische Zeichen	Klinik	Genetik
Adenosin-Desaminase-Mangel (*Giblett* u. Mitarb. 1972)	Enzymatische Blockierung der Desaminierung von Adenosin zu Inosin. Zusammenhang zwischen Adenosin-Desaminase-Mangel und Immundefekt unklar.	Fehlen der Adenosin-Desaminase in Erythrozyten, Lymphozyten u. Plasma. Lymphopenie. Das Enzym existiert in verschiedenen genetisch determinierten Formen.	Manifestation in früher Kindheit. Immundefekt der B- u. T-Lymphozyten, mangelhafte Antikörperbildung. Gelegentlich Skelettdysplasien. Tod infolge rezidivierender Infektionen der Atemwege und Candidiasis. *Therapie:* Besserung durch Enzymsubstitution vermittels wiederholter Erythrozytentransfusionen (*Hirschhorn* u. Mitarb. 1979, 1980).	Autosomal rezessive Vererbung. Bei Heterozygoten Adenosin-Desaminase vermindert (*Sakura* u. Mitarb. 1981). Adenosin-Desaminase-Mangel verantwortlich für etwa 20% aller angeborenen Immundefekte.
Nucleosid-Phosphorylase-Mangel *Giblett* u. Mitarb. 1975)	Fehlende Aktivität des Enzyms, das die phosphorolytische Spaltung des Inosins zu Hypoxanthin u. Ribose-1-Phosphat katalysiert. Der Nucleosid-Phosphorylase-Mangel führt aus unklaren Gründen zu einem Immundefekt der T-Lymphozyten (ähnlicher Immundefekt beim Adenosin-Desaminase-Mangel (s. oben).	Hypourikämie und Hypourikurie, Inosin und Guanosin im Serum stark vermehrt. Gelegentlich auch Orotacidurie (*Cohen* u. Mitarb. 1977). Fehlende Nucleosid-Phosphorylase-Aktivität in Erythrozyten und Lymphozyten. Verschiedene Varianten der Erythrozyten-Nucleosid-Phosphorylase.	Rezidivierende Infektionen, vor allem der Atemwege. Gelegentlich spastische Tetraparese (*Stoop* u. Mitarb. 1977). Bei einem 2½jährigen Knaben mit Tetraplegie wurde ein Lymphom vom immunoblastischen Typ beobachtet (*Watson* u. Mitarb. 1981). *Therapie:* Enzymsubstitution durch Erythrozytentransfusionen. Differentialdiagnose gegen Adenosin-Mangel notwendig.	Autosomal rezessive Vererbung. Unterschiedliche Schwere in den einzelnen Familien (multiple Allelie). Heterozygote zeigen verminderte Nucleosid-Phosphorylase-Aktivität der Erythrozyten.

Tabelle **90** Fortsetzung

Krankheit	Basisdefekt	Biochemische Zeichen	Klinik	Genetik
Lesch-Nyhan-Syndrom (1964)	Hypoxanthin-Guanin-Phosphoribosyl-Transferase-Mangel, daher gesteigerte Purinsynthese (vgl. Abb. **81**, Schema des Abbaus der Purinnucleoside).	Hyperurikämie, Harnsäurespiegel im Blut stark erhöht.	Beginn mit 3–4 Monaten mit psychomotorischer Retardation. Gegen Ende des 1. Jahres Choreoathetose, Spastik, epileptische Anfälle. Nach 2. Lebensjahr als eindrucksvollstes Symptom Automutilation (Lippen- und Fingerbeißen, Kopfanschlagen), Aggresivität gegen Umwelt. Nephrolithiasis, meist zu Exitus führend. In wenigen Fällen Überleben nach 10 Jahren mit Gichtsymptomen (Tophie, Harnsäurearthritis). Gelegentlich megalozytäre Anämie. *Therapie:* Allopurinol, das die Purinsynthese hemmt. Keine Auswirkung dagegen auf die ZNS-Störung.	X-chromosomale Vererbung. Bei heterozygoten Frauen intermediäre Enzymaktivität in Fibroblasten und Haarfollikeln nachweisbar. Gültigkeit der Lyon-Hypothese durch Nachweis zweier Populationen in kultivierten Fibroblasten (mit und ohne Enzymaktivität). Pränatale Diagnose aus Amnionzellen möglich (*Boyle* 1970). Häufigkeit der Krankheit mit 1 : 380 000 angegeben.

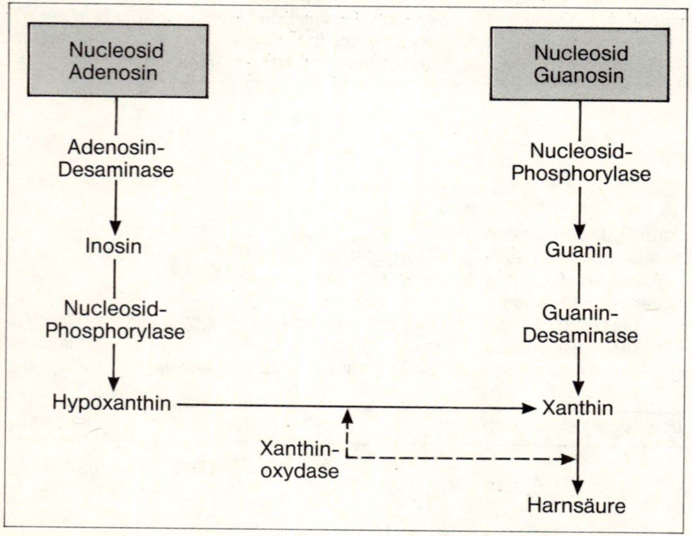

Abb. **81** Schema des Abbaus der Purinnucleoside. Ein Mangel an Hypoxanthin-Guanin-Phosphoribosyl-Transferase führt zum Lesch-Nyhan-Syndrom

Varianten des Lesch-Nyhan-Syndroms:
Es ist eine Reihe von Varianten des Lesch-Nyhan-Syndroms beschrieben worden, die teils auf Heterogenität, teils auf multipler Allelie beruhen dürften.

Hyperurikämie-Schwerhörigkeit-Ataxie-Syndrom: Sicherlich auf Heterogenität dürfte das von *Rosenberg* u. Mitarb. (1970) beschriebene Krankheitsbild von Hyperurikämie, renaler Insuffizienz, Ataxie und außerdem Taubheit beruhen, das die Autoren bei fünf Mitgliedern einer Familie beobachtet haben. Einige Familienangehörige wiesen nur erhöhte Harnsäurewerte im Serum ohne renalen Defekt auf. *Die Werte der Hypoxanthin-Guanin-Phosphoribosyl-Transferase waren bei allen Patienten normal*. Bei einigen Patienten entwickelte sich später eine typische Gicht mit Arthritis. Der Stammbaum entsprach einem x-chromosomalen Erbgang. *Bazelon* u. Mitarb. (1968) haben bei drei Frauen ein dem klinischen Bild einer Lesch-Nyhan-Krankheit weitgehend entsprechendes Syndrom beschrieben. Diese zeigten Hyperurikämie, geistige Rückständigkeit sowie Automutilation der Lippen und Hände, jedoch ohne Choreoathetose und Spastik. *Die Aktivität der Hypoxanthin-Guanin-Phosphoribosyl-Transferase erwies sich als normal*. Das Syndrom könnte gleichfalls auf Heterogenität zurückzuführen sein. Ein weiteres Beispiel eines dem Lesch-Nyhan-Syndrom ähnlichen Krankheitsbildes, gleichfalls bei *normaler Aktivität der Hypoxanthin-Guanin-Phosphoribosyl-Transferase*, haben *Nyhan* u. Mitarb. (1969) bei einem 3jährigen Knaben beschrieben. Es bestand Hyperurikämie mit hochgradig gesteigerter Purinsynthese, Schwachsinn, fehlendes Sprachvermögen, ferner ein eigenartig autistisches Verhalten, jedoch ohne Automutilation und Choreoathetose, sowie fehlender Tränenfluß beim Schreiben. Die normale Aktivität der Hypoxanthin-Guanin-Phosphoribosyl-Transferase läßt im Verein mit dem atypischen Krankheitsbild auch hier auf ein heterogenes Krankheitsbild schließen. *Eine partielle Hypoxanthin-Guanin-Phosphoribosyl-Transferase-Insuffizienz* mit abgeschwächter „Lesch-Nyhan“-Symptomatologie wurde von *Yu* u. Mitarb. (1972) bei fünf Mitgliedern einer Familie beschrieben. *Kelley* u. Mitarb. (1967) untersuchten zwei Familien mit jeweils zwei und drei befallenen Brüdern, die gleichfalls nur eine *partielle Hypoxanthin-Guanin-Phosphoribosyl-Transferase-Defizienz* aufwiesen. Das erste Brüderpaar (11- und 24jährig) entwickelte eine Nephrolithiasis um das 6. Lebensjahr, gefolgt von Gichtarthritis um das 13. Jahr, und zeigte spinozerebellare Störungen. Bei den drei Brüdern der zweiten Familie (42-, 49- und 55jährig) entwickelten sich rezidivierende Nephrolithiasis und Gichtarthritis mit 20–31 Jahren. *Bakay* u. Mitarb. (1979) stellten bei einem Knaben mit atypischer „Lesch-Nyhan“-Symptomatologie (Hyperurikämie, Dysarthrie, Spastik, Choreoathetose, jedoch Fehlen von Automutilation und Mangel an Hypoxanthin-Guanin-Phosphoribosyl-Transferase eine *normale Intelligenz* fest. Ein Onkel mütterlicherseits zeigte die gleiche Symptomatologie.

Tabelle **90** Fortsetzung

Krankheit	Basisdefekt	Biochemische Zeichen	Klinik	Genetik
Orotacidurie Typ I (*Smith* u. Mitarb. 1972)	Orotidin-5'-Pyrophosphorylase und Orotidin-5'-Phosphat-Decarboxylase-Inaktivität. Dadurch Uridinsynthese aus Orotsäure unterbrochen. Es liegt hier anscheinend eine *strukturelle Mutation* vor, indem 2 Enzymreaktionen gleichzeitig blokkiert sind (*Worthy* u. Mitarb. 1974).	Hohe Ausscheidung von Orotsäure, ferner von Orotidin, Dihydroorotsäure und Carbamylasparaginsäure im Urin.	Körperliche und geistige Unterentwicklung, Megaloblastenanämie mit hypochromen, mikrozytären Erythrozyten. Nach Uridinbehandlung normalisiert sich das Blutbild, ebenso geht die Orotsäureausscheidung zurück. Bei Früherkennung lassen sich auch Wachstum und Intelligenzentwicklung günstig beeinflussen.	Autosomal rezessive Vererbung. Enzymaktivität bei Heterozygoten etwa um die Hälfte vermindert (*Fallon* u. Mitarb. 1964, *Rogers* u. Mitarb. 1968 a u. b. Pränatale Diagnostik möglich.
Orotacidurie Typ II	Orotidin-5'-Phosphat-Decarboxylase-Inaktivität (Orotidin-5'-Pyrophosphorylase dagegen vermehrt).	Ausscheidung von Orotsäure vermehrt.	Bis jetzt nur 1 Fall bekannt (*Fox* u. Mitarb. 1969).	Autosomal rezessive Vererbung. Intermediäre Enzymaktivität der Heterozygoten.

Tabelle **91** Erbbedingte Hyperbilirubinämien

Krankheit	Basisdefekt	Biochemische Zeichen	Klinik	Genetik
Crigler-Najjar-Syndrom (Familiärer, nicht-hämolytischer Ikterus [1952])	*Typ 1:* Komplette Inaktivität der Glucuronyl-Transferase in der Leber. Daher fehlende Konjugation (Kopplung) von Bilirubin mit Glucuronsäure (konjugiertes Bilirubin = direktes, wasserlösliches Bilirubin). Ausscheidung mit der Galle unterbleibt daher u. das Bilirubin konzentriert sich im Blut.	Bilirubinkonzentration im Serum 20–40 mg/100 ml.	Schwerer, bald nach der Geburt auftretender Ikterus. Bei Neugeborenen Möglichkeit des *Kernikterus* infolge Passierens der Blut-Liquor-Schranke (Opisthotonus, Muskelspasmen, geistiger Defekt). Prognose infaust. *Therapie:* Austauschtransfusionen, Phototherapie.	Autosomal rezessive Vererbung (*Gollan* u. Mitarb. 1975).
	Typ 2: Restaktivität von Glucuronyl-Transferase-Aktivität erhalten (*Arias* u. Mitarb. 1969).	Serum-Bilirubin-Werte wenig erhöht (6–20 mg/100 ml).	Beginn 2.–30. Jahr, geringer Ikterus, keine neurologischen Symptome. *Therapie:* Barbiturate; evtl. Austauschtransfusionen, Phototherapie.	Autosomal dominante Vererbung (*Sleisenger* u. Mitarb. 1967).
Konstitutionelle Leberdysfunktion (Gilbert-Lereboullet-Syndrom)	Aktivität der Glucuronyl-Transferase in der Leber erniedrigt(?).	Geringe Hyperbilirubinämie (2–5 mg/100 ml).	Subikterus, Müdigkeit, Leibschmerzen; im allgemeinen gutartiger Verlauf. *Therapie:* Phenobarbital bei Ikterus.	Autosomal dominante Vererbung mit inkompletter Penetranz (*Foulk* u. Mitarb. 1959, *Powell* u. Mitarb. 1967).

Tabelle **91** Fortsetzung

Krankheit	Basisdefekt	Biochemische Zeichen	Klinik	Genetik
Chronischer idiopathischer Ikterus (Dubin-Johnson-Syndrom [1954])	Glucuronyl-Transferase-Aktivität ungestört; dagegen Defekt der Ausscheidung von konjugiertem Bilirubin aus der Leber in die Galle. Von hier aus gelangt es in das Blut und in den Harn.	Gesamtbilirubin im Serum erhöht, davon etwa 60% in konjugierter (glukuronidierter) Form.	Beginn meist zwischen 15 und 35 Jahren. Vorwiegende Beschwerden: Ikterus, gelegentlich Erbrechen, Bauchschmerzen, Durchfall. Mäßig vergrößerte Leber in der Hälfte der Fälle. Ablagerung eines bräunlichen Pigments in den Leberzellen.	*Shani* u. Mitarb. (1970) untersuchten 101 Patienten mit Dubin-Johnson-Syndrom in Israel, davon 64 aus Persien stammende Juden. Blutsverwandtschaft der Eltern bestand in 45%, gegenüber 26% normalerweise bei iranischen Juden. Inzidenz bei iranischen Juden 1:1300. *Kondo* u. Mitarb. (1974) berichteten über ein japanisches Inzuchtgebiet, in dem sie 40 sichere und 8 wahrscheinliche Fälle von Dubin-Johnson-Syndrom fanden, verteilt auf 25 Geschwisterschaften in 22 Familien. Elterliche Konsanguinität betrug 52%.
Rotor-Typ (1948) (Chronischer, familiärer, nichthämolytischer Ikterus)	Wei beim Dubin-Johnson-Syndrom Ausscheidungsstörung für Bilirubin.	Bilirubin-Gesamtkonzentration im Serum erhöht (überwiegend in konjugierter Form). Keine Pigmentablagerung in den Leberzellen. Ausscheidung von Coproporphyrin I und III im Harn erhöht.	Klinische Symptome wie bei Dubin-Johnson-Syndrom.	Autosomal rezessiver Erbgang. Lit.: *Rotor* u. Mitarb. (1948), *Pereira-Lima* u. Mitarb. (1966), *Wolpert* u. Mitarb. (1977).

Tabelle **92** Erbbedingte Störungen des Schwermetallstoffwechsels

Krankheit	Basisdefekt	Biochemische Zeichen	Klinik	Genetik
Hepatolentikuläre Degeneration (Wilson-Syndrom [1912], Pseudosklerose [*Westphal* 1883, *von Strümpell* 1898])	Verminderung des Caeruloplasmins im Serum, Kupfertransportstörung mit Ablagerung in Leber, Gehirn (Basalganglien), Nieren u. Augen.	Hypocaeruloplasminämie, freies (nicht an Caeruloplasmin gebundenes) Kupfer im Serum vermehrt und für Ablagerung in den Geweben verantwortlich; vermehrte Kupferausscheidung im Harn.	Beginn meist im Schulalter (Manifestationsalter jedoch stark schwankend). Ikterus, hämolytische und abdominale Krisen, Hepatosplenomegalie, später Leberzirrhose. Neurologische Symptome, besonders bei Erwachsenen: Tremor, Rigor, ausdrucksloses Gesicht, Hypersalivation, Dysarthrie, gelegentlich epileptiforme Anfälle. Später Torsionsdystonie, psychische Veränderungen. Diagnostisch wichtig: Fleischerscher Ring (Kupferablage im Bereich der Descemet-Membran der Hornhaut; *Fleischer* 1909), manchmal auch „Sonnenblumen"-Katarakt. *Therapie:* möglichst frühe Dauerbehandlung mit oralen Penicillamingaben (Chelatbildner).	Autosomal rezessive Vererbung. Bei Heterozygoten vierfach erhöhter Kupfergehalt der Leber. Häufigkeit der Krankheit in der Schweiz 1 : 45000 (*Tschumi* u. Mitarb. 1973).

Bemerkungen: Gegenüber dem mehr subakuten „dystonischen" Wilson-Typ, der öfters bei Adoleszenten auftritt, kennt man schon seit dem letzten Jahrhundert die sog. *Pseudosklerose* (Westphal-v. Strümpell-Syndrom), mit mehr chronischer Verlaufsform. Typisch ist bei ihnen die skandierende Sprache, der Wackeltremor des Kopfes, des Rumpfes und der Glieder und die zunehmenden psychischen Veränderungen mit terminaler Demenz.

Tabelle **92** Fortsetzung

Krankheit	Basisdefekt	Biochemische Zeichen	Klinik	Genetik
Menkes-Syndrom (1962) (Knickhaar-Syndrom, „kinky hair disease“)	Störung der intestinalen Kupferabsorption, daher Aktivitätsminderung kupferabhängiger Enzyme (*Danks* u. Mitarb. 1972, 1973)	Kupfer- und Caeruloplasminkonzentration im Plasma stark erniedrigt.	Vermehrte Infektionsneigung, psychomotorische Retardation um das 1. Lebensjahr, danach progressive zerebrale Degeneration mit Myoklonien, epileptischen Anfällen und Rigidität. Diagnostisch wichtig ist die stahlwollartige Behaarung (Pili torti u. Trichorrhexia nodosa). Andere Anomalien: hoher Gaumen, Mikrognathie, Mikrozephalie, Hühnerbrust, Klumpfuß, Knochenveränderungen. Ophthalmologisch: Makulaveränderungen (*Levy* u. Mitarb. 1974, *Wray* u. Mitarb. 1976). Tod zwischen 1. u. 4. Lebensjahr.	X-chromosomale Vererbung. Heterozygoten häufig Pili torti sowie metachromatische Einschlüsse in Fibroblasten. Pränatale Diagnostik in Amnionzellen möglich (Messung der Kupferinkorporation, *Horn* 1976, 1980, 1981).

Tabelle **92** Fortsetzung

Krankheit	Basisdefekt	Biochemische Zeichen	Klinik	Genetik
Primäre Hämochromatose (Hanot-Chauffard-Syndrom [1882], Bronzediabetes)	Erblicher Defekt des Eisenstoffwechsels.	Erhöhung des Serum-Eisen-Spiegels; gesteigerte Eisenablagerung in den Geweben (bes. Leber), Hyperglykämie, Glukosurie (Bronzediabetes) makrozytäre Anämie; Gesamtkörpereisen: 20–60 g (normal ca. 4 g).	Beginn etwa um das 40. Jahr. Klassische Trias: Leberzirrhose, schiefergraue Hautpigmentation, Diabetes. Herzinsuffizienz: Arrhythmie mit Dyspnoe u. Ödemen. Endokrine Störungen: Hypopituitarismus, Impotenz, testikuläre Atrophie, Gynäkomastie, Verlust der Körperbehaarung, Aszites als Endstadium. *Therapie:* regelmäßige Aderlässe. Desferrioxamin.	Häufigkeit: ca. 1:9000. Heterogenie. Meist *unvollständig dominanter Erbgang, mit verminderter Penetranz bei Frauen* infolge Menstruationsblutungen. Aber auch autosomal rezessive Vererbung wird vertreten (*Saddi* u. *Feingold* 1974). Heterozygoten oft erhöhtes Serumeisen. *Rezessiver Erbgang bei Jugendlichen mit beschleunigtem Verlauf* (*Nussbaumer* u. Mitarb. 1952), kein Heterozygotennachweis. Vermutlich handelt es sich um ein abnormes Allel in homozygotem Zustand (*Pollycove* 1978).
Bemerkung: Eine genetisch determinierte *perinatale Hämochromatose* ist von *Horejschi* u. Mitarb. (1977) mitgeteilt worden. Bei dieser Form kommt es bereits intrauterin zur Leberzirrhose. Histologisch: Pigmentzirrhose der Leber und Eisenspeicherungen in verschiedenen Organen. Dieses Hämochromatosesyndrom kann als absoluter Letalfaktor aufgefaßt werden.				
Atransferrinämie	Ausfall der Transferrinsynthese.	Schwere hypochrome Anämie, fehlendes Transferrin, Serumeisen stark erniedrigt.	Bei der 7jährigen Probandin Tod infolge schwerer Hämosiderose fast aller Organe (außer Milz und Knochenmark). (*Heilmeyer* u. Mitarb. 1961). *Therapie:* Transferrinsubstitution.	Rezessiver Erbgang. Transferrin bei Eltern um die Hälfte reduziert (*Gova* u. Mitarb. 1972).

Tabelle **92** Fortsetzung

Krankheit	Basisdefekt	Biochemische Zeichen	Klinik	Genetik
Acrodermatitis enteropathica	Anomalie der intestinalen Zinkabsorption.	Serum-Zink-Spiegel sowie Serum-Alkalin-Phosphatase vermindert.	Erstmanifestation beim Abstillen (6. Monat). Gedeihstörungen, vesikulopustulöse Dermatose mit Alopezie (einschl. Wimpern und Augenbrauen). Blasenförmige Hauterscheinungen besonders in den perioralen, anogenitalen und distalen Extremitätenregionen. Gastrointestinale Störungen (Diarrhoe, Glossitis, Stomatitis); auch gestörtes Nagelwachstum mit Paronychien beobachtet. Wenn Krankheit nicht erkannt, Tod infolge Infektionen u. Körperschwäche. *Therapie:* therapeutisch haben orale Zinkgaben (Zinksulfat, Zinkoxyd) eine dramatische, lebensrettende Wirkung (*Moynahan* 1974, *Der Kaloustian* u. Mitarb. 1976, *Ohlsson* 1981).	Autosomal rezessive Vererbung mit variabler Expressivität.

Kurze Übersicht über einige genetisch bedingte Immunmangelsyndrome

Nach der Besprechung der beiden als Folge einer enzymatischen Störung des Purinstoffwechsels (Adenosin-Desaminase- und Nucleosid-Phosphorylase-Mangel) auftretenden Immunmangelsyndrome wollen wir eine kurze Übersicht über einige andere genetisch determinierte Immundefektsyndrome geben.

Als Störungen der spezifischen physiologischen Immunreaktionen faßt man alle Erkrankungen sowie sonstigen Anomalien zusammen, die verminderte oder fehlende Infektionsabwehrmechanismen erkennen lassen.

Die Immunreaktionen werden zellulär, humoral oder kombiniert (zellulär-humoral) durch Lymphozyten übermittelt, die von gemeinsamen Stammzellen des Knochenmarks abstammen. Man unterscheidet *thymusabhängige T-Lymphozyten*, die für die zellvermittelte Immunität (Abb. **82**), und *„Bursa"*-

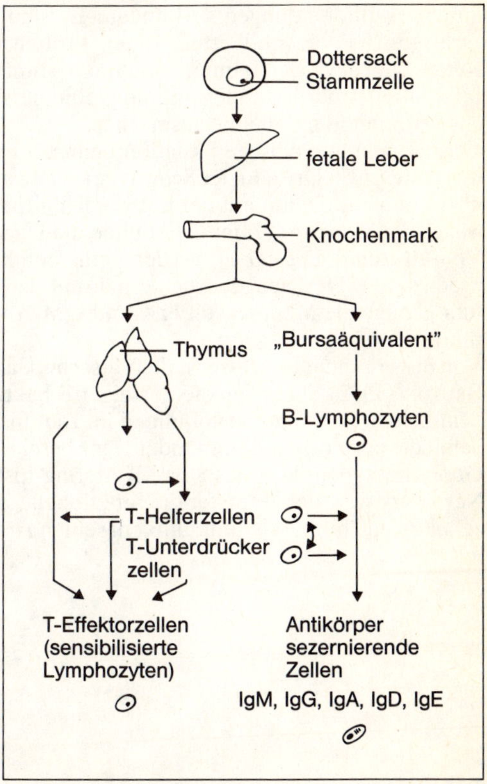

Abb. **82** Die zelluläre Basis der immunologischen Reaktionen (nach *Good* u. Mitarb.)

abhängige B-Lymphozyten (ein aus der experimentellen Immunologie der Vögel übernommener Begriff), die für die humoral vermittelte Immunität (Antikörper- oder Immunglobulinproduktion) verantwortlich sind. Die „immunkompetenten" T-Lymphozyten haben als Hauptaufgabe, körperfremde Zellen wie Bakterien, Tumorzellen und Fremdtransplantate abzutöten („T-Killer-Zellen"). Die B-Lymphozyten treten vermittels ihrer Antikörper in Wechselwirkung mit den über die Blutbahn in die Milz oder über die Lymphbahn in die Lymphknoten eingeschwemmten Antigenen. Diese Bindung löst bei den Lymphozyten eine Vermehrung und Differenzierung zu Plasmazellen aus, die die entsprechenden Immunglobuline (IgM, IgG usw.) als Immunantwort synthetisieren und sezernieren. Man kennt insgesamt fünf verschiedene Immunglobuline: IgG, IgA, IgM, IgD, IgE. Die Antikörpermoleküle aller Immunglobuline setzen sich jeweils aus vier Polypeptidketten zusammen, nämlich aus zwei schweren („heavy") H-Ketten und zwei leichten („light") L-Ketten. Sie sind paarig angelegt, wobei jeweils eine „schwere Kette" mit einer leichten gekoppelt ist. Die vier Ketten sind unter sich jeweils durch Disulfidbindungen verbunden. Es sind immer die zwei identischen „schweren" Polypeptidketten, deren Proteinstruktur (α-, γ-, μ-, δ- u. **e**-Ketten) den Typ der Immunglobuline bestimmt (IgA, IgG, IgM, IgD und IgE). Die vorherrschenden Immunglobuline sind die IgG, die Zweidrittel der Serumimmunglobuline ausmachen.
Was die immunologische Situation beim Embryo anbelangt, so wird sie in den ersten zwei Dritteln der Schwangerschaft stellvertretend von der Mutter übernommen, die ihn mit der notwendigen Immunglobulinmenge versorgt, während die anderen Immunglobuline die Plazenta nicht passieren können. Vom dritten Trimester an ist der Fetus befähigt, eigene IgM und IgG zu produzieren. Der Neugeborene erhält mit der Muttermilch durch Darmzufuhr genügende Mengen von IgA-und IgM-Antikörper in das Plasma zugeführt.
Von historischem Interesse ist die Tatsache, daß der amerikanische Pädiater Bruton (1952) als erster die gesteigerte bakterielle Infektanfälligkeit mit dem Fehlen von Gammaglobulinen im Blut in Zusammenhang brachte und damit die erste primäre Immundefizienz beschrieb, daß es aber sodann R. A. Good, heute Direktor des Sloan-Kettering-Institutes für Krebsforschung in New York war, der als erster die funktionelle Zweiteilung der Immunität in zelluläre und humorale Immunität in seinen Arbeiten (1954–1980) postulierte.

Tabelle **93** Die wichtigsten primären Immunmangelsyndrome

Krankheit	Basisdefekt	Biochemische Zeichen	Klinik	Genetik
Agammaglobulinämie, Typ Bruton (1952)	Mangel an Gammaglobulinfraktionen und Plasmazellen, dagegen zelluläre Immunreaktionen normal.	Starke Verminderung der Immunglobuline im Plasma, normale Lymphozyten- und Leukozytenzahl, B-Zell-Funktion fehlend, T-Zell-Funktion normal. Fehlen der Keimzentren in Lymphknoten u. Milz.	Erkrankungsbeginn zwischen 6. u. 12. Monat, manchmal jedoch später. Schwere, rezidivierende bakterielle Infektionen (obere Luftwege, Mittelohr, Hirnhaut, Haut usw.). Auch Neigung zu Arthritiden. Dagegen normale Reaktion auf virale und Pilzinfektionen. *Therapie:* Antibiotika- und Gammaglobulingaben, Plasmazellinfusionen. *Diagnose* durch Immunelektrophorese des Serums und Analyse der Immunglobuline.	X-chromosomale Vererbung. Häufigkeit etwa 1:500000. Heterozygotie nicht erkennbar.
Schwerer kombinierter Immunmangel („Swiss type") (Glanzmann-Riniker-Syndrom [1950])	Fehlen der lymphoiden Stammzellen, spärliche Entwicklung von Thymus, Knochenmark und aller lymphatischer Organe. Sowohl T- als auch B-Zellen kaum vorhanden.	Serumglobuline äußerst gering. Antikörperproduktion sowie zelluläre Immunität stark vermindert oder fehlend.	Ständig rezidivierende Defekte, vorwiegend des Respirationstraktes. Chronische Diarrhoe. Fehlen der Plasmazellen in Blut u. Knochenmark sowie Ausbleiben der Antikörper trotz Antigenstimulation. Anfälligkeit sowohl gegenüber bakteriellen, viralen als auch Pilzinfektionen (Candidiasis). Tod meist in den ersten Lebensjahren. *Therapie:* Knochenmarktransplantation, die sowohl die T- als auch B-Zell-Immunität wiederherzustellen vermag (*Good* u. Mitarb. 1980).	Heterogenität: in etwa $2/3$ der Fälle autosomal rezessiver, in $1/3$ X-chromosomaler Erbgang. Leichtere Formen in beiden Kategorien beschrieben. (Lit.: *Hitzig* u. Mitarb. 1961, 1968, *Gitlin* u. Mitarb. 1963, *Rosen* u. Mitarb. 1966, 1968, *Dooren* u. Mitarb. 1968, *Simar* u. Mitarb. 1972).

Tabelle **93** Fortsetzung

Krankheit	Basisdefekt	Biochemische Zeichen	Klinik	Genetik
diGeorge-Syndrom (1968) (Thymusagenesie)	Von der 3. und 4. Schlundtasche ausgehende embryonale Entwicklungshemmung, die eine Agenesie des Thymus u. öfters auch der Parathyreoidea zur Folge hat.	Hypokalzämie, Hyperphosphatämie, Fehlen oder starke Verminderung der T-Zellen; dagegen Plasmazellen u. Serumimmunglobuline normal. Lymphopenie nicht obligatorisch.	Schwere hypokalzämische Krämpfe. Starke Infektionsanfälligkeit: chronische Rhinitis, rezidiv. Pneumonien, Otitiden, orale Candidiasis, Diarrhoe, Septikämie. Die Patienten sind schon bei der Geburt an ihrer charakteristischen Fazies erkenntlich: antimongoloide Lidspalten, laterale Dystopie der inneren Augenwinkel, antevertierte Nasenöffnung, Mikrognathie, tiefsitzende, dysplastische Ohren, atretische Gehörgänge. Ferner kardiovaskuläre Störungen, Anomalien der Harnwege, Ösophagusatresie. *Therapie:* Implantation von fetalem Thymus ist mit gutem Erfolg ausgeführt worden. Leider sind die Überlebenschancen wegen der häufigen Begleitanomalien, insbesondere Herz- und Gefäßmißbildungen, gering (*Taitz* u. Mitarb. 1966, *Raatikka* u. Mitarb. 1981).	Einige Geschwisterfälle beschrieben; im allgemeinen sporadisches Auftreten.

Tabelle **93** Fortsetzung

Krankheit	Basisdefekt	Biochemische Zeichen	Klinik	Genetik
Wiskott-Aldrich-Syndrom (1954) (Ekzem-Thrombozytopenie-Diarrhoe-Syndrom)	Kombinierte Immundefizienz.	Thrombozytopenie, Lymphopenie. Schwund der Lymphozyten in den T-zellabhängigen Regionen der Lymphknoten u. Milz. Anzahl der Plasmazellen normal, Serumimmunglobuline unterschiedlich betroffen: IgM stark erniedrigt, IgA und IgG normal oder erhöht.	Kranheitsbeginn mit 1–6 Monaten: thrombopenische Nasen- u. Darmblutungen, hohe Infektionsanfälligkeit gegenüber Bakterien, Viren u. Pilzen (Pneumonien, Otitiden, Herpes simplex u. Varizellen oft generalisiert, Keratitis herpetica), blutige Diarrhöen, Frequenz (bis zu 12%) von lymphoretikulären Tumoren. Durchschnittliches Überlebensalter 5 Jahre. *Therapie:* Knochenmarktransplantation sowie Splenektomie haben einen gewissen Erfolg gezeigt.	X-chromosomal rezessive Vererbung. Häufigkeit 1:250000 lebendgeborene Knaben in USA (*Perry* u. Mitarb. 1980).

Tabelle **93** Fortsetzung

Krankheit	Basisdefekt	Biochemische Zeichen	Klinik	Genetik
Ataxia teleangiectatica (Zerebellookulokutane Teleangiektasie, Louis-Bar-Syndrom [1941])	Unbekannt (kombinierte primäre Immundefizienz u. Phakomatose)	Defekt der zellulären und humoralen Immunität; IgA, IgG und IgE erniedrigt, IgM dagegen manchmal vermehrt. Zahl der Lymphozyten herabgesetzt. Persistenz eines hohen Gehalts an α_1-Fetoprotein im Serum (*Waldmann* u. *McIntire* 1972).	Meist um das Ende des 2. Jahres beginnende progrediente zerebellare Ataxie mit Choreoathetose, Sprachstörungen u. Nystagmus. Okulomotorische Störungen. Um das 5. Jahr auftretende Teleangiektasien an Gesicht, Nase, Ohren, Konjunktiven. Rezidivierende sinopulmonale Infektionen, Bronchiektasien. Neigung zu Leukämien und Tumoren des lymphoretikulären Systems. Bei Mädchen häufig Ovarialdysgenesie. Geistige Retardation bei einem Drittel der Patienten. Hohe Sensibilität gegenüber Röntgentherapie, die sich fatal auswirken kann.	Autosomal rezessive Vererbung. „Chromosomenbruchsyndrom" (mit Bloom-Syndrom und Fanconi-Anämie). In einigen Fällen Repair-Mechanismus für durch γ-Strahlen induzierte Schäden infolge Endonucleasemangel gestört. Für die pränatale Diagnostik könnte ein Peptid von niederem Molekulargewicht, das für den DNA-Defekt evtl. verantwortlich ist und sich in der Amnionflüssigkeit befindet, herangezogen werden (*Shaham* u. Mitarb. 1981, 1982).

Tabelle **94** Andere hereditäre Erkrankungen mit Immundefizienz

Krankheit	Basisdefekt	Biochemische Zeichen	Klinik	Genetik
Chronische, familiäre Granulomatose (Letale Granulomatose des Kindesalters; *Berendes* u. Mitarb. 1957, *Renner* u. *Hitzig* 1968)	Verminderte Aktivität der reduzierten Nicotinamid-Adenin-Dinucleotid-Oxidase in neutrophilen Leukozyten. Funktionsschwäche besteht im Unvermögen, phagozytierte Bakterien intrazellulär abzutöten.	Oft erhöhte Gammaglobulinwerte, hypo- oder normochrome Anämie, Leukozytose, toxische Granulation der Leukozyten; diagnostischer Farbtest: Nitroblautetrazol wird nicht verfärbt (normal gelb zu blau).	Manifestation in den ersten Wochen: rezidivierende septische Fieberschübe, Lymphadenitis, Dermatitis, Otitis, Sinusitis, Bronchopneumonien; Lungenabszesse, Magen-Darm- und Urogenitalinfektionen, Osteomyelitis. Hepatosplenomegalie. Leberbiopsie: charakteristische Granulome. Tod in den ersten Lebenswochen.	X-chromosomale Vererbung. Heterozygote verminderte Werte bei Leukozytenfunktionsprüfung. *Ätiologisch* besteht Beziehung zum Kell-Blutgruppensystem („McLeod-Phänomen"; *Marsh* 1976, 1978).
Vaal-Seynhaeve-Syndrom (1959) (Retikuläre Dysgenesie)	Schwere generalisierte Immundefizienz mit Agranulozytose und Thymushypoplasie. Infolge Ausfalls des gesamten Immunsystems kombinierter B- und T-Zellen-Defekt sowie Fehlen der Myelopoese im Knochenmark.	Extreme Hypogammaglobulinämie, Lymphopenie, Leukopenie, Erythrozyten- und Thrombozytenzahl normal.	Beginn in den ersten Lebenstagen. Schwere septische Infektionen, die bereits in den ersten Wochen zum Tod führen.	Autosomal rezessive Vererbung (*Ownby* u. Mitarb. 1976, *Espanol* u. Mitarb. 1979).

Tabelle **94** Fortsetzung

Krankheit	Basisdefekt	Biochemische Zeichen	Klinik	Genetik
Lymphoproliferatives Syndrom (Kombinierte variable Immundefizienz, Typ „Duncan") (*Purtilo* u. Mitarb. 1974, 1975, 1976, *Hamilton* u. Mitarb. 1980)	Als Grundlage wird ein spezifischer Immundefekt angenommen, der nach gewissen Virusinfektionen (z. B. Epstein-Barr- oder Masernvirus) zu unkontrollierter B-Zell-Proliferation bei progressivem Niedergang der T-Zell-Produktion führt.	Schwankungen des Serum-Immunglobulin-Spiegels. Atypische Lymphozytosis.	Beginn der Krankheit in den ersten Lebensjahren. Fieber; Pharyngitis, Lymphknotenvergrößerungen, starke Anfälligkeit gegenüber Virusinfektionen. Besonders schwere infektiöse Mononucleosen. Tod zwischen 2 und 20 Jahren.	X-chromosomale Vererbung.
Thymom mit schwerer kombinierter Immundefizienz (Thymom-Agammaglobulin-Syndrom, Good-Syndrom [1954]; *Brasher* u. Mitarb. 1972)	Thymustumor (meist benigner Art) u. Hypo- oder Agammaglobulinämie. Zelluläre u. humorale (Antikörper-)Produktion erniedrigt. Pathogene Ursache des Ausfalls der humoralen Immunität unbekannt.	Fehlen oder Erniedrigung aller Immunglobuline. Keine spezifische Antikörperbildung nach Infektionen und Impfungen. Lymphopenie, Eosinopenie, Fehlen von Plasmazellen.	Rezidivierende Infektionen: Bronchopneumonien, Sinusitis, Pyelonephritis, Septikämie, Diarrhoe, Hautabszesse. Röntgen: Mediastinaltumor (Thymom).	Keine erblichen Fälle bekannt.

Literatur Teil I

Abramson, D.H., R.M. Ellsworth, L.E. Zimmermann: Monocular cancer in retinoblastoma survivors. Trans. Amer. Acad. Ophthal. Otolaryng. 81 (1976) 454–457

Adams, M.S., J.V. Neel: Children of incest. Pediatrics 40 (1967) 55–62

Aebi, H.: The investigation of inherited enzyme deficiencies with special reference to acatalasia. In Crow, J.F., J.V. Neel: Proceedings 3rd International Congress Human Genetics. Johns Hopkins Press, Baltimore 1967

Aebi, H., F. Jeunet, R. Richterich, H. Suter, R. Bütler, J. Foci, H.R. Marti: Observations in two Swiss families with acatalasia. Enzym. biol. clin. 2 (1962) 1–22

Aebi, H., H. Suter: Acatalasemia. In: Harris, H., K. Hirschhorn: Advances in Human Genetics, Vol. II. Plenum Press, New York 1971 (pp. 143–199)

Aicardi, J., J. Lefebvre, A. Lerique-Koechlin: A new syndrome: spasms in flexion, callosal agenesis, ocular abnormalities. Electroenceph. clin. Neurophysiol. 19 (1965) 609–610

Aicardi, J., J.J. Chevrie, F. Rousselie: Le syndrome spasmes en flexion, agénésie calleuse, anomalies chorio-rétinienne. Arch. franç. Pédiat. 26 (1969) 1103–1120

Åkesson, H.O.: Severe mental deficiency in Sweden. Rep. Psych. Res. Center St. Jörgens Hospital. Läromedelsförlagen, Göteborg 1968

Alberman, E., P.E. Polani, J.A.F. Roberts, C.C. Spicer, M. Elliott, E. Armstrong: Parental exposure to X-irradiation a. Down's syndrome. Ann. hum. Genet. 36 (1972) 195–208

Aldrich, R.A., A.G. Steinberg, D.C. Campbell: Pedigree demonstrating a sex-linked recessive condition characterized by draining ears, eczematoid dermatitis and bloody diarrhea. Pediatrics 13 (1954) 133–139

Alfi, O.S., G.N. Donnell, P.W. Allerdice, A. Derencseny: The 9p-syndrome. Ann. Génét. 19 (1976) 11–16

Allan, W., C.N. Herndon, F.C. Dudley: Some examples of the inheritance of mental deficiency: Apparently sex-linked idiocy and microcephaly. Amer. J. ment. Defic. 48 (1943/44) 325–334

Allen, M.G., S. Cohen, W. Pollin: Schizophrenia in veteran twins: A diagnostic review. Amer. J. Psychiat. 128 (1972) 939–945

Alter, B.P., B. Modell, D. Fairweather, J.C. Hobbins, M.J. Mahoney, F.D. Frigoletto, A.S. Sherman, D.G. Nathan: Prenatal diagnosis of hemoglobinopathies: A review of 15 cases. New Engl. J. Med. 295 (1976) 1437

Altland, K.: Pseudocholinesterasen. In Bekker, P.E.: Humangenetik, Bd. I/3. Thieme, Stuttgart 1975 (S. 327–351)

Alzial, C., J.L. Dufier, C. Brasnu, J. Aicardi, J. de Grouchy: Microcéphalie „vraie" avec dysplasie chorio-rétinienne à hérédité dominante. Ann. Génét. 23 (1980) 91–94

Ammann, F., F. Marty: Une grande famille valaisanne avec plusieurs branches atteintes de formes différentes de dégénérescence tapéto-rétinienne remontant au même couple ancestral. J. Génét. hum. 11 (1962) 221–231

Ammermann, M., R.A. Pfeiffer, W. Huther, R. Becker: Zur Frage der Vererbung der Dysostosis mandibulo-facialis. Münch. med. Wschr. 113 (1970) 1686–1690

Ampola, M.G., M.L. Efron, E.M. Bixby, E. Meshorer: Mental deficiency and a new aminoaciduria. Amer. J. Dis. Child. 117 (1969) 66–70

Andermann, E., F. Andermann, S. Carpenter, G. Karpati, A. Eisen, D. Melancon, J. Bergeron: Agenesis of the corpus callosum with sensorimotor neuropathy: A new autosomal recessive malformation syndrome. Fifth International Conference on Birth Defects, Montreal 1977

Andreassen, M.: Haemofili i Danmark. Opera ex Domo Biol. Hered. Hum. Univ. Hafniensis. Munksgaard, Kopenhagen 1943

Andreoli, T.W., J.A. Schafer: Nephrogenic diabetes insipidus. In Stanbury, J.B., J.B. Wyngaarden, D.S. Fredrickson: Metabolic Basis of Inherited Disease. McGraw-Hill, New York 1978 (pp. 1634–1659)

Arber, W., S. Linn: DNA modification and restriction. Ann. Rev. Biochem. 38 (1969) 467–500

Arbisser, A.I., K.A. Donnelly, C.I. Scott, N.M. DiFerrante, J. Singh, R.E. Stevenson, A.S. Aylesworth, R.R. Howell: Morquio-like syndrome with beta-galactosidase deficiency a. normal hexosamine sulfatase activity: MPS IV B. Amer. J. Med. Genet. 1 (1977) 195–205

Arias, I. M.: Genetic disorders in bilirubin metabolism. In McKusick, V., R. Claiborne: Medical Genetics. Hospital Practice Publishing, New York 1973 (pp. 123–130)

Arias, S., A. Rodriguez: New families, one with two recombinants for estimation of recombination between the deutan and the protan loci. Humangenetik 14 (1972) 264–268

Armaly, M. F.: The heritable nature of dexamethasone induced ocular hypertension. Arch. Ophthal. 75 (1966) 32–35

Armaly, M. F., B. F. Monstavicius, R. E. Sayegh: Ocular pressure and aqueous outflow facility in siblings. Arch. Ophthal. 80 (1968) 354–360

Auerbach, C.: The chemical production of mutations. Science 158 (1967) 1141–1147

Auerbach, C., J. M. Robson: Chemical production of mutations. Nature 157 (1946) 302

Aurand, K, H. Bücker, O. Hug, W. Jacobi, A. Kaul, H. Muth, W. Pohlit, W. Stahlhofen: Die natürliche Strahlenexposition des Menschen. Grundlagen zur Beurteilung des Strahlenrisikos. Thieme, Stuttgart 1974

Avery, O. T., C. M. MacLeod, M. McCarty: Studies on the chemical nature of the substance inducing transformation in pneumococcal types. J. exp. Med. 79 (1944) 137–158

Azevêdo, E., H. Krieger, N. E. Norton: PTC taste sensitivity and endemic goiter in Brazil. Amer. J. hum. Genet. 17 (1965) 87

Bahner, F., G. Schwarz, D. G. Harnden, P. A. Jacobs, H. A. Heinz, K. Walter: A fertile female with X0 sex chromosome constitution Lancet 1960/II, 100–101

Bahner, F., G. Schwarz, H. A. Heinz, K. Walter: Turner-Syndrom mit voll ausgebildeten sekundären Geschlechtsmerkmalen und Fertilität. Acta endocr. (Kbh.) 35 (1960) 397–404

Baltimore, D.: RNA-dependent DNA polymerase in virions of RNA tumor viruses. Nature 226 (1970) 1209–1211

Bamatter, F., A. Franceschetti, D. Klein, A. Sierro: Gérodermie ostéodysplasique héréditaire. Un nouveau biotype de la „progeria". Ann. paediat. (Basel) 174 (1950) 126–127

Barcinski, M. A., M. C. Abreu, J. C. C. de Almeida, J. M. Naya, L. G. Fonseca, L. E. Castrol: Cytogenetic investigation in a Brazilian population living in an area of high natural radioactivity. Amer. J. hum. Genet. 27 (1975) 802–806

Barlow, P. W.: The influence of inactive chromosomes on human development. Humangenetik 17 (1973) 105–136

Barnett, A. H., C. Eff, R. D. G. Leslie, D. A. Pyke: Diabetes in identical twins – a study of 200 pairs. Diabetologia 20 (1981) 87–93

Bartsch-Sandhoff, M., L. Stephan, G. Röhrborn, I. H. Pawlowitzki, W. Scholz: A case of testicular feminization with the karyotype 47, XXY. Hum. Genet. 31 (1976) 59–65

Batten, F. E., H. P. Gibb: Myotonia atrophica. Brain 32 (1909) 187–205

Bauknecht, T.: Studies on steroid hormone receptors (5a-Dihydrosterone, Estradiol, a. Dexamethasone) in cultured human fibroblasts and amniotic fluid cells. Hum. Genet. 39 (1977) 321–328

Becker, B.: The genetic problem of chronic simple glaucome. Ann. Ophthal. 3 (1971) 351

Becker, P. E.: Neues zur Genetik und Klassifikation der Muskeldystrophien. Humangenetik 17 (1972) 1–22

Becker, P. E.: Persönlichkeit und Neurosen in der Zwillingsforschung. Ein historischer Überblick. In: Ursprünge seelisch bedingter Krankheiten, Bd. I. Vandenhoeck & Ruprecht, Göttingen 1980 (S. 9–218)

Beet, E. A.: The genetics of sickle cell trait in a Bantu tribe. Ann. Eugen. 14 (1949) 279–284

Benda, C. E.: The Dandy-Walker syndrome or the so-called atresia of the foramen of Magendie. J. Neuropath. exp. Neurol. 13 (1954) 14–29

Berg, G., F. Conte: Duchenne dystrophy in a female with a structurally abnormal X-chromosome. Neurology 24 (1974) 356

Berger, R., D. Abonyi, A. Nodot, J. Vialatte, J. Lejeune: Hermaphrodisme vrai et „garçon XX" dans une fratrie. Rev. franç. Étud. clin. biol. 15 (1970) 330

Bergeron, P., C. Laberge, A. Grenier: Hereditary tyrosinemia in the province of Quebec. Prevalence at birth and geographic distribution. Clin. Genet. 5 (1974) 257

Bernard, J., J. Ruffié: Hématologie géographique. Masson, Paris 1966

Bernstein, F.: Zusammenfassende Betrachtungen über die erblichen Blutstrukturen des Menschen. Z. indukt. Abstamm.- u. Vererb.-Lehre 37 (1925) 237–270

Bernstein, F.: Über die Ermittlung und Prüfung von Gen-Hypothesen aus Vererbungsbeobachtungen am Menschen. Arch. rass. Gesellsch.-Biol. 22 (1929) 241–244

Bernstein, F.: Über die Erblichkeit der Blutgruppen. Z. indukt. Abstamm.- u. Vererb.-Lehre 54 (1930) 400–426

Bernstein, J., W.A. Lott, B.A. Steinberg, H.L. Yale: Chemotherapy of experimental tuberculosis. V. Isonicotinic acid hydrazide and related compounds. Amer. Rev. Tuberc. 65 (1952) 357

Berson, E.L., S.Y. Schmidt, A.R. Rabin: Ornithin, lysine and taurine. Brit. J. Ophthal. 60 (1976) 142–147

Beutler, E., R.J. Dern, A.S. Alving: The hemolytic effect of primaquine. An in vitro test for sensitivity of erythrocytes to primaquine. J. Lab. clin. Med. 45 (1955) 40

Beutler, E., M. Yeh, V.F. Fairbanks. The normal female as a mosaic of X chromosome activity: studies using the gene for G-6-P-D deficiency as a marker. Proc. nat. Acad. Sci. (Wash.) 48 (1962) 9

Bhattacharya, S., H. Wright, J. Clayton, W. Price, C. Phillips, C. McKeown, M. Jay, A. Bird, P. Pearson, E. Southern, H. Evans: Close genetic linkage between X-linked retinitis pigmentosa and a restriction fragment length polymorphism identified by recombinant DNA probe. L 1.28. Nature 309 (1984) 253–255

Bhende, Y.M., C.K. Deshpande, H.M. Bhata, R. Sanger, R.R. Race, W.T.J. Morgan, W.M. Watkins: A „new“ blood group character related to the ABO system. Lancet 1952/I, 903–904

Bickers, D.S., R.D. Adams: Hereditary stenosis of the aqueduct of Sylvius as a cause of congenital hydrocephalus. Brain 72 (1949) 246–262

Blank, C.E., R.B. Zachary, A.M. Bishop, J.L. Emery, C.J. Dewhurst, J.H. Bond: Chromosome mosaicism in a hermaphrodite. Brit. med. J. 1964/II, 90–93

Blume, K.G., G.W. Löhr, H.W. Rüdiger, A. Schalhorn: Pyruvate kinase in human erythrocytes. Lancet 1968/I, 529

Boczkowski, K.: Eunuchoidal female with 47 XXY karyotype. Ann. Génét. 12 (1969) 204

Bodmer, W.F.: HLA polymorphism and disease. In Eriksson, A.W., H.R. Forsius, H.R. Nevanlinna, P.L. Workman, R.K. Norio: Population Structure and Genetic Disorders. Academic Press, London 1980 (pp. 257–266)

Bodmer, W.F., J.R. Batchelor, H. Festenstein, P. Morris, J.G. Bodmer: Histocompatibility Testing. Munksgaard, Copenhagen 1977

Böök, J.A., J.G. Masterson, B. Santesson: Malformation syndrome associated with triploids – further chromosome studies of the patient and his family. Acta genet. (Basel) 12 (1962) 193–201

Böök, J.A., B. Santesson: Malformation syndrome in man associated with triploidy (69 chromosomes). Lancet 1960/I, 858–859

Boreux, G.: La gérodermie ostéodysplasique à hérédité liée au sexe; une nouvelle entité clinique et génétique. J. Génét. hum. 17 (1969) 137–178

Borgaonkar, D.S., V.A. McKusick, H.M. Herr, L. de los Cobos, O.C. Yoder: Constancy of the length of human Y chromosome. Ann. Génét. 12 (1969) 262–264

Bosnjakovic, S.: Vererbungsverhältnisse bei der sog. Krankheit von Mljet (mal de Meleda). Acta derm.-vener. (Stockh.) 19 (1938) 88–122

Boué, J., A. Boué, P. Lazar: Retrospective and prospective epidemiogical studies of 1500 karyotyped spontaneous human abortions. Teratology 12 (1975) 11–26

Boué, J., I. Morer, V. Laisney, A. Boué: Prenatal diagnosis: results. Nouv. Presse méd. 8 (1979) 24–49

Bowman, H.S., V.A. McKusick, K.R. Dronamraju: Pyruvate kinase deficient hemolytic anemia in an Amish isolate. Amer. J. hum. Genet. 17 (1965) 1–8

Bowman, H.S., F. Procopio: Hereditary nonspherocytic hemolytic anemia of the pyruvate-kinase deficient type. Ann. intern. Med. 58 (1963) 567–591

Breg, W.R., J.G. Cornwell, O.J. Miller: The association of the triple X-syndrome and mongolism in 2 families. Amer. J. Dis. Child. 104 (1962) 534–535

Breg, W.R., M.W. Steele, O.J. Miller, D. Warburton, A. DeCapoa, P.W. Allderdice: The cri-du-chat syndrome in adolescents and adults: clinical findings in 13 older patients with partial deletion of the short arm of chromosome 5(5p-). J. Pediat. 77 (1970) 782–791

Bresch, C., R. Hausmann: Klassische und molekulare Genetik, 2. Aufl., Springer, Berlin 1970

Brocher, J.E.W., D. Klein, F. Bamatter, A. Franceschetti, G. Boreux: Röntgenologische Befunde bei Gerodermia osteodysplastica hereditaria. Fortschr. Röntgenstr. 109 (1968) 185–198

Brock, D.J.H.: Amniotic fluid alkaline phosphatase isoenzymes in early prenatal diagnosis of cystic fibrosis. Lancet 1983/II, 941–943

Brock, D.J.H., G. Bedgood, L. Barron,

C. Hayward: Prospective prenatal diagnosis of cystic fibrosis. Lancet 1985/I, 1175–1178

Brown, P. K., G. Wald: Visual pigment in single rods and cones of the human retina. Science 144 (1964) 45–52

Bühler, E. M., K. Mehes, H. Müller, G. R. Stalder: Cat-eye syndrome, a partial trisomy 22. Humangenetik 15 (1972) 150–162

Bundey, S., M. I. Griffiths: Recurrence risks in families of children with symmetrical spasticity. Develop. Med. Child Neurol. 19 (1977) 179–191

Burgermeister, J. J.: Contribution à l'étude d'un type familial d'intersexualité. J. Génét. hum. 2 (1953) 51–82

Camerino, G., M. G. Mattei, J. F. Mattei, M. Jaye, J. L. Mandel: Close linkage of fragile X-mental retardation syndrome to hemophilia B and transmission through a normal male. Nature 306 (1983) 701–704

Cantu, J. M., C. Manzano: Autosomal recessive microcephaly associated with chorioretinopathy. Hum. Genet. 36 (1977) 243–247

Cantu, J. M., H. E. Scaglia, M. Medina, M. Gonzalez-Diddi, T. Morato, M. E. Moreno, G. Perez-Palacios: Inherited congenital normofunctional testicular hyperplasia a. mental deficiency. Hum. Genet. 33 (1976) 23–33

Cantu, J. M., H. E. Scaglia, M. Gonzalez-Diddi, T. Morato, M. E. Moreno, J. Giner, A. Alcantar, D. Herrera, G. Perez-Palacios: Inherited congenital nonfunctional testicular hyperplasia a. mental deficiency. Hum. Genet. 41 (1978) 331–339

Cao, A., E. Signorini, M. Loi, G. Sanna, S. De Virgilis: Agenesis of the corpus callosum, infantile spasms, spastic quadriplegia, microcephaly, and severe mental retardation in three siblings. Clin. Genet. 12 (1977) 290–296

Carr, D. H.: Chromosome anomalies as a cause of spontaneous abortion. Amer. J. Obstet. Gynec. 97 (1967) 283–293

Carson, P. E., C. L. Flanagan, C. E. Ickes, A. S. Alving: Enzymatic deficiency in primaquine-sensitive erythrocytes. Science 124 (1956) 484

Carter, C. O.: The inheritance of congenital pyloric stenosis. Brit. med. Bull. 17 (1961) 251–254

Carter, C. O.: An ABC of Medical Genetics. Ed. Lancet, London 1969

Carter, C. O.: Multifactorial genetic disease. In: McKusick, V. A., R. Claiborne, HP Publishing. Freeman, Reading, England 1974 (pp. 199–208)

Carter, C. O., K. A. Evans: Inheritance of congenital pyloric stenosis. J. med. Genet. 6 (1969) 233–254

Casey, M. D., C. E. Blank, D. R. K. Street, L. J. Segal, J. H. McDougall, P. J. McGrath, J. L. Skinner: YY Chromosomes and antisocial behaviour. Lancet 1966/II, 859–860

Caspersson, T., L. Zech, C. Johansson: Analysis of human metaphase chromosome set by aid of DNA-binding fluorescent agents. Exp. Cell Res. 62 (1970) 490–492

Chang, J. C., Y. W. Kan: Antenatal diagnosis of sickle cell anemia by direct analysis of the sickle mutation. Lancet 1981/II, 1127–1129

de la Chapelle, A.: Nature and origin of males with XX-sex chromosomes. Amer. J. hum. Genet. 24 (1972) 71–105

Chemke, J., B. Czernobilsky, G. Mundel, Y. R. Barishak: A familial syndrome of central nervous system and ocular malformations. Clin. Genet. 7 (1975) 1–7

Childs, B.: Amniocentesis study. Amer. J. hum. Genet. 28 (1976) 198–200

Christian, J. C., R. N. Dexter, C. G. Palmer, J. Muller: A family with 3 recessive traits and homozygosity for a long 9qh+ chromosome segment. Amer. J. med. Genet. 6 (1980) 301–308

Christian, J. C., W. E. DeMyer, E. A. Franken, J. S. Huff, S. Khairi, T. E. Reed: X-linked skeletal dysplasia with mental retardation. Clin. Genet. 11 (1977) 128–136

Clarke, C. A.: Prevention of Rh haemolytic disease. Vox Sang. (Basel) 11 (1966) 641–655

Clarke, C. A.: Prevention of Rh haemolytic disease. Brit. med. J. 1967/4, 7–12

Clarke, C. A., W. T. A. Donohoe, R. B. McConnell, J. C. Woodrow, R. Finn, J. R. Krevans, W. Kulke, D. Lehane, P. M. Sheppard: Further experimental studies on the prevention of Rh haemolytic disease. Brit. med. J. 1963/I, 979–984

Clarke, C. M., J. H. Edwards, V. Small-Piece: 21-trisomy/normal mosaicism in an intelligent child with some mongoloid characters. Lancet 1961/I, 1028–1030

Cleaver, J. E.: Defective repair replication of DNA in Xeroderma pigmentosum. Nature 218 (1968) 652–656

Cleaver, J. E.: Xeroderma pigmentosum variants with normal DNA repair and normal sensitivity to ultraviolet light. J. invest. Derm. 58 (1972) 124–128

Clegg, J. B., D. J. Weatherall, P. F. Milner: Haemoglobin constant spring – a chain terminating mutant? Nature 234 (1971) 337–340

Cohen, M.M.: The chromosomal constitution of 165 human translocations involving D group chromosomes identified by autoradiography. Ann. Génét. 14 (1971) 87–96

Cohen, T., E. Stern, A. Rosenmann: Sib risk of neural tube defect: is prenatal diagnosis indicated following the birth of a hydrocephalic child? J. med. Genet. 16 (1979) 14–16

Conen, P.E., B. Erkman: Frequency and occurrence of chromosomal syndromes. II. E-trisomy. Amer. J. hum. Genet. 18 (1966) 387–398

Conen, P.E., G.S. Lansky: Chromosome damage during nitrogen therapy. Brit. med. J. 1961/I, 1055–1057

Conley, G.L., S. Charache: Inherited hemoglobinopathies. In McKusick, V.A., R. Claiborne: Medical Genetics. HP Publishing Freeman, New York 1974 (pp. 53–61)

Cooley, T.B., P. Lee: Series of cases of splenomegaly in children with anemia and peculiar bone change. Trans. Amer. pediat. Soc. 37 (1925) 29–30

Court Brown, W.M.: Males with an XYY sex chromosome constitution. J. med. Genet. 5 (1968) 341–359

Cowie, V.: The genetics and sub-classification of microcephaly. J. ment. Defic. Res. 4 (1960) 42–47

Crippa, L., J.P. Marcoz, D. Klein, D. Bourquin: Les trisomies 18 à survie prolongée (au delà de 10 ans) sont-elles toutes des mosaïques? J. Génét. hum. 26 (1978) 145–160

Cross, H.E., V.A. McKusick: The Mast syndrome. Arch. Neurol. (Chic.) 16 (1967) 1–13

Cross, H.E., V.A. McKusick: The Troyer syndrome. A recessive form of spastic paraplegia with distal muscle wasting. Arch. Neurol. (Chic.) 16 (1967) 473–485

Cudworth, A.G., E. Wolf: Aspects of the pathogenesis of type 1 (insulin dependent) diabetes. In Boström, H., N. Ljungstedt: Recent Trends in Diabetes Research. Scandia International Symposia, Almqvist & Wiksell, Stockholm 1981 (pp. 59–74)

Cullen, T.L.: Dosimetric measurements in Brazilian regions of high natural radioactivity. In Snyder, W.W., H.H. Abee, L.K. Burton: Radiation Protection. Pergamon Press, Oxford 1968

Curatolo, P., G. Libutti, B. Dallapiccola: Aicardi syndrome in a male infant. J. Pediat. 96 (1980) 286–287

D'Agostino, A.N., J.W. Kernohan, J.R. Brown: The Dandy-Walker syndrome. J. Neuropath. exp. Neurol. 22 (1963) 450–470

Dahl, G., H. Andersen: Chromosome studies in 30 children with Turner's syndrome. Acta paediat. scand. 61 (1972) 17–23

Dandy, W.E., K.D. Blackfan: Internal hydrocephalus: an experimental, clinical and pathological study. Amer. J. Dis. Child. 8 (1914) 406–482

Darras, B.T., J.F. Harper, U. Francke: Prenatal diagnosis and detection of carriers with DNA probes in Duchenne's muscular dystrophy. New Engl. J. Med. 316 (1987) 985–982

Davies, K.E., P. Briand, V. Ionasescu, G. Ionasescu, R. Williamson, C. Brown, C. Cavard, L. Cathelineau: Gene for OTC (ornithine transcarbamylase): characterisation and linkage to Duchenne muscular dystrophy. Nucl. Acids Res. 13 (1985) 155–159

Davies, K.E., P.L. Pearson, P.S. Harper, J.M. Murray, T. O'Brien, M. Sarfarazi, R. Williamson: Linkage analysis of two cloned DNA sequences flanking the Duchenne muscular dystrophy locus on the short arm of the human chromosome X. Nucl. Acids Res. 11 (1983) 2303–2307

Davis, J.G., G. Silverber, M.K. Williams, A. Spiro, L.R. Shapiro: A new X-linked recessive mental retardation syndrome with progressive spastic quadriparesis. (Abstract.) Amer. J. hum. Genet. 33 (1981) 75A

Dean, G.: The Porphyrias: a Story of Inheritance and Environment. Pitman, London 1963

De Grouchy, J., M. Lamy, S. Thieffry, M. Arthois, C. Salmon: Dysmorphie complexe avec oligophrénie: délétion des bras courts d'un chromosome 18. C.R. Acad. Sci. (Paris) 256 (1963) 1028–1029

De Grouchy, J., C. Turleau: Clinical Atlas of Human Chromosomes. Wiley, New York 1977

De Grouchy, J., C. Turleau, M.O. Cabanis, J.M. Richardet: Rétinoblastome et délétion intercalaire du chromosome 13. Arch. Franç. Pédiat. 37 (1980) 531–535

De Jong, J.G.Y., J.W. Delleman, H. Houben, W.A. Manschot, A. de Minjer, J. Mol, J.L. Slooff: Agenesis of the corpus callosum, infantile spasms, ocular anomalies (Aicardi's syndrome). Neurology (Minneap.) 26 (1976) 1152–1158

Dellamonica, Ch., J.M. Robert, J. Cotte, C. Collombel, C. Dorche: Systematic neonatal screening for Duchenne muscular dystrophy. Lancet 1978/II, 1100

Denborough, M.A., J.F.A. Forster, R.R.H. Lovell, P.A. Maplestone, J.D. Villiers: Anaesthetic death in a family. Brit. J. Anesth. 34 (1962) 395–396

Dennis, J., B.D. Bower: The Aicardi syndrome. Develop. med. Child. Neurol. 14 (1972) 382–390

Denslow, G.T., R.M. Robb: Aicardi's syndrome: a report of 4 cases and review of the literature. J. pediat. Ophthal. Strabismus 16 (1979) 10–15

Dern, R.J., I.M. Weinstein, G.V. Leroy, D.W. Talmage, A.S. Alving: The hemolytic effects of primaquine. J. Lab. clin. Med. 43 (1945) 303

Deroover, J., J.P. Fryns, C. Parloir, H. Van den Berghe: X-linked recessively inherited nonspecific mental retardation. Report of a large family. Ann. Génét. 20 (1977) 263–268

Deshaies, Y., H. Rott, H.F. Wissmüller, G. Schwanitz, B. Le Marec, G. Koch: Microcéphalie récessive liée à l'X. J. Génét. hum. 27 (1979) 221–236

Dodinval, P.: La consultation génétique en neurologie. Acta Genet. med. (Roma) 23 (1974) 59–81

Dozy, A.M., E.N. Forman, D.N. Abuelo, G. Barsel-Bowers, M.J. Mahoney, B.G. Forget, Y.W. Kan: Prenatal diagnosis of homozygous α-thalassemia. J. Amer. med. Ass. 241 (1979) 1610–1612

Dunlap, D.B., R. Aubry, J.M. Louro: The occurrence of the 45X Turner's syndrome in sisters. J. clin. Endocr. 34 (1972) 491–497

Eberle, P., E. Gallasch, F. Truss: XX/XY – Hermaphroditismus verus mit Blutchimäre. Blut 25 (1972) 255–264

Edwards, J.H.: The simulation of Mendelism. Acta genet. (Basel) 10 (1960) 63–70

Edwards, J.H., D.G. Harnden, A.H. Cameron, V.M. Crosse, O.H. Wolff: A new trisomy syndrome. Lancet 1960/I, 787–790

Ejima, Y., M.S. Sasaki, A. Kaneko, H. Tanooka, Y. Hara, T. Hida, Y. Kinoshita: Possible inactivation of part of chromosome 13 due to 13qXp translocation associated with retinoblastoma. Clin. Genet. 21 (1982) 357–361

El-Hefnawi, H., S.M. Smith, L.S. Penrose: Xeroderma pigmentosum – its inheritance and relationship to the ABO blood-group system. Ann. hum. Genet. 28 (1965) 273–282

Emery, A.E.H.: Elements of Medical Genetics, 5th ed. Churchill-Livingstone, Edinburgh 1979

Emery, A.E.H., F.E. Dreifuss: Unusual type of benign X-linked muscular dystrophy. J. Neurol. Neurosurg. Psychiat. 29 (1966) 338–342

Escalante, J.A., H. Grunspun, O. Frota-Pessoa: Severe sex-linked mental retardation. J. Génét. hum. 19 (1971) 137–140

Falls, H.F., J.R. Wolter, M. Alpern: Typical total monochromacy. A histological and psychophysical study. Arch. Ophthal. 74 (1965) 610–616

Fanconi, G.: Zur Diagnose und Therapie hydrocephalischer und verwandter Zustände. Schweiz. med. Wschr. 64 (1934) 214–223

Ferguson-Smith, M.A.: X-Y chromosomal interchange in the aetiology of true hermaphroditism and of XX Klinefelter's syndrome. Lancet 1966/II, 475–476

Ferguson-Smith, M.A. Phenotypic aspects of sex chromosome aberrations. Birth Defects: Original Articles Series, vol. 5, no. 5. National Foundation, New York 1969 (pp. 3–9)

Ferguson-Smith, M.A.: Abnormal gonadal differentiation in XY females and XX males. Birth Defects: Original Articles Series, vol. 7, no. 6; Endocrine System. National Foundation – March of Dimes. Williams & Wilkins, Baltimore 1971 (pp. 204–209)

Ferrier, P., F. Bamatter, D. Klein: Muscular dystrophy (Duchenne) in a girl with Turner's syndrome. J. Med. Genet. 2 (1965) 38–46

Ferrier, P.E., S. Ferrier, G. Stalder, E. Bühler, F. Bamatter, D. Klein: Congenital assymetry associated with diploid/triploid mosaicism and large satellites. Lancet 1964/I, 80–82

Fisher, R.A.: The fitting of gene frequencies to data on Rhesus reaction. Ann. Eugen. 13 (1946) 150

Flavell, G.: Webbing of the neck with Turner's syndrome in the male. Brit. J. Surg. 31 (1943) 1943

Ford, C.E., K.W. Jones, P.E. Polani, J.C. de Almeida, J.H. Briggs: A sex-chromosome anomaly in a case of gonadal dysgenesis (Turner's syndrome). Lancet 1959/I, 711

Ford, E.H.R.: Human Chromosomes. Academic Press, London 1973

Forsberg, J.G., B. Hall, A.B.V. Ryden: A case of testicular feminization with chromosome mosaicism. Acta obstet. gynec. scand. 44 (1965) 491–499

Fournier, D.: Le pseudoxynthome élastique, un syndrome méconnu. A propos d'une observation clinique et génétique. Schweiz. Rdsch. Med. 73 (1984) 183–191

Fox, A.L.: The relationship between chemical constitution and taste. Proc. nat. Acad. Sci. (Wash.) 18 (1932) 115–120

Fox, P., D. Fox, J.W. Gerrard: X-linked mental retardation: Renpenning revisited. Amer. J. med. Genet. 7 (1980) 491–495

Fraccaro, M., A.I. Taylor, M. Bodian, G.H. Newns: A human intersex („true hermaphrodite") with XX/XXY/XXYY sex chromosomes. Cytogenetics 1 (1962) 104–112

Fraccaro, M., L. Tiepolo, O. Zuffardi, G. Chiumello, B. DiNatale, L. Gargantini, U. Wolf: Familial XX true hermaphroditism and the H-Y antigen. Hum. Genet. 48 (1979) 45–52

Franceschetti, A.: Première observation d'une fratrie issue de deux daltoniens de types différents. Bull. Schweiz. Akad. med. Wiss. 5 (1949) 227-232

Franceschetti, A.: Acquisitions récentes concernant les troubles congénitaux du sens chromatique et leurs relations avec les aberrations chromosomiques. Arch. Klaus-Stift. Vererb. Forsch. 35 (1960) 323–412

Franceschetti, A., F. Bamatter, D. Klein: Valeur des tests cliniques et sérologiques, en vue de l'identification de deux jumeaux univitellins, dont l'un a été échangé par erreur. Bull. Schweiz. Akad. med. Wiss. 4 (1948) 433–444

Franceschetti, A., W. Jaeger, D. Klein, V. Ohrt, H. Rickli: Etude patho-physiologique et génétique de la grande famille d'achromates de l'île de Fur (Denmark). Description d'une nouvelle famille avec achromatopsie incomplète chez le frère cadet. Acta XVIII, Conc. ophthal. Belgica 1958, vol. II, Brüssel 1959 (pp. 1582–1588)

Franceschetti, A., D. Klein: Weiterer Beitrag zur Frage der genetischen Beziehungen zwischen der Friedreichschen Ataxie und den verschiedenen Formen der tapeto-retinalen Degenerationen. Bull. Acad. suisse Sci. méd. 2 (1947) 321–330

Franceschetti, A., D. Klein: Two families with parents of different types of red-green blindness. Acta genet. (Basel) 7 (1957) 255–259

Franceschetti jr. A., V. Reinhart, U.W. Schnyder: La maladie de Meleda. J. Génét. hum. 20 (1972) 267–296

François, J., R. Berger, H. Saraux: Les aberrations chromosomiques en ophtalmologie. Masson, Paris 1972

Fraser, F.C.: The genetics of cleft lip and cleft palate. Amer. J. hum. Genet. 22 (1970) 336–352

Fraser Roberts, J.A., M.E. Pembrey: An Introduction to Medical Genetics, 8th ed. Oxford University Press, Oxford 1985

Freire-Maia, A.: Human genetics studies in areas of high natural radiation. II. First results of an investigation in Brazil. An. Acad. bras. Cienc. 43 (1971) 457–459

Fritz-Niggli, H.: Strahlenbiologie. Grundlagen und Ergebnisse. Thieme, Stuttgart 1959

Fuhrmann, W.: Die formale Genetik des Menschen. IV. Multifaktorielle Vererbung. In: Altmann, H.W., F. Büchner, H. Cottier, E. Grundmann, G. Holle, E. Letterer, W. Masshoff, H. Meessen, F. Roulet, G. Seifert, G. Siebert: Handbuch der allgemeinen Pathologie, Bd. IX. Springer, Berlin 1974 (S. 196–225)

Fuhrmann, W., W. Seeger, R. Böhm: Apparently monogenic inheritance of anencephaly and spina bifida in a kindred. Humangenetik 13 (1971) 241–243

Fuhrmann, W., F. Vogel: Genetische Familienberatung, 3. Aufl. Springer, Berlin 1982

Galjaard, H.: European experience with prenatal diagnosis of congenital disease: a survey of 6121 cases. Cytogenet. Cell Genet. 16 (1976) 453–467

Gallegos, A.J., E. Guizar, S. Armendares, V. Cortes-Gallegos, C. Cervantes, N. Bedolla, A. Parra: Familial true hermaphrodism in 3 siblings: plasma hormonal profile and in vitro steroid biosynthesis in gonadal structures. J. clin. Endocr. 42 (1976) 653–660

Galton, F.: The history of twins as a criterium of the relative powers of nature and nurture. J. anthrop. Inst. 5 (1876) 391–406

Gartler, S.M., C. Vullo, E. Gandini: Glucose-6-phosphate dehydrogenase deficiency in an X0 individual. Cytogenetics 1 (1962) 1–4

Gartler, S.M., S.H. Waxman, E. Giblett: An XX/XY human hermaphrodite resulting from double fertilization. Proc. nat. Acad. Sci. (Wash.) 48 (1962) 332

Gayral, L., M. Barraud, J. Carrie, L. Cabdebat: Pseudohermaphrodisme à type de „testicule féminisant": 11 cas. Etude hormonale et psychologique. Toulouse Méd. 61 (1960) 637–647

Gebhart, E.: The treatment of human chromosomes in vitro results. In Vogel, F., G. Röhrborn: Chemical Mutagenesis in Mammals and Man. Springer, Berlin 1970 (pp. 367–382)

Gedda, L., S. Bérard-Magistretti, G. Brenci, F. Magistretti: I Gemelli della Val d'Aosta. Analecta Genetics. Istituto G. Mendel, Roma 1961

Gerald, P.S.: Current concepts in genetics. Sex chromosome disorders. New Engl. J. Med. 294 (1976) 706–708

German, J., D. Bloom, E. Passarge, K. Fried, R.M. Goodman, I. Katzenellenbogen, Z. Laron, C. Legum, St. Levin, J. Wahrmann: Bloom's syndrome. VI. The disorder in Israel and an estimation of the gene frequency in the Ashkenazim. Amer. J. hum. Genet. 29 (1977) 553–562

German, J., M. Vesell: Testicular feminization in monozygotic twins with 47 chromosomes (XXY). Ann. Génét. 9 (1966) 5–8

Giannelli, F., K.H. Choo, D.J.G. Rees, Y. Boyd, C.R. Rizza, G.G. Brownlee: Gene deletions in patients with hemophilia B and antifactor IX antibodies. Nature 303 (1983) 181–182

Giraud, F., S. Ayme, J.F. Mattei, M.G. Mattei: Constitutional chromosomal breakage. Hum. Genet. 34 (1976) 125–136

Giraud, F., J.F. Mattei: In Robert, J.M., H. Plauchu, F. Giraud, J.F. Mattei: Génétique et Cytogénétique Cliniques. Flammarion, Paris 1977

Giraud, F., J.F. Mattei, M. Blanc-Pardigon, M.S. Mattei, R. Bernard: Trisomie 8 en mosaïque. Arch. franç. Pédiat. 32 (1975) 177–183

Goedde, H.W., D.P. Agarwal: Pseudocholinesterase variation. In: Human genetics variation in response to medical a. environmental agents. Pharmacogenet. a. Ecogenet. Hum. Genet., Suppl. 1 (1978) 45–55

Goedde, H.W., K. Altland: Suxamethonium sensitivity. Ann. N.Y. Acad. Sci. 179 (1971) 695

Goedde, H.W., K. Altland, K.L. Scholler. Therapie der durch genetisch bedingte Pseudocholinesterase-Varianten verursachten verlängerten Apnoe nach Succinyldicholin. Med. Klin. 62 (1967) 1631

Goedde, H.W., H. Ohligmacher: Zur Problematik des Polymorphismus des Bitterschmeckens: vergleichende Untersuchungen an Thioharnstoffderivaten und Anetholtrithion. Humangenetik 1 (1965) 423–436

Goldberg, M.B., A.F. Maxwell: Male pseudohermaphroditism. J. Endocr. 8 (1948) 367

Goodman, R.M., I. Lewithal, A. Solomon, D. Klein: Upper-limb involvement in the Klein-Waardenburg syndrome. Amer. J. med. Genet. 11 (1982) 425–433

Gopal-Ayengar, A.R., K. Sundaram, K.B. Mistry u. Mitarb.: Studies in the high background areas in Kerala State: definition of the population and preliminary dosimetric data. Health Physics Division report. Bhabha Atomic Research Centre. United Nations Document 1970

Gopal-Ayengar, A.R., K. Sundaram, K.B. Mistry u. Mitarb.: Evaluation of the longterm effects of high background radiation on selected population groups of the Kerala Coast. In: Peaceful Uses of Atomic Energy. Proceedings 4th International Conference, Geneva 1971, vol. XI. United Nations a. International Atomic Energy Agency 1972 (pp. 31–51)

Gordon, D.L., E. Krmpotic, B.B. Zelinger, L.E. Rosenblum: Sex chromosome mosaicism in the testicular feminization syndrome. Obstet. and Gynec. 34 (1969) 779–782

Gottesman, I.I., J. Shields: Schizophrenia and Genetics. A Twin Study Vantage Point. Academic Press, New York 1972

Grace, H.J., D.K. Quinlan, W.E.B. Edge: 45 X lymphocyte karyotype in fertile women. Amer. J. Obstet. Gynec. 115 (1973) 279–282

Gray, R.S., R. Herd, B.F. Clarke: The clinical features of I diabetes with coexisting autoimmune thyroid disease. Diabetologica 20 (1981) 602–606

Greppi, E.: Splenomegalia emolitica con anemia a tipo pernicioso. Policlinico Sez. med. 34 (1927) 217

Grosse, K.P., G. Schwanitz: Ein neues Syndrom durch Chromosomenstückverlust (13q—). Klin. Pädiat. 185 (1973) 468–473

Grosse, K. P., G. Schwanitz, H. Singer, V. Wieczorek: Partial trisomy 10p. Humangenetik 29 (1975) 141–144

Gusella, J., N. Wexler, P. Conneally, S. Naylor, M. Anderson, R. Tanzi, P. Watkins, K. Ottina, M. Wallace, A. Sakaguchi, A. Young, E. Shoulson Bonilla, J. Martin: A polymorphic DNA marker genetically linked to Huntington's disease. Nature 306 (1983) 234–239

Haab, O.: Beiträge zu den angeborenen Fehlern des Auges. Graefes Arch. Ophthal. 24 (1878) 257–281

Habel, H.: Zwillingsuntersuchungen an Homosexuellen. Z. Sex.-Forsch. 1 (1950) 168–180

Haberlandt, W.F.: Der Suizid als genetisches Problem. Anthrop. Anz. 29 (1965) 65–89

Haberlandt, W.F.: Selbstmord als genetisches Problem. Therapiewoche 20 (1970) 3142–3150

Hageman, M.J., J.W. Delleman: Heterogeneity in Waardenburg syndrome. Amer. J. hum. Genet. 29 (1977) 468–485

Haldane, J.B.S.: The rate of spontaneous mutations of a human gene. J. Genet. 31 (1935) 317–326

Hallgren, R., T. Sjögren: A clinical and genetico-statistical study of schizophrenia and lowgrade mental deficiency in a large Swedish rural population. Acta psychiat. scand. 140 (1959) 1

Hamerton, J. L.: Human Cytogenetics, vol. II. Academic Press, New York 1971

Hamerton, J.L., F. Giannelli, F. Collins, J. Hallett, A. Fryer, V.M. McGuire, R.V. Short: Non-random X-inactivation in the female mule. Nature 222 (1969) 1277–1278

Hamerton, J.L., B.J. Richardson, P.A. Gee, W.R. Allen, R.V. Short: Non-random X chromosome expression in female mules and hinnies. Nature 232 (1971) 312–315

Hanhart, E.: Über einfache Rezessivität bei Mikrocephalia vera, spuria et combinata und das herdweise Vorkommen der Mikrozephalia vera in Schweizer Isolaten. Acta Genet. med. (Roma) 7 (1958) 445–524

Hanhart, E.: Ergebnisse der demogenetischen Erforschung der Isolate, mit besonderer Berücksichtigung der Schweizer Inzuchtgebiete. In Gedda, L.: De Genetica Medica P. III. Mendel-Institut, Rom 1961 (S. 53–80)

Hanson, J.W., N.C. Myrianthopoulos, W.A. Sedgwick Harvey, D.W. Smith: Risks of the offspring of women treated with hydantoin anticonvulsants with emphasis on the fetal hydantoin syndrome. J. Pediat. 89 (1976) 662–668

Hardy, G.H.: Mendelian proportions in a mixed population. Science 28 (1908) 49–50

Harper, K., R.M. Winter, M.E. Pembrey, D. Hartley, K.E. Davies, E.G.D. Tuddenham: A clinically useful DNA probe closely linked to haemophilia A. Lancet 1984/II, 6–8

Harper, P.S.: Myotonic Dystrophy. Saunders, Philadelphia 1979

Harper, P.S.: Practical Genetic Counselling. Wright, Bristol 1981

Harris, H.: The Principles of Human Biochemical Genetics, 2nd ed. North-Holland, Amsterdam 1975

Harris, H., H. Kalmus: The measurement of taste sensitivity to phenylthio-urea (P.T.C.) Ann. Eugen. (Lond.) 15 (1950) 24–31

Harris, H., H. Kalmus, W.H. Trotter: Taste sensitivity to PTC in goitre and diabetes. Lancet 1949/II, 1038–1039

Harvald, B., M. Hauge. Hereditary factors elucidated by twin studies. In Neel, J.V., M.W. Shaw, W.J. Schull: Genetics and the Epidemiology of Chronic Disease. U.S. Department of Health, Education and Welfare. Public Health Service, Washington 1965

Harvey, J., C. Judge, S. Wiener: Familial-X-linked mental retardation with an X-chromosome abnormality. J. med. Genet. 14 (1977) 46–50

Haslam, R.H.A., D.W. Smith: Autosomal dominant microcephaly. J. Pediat. 95 (1979) 701–705

Hellin, D.: Die Ursache der Multiparität der uniparen Tiere überhaupt und der Zwillingsschwangerschaft beim Menschen insbesondere. Wolf, München 1895

Herrick, J.B.: Peculiar elongated and sickle-shaped red blood corpuscles in a case of severe anemia. Arch. intern. Med. 6 (1910) 517–521

Heston, L.L., J. Shields: Homosexuality in twins. A family study and a registry study. Arch. gen. Psychiat. 18 (1968) 149–160

Hirschhorn, K., H.L. Cooper, I.L. Firschein: Deletion of short arms of chromosome 4–5 in a child with defects of midline fusion. Humangenetik 1 (1965) 479–482

Hockwald, R.S., J. Arnold, C.B. Clayman, A.S. Alving: Status of primaquine. IV. Toxicity of primaquine in negroes. J. Amer. med. Ass. 149 (1952) 1568

Holm, E., C.V. Lodberg: Family with total color-blindness. Acta ophthal. (Kbh.) 18 (1940) 224–258

Holt, S.B.: Inheritance of dermal ridge-counts. In Penrose, L.S.: Recent Advances in Human Genetics. Churchill, London 1961

Horner, J.F.: Die Erblichkeit des Daltonismus. Ein Beitrag zum Vererbungsgesetz: Amtl. Ber. Verwaltung Medizinalwesen Kanton Zürich, 1876

Hostetler, J.A.: Amish Society. Johns Hopkins Press, Baltimore 1963

Hostetler, J.A.: Old order Amish survival. Presented at Ann. Meeting of American Anthropological Association, November 1976. In McKusick, V. A.: Medical Genetic Studies of the Amish. Selected Papers. Johns Hopkins Press, Baltimore 1978 (pp. 22–25)

Hsu, L.Y.F., M. Gertner, E. Letter, K. Hirschhorn: Paternal trisomy 21 mosaicism and Down's syndrome. Amer J. hum. Genet. 23 (1971) 592–601

Hsu, T.C.: Mammalian chromosomes in vitro. I. The caryotype of man. J. Hered. 43 (1952) 167–172

Hunter, A.G.W., J.T. Martsolf, C.G. Baker, M.H. Reed: Geroderma osteodysplastica: A report of two affected families. Hum. Genet. 40 (1978) 311–324

Huntington, G.: On chorea. Med. Rep. Episc. Hosp. Philad. 26 (1872) 317–321

Ingram, V.M.: Gene mutation in human haemoglobin: the chemical difference between normal and sickle-celle haemoglobin. Nature 180 (1957) 326–328

Ingram, V.M.: Abnormal human haemoglobins. I. The comparison of normal human and sickle-cell haemoglobin by „fingerprinting". Biochem. biophys. Acta (Amst.) 28 (1958) 539–545

Ionasescu, V. V., Ch. Searby, R. Ionasescu: Prenatal diagnosis of Duchenne muscular dystrophy based on Xp21.2 deletion. Neurology 36 (1986) 1143–1144

Irvine, W. J.: Immunological aspects of diabetes mellitus: a review (including the salient points of the NDDG report on the classification of diabetes). In Irvine, W. J.: Immunology of Diabetes. Teviot Scientific Publications, Edinburgh 1980 (pp. 1–54)

Irvine, W. J., C. J. McCallum, R. S. Gray, C. J. Campbell, L. J. P. Duncan, J. W. Farquhar, H. Aughan, P. J. Morris: Pancreatic islet-cell antibodies in D. M. correlated with the duration and type of diabetes, coexistent autoimmune disease, and HLA type. Diabetes 26 (1977) 138–147

Jackson, C. E., J. H. Carey: Progressive muscular dystrophy: autosomal recessive type. Pediatrics 28 (1961) 77–84

Jacky, P. B., F. J. Dill: Expression in fibroblast culture of the satellited X-chromosome associated with familial sex-linked mental retardation. Hum. Genet. 53 (1980) 267–269

Jacob, F., J. Monod: Genetic regulatory mechanisms in the synthesis of proteins. J. molec. Biol. 3 (1961) 318–356

Jacobi, W.: Betrachtungen zur Festlegung der höchstzugelassenen Strahlenexposition des Menschen. In Aurand, K., H. Bücker, O. Hug, W. Jacobi, A. Kaul, H. Muth, W. Pohlit, W. Stahlhofen: Die natürliche Strahlenexposition des Menschen. Thieme, Stuttgart 1974 (S. 171)

Jacobs, P. A., T. W. Glover, M. Mayer, P. Fox, J. W. Gerrard, H. G. Dunn, D. S. Herbst: X-linked mental retardation. A study of 7 families. Amer. J. med. Genet. 7 (1980) 471–489

Jacobs, P. A., M. Melville, S. Ratcliffe, A. J. Keay, J. Syme: A cytogenetic survey of 11680 newborn infants. Ann. hum. Genet. 37 (1974) 359–376

Jacobs, P. A., J. A. Strong: A case of human intersexuality having a possible XXY sex-determining mechanism. Nature 183 (1959) 302–303

Jaeger, W.: Beitrag zur Frage der Genlokalisation der Farbensinnstörungen. Albrecht v. Graefes Arch. Ophthal. 152 (1952) 385–388

Jaeger, W., H. Krastel: Complete and incomplete congenital achromatopsia in one sibship. In Huber, A., D. Klein: Neurogenetics and Neuroophthalmology. Elsevier/North Holland Biomedical Press, Amsterdam 1981 (pp. 241–245)

Jagiello, G., J. D. Atwell: Prevalence of testicular feminisation. Lancet 1962/I, 329

Jalbert, P., C. Mouricand, A. Beaudoing, M. Jaillard: Myopathie progressive de type Duchenne et mosaïque X0/XX/XXX: Considération sur la genèse de la fibre musculaire striée. Ann. Génét. 9 (1966) 104–108

Jeanpierre, M., C. Junien: DNA analysis as clinical investigations: when and how? Ann. Génét. 27 (1984) 134–147

Jenkins, E. C., W. T. Brown, C. J. Duncan, J. Brooks: Demonstration of the fragile X-chromosome in amniotic fluid cells (abstract). Clin. Res. 30 (1982) 292

Jörgensen, G.: Schmecken und Riechen. In Becker, P. E.: Humangenetik, Bd. I/2. Thieme, Stuttgart 1969 (S. 109–143)

Juberg, R. C., J. R. Hayward: A new familial syndrome of oral, cranial and digital anomalies. J. Pediat. 74 (1969) 755–762

Juberg, R. S., I. Marsidi: A new form of X-linked mental retardation with growth retardation, deafness, and microgenitalism. Amer. J. hum. Genet. 32 (1980) 714–722

Juel-Nielsen, N., T. Widebech: A twin study of suicide. Acta Genet. med. (Roma) 19 (1970) 307–310

Kaij, L.: Studies on the etiology and sequels of abuse of alcohol. Almqvist & Wiksell, Stockholm 1960

Kajii, T., K. Ohama, N. Niikawa, A. Ferrier, S. Avirachan: Banding analysis of abnormal caryotypes in spontaneous abortion. Amer. J. hum. Genet. 25 (1973) 539–547

Kaiser, P., K. Gerhard-Ratschow, B. Zabel, W. Gey: A new case of XX-male (XX/XXY mosaic). Hum. Genet. 39 (1977) 131–137

Kaitila, I., J. Perheentupa: Cartilage-hair hypoplasia. In Eriksson, A. W., H. R. Forsius, H. R. Nevanlinna, P. L. Workman, R. K. Norio: Population Structure and Genetic Disorders. Academic Press, London 1980 (pp. 588–591)

Kallmann, F. J.: Comparative twin study on the genetic aspects of male homosexuality. J. nerv. ment. Dis. 115 (1952) 283–298

Kallmann, F. J.: Heredity in Health and Mental Disorder. Norton, New York 1953

Kalow, W.: Pharmacogenetics. Heredity and the Response to Drugs. Saunders, Philadelphia 1962

Kalow, W.: Rigidity and malignant hyperthermia associated with anesthesia. Humangenetik 9 (1970) 237–239

Kalow, W., B. A. Britt, M. E. Terreau, C. Haist: Metabolic error of muscle metabolism after recovery from malignant hyperthermia. Lancet 1970/II, 895–898

Kalow, W., K. Genest: A method for the detection of atypical forms of human serum cholinesterase. Determination of dibucain numbers. Canad. J. Biochem. 35 (1957) 339

Kan, Y. W., A. M. Dozy: Antenatal diagnosis of sickle-cell anemia by DNA analysis of amniotic fluid cells. Lancet 1978/II, 910–912

Kan, Y. W., M. S. Golbus, R. Trecartin: Prenatal diagnosis of homozygous beta-thalassaemia. Lancet 1975/II, 790–791

Kaufman, R. L., A. F. Hartmann, W. H. McAlister: Family studies in congenital heart disease. II: A syndrome of hydrometrocolpos, postaxial polydactyly and congenital heart disease. Clinical Delineation of Birth Defects XV. Cardiovascular System. Birth Defects Orig. Art. Ser. VIII(5) (1972) 85–87

Kazazian, H. H., J. A. Philips, C. D. Bochin, T. A. Vik, M. J. Maloney, A. K. Ritchey: Prenatal diagnosis of β-thalassaemia by amniocentesis: linkage analysis using multiple polymorphic restriction endonuclease sites. Blood 56 (1980) 926–930

Keane, B. E., K. B. Tikhonov. Manual on Radiation Protection in Hospitals and General Practice, vol. III, X-Ray Diagnosis. WHO, Geneva 1975

Keenan, B. S., W. J. Meyer, A. J. Hadjian, H. W. Jones, C. J. Migeon: Syndrome of androgen insensitivity in man: absence of 5-alpha-dihydrotestosterone binding protein in skin fibroblasts. J. clin. Endocr. 38 (1974) 1143–1146

Keller, U., W. Berger: Pathogenetische Grundlagen einer neuen Einteilung des Diabetes mellitus (WHO-Nomenklatur). Schweiz. Rdsch. Med. 71 (1982) 1335–1342

Kesaree, E., P. V. Woller, M. Samson: A phenotypic female with 49 chromosomes, presumably XXXXX. J. Pediat. 63 (1963) 1099–1103

Kleihauer, E.: Anormale menschliche Hämoglobin und Hämoglobinopathien, In Becker, P. E.: Humangenetik. vol. III. Thieme, Stuttgart 1976 (S. 479–527)

Kleihauer, E.: Hämatologie, Physiologie, Pathologie, Klinik. Springer, Berlin 1978

Klein, D.: Albinisme partiel (leucisme) accompagné de surdimutité, d'ostéomyodysplasie, de raideurs articulaires congénitales multiples et d'autres malformations congénitales. Arch. Klaus-Stift. Vererb. Forsch. 22 (1947) 336–342

Klein, D.: Albinisme partiel (leucisme) avec surdimutité, blépharophimosis et dysplasies myo-ostéo-articulaires. Helvet. paediat. Acta 5 (1950) 38–58

Klein, D.: Un curieux syndrome héréditaire: chéilo-palatoschizis avec fistules de la lèvre inférieure associé à une syndactylie, une onychodysplasie particulière, un ptérygion poplité unilatéral et des pieds varus équins. J. Génét. hum. 11 (1962) 65–71

Klein, D.: La consultation génétique. Bull. schweiz. Akad. med. Wiss. 28 (1972) 250–265

Klein, D.: Les anomalies chromosomiques en clinique. Praxis 64 (1975) 148–160, 175–191

Klein, D.: Le conseil génétique au service des familles. Schweiz. Rdsch. Med. 68 (1980) 1710–1721

Klein, D.: The historical background of the Klein-Waardenburg syndrome. Amer. J. med. Genet. 11 (1982) 425–433

Klein, D.: Les dyschromatopsies congénitales. Aspects génétiques. J. Génét. hum. 34 (1986) 75–86

Klein, D., F. Ammann: The syndrome of Laurence-Moon-Bardet-Biedl and allied diseases in Switzerland. Clinical, genetic and epidemiological studies. J. neurol. Sci. 9 (1969) 479–513

Klein, D., P. Dodinval: La génétique humaine au service de la médecine. Editions Roche, Bâle 1979

Klein, D., A. Franceschetti: Mißbildungen und Krankheiten des Auges. In Becker, P. E.: Humangenetik, vol. IV. Thieme, Stuttgart 1964 (S. 121–134)

Klein, D., H. Khosrovani: Malformation des mains et des pieds en „pince de homard" (ectrodactylie) dans cinq générations successives d'une grande famille vaudoise. Arch. Klaus-Stift. Vererb.-Forsch. 34 (1959) 270–276

Klein, D., H. König, R. Tobler: Sur une forme extensive de dysostose mandibulo-faciale (Franceschetti) accompagnée de malformations des extrémités et d'autres anomalies congénitales. Rev. Oto-neuro-ophthal. 42 (1970) 432–439

Klein, D., J. P. Marcoz, R. L. Mounoud, W. Bettschart: Résultat final d'une investigation clinique, génétique et cytogénétique de 182 oligophrènes d'une institution médico-éducative. Schweiz. Rdsch. 71 (1982) 1150–1157, 1209–1221

Klein, D., M. Mumenthaler, R. Kraus-Ruppert, E. Rallo: Une grande famille atteinte d'épilepsie myoclonique progressive et de rétinite pigmentaire. Etude clinique, génétique et anatomo-pathologique. Humangenetik 6 (1968) 237–252

Klein, D., T. Rabinowicz: Clinical and genetic aspects of certain neuro-ophthalmological diseases in Swiss isolates: In Eriksson, A. W., H. R. Forsius, H. R. Nevanlinna, P. L. Workman, R. K. Norio: Population Structure and Genetic Disorders. Academic Press, London 1980 (pp. 367–382)

Klein, D., O. Tajmirova, J. Laut, E.McGilvray: Concomitance dans une famille d'un mongolisme en mosaïque (trisomie 21) chez le frère et d'un syndrome triplo-X(XXX) chez la soeur. Arch. Klaus-Stift. Vererb.-Forsch. 44 (1969) 68–78

Klinefelter, H.F., E.C. Reifenstein, F. Albright: Syndrome characterized by gynecomastia, aspermatogenesis without A-Leydigism, and increased excretion of follicle-stimulating hormone. J. clin Endocr. 2 (1942) 615–627

Kloepfer, H.W., J.K. Laguaite, J.W. McLaurin: The hereditary syndrome of congenital deafness and retinitis pigmentosa (Usher's syndrome). Laryngoscope (St. Louis) 76 (1966) 850–862

Kloepfer, H.W., R.V. Platou, W.J. Hansche: Manifestations of a recessive gene for microcephaly in a population isolate. J. Génét. hum. 13 (1964) 52–59

Knowlton, R.G., O. Cohen-Hagenauer, N. Van Cong: A polymorphic DNA marker linked to cystic fibrosis on chromosome 7. Nature 318 (1985) 380–382

Koch, G.: Genetics of microcephaly in man. Acta Genet. med. (Roma) 8 (1959) 75–86

Koch, G.: Mikrocephalie. Dtsch. Ärztebl. 71 (1974) 3313–3321

Kochupillai, N., J.C. Verma, M.S. Grewal, V. Ramalingaswami: Down's syndrome and related abnormalities in an area of high background radiation in coastal Kerala. Nature 262 (1976) 60–61

Komai, T., K. Kishimoto, Y. Ozaki: Genetic study of microcephaly based on Japanese material. Amer. J. hum. Genet. 7 (1955) 51–65

Konopizky, B.E., A. Albert, P. Schimanek: Klinik und Genetik des Cat-Eye-Syndroms. In Hammerstein, W., W. Lisch: Ophthalmologische Genetik. Diagnostik, Prävention, Rehabilitation. Enke, Stuttgart 1985 (S. 50–54)

Krill, A.E., E. Beutler: Red-light thresholds in heterozygote carriers of protanopia: genetic implications. Science 149 (1965) 186–188

Krill, A.E., V.C. Smith, J. Pokorny: Further studies supporting the identity of congenital tritanopia and hereditary optic atrophy. Invest. Ophthal. 10 (1971) 457–465

Kurachi, K., T. Chandra, S.J.F. Degen, T.T. White, T.L. Machioro, S.L.C. Woo, E.W. Davie: Cloning and sequence of cDNA coding for α-1-antitrypsin. Proc. nat. Acad. Sci. (Wash.) 78 (1981) 6826–6830

Lajborek-Czyz, I.: A 45,X woman with a 47,XY,G+ son. Clin. Genet. 9 (1976) 113–116

Landsteiner, G.: Zur Kenntnis der antifermentativen, lytischen und agglutinierenden Wirkungen des Blutserums und der Lymphe. Zbl. Bakt. 27 (1900) 357–362

Landsteiner, K.: Über Agglutinationserscheinungen normalen menschlichen Blutes. Wien. klin. Wschr. 14 (1901) 1132–1134

Landsteiner, K., A.S. Wiener: An agglutinable factor in human blood recognized by immune sera from rhesus blood. Proc. Soc. exp. Biol. (N.Y.) 43 (1940) 941–942

Larget-Piet, L., J. Rivron, P. Baillif, J. Dugay, I. Emerit, A. Larget-Piet, J. Berthelot: Syndrome 49, XXXXX chez une fille de 5 ans. Ann. Génét. 15 (1972) 115–119

Lecluse-Van der Bilt, F.A., A. Hagemeyer, E.M.E. Smit, H.K.A. Visser, G.J. Vaandrager: An infant with a XXXYY karyotype. Clin. Genet. 5 (1974) 263–270

Lehmann, H., E. Ryan: The familial incidence of low pseudocholinesterase level. Lancet 1956/II, 124

Lehmann, H., J. Liddell: Genetical variants of human serum. Pseudocholinesterase. In Steinberg, A.G., A.G. Bearn: Progress in Medical Genetics, vol. III. Grune & Stratton, New York 1964

Lehmann, H., R.G. Huntsman: Man's Haemoglobin, 2nd ed. North-Holland, Publishing Co. Amsterdam 1974

Lejeune, J., M. Gautier, R. Turpin: Etude des chromosomes somatiques de neuf enfants mongoliens. C.R. Acad. Sci. (Paris) 248 (1959) 1721–1722

Lejeune, J., J. Lafourcade, R. Berger, J. Vialette, M. Boeswillwald, P. Seringe, R. Turpin: Trois cas de déletion partielle du bras court d'un chromosome 5. C.R. Acad. Sci. (Paris) 257 (1963) 3098–3102

Lejeune, J., R. Turpin, M.O. Rethoré: Les enfants nés de parents irradiés. (cas particuliers de la sex-ratio). 9th International Congress Radiology, München 1959. (pp. 1089–1096)

Le Marec, B., J.C. Lair, J. Kerisit, F. Le Mee, J. Senecal: A propos de 20 cas de trisomie 18. Considérations sur la sex-ratio en fonction de l'âge maternel. Ann. Pédiat. 24 (1977) 125–136

Lenz, W.: Pseudohermaphroditismus masculinus externus mit Sekundärbehaarung und ohne Brustentwicklung (pseudovaginale perineoskrotale Hypospadie). In Becker, P.E.: Humangenetik Bd. III/1. Thieme, Stuttgart 1964 (S. 385–387)

Levine, P., B.E. Stetson: An unusual case of intragroup agglutination. J. Amer. med. Ass. 113 (1963) 126–127

Levine, P., E. Robinson, M. Celano, O. Briggs, L. Falkinburg: Gene interaction resulting in suppression of blood group substance B. Blood 10 (1955) 1100–1108

Lewandowski, R.C., J.J. Yunis: New chromosomal syndromes. Amer. J. Dis. Child. 129 (1975) 515–529

Liechti-Gallati, S.: Erste Erfahrungen in der Pränataldiagnostik bei zystischer Fibrose mit Hilfe von DNA-Markern. Pädiatr. Kongr. Genf (1987). Persönl. Mitteilung

Lindenberg, R., Walker, B.A.: Arnold-Chiari malformation in sibs. Birth Def. Orig. Art. Ser. VII (1971) 234–236

Lisker, R., A. Hernandez, M. Martinez-Lavin, O. Muchinick, C. Armas, P. Reyes, J. Robles-Gil: Gerodermia osteodysplastica hereditaria: report of 3 affected brothers and literature review. Amer. J. med. Genet. 3 (1979) 389–395

Louis-Bar, D.: Sur un syndrome progressif comprenant des télangiectasies capillaires cutanées et conjonctivales symétriques, à disposition naevoïde et des troubles cérébelleux. Confin. neurol. (Basel) 4 (1941) 32–42

Lowry, R.B., L.H. Honore, W.J.D. Arnold, H.W. Hohnson, M.R. Kliman, R.H. Marshall: Familial true hermaphroditism. In Bergsma, D.: Genetic Forms of Hypogonadism. National Foundation – March of Dimes, New York 1975 (pp. 105–113)

Lowry, R.B., R. MacLean, D.M. MacLean, B. Tischler: Cataracts, microcephaly, kyphosis, and limited joint movement in two siblings: a new syndrome. J. Pediat. 79 (1978) 282–284

Lubs, H.A.: A marker X chromosome. Amer. J. hum. Genet. 21 (1969) 231–244

Lubs, jr. H.A., O. Vilar, D.M. Bergenstal: Familial male pseudohermaphroditism with labial testes and partial feminization: endocrine studies and genetic aspects. J. clin. Endocr. 19 (1959) 1110–1120

Luxenburger, H.: Vorläufiger Bericht über psychiatrische Serienuntersuchungen an Zwillingen. Z. ges. Neurol. Psychiat. 116 (1928) 297–326, Luxenburger, H.: Psychiatrisch-neurologische Zwillingspathologie. Zbl. ges. Neurol. Psychiat. 56 (1930) 145–180

Lynas, M. A.: Marfan's syndrome in Northern Ireland, an account of 13 families. Ann. hum. Genet. 22 (1958) 289

Lyon, M.F.: Gene action in the X-chromosome of the mouse. Nature 190 (1961) 372–373

Lyon, M.F.: Sex chromatin and gene action in the mammalian X-chromosome. Amer. J. hum. Genet. 14 (1962) 135–148

Lyon, M.F., S.G. Hawkes: X-linked gene for testicular feminization in the mouse. Nature 227 (1970) 1217–1219

McKusick, V.A.: The Kaufman syndrome in the Amish. In Eriksson, A.W., H. R. Forsius, H. R. Nevanlinna, P. L. Workman, R. K. Norio: Population Structure and Genetic Disorders. Academic Press, London 1980 (pp. 296–297)

McKusick, V.A.: Mendelian Inheritance in Man. Catalogs of autosomal dominant, recessive and X-linked phenotypes (6th ed.). Johns Hopkins Press, Baltimore 1983

McKusick, V.A., J.A. Egeland, R. Eldridge, D.E. Krusen: Dwarfism in the Amish. I. The Ellis van Creveld syndrome. Bull. Johns Hopkins Hosp. 115 (1964) 306–336

McKusick, V.A., R. Eldridge, J.A. Hostetler, J.A. Egeland, U. Ruangwit: Dwarfism in the Amish. II. Cartilage-hair hypoplasia. Bull. Johns Hopkins Hosp. 116 (1965) 285–326

McKusick, V.A., M. Stauffer, D.L. Knox, D.B. Clark: Chorioretinopathy with hereditary microcephaly. Arch. Ophthal. 75 (1966) 597–600

Marks, W.B., W.H. Dobelle, E.F. MacNichol: Visual pigments of single primate cones. Science 143 (1964) 1181–1183

Martin, J.P., J. Bell: A pedigree of mental defect showing sex-linkage. J. Neurol. Neurosurg. Psychiat. 6 (1943) 154–157

Matsunaga, E.: Hereditary retinoblastoma: host resistance and second primary tumors. J. Nat. Cancer Inst. 65 (1980) 47–51

Mayr, W.R.: Das Blutfaktorensystem Xg. Schweiz. med. Wschr. 99 (1969) 1837–1844

Méhes, K.: Paternal trisomy 21 mosaicism and Down's anomaly. Humangenetik 17 (1973) 207–300

Menkes, J.H., M. Philippart, D.B. Clark: Hereditary partial agenesis of corpus callosum. Arch. Neurol. (Chic.) 11 (1964) 198–208

Metrakos, J.D., K. Metrakos: Childhood epilepsy of subcortical („centrencephalic") origin. Clin. Pediat. 5 (1966) 536–542

Meyer, U.A., R. Schmid: The porphyrias. In

Stanbury, J. B., J.B. Wyngaarden, D. S. Fredrickson: The Metabolic Basis of Inherited Disease, 4th ed. McGraw-Hill, New York 1978 (pp. 1166–1220)

Meyer, W.J., B.R. Migeon, C.J. Migeon: Locus on human X chromosome for dihydrotestosterone receptor and androgen insensitivity. Proc. nat. Acad. Sci. (Wash.) 72 (1975) 1469–1472

Micheli, F., F. Penati, L.G. Momigliano: Ulteriori ricerche sull'anemia ipocromica splenomegalica con poichilocitosi. Atti Soc. ital. Emat., Suppl. 10, 1935

Miescher, J.F.: Über die chemische Zusammensetzung der Eiterzellen. Hoppe-Seylers med. chem. Unters. (1871) 441–460

Miescher, J.F.: Die Spermatozoen einiger Wirbelthiere. Ein Beitrag zur Histochemie. Verh. Naturf. Ges. Basel 6 (1874) 138–208

Miller, O.J.: Developmental sex abnormalities. In Penrose, L.S.: Recent Advances in Human Genetics. Churchill, London 1961 (pp. 39–55)

Milner, W.A., W.B. Garlick, A.J. Fink, A.A. Stein: True hermaphrodite siblings. J. Urol. 79 (1958) 1003–1009

Milunski, A., E. Alpert: Results and benefits of a maternal serum α-fetoprotein screening program. J. Amer. med. Ass. 252 (1984) 1438–1442

Mohr, J.: A Study of Linkage in Man. Munksgaard, Copenhagen 1954

Moor-Jankowski, J.K., G. Truog, H.J. Huser: Der Bluterstamm von Tenna und seine Nachkommen (1650–1955). Acta genet. (Basel) 7 (1957) 597–780

Mørch, E.T.: Chondrodystrophic Dwarfs in Denmark. Opera ex Domo Biologiae Hereditariae Humanae Universitatis Hafniensis 3. Munksgaard, Kopenhagen 1941

Morris, J.M.: The syndrome of testicular feminization in male pseudohermaphrodites. Amer. J. Obstet. Gynec. 65 (1953) 1192–1211

Morris, J.M., V.B. Mahesh: Further observations on the syndrome „testicular feminization". Amer. J. Obstet. Gynec. 87 (1963) 731–748

Moser, H.: Duchenne muscular dystrophy: pathogenetic aspects and genetic prevention. Hum. Genet. 66 (1984) 17–40

Moser, H., U.N. Wiesmann, R. Richterich, E. Rossi: Progressive Muskeldystrophie. VIII. Häufigkeit, Klinik und Genetik der Typen I und II. Schweiz. med. Wschr. 96 (1966) 169–174, 205–211

Motulsky, A.G.: Drug reactions, enzymes and biochemical genetics. J. Amer. med. Ass. 165 (1957) 835

Mourant, A.E., A.C. Kopec, K. Domaniewska-Sobczak: The Distribution of the Human Blood Groups and other Polymorphisms, 2nd ed. Oxford University Press, London 1976

Muller, H.J.: Artificial transmutation of the gene. Science 66 (1927) 84–87

Nadkarni, S.; D.H. Deshpande, V.P. Mondkar, E.P. Barucha: Neuronal ceroid lipofuscinosis. Clinical and histochemical observations in 2 cases. J. neurol. Sci. 43 (1979) 395–404

Nakashima, I., A. Robinson: Fertility in a 45 X female. Pediatrics 47 (1971) 770–773

Nance, W.E., C.E. Jackson, C.J. Witkop: Amish albinism: a distinctive autosomal recessive phenotype. Amer. J. hum. Genet. 22 (1970) 579–586

Nance, W.E., I. Uchida: Turner's syndrome, twinning, and an unusual variant of glucose-6-phosphate dehydrogenase. Amer. J. hum. Genet. 16 (1964) 380–392

Neel, J.V.: The inheritance of sickle cell anemia. Science 110 (1949) 64–66

Neel, J.V.: Changing Perspectives on the Genetic Effects of Radiation. Thomas, Springfield Ill. 1963

Neel, J.V.: Diabetes mellitus – a geneticist's nightmare. In Creutzfeld, W., J. Köbberling, J.V. Neel: The Genetics of Diabetes Mellitus. Springer, Berlin 1976, pp. 12–20

Neel, J.V., S.S. Fajans, J.W. Conn, R.T. Davidson: Diabetes mellitus. In: Genetics and the Epidemiology of Chronic Disease. U.S. Public Health Service Publication no. 1163 (1965) 105–132

Nerup, J., P. Platz, O. O. Andersen, M. Christy, J. Egeberg, J. Lyngsoe, J.E. Poulsen, L.P. Ryder, M. Thomsen, A. Svejgaard: HLA, autoimmunity and insulin-dependent diabetes mellitus. In Creutzfeldt, W., J. Köbberling, J.V. Neel: The Genetics of Diabetes Mellitus. Springer, Berlin 1976, (pp. 106–114)

Neuhäuser, G., C. Wiffler, J.M. Opitz: Familial spastic paraplegia with distal muscle wasting in the Old Order Amish, atypical Troyer syndrome or „new " syndrome. Clin. Genet. 9 (1976) 315–323

Neuhäuser, G., E. Zerbin-Rüdin, R.A. Pfeiffer, H. Klar: Beobachtungen zum Problem des geschlechtsgebunden-recessiven Schwachsinns. Arch. Psychiat. Nervenkr. 212 (1969) 207–224

Nevin, N.C., W.G. Pearce: Diagnostic and

genetical aspects of tuberous sclerosis. J. med. Genet. 5 (1968) 273–280

Newcombe, H. B.: Tests for polygenic inheritance. In Proceedings of the 2nd International Conference on Congenital Malformations. Internat. Med. Congr. Ltd., New York 1964 (S. 347)

Nicolaides, K. H., P. W. Soothill, C. H. Rodeck, R. C. Warren, C. M. Gosden: Why confine chorionic villus (placental) biopsy to the first trimester? Lancet 1986/II, 543

Niebuhr, E.: Triploidy in man. Humangenetik 21 (1974) 103–125

Nielsen, J.: Inheritance in monozygotic twins. Lancet 1967/II, 717–718

Nielsen, J., V. Holm, J. Hahr: Prevalence of Edwards' syndrome. Clustering and seasonal variation? Humangenetik 26 (1975) 113–116

Niikawa, N., T. Kajii: A triploid human abortus due to dispermy. Humangenetik 24 (1974) 261–274

Nirenberg, M.: Der genetische Code (Nobel-Vortrag). Angew. Chem. 81 (1969) 1017 – 1027

Nishimura, E. T., H. B. Hamilton, T. Y. Kobara, S. Takahara, Y. Ogura, K. Doi: Carrier state in human acatalasemia. Science 130 (1959) 333–334

Noonan, J. A., D. A. Ehmke: Associated noncardiac malformations in children with congenital heart disease. J. Pediat. 63 (1963) 468–470

Nora, J. J., A. H. Nora: Genetics and Counseling in Cardiovascular Diseases. Thomas, Springfield/Ill. 1978

Nora, J. J., R. D. Spangler: Risks and counseling in cardiovascular malformations. In Bergsma, D.: Clinical Delineation of Birth Defects, p. 15. Williams & Wilkins, Baltimore 1972. (pp. 154–159)

Norio, R.: Heredity in the congenital nephrotic syndrome; a genetic study of 57 Finnish families with a review of reported cases. Ann. Paediat. Fenn., Suppl. 27, 1966

Norio, R.: Congenital nephrotic syndrome of Finnish type. In Eriksson, A. W., H. R. Forsius, H. R. Nevanlinna, P. L. Workman, R. K. Norio: Population Structure and Genetic Disorders. Academic Press, London 1980 (pp. 600–604)

Norio, R., H.R. Nevalinna, J. Perheentupa: Hereditary diseases in Finland: Rare flora in rare soil. Ann. clin. Res. 5 (1973) 109–141

Norio, R., J. Perheentupa, K. Launiala, N. Hallman: Congenital chloride diarrhea, an autosomal recessive disease. Genetic study of 14 Finnish and 12 other families. Clin. Genet. 2 (1971) 182–192

Norton, H. W.: Estimation of linkage in Rukker's pedigree of nystagmus and colour blindness. Amer. J. hum. Genet. 1 (1949) 55–65

Nowell, P. C.: Phytohemagglutinin: an initiator of mitosis cultures of normal leukocytes. Cancer Res. 20 (1960) 462–466

Nowell, P. C., D. A. Hungerford: A minute chromosome in human chronic granulocytic leukemia. Science 132 (1960) 1497

Nussbaumer, T., H. C. Plattner, A. M. Rywlin: Hémochromatose juvénile chez trois soeurs et un frère avec consanguinité des parents: étude anatomoclinique et génétique du syndrome endocrino-hépatomyocardique. J. Génét. hum. 1 (1952) 53–59

Nuutila, A.: Dystrophia retinae pigmentosa-dysacusis syndrome; a study of the Usher or Hallgren syndrome. J. Génét. hum. 18 (1970) 57–88

Nuutila, A.: Dystrophia retinae pigmentosa-dysacusis syndrome. In Eriksson, A. W., H. R. Forsius, H. R. Nevanlinna, P. L. Workman, R. K. Norio: Population Structure and Genetic Disorders. Academic Press, London 1980 (pp. 614–616)

O'Brien, J. S., E. Gugler, A. Giedion, R. Weismann, N. Herschkowitz, C. Meier, J. G. Leroy: Spondylo-epiphyseal dysplasia, corneal clouding, normal intelligence, and acid-beta-galactosidase deficiency. Clin. Genet. 9 (1976) 495–504

O'Brien, W. M., B. N. LaDu, J. J. Bunim: Biochemical, pathologic and clinical aspects of alcaptonuria, ochronosis and ochronotic arthropathy. Review of world literature (1584–1962). Amer. J. Med. 34 (1963) 813–838

Ohlsson, A.: Acrodermatitis enteropathica. Acta paediat. scand. 70 (1981) 269–273

Omenn, G. S.; V. A. McKusick: The association of Waardenburg syndrome and Hirschsprung megacolon. Amer. J. med. Genet. 3 (1979) 217–223

Opitz, J. M., E. G. Kaveggia: The FG syndrome: an X-linked recessive syndrome of multiple congenital anomalies and mental retardation. Z. Kinderheilk. 117 (1974) 1–18

O'Reilly, R. A., P. M. Aggeler: Coumarin anticoagulant drugs: hereditary resistance in man. Fed. Proc. 24 (1965) 1266–1273

O'Riordan, M. L., J. A. Robinson, K. E. Buckton, H. L. Evans: Distinguishing between the chromosomes involved in Down's syndrome (trisomy 21) and chronic myeloid leukemia (Ph') by fluorescence. Nature 230 (1971) 167–168

Orkin, S.H., A.F. Markham, H.H. Kazazian: Direct detection of the common Mediterranean β-thalassemia gene with synthetic DNA probes: an alternative approach for prenatal diagnosis. J. clin. Invest. 71 (1983) 775–779

Orye, E., M.J. Delbeke, B. Vandenabeele: Retinoblastoma and long arm deletion of chromosome 13. Attempts to define the deleted segment. Clin. Genet. 5 (1974) 457–464

Øther, A.: Choroideremia and the Xg blood groups. Acta ophthal. (Kbh.) 46 (1968) 79–82

Ownby, D.R., S.V. Pizzo, L. Blackmon, S.A. Gall, R.H. Buckley: Severe combined immunodeficiency with leukopenia (reticular dysgenesis) in siblings: immunologic and histopathologic findings. J. Pediat. 89 (1976) 382–387

Pagon, R.A., J.W. Chandler, W.R. Collie, S.K. Clarren, J. Moon, S.A. Minkin, J.A. Hall: Hydrocephalus, agyria, retinal dysplasia, encephalocele (Hard E) syndrome: an autosomal recessive condition. Birth Def. Orig. Art. Ser. XIV (6B) (1978) 233–241

Painter, T.S.: The Y-chromosome in mammals. Science 53 (1921) 503–504

Paris Conferene 1971: Standardization in human cytogenetics. Birth Defects: Orig. Art. Ser. 8 (7), 1972, and Birth Defects: Orig. Art. Ser. 11 (9) 1975

Passarge, E.: The genetics of Hirschsprung's disease. Evidence for heterogenous etiology and a study of 63 families. New Engl. J. Med. 276 (1967) 138–143

Passarge, E.: Elemente der klinischen Genetik. Fischer, Stuttgart 1979

Patau, K.A., D.W. Smith, E.M. Therman, S.L. Inhorn, H.P. Wagner: Multiple congenital anomaly caused by an extra autosome. Lancet 1960/I, 790–793

Pauling, L., H.A. Itano, S.J. Singer, I.C. Wells: Sickle-cell anemia, a molecular disease. Science 110 (1949) 543–548

Peake, I.R., B.L. Furlong, A.L. Bloom: Carrier detection by direct gene analysis in a family with hemophilia B (factor IX deficiency). Lancet 1984/I, 242–243

Penna-Franca, E., J.C. Almeida, J. Becker u. Mitarb. Status of investigations in the Brazilian areas of high natural radioactivity. Health Phys. 11 (1965) 699–712

Penrose, L.S.: The Biology of Mental Defect, 3rd ed. Sidwick & Jackson, London 1963

Penrose, L.S., G.F. Smith: Down's Anomaly. Churchill, London 1966

Pfaendler, U.: Eine einfach rezessive Form der Dystrophia musculorum progressiva mit einer Sippenstammtafel aus dem Emmental (Schweiz). Dtsch. med. Wschr. 75 (1950) 1221–1225

Pfaendler, U., E. Schnyder: La surdi-mutité récessive dans le Werdenberg. J. Génét. hum. 9 (1960) 158–214

Pfeiffer, R.A., G. Körner, R. Sanger, R.R. Race: Paternal origin of an XXYY anomaly. Lancet 1966/I, 1427

Piratsu, M., Y.W. Kan, A. Cao, B.J. Conner, R.L. Teplitz, R.W. Wallace: Prenatal diagnosis of β-thalassemia: detection of a single mutation in DNA. New Engl. J. Med. 309 (1983) 284–287

v. Planta, P.: Die Häufigkeit der angeborenen Farbensinnstörungen bei Knaben und Mädchen und ihre Feststellung durch die üblichen Proben. Albr. v. Graefes Arch. Ophthal. 120 (1928) 253–281

Plummer, G.: Anomalies occurring in children exposed in utero to the atomic bomb in Hiroshima. Pediatrics 10 (1952) 687–693

Plunkett, E.R., M.L. Barr: Testicular dysgenesis affecting the seminiferous tubules principally with chromatin positive nuclei. Lancet 1956/II, 853–857

Pokorny, J., V.C. Smith, G. Verriest, A.J.L.G. Pinckers: Congenital and Acquired Color Vision Defects. Grune & Stratton, New York 1979

Polani, P.E., W.F. Hunter, B. Lennox: Chromosomal sex in Turner's syndrome with coarctation of the aorta. Lancet 1954/II, 120–121

Polani, P.E., J.H. Lessof, P.M.F. Bishop: Colour blindness in ovarian agenesis (gonadal dysplasia). Lancet 1956/II, 118–120

Porter, I.H., S.H. Boyer, E.J. Watson-Williams, A. Adam, A. Szeinberg, M. Siniscalco: Variation of glucose-6-phosphate-dehydrogenase in different populations. Lancet 1964/I, 895

Propping, P.: Genetische Familienberatung bei Schizophrenie. Dtsch. med. Wschr. 105 (1980) 273–276

Quazi, Q.H.: A possible major contribution to mental retardation in the general population by the gene for microcephaly. Clin. Genet. 7 (1975) 85–90

Quazi, Q.H., T.E. Reed: A problem in diagnosis of primary versus secondary microcephaly. Clin. Genet. 4 (1973) 46–52

Race, R.R.: The Rh genotypes and Fisher's theory. Blood, Suppl. 2 (1948) 27–42

Race, R. R.: Identification of the origin of the X chromosome in chromosome aneuploidy. Canad. J. Genet. Cytol. 7 (1965) 214–222

Race, R. R., R. Sanger: Blood Groups in Man, 6th ed. Blackwell, Oxford 1975

Rainer, J. D., L. F. Jarvik, S. Abdullah, T. Kato: XYY karyotype in monozygotic twins. Lancet 1969/II, 60

Ramsay, C. A., T. M. Coltart, S. Blunt, S. A. Pawsey, F. Gianelli: Prenatal diagnosis of xeroderma pigmentosum. Report of first successful case. Lancet 1975/II, 1109–1112

Ratcliffe, S. G.: Postnatal chromosomal abnormalities. In Boyce, A. J.: Chromosome Variations in Human Evolution. Taylor & Francis, London 1975 (p. 97)

Rath, B.: Rotgrünblindheit in der Kalmbacher Blutersippe. Arch. Rassen-Ges. Biol. (1938) 397–407

Regan, J. D., R. B. Setlow, M. M. Kaback, R. R. Howell, E. Klein, G. Burgess: Xeroderma pigmentosum: a rapid sensitive method for prenatal diagnosis. Science 174 (1971) 147–150

Reidenberg, M. M., D. E. Drayer: Human genetics variation in response to medical and environmental agents: pharmacogenetics and ecogenetics. Hum. Genet. Suppl. 1 (1978) 57–63

Renpenning, H. J., J. W. Gerrard, W. A. Zaleski, T. Tabata: Familial sex-linked mental retardation. Canad. med. Ass. J. 87 (1962) 954–956

Renwick, J. H., S. E. Bundey, M. A. Ferguson-Smith, M. M. Izatt: Confirmation of the linkage of the loci for myotonic dystrophy and ABH secretion. J. med. Genet. 8 (1971) 407–416

Riccardi, V. M., E. S. Marcus: Congenital hydrocephalus and cerebellar agenesis. Clin. Genet. 13 (1978) 443–447

Riccardi, V. M., E. Hassler, M. S. Lubinsky: The Fg syndrome: further characterization, report of a third family, and of a sporadic case. Amer. J. med. Genet. 1 (1977) 47–58

Ricci, N., B. Dallapiccola, B. Ventimiglia, L. Tiepolo, M. Fraccaro: 48, XXXX/49,XXXXX mosaic: asynchronies among the late-replicating X Chromosomes. Cytogenetics 7 (1968) 249–259

Richards, B. W., P. E. Sylvester, C. Broker: Fragile X-linked mental retardation. The Martin-Bell syndrome. J. ment. Defic. Rec. 25 (1981) 253–256

Rietti, F.: Ittero emolitico primitivo. Atti Accad. Scient. med. nat. Ferrara 2 (1925) 14

Riley, W. J., N. K. MacLaren, M. Neufeld: Adrenal autoantibodies and Addison disease in insulin-dependent diabetes mellitus. J. Pediat. 97 (1980) 191–195

Ritzen, M., F. S. French: Deficient nuclear binding of 3H-testosteron to cell nuclei from a male pseudohermaphrodite rat. Acta paediat. scand. 61 (1972) 249

Roberts, J. A. F., M. E. Pembrey: An Introduction to Medical Genetics, 8th ed. Oxford University Press, London 1985

Röhrborn, G.: Biochemical mechanisms of mutation. In Vogel, F., G. Röhrborn: Chemical Mutagenesis in Mammals and Man. Springer, Berlin 1970 (pp. 1–15)

Rosenberg, H. S., G. W. Clayton, T. C. Hsu: Familial true hermaphrodism. J. clin. Endocr. 23 (1963) 203–206

Rosewater, S., G. Gwinup, G. J. Hamwi: Familial gynecomastia. Ann. intern. Med. 63 (1965) 377–385

Rosin, S.: Die Verteilung der ABO-Blutgruppen in der Schweiz. Arch. Klaus-Stift. Vererb.-Forsch. 31 (1956) 19–128

Russell, W. L., L. B. Russell, E. M. Kelly: Radiation dose rate and mutation frequency. Science 128 (1958) 1546–1550

Saebo, J.: An investigation into the mode of heredity of congenital and juvenile cataracts. Brit. J. Ophthal. 33 (1949) 601–629

de Sanctis, D., A. Cacchione: L'idiozia xerodermica. Riv. Sper. Freniat. 56 (1932) 269–274

Sanders, J.: Homosexuelle Zwillinge. Genetica 16 (1934) 17–39

Sanger, R., P. Tippett, J. Gavin, P. Teesdale, G. L. Daniels: Xg groups and sex chromosome abnormalities in people of northern European ancestry. J. med. Genet. 14 (1977) 210–211

Santavuori, P.: Infantile type of neuronal ceroid-lipofuscinosis. In Eriksson, A. W., H. R. Forsius, H. R. Nevanlinna, P. L. Workman, R. K. Norio: Population Structure and Genetic Disorders. Academic Press, London (pp. 626–632)

Santavuori, P., M. Haltia, J. Rapola: Infantile type of so-called neuronal ceroid-lipofuscinosis. Part I. A clinical study of 15 patients. J. neurol. Sci. 18 (1973) 257–267

Santavuori, P., M. Haltia, R. Rapola: Infantile type of so-called neuronal ceroid-lipofuscinosis. Develop. Med. Child Neurol. 16 (1974) 644–653

Scambler, P. J., B. J., Wainright, M. Farral, J. Bell, P. Stanier, N. J. Lench, G. Bell, H. Kruyer, F. Ramirez, R. Williamson: Linkage of COLI A2 collagen gene to cystic

fibrosis, and its clinical implications. Lancet 1985/II, 1241–1242
Schachenmann, G., W. Schmid, M. Fraccaro, A. Mannini, L. Tiepolo, G. P. Perona, E. Sartori: Chromosome in coloboma and anal atresia. Lancet 1965/II, 290
Schepank, H.: Erb- und Umweltfaktoren bei Neurosen. Tiefenpsychologische Untersuchungen an 50 Zwillingspaaren. In Hippius, H., W. Janzarik, C. Müller: Monographien aus dem Gesamtgebiete der Psychiatrie. Psychiatry Series, Bd. XI. Springer, Berlin 1974
Schleiermacher, E., U. Schliebitz, C. Steffens, G. Rompe, U. Schmidt: Brother and sister with trisomy 10p: a new syndrome. Humangenetik 23 (1974) 163–172
Schloot, W., H. W. Goedde: Studies on the polymorphism of isoniazid (INH) acetylation in rhesus monkeys (Macacá mulatta). Acta genet. (Basel) 18 (1968) 394–398
Schmidt, B., W. Jaeger, H. Neubauer: Ein Mikrozephalie-Syndrom mit atypischer tapetoretinaler Degeneration bei 3 Geschwistern. Klin. Mbl. Augenheilk. 150 (1968) 188–196
Schmidt, A., E. Passarge, E. Seemanova, M. Maeck: Prenatal detection of a fetus hemizygous for the fragile X-chromosome. Hum. Genet. 62 (1982) 285–286
Schnyder, U. W., A. Franceschetti, B. Ceszarovic, J. Segedin: La maladie de Meleda autochtone. Ann. Derm. Syph. 96 (1969) 517–530
Scholte, P. J. L., F. H. Sobels: Sex ratio shift among progeny from patients having received therapeutic X-radiation. Amer. J. hum. Genet. 16 (1964) 26–37
Schull, W. J., J. V. Neel: Radiation and the sex ratio in man. Science 128 (1958) 343–348
Schull, W. J., J. V. Neel, A. Hashizume: Some further observation on the sex-ratio among infants born to survivers of the atomic bombing of Hiroshima and Nagasaki. Amer. J. hum. Genet. 18 (1966) 328–338
Schwartz, B.: Current concepts in ophthalmology: the glaucomas. New Engl. J. Med. 299 (1978) 182–184
Schwartz, J. T., F. H. Reuling, M. Feinleib, R. J. Garrison, D. J. Collie: Twin heritability study of the effect of corticosteroids on intraocular pressure. J. med. Genet. 9 (1972) 137–143
Scott-Emuakpor, A. B., J. Heffelfinger, J. V. Higgins: A syndrome of microcephaly and cataracts in 4 siblings: a new genetic syndrome? Amer. J. Dis. Child. 131 (1977) 167–169
Scriver, C. R., J. Larochelle, M. Silverberg: Hereditary tyrosinemia and tyrosyluria in a French-Canadian isolate. Amer. J. Dis. Child. 113 (1967) 41–46
Seelentag, W.: Les risques génétiques et l'irradiation médicale. Org. mond. Santé (Genève) 29 (1975) 129–135
Sergovich, F., C. Uilenberg, J. Pozsonyi: The 49, XXXXX chromosome constitution: similarities to the 49, XXXXY condition. J. Pediat. 78 (1971) 285–290
Shapira, Y., T. Cohen: Agenesis of the corpus callosum in two sisters. J. med. Genet. 10 (1973) 266–269
Shapiro, I. R.: Prenatal diagnosis of fragile X chromosome. Lancet 1982/I, 99–100
Shaw, D. J., J. D. Brook, A. L. Meredith, H. G. Harley, M. Sarfarazi, P. S. Harper: Gene mapping and chromosome 19. J. med. Genet. 23 (1986) 2–10
Shields, J.: Monozygotic twins, brought up apart and brought up together. Oxford University Press, London 1962
Siemens, H. W.: Die Zwillingspathologie. Ihre Bedeutung, ihre Methodik, ihre bisherigen Ergebnisse. Springer, Berlin 1924
Silverstroni, E., I. Bianco: Le emoglobine umane; biochimica, genetica, popolazionistica, patologia e clinica. Istituto Gregorio Mendel, Roma 1963
Siniscalco, M., L. Bernini, G. Filippi, B. Latte, P. Meera-Kahn, S. Piomelli, M. Ratazzi: Population genetics of haemoglobin variants, thalassaemia and glucose-6-phosphate dehydrogenase deficiency, with particular reference to the malaria hypothesis. Bull. Org. mond. Santé 34 (1966) 379–393
Siniscalco, M., L. Bernini, B. Latte, A. G. Motulsky: Favism and thalassaemia in Sardinia and their relationship to malaria. Nature 190 (1961) 1179–1180
Siniscalco, M., G. Filippi, B. Latte: Recombination between protan and deutan genes: data on their relative positions in respect of the G6PD locus. Nature 204 (1964) 1062–1064.
Smårs, G.: Osteogenesis imperfecta. Clinical, genetic, epidemiological and socio-medical aspects. Svenska Bokförlaget, Stockholm 1961
Smithells, R. W., S. Sheppard, C. J. Schorah, M. J. Seller, N. C. Nevin, R. Harris, A. P. Read, D. W. Fielding: Apparent prevention of neural tube defects by peri-conceptional vitamin supplementation. Arch. Dis. Child. 56 (1981) 911–918
Snyder, L. H., R. C. Baxter, A. W. Knisley: Studies in human inheritance. The linkage

relations between blood groups, the blood types, and taste deficiency to PTC. J. Hered. 32 (1941) 22

Southern, E. M.: Detection of specific sequences among DNA fragments separated by gel electrophoresis. J. mol. Biol. 98 (1975) 503–517

Steinert, H.: Myopathologische Beiträge. Über das klinische und anatomische Bild des Muskelschwunds der Myotoniker. Dtsch. Z. Nervenheilk. 37 (1909) 58–104

Stern, C.: Principles of Human Genetics, 3rd ed. Freeman, San Francisco 1973

Stewart, J. S., A. R. Sanderson: Fertility and oligophrenia in an apparent triplo-X female. Lancet 1960/II, 21–23

Sunahara, S., M. Urano, M. Ogawa: Genetical and geographic studies on isoniazid inactivation. Science 134 (1961) 1530–1531

Super, M.: Prenatal diagnosis of cystic fibrosis. Lancet 1986/I, 510

Sutherland, G. R.: Fragile sites on human chromosomes: demonstration of their dependence on the type of tissue culture medium. Science 197 (1977) 265–266

Sutherland, G. R.: Heritable fragile sites on human chromosomes. II. Distribution, phenotypic effects, and cytogenetics. Amer. J. hum. Genet. 31 (1979) 136–148, 1979

Svejgaard, A., M. Hauge, C. Jersild, P. Platz, L. P. Ryder, L. Staub-Nielsen, M. Thomsen: The HLA-system. An introductory survey. Karger, Basel 1975

Svejgaard, A., P. Platz, L. P. Ryder: Insulin-dependent diabetes mellitus. In Terasaki, P.: Histocompatibility Testing 1980. UCLA Tissue Typing Laboratory, Los Angeles 1980 (pp. 638–656)

Taggart, J. K., A. E. Walker: Congenital atresia of the foramens of Luschka and Magendie. Arch. Neurol. Psychiat. 48 (1942) 583–612

Takahara, S.: Progressive oral gangrene, probably due to a lack of catalase in the blood (acatalasemia). Lancet 1952/II, 1101–1104

Takahara, S.: Acatalasemia in Japan. In Beutler, E.: Hereditary Disorders of Erythrocyte Metabolism. Grune & Stratton, New York 1968

Talliaferro, W. H., J. G. Huck: The inheritance of sickle-cell anaemia in man. Genetics 8 (1923) 594

Tanaka, K., K. Ohkura: Evidence for genetic effects of radiation on offpring of radiologic technicians. Japan. J. hum. Genet. 3 (1958) 135–145

Tariverdian, G., B. Weck: Nonspecific X-linked mental retardation. A review. Hum. Genet. 62 (1982) 95–109

Tattersall, R.: The inheritance of maturity-onset type diabetes in young people. In Creutzfeldt, W. J. Köbberling, J. V. Neel: The Genetics of Diabetes Mellitus. Springer, Berlin 1976 (pp. 88–94)

Tattersall, R. B., D. A. Pyke: Diabetes in identical twins. Lancet 1972/II, 1120–1125

Temin, H. M., S. Mizitani: RNA-dependent DNA-polymerase in virions of Rous-sarcoma virus. Nature 226 (1970) 1211–1213

Tenconi, R., M. Clementi, G. Battista Moschini, G. Casara, C. Bacchichetti: Chorioretinal dysplasia, microcephaly and mental retardation: an autosomal dominant syndrome. Clin. Genet. 20 (1981) 347–351

Tillmann, W., H. v. Bernuth: Das Aicardi-Syndrom. Klin. Mbl. Augenheilk. 167 (1975) 1103–1120

Timoféeff-Ressovsky, N. W.: Die Entstehung neuer Erbanlagen. In Just, G.: Handbuch der Erbbiologie des Menschen, Bd. I. Springer, Berlin 1940 (S. 192–244)

Timoféeff-Ressovsky, N. V., K. G. Zimmer: Das Trefferprinzip in der Biologie. Hirzel, Leipzig 1947

Timson, J., R. Harris, R. L. Gadd, M. E. Ferguson-Smith, M. A. Ferguson-Smith: Down's syndrome due to maternal mosaicism, and the value of antenatal diagnosis. Lancet 1971/I, 549–550

Tjio, J. H., A. Levan: The chromosome number of man. Hereditas 42 (1956) 1–6

Truog, P., U. Steiger, L. Contu, J. Galfré, M. Trucco, D. Bernocco, M. Bernocco, I. Birgen, P. Dolivo, R. Ceppelini: Ankylosing spondylitis. In Kissmeyer-Nielsen, F.: Histocompatibility Testing. Report 4th International Histocompatibility Workshop and Conference. Copenhagen 1975 (p. 797)

Turpin, H. H., J. Lejeune, J. Lafourcade, P. L. Chigot, C. Salmon: Présomption de monozygotisme en dépit d'un dimorphisme sexuel: sujet masculin XY et sujet neutro-haplo-X. C. R. Acad. Sci. (Paris) 252 (1961) 2945

Uchida, I. A., R. Holunga, C. Lawler: Maternal radiation and chromosomal aberrations. Lancet 1968/II, 1045–1049

Uchida, I. A., E. M. Joyce: Activity of the fragile X in heterozygous carriers. Amer. J. hum. Genet. 34 (1982) 286–293

Uchida, I. A., C. P. V. Lee, E. M. Byrnes: Chromosome aberrations induced in vitro by low doses of radiation: Nondisjunction in lymphocytes of young adults. Amer. J. hum. Genet. 27 (1975) 419–429

Ullrich, O.: Über typische Kombinationsbilder multipler Abartungen. Z. Kinderheilk. 49 (1930) 271–276

Uozomi, T., R. Nozaki, K. Matsumoto, T. Seki, J. Furuyama: Endocrinological studies of a case of mosaicism (X0/XY/XXY) with clinical appearance of testicular feminization syndrome. Acta endocr. (Kbh.) 54 (1967) 193–207

Van Cong, N., D. Weil, J. Frézal: La carte chromosomique de l'homme. In Feingold, J.: Génétique médicale; acquisitions et perspectives. INSERM/Flammarion, Paris 1981 (pp. 179–217)

Van den Bosch, J.: Microcephaly in the Netherlands: a clinical and genetic study. Ann. hum. Genet. 23 (1959) 91–116

Vanderdonck, R., G. Verriest: Femme protanomale et hétérozygote mixte (gènes de la protanomalie et de la deutéranopie en position de répulsion) ayant deux fils deutéranopes, un fils protanomal et deux fils normaux. Biotypologie 21 (1960) 110–120

Van de Velde-Staquet, M.F., R. Breynart, R. Walbaum, P. Sain-Aubert, J.P. Farriaux, G. Fontaine: La descendance des mères trisomiques 21. A propos d'une observation. J. Génét. hum. 21 (1973) 187–206

Vasquez, S.B., D.L. Hurst, J.F. Sotos: X-linked hypogonadism, gynecomastia, mental retardation, short stature, and obesity – a new syndrome. J. Pediat. 94, 56–60, 1979

Vatré, J.L.: Etude génétique et classification clinique de 154 cas de dysostose mandibulofaciale (syndrome de Franceschetti) avec description de leurs associations malformatives. J. Génét. hum. 19 (1973) 187–206

Vaughan, D., T. Asbury: Ophthalmologie. Diagnose und Therapie in der Praxis. Springer, Berlin 1983

Verellen-Dumoulin, C., M. Freund, R. De Meyer, C. Laterre, J. Frederic, M.W. Thompson, V.D. Markovic, R.G. Worton: Expression of an X-linked muscular dystrophy in a female due to translocation involving Cp21 and non-random inactivation of the normal Xchromosome. Hum. Genet. 67 (1984) 115–119

v. Verschuer, O.: Der erste Nachweis von Faktoren-Austausch (crossing-over) beim Menschen. Erbarzt 5 (1938) 3–4

v. Verschuer, O.: Genetik des Menschen. Lehrbuch der Humangenetik. Urban & Schwarzenberg, München 1959

Vianello, M.G., E. Boniolo: Trisomy 22. J. Génét. hum. Suppl. 23 (1975) 133

Vogel, F.: Moderne Probleme der Humangenetik. Ergebn. inn. Med. Kinderheilk. 12 (1959) 51–125

Vogel, F.: Lehrbuch der allgemeinen Humangenetik. Springer, Berlin 1961 (S. 197)

Vogel, F.: Genetics of retinoblastoma. Hum. Genet. 52 (1979) 1–54

Vogel, F., A.G. Motulsky: Human Genetics, Problems and Approaches. Springer, Berlin 1979

Waaler, G.H.M: Über die Erblichkeitsverhältnisse der verschiedenen Arten von angeborener Rotgrünblindheit. Acta ophthal. (Kbh:) 5 (1927) 309–345

Wainright, B.J., P.J. Scambler, J. Schmidtke, E.A. Watson, H.Y. Law, M. Farrall, H.J. Cooke, H. Eiberg, R. Williamson: Localisation of cystic fibrosis to human chromosome 7cen-q22. Nature 318 (1985) 384–385

Wald, G.: The receptors of human color vision. Science 145 (1964) 1007–1016

Warburg, M.: Heterogeneity of congenital retinal non-attachment, falciform folds and retinal dysplasia. A guide to genetic counselling. Hum. Hered. 26 (1976) 137–148

Warburg, M.: Hydrocephaly, congenital retinal non-attachment and congenital falciform fold. Amer. J. Ophthal. 85 (1978) 88–94

Watkins, W.M., W.T.J. Morgan: Some observations on the O and H characters of human blood and secretions. Vox Sang. (Basel) 5 (1955) 1–14

Watson, J.D., F.H.C. Crick: A structure for desoxyribose nucleic acid. Nature (Lond.) 171 (1953) 737–738

Waxman, S.H., S.M. Gartler, V.C. Kelley: Apparent masculinization of the female fetus diagnosed as true hermaphrodism by chromosomal studies. J. Pediat. 50 (1962) 540

Weale, R.A.: Cone monochromatism. J. Physiol. (Lond.) 121 (1953) 548–569

Weber, W.W., P. Mamunes, R. Day, P. Miller: Trisomy 17–18: Studies in long-term survival with report of two autopsied cases. Pediatrics 34 (1964) 533–541

Weinberg, W.: Beiträge zur Physiologie und Pathologie der Mehrlingsgeburten beim Menschen. Pflügers Arch. ges. Physiol. 88 (1901) 346–430

Weinberg, W.: Über den Nachweis der Vererbung beim Menschen. Jahresheft Verein vaterländ. Naturk. Württemb. 64 (1908) 369–382

Went, L.N., H.J. Völker-Dieben, E.C. De Vries-De Mol: Colour vision, ophthalmological and linkage studies in a pedigree with a Tritan defect. Colour vision deficiencies II. Mod. Probl. Ophthal. 13 (1974) 272–276

v. Westarp, C., D. W. Killinger, R. Volpe: A case of testicular feminization with XYY karyotype. Clin. Endocr. 3 (1974) 447–455

White, R., D. Woodward, M. Leppert, P. O'Connell, Y. Nakamura, M. Hoff, J. Herbst, J.-M. Lalouel, M. Dean, G. Vande Woude: A closely linked genetic marker for cystic fibrosis. Nature 318 (1985) 382–384

Whitley, C. B., T. R. Thompson, A. R. Mastri, R. J. Gorlin: Hard syndrome: a lethal neurodysplasia with autosomal recessive inheritance. – (abstract) – Amer. J. hum. Genet. 33 (1981) 94A

Whittaker, D. L., D. L. Copeland, J. B. Graham: Linkage of color blindness to hemophilias A and B. Amer. J. hum. Genet. 14 (1962) 149–158

WHO Expert Committee: Diabetes mellitus, second report. Wld. Hlth. Org. Techn. Rep. Ser. no. 646, Genf 1980 (pp. 7–80)

WHO-Report: Effects génétiques des radiations chez l'homme: Etudes des zones à forte radioactivity naturelle. Wld. Hlth. Org. Ser. Rapp. techn. No. 166, Genf 1959

WHO-Report. Pharmacogenetics. Wld. Hlth. Org. Techn. Rep. Ser. No. 524, Genf 1973

Wilkins, L.: The Diagnosis and Treatment of Endocrine Disorders in Childhood and Adolescence. Thomas, Springfield Ill. 1950

Wilkins, L., M. M. Grumbach, J. J. Van Wyck: Chromosomal sex in ovarian agenesis. J. clin. Endocr. 14 (1954) 1270–1271

Wilson, E. B.: The sex chromosomes. Arch. mikr. Anat. 77 (1911) 249–271

Wilson, J. D., M. J. Harrod, J. L. Goldstein, D. L. Hemsell, P. C. MacDonald: Familial incomplete male pseudohermaphroditism, type 1. Evidence for androgen resistance and variable clinical manifestations in a family with the Reifenstein syndrome. New Engl. J. Med. 290 (1974) 1097–1103

Winter, R. M., A. Garner: Hydrocephalus, agyria, pseudoencephalocele, retinal dysplasia, and anterior chamber anomalies. J. med. Genet. 18 (1981) 314–317

Witkowski, R., O. Prokop: Genetik erblicher Syndrome und Mißbildungen. Akademie-Verlag, Berlin 1983

Wolf, U.: Geschlechtsumkehr beim Menschen infolge genetischer Defekte im H-Y-Antigen System. In Spranger, J., M. E. Tolksdorf: Klinische Genetik in der Pädiatrie. Thieme, Stuttgart 1980 (S. 20–23)

Wolf, U., H. Reinwein, R. Porsch, R. Schroetter, H. Baitsch: Defizienz an den kurzen Armen eines Chromosom Nr. 4. Humangenetik 1 (1965) 397–413

de Wolff, E., K. Schärer, J. Lejeune: Contribution à l'étude des jumeaux mongoliens – un cas de monozygotisme heterocaryote. Helv. paediat. Acta 17 (1962) 301

Wollensak, J., O. Grajewski: Stoffwechselleiden und Auge. In Velhagen, K.: Der Augenarzt VEB. Thieme, Leipzig 1981

Yamada, Y., S. Neriishi: Penta X (49, XXXXX) chromosome constitution. A case report. Jap. J. hum. Genet. 16 (1971) 15–20

Yoon, J. W., M. Austin, T. Onodera, A. L. Notkins: Virus-induced diabetes mellitus. Isolation of a virus from the pancreas of a child with diabetic ketoacidosis. New Engl. J. Med. 300 (1979) 1173–1179

Yoon, J. W., A. L. Notkins: Virus-induced diabetes mellitus. VI. Genetically determined host differences in the replication of encephalo-myocarditis viruses in pancreatic beta cells. J. exp. Med. 143 (1976) 1170

Yoshida, A.: A single aminoacid substitution (asparagine to aspartic acid) between normal (B+) and the common NEGRO variant (A+) of human glucose-6-phosphate-dehydrogenase. Proc. nat. Acad. Sci. (Wash.) 57 (1967) 835–840

Zackai, E. H., W. S. Sly, W. H. McAlister: Microcephaly, mild mental retardation, short stature and skeletal anomalies in siblings. Amer. J. Dis. Child. 124 (1972) 111–119

Zellweger, H., J. Simpson: Chromosomes of Man. Heinemann, London 1977

Zerbin-Rüdin, E.: Idiopathischer Schwachsinn. In Becker, P. E.: Humangenetik, Bd. V/2. Thieme, Stuttgart 1967

Zerbin-Rüdin, E.: Gegenwärtiger Stand der Zwillings- und Adoptionsstudien zur Schizophrenie. Nervenarzt 51 (1980) 379–391

Zerbin-Rüdin, E.: Das Anlage-Umwelt-Problem bei der Entstehung der Schizophrenien. Nervenarzt 42 (1981) 613–622

Zerbin-Rüdin, E.: Genetische Beratung von psychisch Kranken und ihren Verwandten. Mod. Med. 9 (1981) 421–424

Ziegler, E.: Bösartige, familiäre frühinfantile Krampfkrankheit teilweise verbunden mit familiärer Balkenaplasie. Helv. paediat. Acta 13 (1958) 169–184

Literatur Teil II

Adachi, M., B.W. Volk, J. Torii: Histochemical, ultrastructural and biochemical studies of a case with leukodystrophy due to congenital deficiency of myelin. J. Neuropath. exp. Neurol. 29 (1970) 149–150

Aldrich, R.A., A.G. Steinberg, D.C. Campbell: Pedigree demonstrating a sex-linked recessive condition characterized by draining ears, exzematoid dermatitis and bloody diarrhea. Pediatrics 13 (1954) 133–139

Alm, J., G. Holmgren, A. Larsson, L. Schimpfessel: Histidinaemia in Sweden: report on a neonatal screening program. Clin. Genet. 20 (1981) 229–233

Amirhakimi, G.H., P. Haghigh, M.A. Ghalambor, S. Honari: Familial lipogranulomatosis (Farber's disease). Clin. Genet. 9 (1976) 625–630

Ampola, M.G., M.L. Efron, E.M. Bixby, E. Meshorer: Mental deficiency and a new aminoaciduria. Amer. J. Dis. Child. 117 (1969) 66–70

Andermann, F., E. Andermann, S. Carpenter, G. Karpati, L. Wolfe: Late onset GM_2 gangliosidosis in two Lebanese families. Amer. J. hum. Genet. 26 (1974) 10A

Andreoli, T.E., J.A. Schafer: Nephrogenic diabetes insipidus. In Stanbury, J.B., J.B. Wyngaarden, D.S. Fredrickson: Metabolic Basis of Inherited Disease, 4th ed. McGraw-Hill, New York 1978 (pp. 1634–1659)

Andrews, J.M., V. Sorenson, P.A. Cancilla, H.M. Price, J.H. Menkes: Late infantile neurovisceral storage disease with curvilinear bodies. Neurology (Minneap.) 21 (1971) 207–217

Arias, I.M., L.M. Gartner, M. Cohen, J. Ben-Ezzer, A.J. Levy: Chronic nonhemolytic unconjugated hyperbilirubinemia with glucuronyl transferase deficiency: clinical, biochemical, pharmacologic and genetic evidence for heterogeneity. Amer. J. Med. 47 (1969) 395–409

Aula, P., S. Autio, K. Raivio, V. Nänto: Detection of heterozygotes for aspartylglucosaminuria (AGU) in cultured fibroblasts. Humangenetik 25 (1974) 307–314

Austin, J.H.: Metachromatic leukodystrophy. In Carter, C.C.: Medical Aspects of Mental Retardation. Thomas, Springfield/Ill. 1965 (p. 768)

Autio, S.: Aspartylglucosaminuria. In Eriksson, A.W., H.R. Forsius, H.R. Nevanlinna, P.L. Workman, R.K. Norio: Population Structure and Genetic Disorders. Academic Press, London 1980 (pp. 577–582)

Bach, G.: ML type IV. In Goodman, R.E., A.G. Motulsky: Genetic Diseases among Askenazi Jews. Raven Press, New York 1979 (pp. 187–200)

Bach, G., M. Zeigler, G. Kohn, M.M. Cohen: MPS accumulation in cultured skin fibroblasts derived from patients with ML IV. Amer. J. hum. Genet. 29 (1977) 610–618

Bakay, B., E. Nissinen, L. Sweetman, U. Francke, W.L. Nyhan: Utilization of purines by an HPRT variant in an intelligent, nonmutilative patient with features of the Lesch-Nyhan syndrome. Pediat. Res. 13 (1979) 1365–1370

Baker, L., W.J. Mellman, T.A. Tedesco, S. Segal: Galactosemia: symptomatic and asymptomatic homozygotes in one Negro sibship. J. Pediat. 68 (1967) 551–558

Baker, L., A.I. Winegrad. Fasting hypoglycaemia and metabolic acidosis associated with deficiency of hepatic fructose-1,6-diphosphatase activity. Lancet 1970/II, 13–16

Barabas, A.P.: Vascular complication in the Ehlers-Danlos syndrome with special reference to the „arterial type“ or Sack's syndrome. J. cardiovasc. Surg. 13 (1972) 160–167

Baraitser, M.: The Genetics of Neurological Disorders. Oxford University Press, Oxford 1982

Barnes, N.D., D. Hull, L. Balgobin, D. Gompertz: Biotin-responsive propionic acidaemia. Lancet 1970/II, 244–245

Baron, D.N., C.E. Dent, H. Harris, E.W. Hart, J.B. Jepson: Hereditary pellagra-like skin rash with temporary cerebellar ataxia, constant renal amino-aciduria and other bizarre biochemical features. Lancet 1956/II, 421–433

Bartsocas, C., H. Grobe, J. J. P. van de Kamp, K. v. Figura, H. Kresse, U. Klein, M. A. H. Giesbarts: Sanfilippo type C disease: clinical findings in 4 patients with a new variant of mucopolysaccharidosis Ill. Europ. J. Pediat. 130 (1979) 251–258

Bassen, F. A., A. L. Kornzweig: Malformation of the erythrocytes in a case of atypical retinitis pigmentosa. Blood 5 (1950) 381–387

Baumgartner, E. R., H. Wick, R. Maurer, N. Egli, B. Steinmann: Congenital defect in intracellular cobalamin metabolism resulting in homocystinuria and methylmalonic aciduria. I. Case report and histopathology. Helv. paediat. Acta 34 (1979) 465–482

Baumgartner, E. R., H. Wick, J. C. Linnell, G. E. Gaull, C. Bachmann, B. Steinmann: Congenital defect in intracellular cobalamin metabolism resulting in homocystinuria and methylmalonic aciduria. II. Biochemical investigations. Helv. paediat. Acta 34 (1979) 483–496

Bazelon, M., H. Stevens, M. Davis, J. E. Seegmiller, M. Green: Mental retardation, self-mutilation and hyperuricemia in females. Trans. Amer. neurol. Ass. 93 (1968) 187

Behrens-Baumann, W., H. J. Gebauer, U. Langenbeck: Blaue Sklera-Syndrom und Keratoglobus (okulärer Typ des Ehlers-Danlos Syndroms). Graefes Arch. klin. exp. Ophthal. 204 (1977) 235–246

Beighton, P.: The Ehlers-Danlos Syndrome. Heinemann, London 1970

Benson, P. F., N. J. Brandt, E. Christensen: Prenatal diagnosis of galactosemia in 6 pregnancies; possible complications with rare alleles of the galactose-1-phosphate uridyltransferase locus. Clin. Genet. 16 (1979) 311–316

Berendes, H., R. A. Bridges, R. A. Good: A fatal granulomatosis of childhood. The clinical study of a new syndrome. Minn. Med. 40 (1957) 309

Berman, E. R., N. Livni, E. Shapira, S. Merin, I. S. Levij: Congenital corneal clouding with abnormal systemic storage bodies: a new variant of ML. J. Pediat. 84 (1974) 519–526

Bernheimer, H., F. Seitelberger: Über das Verhalten der Ganglioside im Gehirn bei zwei Fällen von spätinfantiler amaurotischer Idiotie. Wien. klin. Wschr. 80 (1968) 163–164

Beutler, E., M. C. Baluda, P. Sturgeon, R. Day: A new genetic abnormality resulting in galactose-1-phosphate uridyltransferase deficiency. Lancet 1965/I, 353–354

Bickel, H., D. Feist, H. Muller, G. Quadbeck: Ornithinaemia. Eine weitere Aminosäurenstoffwechselstörung mit Hirnschädigung. Dtsch. med. Wschr. 93 (1968) 2247–2251

Blume, R. S., S. M. Wolff: The Chediak-Higashi syndrome: studies in 4 patients and a review of the literature. Medicine 51 (1972) 247–280

Boehme, D. H., J. C. Cottrell, S. C. Leonberg, W. Zeman: A dominant form of neuronal-ceroid-lipofuscinosis. Brain 94 (1971) 745–760

Boyle, J. A., K. O. Raivio, K. H. Astrin, J. D. Shulman, M. L. Graf, J. E. Seegmiller, C. B. Jacobson: Lesch-Nyhan syndrome: preventive control by prenatal diagnosis. Science 169 (1970) 688–689

Brandt, S., J. Clausen, N. H. Diemer, V. Faurholt-Pedersen, G. E. Jensen, A. Lademann, J. C. Melchior: Juvenile neurolipidosis of Bernheimer-Seitelberger type: histopathological and biochemical findings. Acta neurol. scand. 56 (1977) 587–602

Brasher, G. W., P. H. Howard, G. V. Brindley: Thymoma and hypogamaglobulinemia (Good's syndrome). Surg. Clin. N. Amer. 52 (1972) 429–438

Bremer, H. J.: Stoffwechselstörungen organischer Säuren. In Schreier, K.: Die angeborenen Stoffwechselanomalien, 2. Aufl. Thieme, Stuttgart 1979 (S. 74–94)

Brenton, D. P., D. A. Isenberg, D. C. Cusworth, P. Garrod, S. Krywawych, T. C. B. Stamp: The adult presenting idiopathic Fanconi syndrome. J. inherit. Metab. Dis. 4 (1981) 211–215

Brett, E. M., R. B. Ellis, L. Haas, J. U. Ikonne, B. D. Lake, A. D. Patrick, R. Stephens: Late onset of GM2 gangliosidosis. Clinical, pathological and biochemical studies on eight patients. Arch. Dis. Child. 48 (1973) 775–785

Bruton, O. C.: Agammaglobulinemia. Pediatrics 9 (1952) 722–728

Bürger, M., O. Grütz: Über hepatosplenomegale Lipidose mit xanthomatösen Veränderungen in Haut und Schleimhaut. Arch. Derm. Syph. 166 (1932) 542–575

Byers, P. H., G. S. Barsh, K. A. Holbrook: Molecular mechanisms of connective tissue abnormalities in the Ehlers-Danlos syndrome. Coll. Res. 5 (1981) 475–489

Byers, P. H., G. S. Barsh, K. A. Holbrook: Molecular pathology in inherited disorders of collagen metabolism. Hum. Path. 13 (1982) 89–95

Byers, P. H., K. A. Holbrook, B. McGillivray, P. M. MacLeod, R. B. Lowry: Clinical and ultrastructural heterogeneity of type IV Ehlers-Danlos syndrome. Hum. Genet. 47 (1979) 141–150

Campbell, A.G.M., L.E. Rosenberg, P.J. Snodgrass, C.T. Nuzum: Ornithintranscarbamylase deficiency: a cause of lethal neonatal hyperammonemia in males. New Engl. J. Med. 288 (1973) 1–6

Carson, N.A.J., B.G. Scally, D.W. Neill, I.J. Carre: Saccharopinuria: a new inborn error of lysine metabolism. Nature 218 (1968) 679

Cervenansky, J., S. Sitaj, T. Urbanek: Alkaptonuria and ochronosis. J. Bone Jt. Surg. 41A (1959) 1169–1182

Chalmers, R.A., M. Johnson, C. Pallis, R.W.E. Watts: Xanthinuria with myopathy. Quart. J. Med. 38 (1969) 493–512

Childs, B., W.L. Nyhan, M. Borden, L. Bard, R.E. Cooke: Idiopathic hyperglycinemia and hyperglycinuria: a new disorder of amino acid metabolism. Pediatrics 27 (1961) 522–538

Chui, L.A., T.L. Munsat: Dominant inheritance of McArdle syndrome. Arch. Neurol. (Chic.) 33 (1976) 639–641

Cockayne, E.A.: Dwarfism with retinal atrophy and deafness. Arch. Dis. Child. 11 (1936) 1–8

Cohen, A., G.E.J. Staal, A.J. Ammann, D.W. Martin: Orotic aciduria in two unrelated patients with inherited deficiencies in purine nucleoside phosphorylase. J. clin. Invest. 60 (1977) 491–494

Cohen, T., A. Brand-Auraban, C. Karshai, A. Jacob, I. Gay, J. Tsitsianov, T. Shapiro, S. Jatzir, A. Ashkenazi: Familial infantile renal tubular acidosis and congenital nerve deafness. An autosomal recessive syndrome. Clin. Genet. 4 (1973) 275–278

Coude, F.X., H. Ogier, C. Charpentier, G. Thomassin, A. Checoury, O. Amedee-Manesme, J.M. Saudubray, J. Frezal: Neonatal glutaric aciduria type II: an X-linked recessive inherited disorder. Hum. Genet. 59 (1981) 263–265

Crawhall, J.C.: β-Mercaptolactate-Cysteine Disulfidria. In Stanbury, J.B., J.B. Wyngaarden, D.S. Fredrickson: Metabolic Basis of Inherited Disease, 4th ed. McGraw-Hill, New York 1978 (pp. 504–513)

Crawhall, J.C., E.F. Scowen, R.W.E. Watts: Effect of penicillamine on cystinuria. Brit. Med. J. 1963/I, 588

Crigler, J.F., V.A. Najjar: Congenital familial nonhemolytic jaundice with kernicterus. Pediatrics 10 (1952) 169–180

Crocker, A.C., J. Cohen, S. Farber: The „lipogranulomatosis" syndrome: Review, with report of patient showing mild involvement. In Aronson, S.M., B.W. Volk: Inborn Disorders of Sphingolipid Metabolism. Pergamon Press, Oxford 1967 (pp. 485–503)

Crocker, A.C., S. Farber: Niemann-Pick disease: a review of 18 patients. Medicine 37 (1958) 1–95

Cross, H.E., V.A. McKusick, W. Breen: A new oculocerebral syndrome with hypopigmentation. J. Pediat. 70 (1967) 398–406

Danes, B.S., A.G. Bearn: Metachromasia and skin-fibroblast cultures in juvenile familial amaurotic idiocy. Lancet 1968/II, 855–856

Dancis, J., J. Hutzler, T. Rokkones: Intermittent branched-chain ketonuria. New Engl. J. Med. 276 (1967) 84–89

Danks, D.M., P.E. Campbell, B.J. Stevens, V. Mayne, E. Cartwright: Menkes' kinky hair syndrome. An inherited defect in copper absorption with widespread effects. Pediatrics 50 (1972) 188–201

Danks, D.M., E. Cartwright, B.J. Stevens, R.R.W. Townley: Menkes' kinky hair disease: further definition of the defect in copper transport. Science 179 (1973) 1140–1142

Daum, R.S., C.R. Scriver, O.A. Mamer, E. Delvin, P.H. Lamm, H. Goldman: An inherited disorder of isoleucine catabolism causing accumulation of alpha-methylacetoacetate and alpha-methyl-beta-hydroxybutyrate and intermittent metabolic acidosis. Pediat. Res. 7 (1973) 149–160

Davies, B.H., E.G.D. Tuddenham: Familial pulmonary fibrosis with oculocutaneous albinism and platelet function defect: a new syndrome. Quart. J. Med. 47 (1976) 219–232

Davis, L.E., R.D. Snyder, D.N. Orth, W.E. Nicholson, M. Kornfeld, D.F. Seelinger: Adrenoleukodystrophy and adrenomyeloneuropathy associated with partial adrenal insufficiency in three generations of a kindred. Amer. J. Med. 66 (1979) 342–347

Dawson, G., R. Matalon, A.O. Stein: Lactosylceramidosis: lactosylceramide galactosyl hydrolase deficiency and accumulation of lactosylceramide in cultured skin fibroblasts. J. Pediat. 79 (1971) 423–429

Dawson, G., A. Stein: Lactosyl ceramidosis: catabolic enzyme defect of glycosphingolipid metabolism. Science 170 (1970) 556–558

Debray, H., P. Cartier, A. Temstet, J. Cendron: Child's urinary lithiasis revealing a complete deficit in adenine phosphoribosyl transferase. Pediat. Res. 10 (1976) 762–766

De Jong, J.G.Y., C.M. van Gent, J.W. Delleman: Cerebrotendinous cholestanolosis in relation to other cerebral xanthomatosis. Clin. Neurol. Neurosurg. 79 (1977) 253–272

Delleman, J.W., E.M. Bleeker-Wagemakers, A.W.C. van Veelen: Opacities of the lens indicating carrier in a baby girl. Brit. J. Ophthal. 54 (1970) 278–280

Dellemann, J.W., M.J. Hageman: Ophthalmological findings in 34 patients with Waardenburg syndrome. J. pediat. Ophthal. Strab. 15 (1978) 341–345

Dembure, P.P., J.H. Priest, S.C. Snoddy, L.J. Elsas: Genotyping and prenatal assessment of collagen lysyl hydroxylase deficiency in a family with Ehlers-Danlos syndrome type VI. Amer. J. hum. Genet. 36 (1984) 783–790

Der Kaloustian, V.M., S.S. Musallam, S.A. Sanjad, A. Murib, W.D. Hammad, Z.H. Idriss: Oral treatment of acrodermatitis enteropathica with zinc sulfate. Amer. J. Dis. Child. 130 (1976) 421–424

Derry, D.M., J.S. Fawcett, F. Andermann, L.S. Wolfe: Late infantile systemic lipidosis (major monosialogangliosidosis; delineation of two types). Neurology (Minneap.) 18 (1968) 340–347

Diezel, P.B., K. Huth: Pelizaeus-Merzbachersche Erkrankung mit familiärem Befall. Dtsch. Z. Nervenheilk. 184 (1963) 264–287

DiFerrante, N.: N-acetylglucosamine-6-sulfate sulfatase deficiency reconsidered. Science 210 (1980) 448

DiFerrante, N.M., L.C. Ginsburg, P.V. Donnelly, DiFerrante, D.T., C.T. Caskey: Deficiencies of glucosamine-6-sulfate or galactosamine-6-sulfate-sulfatases are responsible for different mucopolysaccharidoses. Science 199 (1978) 79–81

DiFerrante, N.M., R.D. Leachman, P. Angelini, P.V. Donnelli, G. Francis, A. Almazan: Lysal oxidase deficiency in Ehlers-Danlos syndrome type V. Connect. Tissue Res. 3 (1975) 49–53

Di George, A.M.: Congenital absence of the thymus and its immunologic consequences: concurrence with congenital hypoparathyroidism. In Good, R.A.: Immunologic Deficiency Diseases. National Foundation, New York 1968 (pp. 116–123)

Dillon, M.J., V. Shah, M.D. Mitchell: Bartter's syndrome: 10 cases in childhood; results of long-term indomethacin therapy. Quart. J. Med. 48 (1979) 429–446

Dom, R., J.M. Brucher, C. Ceuterick, H. Carton, J.J. Martin: Adult ceroid-lipofuscinosis (Kufs' disease) in two brothers. Retinal and visceral storage in one; diagnostic muscle biopsy in the other. Acta neuropath. 45 (1979) 67–72

Dooren, L.J., M.J. de Vries, D.W. van Bekkum, F.J. Cleton, J. de Koning: Sex-linked thymic epithelial hypoplasia in two siblings. Attempt at treatment by transplantation with fetal thymus and adult bone marrow. J. Pediat. 72 (1968) 51–62

Dubin, J.N., F.B. Johnson: Chronic idiopathic jaundice with unidentified pigment in liver cells. Medicine 33 (1954) 155–197

Dusheiko, G., M.C. Kew, B.I. Joffe, J.R. Lewin, S. Mantagos, K. Tanaka: Recurrent hypoglycemia associated with glutaric aciduria type II in an adult. New Engl. J. Med. 301 (1979) 1405–1409

Efron, M.L., E.M. Bixby, C.V. Pryles: Hydroxyprolinemia. A rare metabolic disease due to deficiency of enzyme „hydroxyproline oxidase". New Engl. J. Med. 272 (1965) 1299–1309

Elsas, L.J., D. Busse, L.E. Rosenberg: Autosomal recessive inheritance of renal glycosuria. Metabolism 20 (1971) 968–975

Elsas, L., R.E. Hillman, J.H. Pattson, L.E. Rosenberg: Renal and intestinal hexose transport in familial glucose-galactose malabsorption. J. clin. Invest. 49 (1970) 575–585

Elze, K.L., P. Koepp, I. Langenstein, H.C. Steinhausen, H.J. Colmant, G. Schwendemann: Juvenile type of generalized ceroidlipofuscinosis (Spielmeyer-Sjögren syndrome). Neuropaediatrics 9 (1978) 3–27

Engel, W.K., E.L. Eyerman, H.E. Williams: Late-onset of skeletal-muscle phosphorylase deficiency. A new familial variety with completely and partially affected subjects. New Engl. J. Med. 268 (1963) 135–137

Espanol, T., J. Compte, C. Alvarez, N. Talada, R. Laverde, G. Peguero: Reticular dysgenesia: report of two brothers. Clin. exp. Immunol. 38 (1979) 615–620

Fallon, H.J., L.H. Smith, J.B. Graham, Ch. Burnett: A genetic study of hereditary orotic aciduria. New Engl. J. Med. 270 (1964) 878–881

Farber, S., J. Cohen, L.L. Uzamn: Lipogranulomatosis: a new lip-glycoprotein „storage" disease: J. Mt. Sinai Hosp. 24 (1957) 816–837

Farpour, H., M. Mahloudji: Familial cerebrotendinous xanthomatosis. Arch. Neurol. (Chic.) 32 (1975) 223–225

Farrell, D.F., A.K. Perry, M.M. Kaback, G.M. McKhann: Globoid cell (Krabbe) leukodystrophy heterozygote detection in cultured skin fibroblasts. Amer. J. hum. Genet. 25 (1973) 604–609

Farriaux, J.P., C. Ponte, R.J. Pollit, P. Lequien, J.P. Dhont: Carbamyl-phosphate synthetase deficiency with neonatal onset of symptoms. Acta paediat. scand. 66 (1977) 529–534

Fensom, A.H., B.R.G. Neville, A.E. Moses, P.F. Benson, J.T. Dulaney: Prenatal diagnosis of Farber's disease. Lancet 1979/II, 990–992

Fischer, M.H., T. Gerritsen, J.M. Opitz: Alpha-aminoadipic aciduria, a non-deleterious inborn metabolic defect. Humangenetik 24 (1974) 265–270

Fleischer, B.: Die periphere braun-grünliche Hornhautverfärbung als Symptom einer eigenartigen Allgemeinerkrankung. Münch. med. Wschr. 56 (1909) 1120–1123

Fleisher, L.D., C.J. Harris, D.A. Mitchell, H.L. Nadler: Citrullinemia: prenatal diagnosis of an affected fetus. Amer. J. hum. Genet. 35 (1983) 85–90

Fölling, A.: Über Ausscheidung von Phenylbrenztraubensäure in den Harn als Stoffwechselanomalie in Verbindung mit Imbezillität. Z. physiol. Chem. 227 (1934) 169–176

Forsius, H., A.W. Eriksson: Ein neues Augensyndrom mit X-chromosomaler Transmission. Eine Sippe mit Fundusalbinismus, Foveahypoplasie, Nystagmus, Myopie, Astigmatismus und Dyschromatopsie. Klin. Mbl. Augenheilk. 144 (1964) 447–457

Forssman, H.: Two different mutations of the X-chromosome causing diabetes insipidus. Amer. J. hum. Genet. 7 (1955) 21–27

Foulk, W.T., H.R. Butt, C.A. Owen, F.F. Whitcomb, H.L. Mason: Constitutional hepatic dysfunction (Gilbert's disease): its natural history and related syndromes. Medicine 38 (1959) 25–46

Fox, R.M., W.J. O'Sullivan, B.G. Firkin: Orotic aciduria. Differing enzyme patterns. Amer. J. Med. 47 (1969) 332–336

Franceschetti, A., C.J. Thier: Über Hornhautdystrophien bei Genodermatosen unter besonderer Berücksichtigung der Palmoplantarkeratosen (klinische, genetische und histologische Studien). Graefes Arch. Ophthal. 14 (1975) 937–941

Franceschetti, A.Th., M. Philippart, A. Franceschetti: A study of Fabry's disease. I. Clinical examination of a family with cornea verticillata. Dermatologica (Basel) 138 (1969) 209–221

Fraser, G.R.: Association of congenital deafness with goiter (Pendred's syndrome): a study of 207 families. Ann. hum. Genet. 28 (1965) 201–249

Frederickson, D.S., P.H. Altrocchi, L.V. Avioli, W.S. de Goodman, H.C. de Goodman: Tangier disease. Ann. intern. Med. 55 (1961) 1016–1032

Frederickson, D.S., R.I. Levy: Familial hyperlipoproteinemia. In Stanbury, J.B., J.B. Wyngaarden, D.S. Fredrickson: The Metabolic Basis of Inherited Disease, 3rd ed. McGraw-Hill, New York 1972 (pp. 545–614)

Fredrickson, D.S., H.R. Sloan: Sphingomyelin lipidoses: Niemann-Pick disease. In Stanbury, J.B., J.B. Wyngaarden, D.S. Fredrickson: The Metabolic Basis of Inherited Disease, 3rd ed. McGraw-Hill, New York 1972 (p. 783)

Freeman, J.M., J.F. Nicholson, R.T. Schimke, L.P. Rowland, S. Carter: Congenital hyperammonemia: association with hyperglycinemia and decreased levels of carbamyl phosphate synthetase. Arch. Neurol. (Chic.) 23 (1970) 430–437

Fried, K., M. Feinmesser, J. Tsitsianov: Hearing impairment in female carriers of the sex-linked syndrome of deafness with albinism. J. med. Genet. 6 (1969) 132–134

Froehlich, J., K. Hon, R. McLeod: Detection of heterozygotes for familial lecithin-cholesterol acyltransferase (LCAT) deficiency. Amer. J. hum. Genet. 34 (1982) 65–72

Froesch, R.R.: Essential fructosuria and hereditary fructose intolerance. In Stanbury, J.B., J.B. Wyngaarden, D.S. Fredrickson: The Metabolic Basis of Inherited Disease, 3rd ed. McGraw-Hill, New York 1972

Froesch, E.R., H.P. Wolf, H. Baitsch, A. Prader, A. Labhart: Hereditary fructose intolerance: an inborn defect of hepatic fructose-1-phosphate splitting aldolase. Amer. J. Med. 34 (1963) 151–167

Garay, S.M., J.E. Gardella, E.P. Fazzini, R.M. Goldring: Hermansky-Pudlak syndrome: pulmonary manifestations of a ceroid storage disorder. Amer. J. Med. 66 (1979) 737–747

Garibaldi, L.R., C. Borrone, E. Battistini: Dextrothyroxine treatment of phosphorylase-kinase deficiency glycogenosis in four boys. Helv. paediat. Acta 33 (1978) 435–444

Garrod, A.E.: The incidence of alkaptonuria, a study in chemical individuality. Lancet 1902/II 1616–1620

Gatti, R., P. Buttita, J.C. Michalski, G. Strekker, C. Borrone, D. Salemi: L'aspartilglucosaminuria in una ragazza di origine siciliana: caratterizzazione delle glicoasparagine urinarie. Riv. ital. Pediat. 8 (1982) 87–91

Gerritsen, T., H.A. Waisman: Hypersarcosi-

nemia: an inborn error of metabollism. New Engl. J. Med. 275 (1966) 66–69
Ghadimi, H.: The hyperlysinemias. In Stanbury, J.B., J.B. Wyngaarden, D.S. Fredrickson: Metabolic Basis of Inherited Disease, 4th ed. McGraw-Hill, New York 1978 (pp. 387–396)
Giblett, E.R., A.J. Ammann, D.W. Wara, R.D. Sandman, L.K. Diamond: Nucleosidphosphorylasedeficiency in a child with severely defective T-cell immunity and normal B-cell immunity. Lancet 1975/I, 1010–1013
Giblett, E.R., R.E. Anderson, F. Cohen, B. Pollara, H.J. Meuwissen: Adenosinedeaminase deficiency in two patients with severely impaired cellular immunity. Lancet 1972/I, 1067–1069
v. Gierke, E.: Hepato-nephro-megalia glycogenica (Glykogenspeicherkrankheit der Leber und Nieren). Beitr. path. Anat. Jena 82, (1929) 497–513
Gilbert, A., P. Lereboullet: La cholémie simple familiale. Sem. méd. (Paris) 21 (1901) 241–243
Ginsburg, L.C., P.V. Donnelly, D.T. DiFerrante, N.M. DiFerrante, C.T. Caskey: N-acetylglucosamine-6-sulfate sulfatase in man: deficiency of the enzyme in a new MPS. Pediat. Res. 12 (1978) 805–809
Gitlin, D., J.M. Craig: The thymus and other lymphoid tissues in congenital agammaglobulinemia. I. Thymic alymphoplasia and lymphocytic hypoplasia and their relation to infection. Pediatrics 32 (1963) 517–530
Gitzelmann, R.: Hereditary galactokinase deficiency, a newly recognized cause of juvenile cataracts. Pediat. Res. 1 (1967) 14–23
Gitzelmann, R.: Deficiency of uridine diphosphate galactose 4-epimerase in blood cells of an apparently healthy infant. Helv. paediat. Acta 27 (1972) 125–130
Gitzelmann, R., J.R. Poley, A. Prader: Partial galactose-1-phosphate uridyltransferase deficiency due to a variant enzyme. Helv. paediat. Acta 22 (1967) 252–257
Gitzelmann, R., U.N. Wiesmann, M.A. Spycher, N. Herschkowitz, A. Giedion: Unusually mild course of beta-glucuronidase deficiency in two brothers (MPS VII). Helv. paediat. Acta 33 (1978) 413–428
Glanzmann, E., P. Riniker: Essentielle Lymphocytophtise. Ein neues Krankheitsbild aus der Säuglingspathologie. Ann. Paediat. (Basel) 175 (1950) 1–32
Goldberg, M.F., E. Cotlier, L.G. Fichenscher, K.R. Kenyon, R. Enat, S.A. Borowsky: Macular cherry-red spot, corneal clouding, and beta-galactosidase deficiency. Clinical, biochemical and electron microscopic study of a new autosomal recessive storage disease. Arch. intern. Med. 128 (1971) 387–398
Goldsmith, L.A., E. Kang, D.C. Bienfang, K. Jimbow, P. Gerald, H.P. Baden: Tyrosinemia with plantar and palmar keratosis and keratitis. J. Pediat. 83 (1973) 798–805
Gollan, J.L., S.N. Huang, B. Billing, S. Sherlock: Prolonged survival in three brothers with severe type 2 Crigler-Najjar syndrome: ultrastructural and metabolic studies. Gastroenterology 68 (1975) 1543–1555
Good, R.A.: Agammaglobulinemia, a provocative experiment of nature. Bull. Univ. Minn. Hosp. 26 (1954) 1–19
Good, R.A.: Immunologic competence – its development and relation to thymus function. Second International Conference on Congenital Malformations, 1963, Internat. Med. Congr. New York 1964, pp. 240–246
Good, R.A., R.N. Pahwa, R.J. O'Reilly, A. West: The primary immundeficiency disease in man. In Boström, H., N. Ljungstedt: Congenital Diseases in Childhood. Medical and Socio-Medical Aspects. Scandia International Symposia 1979. Almqvist & Widsell, Stockholm 1980 (pp. 223–245)
Goodman, R.M., I. Lewithal, A. Solomon, D. Klein: Upper limb involvement in the Klein-Waardenburg syndrome. Amer. J. med. Genet. 11 (1982) 425–433
Goodman, S.I., P.G. Moe, K.B. Hammond, S.H. Mudd, B.W. Uhlendorf: Homocystinuria with methylmalonic aciduria. Two cases in a sibship. Biochem. Med. 4 (1970) 500–515
Goya, N., S. Miyazaki, S. Kodate, B. Ushio: A family of congenital atransferrinemia. Blood 40 (1972) 239–245
Greenfield, J.G.: Form of progressive cerebral sclerosis in infants associated with primary degeneration of interfascicular glia. Proc. roy. Soc. Med. 26 (1933) 690–697
Griffin, J.W., E. Goren, H.H. Schaumburg, W.K. Engel, L. Loriaux: Adrenomyeloneuropathy: a probable variant of adrenoleukodystrophy. I. Clinical and endocrinologic aspects. Neurology (Minneap.) 27 (1977) 1107–1113
Grover, W.D., J.L. Naiman: Progressive paresis of vertical gaze in lipid storage disease. Neurology (Minneap.) 21 (1971) 896–899
Gustavson, K.H., B. Hagberg: The incidence and genetics of metachromatic leukodystrophy in northern Sweden. Acta paediat. scand. 60 (1971) 585–590

Hagberg, B.: Clinical symptoms, signs and tests in metachromatic leukodystrophy. In Folch-Pi, J., H. Bauer: Brain, Lipids and Lipoproteins and the Leukodystrophies. Elsevier, Amsterdam 1962 (pp. 134–146)

Hagberg, B., M. Haltia, P. Sourander, L. Svennerholm, O. Eeg-Olofson: Polyunsaturated fatty acid lipidosis ceroid lipofuscinosis. Clinical and morphological aspects. Acta paediat. scand. 63 (1974) 753–763

Hagberg, B., P. Sourander, L. Svennerholm: Late infantile progressive encephalopathy with disturbed polyunsatorated fat metabolism. Acta paediat. scand. 57 (1968) 495–499

Hamilton, J.K., L.A. Paquin, J.L. Sullivan, H.S. Maurer, P.G. Cruzi, A.J. Proviso, C.P. Steuber, E. Hawkins, D. Yawn, J. Cornet, K. Clausen, G.Z. Finkelstein, B. Landing, M. Grunnet, D.T. Purtilo: X-linked lymphoproliferative syndrome registry report. J. Pediat. 96 (1980) 669–673

Hammersen, G., S. Houghton, H.L. Levy: Rennes-like variant of galactosemia: clinical and biochemical studies. J. Pediat. 87 (1975) 50–57

Hansen, E., S. Refsum: Heredopathia atactica polyneuritiformis. Phytanic acid storage disease (Refsum's disease). A biochemically well defined disease with a specific dietary treatment. In Huber, A., D. Klein: Neurogenetics and Neuro-ophthalmology. Elsevier – North-Holland – Excerpta Medica 1981 (pp. 333–339)

Harzer, K.: Prenatal diagnosis of globoid cell leukodystrophy (Krabbe's disease). Hum. Genet. 35 (1977) 193–196

Hauge, M., B. Harvald: Heredity in gout and hyperuricemia. Acta med. scand. 152 (1955) 247–257

Heilmeyer, L., W. Keller, O. Vivell, W. Keiderling, K. Betke, F. Wöhler, H.E. Schultze: Kongenitale Atransferrinämie bei einem 7 Jahre alten Kind. Dtsch. med. Wschr. 86 (1961) 1745–1751

Hirschhorn, R., P.S. Papageorgiou, H.H. Kesarwala, L.T. Taft: Amelioration of neurologic abnormalities after „enzyme replacement" in adenosine deaminase deficiency. New Engl. J. Med. 303 (1980) 377–380

Hirschhorn, R., G.F. Vawter, J.A. Kirkpatrick, F.S. Rosen: Adenosine deaminase deficiency: frequency and comparative pathology in autosomally recessive severe combined immunodeficiency. Clin. Immunol. Immunopath. 14 (1979) 107–120

Hitzig, W.H.: The Swiss type of agammaglobulinemia. In Good, R.A.: Immunologic Deficiency Diseases. National Foundation, New York 1968 (pp. 82–90)

Hitzig, W.H., S. Barandum, H. Cottier: Die Schweizerische Form der Agammaglobulinämie. Ergebn. inn. Med. Kinderheilk. 27 (1968) 79–154

Hitzig, W.H., H. Willi: Hereditäre lymphoplasmocytäre Dysgenesie („Alymphocytose mit Agammaglobulinämie). Schweiz. med. Wschr. 91 (1961) 1625–1633

Hooft, C., P. de Laey, J. Herpol., F. de Loore, J. Verbeeck: Familial hypolipidaemia and retarded development without steatorrhoea. Another inborn error of metabolism? Helv. paediat. Acta 17 (1962) 1–23

Horejschi, W., G. Brandt, B. Kaduk: Das Hämochromatose-Syndrom. Inn. Med. 4 (1977) 81–87

Horn, N.: Copper incorporation studies on cultured cells for prenatal diagnosis of Menkes disease. Lancet 1976/I, 1156–1158

Horn, N.: Menkes X-linked disease: heterozygous phenotype in uncloned fibroblast cultures. J. med. Genet. 17 (1980) 257–261

Horn, N.: Menkes X-linked disease: prenatal diagnosis of hemizygous males and heterozygous females. Prenat. Diag. 1 (1981) 107–120

Hug, G., W.K. Schubert, G. Chuck: Deficient activity of dephospho-phosphorylase kinase and accumulation of glycogen in the liver. J. clin. Invest. 48 (1969) 704–715

Huijing, F.: Glycogen-storage disease type VI a: low phosphorylase kinase activity caused by a low enzyme-substrate affinity. Biochem. biophys. Acta 206 (1970) 199–201

Huijing, F., J. Fernandez: X-chromosomal inheritance of liver glycogenosis with phosphorylase kinase deficiency. Amer. J. hum. Genet. 21 (1969) 275–284

Jaeger, W., G. Gallasch, U.W. Schnyder, P. Lutz, H. Schmidt: Tyrosinämie als Ursache einer doppelseitigen herpetiformen Hornhaut-Epithel-Dystrophie (Richner-Hanhart-Syndrom). Klin. Mbl. Augenheilk. 173 (1978) 506–515

Jaeger, W., J.V. Kettler, P. Luth, C. Hilsdorf: Differential diagnosis of gyrate atrophy of the choroid and retina (with and without hyperornithinemia). Metab. pediat. Ophthalmol. 3 (1979) 189–191

Jellum, E., T. Kluge, H.C. Borresen, O. Stokke, L. Eldjarn: Pyroglutamic acidosis – a new inborn error of metabolism. Scand. J. clin. Lab. Invest. 26 (1970) 327–335

Junien, C., J. Boué, Ch. Duros, M. Coulon, P. Cohen, I. Dehaupas, P. Gallano, B. Léotard, H. Nicolas, A. Boué: Diagnostic moléculaire des myopathies de Duchenne et de Becker. Ann. Génét. 30 (1987) 5–16

Kaback, M.M.: Tay-Sachs disease. A model for genetic disease control. In: Dietz, A.A. et al. (edit.): Genetic Disease. Diagnosis and Treatment. (Proceedings 5th A.O. Beckman Conf. Clinical Chemistry). Amer. Ass. Clin. Chem. Washington 1981, pp. 59–71.

Kaback, M.M., T.J. Nathan, S. Greenwood: Tay-Sachs disease screening and prenatal diagnosis. Progr. clin. biol. Res. 18 (1977) 13–36

Kaloud, H., F.C. Sitzmann: The galactokinase deficiency in two human populations: Styria (Austria) and Franconia (Bavaria). A comparative investigation on gene frequency. Z. Kinderheilk. 116 (1974) 185–192

Kelley, W.N., R.I. Levy, F.M. Rosenbloom, J.F. Henderson, J.E. Seegmiller: Adenine phosphoribosyl-transferase deficiency: a previously undescribed genetic defect in man. J. clin. Invest. 47 (1968) 2281–2289

Kelley, W.N., F.M. Rosenbloom, J.F. Henderson, J.E. Seegmiller: A specific enzyme defect in gout associated with overproduction of uric acid. Proc. nat. Acad. Sci. (Wash.) 57 (1967) 1735–1739

Kelsey, W.M.: Congenital alkalosis with diarrhea. Amer. J. Dis. Child. 88 (1954) 344–347

Kennaway, N.G., R.G. Weleber, N.R.M. Buist: Gyrate atrophy of the choroid and retina with hyperornithinemia: biochemical and histologic studies and response to vitamine B6. Amer. J. hum. Genet. 32 (1980) 529–541

Kihara, H., M. Valente, M.T. Porter, A.L. Fluharty: Hyperdibasicaminoaciduria in a mentally retarded homozygote with a peculiar response to phenothiazines. Pediatrics 51 (1973) 223–229

Klajman, A., I. Arber: Familial glucosuria and amino-aciduria associated with low serum alkaline phosphatase. Israel J. med. Sci. 3 (1967) 392–396

Klein, D.: Albinisme partiel (leucisme) accompagné de surdimutité, d'ostéodysplasie, de raideurs articulaires congénitales multiples et d'autres malformations congénitales. Arch. Julius Klaus-Stift. Vererb.-Forsch. 22 (1947) 336–342

Klein, D.: Albinisme partiel (leucisme) avec surdi-mutité, blépharophimosis et dysplasies myo-ostéoarticulaires. Helv. paediat. Acta 5 (1950) 38–58

Klein, U., J.J.P. van de Kamp, K. v. Figura, R. Pohlmann: Sanfilippo syndrome type C: deficiency of acetyl-CoA: alpha-glucosaminide N-acetyltransferase in skin fibroblasts. Proc. nat. Acad. Sci. (Wash.) 75 (1978) 5185–5189

Komrower, G.M., R. Westall: Hydroxykynureninuria. Amer. J. Dis. Child. 113 (1967) 77–80

Kondo, T., K. Kuchiba, Y. Ohtsuka, W. Yanagisawa, T. Shiomura, T. Taminato: Clinical and genetic studies on Dubin-Johnson syndrome in a cluster area in Japan. Jap. J. hum. Genet. 18 (1974) 378–392

Konrad, P.N., F. Richards, W.N. Valentin, D.E. Paglia: Gamma-glutamylcystein synthetase deficiency: a cause of hereditary hemolytic anemia. New Engl. J. Med. 286 (1972) 557–561

Krabbe, K.: A new familial, infantile form of diffuse brain sclerosis. Brain 39 (1916) 74–114

Kuhlencordt, F., W. Lenz, N. Seeman, L. Zukschwerdt: Renal tubular acidosis and bilateral nephrocalcinosis in uniovular twins. Germ. med. Mth. 12 (1967) 565–570

Landing, B.H., F.N. Silverman, J.M. Craig, M.D. Jaboby, M.E. Lahey, D.L. Chadwick: Familial neurovisceral lipidosis. An analysis of 8 cases of cases of a syndrome previously reported as „Hurler-Variant", „Pseudo-Hurler disease", and „Tay-Sachs disease with visceral involvement". Amer. J. Dis. Child. 108 (1964) 503–522

Lang, A., H. Groebe, B. Hellkuhl, K. v. Figura: A new variant of galactosemia: galactose-1-phosphate uridyltransferase sensitive: to product inhibition by glucose-1-phosphate. Pediat. Res. 14 (1980) 729–734

Larsson, A., R. Zetterström, L. Hagenfeldt, R. Andersson, S. Dreborg, H. Hornell: Pyroglutamic aciduria (5-oxoprolinuria), an inborn error in glutathione metabolism. Pediat. Res. 8 (1974) 852–856

Law, E.A., B. Fowler: β-mercaptolactate cystein disulfiduria: cystein disulfiduria in a mentally retarded Scottish male. J. ment. Defic. Res. 20 (1976) 99

Layzer, R.B., L.P. Rowland, H.M. Ranney: Muscle phosphofructokinase deficiency. Arch. Neurol. (Chic.) 17 (1967) 512–523

Leroy, J.G., R.I. Demars, J.M. Opitz: I-cell disease. Birth Def. orig. Art. Ser. V (1969) 174–185

Lesch, M., W.L. Nyhan: A familial disorder of uric acid metabolism and central nervous system function. Amer. J. Med. 36 (1964) 561–570

Levy, H.L., P.M. Madigan, V.E. Shih: Massachusetts metabolic screening program. I. Technique and results of urine screening. Pediatrics 49 (1972) 825–836

Levy, H.L., V.E. Shih, P.M. Madigan: Routine newborn screening for histidinemia: clinical and biochemical results. New Engl. J. Med. 291 (1974) 1214–1219

Levy, N., W.W. Dawson, B.J. Rhodes, A. Garnica: Augenveränderungen beim Menkesschen Knick-Haar Syndrom. Amer. J. Ophthal. 77 (1974) 319–325

Lewis, G.M., J. Spencer-Peet, K.M. Stewart: Infantile hypoglycaemia due to inherited deficiency of glycogen synthetase in liver. Arch. Dis. Child. 38 (1963) 40–48

Lichtenstein, J.R., G.R. Martin, L.D. Kohn, P.H. Byers, V.A. McKusick: Defect in conversion of procollagen to collagen in a form of Ehlers-Danlos syndrome. Science 182 (1973) 298–299

Linch, D.C., C.H.C. Acton: Ehlers-Danlos syndrome presenting with juvenile destructive periodontitis. Brit. dent. J. 147 (1979) 95–96

Lindenmayer, J. P.: L'hérédité dans l'oxylase familiale, J. Génét. hum. 18 (1970) 31–44

Lisker, R., B. Gonzalez, M. Daltabuit: Recessive inheritance of the adult type of intestinal lactase deficiency. Amer. J. hum. Genet. 27 (1975) 662–664

Löhr, G.W., H.D. Waller: Eine neue enzymopenische hämolytische Anämie mit Glutathionreduktase-Mangel. Med. Klin. 57 (1962) 1521–1525

Löhr, G.W., H.D. Waller: Zur Biochemie einiger angeborener hämolytischer Anämien. Folia haemat. 8 (1963) 377–397

Loonen, M.C.B., L. van de Lugt, C.L. Franke: Another example of angiokeratoma corporis diffusum and lysosomal enzyme deficiency. Lancet 1974/II, 785

Loos, H., D. Roos, R. Weening, J. Hauwerzijl: Familial deficiency of glutathione reductase in human blood cells. Blood 48 (1976) 53–62

Lowden, J.A., J.W. Callahan, M.G. Norman, M. Thain, J.S. Prichard: Juvenile Gm1 gangliosidosis. Arch. Neurol. (Chic.) 31 (1974) 200–203

Lowden, J.A., E. Cutz, P.E. Conen, N. Rudd, T.A. Doran: Prenatal diagnosis of GM1 gangliosidosis. New Engl. J. Med. 288 (1973) 225–228

Lowden, J.A., J.S. O'Brien: Sialidosis: a review of human neuraminidase deficiency. Amer. J. hum. Genet. 31 (1979) 1–18

Löwenberg, K., T.S. Hill: Diffuse sclerosis with preserved myelin' islands. Arch. Neurol. Psychiat. (Chic.) 29 (1933) 1232–1245

Lyon, B.B.: Peripheral nerve involvement in Batten-Spielmeyer-Vogt's disease. J. Neurol. Neurosurg. Psychiat. 38 (1975) 175–179

McKusick, V.A.: Mendelian Inheritance in Man, 6th ed. Johns Hopkins University Press, Baltimore 1983

McMurray, W.C., J.C. Rathbun, F. Mohyuddin, S.J. Koegler: Citrullinuria. Pediatrics 32 (1963) 347–357

Mahoney, M.J., A.C. Hart, V.D. Steen, L.E. Rosenberg: Methylmalonicacidemia: biochemical heterogeneity in defects of 5'-deoxyadenosyl-cobalamin synthesis. Proc. nat. Acad. Sci. (Wash.) 72 (1975) 2799–2803

Maire, I., A. Nivellon-Chevallier: Combined deficiency of bêta-galactosidase and neuraminidase: three affected siblings in a French family. J. inherit. metab. Dis. 4 (1981) 221–223

Mantagos, S., M. Genel, K. Tanaka: Ethylmalonic-adipic aciduria: in vivo and in vitro studies indicating deficiency of activities of multiple acyl-CoA dehydrogenases. J. clin. Invest. 64 (1979) 1580–1589

Margolis, E.: A new hereditary syndrome – sex-linked deaf-mutism associated with total albinism. Acta genet. (Basel) 12 (1962) 12–19

Marsh, W.L.: Chronic granulomatous disease, the McLeod syndrome, and the Kell blood groups. Birth Def. orig. Art. Ser. XIV(6A) (1978) 9–25

Marsh, W.L., R. Oyen, M.E. Nichols: Kx antigen, the McLeod phenotype, and chronic granulomatous disease: further studies. Vox sang. 31 (1976) 356–362

Meister, A.: 5-Oxoprolinuria (pyroglutamic aciduria). Other disorders of glutathione biosynthesis. In Stanbury, J.B., J.B. Wyngaarden, D.S. Fredrickson: Metabolic Basis of Inherited Disease, 4th ed. McGraw-Hill, New York 1987 (pp. 328–335)

Menkes, J.H., M. Alter, G.K. Steigleder, D.R. Weakley, J.H. Sung: A sex-linked recessive disorder with retardation of growth, peculiar hair, and focal, cerebral and cerebellar degeneration. Pediatrics 29 (1962) 764–779

Merin, S., N. Livni, E.R. Berman, S. Yatziv: ML IV: ocular, systemic and ultrastructural findings. Invest. Ophthal. 14 (1975) 437–448

Merzbacher, L.: Eine eigenartige familiär-hereditäre Erkrankungsform (Aplasia axialis extracorticalis congenita). Z. ges. Neurol. Psychiat. 3 (1910) 1–138

Meyer, U.A., R. Schmid: The porphyrias. In Stanbury, J.B., J.B. Wyngaarden, D.S. Fredrickson: Metabolic Basis of Inherited Disease. McGraw-Hill, New York 1978 (pp. 1166–1220)

Migeon, B.R., F. Huijing. Glycogen-storage disease associated with phosphorylase kinase deficiency: evidence for X-inactivation. Amer. J. hum. Genet. 26 (1974) 360–368

Mohler, D.N., P.W. Majerus, V. Minnich, C.E. Hess, M.D. Garrick: Glutathione synthetase deficiency as a cause of hereditary hemolytic disease. New Engl. J. Med. 283 (1970) 1253–1257

Moosa, A., V. Dubowitz: Peripheral neuropathy in Cockayne's syndrome. Arch. Dis. Child. 45 (1970) 674–677

Morris, E., A. Sebastian, J. Kranhold, R.C. Morris: Infantile renal tubular acidosis (RTA), a distinct type 4. (Abstract). Clin. Res. 17 (1969) 441

Morris, R.C.: Renal tubular acidosis. Mechanisms, classification and implications. New Engl. J. Med. 278 (1978) 124–131

Moynahan, E. J.: Acrodermatitis enteropathica: lethal inherited human zinc-deficiency disorder. Lancet 1974/II, 399

Mudd, S.H., F. Irreverre, L. Laster: Sulfite oxidase deficiency in man: demonstration of the enzymatic defect. Science 156 (1967) 1599–1602

Mudd, S.H., H.L. Levy: Disorders of transsulfuration; γ-Cystathionase deficiency. In Stanbury, J.B. J.B. Wyngaarden, D.S. Fredrickson: The Metabolic Basis of Inherited Disease. McGraw-Hill, New York 1978 (pp. 488–496)

Nance, W.E., C.E. Jackson, C.J. Witkop: Amish albinism: a distinctive autosomal recessive phenotype. Amer. J. hum. Genet. 22 (1970) 579–586

Nance, W.E., A. Sweeny, A.C. McLeod, M.C. Cooper: Hereditary deafness: a presentation of some recognized types, modes of inheritance, and aids in counseling. South med. Bull. 58 (1970) 41–57

Nash, M.A., A.D. Torrado, I. Griefer, A. Spitzer, C.M. Edelmann: Renal tubular acidosis in infants and children. J. Pediat. 80 (1972) 738–748

Necheles, T.F., T.A. Boles, D.M. Allen: Erythrocyte glutathioneperoxidase deficiency and hemolytic disease of the newborn infant. J. Pediat. 72 (1968) 319–324

Necheles, T.F., N.I. Maldonado, A. Barquet-Chediak, D.M. Allen: Homozygous erythrocyte glutathione-peroxidase deficiency: clinical and biochemical studies. Blood 33 (1969) 164–169

Necheles, T.F., M.H. Steinberg, D. Cameron: Erythrocyte glutathione peroxidase deficiency. Brit. J. Haemat. 19 (1970) 605–612

Neel, J.V., M.T. Rakie, R.T. Davidson, H.A. Valkenburg, W.M. Mikkelson: Studies on hyperuricemia. II. A reconsideration of the distribution of serum uric acid values in the families of Smyth, Cotterman and Freyburg. Amer. J. hum. Genet. 17 (1965) 14–22

Neville, B.G.R., B.D. Lake, R. Stephens, M.D. Sanders: A neurovisceral storage disease with vertical supranuclear ophthalmoplegia, and its relationship to Niemann-Pick disease. A report of 9 patients. Brain 96 (1973) 97–120

Niederwieser, A., P. Gilibert, K. Baerlocher: Beta-mercaptolactate-cysteine disulfiduria in two normal sisters. Isolation and characterization of beta-mercaptolactate cysteine disulfide. Clin. chim. Acta 43 (1973) 405–416

Norman, R.M., A.H. Tingey: Syndrome of microcephaly, strio-cerebellar calcifications and leukodystrophy. J. Neurol. Neurosurg. Psychiat. 29 (1966) 157–163

Norum, K.R., E. Gjone: Familial serum-cholesterol esterification failure. A new inborn error of metabolism. Biochem. biophys. Acta 144 (1967) 698–700

Norum, K.R., E. Gjone: Lecithin-cholesterol acyltransferase. Recent research in biochemistry and physiology of the enzyme. Scand. J. clin. Lab. Invest. 33 (1974) 191–197

Nussbaumer, T., H. C. Plattner, A.M. Rywlin: Hémochromatose juvénile chez trois soeurs et un frère avec consanguinité des parents: étude anatomoclinique et génétique du syndrome endocrino-hépatomyocardique. J. Génét. hum. 1 (1952) 53–59

Nyhan, W.L., J.A. James, A.J. Teberg, L. Sweetman, L.G. Nelson: A new disorder of purin metabolism with behavioral manifestations. J. Pediat. 74 (1969) 20

O'Brien, J.S., E. Gugler, A. Giedion, U. Weissmann, N. Herschkowitz, C. Neier, J.G. Leroy: Spondyloepiphyseal dysplasia, corneal clouding, normal intelligence and beta-galactosidase deficiency. Clin. Genet. 9 (1976) 495–504

O'Brien, J.S., S. Okada, A. Chen, D.L. Fillerup: Tay-Sachs disease: detection of heterozygotes and homozygotes by serum hexosaminidase assay. New Engl. J. Med. 283 (1970) 15

O'Brien, J.S., S. Okada, D.L. Fillerup, M.L.

Veat, B. Adornato, P.H. Brenner, J.G. Leroy: Tay-Sachs disease: Prenatal diagnosis. Science 172 (1971) 61–64

Ohlson, A.: Acrodermatitis enteropathica: reversibility of cerebral atrophy with zinc therapy. Acta paediat. scand. 70 (1981) 269–273

Okada, S., J.S. O'Brien: Generalized gangliosidosis. Beta-galactosidase deficiency. Science 160 (1968) 1002–1004

Ownby, D.R., S.V. Pizzo, L. Blackmon, S.A. Gall, R.H. Buckley: Severe combined immunodeficiency with leukopenia (reticular dysgenesis) in siblings: immunologic and histopathologic findings. J. Pediat. 89 (1976) 382–387

Palmer, D.J., M.T. Miller, S. Rao: Hermansky-Pudlak oculocutaneous albinism. Clinical and genetic observations of 6 patients. Ophthal. Paediat. Genet. 3 (1983) 147–156

Pelizaeus, F.: Über eine eigentümliche Form spastischer Lähmung mit Cerebralerscheinungen auf hereditärer Grundlage. Arch. Psychiat. Nervenkr. 16 (1885) 698–710

Pereira Lima, J.E., E. Utz, I. Roisenberg: Hereditary nonhemolytic conjugated hyperbilirubinemia without abnormal liver cell pigmentation. A family study. Amer. J. Med. 40 (1966) 628–633

Perona, G., G.C. Guidi, A. Piga, R. Cellerino, G. Milani, P. Colautti, G. Moschino, B.M. Stievano: Neonatal erythrocyte glutathione peroxidase deficiency as a consequence of selenium imbalance during pregnancy. Brit. J. Haemat. 42 (1979) 567–574

Perry, G.S., B.D. Spector, L.M. Schuman, L.M. Mandel, V.E. Anderson, R.B. McHugh, M.R. Hanson, S.M. Fahlstrom, W. Krivit, J.H. Kersey: The Wiskott-Aldrich syndrome in the United States and Canada (1892–1979). J. Pediat. 97 (1980) 72–78

Pfändler, U.: La maladie de Niemann-Pick dans le cadre des lipidoses. Schweiz. med. Wschr. 76 (1946) 1128–1131

Pfändler, U.: Nouvelles conceptions sur l'hérédité et la pathogénie de la maladie de Niemann-Pick. Helv. med. Acta 20 (1953) 216–241

Pilz, H., H.C. Hopf: A preclinical case of late adult metachromatic leukokystrophy: manifestation only with lipid abnormalities in urine, enzyme deficiency, and decrease of nerve conduction velocity. J. Neurol. Neurosurg. Psychiat. 35 (1972) 360–364

Poenaru, L., J.C. Dreyfus, J. Boué, H. Nicolesco, N. Ravise, J. Bamberger: Prenatal diagnosis of fucosidosis. Clin. Genet. 10 (1976) 260–264

Pollycove, M.: Hemochromatosis. In Stanbury, J.B., J.B. Wyngaarden, D.S. Fredrickson: The Metabolic Basis of Inherited Disease, 4th ed. McGraw-Hill, New York 1978 (pp. 1127–1164)

Pope, F.M., G.R. Martin, J.R. Lichtenstein, R. Penttinen, B. Gerson, D.W. Rowe, V.A. McKusick: Patients with Ehlers-Danlos syndrome type IV lack type III collagen. Proc. nat. Acad. Sci. (Wash.) 72 (1975) 1314–1316

Pope, F.M., A.C. Nicholls, P.M. Jones, R.S. Wells, D. Lawrence: EDS IV (acrogeria): new autosomal dominant and recessive types. J. roy. Soc. Med. 73 (1980) 180–186

Pommier, J., J. Tourniaire, D. Deme, D. Chalendar, H. Bornet, J. Nunez: A defective thyroid peroxidase solubilized from a familial goiter with iodine organification defect. J. clin. Endocr. 39 (1974) 69–80

Porath, U., K. Schreier: Eine Familie mit Pyroglutamin-azidurie. Dtsch. med. Wschr. 103 (1978) 939–942

Powell, L.W., E. Hemingway, B.H. Billing, S. Sherlock: Idiopathic unconjugated hyperbilirubinemia (Gilbert's syndrome): a study of 42 families. New Engl. J. Med. 277 (1967) 1108–1112

Przyrembel, H., D. Bachmann, I. Lombeck, K. Becker, U. Wendel, S.K. Wadman, H.J. Bremer: Alpha-ketoadipic aciduria, a new inborn error of lysine metabolism; biochemical studies. Clin. chim. Acta 58 (1975) 257–269

Przyrembel, H., U. Wendel, K. Becker, H.J. Bremer, L. Bruinvis, D. Ketting, S.K. Wadman: Glutaric aciduria type II: report on a previously undescribed metabolic disorder. Clin. chim. Acta 66 (1976) 227-239

Purtilo, D.T.: Pathogenesis and phenotypes of an X-linked recessive lymphoproliferative syndrome. Lancet 1976/II, 882–885

Purtilo, D.T., C.K. Cassel, J.P.S. Yang: Fatal infectious mononucleosis in familial lymphohistiocytosis. New Engl. J. Med. 201 (1974) 736

Purtilo, D.T., C.K. Cassel, J.P.S. Yang, R. Harper, S.R. Stephenson, B.H. Landing, G.F. Vewter: X-linked recessive progressive combined variable immundeficiency (Duncan's disease). Lancet 1975/I, 935–941

Raatikka, M., J. Rapola, L. Tuuteri, I. Louhimo, E. Savilahti: Familial third and fourth pharyngeal pouch syndrome with truncus arteriosus: DiGeorge syndrome. Pediatrics 67 (1981) 173–175

Raitta, C., P. Santavuori: Ophthalmological findings in so-called infantile neuronal ceroid-lipofuscinosis. Acta ophthal. (Kbh.) 51 (1973) 755–763

Rampini, S., W. Isler, K. Baerlocher, A. Bischoff, J. A. Ulrich, H. J. Pluss: Die Kombination von metachromatischer Leukodystrophie und Mukopolysaccharidose als selbständiges Krankheitsbild (Mukosulfatidose). Helv. paediat. Acta 25 (1970) 436–461

Randall, R. E.: Familial renal tubular acidosis revisited. Ann. intern. Med. 66 (1967) 1024–1025

Rayner, S.: Juvenile amaurotic idiocy in Sweden. Proceedings 11th International Congress Genetics, The Hague, 1963 (p. 283)

Refsum, S.: Heredopathia atactica polyneuritiformis. J. nerv. ment. Dis. 116 (1952) 1046–1050

Refsum, S.: Heredopathia atactica polyneuritiformis. A familial syndrome not hitherto described. Acta psychiat. scand., Suppl. 38 (1956) 1–303

Renner, R., W. H. Hitzig: Die septische Granulomatose: eine X-chromosomal vererbte Funktionsstörung der Granulocyten. Schweiz. med. Wschr. 98 (1968) 1673–1675

Ricciuti, F. C., T. D. Gelehrter, L. E. Rosenberg: X-chromosome inactivation in human liver: confirmation of X-linkage of ornithin transcarbamylase. Amer. J. hum. Genet. 28 (1976) 332–338

Richards, F., M. R. Cooper, L. A. Pearce, R. J. Cowan, C. L. Spurr: Familial spinocerebellar degeneration-hemolytic anemia, and glutathione deficiency. Arch. intern. Med. 134 (1974) 534–537

Richards, P., O. M. Wrong: Dominant inheritance in a family with familial renal tubular acidosis. Lancet 1972/II, 998–999

Richardson, M. E., J. H. Bornhofen: Early childhood cerebral lipidosis with prominent myoclonus. Arch. Neurol. (Chic.) 18 (1968) 34–43

Riddick, F. A., K. B. Desai, P. J. Murison, J. B. Stanbury: Familial goiter with diminished synthesis of thyroglobulin. Z. exp. Med. 150 (1969) 203–212

Robert, W., W. Riesen, G. Guelpa, P. Siegenthaler, J.-D. Sandoz, A. Lochmann, M. Campiche, Ch. E. Pfister: Déficience congénitale en lécithine-cholestérol acyltransférase. Schweiz. Rdsch. Med. 75 (1986) 1328–1332

Rochiccioli, P., G. Dutau: Trouble de l'hormonosynthèse thyroïdienne par déficit en iodotyrosine – deshalogenase. Arch. franç. Pédiat. 31 (1974) 25–36

Rogers, L. E., F. S. Porter: Hereditary orotic aciduria. II. A urinary screening test. Pediatrics 42 (1968) 423–428

Rogers, L. E., L. R. Warford, R. B. Patterson, F. S. Porter: Hereditary orotic aciduria. I. A new case with family studies. Pediatrics 42 (1968) 415–422

Romeo, G., B. R. Migeon: Genetic inactivation of the alpha-galactosidase locus in carriers of Fabry's disease. Science 170 (1970) 180–1891

Rosen, F. S., J. M. Craig, G. F. Vawter, C. A. Jabeway: The dysgammaglobulinemias and X-linked thymic hypoplasia. In Good, R. A.: Immunologic Deficiency Diseases in Man. National Foundation, New York 1968 (pp. 67–70)

Rosenberg, A. L., L. Bergstrom, B. T. Troost, B. A. Bartholomew: Hyperuricemia and neurologic deficits: a family study. New Engl. J. Med. 282 (1970) 992–997

Rotor, A. B., L. Manahan, A. Florentin: Familial nonhemolytic jaundice with direct van den Bergh reaction. Acta med. Philipp. 5 (1948) 37–49

Rowlatt, U.: Cockayne's syndrome. Report of case with necropsy findings. Acta neuropath. 14 (1969) 52–61

Sachs, B.: A family form of idiocy, generally fatal, associated with early blindness (amaurotic family idiocy). J. nerv. ment. Dis. (1887) 541–553

Saddi, R., J. Feingold: Idiopathic haemochromatosis: an autosomal recessive disease. Clin. Genet. 5 (1974) 234–241

Sahi, T., M. Isokoski, J. Jussila, K. Launiala, K. Pyorala: Recessive inheritance of adult-type lactose malabsorption. Lancet 1973/II, 823–825

Saito, T., S. Hayasaka, K. Yabata, K. Omura, K. Mizuno, K. Tada: Atypical gyrate atrophy of the choroid and retina and iminoglycinuria. Tohoku J. exp. Med. 135 (1981) 331–332

Sakura, N., T. Usui, K. S. Ha, T. Ideka, H. Yabuuchi, N. Iwanemi, A. Komiyama, T. Akabane: A new approach to detection of heterozygotes for adenosin deaminase deficiency. A hypothetical method. Europ. Pediat. 137 (1981) 207–210

Sandhoff, K., U. Andreae, H. Jatzkewitz: Deficient hexosaminidase activity in an exceptional case of Tay-Sachs disease with additional storage of kidney globoside in visceral organs. Life Sci. 7 (1968) 283–288

Santavuori, P.: Infantile type of neuronal ceroid-lipofuscinosis (INCL). In Eriksson, A.W., H.R. Forsius, H.R. Nevanlinna, P.L. Workman, R.K. Norio: Population Structure and Genetic Disorders. Academic Press, London 1980 (pp. 626–632)

Santavuori, P., M. Haltia, J. Rapola: Infantile type of so-called neuronal ceroid lipofuscinosis. Develop. Med. Child. Neurol. 16 (1974) 644–653

Saraux, H., H. Brissaud, H. Bijaoui-Marandian: Dégénérescence rétinienne avec cécité et encéphalopathie héréditaire chez un enfant présentant une hyperpyruvicémie. Bull. Soc. franç. Ophthal. 82 (1969) 12–15

Schaumburg, H.H., J.M. Powers, C.S. Raine, K. Suzuki, E.P. Richardson: Adrenoleukodystrophy: a clinical and pathological study of 17 cases. Arch. Neurol. (Chic.) 32 (1975) 577–591

Schimshock, J.R., E.C. Alvord, P.D. Swanson: Cerebrotendinous xanthomatosis. Clinical and pathological studies. Arch. Neurol. (Chic.) 18 (1968) 688–698

Schlenska, G.K., R. Heene, G. Spalke, D. Seiler: The symptomatology, morphology, and biochemistry of glycogenosis type II (Pompe) in the adult. J. Neurol. 212 (1976) 237–252

Schneider, J.A., J.D. Schulman, J.E. Seegmiller: Cystinosis and the Fanconi syndrome. In Stanbury, J.B., J.B. Wyngaarden, D.S. Fredrickson: The Metabolic Basis of Inherited Disease, 4th ed. McGraw-Hill, New York 1978 (pp. 1660–1682)

Schneider, J.A., F.M. Verroust, W.A. Kroll, A.J. Garvin, E.O. Horger, W.G. Wong, G.S. Spear, C. Jacobson, O.L. Pellett, F.L.A. Becker: Prenatal diagnosis of cystinosis. New Engl. J. Med. 290 (1974) 878–882

Schreiner, A., G. Hopen, S. Skrede: Cerebrotendinous xanthomatosis (cholestanolosis). Acta neurol. scand. 51 (1975) 405–416

Schulman, J.D., S.I. Goodman, J.W. Mace, A.D. Patrick, F. Tietze, E.J. Butler: Glutathionuria: inborn error of metabolism due to tissue deficiency of gamma-glutamyl transpeptidase. Biochem. Biophys. Res. Commun. 65 (1975) 68–74

Schulman, J.D., T.J. Lustberg, J.L. Kennedy, M. Museles, J.E. Seegmiller: A new variant of maple syrup urine disease (branched-chain ketoaciduria). Clinical and biochemical evaluation. Amer. J. Med. 49 (1970) 118–124

Schutta, H.S., R.T.C. Pratt, H. Metz, K. Evans, C.O. Carter: A family study of the last infantile and juvenile forms of metachromatic leukodystrophy. J. med. Genet. 3 (1966) 86–90

Scialfa, A.C.: Ocular albinism in a female. Amer. J. Ophthal. 73 (1972) 943–948

Scott, C.R., S.H. Clark, C.C. Teng, K.R. Swedberg: Clinical and cellular studies of sarcosinemia. J. Pediat. 77 (1970) 805–811

Scriver, C.R.: Disorders of proline and hydroxyproline metabolism. In Stanbury, J.B., J.B. Wyngaarden, D.S. Fredrickson: Metabolic Basis of Inherited Disease, 4th ed. McGraw-Hill, New York 1978 (pp. 336–361)

Scriver, C.R., S. MacKenzie, C.L. Clow, E. Delvin: Thiamine-responsive maple-syrup-urin disease. Lancet 1971/I, 310–312

Seitelberger, F.: Pelizaeus-Merzbacher disease. In Vinken, P.J., G.W. Bruyn: Handbook of Clinical Neurology, vol. X. North Holland, Amsterdam 1970

Shaham, M., Y. Becker: The ataxia telangiectasia clastogenic factor is a low molecular weight peptide. Hum. Genet. 58 (1981) 422–424

Shani, M., U. Seligsohn, E. Gilon, C. Sheba, A. Adam: Dubin-Johnson syndrome in Israel. I. Clinical, laboratory and genetic aspects of 101 cases. Quart. J. Med. 39 (1970) 549–567

Shapira, E., Y. Ben-Yoseph, G. Eyal, A. Russell: Enzymatically inactive red cell carbonic anhydrase B in a family with renal tubular acidosis. J. clin. Invest. 53 (1974) 59–63

Shih, V., I.F. Abroms, J.L. Johnson, M. Carney, R. Mandell, R.M. Robb, J.P. Cloherty, K.V. Rajagopalan: Sulfite oxidase deficiency: biochemical and clinical investigations of a hereditary metabolic disorder in sulfur metabolism. New Engl. J. Med. 297 (1977) 1022–1028

Short, E.M., H.O. Conn, P.J. Snodgrass, A.G.M. Campbell, L.E. Rosenberg: Evidence for X-linked dominant inheritance of ornithine transcarbamylase deficiency. New Engl. J. Med. 288 (1973) 7–12

Simar, J., J.P. Farriaux, A. Pauli, A. Fournier, G. Fontaine: Le syndrome de Gitlin ou déficit immunitaire primitif, mixte et sévère de transmission récessive liée au sexe. Ann. Paediat. 19 (1972) 889–896

Simell, O., J.K. Visakorpi, M. Donner: Saccharopinuria. Arch. Dis. Child. 47 (1972) 52–55

Sipilä, I., O. Simell, K. Takki: Hyperornithinemia with gyrate atrophy of the choroid and retina. In Eriksson, A.W., H.R. Forsius, H.R. Nevanlinna, P.L. Workman, R.K.

Norio: Population Structure and Genetic Disorders. Academic Press, New York 1980 (pp. 620–625)

Sjögren, T.: Die juvenile amaurotische Idiotie. Klinische und erblichkeitsmedizinische Untersuchungen. Hereditas 14 (1931) 197–426

Sleisenger, M.H., I. Kahn, H. Barniville, W. Rubin, J. Ben-Ezer, I.M. Arias: Nonhemolytic unconjugated hyperbilirubinemia with hepatic glucuronyl transferase deficiency: a genetic study in four generation. Trans. Ass. Amer. Phys. 80 (1967) 259-266

Smith, A.J., L.B. Strang: An inborn error of metabolism with the urinary excretion of alpha-hydroxy-butyric acid and phenylpyruvic acid. Arch. Dis. Child. 33 (1958) 109-113

Smith, jr., L.H.: Hereditary orotic aciduria. In Stanbury, J.B., J.B. Wyngaarden, D.S. Fredrickson: The Metabolic Basis of Inherited Disease, 3rd. ed. McGraw-Hill, New York 1972 (pp. 1003–1029)

Smith, L.H., H.E. Williams: Heritable disorders of oxalate metabolism. In Nyhan, W.L.: Heritable Disorders of Amino Acid Metabolism. Patterns of Clinical Expression and Genetic Variation. Wiley, New York 1974 (pp. 343–358)

Soffer, D., H.W. Grotsky, I. Rapin, K. Suzuki: Cockayne Syndrome: Unusual neuropathological findings and review of the literature. Ann. Neurol. 6 (1979) 340

Soriano, J.R., H. Boichis, H. Stark, C.M. Edelmann: Proximal renal tubular acidosis. A defect in bicarbonate reabsorption with normal urinary acidification. Pediat. Res. 1 (1967) 81–98

Sperling, O., U.A. Liberman, M. Frank, A. De Vries: Xanthinuria: an additional case with demonstration of xanthine oxidase deficiency. Amer. J. clin. Path. 55 (1971) 351–354

Spielberg, S.P., M.D. Garrick, L.M. Corash, J.B. Butler, F. Tietze, L. Rogers, J.D. Schulman: Biochemical heterogeneity in glutathione deficiency. J. clin. Invest. 61 (1978) 1417–1420

Stanbury, J.B.: Familial goiter. In Stanbury, J.B., J.B. Wyngaarden, D.S. Fredrickson: The Metabolic Basis of Inherited Disease, 4th ed. McGraw Hill, New York 1978 (pp. 206–239)

Stark, G.: Pelizaeus-Merzbacher disease. Develop. med. Child. Neurol. 14 (1972) 806–808

Statter, M., A. Ben-Zwi, A. Shina, R. Schein, A. Russell: Familial iminoglycinuria with normal intestinal absoption of glycine and imino acids in association with profound mental retardation, a possible „cerebral phenotype“. Helv. paediat. Acta 31 (1976) 173–182

Steinmann, B., R. Gitzelmann, A. Vogel, M.E. Grant, R. Harwood, C.H.J. Sear: Ehlers-Danlos syndrome in two siblings with deficient lysyl hydrolase activity in cultured skin fibroblasts but only mild hydroxylysine deficit in skin. Helv. paediat. Acta 30 (1975) 255–274

Steinmann, B., L. Tuderman, L. Peltonen, G.R. Martin, V.A. McKusick, D.J. Prokop: Evidence for a structural mutation of procollagen type I in a patient with the Ehlers-Danlos syndrome type VII. Biol. Chem. 255 (1980) 8887–8893

Stevenson, R.E., H.A. Taylor, S.E. Parks: Beta-galactosidase deficiency: prolonged survival in three patients following early central nervous deterioration. Clin. Genet. 13 (1978) 305–313

Stewart, R.E., D.W. Hollister, D.L. Rimoin: A new variant of Ehlers-Danlos syndrome: an autosomal-dominant disorder fragile skin, abnormal scarring, and generalized periodontosis. Birth Def. orig. Art. Ser. XIII (3B) (1977) 85–93

Stoop, J.W., B.J.M. Zegers, G.F.M. Hendricks, L.H.S. Van Heukelom, G.E.J. Staal, P.K. DeBree, S.K. Wadman, R.E. Ballieux: Purine nucleoside phosphorylase deficiency associated with selective cellular immunodeficiency. New Engl. J. Med. 296 (1977) 652–655

Streiff, E.B., W. Straub, L. Golay: Les manifestations oculaires du syndrome de Lowe. Ophthalmologica 135 (1958) 632–639

v. Strümpell, A.: Über die Westphalsche Pseudosklerose und über diffuse Hirnsklerose, insbesondere bei Kindern. Dtsch. Z. Nervenheilk. 12 (1898) 115–149

Sutherland, L.E., P. Hartroft, J.V. Balis, J.D. Bailey, M.J. Lynch: Bartter's syndrome: a report of 4 cases including 3 in one sibship, with comparative histologic evaluation of the juxta-glomerular apparatuses and glomeruli. Acta paediat. scand. 59 suppl. 202 (1970) 24

Suzuki, Y., K. Suzuki: Partial deficiency of hexosaminidase component A in juvenile Gm_2 gangliosidosis. Neurology (Minneap.) 20 (1970) 848–851

Suzuki, Y., K. Suzuki: Krabbe's globoid cell leukodystrophy: deficiency of galactocerebrosidase in serum, leucocytes and fibroblasts. Science 171 (1971) 73–74

Tada, K., Y. Wada, T. Arakawa: Congenital tryptophanuria with dwarfism (H' disease-like clinical features without indicanuria and generalized aminoaciduria): a probably new inborn error of tryptophane metabolism. Tohoku J. exp. Med. 80 (1963) 118–134

Tada, K., Y. Yokoyama, H. Nakagawa, T. Yoshida, T. Arakawa: Vitamin B6 dependent xanthurenic aciduria. Tohoku J. exp. Med. 93 (1967) 115–124

Taitz, S.L., C. Zarate-Salvador, E. Schwartz: Congenital absence of the parathyroid and thymus glands in an infant (III and IV pharyngeal pouch syndrome). Paediatrics 38 (1966) 412–418

Takki, K., O. Simell: Genetic aspects in gyrate atrophy of the choroid and retina with hyperornithinaemia. Brit. J. Ophthal. 58 (1974) 907–916

Tarui, S., G. Okuno, Y. Ikura, K. Shima: Phosphofructokinase deficiency in skeletal muscle: a new type of glycogenosis. Biochem. Biophys. Res. Commun. 19 (1965) 517–523: 1965

Tay, W.: Symmetrical changes in the region of the yellow spot in each eye of an infant. Trans. ophthal. Soc. UK 1 (1881) 55–56

Tay, W.: Third instance in the same family of symmetrical changes in the region of the yellow spot in each eye of an infant closely resembling those of embolism. Trans. ophthal. Soc. UK 4 (1884) 158

Terheggen, H. G., F. Lavinha, J. P. Colombo, M. Van Sande, A. Lowenthal: Familial hyperargininemia. J. Génét. hum. 20 (1972) 69–84

Terheggen, H. G., A. Schwenk, A. Lowenthal, M. Van Sande, J. P. Colombo: Argininaemia with arginase deficiency. Lancet 1969/II 748–749

Thomas, G. H., M. F. Goldberg, C. S. Miller, L. W. Reynolds: Neuraminidase deficiency in the original patient with the Goldberg syndrome. Clin. Genet. 16 (1979) 323–330

Tschumi, A., J. P. Colombo, H. Moser: Die Wilsonsche Krankheit in der Schweiz. Klinische, genetische und biochemische Untersuchungen. Schweiz. med. Wschr. 103 (1973) 89–95

Ulrich, J., N. Herschkowitz: Seitelberger's connatal form of Pelizaeus-Merzbacher disease. Case report, clinical, pathological and biochemical findings. Acta neuropath. 40 (1977) 129-136

Undritz, E.: Die Chediak-Steinbrinck-Anomalie oder erblich-konstitutionelle Riesengranulation (Granulagiganten) der Leukocyten. Schweiz. med. Wschr. 88 (1958) 996–999

Utermann, G., H. J. Menzel, P. Dieker, K. H. Langer, G. Fiorelli: Lecitincholesterol-acyl-transferase deficiency: autosomal recessive transmission in a large kindred. Klin. Genet. 19 (1981) 448–455

de Vaal, O. M., V. Seynhaeve: Reticular dysgenesia. Lancet 1959/II, 1123–1125

Van Acker, K. J., H. A. Simmonds, C. Potter, J. St. Cameron: Complete deficiency of adenine phosphoribosyl-transferase. New Engl. J. Med. 297 (1977) 127–132

Van der Heiden, C., L. J. Gerards, J. P. G. M. van Biervlit, J. Desplanque, P. K. DeBree, F. J. Van Sprang, S. K. Wadman: Lethal neonatal arginirosuccinate lyase deficiency in 4 children frome one sibship. Helv. paediat. Acta 31 (1976) 407–417

Varki, A., M. L. Reitman, S. Kornfeld: The enzymatic defect in I-cell disease (ML II) and pseudo-Hurler polydystrohy. (Abstract). Clin. Res. 29 (1981) 514

Varki, A. P., M. L. Reitman, S. Kornfeld: Identification of a variant of ML III (pseudo Hurler polydystrophy): a catalytically active N-acetylglucosaminylphosphotransferase that fails to phosphorylate lysosomal enzyme. Proc. nat. Acad. Sci. (Wash.) 78 (1981) 7773–7777

Victor, K. W., B. Hausteen, D. Harms, H. Busse, K. Heyne: Ethanolaminosis: a newly recognized, generalized storage disease with cardiomegaly, cerebral dysfunction and early death. Europ. J. Pediat. 126 (1977) 61–75

Vonsattel, J. P.: Syndrome de Cockayne. Diss., Lausanne 1980 (184 S.)

Waardenburg, P. J.: A new syndrome combining developmental anomalies of the eyelids, eyebrows and nose root with pigmentary defects of the iris and head hair and with congenital deafness. Amer. J. hum. Genet. 3 (1951) 195–255

Wada, Y., K. Tada, A. Minagawa, T. Yoshida, T. Morikawa, T. Okamura: Idiopathic hypervalinemia. Probably a new entity of inborn error of valin metabolism. Tohoku J. exp. Med. 81 (1963) 46–55

Waldmann, T., K. R. McIntire: Serum-alpha-fetoprotein levels in patients with ataxia-telangiectasia. Lancet 1972/II, 1112–1115

Wallis, P. G., J. B. Sidbury, R. C. Harris: Hepatic phosphorylase defect. Studies on peripheral blood. Amer. J. Dis. Child. 111 (1966) 278–282

Watanabe, I., P. McCaman, R. Dyken, W. Zeman: Absence of cerebral myelin sheats in a case of presumed Pelizaeus-Merzbacher's disease. J. Neuropath. exp. Neurol. 28 (1969) 243–256

Watanabe, I., V. Patel, H.H. Goebel, A.N. Siakotos, Z. Zeman, W. Demyer, J.S. Dyer: Early lesion of Pelizaeus-Merzbacher's disease. Electron microscopic and biochemical study. J. Neuropath. exp. Neurol. 32 (1975) 313–333

Watson, A.R., D.I. Evans, H.B. Marsden, V. Miller, P.A. Rogers: Purine nucleoside phosphorylase deficiency associated with a fatal lymphoproliferative disorder. Arch. Dis. Child. 56 (1981) 563–565

Watts, R.W.E., K. Engelberg, I.R. Klinenberg, I.E. Seegmiller, A. Sjoerdsma: Enzyme defect in a case of xanthinuria. Nature 201 (1964) 395–396

Weber, M., G. Barroche, H. Vespignani, J.E. Werner, P. Tridon: Adrenomyeloneuropathie de l'adulte. Rev. neurol. 136 (1980) 131–146

Wenger, D.A., G. Barth, J.H. Githens: Nine cases of spingomyelin lipidosis, a new variant in Spanish-American children. Amer. J. Dis. Child. 131 (1977) 955–961

Wenger, D.A., S.I. Goodman, G.B. Myers: Beta-galactosidase deficiency in young adults. Lancet 1974/II, 1319–1320

Wenger, D.A., T. Kudoh, M. Sattler, M. Palmieri, M. Yudkoff: Niemann-Pick disease type B: prenatal diagnosis and enzymatic and chemical studies on fetal brain and liver. Amer. J. hum. Genet. 33 (1981) 337–344

Wenger, D.A., M. Sattler, C.E. Clark, H. Tanaka, K. Suzuki, G. Dawson: Lactosyl ceramidosis: normal activity for two lactosyl ceramide beta-galactosidases. Science 188 (1975) 1310–1312

Wenger, D.A., M. Sattler, O.T. Mueller, G.G. Myers, R.S. Schneiman, G.W. Nicon: Adult GM1 gangliosidosis: clinical and biochemical studies on two patients and comparison to other patients called variant or adult Gm1 gangliosidosis. Clin. Genet. 17 (1980) 323–334

Wenger, D., C. Wharton, M. Sattler, C. Clark: Niemann-Pick disease: prenatal diagnosis and studies of sphingomyelinase activity. Amer. J. med. Genet. 2 (1978) 345–356

Westphal, K.F.O.: Über eine dem Bilde der cerebrospinalen grauen Degeneration ähnliche Erkrankung des zentralen Nervensystems ohne anatomischen Befund, nebst einigen Bemerkungen über paradoxe Kontraktionen. Arch. Psychiat. 14 (1883) 87–134, 767–769

Whelan, D.T., C.R. Scriver: Cystathioninuria and renal iminoglycinuria in a pedigree. A perspective on counseling. New Engl. J. Med. 278 (1968) 924–927

Willems, C., W.A. Heusden, A. Hainaut, P. Chapelle: Hypersarcosinémie avec sarcosinurie. Etude d'une nouvelle famille. J. Génét. hum. 19 (1971) 101–118

Williams, H.E., L.H. Smith: Primary hyperoxaluria. In Stanbury, J.B., J.B. Wyngaarden, D.S. Fredrickson: Metabolic Basis of Inherited Disease, 4th ed. McGraw-Hill, New York 1978 (pp. 182–204)

Wilson, I.D., R.C. Williams, L. Tobian: Renal tubular acidosis: 3 cases with immunoglobulin abnormalities in the patients and their kindreds. Amer. J. Med. 43 (1967) 356–370

Wilson, R.W., C.M. Wilson, S.C. Gates, J.V. Higgins: Alpha-ketoadipic aciduria: a description of a new metabolic error in lysinetryptophan degradation. Pediat. Res. 9 (1975) 522

Wilson, S.A.K.: Progressive lenticular degeneration: a familial nervous disease associated with cirrhosis of the liver. Brain 34 (1912) 295–509

Winsnes, A., E. Monn, O. Stokke, T. Feyling: Congenital persistent proximal type renal tubular acidosis in two brothers. Acta paediat. scand. 68 (1979) 861–868

Witkop, C.J., W.C. Quevedo, T.B. Fitzpatrick: Albinism. In Stanbury, J.B., J.B. Wyngaarden, D.S. Fredrickson: Metabolic Basis of Inherited Disease, 4th ed. McGraw-Hill, New York 1978 (pp. 282–316)

Wolman, M.: Pathologic changes in Wolman disease. Pathogenetic and possible therapeutic implications. In Huber, A., D. Klein: Neurogenetics and Neuro-ophthalmology. Elsevier North-Holland – Excerpta Medica, Amsterdam, 1981

Wolman, M., V.V. Sterk, S. Gatt, M. Frenkel: Primary family xanthomatosis with involvement and calcification of the adrenals. Report of two more cases in siblings of a previously described infant. Pediatrics 28 (1961) 742–757

Wolpert, E.F., M. Pascasio, A.W. Wolkoff, I.M. Arias: Abnormal sulfobromophthalein metabolism in Rotor's syndrome and obligate heterozygotes. New Engl. J. Med. 296 (1977) 1099–1101

Wong, P.W.K., P. Forman, B. Tabahoff, P. Justice: A defect in tryptophan metabolism. Pediat. Res. 10 (1976) 725

Woody, N.C.: Hyperlysinemia. Amer. J. Dis. Child. 108 (1964) 543–553

Woolf, C.M., D.A. Dolowitz, H.E. Aldous: Congenital deafness associated with piebaldness. Arch. Otolaryn. 82 (1965) 244–250

Worthy, T.E., W. Grobner, W.N. Kelley: Hereditary orotic aciduria: evidence for a structural gene mutation. Proc. nat. Acad. Sci. (Wash.) 71 (1974) 3031–3035

Wray, Sh.H., T. Kuwabara, P. Sanderson: Menkes' kinky hair disease: a light and electron microscopic study of the eye. Invest. Ophthal. 15 (1976) 128–138

Wyngaarden, J.B.: Xanthinuria. In Stanbury, J.B., J.B. Wyngaarden, D.S. Fredrickson: The Metabolic Basis of Inherited Disease, 4th ed. McGraw-Hill, New York 1978 (pp. 1037–1044)

Wyngaarden, J.B., W.N. Kelly: Gout. In Stanbury, J.B., J.B. Wyngaarden, D.S. Fredrickson: The Metabolic Basis of Inherited Disease, 4th ed. McGraw-Hill, New York 1978 (pp. 916–1010)

Yu, T.F., M.E. Balis, T.A. Krenitsky, J. Dancis, D.N. Silvers, G.B. Elion, A.B. Gutman: Rarity of X-linked partial hypoxanthineguanine phosphoribosyltransferase deficiency in a large gouty population. Ann. intern. Med. 76 (1972) 255–264

Zeigler, M., G. Bach: The nature of the sialidase deficiency in mucolipidosis type IV. Sixth International Congress Human Genetics, Jerusalem 1981 (p. 78)

Zeman, W., W. Demyer, H.F. Falls: Pelizaeus-Merzbacher disease, a study in nosology. J. Neuropath. exp. Neurol. 23 (1964) 334–354

Zerbin-Rüdin, E., J. Peiffer: Ein genetischer Beitrag zur Frage der Spätform der Pelizaeus-Merzbacherschen Krankheit. Humangenetik 1 (1964) 107–122

Ziprkowski, L., A. Krakowski, A. Adam, H. Costeff, J. Sade: Partial albinism and deaf-mutism due to a recessive sex-linked gene. Arch. Derm. 86 (1962) 530–539

Abbildungsnachweis:

Die Abbildungen 1–10, 12–17, 20, 21, 23, 24, 27, 28, 30, 32, 33, 35, 38, 41, 44–49, 52, 57–59, 63–68, 71, 76, 77, 79 wurden übernommen aus *D. Klein, P. Dodinval*: La génétique humaine au service de la médicine. Editiones „Roche“, Hoffmann-La Roche, Basel 1979.

Verzeichnis ausgewählter Syndrome

Sachverzeichnis